KB146125

머신러닝 엔지니어링 인 액션

머신러닝 엔지니어링 개념부터 프로덕션까지
성공적인 머신러닝 프로젝트 구축하기

Machine Learning
Engineering
in Action

머신러닝 엔지니어링 인 액션

머신러닝 엔지니어링 개념부터 프로덕션까지 성공적인 머신러닝 프로젝트 구축하기

초판 1쇄 발행 2023년 12월 04일

지은이 벤 윌슨 / **옮긴이** 김대근, 심대열 / **펴낸이** 전태호
펴낸곳 한빛미디어(주) / **주소** 서울시 서대문구 연희로2길 62 한빛미디어(주) IT출판2부
전화 02-325-5544 / **팩스** 02-336-7124
등록 1999년 6월 24일 제25100-2017-000058호 / **ISBN** 979-11-6921-175-8 93000

총괄 송경석 / **책임편집** 서현 / **기획** 안정민, 정지수 / **편집** 정지수 / **교정** 김묘선
디자인 표지 최연희 내지 박정화 / **전산편집** 이경숙
영업 김형진, 장경환, 조유미 / **마케팅** 박상용, 한종진, 이행은, 김선아, 고광일, 성화정, 김한솔 / **제작** 박성우, 김정우

이 책에 대한 의견이나 오탈자 및 잘못된 내용에 대한 수정 정보는 한빛미디어(주)의 홈페이지나 아래 이메일로
알려주십시오. 잘못된 책은 구입하신 서점에서 교환해드립니다. 책값은 뒤표지에 표시되어 있습니다.

한빛미디어 홈페이지 www.hanbit.co.kr / 이메일 ask@hanbit.co.kr

지금 하지 않으면 할 수 없는 일이 있습니다.
책으로 펴내고 싶은 아이디어나 원고를 메일(writer@hanbit.co.kr)로 보내주세요.
한빛미디어(주)는 여러분의 소중한 경험과 지식을 기다리고 있습니다.

머신러닝 엔지니어링 개념부터 프로덕션까지
성공적인 머신러닝 프로젝트 구축하기

머신러닝 엔지니어링
인 액션

벤 윌슨 지음

김대근, 심대열 옮김

Machine Learning
Engineering
in Action

 MANNING 한빛미디어 Hanbit Media, Inc.

일러두기

- 이 책에서 등장하는 외래어는 국립국어원 외래어 표기법에 따라 표기했습니다. 예를 들어 solution은 설루션으로, algorithm은 알고리듬으로 표기합니다.

지은이 · 옮긴이 소개

지은이 **벤 윌슨** Ben Wilson

원자력 공학 기술자, 반도체 공정 엔지니어, 데이터 과학자 등을 역임한 머신러닝 엔지니어입니다. 10년 넘게 데이터와 오픈 소스 도구로 문제를 해결해왔으며, 지난 4년 동안 다른 사람들도 같은 방식으로 문제를 해결할 수 있게 돕고 있습니다. ML 프레임워크 코드를 빌드하고, 어려운 데이터 과학 문제 해결을 돕고, 유쾌한 웃음 짓기를 좋아합니다.

옮긴이 **김대근**

머신러닝을 공부하기 시작했을 때 접한 톰 M. 미첼Tom M. Mitchell의 명언, "머신러닝으로 문제를 해결하려면 그 문제를 명확히 정의해야 한다"라는 말을 상기하며 항상 초심을 잃지 않으려 합니다. 학부 과정에서 컴퓨터 과학과 수학을 복수 전공하고 석사 과정에서 머신러닝을 전공했습니다. 여러 해 동안 스타트업, 제조 및 금융 업계를 거치며 컴퓨터 비전 엔지니어로서 다수의 1저자 특허를 등록하고 제품 양산에 기여했으며, 데이터 과학자로서 다양한 PoC와 현업 프로젝트를 수행했습니다. 현재는 클라우드 업계에서 고객의 비즈니스 요구 사항을 이해하고 문제를 해결하는 AI/ML 전문가로서 기술적인 도움을 주고 있습니다. 『머신러닝 시스템 설계』(한빛미디어, 2023)를 우리말로 옮겼습니다.

옮긴이 **심대열**

현재 클라우드 업계에서 다양한 고객의 비즈니스 문제 해결에 기술적인 도움을 주는 AI/ML 전문가로 일하고 있습니다. 산업 기능 요원으로 엔지니어 경력을 시작해 스타트업 창업을 경험하고, 국내 대기업에서 해외 영업과 프로젝트 관리, 솔루션 개발과 데이터 과학자의 역할을 수행했습니다. 데이터 과학 석사 과정 수료 후 한양대학교 인공지능학과 ASML Lab에서 박사 과정 중입니다.

생성형 AI의 놀라운 발전으로 머신러닝(ML)과 딥러닝이라는 용어가 더 친숙해졌습니다. 많은 기업과 연구 기관이 ML에 투자하고 있으며, 이를 통해 ML 기술은 계속 발전하며 다양한 응용 분야(콘텐츠 생성, 요약, 질의응답, 자동 글쓰기, 콘텐츠 합성, 번역 등)에서 ML 기술을 사용하고 있습니다. 또한 오픈 소스와 커뮤니티의 활성화, 끊임없이 발전하는 ML 프레임워크 및 도구로 인해 ML의 진입 장벽이 매우 낮아졌습니다. 알고리듬을 이해하고 구현할 필요 없이 아이디어만 있으면 멋진 데모를 쉽게 만들어낼 수 있죠.

하지만 ML 시스템을 구축해 프로덕션에 적용하기는 여전히 어렵습니다. 모델의 성능 외에도 고려해야 할 요소가 많은데 그중에서 몇 가지만 간추려보자면 다음과 같습니다.

- 자원 및 비용 관리: 대규모 모델 훈련 및 배포에는 컴퓨팅 자원과 비용이 많이 들어갑니다. 자원을 효율적으로 관리하고 한정된 예산 안에서 ML 시스템을 구축해야 합니다.
- 데이터 수집 및 정제: ML 모델에는 종종 정제된 대용량 데이터가 필요합니다. 데이터 수집 및 전처리에 많은 인력과 노력이 필요합니다.
- 보안 및 규정 준수: 데이터 및 보안 문제와 관련해서 고려해야 할 사항이 많으며, 특히 민감한 정보를 다루는 모델의 보안 및 규정 준수를 관리하는 것은 매우 어려운 과제입니다.
- 모델 품질 관리: 드리프트에 따른 모델의 성능 및 품질을 지속해서 모니터링하고 개선하려면 성능 저하, 편향, 오류 등을 관리하고 수정해야 합니다.
- 문서화 및 협업: 모델과 데이터에 대한 문서화를 유지하고 다양한 이해관계자(ML 엔지니어, 리더, 의사 결정권자, 최종 사용자 등)와 협력해야 합니다.

이 책은 이러한 난제를 극복하기 위한 지침을 필자의 다양한 경험을 바탕으로 쉽고 친절하게 소개합니다. 기술과 도구는 시간과 흐름에 따라 계속 발전하고 변동하기 마련이지만 근본적인 접근법은 바뀌지 않습니다. ML 엔지니어뿐만 아니라 현장에서 고군분투하고 있는 모든 분에게 유용한 책이기에, 조직 내에서 ML에 대한 이해와 지식을 확산시키는 데 큰 도움이 되리라 생각합니다.

책이 출간되기까지 많은 분의 도움이 있었습니다. 심대열 님과 함께한 공역은 제게 매우 값진 경험이었으며, 대열 님이 없었다면 이 책이 출간되지 못했을 것입니다. 훌륭한 원서 번역 기회를 제안해주신 한빛미디어 서현 님과 번역 품질 향상에 많은 도움을 주신 정지수 님께 감사드립니다.

번역하느라 불가피하게 항상 늦은 밤이나 주말을 할애할 수밖에 없었기에, 가족의 희생 없이는 무사히 책을 출간하지 못했을 겁니다. 저를 이해하고 응원해준 아내 은호와 아들 하준이에게 고맙고 사랑한다는 말을 전합니다.

- 링크드인: https://www.linkedin.com/in/daekeun-kim
- 깃허브: https://github.com/daekeun-ml

김대근

인공지능 기술의 발전을 바라보면 마치 공상 과학 소설이 현실이 되어가는 것처럼 느껴집니다. 단순한 숫자 예측과 데이터 분류를 넘어서 이제는 텍스트, 이미지, 음성에 이르기까지 다양한 형태의 데이터 속 깊은 문맥을 파악하며, 새롭고 창의적인 데이터를 생성해내는 능력을 갖추게 되었습니다. 기반 모델이라고 부르는 이러한 모델은 사전 학습된 형태로 누구나 접근 가능한 오픈 소스로 제공되어, 기본적인 파이썬 활용이 가능하다면 누구나 이 모델을 활용해 혁신적인 인공지능 애플리케이션을 개발할 수 있는 길이 열렸습니다.

다양한 모델이 오픈 소스로 공개되고 인공지능 기술이 대중화되는 일은 정말 환영할 만합니다. 하지만 이는 동시에 특정 모델 하나만으로는 더 이상 차별화를 이루기 어렵다는 것을 의미하기도 합니다. 누구나 같은 모델을 쓸 수 있다면 얼마나 빨리, 그리고 얼마나 완성도 있는 서비스가 나오는지가 중요할 것입니다. 다시 말해, 보다 가치 있는 머신러닝 프로젝트를 계획하고, 빠른 프로토타이핑을 거쳐 효과적으로 설루션을 개발하고, 안정적으로 배포해 운영하는 것이 큰 경쟁력이 될 것입니다.

이러한 관점에서 이 책은 머신러닝 프로젝트 수행에 실질적인 도움을 주는 내용을 담고 있습니다. 복잡한 이론을 풀어내거나 모델 구축 방법을 설명하기보다 실제 비즈니스 문제를 해결하기 위한 방법을 이야기합니다. 이 책에 담긴 검증된 프로젝트 방법론과 저자의 다양한 현장 경험에서 우러나온 지혜가 여러분의 프로젝트를 성공으로 이끄는 데 도움이 되기를 바랍니다!

좋은 책을 함께 번역하자고 제안해주신 김대근 님에게 감사드립니다. 처음 해보는 번역 작업이라 모든 게 어려웠지만 대근 님의 도움 덕분에 무사히 마무리할 수 있었습니다. 훌륭한 책을 맡겨 주신 한빛미디어 서현 님과 마법처럼 글을 다듬어주신 정지수 님께도 깊은 감사를 전합니다. 늘 많은 지도를 해주시는 장준혁 교수님, 그리고 연구실 동료분들에게도 감사 말씀 드립니다.

마지막으로 임신 중이었음에도 불구하고 항상 이해하고 격려해준 예쁜 아내 혜윤이, 그리고 건강하게 태어나 어느새 무럭무럭 자라고 있는 아들 주원이에게도 항상 고맙고 사랑한다는 말을 전합니다.

- 링크드인: https://www.linkedin.com/in/shimdx
- 깃허브: https://github.com/shimdx

심대열

필자는 어렸을 때부터 고집이 센 편이었습니다. 사람들이 간단한 방법을 제안하면 조언을 무시하고 항상 어려운 방법을 선택하곤 했습니다. 수십 년이 지난 후 점점 더 도전적인 커리어를 거쳐 데이터 과학data science (DS)과 머신러닝machine learning (ML) 엔지니어로, 지금은 ML 소프트웨어 개발 분야로 자리를 옮겨왔지만 제 선택 방식은 크게 변하지 않았습니다. 업계의 데이터 과학자로서 항상 지나치게 복잡한 설루션solution을 구축해야 할 필요성을 느꼈고, 주어진 문제를 최선의 방식으로 해결하기 위해 고립된 채로 작업했습니다.

몇 번의 성공도 있었지만 실패도 많았고, 이직하면서 일반적으로 유지 관리할 수 없는 코드를 흔적으로 남기기도 했습니다. 제가 부끄럽게 생각하는 부분이죠. 퇴사한 지 몇 년이 지난 후 전 동료들로부터 제 코드가 여전히 매일 실행되고 있다는 연락을 받았습니다. 그들 각자에게 그 이유를 물었을 때, 제가 구현해온 코드 작업을 후회하게 만드는 똑같은 대답을 들었습니다.

"코드를 변경하려 했지만, 아무도 작동 원리를 알아낼 수 없었어요."

저는 나쁜 데이터 과학자였고 훨씬 더 나쁜 ML 엔지니어였습니다. 그 이유를 깨닫는 데 몇 년이 걸렸습니다. 가장 간단한 방법으로 문제를 해결하려는 제 고집과 저항으로 인해 회사에 근무하는 동안 취소된 프로젝트가 엄청나게 많았고, 제가 떠난 후 남겨진 유지 관리할 수 없는 기술 부채는 다른 사람들에게 상당한 골칫거리가 되었습니다.

최근 데이터브릭스Databricks에서 상주 설루션 아키텍트(기본적으로 공급 업체 현장 컨설턴트)로 일하기 시작하면서 제가 어디에서 잘못된 선택을 했는지 알게 되었고 문제를 해결할 때의 접근 방식을 바꾸기 시작했습니다. 데이터 과학 문제로 어려움을 겪고 있는 이들을 돕는 고문으로 일하고 있었기 때문인지 타인이 겪는 어려움을 추상적으로 반영하면서 저 자신의 부족함도 깨우칠 수 있었습니다. 지난 몇 년 동안 꽤 많은 팀이 제가 경험한, 그리고 제 고집과 자만심으로 만든 여러 함정을 피할 수 있도록 도왔습니다. 이 과정에서 꾸준히 제안하는 조언 몇 가지를 기록으로 남긴다면 업무적으로 고립된 팀들과의 개별적인 대화를 넘어 더 많은 이들에게 도움이 될 수 있다고 생각했습니다.

결국 머신러닝을 실제 유스 케이스use case에 적용하는 작업은 응용 ML의 개념을 소개하는 책과 예제를 따라가는 것만으로는 상당히 어렵습니다. 이 책의 초점인 엔드 투 엔드 프로젝트 작업의 엄청난 복잡성을 소개할 때, 많은 회사가 자사 비즈니스에서 ML의 잠재력을 깨닫지 못한다는 사실이 그리 놀라운 일이 아닙니다. 어렵기 때문이죠. 하지만 가이드가 있다면 더 쉬워집니다.

이 책은 응용 ML을 위한 가이드가 아닙니다. 특정 유스 케이스에서 특정 모델이 다른 모델보다 나은 이유와 각 모델에 관련된 알고리듬이나 이론을 다루지 않으며, 개별 문제를 해결하는 데 필요한 세부 사항도 다루지 않습니다. 오히려 이 책은 빠지기 쉬운 함정이나 실무자로서 제가 직접 빠져나와야 했던 함정을 피하는 법을 설명하는 가이드북입니다. 이 책에서는 고객(회사 내부 고객)과 동료가 후회하지 않는 방식으로 데이터 과학 기법을 활용해 문제를 해결하는 일반화된 접근 방식을 설명합니다. 다시 말해 제가 저지른 어리석은 실수를 피할 수 있도록 도와주는 지침서입니다.

제가 비교적 최근에 알게 된 가장 좋아하는 속담 두 가지를 소개합니다.

배운 사람보다 경험이 많은 사람에게 물어보세요. – 아랍 속담

지혜는 다른 사람의 경험을 통해 배우는 것이 가장 좋습니다. – 라틴어 속담

벤 윌슨

이 책에 대하여

이 책은 지난 몇 년 동안 고객에게 공유해온 권장 사항, 경험을 통해 얻은 지혜, 일반적으로 활용할 수 있는 팁을 가득 담은 책입니다. 다만 이 책은 이론을 다루는 책이 아닙니다. 특정 문제에 대해 가장 적합한 모델을 구축할 수 있게 도와주는 책도 아닙니다. 이와 관련해서는 이미 훌륭한 책이 많이 출간되었고, 앞으로도 계속 출간될 것입니다. 이 책에서는 조금 다른 주제에 초점을 맞췄습니다.

대상 독자

이 책은 ML에 관심 있는 분들을 위한 책입니다. ML 엔지니어만을 위한 어려운 내용도 아니고, 일반인만을 위한 개략적인 내용도 아닙니다. 이 책의 목표는 ML을 사용해 비즈니스 문제를 해결하는 과정에 프로젝트 참여자들이 모두 쉽게 접근할 수 있도록 하는 것입니다. 집필 초기 단계에서 받은 피드백에 놀란 적이 있습니다. 피드백을 주신 분들에게 가장 먼저 한 질문은 "무슨 일을 하시나요?"였습니다. 경제학 박사 학위를 가진 벤처 캐피털리스트, 유명한 기술 회사에서 20년간 경력을 쌓은 머신러닝 엔지니어, 실리콘밸리 스타트업의 프로덕트 매니저, 이제 막 1학년이 된 대학생 등 생각했던 것보다 훨씬 더 다양한 산업 분야의 다양한 위치에 있는 사람들이 이 책을 보고 있었습니다. 이 책에는 ML 엔지니어링을 사용해 무언가를 구축할 때 필요한 내용을 누구나 배울 수 있도록 담았습니다.

구성

이 책은 크게 세 부분으로 나눠집니다. 각 부는 모든 ML 프로젝트에 적용되는 마일스톤^{milestone}을 다룹니다. '무엇을 해결하려고 하는가?'에 대한 초기 범위 설정 단계부터 '이 솔루션을 앞으로 몇 년간 어떻게 유지 관리할 것인가?'에 대한 마지막 단계까지, 프로젝트를 진행하면서 시기별로 고려하게 되는 주제들에 대해 논리적으로 동일한 순서로 살펴봅니다.

- 1부(1장~8장)에서는 주로 ML 프로젝트의 관리 측면에 대해 팀장, 매니저, 프로젝트 리더의 관점으로 다룹니다. 솔루션 구축에 따르는 함정에 빠지지 않도록 범위 설정, 실험, 프로토타이핑에 대한 청사진을 제시하고, 포괄적인 피드백을 전달합니다.
- 2부(9장~13장)에서는 ML 프로젝트의 개발 프로세스를 다룹니다. ML 솔루션 개발에 대한 좋은 예시와 나쁜 예시를 비교해가며 ML 솔루션을 빌드하고 튜닝하는 방법, 그리고 로깅과 평가를 하는 검증된 방법을 안내해 가장 간단하고 유지 관리가 쉬운 코드를 만들 수 있도록 합니다.
- 3부(14장~16장)에서는 그 이후에 해당하는 내용, 즉 프로젝트의 프로덕션 배포, 재훈련, 모니터링 및 기여도와 관련된 고려 사항을 다룹니다. A/B 테스트와 피처 스토어, 재훈련 시스템에 대한 예제와 함께 시스템 구축과 아키텍처를 제공하며, 이를 통해 여러분은 비즈니스 문제를 ML로 해결하는 데 있어 최소한의 복잡성을 가지는 솔루션을 구축할 수 있습니다.

예제 코드

이 책의 예제 코드는 다음 깃허브 저장소에 있습니다.

- https://github.com/BenWilson2/ML-Engineering

감사의 말

아내 줄리Julie의 도움이 없었다면 이 책은 세상에 나올 수 없었을 겁니다. 아내는 자정이 훌쩍 넘은 시간까지 제가 사무실에서 초안, 편집, 코드 리팩터링에 몰두하고 있는 모습을 수없이 지켜봐야 했습니다. 제 아내를 만날 기회가 있을지 모르겠지만 그녀는 정말 대단합니다. 제 소울메이트일 뿐만 아니라 저를 진정으로 웃게 만들고 끊임없이 제게 영감을 주는 지구상의 몇 안 되는 사람입니다. 제가 사람들과 상호작용하고 서로 영향을 주고받는 긍정적인 태도는 전적으로 아내를 관찰하면서 배운 지혜 덕분입니다.

책이 출간될 수 있도록 도움을 준 매닝의 개발 담당 편집자인 패트릭 바브Patrick Barb에게 감사를 전합니다. 이 책을 현재 상태로 만드는 데 매우 큰 도움을 주었습니다. 장황한 글을 줄일 수 있게 끊임없이 조언했고, 책을 통해 말하고 싶은 요점을 요약하는 데 도움을 준 훌륭한 분입니다. 인수 편집자 브라이언 소여Brian Sawyer와 기술 개발 편집자인 마르크 필리프 위제Marc-Philippe Huget는 모든 집필 과정에 엄청난 도움을 주었습니다. 또한 이 책의 편집자 샤론 월키Sharon Wilkey는 책의 어조와 흐름을 훨씬 더 매끄럽게 만드는 놀라운 통찰력과 환상적인 기술을 보여줬습니다. 이 책을 만드는 데 열심히 노력해준 모든 매닝 팀원에게도 진심으로 고마움을 전합니다.

또한 이 책을 만드는 과정에서 훌륭한 피드백을 제공해준 리뷰어 대 김Dae Kim, 데니스 세스타코프Denis Shestakov, 그란트 판슈타덴Grant van Staden, 이그나시오 A. 루이스-레예스Ignacio A. Ruiz-Reyes, 이오아니스 아초니오스Ioannis Atsonios, 자가나드 고피나단Jaganadh Gopinadhan, 헤수스 안토니노 후아레스 게레로Jesús Antonino Juárez Guerrero, 요하네스 베르비이넨Johannes Verwijnen, 존 바실John Bassil, 라라 톰프슨Lara Thompson, 로케시 쿠마르Lokesh Kumar, 마티아스 부슈Matthias Busch, 미레르판 기비Mirerfan Gheibi, 니노슬라프 체르케즈Ninoslav Čerkez, 피터 모건Peter Morgan, 라훌 자인Rahul Jain, 루이 류Rui Liu, 테일러 델레한티Taylor Delehanty, 샹보 마오Xiangbo Mao에게도 감사드립니다. 리뷰어의 솔직하고 적절한 의견 덕분에 장황하고 횡설수설한 초안을 요지가 분명한 글로 수정할 수 있었습니다.

책을 집필하는 동안 많은 이야기와 예제에 영향을 주고 제게 조언을 아끼지 않은 동료 자스 발리^{Jas Bali}, 아미르 잇사이^{Amir Issaei}, 브룩 웨닉^{Brooke Wenig}, 앨릭스 나르카이^{Alex Narkaj}, 코너 머피^{Conor Murphy}, 나일 터빗^{Niall Turbitt}에게 감사드립니다. 또한 책에 소개된 기술 대부분을 설계, 구축 및 유지 관리해준 데이터브릭스 ML 엔지니어링의 제작자와 환상적인 월드클래스 엔지니어, 제품 팀원들에게도 감사의 말을 전합니다. 여러분이 동료라니 정말 큰 영광입니다.

마지막으로 이 책에 많이 등장하는 반려견 윌리^{Willy}에게 고마움을 전합니다. 책을 읽다 보면 눈치채겠지만 윌리가 가장 좋아하는 음식은 제가 만든 볼로녜세 파스타입니다. 궁금한 분들을 위해 말씀드리자면 윌리는 간식을 충분히 먹고 있으며(윌리가 이 말에 이의를 제기할 수도 있지만), 적절히 간식을 제공할 때마다 고마워합니다.

실패한 ML 프로젝트의 구축 방식

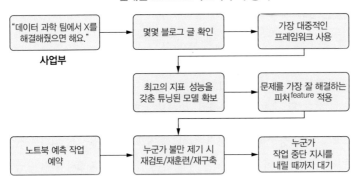

이 책에서 다루는 프로세스와 기법

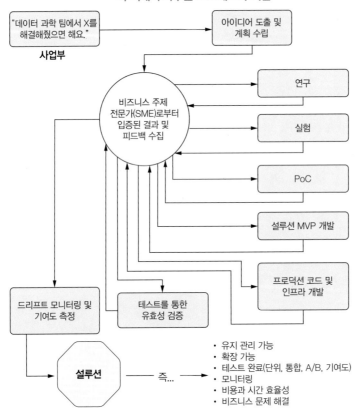

"잠깐만요. ML 프로젝트를 성공시키려면
이 모든 분야의 전문가가 되어야 한다는 건가요?"

분석

- 탐색적 데이터 분석 (EDA)
- 상관관계
- 원인 조사
- 시각화
- 보고서
- 기여도
- A/B 테스트
- 재훈련 트리거

알고리듬

- 지도 학습
- 비지도 학습
- 딥러닝
- 컴퓨터 비전
- 시퀀스
- 자연어 처리
- 기타 등등

프로젝트 관리

- 스케줄링
- 범위 설정 및 조사
- 회의
- 피드백
- QA 오케스트레이션
- 피처 우선순위 지정
- MVP 구성 요소

아키텍처

- 분산 컴퓨팅
- 확장 가능한 코드
- 탄력적 시스템
- 파이프라인
- 관리형 서비스
- 탄력적 컴퓨팅
- 정보 저장

데이터 엔지니어링

- ETL
- ELT
- 스키마 정의 및 변경
- 데이터 정제
- 피처 스토어
- 데이터 가용성
- 수집 레이턴시

소프트웨어 개발

- 코딩 표준
- 추상화
- 모듈화
- 효율적 실행
- 단위 및 통합 테스트

아니요. 이 모든 것을 전문가 수준으로 알고 있는 사람을 찾을 수 있다면 행운입니다. 성공적인 ML 프로젝트를 구축하기 위해 팀에 각 분야의 전문가가 반드시 있어야 할 필요는 없습니다. 하지만 각 팀원은 관련 주제를 알고 있어야 하고 이 주제가 왜 중요한지도 알고 있어야 합니다.

(스포일러 주의: 각 주제를 전반적으로 이해하는 것을 목표로 이 책을 집필했습니다)

표지 그림은 1788년에 출간된 자크 그라세트 드생소뵈르^{Jacques}  ^{Grasset de Saint-Sauveur}의 컬렉션에서 가져온 「Hiatheo ou Esclave Chinoise(중국인 하인 히아테오)」 작품입니다. 각 삽화는 수작 업으로 정교하게 그려지고 채색되었습니다.

당시에는 복장만 보고도 그 사람의 거주지나 직업, 신분을 쉽 게 파악할 수 있었습니다. 매닝은 수 세기 전 지역 문화의 다 양성이 담긴 그림을 표지로 선정해 컴퓨터 비즈니스의 창의성 과 진취성을 기리고 있습니다.

CONTENTS

Part 1 **머신러닝 엔지니어링 소개**

CHAPTER 1 **머신러닝 엔지니어란**

CONTENTS

CHAPTER 5 **ML 프로젝트 계획 및 연구**

CONTENTS

CONTENTS

CONTENTS

CHAPTER 16 **프로덕션 인프라**

CONTENTS

머신러닝 엔지니어링 소개

데이터 과학 분야 종사자 대부분이 알고 있는 것처럼 여러분도 프로젝트가 얼마나 많이 실패하는지 알고 있을 것입니다. 필자의 경험만 놓고 보더라도 프로젝트가 프로덕션 단계까지 진행되는 확률은 턱없이 낮습니다. 하지만 프로젝트의 실패율을 이야기할 때는 고려해야 할 사항이 몇 가지 있습니다.

머신러닝(ML)을 사용해 실제 세상의 문제를 해결하기란 매우 복잡합니다. 유용한 모델을 구축하는 데 필요한 도구, 알고리듬, 그리고 수행할 작업량이 매우 많기에 여러 조직에서 어려움을 겪기 마련입니다. 필자는 데이터 과학자로 일하면서 수십 개의 회사에 ML 프로젝트를 구축하는 데 도움을 주었지만, 도구나 알고리듬만의 문제로 프로젝트가 실패하는 경우는 본 적이 없습니다.

대부분의 프로젝트는 초기 단계에서 발생한 실수로 인해 프로덕션까지 이르지 못합니다. 프로젝트에 대한 범위 설정이나 계획 수립, 실험이 제대로 이루어지지 않는다면 코드 한 줄을 작성하기도 전에, 배포 아키텍처를 선택하기도 전에, 대규모 학습에 대한 의사 결정이 이루어지기도 전에 프로젝트는 실패하거나 취소됩니다.

프로젝트를 정의하는 초기 단계에서부터 아이디어를 효과적인 솔루션으로 구축하기 위한 도메인 전문 지식을 검토하고, 합리적인 수준의 연구와 테스트를 검증하고, 일관된 프로젝트 계획과 로드맵을 구축해야 합니다. 1부에서는 ML을 사용해 문제를 해결하는 데 가장 위험 요소가 적은 솔루션을 정의하기 위해서는 어떤 평가 기준이 필요하고, 계획하고 검증해야 하는지 청사진을 살펴보겠습니다.

Part I

머신러닝 엔지니어링 소개

CHAPTER 1

머신러닝 엔지니어란

이 장의 내용

- 머신러닝 엔지니어의 지식과 기술 범위
- 머신러닝 응용 프로젝트의 여섯 가지 기본 요소
- 머신러닝 엔지니어의 기능적인 목적

머신러닝machine learning(ML)은 흥미로운 기술입니다. 엔지니어 입장에서 바라본 머신러닝은 재미있으면서 도전적이고, 창의적이며 때로는 지적인 만족감을 채워주기도 합니다. 회사 입장에서는 돈을 벌어주는 새로운 수단임과 동시에 부담스럽게 큰 작업을 자율적으로 처리하고, 직원들이 반복 노동에서 벗어나 더욱 가치 있는 일을 할 수 있도록 돕는 기술입니다.

ML은 대단히 복잡한 분야이기도 합니다. 수천 가지 알고리듬과 수백 가지의 오픈 소스 패키지, 데이터 엔지니어링부터 고급 통계 분석, 시각화까지 다양한 기술에 대해 전문성이 필요합니다. ML 전문가가 수행하는 작업은 정말이지 두려울 정도로 다양하고 어렵습니다. 거기에 더해 다양한 분야의 전문가와 주제 전문가subject-matter expert(SME),[1] 사업부와 함께 역할을 넘나들며 업무를 진행하는 능력도 필요합니다. 다시 말해 해결하려는 문제와 ML 기반 설루션의 결과물에 대해 협업하고 소통할 수 있어야 합니다.

ML 엔지니어링은 이렇게 복잡도가 높은 곳에 **시스템**을 적용해야 하기 때문에 프로젝트가 중단되거나 잘못될 수 있는 요소를 최대한 줄여야 합니다. 그러기 위해서는 일련의 표준이나 검증된 도구, 프로세스, 방법론을 적절하게 활용해야 합니다. ML 엔지니어링은 기본적으로 프로덕션

---

[1] 옮긴이_ 해당 분야나 주제에 대해 깊이 있는 지식과 전문적인 경험을 보유해 관련된 문제를 해결하거나 의사 결정에 필요한 정보를 제공할 수 있는 사람을 지칭합니다.

환경에 배포하는 것을 넘어서 앞으로 몇 년간 관리하고 업데이트할 수 있는 ML 기반의 시스템을 구축하기 위한 로드맵입니다. 잘 갖춰진 로드맵을 활용하면 ML 엔지니어링을 통해 비즈니스의 효율성과 이익, 그리고 정확성을 극대화할 수 있습니다.

이 책에서는 프로덕션에 적용 가능한 ML 설루션 개발 방향 **로드맵**을 소개합니다. [그림 1-1]은 프로젝트 업무의 주요 요소입니다. 검증된 프로세스(대부분 필자가 실패하며 얻은 교훈)를 알아보고, ML을 적용해 비즈니스 문제를 해결하는 프레임워크를 제공합니다.

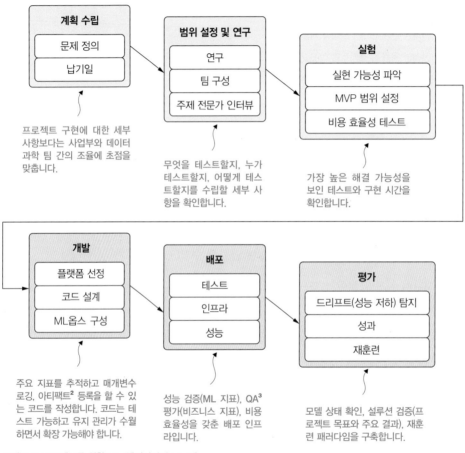

그림 1-1 프로젝트를 위한 ML 엔지니어링 로드맵

---

2 옮긴이_ 개발 과정에서 생성되는 산출물(예: 요구 사항 문서, 설계 문서, 소스 코드, 모델 매개변수, 테스트 케이스)을 의미합니다.

3 옮긴이_ 소프트웨어 개발 프로세스 일부로 소프트웨어의 품질을 검증하고 보증하기 위해 수행하는 테스트(단위 테스트, 통합 테스트, 성능 테스트, 시스템 테스트 등)를 의미합니다. 소프트웨어 제품이 사용자의 요구 사항을 만족시키고, 예상되는 성능과 기능을 충족하는

이 프로젝트 로드맵은 각 단계에서 수행해야 하는 작업에 초점을 맞추기 위해서 소개한 것은 아닙니다. 프로젝트 업무를 성공적으로 진행하기 위해서는 각 단계를 수행할 방법론과 그 필요성을 아는 게 중요합니다.

ML 업무의 최종 목표는 결국 문제를 해결하는 것입니다. 데이터 과학자가 가장 효율적으로 비즈니스 문제를 해결하려면 재작업이나 혼동, 복잡성을 줄일 수 있는 프로세스를 따라야 합니다. ML 엔지니어링의 개념을 채택하고 방금 소개한 로드맵을 활용한다면 솔루션을 모델링하는 기간은 줄어들고, 비용은 훨씬 적어지며 프로젝트의 성공 확률이 높아질 것입니다.

1.1 ML 엔지니어링이라고 부르는 이유

간단히 말해 ML은 어렵습니다. 특히 서비스 관점에서 빈번히 발생하는 수많은 요청에 신뢰성 있는 예측을 제공해야 하는 경우라면 ML을 제대로 수행하기는 더욱 어렵습니다. 자연어 처리$^{natural language processing}$(NLP), 예측^{forecasting}, 딥러닝$^{deep learning}$, 전통적인 선형^{linear} 또는 트리^{tree} 기반의 모델링 같이 여러 분야에서 연구가 활발히 이뤄지고 있고, 특정 문제를 해결하기 위해 설계된 알고리듬도 무수히 많기 때문에 분야를 모두 파악하기도 벅찹니다. 그렇기 때문에 응용^{applied} ML의 이론과 실제적인 측면을 이해하는 것은 매우 도전적이고, 시간이 오래 소요되는 일입니다.

그러나 ML 기법에 대한 지식 자체는 우리가 직면한 현실 세계의 문제를 해결하기 위해 솔루션을 모델링할 때 실질적으로 도움이 되지 않습니다. 뿐만 아니라 유지 보수성과 확장성을 보장하는 개발 패턴과 관련된 가이드도 제시하지 못합니다.

심지어 데이터 과학자는 ML을 벗어난 추가적인 영역의 역량 또한 갖춰야 합니다. 데이터를 가져오는 데 필요한 중급 수준의 데이터 엔지니어 기술과 소프트웨어 개발 역량, 프로젝트 관리 기술, 시각화와 프레젠테이션 역량까지. 필요한 역량은 계속 늘어나는 데 비해 개개인이 이를 익히기 위해 쏟을 수 있는 시간과 노력은 한정적입니다. 이 모든 것을 고려해 보면 프로덕션 수준의 ML 솔루션을 만드는 데 필요한 모든 기술을 스스로 찾아서 배운다는 것은 불가능에 가깝지 않을까요?

지 확인하며, 버그와 결함을 찾아내고 수정하는 것이 주요 목적입니다.

ML 엔지니어링의 목표는 방금 언급했던 기술 목록을 나열하고 데이터 과학자가 모든 기술을 마스터하도록 종용하려는 것이 아닙니다. 대신 데이터 과학자와 관련된 각 기술의 특정 부분만을 세심하게 추려내 정리하는 것이 ML 엔지니어링의 목표입니다. 이를 통해 ML 프로젝트가 프로덕션 단계까지 진행될 확률을 높이고, 지속적인 유지 보수나 관리가 필요한 솔루션으로 만들지 않는 것이 목표입니다.

다시 말해 ML 엔지니어가 일반적인 알고리듬을 적용하기 위해 애플리케이션이나 소프트웨어 프레임워크를 만들 줄 알아야 할 필요는 없습니다. 대용량의 스트리밍 데이터 수집이나 추출, 변환, 적재(ETL) 파이프라인을 위한 코드를 작성할 줄 알아야 하는 것도 아닙니다. 자바스크립트를 이용해 멋진 시각화 페이지를 만들 수 있어야 하는 것도 아닙니다.

ML 엔지니어의 **소프트웨어 개발 역량**은 단지 모듈화된 코드를 설계하고, 단위 테스트를 구현할 수 있는 정도의 수준만 갖추면 충분합니다. 그리고 모델 개발에 필요한 피처 데이터셋을 만들 수 있는 정도의 **데이터 엔지니어링 기술**만 있어도 됩니다. 조금 더 나아가 그들의 연구에 필요한 도표나 차트를 만들 수 있는 정도의 **시각화 기술**까지 있다면 더할 나위 없겠죠. 문제를 해결하기 위해 **프로젝트의 목표와 범위를 정의하고 이를 관리할 수 있는 정도의 경험치**는 필요하겠지만, 프로젝트 관리 전문가^{Project Management Professional}(PMP) 같은 자격증이 필요한 것은 아닙니다.

지금까지 ML 엔지니어가 갖춰야 하는 기본 소양을 이야기했다면 이제부터는 본격적으로 ML을 다뤄보겠습니다. 많은 회사가 ML에 집중하고 높은 급여를 받는 데이터 과학자를 채용해 막대한 비용과 시간을 들이며 프로젝트를 진행하지만, 왜 대부분의 프로젝트가 실패로 끝날까요? 필자가 경험했던 실패한 ML 프로젝트의 여섯 가지 주요 원인과 추정치를 [그림 1-2]에 나타냈습니다. 실제로 모든 산업 분야에 걸쳐, ML 프로젝트의 실패율은 예상했던 것보다 훨씬 높았습니다.

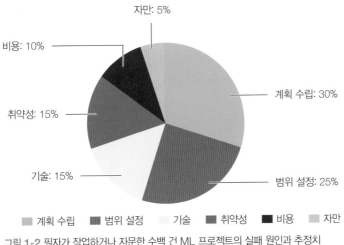

그림 1-2 필자가 작업하거나 자문한 수백 건 ML 프로젝트의 실패 원인과 추정치

1부에서는 수많은 프로젝트가 실패했거나 납기일을 한참 넘겨버린 이유가 무엇이었는지 알아봅니다. 그리고 각각의 실패 원인을 살펴보고 어떤 프로세스를 적용해야만 실패 확률을 낮출 수 있는지도 알아봅니다.

일반적으로 실패는 부족한 기술 수준이나 프로세스에 기인하거나 잘못된 커뮤니케이션에서 발생합니다. 데이터 과학 팀이 필요한 수준의 문제를 해결했던 경험이 부족했을 수도 있고, 사업부에서 요구하는 결과물을 완벽히 이해하지 못해서 생기는 경우도 있습니다. 대부분의 ML 프로젝트는 매우 어려우면서도 복잡하고, 비전문가에게 설명하기 어려운 알고리듬을 사용해 소프트웨어가 구성되었기 때문에 부서 간에 소통이 단절되기 쉽습니다.

ML 프로젝트가 더욱 복잡해지는 이유는 전통적인 소프트웨어 개발 프로젝트와는 다른 **두 가지 중요한 요소** 때문입니다. 첫째는 프로젝트의 기대치에 대한 세부 사항이 부족하다는 점과 둘째로 ML을 활용함에 있어서 산업의 성숙도가 상대적으로 떨어진다는 점입니다. 1990년대 초반의 소프트웨어 엔지니어링의 상황을 떠올려 보면 이해하기 쉬울 겁니다. 그 당시 기업들은 소프트웨어 기술을 잘 활용하는 방법을 알지 못했고, 관련 도구 또한 턱없이 부족했습니다. 따라서 많은 프로젝트에서 소프트웨어 엔지니어링 팀이 업무 기대치를 충족시키지 못하는 상황이 발생할 수밖에 없었습니다. 과거를 비춰볼 때 현재 2020년대의 ML 업무는 30년 전 소프트웨어 엔지니어링 위치에 있다고 볼 수 있습니다.

이쯤 되면 이 책에서 ML이 직면한 과제에 대해 부정적인 이야기만 강조하려는 것 같아 보일 수 있습니다. 하지만 반대로 생각해 보면 부정적인 요소를 미리 살펴보고 이들이 프로젝트에 미칠 수 있는 위협을 먼저 알아보기 위함입니다. 그리고 위험 요소를 최소화하는 데 도움이 되는 프로세스와 도구를 소개하는 것이 이 책의 목적입니다. 이 책의 의도에 공감한다면 [그림 1-3]을 통해 프로젝트 수행 시 발생할 수 있는 위험 요소를 먼저 확인해봅시다.

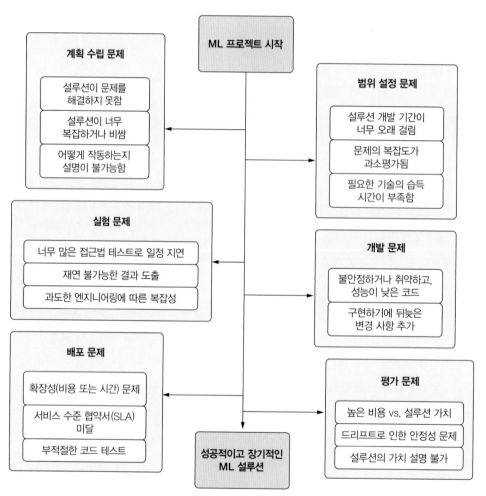

그림 1-3 ML 프로젝트를 실패로 이끄는 위험 요소

ML 엔지니어링에 사용하는 프레임워크는 위와 같은 주요한 실패 요인을 해결하기 위해 만들어졌습니다. 이러한 실패 요인을 없애는 것이 이 방법론의 핵심입니다. 이 방법론에서는 프로세스를 제공해 더 나은 의사 결정을 내리고, 내부 고객과 쉽게 소통하고, 실험 및 개발 단계에서 재작업을 없애고, 쉽게 유지 관리할 수 있는 코드 기반code base을 만들 뿐 아니라, 데이터 과학 업무에 많이 의존하는 어느 프로젝트에든 모범 사례 접근 방식을 도입할 수 있습니다. 수십년 전 소프트웨어 엔지니어가 대규모 폭포수waterfall 구현을 개선해 유연하고 생산적인 애자일 프로세스로 나아갔듯이, ML 엔지니어링은 데이터 과학자의 고유한 특징을 감안해 소프트웨어 개발 영역을 최적화할 새로운 방식과 도구를 정의하고자 합니다.

1.2 ML 엔지니어링 핵심 원칙

이제 ML 엔지니어링이 무엇인지 대략적으로 이해했습니다. 다음에는 [그림 1-2]에서 살펴본 넓은 범위의 프로젝트 실패 요인을 더 집중적으로 살펴보겠습니다. 각 요인은 이어지는 장에서 심층적으로 알아보겠지만, 이러한 요인이 왜 그렇게 중요한지 여러분과 공감대를 형성하기 위해 하나의 가상 시나리오를 설정해 살펴보겠습니다. 안타깝게도 우리 이야기와 비슷할 수 있습니다.

1.2.1 계획

잘못된 문제를 해결하기 위한 ML 설루션 구축만큼 사기를 저하시키는 일은 없습니다.

프로젝트가 실패하는 다양한 원인 중에서 프로젝트 계획 수립 실패는 프로젝트가 무산되는 가장 큰 이유입니다. 여러분이 새로 입사한 데이터 과학자라고 생각해보세요. 첫째 주에는 마케팅 팀의 임원이 찾아와 심각한 비즈니스 문제를 그들의 용어로 설명합니다. 마케팅 팀에서는 고객과 소통할 수 있는 효율적인 방법을 찾아내 고객이 관심 있어 할 만한 행사를 이메일로 홍보해야 하는 상황입니다. 하지만 경영진은 세부적인 내용을 완전히 무시한 채 "이메일 열람 비율이 올라갔으면 좋겠다"라고만 말합니다.

이 상황에서 마케팅 팀의 팀원들에게 이메일 열람률 상승이라는 최종 목표에만 초점을 두고 질문한다면 그들은 이를 달성할 무수한 방법을 이야기할 것입니다. 고객에게 맞춤화된 콘텐츠를 추천해주는 이메일을 작성하고 싶은가요? 자연어 처리 기반의 시스템으로 각 고객에게 적합한 제목을 찾고 싶은가요? 아니면 추천 시스템을 구축해 일별 판매 데이터를 기반으로 고객과 연관성이 높은 제품 목록을 예측하려고 하나요?

문제에 대한 가이드가 거의 주어지지 않은 채 선택할 수 있는 옵션이 매우 다양하고, 복잡성 또한 각기 다르기 때문에 경영진의 기대에 부합하는 설루션을 만들기란 거의 불가능합니다. 하지만 적절한 계획 수립에 대해 논의해본다면 더 디테일한 부분을 파악할 수 있고, 경영진이 기대하는 바를 명확하게 정의할 수 있습니다. 즉, 경영진의 목적은 이메일을 읽을 가능성이 가장 높은 시간을 예측하는 것이었죠. 경영진은 단지 전 세계에 있는 사용자들의 출퇴근 시간과 수면 시간을 파악해 각 사용자의 시간대에 맞춰 읽을 가능성이 높은 고객에게만 이메일을 보내고 싶을 뿐입니다. 하루 종일 효율적으로 이메일을 발송하고 싶은 것이지요.

안타깝게도 대부분의 ML 프로젝트가 이런 식으로 시작되곤 합니다. 프로젝트 시작에 앞서 의사소통이 거의 이루어지지 않는 경우가 많으며, 보통은 데이터 과학 팀이 어떻게든 알아서 해줄 거라 기대하곤 합니다. 하지만 무엇을 구축해야 하는지, 어떤 기능을 해야 하는지, 최종 목표가 어떤 것인지에 대한 적절한 가이드가 없다면 프로젝트가 실패할 확률이 매우 높습니다.

사용자의 IP 주소로 알아낼 수 있는 접속 위치 기반으로 쿼리하고, 사용자의 시차를 간단히 분석만 해도 되는 작업이었는데, 수개월의 개발 시간과 노력을 들여 기능이 다양한 추천 시스템을 구축했다면 어떤 일이 발생했을까요? 프로젝트는 중간에 취소되었을 확률이 가장 높고, 만약 구축을 완료했다 하더라도 이렇게 거대한 시스템을 구축한 이유와 막대한 개발 비용이 어떻게 쓰였는지 추궁하는 역공에 시달렸을 것입니다.

[그림 1-4]에 있는 간단한 계획 수립 논의 과정을 살펴봅시다. 명확한 답변을 이끌어내는 몇 가지 세심한 질문을 할 수 있다면 초기 단계에서도 데이터 과학자에게 필요한 답변을 얻을 수 있습니다. 이 과정을 통해 데이터 과학자가 집중해야 할 **단 하나의 목표**를 파악할 수 있는 것이죠. 특히 회사에서 데이터 과학자와 처음 호흡을 맞추는 작업이라면 이 접근법이 더더욱 유용할 겁니다.

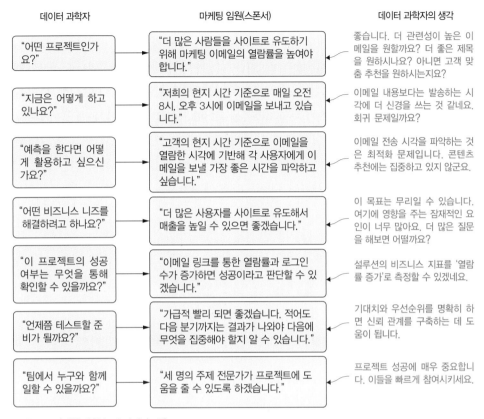

그림 1-4 간략한 계획 논의 다이어그램

오른쪽에 있는 데이터 과학자의 생각을 통해 볼 수 있듯이 해결이 필요한 문제는 처음 가정했던 것과는 완전히 다릅니다. 비즈니스 임원은 이메일 내용, 제목, 추천 같은 내용에 대해서는 전혀 이야기하지 않았습니다. 간단한 분석 쿼리를 사용하면 고객이 어느 시간대에 있는지 파악하고, 고객의 현지 시간 기준으로 언제 이메일을 열어보았는지 분석할 수 있습니다. 불과 몇 분의 논의만으로 비즈니스 사례를 충분히 이해하고 계획한다면 최소 몇 주간 낭비될 수 있는 노력과 시간, 비용을 절약하는 셈이지요.

초기 논의를 진행할 때 다른 내용보다 **무엇을 구현할 것인지** 그리고 **왜 구현해야 하는지**에 초점을 맞추면 데이터 과학 팀과 사업부 모두에게 더욱 유익하게 논의를 이끌 수 있습니다. 어떻게 구현할지에 대한 논의를 줄이면 데이터 과학 팀원들이 실질적인 문제 그 자체에 더욱 집중할 수 있습니다. 구현에 필요한 시간과 납기에 대한 논의만 피해도 사업부가 프로젝트의 요구 사항에 더 집중할 수 있습니다.

지금 단계에서 구현과 관련된 세부 사항을 논의하지 않는 것은 단지 팀이 해결하려는 문제 그 자체에 집중하게 하려는 목적 때문만은 아닙니다. 다른 팀과 논의할 때 알고리듬과 솔루션 설계와 관련된 난해한 내용을 다루지 않아야 사업부원들의 참여도를 높일 수 있습니다. 다시 말해 사업부원들은 그저 완성된 케이크를 먹고 싶을 뿐이며 케이크에 달걀이 몇 개 들어가는지, 무슨 색 달걀을 쓰는지, 어떤 닭이 낳은 달걀인지는 중요치 않다는 이야기입니다. 계획 수립 과정, 내부 비즈니스 고객과 프로젝트 기대치에 대해 논의하는 과정, 기술적 배경지식이 없는 사람들과 나눠야 하는 ML 작업과 관련된 일반적인 소통에 대해서는 1부의 나머지 부분에서 훨씬 더 자세하게 다룰 예정입니다.

1.2.2 범위 설정 및 조사

개발 도중에 접근 방식을 바꾸면

프로젝트가 지연되는 상황을 설명해야 하는 어려운 대화를 피할 수 없습니다.

사업부의 내부 고객이 프로젝트에 대해 궁금한 것은 결국 두 가지뿐입니다.

- 이 프로젝트를 통해 문제를 해결할 수 있나요?
- 얼마나 걸리나요?

범위 설정 및 조사 단계에서 ML 프로젝트가 잘못될 수 있는 또 다른 경우를 알아보기 위해 새로운 시나리오를 살펴보겠습니다. 회사 내 두 개의 데이터 과학 팀이 있고, 각 팀이 회사의 결제 시스템에서 증가하고 있는 사기 발생률을 떨어뜨리기 위한 솔루션을 개발하려고 경쟁하고 있다고 가정해보겠습니다. A 팀의 범위 설정 및 조사 프로세스는 [그림 1-5]와 같습니다.

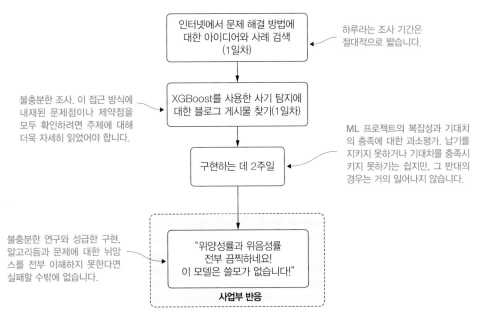

그림 1-5 경험이 부족한 데이터 과학자로 구성된 주니어 팀의 사기 탐지 문제 범위 설정 및 조사

A 팀은 대부분 주니어 데이터 과학자로 구성되어 있으며, 모두 학계에서 ML 관련 업무 경험이 부족한 사람들입니다. 프로젝트의 세부 내용과 기대치를 전달받자마자 이들이 하는 일은 바로 관련된 블로그 글을 뒤져보는 것입니다. 이들은 인터넷에서 '결제 사기 탐지'와 '사기 알고리듬'을 검색해 수백 개의 결과 중 매우 높은 수준의 블로그 게시물을 몇 개 찾아냅니다. 불행하게도 이 블로그 게시물 또한 실제로 프로덕션에 적용해본 적 없는 주니어 데이터 과학자가 쓴 글입니다. 그리고 몇 가지 기초적인 오픈 소스 데이터셋을 찾아냅니다.

반대로 B 팀은 박사 학위 연구자들로 구성되어 있습니다. 이들의 범위 설정과 조사 과정은 [그림 1-6]과 같습니다.

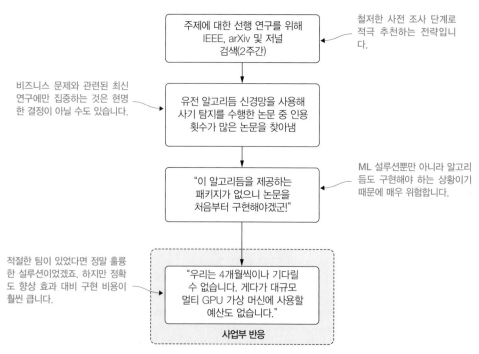

철저한 사전 조사 단계로 적극 추천하는 전략입니다.

주제에 대한 선행 연구를 위해 IEEE, arXiv 및 저널 검색(2주간)

비즈니스 문제와 관련된 최신 연구에만 집중하는 것은 현명한 결정이 아닐 수도 있습니다.

유전 알고리듬 신경망을 사용해 사기 탐지를 수행한 논문 중 인용 횟수가 많은 논문을 찾아냄

ML 솔루션뿐만 아니라 알고리듬도 구현해야 하는 상황이기 때문에 매우 위험합니다.

"이 알고리듬을 제공하는 패키지가 없으니 논문을 처음부터 구현해야겠군!"

적절한 팀이 있었다면 정말 훌륭한 솔루션이었겠죠. 하지만 정확도 향상 효과 대비 구현 비용이 훨씬 큽니다.

"우리는 4개월씩이나 기다릴 수 없습니다. 게다가 대규모 멀티 GPU 가상 머신에 사용할 예산도 없습니다."

사업부 반응

그림 1-6 학계 중심 연구자 그룹의 사기 탐지 문제 범위 설정 및 조사

B 팀은 학문적인 접근 방식으로 아이디어를 검증하고 관련 자료를 조사합니다. 우선 사기 모델링 주제로 발표된 논문을 파헤칩니다. 팀원들은 며칠 동안 저널과 논문을 읽으면서 사기 행위 탐지에 관한 방대한 이론으로 무장합니다.

이제 두 팀에게 솔루션을 만드는 데 필요한 리소스를 추정해달라고 요청하면 매우 상반된 대답을 들을 수 있습니다. A 팀은 XGBoost 바이너리 분류 모델을 구축하는 데 약 2주가 소요될 것으로 예상하는 반면, B 팀은 전혀 다른 이야기를 합니다. 이들은 새로운 딥러닝 구조를 구현, 훈련, 평가하는 데 몇 달이 걸릴 것으로 예상합니다. 비슷한 유스 케이스로 이미 구현되어 있는 어떠한 알고리듬보다 정확도가 훨씬 뛰어난 것이라며 말이죠.

이 시나리오에서 보여준 두 팀의 범위 설정과 조사 과정은 서로 정반대의 방식을 취하고 있습니다. 둘 중 하나는 성공해야 좋겠지만 안타깝게도 두 방식 모두가 서로 다른 이유로 실패할 여지가 있습니다. A 팀은 **문제를 풀기 위한 솔루션이 블로그의 예시보다 훨씬 더 복잡하기 때문에** 실패할 겁니다. 이상치에 해당하는 데이터가 너무 적어서 발생하는 클래스 불균형 문제 하나만을 다뤄

본다 해도 이는 블로그라는 짧은 글을 통해 풀어내기에 너무나 어려운 주제입니다. B 팀의 설루션은 정확도가 매우 높을 것으로 예상되지만 회사 입장에서는 사기 탐지 서비스의 초기 모델부터 큰 비용을 들이기에는 위험하다고 판단해 프로젝트를 더 이상 진행하지 않을 겁니다.

이렇듯 ML을 위한 프로젝트 범위 설정은 매우 어렵습니다. 아무리 노련한 ML 베테랑이라도 프로젝트에 걸리는 시간, 가장 성공적인 접근 방식, 필요한 리소스의 양을 추측하는 것은 무의미하고 그렇기 때문에 답답하게 느낄 수 있습니다. 적절한 범위 설정과 설루션 조사 방법을 구조화하면 필요한 리소스가 예측에서 크게 벗어나지 않습니다. 물론 잘못된 주장을 하게 될 가능성도 있지만요.

대부분의 기업에는 앞서 살펴봤던 시나리오에 해당하는 여러 유형의 사람이 섞여 있습니다. 그들 중 일부는 알고리듬에 대한 지식과 연구를 향상시켜 업계 발전을 위한 길을 닦는 것이 최고의 목표인 학자입니다. 다른 일부는 ML을 비즈니스 문제를 해결하기 위한 도구로 바라보는 응용 ML 엔지니어입니다. ML 작업에 대한 두 가지 철학을 모두 수용하고 균형을 맞추는 것이 중요합니다. 프로젝트 조사 및 범위 설정 단계에서 타협점을 찾고, 프로젝트가 실제로 프로덕션에 적용될 수 있도록 중간 지점을 찾는 것이 가장 좋은 길임을 명심해야 합니다.

1.2.3 실험

> *접근 방식은 매우 신중하게 테스트해야 합니다. 충분한 선택지를 테스트하지 않으면*
> *최고의 설루션을 찾지 못할 수 있고, 그렇다고 너무 많은 테스트를 실행하면*
> *소중한 시간을 낭비할 수 있습니다. 적절한 중간 지점을 찾는 것이 중요합니다.*

실험 단계에서 프로젝트가 실패하는 가장 큰 이유는 실험이 너무 오래 걸린다거나 프로토타입이 터무니없이 불만족스러운 경우입니다. 테스트할 접근 방식이 너무 많거나 과도한 미세 조정을 시도하는 경우에는 시간이 지나치게 오래 걸리고, 프로토타입이 기대치에 못 미치게 된다면 오히려 사업부에서 다른 프로젝트로 넘어가기로 결정할 수도 있습니다.

이번에는 다른 시나리오를 예로 들어보겠습니다. 이미지 분류기를 구축해 소매점 진열대에서 제품을 감지하는 설루션을 만들려고 합니다. 1.2.2절에서 살펴본 시나리오처럼 두 가지 접근 방식이 어떻게 다르게 작동하는지 설명해보겠습니다. [그림 1-7]과 [그림 1-8]에서 실험 방식이 정반대인 두 가지 경우를 각각 살펴봅시다.

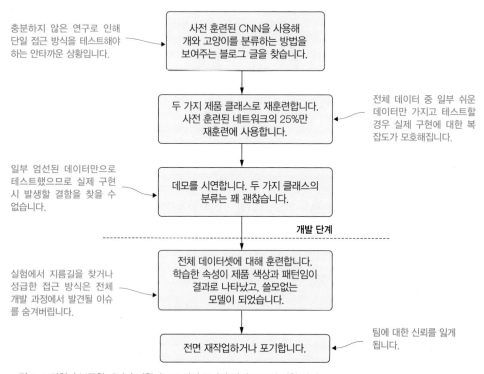

그림 1-7 경험이 부족한 데이터 과학자로 구성된 주니어 팀의 급조된 실험 단계

A 팀은 프로젝트 초기 단계에서 조사와 실험이 완전히 잘못된 예입니다. 설루션 개발에 있어 핵심적인 단계를 대수롭지 않게 생각하는 프로젝트라면 [그림 1-7]과 같은 결과를 맞이하게 됩니다. 사업부의 기대치와 전혀 무관할 정도로 부족한 결과물을 내놓을 수 있는 위험을 안고 있는 방식인 거죠. 이러한 프로젝트는 데이터 과학 팀의 신뢰를 잃게 만들고, 회사의 경비를 낭비하며, 여러 팀의 귀중한 리소스를 불필요하게 소모할 뿐입니다.

경험이 부족한 데이터 과학 팀원들은 매우 피상적인 조사만 수행한 채 블로그 글에 있는 기본 데모를 적용합니다. 기초 테스트 결과에서는 가능성이 보였지만, 데이터에 모델을 적용하는 데 필요한 구현 세부 사항을 철저히 조사하지 못했습니다. 수천 개의 제품 이미지를 적용해야 함에도 불구하고, 단 두 제품의 수백 장 이미지만으로 사전 훈련된 모델을 재훈련했을 뿐입니다. 바람직하지 않은 방식으로 도출된 결과로 인해 그들이 선택한 접근 방식의 문제가 오히려 은폐되었습니다.

이제 정반대의 상황을 살펴볼까요. 이 문제에 대한 B 팀의 접근 방식은 [그림 1-8]과 같습니다.

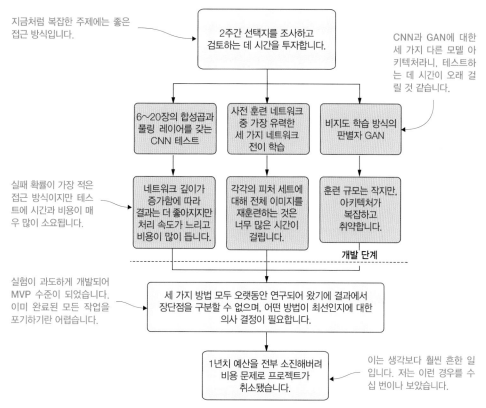

그림 1-8 실험 단계에서 너무 많은 테스트를 진행하는 경우

B 팀은 이 문제를 해결하기 위해 몇 주에 걸쳐 최신 논문을 검색하고 저널을 읽으며 다양한 합성곱 신경망convolutional neural network (CNN)과 생성적 적대 신경망generative adversarial network (GAN) 접근 방식과 관련된 이론을 섭렵했습니다. 그들은 큰 틀에서 가능성이 있는 세 가지 설루션을 찾아냈고, 설루션마다 여러 가지 테스트를 구성해 전체 훈련 이미지 데이터셋에 대해 훈련하고 평가했습니다.

여기서 B 팀의 문제는 A 팀처럼 연구의 깊이가 부족한 것이 아닙니다. 오히려 B 팀의 실험은 이 프로젝트의 목적에 맞춰 활용하기에 적합합니다. 하지만 팀원들이 너무 많은 것을 깊이 있게 시도하기 때문에 MVP를 준비하는 데 문제가 발생합니다. 프로젝트에 적합한 CNN의 구조와 레이어 수를 변경하려면 여러 번의 반복이 필요합니다. 이런 수준의 작업은 사실은 초기 실험 결과를 바탕으로 하나의 솔루션을 선택한 후, 실험 단계가 아닌 프로젝트 개발 단계에서 수행해야 합니다.

프로젝트를 실패하게 만든 가장 큰 원인은 아닐 테지만, 실험 단계가 잘못 수행되면 훌륭하게 계획한 프로젝트가 지연되거나 취소될 수 있습니다. 극단적인 이 두 가지 예시는 좋지 않은 방식을 보여줍니다. 이전 시나리오에서처럼 가장 좋은 방법은 두 가지 사이의 중간 접근 방식을 취하는 것입니다.

1.2.4 개발

만약 당신이 오랜 시간 디버깅을 했음에도 버그를 수정하지 못하고 있는 상황이라면,
코드 품질이 중요하다고 생각하는 사람은 아무도 없을 겁니다.

ML 프로젝트에서 잘못된 개발 관행은 매우 다양한 방식으로 나타나 우리의 소중한 프로젝트를 망쳐버릴 수 있습니다. 일반적으로 다른 실패 원인만큼 직접적으로 드러나지는 않지만 코드 기반이 잘못 설계되었거나 취약성을 가지고 있다면, 그리고 잘못된 개발 관행을 따르고 있다면 프로젝트 진행이 점차 어려워집니다. 프로덕션에서 장애로 나타날 수도 있고, 시간이 지남에 따라 서비스를 개선하기가 훨씬 더 어려워질 수 있습니다.

예를 들어 솔루션 모델을 개발하는 도중 빈번하게 발생할 수 있는 다소 간단한 수정 사항인 피처 엔지니어링feature engineering을 살펴봅시다. [그림 1-9]에서는 두 명의 데이터 과학자가 모놀리식monolithic 코드 기반에서 수정 작업을 시도하는 것을 볼 수 있습니다. 이 개발 패러다임에서는 전체 작업에 대한 변수 선언과 함수 같은 모든 로직이 스크립트로 작성되어 단일 노트북에 저장됩니다.

줄리는 벡터에 세 개의
새 필드를 추가하고 각
각에 대한 인코더를
만들어야 합니다.

조는 벡터의 연속형
값에 대한 가중치를
조정해야 합니다.

수정할 줄

수정할 줄

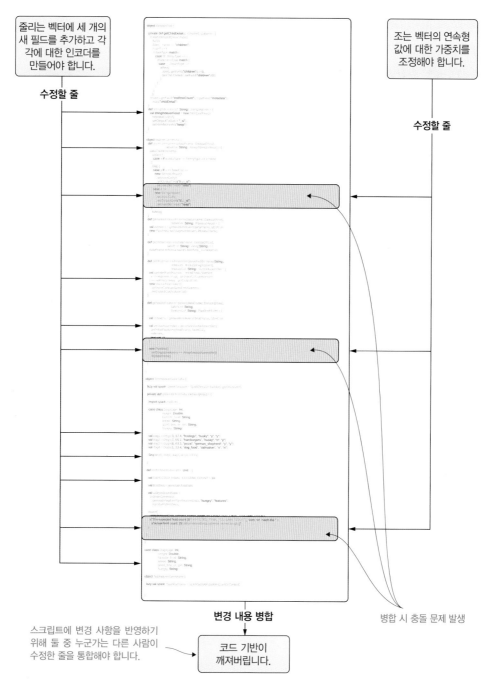

변경 내용 병합

병합 시 충돌 문제 발생

스크립트에 변경 사항을 반영하기
위해 둘 중 누군가는 다른 사람이
수정한 줄을 통합해야 합니다.

코드 기반이
깨져버립니다.

그림 1-9 모놀리식 코드 기반에서 스크립트 수정하기

모놀리식 코드 기반에서 줄리Julie는 피처 벡터가 정의된 부분을 찾고 컬렉션에 새로운 필드를 추가하기 위해 여러 번의 검색과 마우스를 스크롤해야 합니다. 인코딩 작업도 정확하게 해야 하고 수정한 스크립트가 전체 코드의 올바른 위치에 올라가야 합니다. 스크립트 작성 패러다임으로 개발할 경우 피처 인코딩과 모델링을 위한 코드의 줄 수가 이미 수천 줄에 달할 수 있습니다. 여기에서 검색과 수정을 하려면 작업량이 엄청날 겁니다. 더군다나 코드가 누락되거나 오타 또는 다른 실수로 오류가 발생하기 쉽습니다.

반면 조Joe는 편집해야 할 내용이 훨씬 적습니다. 하지만 여전히 긴 코드 기반을 검색하고 하드 코딩된 값을 올바르게 편집하는 작업을 해야 합니다.

모놀리식 접근 방식의 진짜 문제는 각 변경 사항을 하나의 스크립트 파일로 통합할 때 발생합니다. 서로의 작업에 이미 종속성이 발생했기 때문에 두 사람이 모두 코드를 업데이트하려면 둘 중 하나를 선택해 프로젝트의 마스터로 사용하고, 다른 스크립트에서 발생한 변경 사항을 복사해 붙여넣어야 합니다. 이 과정에서 귀중한 개발 시간을 낭비하게 되는 건 분명하고, 기대하는 결과를 얻기 위해 추가 디버깅이 필요할 수 있습니다.

[그림 1-10]은 ML 프로젝트에서 코드 기반을 유지 관리하는 다른 접근 방식을 보여줍니다. 이번에는 모듈화된 코드 아키텍처가 [그림 1-9]의 긴 스크립트에 존재하는 종속성을 분리해냅니다.

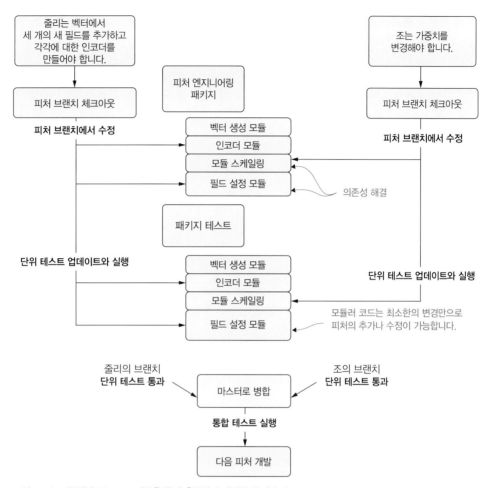

그림 1-10 모듈화된 ML 코드 기반을 통해 충돌이나 재작업 방지하기

이 모듈화된 코드 기반은 통합 개발 환경(IDE)에서 작성되었습니다. 두 데이터 과학자가 수행하는 변경 작업은 [그림 1-9]의 변경 작업과 본질적으로 동일합니다. 줄리는 피처 벡터에 몇 가지 필드를 추가한 후 새 필드에 대한 인코딩을 수정하고, 조는 피처 벡터에 사용되는 가중치를 수정합니다. 하지만 이 작업을 수행하는 데 필요한 시간과 노력은 앞선 방식과 큰 차이가 납니다.

완전히 모듈화된 코드 기반이 깃허브[GitHub]에 등록되어 있으면 일단 각 개발자는 마스터에서 기능 브랜치를 체크아웃합니다. 그리고 수정해야 하는 피처의 모듈을 약간 수정하고, 새로운 테스트 코드를 작성합니다. 테스트 코드를 통과하면 풀 리퀘스트를 제출합니다. 작업이 완료되면 각 기능 브랜치는 다른 피처 브랜치에 영향을 미치지 않고 설계된 대로 작동하는 것이죠. 줄리와 조는 단일 빌드에서 두 변경 사항의 릴리스 브랜치를 만들어 전체 통합 테스트를 실행한 다음, 기능이 잘 작동한다는 확신을 가지고 마스터로 안전하게 병합합니다. 사실상 동일한 코드 기반에서 효율적으로 함께 작업할 수 있으므로 오류 발생 가능성을 크게 최소화하고 코드 디버깅에 소요되는 시간도 줄일 수 있습니다.

1.2.5 배포

배포 전략 중심으로 프로젝트를 계획하지 않으면
손님이 몇 명이나 올지 모르는 채로 디너파티를 여는 것과 같습니다.
돈을 낭비하거나 경험을 망칠 수 있죠.

새로 생겨난 ML 팀에게 ML 프로젝트 작업에서 가장 복잡한 부분은 아마도 비용 효율적인 배포 전략을 구축하는 부분일 겁니다. 인프라 성능이 부족한 경우에는 제대로 작동하지도 않을 것이므로 예측 품질에 대한 이야기는 할 수도 없을 것이고, 너무 과하게 확보된 경우에는 사용하지 않는 인프라와 복잡성으로 인해 비용이 낭비될 것입니다.

패스트푸드 회사의 재고 최적화 문제를 예로 들어보겠습니다. 데이터 과학 팀은 지난 몇 년간 지역 단위의 재고 관리를 위해 성공적으로 수요를 예측해왔습니다. 주간 고객 수 예측을 통해 일간 수요 예측을 대규모 배치로 수행했고, 매주 그 결과를 제출했습니다. 지금까지 데이터 과학 팀은 [그림 1-11]과 같은 ML 아키텍처에 익숙한 상황입니다.

스케줄에 따른 예약 배치 추론 과정은 다음 아키텍처가 비교적 표준적입니다. 자재 주문 수량을 결정해야 하는 내부 담당자에게 예측 결과를 전달하는 것이 중심입니다. 이 아키텍처는 특별히 복잡하지 않으며 데이터 과학 팀에게 익숙한 패러다임입니다. 스케줄링된 동기 추론의 특성, 그리고 훈련 주기와 추론 주기 사이에 시간이 많다는 점에서 기술 스택이 특별히 높아야 할 필요는 없습니다.

배치 추론을 사용하면서 회사는 예측 모델링의 장점을 인지하고, 데이터 과학 팀에 더 큰 신뢰를 갖게 되었습니다. 이에 경영진은 지역별 배치 추론을 넘어서 매장별로 실시간에 가까운 재고를 예측해보고자 데이터 과학 팀에 솔루션을 제공해달라고 요청합니다.

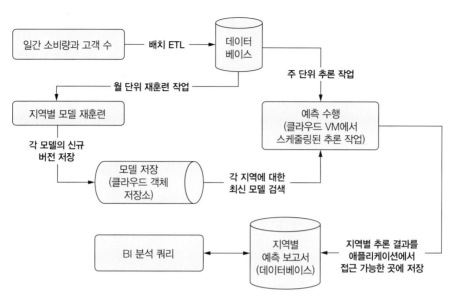

그림 1-11 기본적인 배치 추론의 서비스 아키텍처

단순한 아키텍처

ML 아키텍처를 구축할 때는 가능한 한 가장 단순하게 설계하기 위해 노력하세요. 프로젝트의 추론 주기가 1주일인 경우 실시간 스트리밍이 아닌 배치 프로세스를 사용하는 것이 좋습니다. 데이터 볼륨이 메가바이트 단위인 경우, 데이터베이스와 간단한 가상 머신virtual machine(VM)을 사용할 수도 있습니다. 여러 노드가 달린 아파치 스파크Apache Spark 클러스터까지는 필요 없습니다. 훈련 수행 시간이 몇 시간이 아니라 분 단위로 측정되는 경우 GPU가 아닌 CPU만으로도 충분합니다.

복잡한 아키텍처나 플랫폼, 기술을 한번 써보기 위해서 도입하려고 한다면 이미 충분히 복잡한 솔루션에 불필요한 복잡성이 추가될 뿐입니다. 새로운 것이 추가될 때마다 무언가 고장 날 가능성이 높아진다는 것을 잊지 마세요. 그리고 쉽게 해결되지도 않습니다. 솔루션을 안정적으로 일관되게 효과적으로 운영하기 위해서는 기술, 스택 및 아키텍처를 단순하게 유지하는 것이 권장하는 모범 사례입니다. 프로젝트의 시급한 비즈니스 요구 사항을 해결하는 데 딱 필요한 만큼만 있으면 됩니다.

ML 팀원들은 그들이 표준으로 사용하는 아키텍처가 매장별 예측을 준실시간 수준으로 제공하기에는 적합하지 않다는 것을 알고 있습니다. 예측 데이터에 대한 요청 횟수와 업데이트 빈도를 맞추려면 REST 애플리케이션 프로그래밍 인터페이스(API)를 구축해야 합니다. 매장별 재고 예측의 세분화 수준을 조정하려면 하루 종일 예측 결과를 생성해야 한다는 것 또한 파악했습니다. 요구 사항을 숙지하고 사내 소프트웨어 엔지니어의 도움을 받아 솔루션을 구축해봤습니다.

이를 운영에 도입하고 1주일이 채 지나기도 전에 회사는 클라우드를 사용한 운영 비용이 효율적인 재고 관리로 얻을 수 있는 비용 절감 효과보다 훨씬 더 높다는 사실을 깨닫게 됩니다. 문제를 해결하는 데 필요한 자기회귀 누적 이동 평균(ARIMA) 모델을 사용한 새로운 아키텍처는 [그림 1-12]와 같습니다.

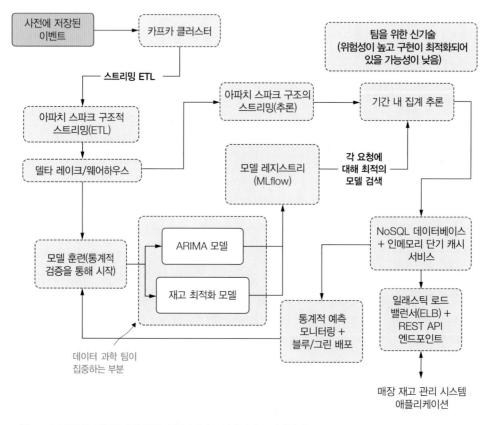

그림 1-12 사업부의 만족을 위해 훨씬 더 복잡해진 준실시간 배포 아키텍처

그리고 얼마 지나지 않아 프로젝트는 폐기 수순을 밟게 되고 비용을 낮추기 위해 아키텍처를 완전히 재설계하는 작업을 시작합니다. 낯설지 않은 시나리오일 거라 생각합니다. 새로운 문제를 해결하기 위해 회사가 ML을 적용할 때 계속해서 이런 일이 일어나기 때문이죠. 필자는 세 번이나 겪었습니다.

프로젝트를 시작할 때 배포와 서비스에 관련된 내용을 협의하지 않으면 서비스 수준 협약서 (SLA) 또는 필요한 트래픽을 충족하지 못할 수 있습니다. 혹은 반대로 과도하게 엔지니어링되어overengineering 기술 사양을 초과하는 솔루션을 구축해 감당하지 못할 정도의 비용이 필요해질 위험도 높습니다. [그림 1-13]은 예측 결과 배포와 관련해 고려해야 할 몇 가지 요소와 그에 따른 상대적인 비용을 보여줍니다.

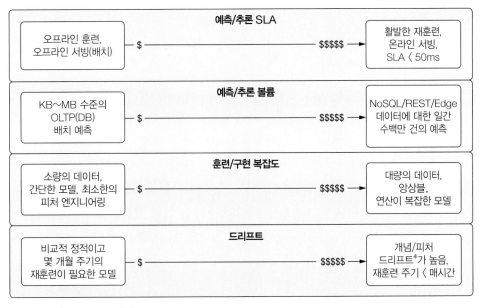

그림 1-13 배포 비용 고려 사항

새로운 문제를 마주했을 때 어떤 훌륭한 알고리듬을 적용해 해결해야 할지 고민하는 과정은 재미있는 일입니다. 그에 반해 비용에 대한 고민은 그다지 흥미롭지도 않고 중요해 보이지 않을

---

4   옮긴이_ 개념 드리프트(concept drift)는 정답 레이블의 의미나 통계적 특성이 훈련 데이터로부터 변화하는 것을 의미하고, 피처 드리프트는 프로덕션에서 입력 데이터의 통계적 분포가 훈련 데이터로부터 달라지는 것을 의미합니다. 둘 다 시간이 지남에 따라 머신러닝 모델의 예측 성능을 떨어지게 만드는 요인입니다. 드리프트는 12장에서 자세히 설명합니다.

수도 있습니다. 데이터 과학 팀은 특정 프로젝트의 총 소유 비용^{total cost of ownership}(TCO)을 고려하지 않을 수 있지만, 경영진은 언제나 비용을 고려합니다. 비용과 관련된 고려 사항을 일찍 평가함으로써 프로젝트가 그만한 가치가 있는지에 대한 판단을 내릴 수 있도록 비용 분석을 수행해야 합니다.

몇 달 동안 구축한 후 프로덕션 서비스를 중단하는 것보다 계획 첫 주에 프로젝트를 취소하는 것이 더 나을 수 있습니다. 프로젝트를 위해 비싼 아키텍처를 구축하고 운영해야 할 가치가 있는지 여부를 알 수 있는 유일한 방법은 비즈니스에 미치는 영향을 측정하고 평가하는 것입니다.

1.2.6 평가

프로젝트 운영 단계에서 얻는 이점을 정당화할 수 없다면
프로젝트가 오래 유지될 거라고 기대하지 마세요.

ML 프로젝트가 취소되거나 무산되는 이유 중 가장 안타까운 것은 바로 예산입니다. 일반적으로 프로젝트에 착수하고 나서 별문제 없이 바로 프로덕션으로 넘어간 경우라면 설루션 개발과 관련된 초기 비용에 대해 경영진이 이해했고 사전에 승인했을 것입니다. 하지만 프로덕션(운영) 단계에 들어간 이후 프로젝트가 취소되는 것은 완전히 다른 문제입니다. 프로젝트가 회사에 가져다주는 이득이 보이지 않는 경우입니다. 설루션의 가치를 입증하지 못하면 언젠가는 누군가가 비용을 절감하기 위해 설루션을 종료하라는 압박을 가할 수도 있습니다.

지난 6개월 동안 예측 모델링을 활용해 매출을 늘리기 위해 노력한 회사가 있다고 상상해보세요. 데이터 과학 팀원들은 프로젝트 개발 전반에 걸쳐 모범 사례를 따라 비즈니스에서 요구하는 내용을 정확히 구축하고, 유지 관리 및 확장 가능한 코드를 개발하는 데 집중했고, 마침내 설루션을 프로덕션에 적용했습니다.

실제로 이 모델은 지난 3개월 동안 놀라운 성능을 발휘했습니다. 데이터 과학 팀은 예측 결과를 실제 관측 데이터와 비교했고, 매번 예측 결과가 놀라울 정도로 실제 데이터에 근접한 것으로 나타났습니다. 하지만 이 ML 설루션의 운영 비용을 우려하는 회사 임원 한 분이 [그림 1-14]에서 확인할 수 있는 것처럼 간단한 질문을 던졌습니다.

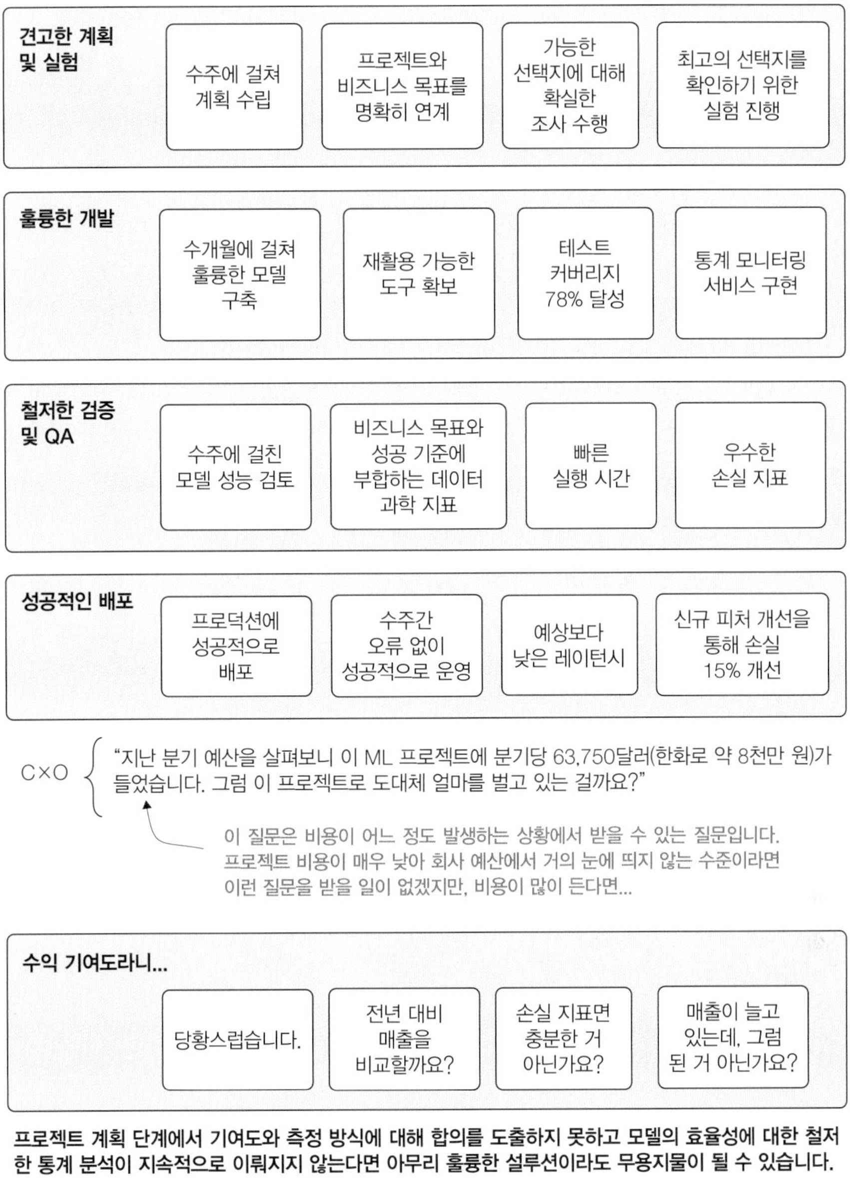

견고한 계획 및 실험	수주에 걸쳐 계획 수립	프로젝트와 비즈니스 목표를 명확히 연계	가능한 선택지에 대해 확실한 조사 수행	최고의 선택지를 확인하기 위한 실험 진행
훌륭한 개발	수개월에 걸쳐 훌륭한 모델 구축	재활용 가능한 도구 확보	테스트 커버리지 78% 달성	통계 모니터링 서비스 구현
철저한 검증 및 QA	수주에 걸친 모델 성능 검토	비즈니스 목표와 성공 기준에 부합하는 데이터 과학 지표	빠른 실행 시간	우수한 손실 지표
성공적인 배포	프로덕션에 성공적으로 배포	수주간 오류 없이 성공적으로 운영	예상보다 낮은 레이턴시	신규 피처 개선을 통해 손실 15% 개선

CxO: "지난 분기 예산을 살펴보니 이 ML 프로젝트에 분기당 63,750달러(한화로 약 8천만 원)가 들었습니다. 그럼 이 프로젝트로 도대체 얼마를 벌고 있는 걸까요?"

이 질문은 비용이 어느 정도 발생하는 상황에서 받을 수 있는 질문입니다. 프로젝트 비용이 매우 낮아 회사 예산에서 거의 눈에 띄지 않는 수준이라면 이런 질문을 받을 일이 없겠지만, 비용이 많이 든다면...

수익 기여도라니...	당황스럽습니다.	전년 대비 매출을 비교할까요?	손실 지표면 충분한 거 아닌가요?	매출이 늘고 있는데, 그럼 된 거 아닌가요?

프로젝트 계획 단계에서 기여도와 측정 방식에 대해 합의를 도출하지 못하고 모델의 효율성에 대한 철저한 통계 분석이 지속적으로 이뤄지지 않는다면 아무리 훌륭한 솔루션이라도 무용지물이 될 수 있습니다.

그림 1-14 A/B 테스트와 통계적으로 유의미한 기여도 측정이 부족해 거의 완벽했던 ML 프로젝트가 취소되는 경우

훌륭한 ML 프로젝트를 만들었음에도 불구하고 간과했던 부분은 예측 결과를 비즈니스의 어떤 측면과 연결할 것이며, 어떻게 프로젝트의 존재를 정당화할 수 있는지였습니다. 현재 프로덕션

에서 서비스 중인 모델은 결과적으로 회사의 수익 증대를 위해 설계되었지만, 기여도를 분석할 수 있는 방법은 준비하지 않았습니다. 운영 비용과 수익 증가분을 면밀히 검토해 그 결과로 기여도 분석이 불가능하다면 솔루션의 가치를 증명할 방법이 없다는 뜻입니다.

단순히 솔루션을 적용한 이후의 매출을 합산해 전부 모델의 기여 덕분이라고 이야기할 수 있을까요? 아니요, 이 방법은 전혀 정확하지 않습니다. 그렇다면 작년과 판매량을 비교해볼까요? 이 방법도 너무 많은 잠재적 요인이 매출에 영향을 미치기 때문에 정확하지 않습니다.

모델의 기여도를 정확하게 측정하는 유일한 방법은 A/B 테스트를 수행하고 적절한 통계 모델을 사용하는 것입니다. 모델에 의한 추가 매출이 얼마나 되는지 보여주는 매출 상승률을 추정 오차를 포함해서 계산하는 것입니다. 하지만 이미 모든 고객에게 솔루션이 배포되었기 때문에 A/B 테스트라는 버스는 이미 떠난 후입니다. 팀은 모델의 지속적인 존재를 정당화할 수 있는 기회를 잃었습니다. 이 프로젝트가 당장 중단되지는 않겠지만, 회사가 예산 지출을 줄여야 한다면 분명히 도마 위에 오를 것입니다.

이런 경우를 대비해 항상 미리 생각하고 계획하는 것이 좋습니다. 아직 상관없는 이야기 같겠지만 그런 일이 일어나지 말란 법은 없습니다. 이 작은 지혜를 배우기까지 필자는 두 번의 힘든 일을 겪었고, 덕분에 교훈을 얻었습니다. 모델의 지속적인 유지에 대한 정당성을 보여주는 통계적으로 유의미한 테스트, 즉 검증된 무기가 있다면 프로젝트를 방어하기가 훨씬 쉬워집니다. 11장에서는 A/B 테스트 시스템을 구축하는 접근 방식, 기여도에 대한 통계적 테스트 및 관련 평가 알고리듬을 살펴봅니다.

1.3 ML 엔지니어링의 목표

가장 기본적인 의미에서 데이터 과학자의 주요 목표는 통계, 알고리듬, 예측 모델링을 사용해 문제를 해결하는 것입니다. 주로 사람이 매번 작업하기에는 너무 번거롭거나 단조로운 문제를 해결합니다. 이런 일들은 오류가 발생하기 쉽고 복잡하고 어려운 문제입니다. 대단하고 새로운 모델을 만들어야 하거나, 문제 해결 방식에 대한 인상적인 연구 논문을 작성하거나, 프로젝트에 적용하기 위해 가장 혁신적인 신기술을 찾는 그런 거창한 일이 아닙니다.

우리는 결국 문제를 해결하기 위해 데이터 과학자라는 직업에 종사하고 있습니다. 데이터 과학자가 문제를 해결하기 위해서는 방대한 양의 도구, 알고리듬, 프레임워크, 핵심 업무를 처리해야 합니다. 그렇기 때문에 업무의 기술적인 측면에만 집중하다 보면 너무나 많은 양에 압도당하기 쉽습니다. 즉, ML 프로젝트의 복잡성을 본질적으로 해결할 수 있는 프로세스 가이드가 없으면 **문제 해결**이라는 진정한 목표를 놓치기 쉽습니다.

1.2절에서 소개한 것처럼 프로젝트의 핵심에 집중하면 프로덕션 환경에서 모델을 실행해 실제 비즈니스 문제를 해결할 수 있습니다. 결과적으로 ML 프로젝트가 올바른 상태에 도달할 수 있는 것이죠. 이번 장에서 간략하게 소개했지만 이 책의 나머지 부분에서 더욱 자세히 다룰 예정입니다.

여러분도 할 수 있습니다!

이 모든 복잡한 작업을 대신 수행하는 외주 업체가 있고, 외주 업체는 이 일을 통해 엄청난 돈을 벌고 있습니다. 하지만 핵심 개념을 배우면 ML 업무 방법론을 따르는 팀을 구성해 프로젝트의 성공률을 획기적으로 높일 수 있습니다. 처음에는 업무가 복잡하고 다소 혼란스러울 수 있지만, 가이드라인을 따르고 복잡성을 관리하는 데 도움이 되는 올바른 도구를 사용하면 모든 팀이 막대한 예산을 들이지 않고도 정교한 ML 솔루션을 개발할 수 있습니다. 또한 엉망으로 구현된 솔루션을 유지하기 위해 시간을 낭비하지 않아도 됩니다. 여러분은 할 수 있습니다!

ML 엔지니어링 업무를 위한 방법론과 접근 방식을 자세히 알아보기 전에 [그림 1-15]에 간략히 정리한 개요를 한번 살펴보세요. 프로덕션으로 가기 위한 ML 업무의 프로세스로, 어떤 팀과 일하든 어떤 프로젝트에 적용하든 성공적인 프로세스임이 입증된 바 있습니다.

이 책에서는 각 구성 요소에 대한 논의와 구현 방법뿐만 아니라 해당 구성 요소가 중요한 이유에 초점을 맞추며 세부적인 내용을 살펴봅니다. 성공적인 ML 프로젝트를 지원하는 인력, 프로세스, 도구에 초점을 맞춘 이 방법은 필자가 경험했던 수많은 실패한 프로젝트를 거울 삼아 만들었습니다. 따라서 이 책에서 설명하는 방식을 따르면 실패를 줄이고 프로덕션 환경에 적용할 뿐만 아니라 지속적으로 운영하고 프로덕션 환경에 유지할 수 있는 프로젝트를 더 많이 구축할 수 있습니다.

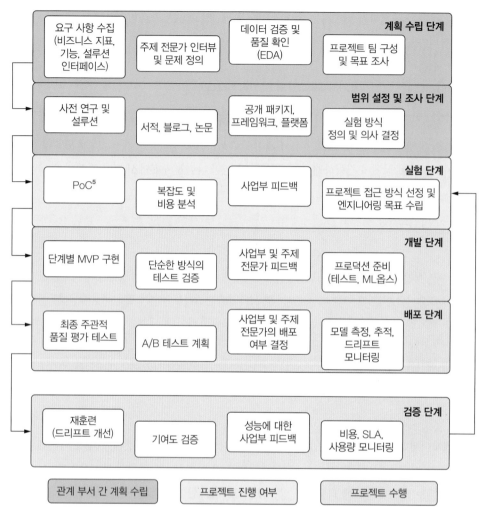

그림 1-15 ML 엔지니어링 방법론 구성 요소 프로세스

---

5 옮긴이_ PoC(proof of concept)는 개념 증명을 의미하지만 업계에서 PoC가 관용적으로 많이 사용되므로 이 책에서는 PoC를 사용합니다.

1.4 요약

- ML 엔지니어는 실제 문제 해결에 집중하면서 응용 ML 프로젝트가 효율적으로 개발되고 유지 관리될 수 있도록 해야 합니다. 이를 위해서는 데이터 과학, 기존 소프트웨어 엔지니어링, 프로젝트 관리 측면을 파악하고 있어야 합니다.

- 응용 ML 프로젝트의 여섯 가지 주요 단계(계획, 범위 설정 및 조사, 실험, 개발, 배포, 평가) 전반에 걸쳐 모범 사례에 집중한다면 프로젝트 중단 위험을 최소화할 수 있습니다.

- 기술 구현의 세부 사항, 도구, 새로운 접근 방식에 대한 우려를 덜어내세요. 그러면 프로젝트 업무를 진행함에 있어 가장 중요한 요소인 실질적인 문제 해결에 집중할 수 있습니다.

CHAPTER 2

엔지니어링을 사용하는 데이터 과학

이 장의 내용

- 데이터 과학자와 ML 엔지니어의 차이점
- 위험을 줄이기 위해 모든 프로젝트 작업의 단순성에 중점을 두는 방법
- ML 프로젝트 작업에 애자일 기초 개념 적용하기
- 데브옵스^{DevOps}와 ML옵스^{MLOps}의 차이점과 유사점

이전 장에서는 프로젝트 작업 관점에서 ML 엔지니어링의 구성 요소를 살펴봤습니다. 데이터 과학을 살펴보는 이러한 접근 방식이 프로젝트 관점에서 어떤 의미가 있는지 설명하는 것은 이 야기의 극히 일부일 뿐입니다. 전반적으로 ML 엔지니어링은 다음 핵심 개념의 삼요소가 만들어내는 비책입니다.

- 기술(도구, 프레임워크, 알고리듬)
- 사람(협업, 의사소통)
- 프로세스(소프트웨어 개발 표준, 엄격한 실험, 애자일 방법론)

데이터 과학 업계의 단순한 진리를 하나 이야기하자면, 각 요소에 초점을 맞춘 프로젝트는 대부분 성공하는 반면, 그중 하나 또는 여러 요소를 생략한 프로젝트는 실패하는 경향이 있습니다. ML 프로젝트의 실패율이 과장되고 자주 인용되는 이유가 바로 이 때문입니다(공급 업체의 마케팅 자료를 보면 다소 독단적이고 당황하게 되는 경우가 많습니다).

이번 장에서는 성공적인 프로젝트를 위한 세 가지 구성 요소를 전반적으로 다룹니다. 협력하고 포용하는 방식으로 내부 고객과 공동 개발하며 유지 관리 가능한 솔루션을 만드는 데 중점을 두고, 각 요소를 균형 있게 적절히 사용하면 지속 가능한 ML 솔루션을 구축할 가능성이 매

우 높습니다. 결국 모든 데이터 과학 작업의 핵심은 **문제를 해결하는 것**입니다. 유지 보수성과 효율성에 중점을 둔 검증된 방법론을 적용해 작업하면 훨씬 적은 노력으로 더 많은 문제를 해결할 수 있습니다.

2.1 프로젝트 성공률을 높이는 방법: 프로세스를 적용해 복잡한 전문성 강화하기

데이터 과학 용어를 처음으로 정의한 자료 중 하나인, C. 하야시[Chikio Hayashi], K. 야지마[Keiji Yajima] 등이 편찬한 『Data Science, Classification, and Related Methods(데이터 과학, 분류와 관련 방법)』(스프링거, 1996)에서는 데이터 과학의 세 가지 주요 초점을 다음과 같이 잡았습니다.

- 데이터 설계: 구체적으로 특정 문제를 해결하기 위해 정보를 수집하는 방법과 수집 구조에 대한 계획
- 데이터 수집: 데이터를 획득하는 행위
- 데이터 분석: 문제 해결을 위해 통계적 방법론을 사용해 데이터에서 통찰력 얻기

처음 두 항목은 최신 데이터 엔지니어링 팀에서 처리하기 때문에 대부분의 현대 데이터 과학은 마지막 항목(데이터 과학 팀이 자체 ETL을 개발해야 하는 경우가 많음)에 초점을 맞춥니다. 광범위한 용어인 **데이터 분석**에서 현대 데이터 과학자의 주요 역할은 통계 기술, 데이터 조작 활동, 통계 알고리듬(모델)을 적용해 데이터에서 통찰력을 얻고 예측을 수행하는 것입니다.

[그림 2-1]의 상단 부분은 기술적인 관점에서 살펴본 현대 데이터 과학자의 전반적인 역할입니다. 데이터 과학자가 하는 일에 대해 이야기할 때 흔히 초점을 맞추는 요소로, 데이터 접근부터 어지러울 정도로 다양한 알고리듬 접근 방식과 고급 통계를 활용한 복잡한 예측 모델 구축까지 보여줍니다. 이는 데이터 과학자가 프로젝트를 진행할 때 실제로 무엇을 하는지에 대한 정확한 평가가 아니라 문제 해결에 사용하는 일부 작업과 도구에 중점을 둡니다. 하지만 이런 방식으로 데이터 과학을 생각하게 되면 언어, 알고리듬, 프레임워크, 계산 효율성, 전문성에 대한 기타 기술적인 고려 사항을 나열하면서 소프트웨어 개발자의 작업을 분류하는 것만큼이나 도움이 되지 않습니다.

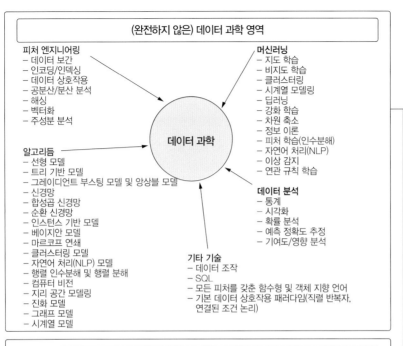

(완전하지 않은) 데이터 과학 영역

피처 엔지니어링
- 데이터 보간
- 인코딩/인덱싱
- 데이터 상호작용
- 공분산/분산 분석
- 해싱
- 벡터화
- 주성분 분석

머신러닝
- 지도 학습
- 비지도 학습
- 클러스터링
- 시계열 모델링
- 딥러닝
- 강화 학습
- 차원 축소
- 정보 이론
- 피처 학습(인수분해)
- 자연어 처리(NLP)
- 이상 감지
- 연관 규칙 학습

데이터 과학

알고리듬
- 선형 모델
- 트리 기반 모델
- 그레이디언트 부스팅 모델 및 앙상블 모델
- 신경망
- 합성곱 신경망
- 순환 신경망
- 인스턴스 기반 모델
- 베이지안 모델
- 마르코프 연쇄
- 클러스터링 모델
- 자연어 처리(NLP) 모델
- 행렬 인수분해 및 행렬 분해
- 컴퓨터 비전
- 지리 공간 모델링
- 진화 모델
- 그래프 모델
- 시계열 모델

데이터 분석
- 통계
- 시각화
- 확률 분석
- 예측 정확도 추정
- 기여도/영향 분석

기타 기술
- 데이터 조작
- SQL
- 모든 피처를 갖춘 함수형 및 객체 지향 언어
- 기본 데이터 상호작용 패러다임(직렬 반복자, 연결된 조건 논리)

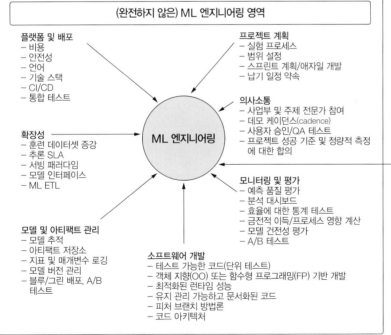

(완전하지 않은) ML 엔지니어링 영역

플랫폼 및 배포
- 비용
- 안전성
- 언어
- 기술 스택
- CI/CD
- 통합 테스트

프로젝트 계획
- 실험 프로세스
- 범위 설정
- 스프린트 계획/애자일 개발
- 납기 일정 약속

ML 엔지니어링

의사소통
- 사업부 및 주제 전문가 참여
- 데모 케이던스(cadence)
- 사용자 승인/QA 테스트
- 프로젝트 성공 기준 및 정량적 측정에 대한 합의

확장성
- 훈련 데이터셋 증강
- 추론 SLA
- 서빙 패러다임
- 모델 인터페이스
- ML ETL

모니터링 및 평가
- 예측 품질 평가
- 분석 대시보드
- 효율에 대한 통계 테스트
- 금전적 이득/프로세스 영향 계산
- 모델 건전성 평가
- A/B 테스트

모델 및 아티팩트 관리
- 모델 추적
- 아티팩트 저장소
- 지표 및 매개변수 로깅
- 모델 버전 관리
- 블루/그린 배포, A/B 테스트

소프트웨어 개발
- 테스트 가능한 코드(단위 테스트)
- 객체 지향(OO) 또는 함수형 프로그래밍(FP) 기반 개발
- 최적화된 런타임 성능
- 유지 관리 가능하고 문서화된 코드
- 피처 브랜치 방법론
- 코드 아키텍처

데이터 과학 기술을 프로덕션급 설루션 개발 및 배포 패러다임에 도입하기

그림 2-1 소프트웨어 엔지니어링 기술과 데이터 과학이 ML 엔지니어 역할에 통합됨

많은 데이터 과학 실무자가 대부분 초점을 맞추는 [그림 2-1] 상단의 기술적 초점이 하단에 표시된 더 넓은 시스템의 한 측면에 불과하다는 것을 볼 수 있습니다. 즉, 데이터 과학 핵심 기술을 기본으로 지원하는 프레임워크를 제공해 보완 도구, 프로세스와 패러다임이 보다 건설적으로 작동할 수 있도록 하는 것이 ML 엔지니어링입니다.

개념적으로 살펴보면 ML 엔지니어링은 실무자가 프로젝트에서 가장 중요하고 유일한 측면인 **실제로 작동하는 문제에 대한 설루션 제공**에만 집중할 수 있도록 도와주는 패러다임입니다. 하지만 어디서부터 시작해야 할까요?

2.2 단순한 토대의 중요성

데이터 과학자의 업무를 한 문장으로 간단히 요약하자면 '데이터에 수학을 창의적으로 적용해 문제를 해결합니다'입니다. 업무 폭이 넓은 만큼 기록된 정보(데이터)로 다양한 설루션을 개발할 수 있음을 반영하는 문장입니다.

비즈니스 문제를 해결하기 위해 데이터 과학자가 수행해야 하는 알고리듬, 접근 방식 또는 기술 작업과 관련된 규정은 없습니다. 사실 그 반대입니다. 데이터 과학자는 다양한 기술과 접근 방식을 활용할 수 있는 **문제 해결사죠**.

이 분야를 처음 접하는 많은 데이터 과학자가 '가장 뛰어난' 최신 기술을 사용해야만 회사에 가치를 제공할 수 있다고 믿곤 합니다. 하지만 노련한 데이터 과학자는 중대한 백서에 목록화되거나 블로그에서 많이 광고하는 새로운 접근 방식과 최신 유행에 집중하기보다 방법론에 관계없이 **문제를 해결하는** 행위만이 진정으로 중요하다는 것을 깨닫습니다. 새로운 기술과 접근 방식이 흥미롭기는 하지만 데이터 과학 팀의 효율성은 설루션의 품질과 안정성, 비용으로 측정됩니다.

[그림 2-2]에서 확인할 수 있듯이 ML 작업의 가장 중요한 부분은 문제에 직면했을 때 복잡성의 경로를 탐색하는 것입니다. 비즈니스 문제를 해결하는 **가장 간단한 설루션**에 초점을 맞춘다는 사고방식을 ML 원칙의 초석으로 세우고 비즈니스의 새로운 요구 사항에 접근하면 특정 접근 방식이나 멋진 신규 알고리듬이 아닌 설루션 자체에 집중할 수 있습니다.

문제를 해결하기 위해 가능한 한 가장 간단한 구현을 추구한다는 원칙에 초점을 맞추면 ML 엔지니어링의 다른 모든 측면을 구축할 수 있는 토대가 갖춰집니다. 프로젝트 작업, 범위 설정,

구현 세부 사항의 구체적인 방향을 알려주므로 ML 엔지니어링에서 가장 중요한 관점입니다. 가능한 한 빨리 경로를 벗어나려고 노력하는 것이 프로젝트 실패 여부를 결정하는 데 가장 큰 요인이 될 수 있습니다.

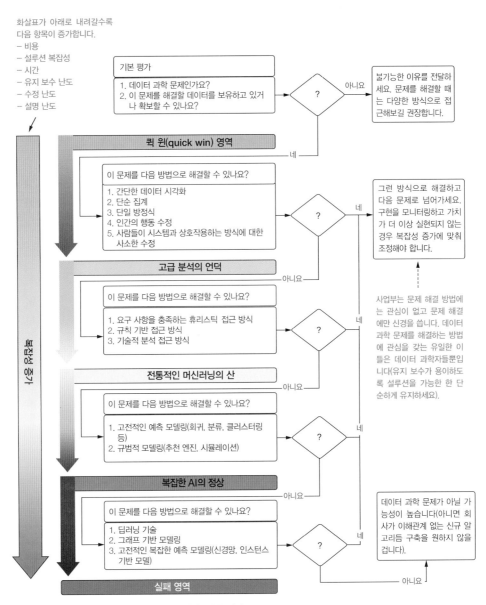

그림 2-2 ML 문제의 가장 간단한 설루션 구축을 위한 가이드

설루션이 AI를 사용하지 않는다면 데이터 과학 작업이 아닙니다

필자는 기술, 특정 알고리듬, 프레임워크 또는 방법론을 사용할 것이라는 기대를 가지고 이 커리어 패스(경력 경로)에 들어온 적이 없습니다. 여러 사람을 만났지만 업무에서 자주 언급하는 특정 프레임워크나 라이브러리를 거의 사용하지 않는다는 사실에 놀랐습니다. 대부분이 문제를 해결하기 위해 SQL을 작성하고, 데이터에 대한 통계 분석을 수행하고, 지저분한 데이터를 정리하는 데 많은 시간을 소비했다는 사실에 특히 놀랐습니다.

필자는 ML로 옮기기 훨씬 전부터 분석 업무를 시작했기 때문에 많은 동료가 '실제 세계'에 최신 접근 방식을 자주 적용하지 못해 의기소침했던 경험을 해보지 못했습니다. 제가 ML 분야로 전환할 때는 문제를 해결하는 가장 간단한 방책이 항상 최선의 접근 방식이라는 것을 일찍이 깨달았었죠.

최신 기법이 정교하지 않은 이유는 매우 간단합니다. 설루션을 유지 관리해야 하기 때문이죠. 월별이든 매일이든 실시간이든 설루션과 코드를 디버깅하고, 개선하고, 불일치 문제를 해결하고, 지속적으로 실행해야 합니다. 주어진 설루션이 정교할수록 장애를 진단하는 데 시간이 오래 걸리고, 문제를 해결하기가 더 어렵고, 추가 기능을 위해 내부 로직을 변경하는 것이 난해합니다.

단순한 설루션을 추구하는 방식(즉, 문제를 해결하는 가장 단순한 설계 및 접근 방식)은 이미 해결한 문제의 설루션을 유지 관리하는 데 필요한 시간을 단축하는 것과 직결됩니다. 그러면 더 많은 문제를 해결하고 회사에 더 많은 가치를 제공하며, 더 많은 문제를 살펴볼 수 있게 됩니다.

흥미로운 최신 알고리듬을 사용하고 싶은 열정이 프로젝트에서 형편없이 발휘된 사례를 여러 번 목격했습니다. 대표적인 예는 이미지 해상도 업스케일링을 위한 GAN 프로젝트로, 12명의 데이터 과학자로 구성된 팀이 10개월이 걸려서야 프로덕션 준비 및 확장 가능한 상태에 도달할 수 있었습니다. 제가 경영진과 대화할 때는 회사가 이탈 모델, 사기 탐지 모델, 수익 예측 모델을 구축하기 위해 컨설턴트를 고용한 상태였습니다. 경영진은 내부 팀이 R&D 프로젝트를 하느라 너무 바쁘기에 중요한 모델링 작업을 외부 컨설턴트에게 맡겨야 한다고 생각했죠. 결국 이 회사와 일한 지 12주 만에 데이터 과학 팀 전체가 해고되었고 회사는 이미지 프로젝트를 포기했습니다.

때로는 회사에 엄청난 가치를 가져다주는 기본적인 업무를 수행하는 것이 일자리를 유지하는 데 도움이 됩니다(그렇다고 예측, 이탈, 사기 탐지 모델링이 특별히 흥미로워 보이지 않더라도 간단하다는 의미는 아닙니다).

2.3 애자일 소프트웨어 엔지니어링의 공동 채택 원칙

데브옵스는 소프트웨어 개발의 성공적인 엔지니어링 작업에 대한 지침과 입증 가능한 패러다임을 가져왔습니다. 애자일 선언agile manifesto의 등장으로 숙련된 업계 전문가들은 기존 소프트웨어 개발 방식의 결함을 인식했습니다. 필자와 몇몇 동료들은 [그림 2-3]과 같이 기본 원칙을 데이터 과학 분야에 적용했습니다.

애자일 선언 원칙	ML을 위한 애자일
초기부터 유용한 소프트웨어를 지속적으로 제공해 고객을 만족시킵니다.	포괄적이고 빈번한 피드백을 통해 고객을 만족시키세요.
개발 후반에도 변화하는 요구 사항을 수용합니다.	잦은 피처 엔지니어링 변경을 위해 수정 가능한 코드 기반을 구축하세요.
작동하는 소프트웨어를 자주(몇 달이 아닌 몇 주 단위로) 제공합니다.	개발 전반에 걸쳐 데모를 스케줄링하고 초기에 자주 피드백을 받으세요.
사업부와 개발자 간에 일상적으로 긴밀하게 협력합니다.	주제 전문가와 자주 협업하세요.
동기가 부여된 신뢰할 수 있는 팀원 중심으로 프로젝트를 구축합니다.	ML 프로젝트의 효율성 척도는 정량적 및 정성적 평가를 중심으로 구축하세요.
대면 의사소통이 최고의 의사소통(코로케이션colocation)입니다.	ML 프로젝트는 가능한 한 가장 간단한 방법으로 문제를 해결하는 데 중점을 두어야 합니다.
작동하는 소프트웨어는 발전의 주요 척도입니다.	ML 프로젝트는 복잡성보다 유지 관리 가능성에 중점을 두어야 합니다.
일정한 속도를 유지할 수 있는 지속 가능한 개발을 추구합니다.	정기적인 기능 시연을 통해 반복적이고 지속 가능한 개발을 수행하세요.
기술적 우수성과 좋은 설계에 꾸준히 관심을 가집니다.	→ 기술적 우수성과 좋은 설계에 꾸준히 관심을 가지세요.
단순성, 즉 하지 않아도 되는 일을 최대한 줄이는 기술은 필수입니다.	버그를 최소화하고 생산성을 극대화하기 위해 프로젝트 전반에 걸쳐 재사용 가능한 표준화된 코드를 작성하세요.
최고의 아키텍처, 요구 사항과 설계는 자체적으로 구성한 팀에서 나옵니다.	최고의 ML 솔루션은 무엇보다 문제 해결에 집중하는 팀에서 나옵니다.
팀은 정기적으로 더 효율적인 방법을 고민하고, 그에 따라 조정합니다.	팀은 고객에게 피드백을 요청하고 문제를 해결하기 위한 접근 방식을 조정합니다.
	여러분의 데이터에 대해 아무것도 가정하지 마세요. 항상 검증하고 분석하세요.

애자일 선언문은 2001년 17명의 개발자들이 미국 유타주의 한 스키 리조트에 모여 논의 끝에 발표한 '애자일 소프트웨어 개발 선언(Manifesto for Agile Software Development)'을 기반으로 합니다.

그림 2-3 ML 프로젝트에 맞게 조정된 애자일 선언 원칙

애자일 개발 원칙을 약간 수정해 비즈니스 문제에 데이터 과학을 적용하기 위한 기본 규칙을 마련했습니다. 이 책에서는 규칙이 중요한 이유를 포함해 모든 주제를 다루고, 문제 해결 시 규칙을 적용하는 방법과 그 예를 제공합니다. 일부는 애자일 원칙에서 크게 벗어나 있지만, ML 프로젝트 작업에 적용함으로써 우리에게 반복 가능한 성공 패턴을 제공합니다.

애자일 개발의 두 가지 핵심 요소인 의사소통과 협업, 그리고 변화를 수용하고 예측하는 자세가 ML 프로젝트에 적용될 때, 데이터 과학 팀의 접근 방식이 극적으로 개선됩니다. 다음 절에서 자세히 살펴보겠습니다.

2.3.1 의사소통과 협업

이 책 전체에서(특히 다음 두 장에서) 여러 번 언급하듯이, 성공적인 ML 솔루션 개발의 핵심 원칙은 **사람**에게 초점을 맞추는 것입니다. 이 방식은 수학, 과학, 알고리듬과 영리한 코딩이 매우 중요한 직업군이라면 믿을 수 없을 정도로 직관적이지 않아 보일 겁니다.

현실은 문제를 해결하는 솔루션의 품질 구현이 진공 상태에서는 절대로 생성되지 않는다는 것입니다. 필자가 직접 작업했거나 다른 분들이 구현했던 프로젝트 중 가장 성공적인 프로젝트는 솔루션 개발과 관련된 도구나 공식 프로세스(또는 문서화)보다 프로젝트에 연관된 사람과의 의사소통에 더 초점을 맞춘 프로젝트였습니다.

전통적인 애자일 개발에서는 기존 방식이 유효하지만, ML 작업의 경우 솔루션을 코딩하는 사람과 솔루션을 구축하는 사람 간의 상호작용이 훨씬 더 중요합니다. 이는 솔루션 구축과 관련된 작업의 복잡성 때문입니다. 대부분의 ML 작업이 비전문가에게는 낯설기에 수년간의 헌신적인 연구와 지속적인 학습이 필요합니다. 즉, 의미 있고 유용한 토론을 위해서는 훨씬 더 많은 노력을 기울여야 합니다.

최소한의 재작업으로 성공적인 프로젝트를 이끄는 가장 큰 요소는 ML 팀과 사업부의 **공동 참여 (협업)**입니다. 성공을 보장하는 둘째로 큰 요소는 **ML 팀 내의 의사소통**입니다. 흔히 학계에서처럼 나홀로 사고방식을 가진 채 프로젝트에 접근하면 어려운 문제를 해결하는 데 역효과를 낳습니다. [그림 2-4]에 이런 위험한 행동을 나타냈습니다(필자도 경력 초기에 그렇게 해왔고 이렇게 수행하는 이들을 수십 번이나 보았습니다).

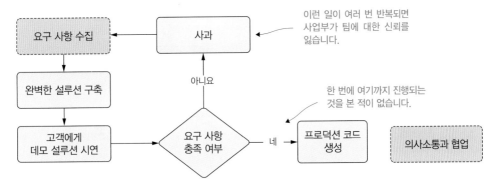

그림 2-4 전체 ML 솔루션을 분리해 작업하면서 어렵게 배운 교훈: 끝이 좋은 경우가 거의 없습니다.

이 개발 방식을 사용한 이유는 다양하겠지만, 최종 결과는 대개 동일합니다. 즉, 재작업을 해야 하거나 사업부의 반응과 요청에 많은 좌절을 겪게 되죠. 데이터 과학 팀에 다른 구성원이 없는 경우(1인으로 구성된 '팀')에도 피어 리뷰(동료 평가)$^{peer\ review}$를 요청하고 다른 사업부에서 솔루션을 구축하는 소프트웨어 개발자, 설계자, 주제 전문가에게 솔루션을 시연하는 것이 도움이 됩니다.

가장 피해야 할 일은 요구 사항 수집 후 아무에게도 말을 걸지 않고 키보드로만 문제를 해결하는 것입니다. 프로젝트의 모든 요구 사항을 충족하고, 최신 사례를 올바르게 파악하고, 고객이 기대하는 것을 구축할 가능성이 매우 희박해집니다. 만약 문제가 잘 해결되었다면 여분의 행운으로 복권을 구입해보길 추천합니다.

ML을 위한 포괄적이고 애자일한 개발 프로세스는 일반 소프트웨어 개발을 위한 애자일과 매우 유사합니다. 유일한 차이점은 소프트웨어 개발에 반드시 필요하지 않은 내부 데모 과정입니다(일반적으로 피어 리뷰 피처 브랜치로 충분합니다). ML 작업의 경우 코드로 전달되는 데이터에 따른 영향을 성능으로 보여주고, 기능을 시연하고, 출력을 시각화해 보여주는 것이 중요합니다. [그림 2-5]는 ML 작업의 바람직한 애자일 기반 접근 방식을 보여주며, 내부/외부와의 협업과 의사소통에 초점을 맞췄습니다.

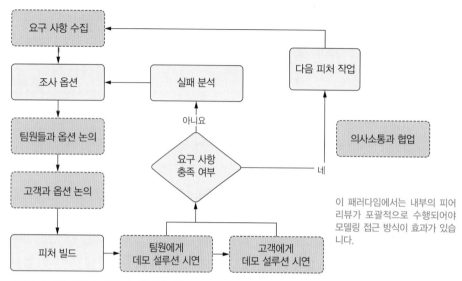

이 패러다임에서는 내부의 피어 리뷰가 포괄적으로 수행되어야 모델링 접근 방식이 효과가 있습니다.

그림 2-5 요구 사항 수집 및 피드백에 중점을 둔 ML 애자일 피처 생성 프로세스

팀원 간의 상호작용 수준이 높아지면 더 많은 아이디어, 관점을 제시하고 가정된 사실에 도전하는 이들이 많아집니다. 이는 더 높은 품질의 설루션으로 이어지죠. 고객(도움을 요청하는 사업부)이나 동료를 토론에서 제외한다면(개발 선택 시 세부 사항까지 포함해서) 고객이 기대하지 않았거나 원하지 않는 것을 구축할 가능성이 높아집니다.

2.3.2 변화 수용과 예측

실험과 프로젝트 방향뿐만 아니라 프로젝트 개발에서도 불가피한 변화가 발생할 것을 예상하고 대비하는 것이 매우 중요합니다. 필자가 작업한 거의 모든 ML 프로젝트에서 프로젝트 초기에 정의한 목표가 프로젝트 종료 시점까지 그대로 유지된 경우는 없었습니다. 이는 특정 기술, 개발 언어 및 알고리듬에서부터 데이터에 대한 가정 또는 기대에 이르기까지 모든 것에 적용되는 논리이며, 때로는 처음부터 문제를 해결하기 위해 ML을 사용하는 경우에도 적용됩니다. 예를 들면 문제를 더 효율적으로 해결하게 도와주는 간단한 집계 대시보드 같은 것이죠.

불가피한 목표 변화에 대비하면 모든 데이터 과학 작업에서 가장 중요한 목표인 **문제 해결**에 집중할 수 있습니다. 또한 설루션을 개발하기 위한 멋진 알고리듬이나 신기술, 놀랍도록 강력한 프레임워크 같은 중요하지 않은 요소에서 초점을 제거하는 데에도 도움이 됩니다.

변화를 예상하거나 수용하지 않고 프로젝트 구현에 대한 결정을 내리면 해당 시점까지 수행된 모든 작업을 전면 재작성하지 않고는 수정하기가 매우 어렵거나 불가능합니다. 프로젝트 방향이 어떻게 바뀔지를 생각하며 작업을 느슨하게 결합된 기능 조각의 모듈 형식으로 구성하면 이미 완료된 작업 이외 부분에서 발생하는 방향 전환의 영향을 줄일 수 있습니다.

애자일은 느슨하게 결합된 설계라는 개념을 수용하고 반복적인 스프린트에서 새로운 기능을 구축하는 데 중점을 두어 동적이고 변화하는 요구 사항에서도 코드가 계속 작동하도록 합니다. 이 패러다임을 ML 작업에 적용하면 갑자기 뒤늦게 찾아온 변동 사항도 합리적인 범위 내에서 비교적 단순화할 수 있습니다. 예를 들어 트리 기반 알고리듬에서 딥러닝 알고리듬으로 전환하는 작업은 2주 동안의 스프린트에서 일어날 수 없습니다. 이는 단순화되었지만 단순성을 보장하지는 않습니다. 변화를 예측하고 신속한 반복과 수정을 지원하는 프로젝트 아키텍처를 구축하면 개발 프로세스가 훨씬 쉬워집니다.

2.4 ML 엔지니어링의 기반

데이터 과학 기반이 ML에 애자일 원칙을 적용하는 형태로 작동하는 것을 살펴봤으니 전체적인 생태계^{ecosystem}를 간략히 살펴보겠습니다. 이 책에서 살펴보는 프로젝트 작업 시스템은 탄력적이고 유용한 설루션을 구축하는 업계에서 여러 경험을 통해 성공적인 것으로 입증되었습니다.

이번 장의 도입부에서 언급한 바와 같이 ML옵스^{MLOps}의 패러다임은 데브옵스^{DevOps}의 유사한 원칙을 소프트웨어 개발에 적용한 데 뿌리를 두고 있습니다. [그림 2–6]은 데브옵스의 핵심 기능을 보여줍니다.

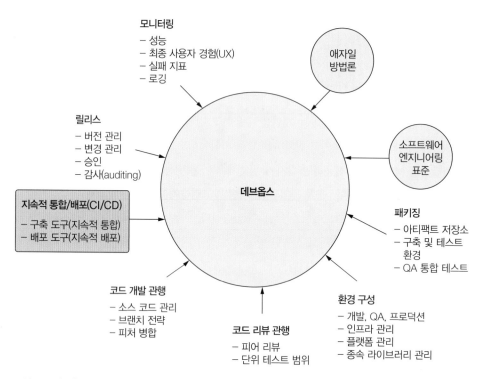

모니터링
- 성능
- 최종 사용자 경험(UX)
- 실패 지표
- 로깅

애자일
방법론

릴리스
- 버전 관리
- 변경 관리
- 승인
- 감사(auditing)

소프트웨어
엔지니어링
표준

지속적 통합/배포(CI/CD)
- 구축 도구(지속적 통합)
- 배포 도구(지속적 배포)

데브옵스

패키징
- 아티팩트 저장소
- 구축 및 테스트
  환경
- QA 통합 테스트

코드 개발 관행
- 소스 코드 관리
- 브랜치 전략
- 피처 병합

코드 리뷰 관행
- 피어 리뷰
- 단위 테스트 범위

환경 구성
- 개발, QA, 프로덕션
- 인프라 관리
- 플랫폼 관리
- 종속 라이브러리 관리

그림 2-6 데브옵스 구성 요소

2.3절에서 애자일과 핵심 원칙을 비교한 것처럼 [그림 2-7]은 데브옵스의 데이터 과학 버전인 ML옵스를 보여줍니다. 각 요소의 병합과 통합을 통해 데이터 과학 작업에서 가장 치명적인 사건인 실패, 취소 또는 채택되지 않은 설루션의 제거를 완전히 피할 수 있습니다.

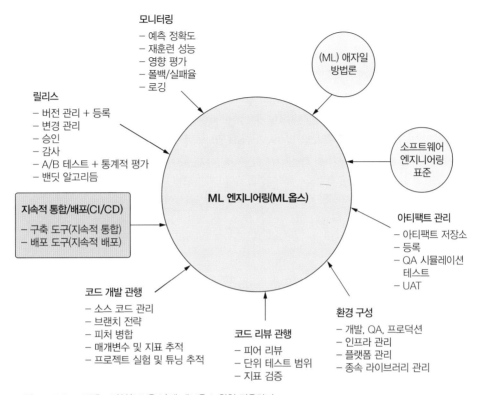

모니터링
- 예측 정확도
- 재훈련 성능
- 영향 평가
- 폴백/실패율
- 로깅

(ML) 애자일
방법론

릴리스
- 버전 관리 + 등록
- 변경 관리
- 승인
- 감사
- A/B 테스트 + 통계적 평가
- 밴딧 알고리듬

소프트웨어
엔지니어링
표준

ML 엔지니어링(ML옵스)

지속적 통합/배포(CI/CD)
- 구축 도구(지속적 통합)
- 배포 도구(지속적 배포)

아티팩트 관리
- 아티팩트 저장소
- 등록
- QA 시뮬레이션
  테스트
- UAT

코드 개발 관행
- 소스 코드 관리
- 브랜치 전략
- 피처 병합
- 매개변수 및 지표 추적
- 프로젝트 실험 및 튜닝 추적

코드 리뷰 관행
- 피어 리뷰
- 단위 테스트 범위
- 지표 검증

환경 구성
- 개발, QA, 프로덕션
- 인프라 관리
- 플랫폼 관리
- 종속 라이브러리 관리

그림 2-7 ML 프로젝트 작업(ML옵스)에 데브옵스 원칙 적용하기

이 책에서는 각 요소가 중요한 이유를 다룰 뿐만 아니라 관행을 업무에 확실히 적용할 수 있도록 유용한 예시와 구현 방법을 소개합니다. 결국 이 책의 목표는 여러분의 성공입니다. 이를 위해 여러분과 데이터 과학 분야에 종사하는 동료에게 유용하고, 가치가 있으며, 가능한 한 쉽게 유지 관리할 수 있는 지침을 제공함으로써 프로젝트를 효율적으로 처리할 수 있도록 돕겠습니다.

2.5 요약

- ML 엔지니어링은 데이터 과학자, 데이터 엔지니어, 소프트웨어 엔지니어의 핵심 기능을 결합한 하이브리드 역할로, 전문 소프트웨어 개발의 엄격함을 통해 문제 해결에 중점을 맞춘 ML 설루션의 생성을 지원합니다.

- 가능한 한 가장 간단한 설루션을 개발하면 프로젝트의 개발, 계산, 운영 비용을 줄이는 데 도움이 됩니다.

- ML 프로젝트 작업에 애자일 기본 요소를 차용하면 개발 수명 주기를 단축하고, 수정하기 쉬운 개발 아키텍처를 강제하고, 복잡한 애플리케이션의 테스트 가능성을 강화해 유지 보수 부담을 줄일 수 있습니다.

- 데브옵스가 소프트웨어 엔지니어링 작업을 보강하는 것처럼 ML옵스는 ML 엔지니어링 작업을 보강합니다. ML옵스의 여러 핵심 개념은 데브옵스 패러다임과 동일하지만, 모델 아티팩트를 관리하고 신규 버전을 꾸준히 테스트해야 한다는 추가적인 측면으로 인해 미묘한 복잡성이 발생합니다.

CHAPTER 3

프로젝트 계획 수립 및 범위 설정

> **이 장의 내용**
> - ML 프로젝트를 위한 효과적인 계획 수립 전략 정의
> - 효율적인 방법을 사용해 ML 문제에 대한 잠재적 설루션 평가

데이터 과학자에게 ML 프로젝트 세계에서 가장 큰 두 가지 장애물을 꼽으라고 한다면, 대부분 알고리듬이나 데이터 또는 기술적인 통찰력을 떠올릴 것입니다. 또한 사용 중인 플랫폼이나 모델을 최적화할 패키지를 꼽을 수도 있습니다. 하지만 실제로는 이런 기술적인 내용보다는 오히려 그 이전에 비즈니스 요구 사항을 기술적인 측면으로 발전시키는 단계, 즉 **프로젝트 계획 수립과 범위 설정** 단계가 가장 중요합니다.

회사에서 데이터 과학자로 일하기까지 받는 대부분의 교육과 훈련은 복잡한 문제를 독자적으로 해결하는 데 중점을 둡니다. 혼자서 알고리듬 이론과 응용 방법을 이해하고 실제로 구현하는 데 집중하다 보면 현장에서 하게 될 일 또한 혼자서 해내야 한다고 생각하게 됩니다. 무언가 문제가 주어지면 그에 따른 해결 방법을 찾아내는 것이죠.

그렇기 때문에 실제 데이터 과학자는 문제 해결에 대한 지식이나 기술을 혼자서 증명해야 한다는 학문적 접근 방식에서 벗어나기가 쉽지 않습니다. 하지만 실제로 이 직업은 알고리듬이나 그 사용법에 대한 지식을 쌓는 것 이상의 일입니다. 다시 말해 고도의 협업이 필요하고 동료 중심으로 일해야 하는 분야입니다. 가장 성공적인 프로젝트는 통합된 팀이 함께 작업하고 프로세스 전반에 걸쳐 소통하면서 만들어집니다. 물론 때로는 고립된 채로 일할 수도 있습니다. 무분별하게 요청이 들어오는 상황으로부터 팀을 '보호'한다는 명목하에 의도적으로 팀을 다른 팀과

분리하는 회사 문화에 의한 것이기도, 혹은 스스로의 의지에 의한 것이기도 합니다.

이번 장에서는 ML 팀이 알고리듬, 기술과 같은 **방법**에 초점을 맞추기보다 의사소통과 협업을 통한 **내용 파악**에 더 집중하는 패러다임 전환을 통해 프로젝트를 성공으로 이끄는 방법을 소개합니다. 이런 변화는 실험 시간을 줄이고, 적합한 솔루션을 구축하는 데 팀 역량을 집중하며, 크로스펑셔널 팀cross-functional team과 주제 전문가의 지식과 의견을 충분히 반영할 수 있습니다. 단계적으로 프로젝트 작업을 계획하면 프로젝트 성공 가능성을 크게 높일 수 있습니다.

이 여정은 범위 설정 단계에서부터 시작합니다. 가능한 한 많은 사람이 모여 문제 해결에 효과적인 기능적 솔루션을 만드는 단계입니다. 먼저 범위 설정과 계획 수립 프로세스가 없거나 부적절한 ML 팀의 워크플로를 [그림 3-1]에서 살펴보고, [그림 3-2]를 통해 적절한 범위 설정과 계획 수립이 포함된 워크플로를 비교해보겠습니다.

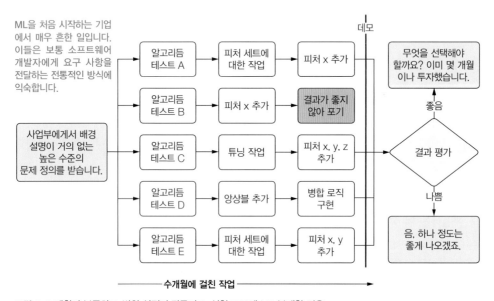

그림 3-1 계획이 부족하고, 범위 설정이 잘못되고, 실험 프로세스도 부재한 경우

ML 팀원들은 막연한 요구 사항을 해결하기 위해 여러 가지 알고리듬을 구축하는 데 최선을 다합니다. 주어진 일을 충실하게 해냈음에도 불구하고 운이 좋다면 MVP를 네 개 정도 만들거나 그중 프로덕션에 적용되지도 않을 솔루션 세 개에 투입한 노력이 수포로 돌아갈 수도 있습니다. 사업부로부터 더 많은 정보를 얻기 위해 노력하지 않은 것에 대해서는 비난하지 않겠습니

다. 하지만 운이 따르지 않는다면 사업부의 문제를 해결하지 못한 채 수개월의 노력이 통째로 날아갈 것입니다. 어느 쪽이든 우리가 원했던 결과는 아닙니다.

[그림 3-2]에 제시된 적절한 범위 설정과 계획 방법을 활용한다면 솔루션 구축에 필요한 시간이 크게 줍니다. 시간을 단축하는 가장 큰 요인은 내부 고객으로부터 미리, 그리고 자주 피드백을 받음으로써 팀이 검증해야 할 접근 방식의 개수가 줄기 때문입니다. 또한 새로운 피처 개발의 각 단계에서 주제 전문가의 인수 테스트acceptance test를 위한 데모와 회의가 빠르게 진행되기 때문입니다. [그림 3-1]에서 볼 수 있었던 극단적인 위험성은 사라졌습니다.

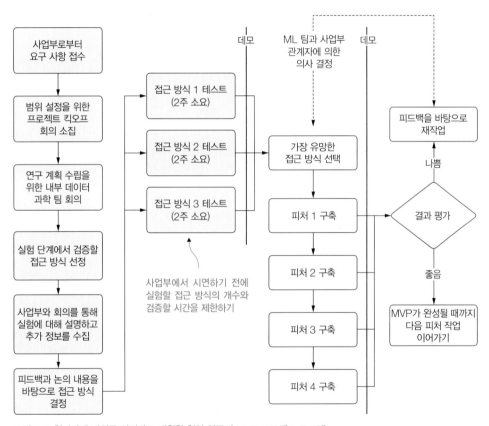

그림 3-2 철저하게 범위를 설정하고 계획한 협업 위주의 MVP 프로젝트 로드맵

내부 고객을 포용하는 이 방법론을 사용하면 프로세스의 효율성이 상당히 좋아질 뿐만 아니라 최종 솔루션이 사업부의 기대에 부응할 확률이 크게 높아집니다. [그림 3-1]처럼 수개월의

노력을 들여 몇 가지 설루션에 대한 데모를 진행했음에도 불구하고 전체 프로젝트를 처음부터 다시 시작해야 할 수도 있는 극단적인 위험성은 사라졌습니다.

프로젝트를 계획하고, 범위를 정하고, 브레인스토밍하고, 회의를 진행하는 것은 프로젝트 매니저의 몫이 아닌가요?

어떤 ML 실무자는 프로젝트에 대해 논의할 때 계획, 의사소통, 브레인스토밍 및 기타 프로젝트 관리와 관련된 부분을 언급하는 것을 주저하기도 합니다. 필자가 지금까지 참여했던 가장 성공적인 프로젝트의 ML 팀 팀장은 다른 관련 팀 팀장, 프로젝트 매니저뿐 아니라 설루션을 요청하는 팀의 담당자들과도 긴밀하게 협력했습니다.

팀장이 설루션의 프로젝트 관리 측면에서 관여하기 때문에 일반적으로 팀원들의 업무 이탈률이나 재작업률이 훨씬 줄어듭니다. 팀원들은 총체적인 접근 방식을 통해 개발에 집중해 최상의 설루션을 프로덕션으로 출시할 수 있습니다.

반대로 사일로silo 형태로 운영되는 팀의 프로젝트는 제대로 진행되지 않는 경우가 많습니다. 어려움을 겪게 되는 이유는 프로젝트와 관련된 논의를 추상적인 수준으로 유지하지 못했기 때문일 수 있습니다. 회의 중 ML 팀이 세부적인 구현 방법에 집중하거나 알고리즘을 너무 깊게 파고드는 경우, ML을 잘 모르는 사람들이 아이디어를 낼 수 없는 분위기가 되어 그들의 의도가 아니었다 하더라도 스스로 고립되기 쉽습니다. 또는 본인의 임무를 모델 구축으로 한정 짓고 프로젝트 관리에 대한 역할은 배제하는 태도가 문제가 될 수 있습니다. 적절하고 효과적인 의사소통 없이 여러 팀으로 구성된(크로스펑셔널 팀) 프로젝트에서 일하다 보면 결국 프로젝트 내 하위 팀 간에 업무 범위가 좁아지고 혼란이 발생하며 보통은 서로 반목하는 분위기가 형성됩니다.

프로젝트 초기 단계에서 열린 마음으로 접근해 여러 팀으로 구성된 프로젝트의 다양한 관점을 너그럽게 포용하면 당면한 문제를 해결하는 훨씬 더 간단한 해결책이 떠오를 수 있습니다. 기술적인 역량과는 상관없이 다른 사람의 의견과 생각에 눈과 귀를 열어야 합니다. ML 실무자들이 항상 이야기하고 필자 또한 지겹도록 반복해서 언급하는 내용이겠지만 가장 단순한 접근 방식이 가장 좋은 접근 방식입니다. 제가 경험한 바에 따르면 대부분의 문제는 초기 계획 및 범위 설정 단계에서 발생합니다.

이번 장과 다음 장에서는 프로젝트 논의 시 도움이 되는 접근 방식, 논의 단계를 진행할 때 사용한 평가 기준과 여러 번 실패를 통해 얻은 몇 가지 교훈을 살펴봅니다.

그럼에도 불구하고 실행했던 테스트가 전부 형편없다면 어떻게 해야 하나요?

실제 ML 프로젝트에 참여했던 거의 모든 사람이 [그림 3-2]에 대해 이런 질문을 했습니다. "좋아요, 벤. 테스트 범위를 제한하는 것은 확실히 좋은 생각입니다. 하지만 아무것도 성공하지 못하면 어떻게 하나요? 그다음에는 뭘 해야 할까요?"

그럼 저는 이렇게 답변합니다. "그러면 다른 어떤 일을 할 수 있나요?" 모호하게 들리겠지만, 이 대답은 프로젝트에 대한 논의를 넓혀줍니다. 유력한 접근 방식을 전부 테스트했음에도 성공적인 결과를 얻지 못했다면, 어쩌면 여러분이 해결하려는 문제가 더 많은 개발 노력과 시간을 요하기 때문일 수 있습니다. 만약 프로젝트가 그만큼 중요하다면, 그리고 사업부에서 추가 테스트로 인한 프로젝트 지연을 감수할 의지가 확실하고, 팀 내에 이런 작업을 지원할 인력이 충분히 있다면, 새로운 테스트를 시작해보세요. 문제를 파악하고, 필요하다면 도움을 요청하세요.

그러나 프로젝트가 요구 사항을 충족하지 못하는 경우, 작업을 계속 진행하는 것이 엄청난 위험을 감수하는 것임을 사업부에 설명하는 것이 가장 중요합니다. 평가 단계에서는 "우리가 실제로 이것을 구축할 수 있을까?" 또는 "우리가 이를 구축할 수 있는지 알 수 있을까?"에 대한 판단을 내리는 것이 무엇보다 중요합니다.

만약 그 주장을 뒷받침하는 수치적 근거와 함께 '그렇다'는 확신에 찬 대답이 나오지 않는다면, 사업부에 솔직하게 털어놓아야 합니다. 그리고 추가 PoC 작업을 통해, 프로젝트를 둘러싼 불확실한 요소의 위험성에 대해 프로젝트 오너와 논의해야 합니다.

3.1 계획 수립: 무엇을 예측할까요?

ML 프로젝트의 성공적인 계획 단계가 어떻게 수행되는지 살펴보기 전에, ML 작업을 시작하는 프로세스가 확립되거나 입증되지 않은 회사에서는 일반적으로 프로젝트를 어떻게 시작하는지 알아보겠습니다. 여러분이 이제 막 웹사이트를 현대화^{modernize}하려는 전자 상거래 회사에서 일하고 있다고 가정하겠습니다.

최고 경영진은 여러 해 동안 웹사이트에 개인화 서비스를 추가해 기록적인 매출 성과를 달성한 경쟁 업체의 사례를 보고 우리 회사도 추천 서비스에 올인해야 한다고 요구합니다. 최고 경영진 중 누구도 서비스가 어떻게 구축되는지에 대한 기술적 세부 사항을 완전히 알지는 못하지만, 가장 먼저 대화해야 할 상대가 ML 전문가라는 것은 모두 알고 있습니다. 영업 팀 경영진과 마케팅 팀, 제품 팀으로 구성된 사업부는 '개인화 추천 프로젝트 킥오프'라는 의제를 빼고는 아무 정보도 없이 전체 ML 팀을 소집해 회의를 엽니다.

경영진과 여러 팀은 그동안 구축해온 사기 탐지, 고객별 매출 예측, 이탈 확률 위험 모델과 같은 소규모 ML 프로젝트에 만족해왔습니다. 이전의 각 프로젝트는 ML 관점에서 볼 때 각기 다른 방식으로 복잡했지만 대부분 ML 팀 내에서 독립적으로 처리되었고, 내놓은 설루션이 여러 사업부에서 잘 운용되었습니다. 이런 프로젝트에는 결과에 영향을 미치는 주관적인 품질 평가나 과도한 비즈니스 규칙이 필요하지 않았습니다. 또한 설루션의 수학적 순수성 덕분에 옳고 그름에 대한 해석이나 논쟁의 여지도 없었습니다.

앞선 성공에 힘입어 데이터 과학 팀은 사업부로부터 새로운 콘셉트, '웹사이트와 모바일 앱의 현대화'를 요청받았습니다. 개인화된 추천을 통해 엄청난 매출 상승과 고객 충성도를 얻을 수 있다는 이야기를 들은 경영진은 ML 팀이 웹사이트와 앱에 통합할 수 있는 시스템을 구축하기를 원합니다. 사용자가 로그인하면 사용자와 연관성 있는 특정 상품 목록이 표시되고, 해당 상품이 흥미를 끌기 바라며, 결국에는 상품 구매 가능성을 높이기를 원합니다.

다른 웹사이트 사례를 보여주는 것으로 간단히 회의를 끝낸 후, 추천 시스템이 준비되기까지 시간이 얼마나 걸릴지 물어보네요. 예전에 읽었던 이런 시스템에 관한 논문 몇 편을 떠올리며 약 2개월이 걸릴 것으로 예상하고 작업을 시작합니다. ML 팀은 다음 스크럼 회의에서 잠정적인 개발 계획을 세우고 문제 해결을 위해 모두 노력합니다.

여러분과 나머지 ML 팀은 경영진이 다른 웹사이트가 제공하는 메인 화면에서 상품을 추천하는 서비스를 원한다고 가정합니다. 결국 개별 사용자와 관련이 있다고 알고리듬이 예측한 특정한 상품 모음은 가장 순수한 의미의 개인화 추천입니다. 이 접근 방식이 매우 간단해 보여 팀원 전원이 이에 동의합니다. 팀원들은 각 사용자의 검색 및 구매 이력을 기반으로 웹사이트와 모바일 앱 사용자별로 제품 키 순위를 목록으로 표시해주는 데이터셋을 구축할 방법을 빠르게 계획하기 시작합니다.

잠깐만요, 프로젝트 계획 수립은 애자일 방법론과 상충되지 않나요?

네, 그렇기도 하고 그렇지 않기도 합니다. 애자일의 기초 프로세스에 대해 여러 권의 책을 집필한 애자일 전문가 스콧 앰블러Scott Ambler의 말을 인용하겠습니다.

> *"프로젝트 계획은 중요하지만 기술이나 환경의 변화, 이해관계자의 우선순위,*
> *문제와 그 해결책에 대한 사람들의 이해를 유연하게 수용할 수 있어야 합니다."* [1]

필자는 이 의미가 잘못 해석되는 것을 자주 보았습니다. 스콧 앰블러와 애자일 선언문의 최초 작성자들은 미리 계획한 불변의 각본을 따르는 구성 요소로 프로젝트가 좌우되어서는 안 된다는 점을 지적한 것입니다. 애자일의 의도는 계획을 전혀 세우지 말자는 것이 아니며, 그런 의도였던 적도 없습니다. 단지 필요에 따라 계획을 변경할 수 있도록 계획을 세우는 데 유연성을 발휘하자는 것입니다.

무언가를 구현하는 더 간단한 방법, 즉 최종 결과는 동일하게 달성하면서 복잡성을 줄이는 더 나은 방법이 생기면 프로젝트 계획을 변경해야 합니다. ML 세계에서는 이런 일이 자주 발생합니다.

프로젝트가 시작되고 나서 충분한 사전 조사가 완료되기 전까지는 여러 팀으로 구성된 프로젝트 구성원들이 해당 문제에 적용 가능한 솔루션은 매우 복잡다단하고 까다로운 모델링 방식뿐이라고 판단할 수도 있습니다. 그러나 실험을 수행한 결과, 간단한 일차방정식을 개발해 적은 개발 시간과 비용으로도 허용 가능한 수준의 정확도로 문제를 해결할 수 있다는 사실을 알게 됩니다. 초기 계획은 딥러닝을 사용해 문제를 해결하는 것이지만, 훨씬 더 간단한 접근 방식으로 방향을 전환할 수 있고, 전환해야 하며, 전환해야만 합니다. 물론 계획은 변경되지만 애초에 계획이 없다면 연구 및 실험 단계는 마치 어둠 속에서 바늘을 찾는 것처럼 혼란스러울 것입니다.

ML에서 계획을 수립하는 것은 바람직합니다. 요는 계획이 고정불변지 않게 유연성을 발휘해야 한다는 것입니다.

----

1 http://www.ambysoft.com/essays/agileManifesto.html

이후 몇 번의 스프린트 동안 여러분은 혼자서 열심히 공부합니다. 블로그에서 본 수십 개의 구현을 테스트하고, 암묵적 추천 문제를 해결하는 다양한 알고리듬이나 접근 방식과 관련된 수백 편의 논문을 검토한 후, 마지막으로 평균 제곱근 오차$^{root\ mean\ squared\ error}$(RMSE)를 0.2334로 달성한 교대 최소 제곱$^{alternating\ least\ squares}$(ALS)을 사용해 이전 행동을 기반으로 관련성에 순서를 매기는 대략적인 구현과 함께 MVP 설루션을 구축합니다.

스폰서인 사업부에 보여줄 놀라운 무언가를 찾았다는 자신감으로 가득 찬 여러분은 테스트 노트북, 전체 지표를 한눈에 보여주는 그래프, 사업부가 진정으로 감동할 만한 샘플 추론 데이터로 단단히 무장하고 회의장으로 향합니다. 먼저 [그림 3-3]과 같이 전체 척도에 대한 선호도 점수 등급을 표시하고 데이터를 RMSE 그래프로 표시합니다.

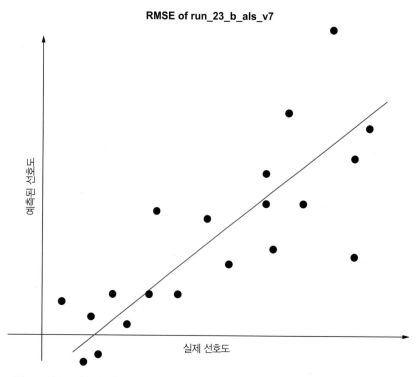

그림 3-3 선호도 점수와 예측값에 대한 표준적인 RMSE 그래프

그래프를 보여줬을 때 예상했던 반응과 달리 아무도 놀라지 않았고 데이터가 무엇을 의미하는지, 점과 점을 교차하는 선은 무엇을 의미하는지, 데이터는 어떻게 생성되었는지를 묻는 질문이 수없이 많이 쏟아졌습니다. 이번 회의에서 논의해야 하는 솔루션과 정확도 향상에 대한 토론 대신, 혼란과 지루함이 뒤섞인 분위기로 변하기 시작합니다. 데이터를 더 잘 설명하기 위해 [그림 3-4]와 같이 정규화 할인 누적 이득normalized discounted cumulative gain (NDCG) 지표를 보여주며 무작위로 선택한 사용자에 대한 예측력을 설명해봅니다.

사용자 ID	상품 ID	실제 순위	예상 순위	DCG 값
38873	25	1	3	3.0
38873	17	2	2	1.26186
38873	23	3	6	3.0
38873	11	4	1	0.403677
38873	19	5	5	1.934264
38873	3	6	4	1.424829

그림 3-4 단일 사용자에 대한 추천 시스템의 NDCG 계산 표. 상황에 대한 이해가 없는 상태에서 이와 같은 점수를 제시하는 것은 아무런 도움이 되지 않습니다.

RMSE 그래프를 보여줬을 때는 약간 술렁이는 정도였지만, 이 표를 제시하자 사람들은 크게 혼란스러워했습니다. 어느 누구도 이 표를 이해하지 못했고 프로젝트와 어떤 관련이 있는지도 알지 못했습니다. 모두의 머릿속에는 '몇 주씩이나 투자해서 이 정도밖에 못한 거야? 데이터 과학 팀은 그동안 뭘 한 거지?'라는 생각뿐입니다.

데이터 과학 팀이 그래프와 표를 설명하는 동안 한 마케팅 분석가가 샘플 데이터에 있는 한 팀원의 계정에서 상품 추천 목록을 조회하기 시작합니다. [그림 3-5]는 추천 결과와 추천 목록에 있는 각 상품의 카탈로그를 확인하는 마케팅 분석가의 생각을 알려줍니다.

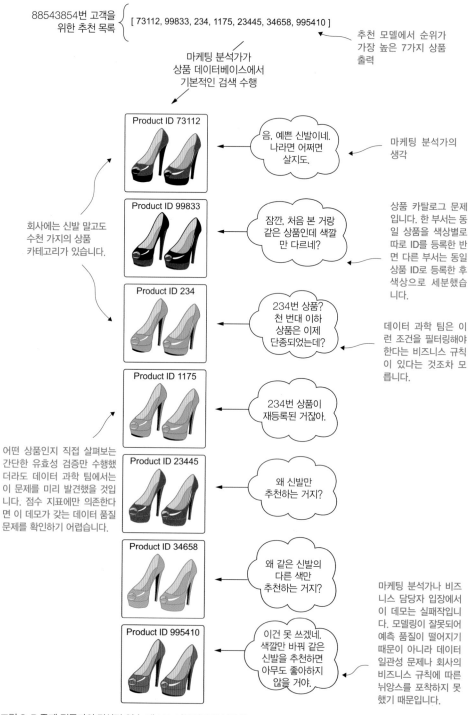

그림 3-5 주제 전문가의 정성적 인수 테스트 시뮬레이션 시각화

이 회의에서 데이터 과학 팀이 얻은 가장 큰 교훈은 단지 최종 사용자가 예측 결과에 어떻게 반응하는지 시뮬레이션하는 방식으로 모델의 결과를 검증해야 한다는 것이 아니라는 점입니다. 모델의 평가가 저조했던 실질적인 이유가 해당 프로젝트가 갖는 뉘앙스를 제대로 계획하지 않았기 때문이라는 사실을 깨달은 점이 중요합니다.

지표를 맹목적으로 신뢰하지 마세요

특히나 대규모 ML을 수행할 때 모델의 오류 지표와 검증 점수에 의존하고 싶을 수 있습니다. 이 방식은 최근 들어 흔해진 대규모 데이터셋에 대한 예측 품질을 객관적으로 측정하는 유일하고도 현실적인 방법일 뿐만 아니라, 특정 구현의 예측 품질을 판단할 수 있는 유일하고 유효한 정량적 수단일 때가 많기 때문입니다.

그러나 모델 점수 지표를 전적으로 의존하지 않는 것이 중요합니다. 해결해야 하는 문제에 적합한 지표를 사용하되, 예측의 효율성을 주관적으로 측정할 수 있는 수단을 추가해 보완해야 합니다. [그림 3-5]에서 볼 수 있듯이 개별 사용자에 대한 예측을 간단히 시각화하면 어떠한 예측 순서 평가 알고리듬이나 손실 추정보다 훨씬 더 객관적이고 주관적으로 품질을 측정할 수 있습니다. 이 추가적인 최종 사용 시뮬레이션 샘플에 대한 평가는 주제 전문가 수준의 예측 품질을 판단할 수 있는 경우가 아니라면 데이터 과학 팀이 수행해서는 안 됩니다. 지금 다루고 있는 유스케이스에서는 데이터 과학 팀이 마케팅 분석가 몇 명과 협력해 비공식적인 품질 보증 검증을 수행한 후, 전체 팀에 결과를 공유하는 것이 좋습니다.

단지 데이터 과학 팀은 수십 년간 변화해온 데이터와 상품의 특성을 알고 있는 다른 팀원의 관점에서 비즈니스 문제를 이해하지 못했을 뿐입니다. 이번 실패의 책임이 프로젝트 매니저, 데이터 과학 팀 팀장이나 팀원 한 명에게만 있는 것은 아닙니다. 오히려 프로젝트의 범위와 세부사항을 철저하게 정의하지 않은 팀원 모두의 총체적인 실패입니다. 어떻게 하면 일을 다르게 처리할 수 있었을까요?

고객의 계정에 대한 예측 결과를 직접 살펴본 마케팅 분석가는 명백한 문제점을 찾아냈습니다. 이전 상품 ID의 폐기로 인해 중복된 상품 데이터를 확인했고, 신발 부서가 신발의 색상마다 별도의 상품 ID를 사용한다는 사실도 바로 알 수 있었습니다. 발견된 모든 문제는 부적절한 프로젝트 계획으로 인해 발생했고, 프로젝트가 취소될 공산도 높아졌습니다.

3.1.1 기본 계획 수립

모든 ML 프로젝트의 계획은 일반적으로 상위 수준에서부터 시작합니다. 사업부, 경영진 또는 데이터 과학 팀의 구성원이 모여 도전적인 문제를 해결하기 위해 데이터 과학 팀의 전문성을 활용하자는 아이디어를 제시합니다. 일반적으로 초기 단계에서는 콘셉트 하나에 불과하지만, 프로젝트 수명 주기에서는 매우 핵심적인 단계이기도 합니다.

지금까지 살펴본 시나리오에서 가장 상위 수준의 아이디어는 **개인화**입니다. 숙련된 데이터 과학자에게 개인화는 여러 가지로 해석될 수 있습니다. 사업부의 주제 전문가가 생각하는 개인화가 데이터 과학 팀의 해석 방식과 동일할 수도 있지만, 그렇지 않을 수도 있습니다. 그렇기 때문에 아이디어를 구상하는 초기 단계에서부터 기초 연구가 시작되기 전까지 프로젝트에 참여하는 모든 인원이 가장 먼저 해야 할 일은 바로 회의를 하는 것입니다. 회의의 주제는 한 가지 근본적인 내용 '왜 이것을 구축하는가?'에 초점을 맞춰야 합니다.

이는 다소 공격적이거나 논쟁적으로 들릴 수 있는 질문입니다. 누군가는 이 질문을 듣고 당황할 수도 있습니다. 하지만 이 질문은 프로젝트를 통해 구축하려는 근본적인 동기에 대한 토론으로 논의를 시작하게 해주기 때문에 가장 중요하고도 효과적인 질문입니다. 이를테면 매출을 늘리기 위해서인가요? 사용자를 더 행복하게 해주기 위함인가요? 아니면 사용자를 더 오래 머물게 하려는 걸까요?

우리는 답변에서 느낄 수 있는 미묘한 뉘앙스를 통해 이 회의의 목표인 **ML 작업의 결과물에 대한 기대치**를 정의하는 데 한 발짝 더 다가갈 수 있습니다. 또한 모델 성능에 대한 측정 지표 기준과 프로덕션에서의 기여도를 계산하는 데 답변을 활용할 수 있습니다. 나중에 A/B 테스트를 측정하는 점수로 사용할 수도 있습니다.

하지만 앞서 살펴본 시나리오에서 프로젝트 팀은 프로젝트를 수행하는 이유를 묻지 않았습니다. [그림 3-6]은 프로젝트의 본질에 대한 논의 없이 스스로의 생각에만 갇혀 있는 사업부와 ML 팀의 기대치가 서로 다를 수밖에 없는 상황을 나타냅니다. ML 팀은 전적으로 문제를 해결하는 방법에만 집중하는 반면, 사업부는 ML 팀이 '알아서 이해해줄 것'이라는 그릇된 생각을 바탕으로 결과물을 기대합니다.

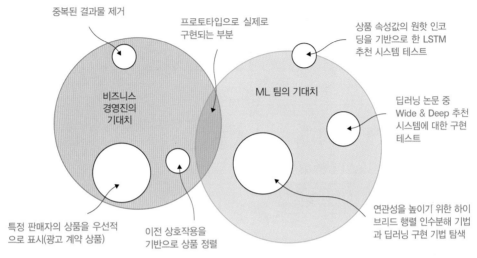

그림 3-6 비효율적인 계획 논의로 인한 두 팀의 기대치 간극

[그림 3-6]에 MVP 계획 수립 프로세스를 요약했습니다. 모호한 요구 사항과 프로토타입에서 기대하는 최소한의 기능에 대한 소통 부족, 실험의 복잡성을 관리하지 못해 데모는 실패로 끝납니다. 이런 결과를 방지하기 위해서는 초기 회의에서부터 아이디어를 논의해야 합니다. 기대치의 간극을 줄이는 것은 데이터 과학 팀의 팀장과 프로젝트 매니저 모두의 책임입니다. 초기 계획 수립을 논의하는 회의가 이상적으로 마무리되었다면, 모든 사람의 기대치가 동일해야 합니다. 구현의 세부 사항이나 향후 추가될 수 있는 특정 기능에 집중하는 사람이 없어야 하겠죠.

동일한 시나리오로 MVP에 대한 데모 후 피드백 토론 내용을 다시 한번 살펴보겠습니다. 피드백 내용을 바탕으로 초기 계획 수립과 범위 설정 회의에서 논의할 수도 있었던 질문을 역으로 찾아보겠습니다. 데모에서 발생한 오해의 근본 원인과 이를 미리 알 수 있었던 질문을 [그림 3-7]에 정리했습니다.

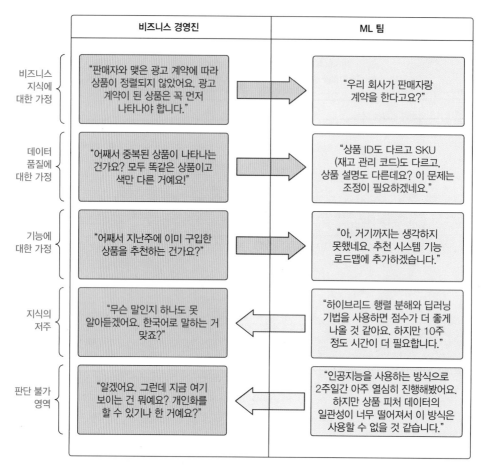

그림 3-7 MVP 데모 결과와 계획 수립 단계에서 미리 논의할 수 있었던 질문

예시에 일부러 과장을 좀 섞긴 했지만, 필자는 여러 ML 프로젝트에서 이와 같은 혼란 요소를 발견했습니다. 그리고 주로 ML을 중점적으로 다루지 않는 회사에서 이런 상황을 많이 봤습니다. ML이 해결하려는 문제는 복잡하고, 비즈니스 특성에 따라 세부 조건이 독자적이고 구체적입니다. 게다가 세부 조건이 미세한 뉘앙스의 차이에 따라 다르게 해석될 수 있어 더더욱 문제죠.

가장 중요한 것은 이런 어려움이 모든 프로젝트에서 발생할 수 있다는 것을 인지하는 것입니다. 하지만 해결하려는 문제, 가지고 있는 데이터, 결과에 대한 기대치에 대해 프로젝트 팀원 간에 면밀한 논의를 진행한다면 어려움을 최소화할 수 있습니다.

비즈니스 지식 가정

특히 ML을 처음 활용하는 회사나 ML 팀과 함께 일한 적이 없는 사업부라면 ML 팀이 사업과 관련된 비즈니스 지식을 어느 정도 가지고 있는지 예측하기란 쉽지 않습니다. 앞선 사례에서 경영진은 비즈니스 측면에서 일반 상식으로 간주되는 지식을 ML 팀이 이미 알고 있다고 가정했습니다. 명확하고 직접적으로 요구 사항을 제시하지 않았기 때문에 ML 팀은 해당 내용을 명확한 요구 사항으로 식별하지 못했습니다. 데이터 탐색 과정에서 ML 팀을 도와주는 사업부의 주제 전문가 또한 없었기 때문에 MVP를 구축하는 과정에서 관련 정보를 알 방법이 없었습니다.

사업과 관련된 비즈니스 지식을 가정하는 것은 대부분의 기업이 실수하고 있는 부분입니다. 보통의 ML 실무자는 비즈니스 내부 업무를 알 수 있는 방법이 없습니다. 고급 데이터 분석, 예측 모델링, 자동화 도구와 같은 본업에 집중하다 보니 비즈니스 운영 방식과 그 미묘한 차이를 이해하는 것이 어려울 수밖에 없죠. 예를 들어 '우리 회사에서는 웹사이트를 통해 A 상품을 판매합니다'와 같이 단편적인 비즈니스 전략은 모두가 알 수 있지만, 웹사이트에서 일부 판매자의 상품이 다른 상품보다 우선적으로 노출되어야 한다는 비즈니스 프로세스가 존재한다는 사실은 데이터 과학자가 알 수도 없고, 알고 있으리라고 기대해서도 안 됩니다.

데이터 과학자에게 이런 세부 사항을 알려주는 가장 좋은 해결책은 솔루션 구축을 요청하는 사업부의 주제 전문가가 웹사이트와 앱의 각 페이지에 상품 노출 순서를 결정하는 기존 방식을 설명하는 것입니다. 그러면 회의에 참가한 모든 사람이 모델의 결과물이 반영해야 하는 특정한 비즈니스 규칙을 이해할 수 있습니다.

데이터 품질 가정

데모 결과에 중복된 상품이 나오는 것에 대한 책임은 사업부나 ML 팀에게 물을 수 있는 일이 아닙니다. 솔루션 구축 중 ML 팀원들이 이런 문제가 발생할 것을 예상할 수도 있었겠지만, 그 영향의 범위를 정확히 알 리가 없으니까요. 행여 알고 있었다 하더라도 정해진 기간 내에 프로토타입을 만들어달라는 요청을 받았기 때문에, 이 문제는 다음 번에 수정하자고 이야기했을 것입니다.

여기에서 가장 중요한 문제는 이에 대한 **계획이 전혀 없었다는 것**입니다. 기대치에 대해 논의하지 않으면 비즈니스 경영진은 ML 팀의 역량을 신뢰할 수 없습니다. 사업부 팀원들은 샘플로 받은 몇몇 사용자의 300개나 되는 추천 목록이 사실은 80여 가지 색상과 무늬로 조합된 4개 상품일 뿐이라는 사실에 주목하기 때문에, 프로토타입의 성공 여부를 판단할 객관적인 지표를 등한시하게 됩니다.

이 사례에서 ML 팀은 데이터 엔지니어 팀으로부터 데이터가 상당히 깨끗하다고 전달받았고, 이를 단순히 믿고 진행했습니다. 하지만 대부분의 기업이 보유한 데이터의 품질은 생각보다 좋지 않습니다. [그림 3-8]은 IBM과 딜로이트가 실시한 두 가지 연구를 요약한 것으로, 수천 개의 기업이 ML 구현에 겪고 있는 고충과 특히 데이터의 청결도cleanliness에 따른 문제를 지적하고 있습니다. 실제로 모델링 작업 이전의 데이터 품질 확인 과정은 매우 중요합니다.

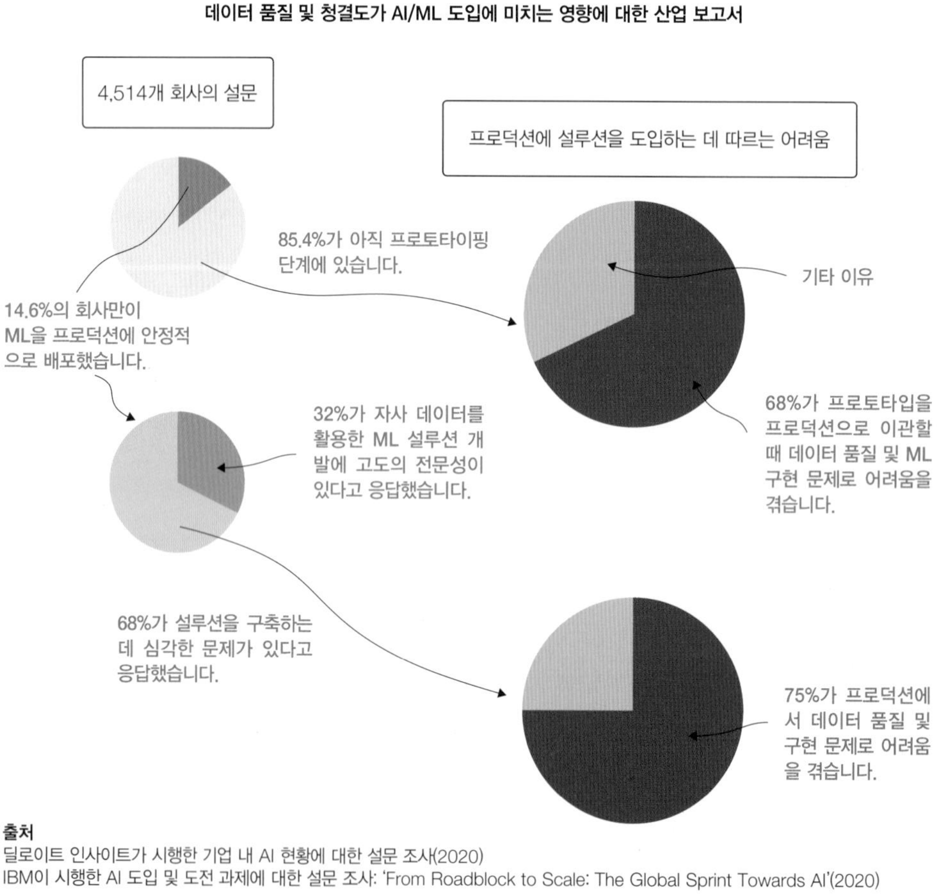

데이터 품질 및 청결도가 AI/ML 도입에 미치는 영향에 대한 산업 보고서

4,514개 회사의 설문

프로덕션에 솔루션을 도입하는 데 따르는 어려움

85.4%가 아직 프로토타이핑 단계에 있습니다.

14.6%의 회사만이 ML을 프로덕션에 안정적으로 배포했습니다.

기타 이유

32%가 자사 데이터를 활용한 ML 설루션 개발에 고도의 전문성이 있다고 응답했습니다.

68%가 프로토타입을 프로덕션으로 이관할 때 데이터 품질 및 ML 구현 문제로 어려움을 겪습니다.

68%가 설루션을 구축하는 데 심각한 문제가 있다고 응답했습니다.

75%가 프로덕션에서 데이터 품질 및 구현 문제로 어려움을 겪습니다.

출처
딜로이트 인사이트가 시행한 기업 내 AI 현황에 대한 설문 조사(2020)
IBM이 시행한 AI 도입 및 도전 과제에 대한 설문 조사: 'From Roadblock to Scale: The Global Sprint Towards AI'(2020)

그림 3-8 데이터 품질 문제가 ML 프로젝트를 수행하는 기업에 미치는 영향. 데이터 품질 문제는 흔하게 발생하므로 항상 프로젝트 초기 단계에서 검토해야 합니다.

'완벽한' 데이터를 확보해야 한다는 뜻이 아닙니다. [그림 3-8]에서 ML 모델을 성공적으로 프로덕션에 배포한 기업의 75%가 여전히 데이터 품질 문제로 어려움을 겪고 있습니다. 이런 데이터 문제는 데이터를 만드는 매우 복잡한 시스템과 몇 년에 걸쳐 누적된 기술 부채, 문제가 있는 데이터를 생성하지 않는 '완벽' 시스템 설계에 드는 비용 등의 이유로 발생합니다. 이 같은 난해한 문제를 다루는 가장 좋은 방법은 데이터가 무결하지 않으리라고 예상하는 것입니다. 다시 말해 모델링을 시작하기 전에 프로젝트에 사용될 데이터를 검증하고, 데이터에 가장 익숙한 주제 전문가에게 데이터의 특성과 관련된 적절한 질문을 던져야 합니다.

우리의 추천 시스템의 경우, ML 팀원들은 '모든 상품이 동일한 방식으로 시스템에 등록되나요?' 같은 데이터의 특성에 대한 질문을 하지 않았을 뿐만 아니라 분석을 통해 데이터의 유효성을 검증하는 것 또한 제대로 수행하지 않았습니다. 특히 특정 신발의 상품 개수가 다른 카테고리에 비해 과하게 많았던 문제는 통계 보고서를 재빨리 만들어봤다면 명확하게 파악할 수 있었을 겁니다. 기획 회의에서 '우리가 파는 신발이 왜 이렇게 많은 걸까요?'라는 질문을 던졌다면 문제가 있음을 알아차리고 모델에 사용할 데이터가 정확한지 확인하기 위해 모든 상품 카테고리에 대한 심층적인 검사와 검증을 수행했을 것입니다.

기능 가정

데모를 살펴본 사업부는 추천 목록에 지난주에 구매한 상품이 포함된 것을 우려합니다. 계획 수립 회의에서 이런 일이 발생할 경우 사용자가 실망할 수 있다고 설명을 해줬더라면 좋았을 것입니다.

추천 목록에서 구매 상품을 제외하는 핵심 기능을 최종 버전에는 포함하겠다는 ML 팀의 대응 방식은 타당해 보입니다. 사업부 입장에서 앞선 결과를 보게 되어 속상하겠지만 프로토타이핑 단계에서 이와 같은 기능의 부재를 확인하는 일은 피할 수 없습니다. 이제 회의에서 해야 할 일은 피처 추가에 대한 작업의 범위를 정하고, 향후 개선을 위한 반복 작업에 포함할지 여부를 결정한 후 다음 주제로 넘어가는 것입니다.

필자가 지금까지 겪었던 ML 프로젝트 데모 과정에서 이런 기능 문제가 제기되지 않았던 적은 한 번도 없습니다. 프로젝트를 개선할 수 있는 좋은 아이디어는 항상 이런 회의에서 나오며, 결국 회의를 진행하는 주된 이유 중 하나는 더 나은 설루션을 만들기 위해서입니다! 다만 최악의 상황은 회의에서 나온 아이디어를 완전히 무시하거나 구현에 대한 거부 반응을 그대로 수긍하는 것입니다. 이 상황에서 최선은 개선 사항을 추가하는 데 드는 시간과 비용을 먼저 알려주고 그만한 가치가 있는지 사업부에게 결정을 맡기는 것입니다.

지식의 저주

[그림 3-7]의 대화를 보면 ML 팀은 순식간에 소위 말하는 너드[nerd]가 되어버렸습니다. 이어지는 4장에서 지식의 저주에 대해 자세히 다루겠지만, 일단 여기서는 의사소통할 때 내부 테스트에서 나온 세부 사항을 비즈니스 담당자가 알아들을 수 없다는 것만 기억하세요. 회의실에 있는 모든 사람이 ML 실무자의 이야기를 하나도 알아듣지 못할 거라 가정하는 것은 잘못이겠지만, 그렇다고 너무 구체적이고 기술적인 내용만 늘어놓는다면 그들은 스스로 아는 것이 너무 없다고 느끼며 무지를 탓하거나 좌절할 수도 있습니다.

솔루션을 찾기 위한 수많은 접근 방식을 논의할 때는 가능한 한 추상적인 용어로 설명하는 것이 좋습니다. 예를 들면 이렇게 이야기할 수 있겠죠. "몇 가지 접근 방식을 시도해봤는데, 그중 하나가 권장 사항을 훨씬 개선하지만 일정에 몇 개월이 추가될 거예요. 어떻게 할까요?"

복잡한 주제를 일반적인 맥락으로 다루는 것이 기술적으로 깊이 들어가 세부 사항을 다루는 것보다 훨씬 효과적입니다. 회의 참석자들이 기술적인 토론에 관심을 보이면 질문의 답변이 나올 때까지 기술적인 내용을 더 깊이 있게 논의하세요. 다만 회의 참석자들이 이해하지 못하는 용어를 사용해 설명하는 것은 결코 좋은 생각이 아닙니다.

판단 불가 영역

계획 수립을 철저히 하지 않으면 ML 팀은 최고의 추천 목록을 제공하기 위해 검토 가능한 최신 접근 방식을 실험할 공산이 매우 큽니다. 이처럼 계획 수립 단계에서 솔루션에서 중요하게 다루어야 할 측면에 집중하지 않고 모델링 자체에만 집중하는 접근 방식은 혼란을 야기하고 전체 프로젝트의 요점을 놓치는 솔루션으로 이어질 수 있습니다.

결국, 정확도가 가장 높은 모델이 최선의 솔루션이 아닐 때도 있습니다. 좋은 솔루션 대부분은 프로젝트의 요구 사항을 반영하는 솔루션이며, 이런 요구 사항을 충족하기 위해서는 솔루션을 가능한 한 단순하게 유지하는 것이 좋습니다. 이를 염두에 두고 프로젝트 작업에 접근하면 최선의 모델을 선택하려고 할 때 발생할 수 있는 불확실성과 복잡성을 완화하는 데 도움이 됩니다.

3.1.2 첫 회의

앞서 설명한 것처럼 우리가 살펴본 ML 팀은 여러 가지 문제점을 안고 있는 접근 방식으로 계획을 수립했습니다. 그렇다면 이 팀은 어쩌다가 프로젝트의 핵심 사항조차 제대로 전달할 수 없는 상태에 이르렀을까요?

ML 팀의 모든 팀원이 알고리듬, 구현 세부 사항, 모델에 입력할 데이터를 어디서 가져올지에 대해 조용히 고민하는 동안, 정작 해야만 했던 질문은 하지 못했습니다. 구현할 솔루션이 작동하는 방식, 추천 목록에 적용해야 하는 제약 사항, 추천 목록에서 상품을 정렬하는 방식과 같은 내용을 자세히 묻는 사람은 아무도 없었습니다. 모두 '왜'와 '무엇을'이 아닌 '어떻게'에만 집중하고 있었던 것이죠.

여러 팀과의 회의에서 '어떻게'에 집중하기

프로젝트의 계획 수립 및 범위 설정 단계에서 적용 가능한 솔루션에 대해 논의하고 싶은 유혹이 분명 생겨날 것입니다. 하지만 이런 유혹에 빠지면 안 됩니다. 내부 고객 앞에서 솔루션에 대한 논의가 위험하다는 말은 절대 아닙니다. 다만 그들이 여러분만큼 솔루션에 대해 신경 쓰고 있지 않다는 의미입니다. 일부 ML 실무자, 혹은 젊은 시절의 필자와 같은 분이라면 프로젝트 솔루션 방법과 관련된 멋진 알고리듬과 피처 엔지니어링 기법에 대해 논의하고 싶지 않은 사람들이 있다는 사실이 전혀 이해되지 않을 겁니다. 당연히 회의에 참여한 모든 이가 ML 실무자만큼 이 주제에 흥미를 느낄 거라 여기겠지만 완전히 틀린 말이죠. 필자의 말이 틀린 것 같다면 배우자나 연인, 친구와 같이 데이터 과학과 무관한 사람들과 프로젝트에 대해 이야기해보세요. 그러면 제가 무슨 이야기를 하는지 바로 이해할 겁니다.

참, 필자가 치즈 버거를 들고 강아지에게 프로젝트 이야기를 할 때 강아지가 큰 흥미를 보이며 들어줬던 기억이 있네요. 우리 강아지도 치즈 버거를 참 좋아하거든요. '어떻게'에 대한 논의는 나중에 ML 팀 내부에서 진행하면 됩니다. 브레인스토밍을 할 수도 있고, 서로 논쟁을 벌여도 됩니다. 하지만 사업부 팀원 또는 다른 여러 팀과의 회의에서는 하지 않는 것이 모두에게 좋습니다.

반대로 이 프로젝트를 ML 팀에 의뢰한 내부 마케팅 팀원들은 그들이 기대하는 바를 명확하게 전달하지 않았습니다. 나쁜 의도는 없었지만, 그들이 알고 있는 고객에 대한 지식을 바탕으로 솔루션의 작동 방식에 대한 기대치를 제대로 설정하지 못했고, 솔루션 개발 방법론에 대한 무

지가 더해져 프로젝트가 실패할 수밖에 없는 환경이 되었습니다.

그렇다면 이 프로젝트를 어떻게 다르게 수행할 수 있을까요? 3.1.1절에서 이야기했던 것처럼 사업부 팀원들이 갖고 있는 잠재적인 기대치를 공개적이고 효율적으로 논의할 수 있게 초기 회의를 진행하려면 어떻게 해야 할까요? 간단한 질문으로 회의를 시작하면 됩니다. "상품을 노출하는 방식을 어떻게 결정해야 할까요?" 이 질문을 던졌을 때 회의에서 무엇을 이끌어낼 수 있는지, MVP의 범위를 결정하는 핵심 피처에 대한 요구 사항을 선정하는 데 어떤 영향을 미칠 수 있는지 [그림 3-9]를 통해 알아보겠습니다.

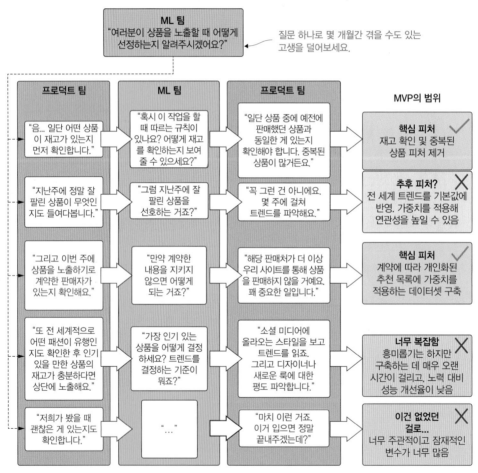

그림 3-9 피처를 정의하기 위해 문제에 집중한 계획 수립 및 범위 설정 회의

보다시피 모든 아이디어가 꼭 훌륭한 것은 아닙니다. 시간, 비용 또는 두 가지 측면 모두를 고려할 때 실현하기 어려운 아이디어도 있고, 정말 멋져 보이지만 기술적 한계를 넘어서는 아이디어도 있습니다. 하지만 이 회의를 통해 얻은 중요한 점은 그래도 두 가지 주요 핵심 피처는 확보했다는 점, 그리고 향후 프로젝트의 백로그에 추가할 수도 있는 추가 피처를 확인했다는 점입니다.

그림 속 대사가 다소 우습게 느껴질 수 있지만, 실제로 필자가 참여했던 회의 내용을 거의 그대로 옮겨놓은 것입니다. 몇 가지 요청에는 웃음이 나와 참느라 애를 먹기도 했지만 회의 자체는 매우 의미가 있었습니다. 주제 전문가가 바라보는 모든 가능성에 대해 몇 시간에 걸쳐 논의하면서 ML 팀은 미처 생각하지 못했던 관점으로 볼 수 있었고, 회의를 통해 듣지 않았다면 미처 예상하지 못했을 주요 요구 사항을 발견할 수 있었습니다.

이 회의에서 하지 말아야 할 한 가지는 논의 주제를 ML 설루션으로 옮기는 것입니다. 생각나는 구현에 대한 아이디어는 여러분과 ML 팀원들이 나중에 논의할 수 있도록 메모로 남겨두세요. 회의의 주요 목적인 문제를 해결하는 방법에 대한 인사이트 확보에서 논의 주제가 멀어지지 않도록 하는 것이 중요합니다.

이 주제에 접근하는 손쉬운 방법 중 하나는 다음 글 상자의 내용처럼 주제 전문가에게 현재 문제를 어떻게 해결하고 있는지 물어보는 것입니다. 완전히 새로운 아이디어로 구상된 프로젝트가 아니라면 누군가는 어떤 식으로든 이 문제를 해결하고 있을 것입니다. 그들과 이야기를 나눠보세요. [그림 3-9]의 질문과 논의는 이런 방식으로 충실하게 진행되었습니다.

제가 여러분을 도울 수 있게 지금은 어떻게 하고 있는지 설명해주세요

수기로 진행하는 반복 작업은 보통 지루하고 실수할 여지도 큽니다. 이런 모든 반복 작업을 ML로 직접적으로 대체하는 것은 아니지만, 굉장히 많은 부분에서 ML이 대체하고 있습니다. ML 설루션은 대부분 이런 수작업을 대체하기 위해, 또는 특정 알고리듬의 도움을 받지 않고 사람이 직접 시도해왔던 복잡한 작업을 해결하기 위해 개발되어 왔습니다.

사업부에서 개인화를 위해 시도하고 있는 추천 시스템은 최대한 많은 사람에게 눈에 띄는 상품을 보여주려는 시도일 뿐입니다. 추후 다른 ML 프로젝트로 확장되어 공급망의 최적화, 판매 수요 예측과 같은 다양한 시도로 이어질 수 있습니다. 그리고 앞으로 진행할 대부분의 프로젝트에는 목표 달성을 위해 누구보다 열정적으로 함께 할 현업 담당자가 있을 것입니다.

물론 그들이 수십억 개의 데이터 포인트를 탐색하고 최적화된 솔루션을 만드는 알고리듬을 찾아낼 수는 없겠지만요.

필자는 언제나 그런 사람들을 찾아서 "지금은 어떻게 하고 있는지 알려주실래요?"라고 물어보는 것이 가장 좋다고 생각합니다. 직접 수작업으로 문제를 해결하고 있는 사람의 이야기를 몇 시간만 들어도 나중에 낭비될 작업이나 재작업을 애초에 없앨 수 있다는 사실은 정말 놀랍습니다. 모델링하려는 작업과 솔루션에 대한 전반적인 요구 사항과 관련된 풍부한 지식은 프로젝트 범위를 정확하게 평가하는 데 도움이 되고 올바르게 구축하고 있는지 확인할 때도 유용합니다.

이번 장 뒷부분에서 계획 수립 프로세스와 정기적인 아이디어 회의를 준비하는 방법을 더 자세히 알아보겠습니다.

3.1.3 충분히 많은 데모를 계획하세요

ML 팀원들이 사업부에 개인화 추천 솔루션을 보여주면서 저지른 큰 실수는 바로 MVP를 한 번만 보여준 것입니다. 개발 중인 프로젝트의 스프린트가 너무 짧아 모델의 예측 결과를 만들지 못했을 수도 있고, 사업부에 보여줄 데모 작업에 집중하느라 프로젝트가 더디게 진행되는 상황을 피하고 싶었을 수도 있습니다. 이유가 어찌되었든 시간과 노력을 절약하려고 했지만 실질적으로는 더욱 많은 시간과 노력이 들었습니다. [그림 3-10]의 윗부분에서 이 내용을 좀 더 명확하게 알 수 있습니다.

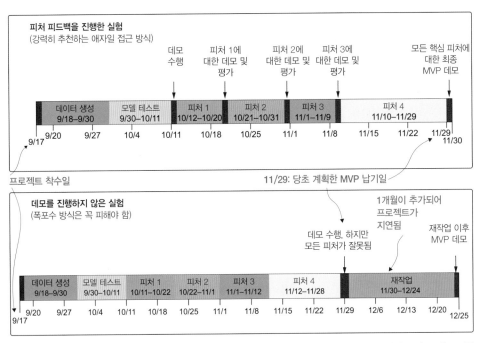

그림 3-10 데모와 피드백 중심으로 진행하는 경우와 내부 개발에만 집중하는 경우의 프로젝트 일정표 비교. 데모 작업은 시간과 수고가 추가되지만 재작업 시간을 줄이므로 수행할 가치가 있습니다.

각 핵심 피처에 잦은 데모를 수행하는 그림 상단의 시나리오에서는 데모를 진행할 때마다 어느 정도의 재작업이 필요할 수도 있습니다. 하지만 데모 후 재작업은 항상 염두에 두어야 하는 일이고, 이처럼 애자일 방법으로 접근하면 그림 하단의 시나리오에서 발생한 재작업에 비해 기능 조정에 필요한 시간이 절약됩니다. 전체적으로 의존적인 기능을 재조정하는 것이 아니라 비교적 독립적인 기능을 조정하면 되기 때문입니다.

하단 시나리오에서도 ML 팀 내부적으로는 애자일하게 스프린트를 가져가며 진행했지만, 사업부 입장에서는 2개월을 기다린 첫 데모였습니다. 2개월 동안 실험이 어떻게 진행되고 있는지 현재 상태를 알려주는 회의는 한 번도 없었고, 모델링 작업의 결과를 언제쯤 볼 수 있을지에 대한 계획 또한 미리 공유되지 않았습니다.

기능을 구현할 때 데모를 자주 수행하지 않으면 프로젝트 팀원들은 ML 측면에 대해 무지한 채로 프로젝트를 진행할 수밖에 없습니다. 또한 ML 팀은 솔루션의 기능을 개선하는 데 도움이 될 주제 전문가의 소중한 피드백 기회를 놓치게 됩니다.

대부분의 프로젝트에서 ML이 커버해야 하는 부분은 충분히 복잡하고, 수십 가지 기능을 구축하는 데 있어 사업부의 검토 없이 독단적으로 접근하기에는 너무 많은 세부 사항과 미묘한 부분이 존재합니다. ML 팀이 예측 품질에 대한 지표, 구축 중인 기능의 성능이나 품질을 객관적으로 증명하는 통계 자료를 열심히 준비한다고 하더라도, 이를 신경 쓰는 사람은 ML 팀원뿐입니다. 복잡한 프로젝트를 효과적으로 수행하려면 사업부, 주제 전문가 그룹이 쉽게 받아들일 수 있는 내용으로 의사소통해야 하며, 그들은 활용 가능한 데이터를 기반으로 피드백을 제공해야 합니다. 복잡한 지표를 제시하면 의도적으로 난독증을 불러일으킬 수 있고, 프로젝트를 오히려 방해하거나 솔루션을 성공적으로 구축하는 데 필요한 아이디어 제시를 주저하게 만들 뿐입니다.

주기적으로 데모를 미리 계획해 ML 팀 내부 애자일 프로세스를 사업부와 주제 전문가의 의견에 맞게 조정하면 성공적으로 프로젝트를 진행할 수 있습니다. ML 팀원은 기능이 구현되는 대로 테스트와 데모를 진행하고, 피드백을 바탕으로 향후 작업 내용을 조정하고, 기능을 더욱 효율적으로 개선하는 등 진정한 애자일을 경험할 수 있습니다. 사업부는 프로젝트가 결과를 내놓을 수 있도록 실질적인 도움을 주게 되는 것이죠.

프런트엔드 개발을 잘 모르는데 데모를 어떻게 만들죠?

만약 ML 기반의 데모를 만들 수 있는 가벼운 인터랙티브 앱을 구축할 줄 안다면 정말 좋을 것입니다. 하지만 데모를 구현하는 데 너무 많은 시간을 쏟지 마세요. 가능한 한 단순하게 유지하고 실제 ML 문제를 해결하는 데 시간과 노력을 집중하세요.

ML 팀이 아닌 ML 실무자들에게 콘텐츠를 보여주기 위해 웹사이트나 앱, 마이크로서비스를 만들 필요는 없습니다. 프레젠테이션 슬라이드를 만드는 게 성격상 맞지 않더라도, 이를 통해 최종 사용자에게 어떤 항목을 보여줄지 시뮬레이션해서 솔루션의 작동 방식을 설명할 수 있습니다. 단순히 이미지를 복사해 붙여넣고, 기본적인 화면 설계나 다이어그램을 만듭니다. 사용자에게 보여줄 추천 목록을 짐작할 수 있는 것이라면 어떤 형태라도 충분합니다.

단, UX 팀과 프런트엔드 개발자 또는 앱 디자이너가 만들어낼 최종 디자인은 프레젠테이션과 완전히 다를 것이고, 지금은 단지 데이터를 보여주는 것이 목적이라는 점을 명확히 전달해야겠죠. 일반인에게 친숙한 프레젠테이션 슬라이드나 PDF 같은 자료도 괜찮습니다.

기술적인 내용을 이해하지 못하는 사람이 참석한 회의에서는 상품 번호를 그대로 나열한다든지 맷플롯립matplotlib의 ROC 커브 같은 것을 보여주는 것보다 모델이 어떻게 작동하는지 전달하는 것이 훨씬 효율적일 것이라고 장담합니다.

3.1.4 설루션 구축을 위한 실험: 자존심 싸움이 아닙니다

웹사이트 개인화 프로젝트를 위해 프로토타입 추천 시스템을 구축하던 ML 팀의 안타까운 시나리오를 돌이켜보면, 사업부뿐만 아니라 실험 프로세스 그 자체로도 골치 아픈 일이었습니다. 다양한 설루션에 대해 무엇을 시도해볼 것인지, 그렇다면 각 실험에 얼마나 많은 시간과 노력을 들일 것인지에 대한 확실한 계획이 없었습니다. 그래서 더욱 많은 시간과 노력이 낭비되었죠.

첫 회의를 마친 후, 각자 팀을 이루어 내부적으로 어떤 알고리듬이 추천을 생성하는 데 가장 적합한지 브레인스토밍을 진행하며 아이디어 회의를 시작했습니다. 약 300회 정도의 웹 검색 후, 교대 최소 제곱(ALS) 모델, 특잇값 분해singular value decomposition(SVD) 모델, 딥러닝 추천 모델이라는 세 가지 주요 접근 방식을 직접 비교하는 계획을 세웠습니다. 프로젝트의 최소 요구 사항을 충족하기 위해 필요한 피처를 이해한 세 그룹은 각자 선의의 경쟁을 통해 본인이 할 수 있는 것을 구축하기 시작했습니다.

이런 방식으로 테스트에 접근할 경우 가장 큰 결점은 테스트를 진행할 때 발생하는 낭비의 규모와 범위가 너무 크다는 점입니다. 해커톤 같은 방식으로 복잡한 문제에 접근하면 누군가는 재미있을 수도 있고, 팀장이 프로세스를 관리하기가 훨씬 쉬울 수 있지만, 결국에는 한 사람이 모든 작업을 도맡게 되는, 소프트웨어 개발에 있어서 매우 비합리적인 방식입니다.

테스트를 진행하면서 설루션을 만들어나가는 방식이 더 재미있기는 하지만, 프로토타입 테스트 방식이 훨씬 효율적입니다. [그림 3-11]에서 두 가지 방식을 비교해볼 수 있습니다. ML 팀 내부 혹은 더 넓은 범위의 크로스펑셔널 팀을 대상으로 주기적인 데모를 수행하면 프로젝트의 실험 단계를 최적화할 수 있습니다. 결과적으로 더 많은 인력이 가능한 한 빨리 프로젝트를 성공적으로 완료하는 데 집중할 수 있죠.

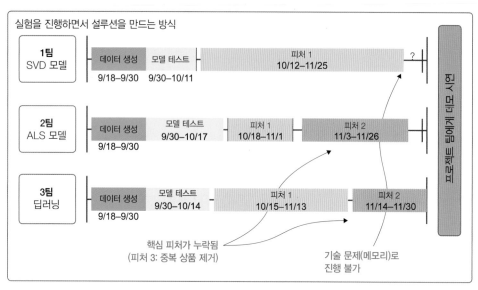

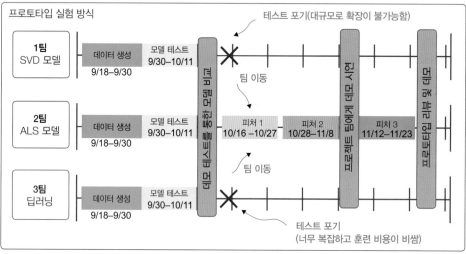

그림 3-11 여러 개의 MVP를 개발하는 방식과 실험을 선별하는 개발 방식 비교. 실험을 빨리 선별할수록 팀이 더 많은 일을 할 수 있습니다.

[그림 3-11]의 상단에서 볼 수 있듯이 **프로토타입 선별** 계획 없이 모델 개발을 해커톤 스타일로 접근하면 두 가지 위험이 따릅니다. 첫째, 1팀은 비즈니스에서 가장 중요하다고 판단한 첫 번째 핵심 피처를 통합하는 데 어려움을 겪었습니다.

단지 모델을 작동하게 하려고 설정한 초기 수식을 추후에 검증하지 않았기 때문에 요구 사항을 충족하는 피처를 구현하는 데 오랜 시간이 걸렸습니다. 팀원들은 겨우 이 작업을 완료하고 나서야 피처 2와 3을 구현할 시간이 없음을 깨달았습니다. 결국 SVD 모델을 만드는 데 투자한 모든 노력이 수포로 돌아갈 수도 있다는 사실을 알게 된 것이지요.

심지어 다른 접근 방식을 채택한 두 팀도 프로토타입을 구현할 인력이 부족해 핵심 피처 3을 완성하지 못했습니다. 결과적으로 세 가지 접근 방식은 모두 중요한 프로젝트 요구 사항을 충족하지 못했습니다. 여러 분야가 참여하는 프로젝트 특성상 이런 프로젝트 지연은 다른 엔지니어링 팀에도 영향을 미쳤습니다.

프로토타입 실험 방식을 살펴보겠습니다. ML 팀은 사업부와의 초기 회의를 통해 핵심 피처가 당장은 포함되지 않을 것임을 미리 알려주었습니다. 대신 테스트 중인 각 모델의 기초 결과물에 대해 판단하는 방식을 선택했습니다. 단일 옵션에 집중하기로 결정하자 ML 팀의 리소스와 최소한의 필수 피처를 구현하는 데 집중할 수 있었고, 중간중간 데모를 통해 설루션이 올바른 방향으로 개발되고 있는지 확인했습니다. 결과적으로 프로토타입 평가에 더 빨리 도달할 수 있게 되었죠.

피처를 완벽히 구현하지 않았더라도 초기에 잦은 데모를 진행함으로써 팀원들의 리소스 활용을 극대화하고, 주제 전문가로부터 귀중한 피드백을 얻을 수 있습니다. 어떤 프로젝트든 리소스의 제약을 받을 수밖에 없습니다. 리소스가 적더라도 성공 가능성이 높은 몇 가지 옵션에 집중한다면 어떤 방식보다 빠르게 복잡한 ML 설루션을 성공적으로 만들 수 있습니다.

3.2 실험 범위 설정: 기대치와 제한

자, 이제 우리는 추천 시스템에 대한 계획 수립을 마쳤습니다. 비즈니스에 중요한 요소가 무엇인지, 사용자가 추천 목록을 볼 때 어떤 것을 기대하는지, 특정 기능 데모 시연을 위한 마일스톤 계획도 확실히 세웠습니다. 그렇다면 이제부터 본격적으로 ML을 사랑하는 사람들이 좋아할 만한 부분이 시작됩니다. 연구를 계획하는 것이죠.

추천 주제와 관련된 정보는 사실 다 읽어볼 수 없을 정도로 무한하게 많지만 우리에게 주어진 시간은 한정적입니다. 따라서 무엇을 테스트할지, 어떻게 진행할지 가이드라인을 설정해야 합니다. 바로 이 지점이 실험 범위를 설정해야 하는 중요한 부분이죠.

지금까지 ML 팀은 주제 전문가와 논의를 통해 적절한 유스 케이스 발굴 시간을 가졌을 것입니다. 따라서 팀이 구현해야 하는 핵심 피처를 알고 있어야 합니다.

- 상품 목록에서 중복 상품을 제거할 방법이 필요합니다.
- 상품에 기반한 규칙을 통합해 사용자별 암묵적인 선호도에 가중치를 부여해야 합니다.
- 상품의 카테고리, 브랜드, 특정 페이지의 유형에 따라 추천 목록을 그룹화해야 합니다.
- 사용자별 선호도를 생성하면서, 비용은 많이 들지 않는 알고리듬이 필요합니다.

MVP에 필수적인 요소를 정리한 후, 네 가지 중요한 피처를 해결할 방법을 계획합니다. 기대치를 설정하고 각 피처의 구현 복잡성이나 작업 시간에 대한 제약 사항을 설정함으로써 ML 팀은 결과적으로 사업부에서 원하는 **예상 납기일과 각 피처의 실현 가능성에 대한 판단**을 내릴 수 있습니다.

다소 모순적인 방법이 아닐까 반문하는 분들이 있을 수도 있습니다. 'ML 관점에서 프로젝트 범위를 설정해야 실험을 정의할 수 있는 것 아닌가'라는 생각이 지금 머릿속을 스치고 있을지도 모르겠네요. 이번 절에서는 추천 시스템 문제를 해결하기 위한 연구와 실험 과정에서 범위 제한 없이 방치할 경우, 전체 프로젝트에 주어진 시간이 금세 지나가버릴 수밖에 없는 이유에 대해 살펴봅니다. 반대로 실험을 계획하고 범위를 정하면 최상의 솔루션은 아닐지라도 최종적으로 상품을 구축할 수 있을 만큼 충분히 좋은 솔루션을 찾는 데 집중할 수 있습니다.

몇 차례의 회의를 거쳐 초기 계획 단계가 완료되고 프로젝트와 관련된 내용에 대한 대략적인 아이디어가 공식화, 문서화되었다면, 적어도 프로젝트 초기에는 실제 솔루션 구현에 걸리는 시간이나 범위 추정에 대해서는 이야기하지 않아야 합니다. 범위 설정은 매우 중요하고 프로젝트 팀 전체에 대한 기대치를 설정하는 주요 수단 중 하나이며 특히 ML 팀에게는 훨씬 더 중요한 일입니다. 일반적인 소프트웨어 개발 프로젝트와 특성이 매우 다른 ML 세계에서는 두 가지 다른 범위 설정이 필요합니다.

일반적인 개발 조직과의 협업에 익숙한 사람에게 실험 범위를 설정한다는 개념은 완전히 낯설 것입니다. 그렇기 때문에 초기 단계의 범위 설정에 대한 의미가 잘못 해석될 여지가 많습니다. 하지만 그렇다고 해서 실험의 내부 목표마저도 설정하지 않는 것은 더더욱 현명하지 못한 일입니다.

3.2.1 실험 범위 설정이란 무엇인가요?

프로젝트에 소요되는 시간을 산정하기 전에 다른 사람들이 비슷한 문제를 어떻게 해결했는지 연구 조사하고 이론적인 관점에서 살펴본 잠재적인 설루션도 조사해야 합니다. 지금까지 논의한 시나리오, 초기 프로젝트 계획, 전체 범위에 대한 요구 사항 수집을 통해 여러 가지 잠재적인 설루션 접근 방식을 결정했습니다. 그런 다음 프로젝트가 연구 및 실험 단계로 넘어가면 ML 팀이 각 아이디어를 검증하는 데 얼마나 많은 시간을 할애할 것인지 기대치를 정해야 합니다. 이 시점에서 **프로젝트 전체 팀원들과 함께 소요 시간을 논의하고 설정하는 것이 매우 중요합니다.**

기간에 대한 기대치를 설정하면 ML 팀에 큰 도움이 됩니다. 완벽하게 알지 못하는 일에 임의의 기한을 설정하는 것이 비생산적으로 보일 수 있지만, 현재로서는 최선의 방법입니다. 목표 기한이 있으면 테스트 프로세스를 효율화하는 데 더욱 집중할 수 있습니다. 예를 들어 다른 접근 방식을 알아볼 필요가 있다면, 일단 마감일을 지키기 위해 'MVP 개발 중에 조사할 것'이라고 표시해놓고 넘어갈 수 있습니다. 이런 접근 방식으로 현재 작업의 단순성과 업무 집중도를 유지하게 됩니다.

기대치는 프로젝트에 참여하는 사업부와 여러 팀의 구성원에게도 유용합니다. 최종적으로 프로젝트가 성공할 수 있는 방향으로 결정을 내릴 수 있을 뿐만 아니라 단기적으로도 무언가 만들 수 있다는 보장을 받을 수 있습니다. **ML 프로젝트 작업의 성공에는 의사소통이 절대적으로 중요**하며, 실험 중에도 전달 목표를 설정하면 모든 사람의 지속적인 참여를 유도할 수 있습니다. 최종적으로 결과를 더 좋게 만드는 방법이죠.

예측, 이상치 감지, 클러스터링, 사용자 이탈률 예측과 같이 비교적 단순하고 간단한 ML 유스 케이스에서는 접근 방식을 테스트하는 시간이 비교적 짧아야 합니다. 일반적인 ML 기법 중 유력한 설루션을 검토하는 데 1~2주면 충분합니다. 이 기간은 MVP를 구현하는 시간이 아니라 다양한 알고리듬과 기법의 효율성과 관련된 인사이트를 얻기 위한 시간이라는 점을 기억하세요.

추천 시스템 같이 훨씬 더 복잡한 유스 케이스의 경우 조사 기간이 더 길어질 수 있습니다. 단순히 조사 단계에만 2주가 소요될 수 있으며, 추가로 2주간 API나 라이브러리를 테스트하고 기초적인 시각화를 구현하는 '코딩' 작업이 필요할 수도 있습니다.

이 단계의 유일한 목적은 실험 방향을 결정하되 가능한 한 짧은 시간 내에 결정을 내리는 것입니다. 문제를 해결하기 위해 사용할 수 있는 기법 중 최선의 방식을 찾아내는 데 필요한 시간과

MVP 구현에 소요되는 시간의 균형을 맞추는 것이 중요합니다.

풀고 싶은 문제 자체의 복잡성, 사업부와 ML 팀의 경험, 고려할 만한 여러 기법의 상대적인 난도와 복잡성에 따라 걸리는 시간이 달라지므로 이 기간을 파악할 수 있는 정해진 표준 절차는 없습니다. 다만 시간이 지나면서 점점 더 정확한 실험 기간 추정치를 도출할 수 있는 인사이트를 얻게 될 겁니다. 기억해야 할 가장 중요한 점은 이 단계에서 시간이 얼마나 걸릴지에 대해 지속적으로 사업부와 소통해야 한다는 것입니다. **이 단계를 생략해서는 안 됩니다.**

3.2.2 ML 팀을 위한 실험 범위 설정: 연구 단계

ML 실무자에게는 새로운 것을 실험하고 탐구하며 배우고자 하는 열망이 있습니다. ML 분야의 방대한 범위와 그 깊이를 고려할 때, 연구되었거나 연구 중인 무언가의 일부를 공부하는 데 평생을 매달릴 수도 있습니다. 그다음에는 복잡한 문제를 푸는 새로운 방식에 대해 연구하겠죠. 우리 모두가 공감할 수 있는 이 타고난 욕망은 새로운 문제에 대한 해결책을 연구할 때 얼마나 오래, 어디까지 갈 것인지 경계를 설정하는 것이 중요하다고 알려줍니다.

계획 수립 회의와 일반적인 프로젝트 범위 설정에 이은 첫 단계에서는 실제 작업에 착수해야 합니다. 초기 단계에서 진행되는 실험은 프로젝트와 구현 방식에 따라 크게 달라질 수 있지만, ML 팀의 공통적인 목표는 **시간 내 완수**입니다. 많은 사람이 이 단계에서 상당한 좌절감을 느낄 수 있습니다. 무언가에 대한 새로운 솔루션을 기초부터 연구하거나 최근 발표된 신기술을 활용하는 데 집중하는 대신 '일단 구축부터 해야 하는' 상황에 내몰릴 때가 있습니다. 시간에 쫓기지 않으려면 ML 팀이 솔루션의 적용 가능성을 연구 조사하는 시간을 제한해야 합니다.

지금까지 살펴본 추천 시스템 프로젝트의 ML 팀 연구 경로는 [그림 3-12]와 같습니다.

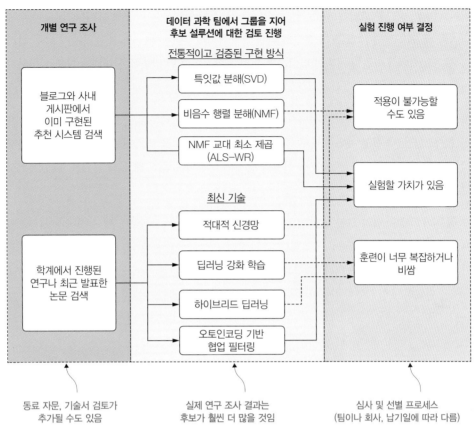

그림 3-12 ML 팀이 테스트를 수행할 후보 설루션을 결정하는 연구 계획 수립 단계 다이어그램. 계획을 구조적으로 정의하면 아이디어 반복에 소요되는 시간을 크게 줄일 수 있습니다.

이 간단한 다이어그램을 살펴보면 팀이 취할 수 있는 선택지를 제한해 연구의 효율을 높입니다. 하루 정도에 걸쳐 대략적인 인터넷 검색, 블로그 읽기, 기술 문서 컨설팅을 거치고 나면 팀은 업계와 학계에서 사용하는 기존 설루션에 대한 '큰 흐름'을 파악할 수 있습니다.

일반적인 접근 방식을 파악한 후에는 팀원들이 개별적으로 선별한 전체 후보 목록을 더 심층적으로 조사합니다. 적용 가능성과 복잡성이 일정 수준에 도달하면 팀원들이 모여 조사 결과를 논의합니다.

[그림 3-12]에서 볼 수 있듯이, 연구 결과를 발표하는 과정에서 실험 후보가 될 방법이 선별됩니다. 실험 후보 결정이 끝나면 팀은 프로토타입 개발로 테스트하려는 두세 가지 선택지에 대한 계획을 확실히 세워야 합니다.

팀이 선택한 방법의 조합에도 주목해야 합니다. 선정한 방법들은 나중에 MVP 중심의 결정을 내리는 데 도움을 줄 수 있도록 충분히 다양해야 합니다. 예를 들어 세 가지 옵션이 모두 딥러닝 접근 방식에서 약간 변형된 방법이라면 특정 상황에서 어떤 방법을 선택해야 할지 결정하기 어려울 수 있습니다.

또 다른 중요한 사항은 적절한 선택지 개수입니다. 선택지가 너무 많을 경우, 선택이 불가능하거나 사소한 의사 결정 목록이 너무 많아져 실제 결정에 영향을 미치게 됩니다. 따라서 선택지의 개수를 줄여야 합니다. 프로젝트 진행과 실제 설루션 구축을 위해 실험 범위를 제한하는 것이 항상 최선입니다.

[그림 3-12]에서 팀의 조사를 바탕으로 내린 최종 결정은 가능성 있는 세 가지 설루션(ALS, SVD, 딥러닝 방법)에 집중하는 것입니다. 프로젝트 경로에 대한 합의가 이루어지면 프로토타입 제작에 착수할 수 있습니다. 연구 단계와 마찬가지로 실험 단계에도 시간제한을 두어 해당 작업을 완료하게 함으로써 실험이 끝났을 때 측정 가능한 결과를 반드시 얻어야 합니다.

3.2.3 ML 팀을 위한 실험 범위 설정: 실험 단계

계획이 수립되면 ML 팀 팀장은 프로토타입 설루션에 리소스를 자유롭게 할당할 수 있습니다. 처음부터 실험을 통해 기대하는 바를 명확히 설정하는 것이 중요합니다. 실험의 목표는 고려 중인 기법을 공정하게 비교할 수 있도록 최종 결과물의 시뮬레이션을 생성하는 것입니다. 모델을 튜닝하거나 최종 프로젝트 코드 기반에 적용할 수 있는 수준으로 코드를 작성할 필요는 없습니다. 이 단계의 주된 목표는 속도와 비교 가능성이라는 두 가지이며 이 두 목표 사이의 균형을 찾아야 합니다.

어떤 기법을 취할지 결정할 때 고려해야 할 사항은 매우 많습니다(이후 여러 장에 걸쳐 자세히 설명합니다). 당장은 고려 중인 기법의 성능과 전체 설루션 개발의 난도를 추정하는 것이 중요하다는 것만 알아두세요. 이 단계가 마무리될 즈음에는 전체적인 코드 복잡성 추정이 가능하고, 프로젝트의 코드 기반을 작성하는 데 필요한 예상 개발 기간을 산출해 프로젝트 팀과 공유할 수도 있습니다. 추가로 모델을 재훈련하고, 선호도를 추론하고, 데이터를 호스팅하고, 데이터를 제공하기 위한 일일 실행 비용 등 설루션에 필요한 총 소유 비용을 파악할 수 있습니다.

스토리와 태스크task를 써내려가며 애자일 방법론으로 프로젝트에서 수행해야 할 작업을 계획하기 전에 테스트 계획을 먼저 작성하는 것이 유용할 수 있습니다. 여기서 말하는 테스트 계획은 기술적인 구현에 대한 세부 사항이 아니라, 테스트 단계에서 수행할 내용의 스토리에 대한 티켓으로 스프린트를 계획할 때 필요한 정보를 제공할 뿐만 아니라 ML 팀이 수행할 전체 프로세스의 상태를 추적하는 데에도 활용할 수 있습니다. 또한 더 큰 규모의 팀과 공유 및 의사소통하는 도구로 활용해 완료된 작업의 결과를 보여주고, 해당 기법과 경쟁하고 있는 다른 기법의 데모와 함께 제공할 수도 있습니다.

[그림 3-13]은 추천 시스템의 실험 단계에서 수행할 단계별 테스트 계획입니다.

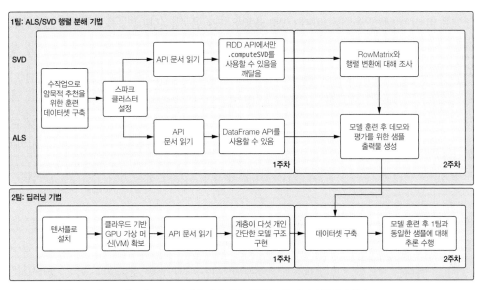

그림 3-13 추천 시스템 프로젝트의 프로토타이핑 단계에서 진행하는 두 가지 실험의 흐름도

테스트를 통해 연구 단계에서 얻게 되는 결과물을 명확히 확인할 수 있습니다. 1팀의 행렬 분해 기법에서는 수작업으로 생성해야 하는 흔한 데이터셋이 먼저 만들어집니다. 지금 단계에서는 ETL을 사용하지 않습니다. 이 알고리듬의 계산 복잡도에 대한 연구와 이해를 바탕으로 아파치 스파크를 통해 솔루션을 테스트하기로 합니다.

그리고 1팀은 그룹을 두 개로 나누어 두 가지 모델에 대해 조사하고 각자 다른 결론을 얻게 됩니다. SparkML의 상위 수준 API인 DataFrame을 사용해 ALS를 구현하는 것이 스파크의 기본 데이터 구조인 RDD^resilient distributed dataset를 활용해 SVD를 구현하는 것보다 코드 아키텍처가 훨씬 더 간단했습니다. 테스트 과정에서 이런 복잡성을 정의할 수 있었으며, 다른 팀에게는 SVD를 구현하는 것이 솔루션을 개발하고 유지 보수 및 확장하는 데 훨씬 더 복잡하다는 것을 알릴 수 있었습니다.

1팀이 수행했던 모든 작업은 나중에 개발해야 하는 솔루션의 범위를 정의하는 데 도움이 됩니다. 만약 전체 팀에서 SVD가 더 적합한 솔루션이라고 결정한 경우, 구현의 복잡성과 팀원의 숙련도를 다시 검토해야 합니다. 예를 들어 팀이 Breeze를 활용하는 스칼라 코드를 작성하는 데 익숙하지 않은 경우 프로젝트 팀에서는 해당 기술을 배우는 데 시간을 추가로 할애할 수 있는지 확인해야 합니다. SVD의 실험 결과가 테스트 중인 다른 솔루션보다 훨씬 뛰어난 품질을 보여주거나, 더 나은 방법을 진행하는 데 SVD 구현이 꼭 필요하다면, 전체 팀에서는 필요한 학습 기간을 추가로 산정해야 합니다.

2팀에서 수행한 작업은 훨씬 더 복잡하며, SVD 모델의 추론 결과를 입력값으로 사용합니다. 이와 같은 두 가지 기법에 대한 결과를 평가하려면 그 복잡성을 분석하는 것이 중요합니다.

복잡성 위험 평가

만약 2팀의 결과가 SVD 기법의 결과보다 월등한 경우, 솔루션의 복잡성이 크게 늘어나므로 ML 팀은 솔루션을 면밀히 검토해야 합니다. 시간과 비용 측면에서 개발 비용이 훨씬 더 커질 뿐만 아니라 전체 아키텍처의 유지 관리도 훨씬 어려워집니다.

복잡성 증가를 감수하면서 얻게 되는 성능의 향상은 비용 증가를 무시할 수 있을 정도로 유의미한 수준이어야 합니다. 사업부를 포함한 모든 프로젝트 인원이 납득할 만한 이점이 명확하게 보이지 않는다면, RDD 사용에 따른 추가 업무 부담과 사용해야 하는 이유에 대해 내부 토론을 진행해야 합니다. 모든 사람은 각자 어떤 일을 하고 있는지, 복잡성이 늘어나는 작업을 진행할 경우 추후 유지 보수에 수반되는 추가 업무를 인지해야 합니다.

실험 단계 기록

실험 단계를 논의할 때 전체 팀에 배부할 시각 자료를 함께 준비하는 작업은 ML 관점에서 솔루션의 큰 틀을 대략적으로 추정해보는 작업이라 생각하면 좋습니다. 개발 초기 단계에서 세부 사항을 정한다 하더라도 어차피 계속 변경되므로 복잡한 아키텍처 다이어그램을 준비할 필요까지는 없습니다.

프로젝트 팀 전체에게 [그림 3-14]와 같이 상위 수준의 다이어그램으로 개인화 추천 시스템을 보여준다면, 솔루션을 만들기 위해 무엇을 구현해야 하는지 설명하는 데 도움이 됩니다. 이와 같은 시각적인 아키텍처는 ML 팀이 현재 해야 하는 작업과 향후 필요한 작업을 추적하는 데 스크럼 보드를 보완하는 역할을 할 수 있습니다.

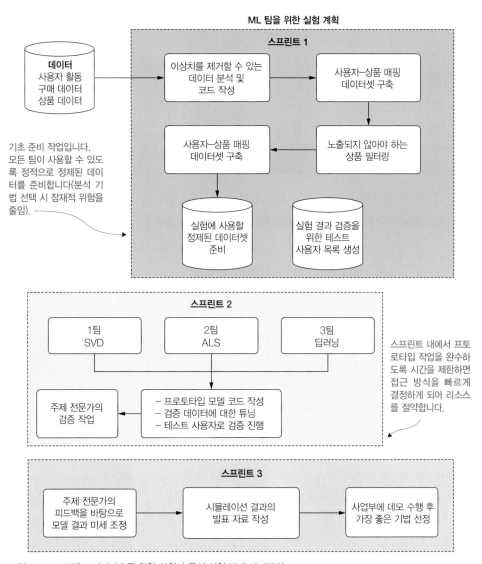

그림 3-14 프로젝트 시나리오를 위한 상위 수준의 실험 단계 아키텍처

부가 설명은 더 넓은 범위의 팀과 소통하는 데 도움이 됩니다. 수십 명 이상이 참석하는 업무 현황 회의를 진행하는 대신, ML 팀은 이와 같은 작업 다이어그램을 사용해 모든 팀원과 효율적으로 소통할 수 있습니다. 다양한 설명을 추가해 팀이 언제, 어떤 작업을 하고 있는지, 그 이유가 무엇인지와 관련된 질문에 답할 수 있을 뿐만 아니라, 시간순으로 정리한 개발 현황 보고서와 함께 전후 상황을 파악할 수 있습니다. 다만, 이 프로젝트처럼 복잡한 경우에는 프로젝트에 참여하지 않는 사람들이 개발 현황 보고서를 이해하기 어려울 수도 있습니다.

범위 설정의 중요성

개인화 프로젝트에 참여하는 ML 팀원에게 시간과 예산이 무한대로 주어진다면, 최적의 솔루션을 찾는 데 많은 시간을 할애할 수 있습니다. 수백 개의 보고서를 샅샅이 훑어보고, 각 접근 방식의 이점을 논문을 읽으며 파악하고, 심지어 비즈니스에서 이상적인 솔루션이라고 생각하는 특정 유스 케이스의 새로운 접근 방식을 찾을 시간도 있습니다. 출시일을 맞추거나 기술 비용을 낮추기 위해 전전긍긍하지 않고 웹사이트와 앱에 개인화를 도입할 최적의 방법을 찾아내는 데 몇 년까지는 아니겠지만, 몇 개월은 쉽게 투자할 수 있습니다.

유사한 산업 및 유스 케이스에서 효과가 입증된 두세 가지 접근 방식을 테스트하는 대신, 수십 가지 접근 방식의 프로토타입을 구축하고 신중한 비교와 판단을 통해 사용자에게 최상의 추천을 제공하는 최적화된 알고리듬을 만드는 데 가장 적합한 접근 방식을 선택할 수 있습니다. 심지어 문제 영역에 혁신을 가져올 수 있는 새로운 접근 방식을 구상할 수도 있습니다. 개인화된 추천 시스템에 대해 팀원들이 원하는 것이 무엇이든 자유롭게 테스트할 수 있다면 아이디어 화이트보드는 [그림 3-15]와 같을 것입니다.

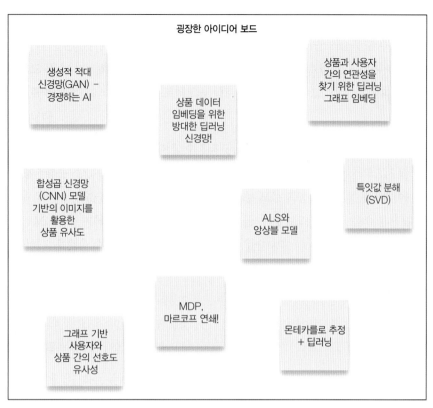

그림 3-15 문제 해결을 위한 다양한 접근 방식

브레인스토밍 회의에서 아이디어를 도출했다면, 그다음에는 아이디어를 구현할 방법을 예측합니다. 각 방법에 의견을 덧붙이면 합리적인 실험 기간 내에 성공 가능성이 높은 두세 가지 방안을 선정하고 실행 계획을 수립하는 데 도움이 됩니다. 이 과정은 필자가 대규모의 야심 찬 데이터 과학 팀과 함께 했던 아이디어 회의와 매우 유사합니다. [그림 3-16]의 설명은 **팀이 실제로 상품을 출시하는 데 필요한 요구 사항**을 충족하기 위해 무엇을 테스트해야 할지 결정하는 데 유용합니다.

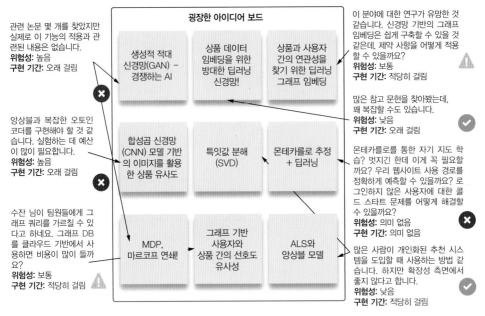

관련 논문 몇 개를 찾았지만 실제로 이 기능의 적용과 관련된 내용은 오래 없습니다.
위험성: 높음
구현 기간: 오래 걸림

앙상블과 복잡한 오토인코더를 구현해야 할 것 같습니다. 실험하는 데 예산이 많이 필요합니다.
위험성: 높음
구현 기간: 오래 걸림

수잔 님이 팀원들에게 그래프 쿼리를 가르칠 수 있다고 하네요. 그래프 DB를 클라우드 기반에서 사용하면 비용이 많이 들까요?
위험성: 보통
구현 기간: 적당히 걸림

굉장한 아이디어 보드

생성적 적대 신경망(GAN) - 경쟁하는 AI

상품 데이터 임베딩을 위한 방대한 딥러닝 신경망!

상품과 사용자 간의 연관성을 찾기 위한 딥러닝 그래프 임베딩

합성곱 신경망(CNN) 모델 기반의 이미지를 활용한 상품 유사도

특잇값 분해(SVD)

몬테카를로 추정 + 딥러닝

MDP, 마르코프 연쇄!

그래프 기반 사용자와 상품 간의 선호도 유사성

ALS와 앙상블 모델

이 분야에 대한 연구가 유망한 것 같습니다. 신경망 기반의 그래프 임베딩은 쉽게 구축할 수 있을 것 같은데, 제약 사항을 어떻게 적용할 수 있을까요?
위험성: 보통
구현 기간: 적당히 걸림

많은 참고 문헌을 찾아봤는데, 꽤 복잡할 수도 있습니다.
위험성: 낮음
구현 기간: 오래 걸림

몬테카를로를 통한 자기 지도 학습? 멋지긴 한데 이게 꼭 필요할까요? 우리 웹사이트 사용 경로를 정확하게 예측할 수 있을까요? 로그인하지 않은 사용자에 대한 콜드 스타트 문제를 어떻게 해결할 수 있을까요?
위험성: 의미 없음
구현 기간: 의미 없음

많은 사람이 개인화된 추천 시스템을 도입할 때 사용하는 방법 같습니다. 하지만 확장성 측면에서 좋지 않다고 합니다.
위험성: 낮음
구현 기간: 적당히 걸림

그림 3-16 브레인스토밍 회의에서 논의한 선택지를 평가하고 등급을 매깁니다. 실험 단계에서 서로 비교하고 테스트할 만한 두세 가지 접근 방식을 도출하는 효과적인 방법입니다.

팀에서 [그림 3-16]과 같이 다양한 아이디어에 대한 위험성을 평가하는 과정을 거친 후, 테스트에 할당된 시간 범위 내에서 가장 가능성이 높고 위험성이 낮은 옵션을 판단할 수 있습니다. 다양한 아이디어를 평가하고 분류할 때 중점을 둘 것은 그럴듯한 구현을 시도할 수 있는지 여부입니다. 프로젝트의 목표인 정확성과 유용성, 비용과 성능을 충족하는 실험을 추구해야 합니다. 무엇보다 비즈니스 문제 해결이 가장 중요한 목표이고, 성공을 정의할 수 있는 기준도 수립해야겠죠.

> **NOTE_ 몇 가지 조언**
>
> 실험의 목표는 기술적으로 제일 고도화된 방식을 사용하는 것이 아니라 문제를 해결하는 데 가장 유력하고 간단한 접근 방식을 찾는 것입니다. 문제를 해결하는 데 사용하는 도구가 아니라 문제 해결 자체에 집중한다면 결과적으로 성공할 확률이 올라갑니다.

[그림 3-17]을 한번 살펴봅시다. 실험 단계에 있는 두 팀의 실험 계획 일정표입니다. 가장 먼저 주목해야 할 부분은 그림 맨 위에 있는 시간의 척도입니다.

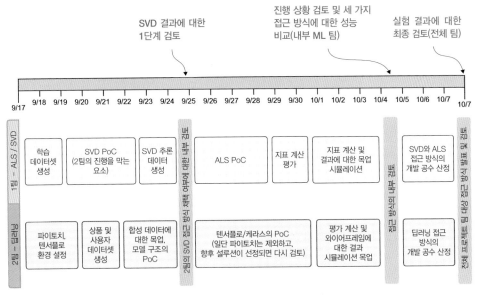

그림 3-17 프로젝트 실험 단계에 있는 두 팀의 일정표

'시간'은 실험의 관리 체계를 세우는 데 있어 매우 중요한 요소입니다. 실험을 하려면 시간이 필요합니다. PoC(개념 증명)를 구축하기 위해 새로운 API를 배우고, 모델의 활용을 뒷받침할 새로운 코드 작성법을 연구하고, 적어도 실험이 한 번 이상 성공할 수 있도록 모든 요소를 함께 구성하는 고된 작업이 필요합니다. 문제에 따라 상당히 많은 노력이 필요할 수도 있죠.

만약 각 팀이 경쟁을 한다면, 이 기간은 [그림 3-17]보다 몇 달이 더 연장될 것입니다. 세상에 나오지도 못할 두 가지 솔루션을 완벽하게 구현하기 위해 이렇게 많은 리소스를 투입하는 것은 회사에 전혀 이롭지 않습니다. 그러나 총 시간 지출을 제한하고 구현한 전략의 비교가 완벽하지 않을 것이라는 점을 인정하면 예측의 품질과 선택한 방향에 대한 총 소유 비용을 비교해 정보에 입각한 의사 결정을 내릴 수 있습니다.

총 소유 비용

실험 단계에서 프로젝트를 유지 관리하는 데 드는 비용을 정확히 추정하기란 거의 불가능하지만, 비용은 매우 중요한 부분이므로 합리적으로 추측해야 합니다.

실험 중에는 비즈니스 전체 데이터 아키텍처에 누락되는 요소가 있을 수밖에 없습니다. 데이터를 확보하는 서비스를 새로 만들어야 할 공산이 크고, 서비스 계층도 구축해야 합니다. 조직이 행렬 분해와 관련된 모델링을 한 번도 다뤄본 적이 없다면, 처음 사용해보는 플랫폼을 사용해야 할 수도 있습니다.

하지만 프로젝트의 요구 사항을 충족하는 데이터를 제대로 확보할 수 없다면 어떻게 해야 할까요? 일단 프로젝트 진행을 가로막고 있는 문제부터 파악해야 합니다. 그다음에는 해결 방법이 있는지 찾아보고 마땅한 방법이 없을 경우, 필요한 데이터 생성을 위한 추가 작업이 없다면 프로젝트를 중단해야 한다고 팀에 알려야 합니다.

만약 그 정도로 심각한 문제가 아니라면 이 단계에서는 다음 질문을 고려합니다.

- 추가로 구축해야 할 ETL은 무엇인가요?
- 모델의 재훈련과 추론 생성 주기가 어떻게 되나요?
- 모델을 실행할 플랫폼은 무엇인가요?
- 플랫폼과 인프라는 클라우드의 관리형 서비스를 사용하나요 아니면 직접 구축하나요?
- ML 서비스를 운영 및 관리할 역량이 있나요?
- 운영 단계에서 추론 비용은 얼마나 들까요?
- 프로젝트의 추론 데이터를 저장할 스토리지 비용은 얼마나 들까요?

개발을 시작하기 전에는 플랫폼 관련 질문에만 답변할 수 있으면 되지만, 프로세스 전반에 걸쳐 검토해야 할 내용이므로 항상 염두에 두어야 합니다. 구성 요소 중 하나라도 예산이나 리소스가 충분하지 않다면 프로젝트를 진행할 수 없습니다.

각 항목에 시간제한을 두는 마지막 이유는 프로젝트 의사 결정을 신속하게 내리기 위해서입니다. 하지만 대부분의 데이터 과학자가 이 이유에 다음과 같은 의문을 던집니다.

- 모델이 정제되지 않은 상태에서 어떻게 구현의 성공 여부를 적절하게 측정할 수 있을까요?
- 모든 구성 요소가 완성되지 않은 상태에서 어떻게 설루션의 예측력을 단언할 수 있을까요?

이런 데이터 과학자의 반응을 충분히 이해합니다. 필자도 같은 반응을 보였기 때문이죠. 이 분야에서 일하기 시작했을 때, 여러 소프트웨어 개발자가 초기에 오랜 시간을 들여 여러 가지 테스트를 실행하는 것이 좋지 않다고 조언했습니다. 물론 쇠귀에 경 읽기였지만요. 시간이 지나고 나니 그들이 저에게 전하려 했던 메시지가 무엇인지 알게 되었습니다.

> *의사 결정을 빨리 내렸다면 여러 선택지에 들였던 노력을*
> *최종 선택 하나에 집중할 수 있었을 것입니다.*
>
> *– 우수한 엔지니어들*

조언이 옳다는 것을 깨달았지만, 이미 너무 많은 시간과 에너지를 허비했다는 사실에 사기가 떨어져버렸죠.

팀원의 사기를 높여보자!

시간제한은 비현실적인 기대치를 팀에 강요하기 위한 것이 아니라, 접근 방식을 고르는 데 너무 많은 시간과 노력을 낭비하지 않기 위함입니다. 후보 설루션에 사용할 시간을 제한하면 실제로 사용하지도 않을 것을 만든다는 사실로 인한 사기 저하를 예방할 수 있습니다. 결국 프로젝트는 하나의 설루션만 구현하기 때문이죠. 설루션에 투자할 시간을 제한하는 것은 가치 있는 일입니다. 일주일밖에 투자하지 않은 작업은 비교적 쉽게 포기할 수 있지만, 몇 개월 동안 투자한 설루션을 최종 설루션으로 사용하지 않는다면 사기가 많이 떨어집니다. 설루션을 테스트할 때 팀 내 파벌이 만들어지는 상황이 최악입니다. 각 그룹은 설루션을 연구하는 데 너무 많은 시간을 투자한 나머지 정작 문제 해결에 도움되지 않는 요소에 빠져버릴 수도 있습니다. 실험이 PoC 단계를 넘어 MVP 구체화까지 진행되면 구현 방식을 결정하기가 더욱 부담스러워집니다. 감정이 격해지고, 회의 중 말다툼이 생길 수도 있고, 팀 내 사기가 전반적으로 저하됩니다. PoC에 과몰입하지 않도록 팀과 팀원을 보호하세요.

완전히 새로운 프로젝트에서도 시간제한은 중요합니다. ML이 잘 구축된 회사라면 혁신적인 프로젝트가 흔하지 않을 수 있지만, 도전적인 프로젝트일수록 초기 단계에서 소요되는 시간을 제한하는 것이 더욱 중요합니다. 새로운 프로젝트는 실패할 확률이 높고 구축 및 유지 관리에 상당한 비용이 필요하므로 빨리 그리고 일찍 실패하는 것이 가장 좋습니다.

새로운 문제에 처음 접근하는 경우에는 많은 양의 선행 연구가 필요합니다. 관련된 책을 여러 권 읽고, 동료와 이야기를 나누고, 연구 논문을 검색하고, '시작하기Getting Started' 가이드에서 코드를 테스트하는 작업이 포함됩니다. 문제를 해결하는 유일한 방법이 특정 플랫폼에만 있거나, 팀원 중 아무도 사용해본 적이 없는 언어를 사용하거나, 분산 학습 같이 팀에서 처음 접하는 시스템 설계를 포함하는 경우 이 문제는 몇 배로 복잡해집니다.

이처럼 연구와 실험 부담이 증가하는 상황이라면 시간제한의 중요성이 훨씬 커집니다. 팀원들이 새로운 기술을 빠르게 익혀야 한다는 사실을 인지한다면 꽤 괜찮은 시작입니다. 프로젝트 실험 단계에서 기술을 습득할 수 있게 시간을 조정해야 합니다. 다만 프로젝트 시작 전에 관련 내용을 사업부 팀장에게 알리고 실험 단계에서 해야 할 일이 늘었음을 납득시켜야 합니다. 프로젝트 참여자 모두가 인지하고 있어야 하는 위험 요소입니다.

간단하고 익숙한 설루션을 활용하거나 실험 중 유의미한 결과가 도출된 상황에서는 시간을 제한하지 않아도 됩니다. 익숙하고 쉬운 방법으로도 충분히 문제를 해결할 수 있는데, 새 기술로 결과를 개선할 수 있다고 해서 군이 수개월을 투자하면서까지 새 언어나 프레임워크를 익히고 여러 차례 실험과 실패를 거듭하는 방식은 바람직하지 않습니다. 오히려 ML 팀의 일정에 개별 또는 그룹별로 시간을 할애해 교육하거나 개인 프로젝트를 수행하는 것이 좋습니다. '다른 선택지가 없는 경우'를 제외하고 신기술을 배우는 데 프로젝트 일정을 소비하는 것은 바람직하지 않습니다.

그래서 얼마나 많은 작업이 필요할까요?

실험 단계를 통해 프로젝트의 큰 틀을 ML 관점에서 이해할 수 있어야 합니다. 이해는 했지만 '아직 구현하지는 않았다'는 점을 잊지 마세요.

팀은 프로젝트 요구 사항을 위해 개발해야 하는 피처를 전반적으로 파악했습니다. 추가로 필요한 ETL 작업 내용도 확인했습니다. 팀원들은 모델의 입력과 출력, 개선 방법, 요구 사항을 위해 사용할 도구도 합의했습니다.

이제부터 잠재적인 위험성을 파악해볼 수 있습니다. 큰 범주에서 두 가지 질문으로 나누면 아래와 같습니다.

- 구현하는 데 시간이 얼마나 필요한가요?
- 운영 비용은 얼마나 드나요?

두 가지 질문은 실험과 개발 단계 사이의 검토 단계에서 논의해야 합니다. 실험을 진행했던 팀들이 모여 여러 가지 솔루션 중 특정 솔루션을 선택해야 하는 이유를 논의할 때 대략적인 추정치가 있으면 상당히 유용합니다. 하지만 어떤 기법을 선택할 때 ML 팀 단독으로 결정해도 되는 걸까요? ML 팀에서 설정한 상황에는 편향이 있을 수 있습니다. 치우친 결정을 예방하려면 프로젝트 팀장의 입회하에 포함해 전체 팀과 함께 회의해야 합니다. 이때 다른 팀에서도 참고할 만한 가중치 행렬 보고서 같은 자료를 준비하는 게 좋습니다.

ML 작업자의 편향

직접 만든 작업물을 좋아할 수밖에 없습니다. 특히 참신한 방법을 사용했다면 더욱 그렇습니다. 하지만 실험 단계 이후 프로젝트를 진행할 때 직접 만들었다는 이유만으로 그 방법에만 집착하면 상황이 악화되기 쉽습니다.

다른 팀원이 표준적인 방법을 사용했는데 예측 품질이 비슷하다면 이 방법을 더 나은 선택지로 받아들여야 합니다. 모든 팀원이 솔루션을 유지 관리하고, 기여하고, 개선하고, 다른 환경에서도 작동하도록 업그레이드해야 한다는 점을 기억하세요. 유지 관리가 너무 복잡다단하다면 맞춤형으로 만든 참신한 솔루션이 큰 부담일 수 있습니다.

동료의 도움을 받아 비교 분석하는 과정은 매우 유용합니다. 다양한 접근 방식의 비용과 이점 파악을 잘하는 사람, 즉 복잡한 접근 방식을 유지 보수하면서 힘든 시간을 충분히 겪어본 동료를 찾는 것이 중요합니다. 필자는 일반적으로 의사 결정에 편향이 개입되지 않도록 지금까지 프로젝트에 참여하지 않았던 사람을 선정합니다. 편향이 없는 객관적인 의견은 보고서 속 데이터의 정확성을 보장하고, ML 팀 전체가 객관적으로 선택지를 고르도록 합니다.

복잡한 구현 때문에 자신이 발굴한 참신한 방법이 탈락됐다면 재빨리 다음 단계로 넘어가세요. 저는 직접 만든 기법이 아무리 멋있어 보였어도 크게 신경 쓰지 않았습니다. 결과적으로 팀과 회사, 프로젝트의 성공이 자존심보다 훨씬 중요하니까요.

[그림 3-18]은 가중치 행렬 보고서를 단순화한 예시입니다. 요소별 평가는 여러 솔루션의 상대적인 특징을 공정하게 평가하는 전문 검토자에 의해 작성되지만, 가중치는 회의 중간에 얼마든지 수정할 수 있도록 남겨둡니다. 가중치 행렬 덕분에 각 구현의 다양한 장단점을 고려한 후 데이터에 기반한 선택을 할 수 있습니다.

항목	가중치	SVD		ALS		딥러닝 + SVD	
		기본 점수	가중치 점수	기본 점수	가중치 점수	기본 점수	가중치 점수
구현 복잡도	5	2	10	4	20	1	5
운영 비용	1	2	2	3	3	1	1
개발 기간 추정치	2	3	6	5	10	2	4
유지 관리성	4	5	20	5	20	2	8
예측 품질	5	3	15	4	20	5	25
합계		53		73		43	

각 항목을 5점 척도로 채점합니다. 합계가 높을수록 좋습니다.

그림 3-18 세 가지 방식의 실험 결과와 개발 복잡성, 총 소유 비용, 솔루션 유지 관리성, 개발 기간을 평가한 가중치 행렬

이 정도로 복잡한 시스템을 구축한 경험이 없는 ML 팀원이 이 행렬을 채운다면 아마 예측 품질 항목에 가중치를 몰아주고 다른 항목은 미미하게 만들 겁니다. 혹은 장애 대응에 잠을 설쳤던 경험이 있는 노련한 팀원이라면 유지 관리나 구현 복잡도에 집착할 수 있습니다. 데이터 과학 책임자는 운영 비용을 가장 중점적으로 보고, 프로젝트 매니저는 ML 팀원과 비슷하게 예측 품질에만 관심이 있을 수도 있습니다.

이 활동이 균형을 잡아가는 과정임을 잊지 마세요. 프로젝트의 모든 이해관계자가 모여 토론하고 각자의 관점을 공유하세요. 그러면 더욱 많은 정보를 바탕으로 오랫동안 운영할 수 있는 성공적인 솔루션을 만들 수 있습니다.

긴 회의를 진행해야만 이해관계자의 타협을 이끌어낼 수 있습니다. 타협은 엔지니어부터 팀장, 더 큰 규모의 팀까지 모두가 동의해야 합니다.

3.3 요약

- 프로젝트를 시작할 때는 최선의 문제 해결 방법에만 집중하세요. 핵심 요구 사항을 수집하고 접근 방식을 검증하되, 기술적인 복잡성이나 구현에 필요한 세부 내용은 일단 접어두세요. 사업부와 꾸준히 의사소통하면 재작업을 확실히 면할 수 있습니다.

- ML 프로젝트에 애자일 방법론의 연구 및 실험 원칙을 적용하면 접근 방식을 평가하는 데 걸리는 시간이 획기적으로 줍니다. 즉, 프로젝트의 타당성을 더욱 빠르게 검토할 수 있습니다.

CHAPTER 4

의사소통과
프로젝트 규칙 논의

이 장의 내용

- ML 프로젝트 작업을 위한 계획 수립 회의 구조화
- 프로젝트 건전성을 보장하기 위한 크로스펑셔널 팀 피드백 요청
- 위험을 최소화하기 위한 연구, 실험 및 프로토타이핑 수행
- 프로젝트 초기에 비즈니스 규칙 논리 포함
- 비기술 팀원의 참여율을 높이는 소통 전략 활용

필자는 수년간 데이터 과학자로 일하면서 데이터 과학 팀이 기업에서 아이디어를 적용하고 구현할 때 직면하는 가장 큰 문제가 효과적인 의사소통의 실패라는 사실을 알게 됐습니다. 데이터 과학자라는 직업 때문에 소통에 서툴다는 뜻은 아닙니다.

사업부나 크로스펑셔널 팀 같은 회사 내부 고객을 대할 때는 팀 내에서 하는 의사소통과는 **다른 형태로 소통**해야 한다는 말입니다. 고객과 프로젝트를 논의할 때 저와 데이터 과학 팀이 겪었던 어려움은 다음과 같습니다.

- 언제 어떤 질문을 해야 할지 파악하기
- 프로젝트 작업과 무관한 소소한 오류는 무시하고 필수 세부 사항에 중점을 두는 의사소통 전략 유지하기
- 프로젝트 세부 사항, 설루션, 결과를 비전문 용어로 논의하기
- 설루션의 세부 사항이 아닌 문제에 논의 초점 두기

데이터 과학은 고도로 전문화된 분야이기 때문에 다른 소프트웨어 엔지니어링 분야처럼 데이터 과학 업무를 요약해 설명할 일반적인 기준이 없습니다. 따라서 별도의 노력을 기울여야 합

니다. 어떤 면에서는 비즈니스에 대해 의미 있는 대화를 나누기 위해 우리가 하는 일을 평이한 말로 번역하는 법을 배워야 하죠.

또한 ML 실무자로서 양질의 의사소통 관행을 익히기 위해 열심히 노력해야 합니다. 비즈니스에 혼란을 일으키기 마련인 복잡한 주제를 다루려면 소통 공감대부터 형성해야 합니다.

화가 나거나 좌절한 사람들과 어려운 대화 나누기

필자는 다니고 있는 직장에서 사람들과 어려운 대화를 많이 합니다. 때로 사람들은 설루션이 진척되지 않아 좌절합니다. 또 설루션을 해석하지 못해 화를 내기도 합니다. 드물지만 ML 설루션이 종래에 사람들이 하던 일을 대체하리라 인식하기 때문에 ML 설루션 사용을 거부하는 경우도 있죠.

이 같은 어려운 대화가 끝난 후에는 어김없이 누군가가 다가와 방금 회의에서 제가 한 일을 어떻게 실행해야 할지 조언을 구합니다. 여러 해 동안 저는 이 질문을 받고 혼란스러웠습니다. 질문을 전혀 이해하지 못했거든요. 결국 제가 한 일은 그들의 불멘소리에 귀 기울이고, 그들의 관심사를 주제로 공개 토론을 벌이고, 앞으로 나아가기 위해 선결해야 할 중요 사안이 무엇인지 서로의 이해를 도모한 게 전부입니다. 그런데 요즘은 사람들이 왜 이런 질문을 하는지 알 것 같습니다.

데이터 과학 실무는 매우 난해한 분야의 전문가로서 일반인이 무엇을 알고 무엇을 모르는지 놓치기 쉽습니다. 인공지능이 오늘날 시대정신zeitgeist의 일부가 되면서 이 점은 업계에서 차츰 변화하고 있습니다. 그렇다 해도 여러분과 대화하는 모든 사람이 설루션이 무엇을 할 수 있고 무엇을 할 수 없는지 이해하는 것은 아닙니다.

어려운 대화를 어떻게 부드럽게 진행할 수 있는지 묻는 사람들에게 제가 하는 대답은 간단합니다. 그냥 들어보세요. 덜 말하세요. 사업부에서는 이야기하지 마세요. 그들이 우려하는 바를 경청하고 그들이 이해할 수 있는 용어로 명확하게 소통하세요. 무엇보다도 솔직하게 말하세요. 실행 능력을 넘어서는 마법 같은 설루션이나 납기일을 약속하지 마세요. 그들은 경청과 정직한 토론에 고마워할 겁니다. 진정으로 타인의 고충에 귀 기울이는 공감적 태도는 제가 알고 있는 그 어떤 방법보다도 적대적인 토론을 완화하는 데 효과적입니다.

[그림 4-1]은 제 경험상 늘 유효한 것으로 확인된 일반적인 대화 경로로, 이 장 전체에 적용되는 내용입니다.

결과에 초점을 맞춰 요점 위주로 명확하게 소통하면 프로젝트 결과물을 비즈니스 기대치에 더 가깝게 만들 수 있습니다. 이를 일차 목표로 삼고 구체적으로 논의하다 보면 **무엇을 구축할지, 어떻게 구축할지, 언제 끝낼지, 성공 기준**이 무엇인지 정의하게 됩니다. 이런 정의는 사실상 프로덕션 단계를 포함해 프로젝트의 전 단계에서 정의해야 할 내용을 개괄한 것입니다.

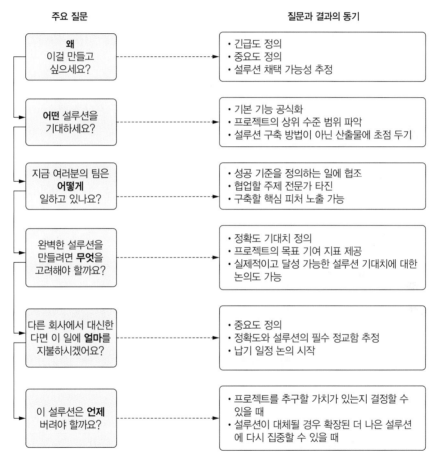

주요 질문

질문과 결과의 동기

왜
이걸 만들고
싶으세요?
- 긴급도 정의
- 중요도 정의
- 설루션 채택 가능성 추정

어떤 설루션을
기대하세요?
- 기본 기능 공식화
- 프로젝트의 상위 수준 범위 파악
- 설루션 구축 방법이 아닌 산출물에 초점 두기

지금 여러분의 팀은
어떻게
일하고 있나요?
- 성공 기준을 정의하는 일에 협조
- 협업할 주제 전문가 타진
- 구축할 핵심 피처 노출 가능

완벽한 설루션을
만들려면 **무엇을**
고려해야 할까요?
- 정확도 기대치 정의
- 프로젝트의 목표 기여 지표 제공
- 실제적이고 달성 가능한 설루션 기대치에 대한 논의도 가능

다른 회사에서 대신한
다면 이 일에 **얼마를**
지불하시겠어요?
- 중요도 정의
- 정확도와 설루션의 필수 정교함 추정
- 납기 일정 논의 시작

이 설루션은 **언제**
버려야 할까요?
- 프로젝트를 추구할 가치가 있는지 결정할 수 있을 때
- 설루션이 대체될 경우 확장된 더 나은 설루션에 다시 집중할 수 있을 때

설루션 구축 방법에 대한 논의가 부족하군요. 무엇을 구축해야 하고 비즈니스에 얼마나 중요한지에 대한 말이 오가야 합니다.

그림 4-1 첫 계획 수립 회의에서 사업부와 함께 생각할 주요 질문. 설루션 구축 대상, 방법, 시기에 답해야 합니다.

4.1 의사소통: 문제 정의

데이터 과학 팀이 구축해야 했던 3장의 상품 추천 시스템에 대한 논의를 이어가겠습니다. 지금까지 프로젝트 계획을 수립하고 MVP 범위를 설정하는 비효과적인 방법과 효과적인 방법을 나란히 살펴봤습니다. 하지만 팀이 합리적인 프로젝트 범위에서 효과적인 프로젝트 계획안을 수립하기까지 도달한 **방법**은 살펴보지 않았습니다.

첫 회의는 3.1절에서 논의한 것처럼 매우 추상적인 최종 목표 중심으로 진행되었습니다. 회사는 웹사이트의 개인화를 원했습니다. 이 대화에서 데이터 과학 팀의 첫 실수는 질문의 흐름을 이어가지 않은 것입니다. 가장 중요한 질문인 '개인화 서비스를 구축하려는 이유가 무엇인가요?'를 단 한 번도 묻지 않았죠. 대부분의 사람들, 특히 초기 프로젝트 제안과 브레인스토밍을 하려고 모인 회의에서 대다수를 차지하는 기술 실무자는 프로젝트 **방법론**에 집중하길 선호합니다. 이걸 어떻게 구축할까요? 시스템을 어떻게 데이터에 통합할까요? 요구 사항을 해결하려면 코드를 얼마나 자주 실행해야 할까요?

추천 엔진 프로젝트의 경우, 누군가 이 질문을 던졌다면 무엇을 구축해야 하는지, 예상되는 기능은 무엇인지, 프로젝트가 비즈니스에 얼마나 중요한지, 언제 솔루션 테스트를 시작하고 싶은지 등에 대해 솔직하게 소통할 문이 열렸을 겁니다. 주요 질문의 답을 찾은 후에야 그 세부 사항에 대해 논의할 수 있습니다.

킥오프 회의는 고객과 솔루션 공급업체 양측이 필요한 것을 얻어야 가치가 있음을 명심하세요. 데이터 과학 팀은 연구, 범위 설정, 계획 세부 사항을 확보하고, 사업부는 작업의 검토 일정을 얻게 됩니다. 사업부는 프로젝트 성공의 본질인 포괄성을 얻고 이를 활용해 다양한 프레젠테이션과 아이디어 구상 회의를 진행하게 됩니다. 프레젠테이션의 제한점에 대한 자세한 내용은 4.1.2절에서 다룹니다. [그림 4-1]과 같이 방향성 있는 생산적인 대화가 없다면 회의 참석자들은 [그림 4-2]의 사고 패턴에 빠져들 것입니다.

회의의 초점을 공동의 목적에 둠으로써, [그림 4-2]의 개인은 각자의 책임 영역과 개별 기대치로 프로젝트를 정의하고 그 성공을 보장하는 방향으로 협조적으로 발휘하게 됩니다.

프로젝트의 핵심 원칙을 부서 간에 한자리에 모여 논의할 때 얻는 또 다른 이점은 **문제를 해결할 가장 간단한 솔루션**을 정의하게 된다는 것입니다. 사업부의 동의, 주제 전문가의 피드백, 소프트웨어 엔지니어 동료의 의견을 수렴해 요구 사항을 적중하는 최종 솔루션을 개발할 수 있습니다. 또한 이후 각 단계에서 새로운 기능에 맞게 조정할 수 있어 대규모 팀의 불만을 야기하지 않습니다. 프로젝트에 대해 모두가 처음부터 함께 논의했기 때문입니다.

NOTE_ ML 개발을 위한 훌륭한 경험 법칙

늘 가장 간단한 솔루션을 구축하세요. 시간이 지나면서 변화하는 요구 사항을 충족하기 위해 솔루션을 유지 관리하고 개선해야 한다는 점을 기억하세요.

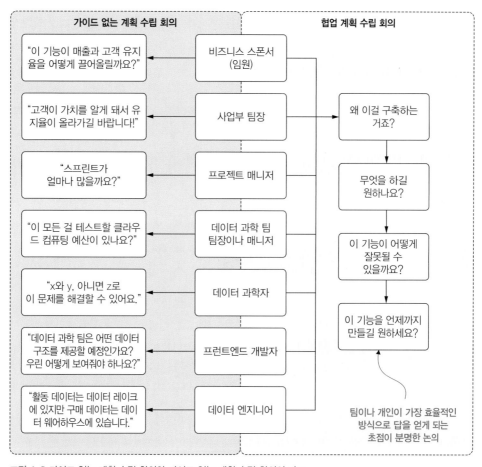

그림 4-2 가이드 없는 계획 수립 회의와 가이드 있는 계획 수립 회의의 비교

4.1.1 문제 이해

시나리오에 나온 가이드 없는 회의에서는 그 특성상 데이터 과학 팀원이 **무엇을 구축해야 하는지**에 대한 명확한 방향을 얻지 못했습니다. 사업부에서 원하는 최종 상태를 실제로 정의하지 않았기 때문에 스코어링scoring 알고리듬으로 입증되는 각 사용자의 가장 좋은 추천 목록을 만드는 데만 집중했습니다. 사실상 중요한 부분을 놓쳤죠.

문제의 핵심은 소통의 근본적인 단절에 있습니다. 사업부와 외부의 '실제' 고객이 원하는 것이 무엇인지 묻지 않아 그들에게 가장 중요한 세부 사항을 놓쳤습니다. 이런 상황은 항상 피하고 싶을 것입니다. 이러한 소통과 계획 수립의 실패는 서서히 끓어오르는 수동적, 공격적 적대감부터 프로젝트 막바지에 이르러 대개 일방적으로 터져나오는 노골적인 고함에 이르기까지 다양한 모습으로 드러납니다.

> #### 의사소통 실패 사례
>
> 개발자, 데이터 과학자, 아키텍트 또는 컨설턴트로 참여한 ML 프로젝트 수십 건 중 프로덕션 단계에 도달하지 못한 프로젝트의 한결같은 공통점은 소통 부족이었습니다. 그렇다고 엔지니어링 팀이 소통에 실패했다고 말하는 것은 아닙니다. 물론 경력을 쌓는 동안 매우 많은 사례를 보았지만요.
>
> 소통 실패의 최악은 데이터 과학 팀과 설루션을 요청한 사업부 간의 불통입니다. 소통의 엔트로피가 길고 느리고 지루해지든, 당사자 모두가 이해할 수 있는 일반적인 말로 대화하기를 완강히 거부하든, 개발자가 내부 고객의 말에 귀 기울이지 않을 때 나타나는 결과는 매번 똑같습니다.
>
> 프로젝트에 참여하는 모든 사람에게 소통 부족이 치명적으로 드러나는 시점은 최종 릴리스에서 프로덕션 단계로 넘어가는 때입니다. 예측 결과물을 사용해본 최종 사용자가 예측 모델에서 나온 결과에 뭔가 오류가 있을 뿐만 아니라 근본적으로 문제가 있다고 결론을 내리는 경우입니다.
>
> 그러나 소통 단절은 프로덕션 릴리스에만 국한되지 않습니다. 설루션을 개발 중이거나 사용자 승인 테스트를 거치는 동안에도 일어납니다. 프로젝트 모든 측면에서 소통 단절을 가정할 수 있습니다. 아이디어가 아예 입 밖으로 나오지 못하거나 제시된 아이디어가 무시되며, 전체 팀 회의에서 어렵게 꺼낸 의견이 무관한 것 혹은 시간 낭비로 간주되어 단번에 거절되는 식이죠.

팀 간 소통 단절로 인한 프로젝트 실패만큼 한없이 좌절스러운 일도 드물지만, 이처럼 완벽하게 피할 수 있는 일도 없습니다. 막대한 시간과 자원 낭비로 끝나게 될 이 같은 실패는 문제를 정의하고 범위를 설정하는 프로젝트 초기 단계에서, 즉 코드 한 줄을 채 작성하기도 전에 시작됩니다. 따라서 첫 아이디어 구상과 브레인스토밍 회의부터 프로젝트의 최종 단계까지 단호한 계획을 세워 개방적이고 포용적인 대화를 의식적으로 이어간다면 실패를 완전히 방지할 수 있습니다.

무엇을 하길 원하나요? 추천 시스템의 추천 목록의 경우 팀원 모두에게는 **무엇을** 추천할지가 **어떻게** 추천할지보다 훨씬 더 중요합니다. 프로젝트 목표의 기능('무엇을 추천할 것인가?' 질문)에 초점을 맞추면 프로덕트 팀이 논의에 참여할 수 있습니다. 프런트엔드 개발자도 기여할 수 있죠. 팀 전체가 복잡한 주제를 살펴보고 최종 프로젝트뿐만 아니라 MVP를 구축할 때 고려할 비즈니스의 무한한 에지 케이스^{edge case}와 뉘앙스 계획을 수립할 수 있습니다. 개인화 설루션을 구축하는 팀은 시뮬레이션과 워크플로 모델을 사용해 이처럼 복잡한 주제를 손쉽게 해결할 수 있습니다. 이 모델로 프로젝트에 대한 전체 팀의 기대치를 파악해 설루션 구축 옵션을 제한할 세부 정보를 데이터 과학 팀에 알려줄 수 있습니다.

프로젝트를 수행하는 팀이 이런 식의 대화로 논의를 이어가는 가장 좋은 방법은 프런트엔드 소프트웨어 개발자의 모범 사례를 빌려와 자유롭게 이용하는 것입니다. 단일 피처 브랜치^{branch}가 잘리기 전에, 단일 지라^{Jira} 티켓이 개발자에게 할당되기 전에, 프런트엔드 개발 팀은 최종 상태를 시뮬레이션하는 와이어프레임을 활용합니다.

제 어려움에 관심이 없다니 무슨 말이죠?

네, 머신러닝 동료 여러분, 인정합니다. 방법론은 복잡하고, 프로젝트 작업 대부분에 적용되며, 매우 도전적입니다. 그 방법을 알아내기 위해 우리는 급여를 받죠. 누군가에게는 바로 이 점이 머신러닝 직업을 택하게 된 이유이기도 합니다. '문제를 해결하는 방법'에 대한 질문은 우리 중 많은 사람들이 서로 대화하면서 나누는 너드 중심적인 이야기의 대부분을 차지합니다. 재미있고, 복잡하고, 배우기에도 흥미로운 분야입니다.

하지만 나머지 팀원들은 어떤 모델링 접근 방식이 사용될지에 대해서는 관심이 없으며, 관심 있는 것처럼 보이려고 질문할 뿐 실제로는 관심이 없습니다. 유의미하고 생산적이고 포용적인 회의를 원한다면 이러한 세부 사항은 그룹 토론에서 제외하세요.

서로를 존중하는 팀워크 분위기에서 토론이 진행되어야만 통찰력, 창의적인 아이디어, 프로젝트를 최대한 성공적으로 진행하기 위해 처리해야 할 사소해 보이는 세부 사항을 파악할 수 있습니다.

[그림 4-3]은 추천 엔진 사례에서 개인화 피처가 적용된 웹사이트의 사용자 여정 중 초기의 상위 수준 워크플로를 안내합니다. 그림처럼 구조를 단순화해 사용자의 여정을 나타내면 전체 팀은 이동 경로가 어떻게 작동할지 생각하게 됩니다. 또한 이런 프로세스를 따르면 비기술 팀의 팀원들은 익숙하지 않은 코드 스니펫과 키-값 컬렉션, 헷갈리게 표시된 정확도 지표를 볼 때보다 훨씬 덜 혼란스럽게 논의를 시작하게 됩니다.

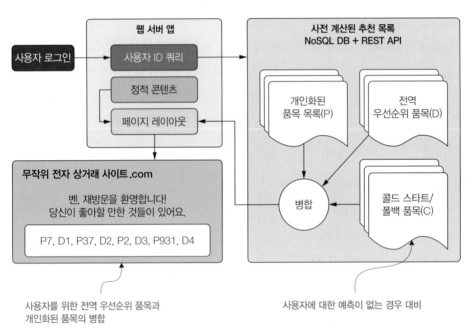

그림 4-3 개인화 추천 엔진의 단순화된 기본 개요. 개인화 프로젝트의 요구 사항과 피처 계획 수립에 유용하며 아이디어 회의를 시작하는 최소한의 핵심 기능입니다.

NOTE_ 예측이 웹사이트의 사용자 대면 피처(또는 외부 서비스와 통합해야 하는 모든 ML)와 연동하지 않더라도, 계획 수립 단계에서 프로젝트 목표의 최종 상태 흐름을 파악하는 것은 매우 유용합니다. 사업부와 공유할 전체 아키텍처 다이어그램을 만들라는 말은 아니지만, 프로젝트의 각 요소가 상호작용하는 방식과 최종 결과물을 활용하는 방식을 보여주는 다이어그램은 훌륭한 소통 도구가 됩니다.

이 같은 다이어그램은 대규모 팀과 계획 수립을 논의할 때 유용합니다. 아키텍처 다이어그램, 모델링 논의, 추천 시스템에 대한 스코어링 지표의 적합성에 대한 토론을 데이터 과학 팀의 내부 논의에 활용하세요. 사용자 관점에서 잠재적인 솔루션을 분석하면 팀 전체가 중요한 측면에 대해 논의하게 됩니다. 뿐만 아니라 실제 코드의 실험과 프로덕션 개발에 직접 영향을 미칠 사항에 대한 영감을 얻어 비기술 팀의 팀원들도 논의에 참여할 수 있습니다.

다이어그램은 매우 간단해서 시스템의 기본 기능을 보기가 쉬우며 특히 사전 계산된 추천precalculated recommendation 섹션에 복잡성을 드러내지 않기 때문에, 회의에 참석한 사람 모두가 프로젝트의 초기 상태를 정의할 아이디어 도출에 참여하고 기여할 수 있는 상태에서 논의를 시작하게 됩니다. 한 예로 [그림 4-4]는 대규모로 열린 초기 회의에서 철저한 아이디어 도출을 통해 무엇을 **구축할 수 있는지**에 대해 논의한 결과를 보여줍니다.

[그림 4-3]과 비교할 때 프로젝트 아이디어가 진화했습니다. 프로덕트 팀과 주제 전문가가 논의에 참여하지 않았다면 데이터 과학 팀에서 '고려하지 못했을' 아이디어가 상당수 제시되었음을 눈여겨보세요. 구현 세부 사항을 논의에서 제쳐두면 회의 참석자 전원이 가장 큰 질문에 초점을 모을 수 있습니다. '이 기능은 왜 구축해야 하고 최종 사용자를 위해 어떤 일을 해야 하는가?'라는 질문입니다.

사용자 경험 여정이 뭔가요?

사용자 경험 여정user-experience journey 또는 여정 맵은 B2Cbusiness to consumer 업계의 상품 관리 분야에서 차용한 것으로 특정 사용자가 새 피처나 시스템을 어떻게 소비할지 탐색하는 상품 시뮬레이션입니다. 사용자의 동선을 나타낸 일종의 지도이며, [그림 4-4]에 예시된 로그인 같은 시스템과의 첫 상호작용으로 시작해 시스템 요소와의 대면 상호작용을 추적합니다.

필자는 이 맵이 피처에 ML을 적용한 전자 상거래와 애플리케이션 기반 구축에 유용하고 내부 대면 시스템의 설계에도 상당한 도움이 된다는 사실을 발견했습니다. 종국에는 예측 결과물이 누군가에게 또는 무언가에 의해 사용되기를 원할 겁니다. 사람, 시스템 또는 다운스트림 프로세스가 프로덕션 단계에서 데이터와 상호작용하는 방식을 맵으로 나타내면, 많은 경우 고객의 요구 사항을 가장 잘 충족할 ML 솔루션을 설계하게 됩니다. 사용자 여정을 맵으로 나타내는 프로세스는 서빙 계층의 설계만이 아니라 솔루션 개발 중에 핵심 피처로 고려할 요소의 설계에도 도움이 됩니다.

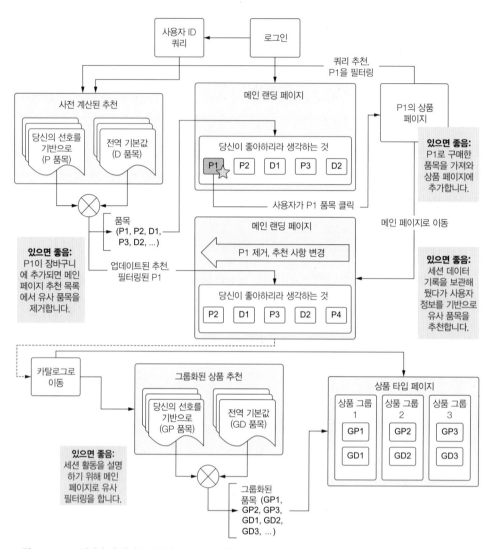

그림 4-4 크로스펑셔널 팀 내의 포괄적인 아이디어 도출 회의 후 최소한의 핵심 기능에 추가된 사항

[그림 4-4]에서 '있으면 좋음'으로 표시된 네 개의 품목에 주목하세요. 이 품목은 초기 계획 수립 회의에서 중요하고 도전적인 부분입니다. 모든 관계자가 자신이 수행하는 브레인스토밍과 작업이 최고의 설루션에 기여하길 원합니다. 데이터 과학 팀은 논의에서 나온 모든 아이디어를 환영하되 **추가 비용을 고려해야 한다**는 주의를 덧붙여야 합니다.

프로젝트의 본질적인 측면, 즉 MVP에 진지하게 초점을 맞춰야 합니다. MVP를 추구하면 가장 결정적인 측면의 구축이 우선적으로 보장됩니다. 또 피처를 추가하기 전에 이 측면이 제대로 작동해야 합니다. 부수적 품목에는 이처럼 주석을 달아 프로젝트 실험과 개발 단계 전반에서 아이디어를 기록, 참고, 수정하고 참조하도록 해야 합니다. 한때 극복할 수 없을 정도로 어려워 보였던 피처가 코드 기반이 점차 형태를 갖추면서 평이한 것으로 판명될 수 있는데, 이런 피처는 MVP에 포함할 가치가 있을 수 있습니다.

나쁜 아이디어는 무시된 아이디어뿐입니다. 아이디어를 무시해서는 안 되지만 제시된 모든 아이디어를 핵심 실험 계획에 포함하는 것도 허용해서는 안 됩니다. 아이디어가 터무니없고 대단히 복잡해 보인다면 차후 재검토하세요. 구현 가능성은 프로젝트가 구체화되고 전체 프로젝트 복잡성을 더 깊이 파악한 후에 검토해도 됩니다.

엔지니어링을 아이디어 도출 회의에서 배제하세요

경력을 쌓는 동안 많은 계획 수립 회의에 참석했는데, 이 회의는 대개 세 가지 범주 중 하나에 속합니다. [그림 4-2]와 [그림 4-3]의 예시가 바로 제가 직접 경험한 가장 크게 성공한 사례입니다.

계획 수립 회의 범주 중 후속 회의, 오프라인 논의와 그로 인한 혼란이 이어지는 경우, 프로젝트의 ML 측면 또는 시스템 작동에 대한 엔지니어링 고려 사항에 전적으로 초점을 두는 것은 가장 유용하지 않습니다.

논의의 주된 관심사가 모델이라면 알고리듬에 대한 논의에 기여할 만한 지식이나 참조 프레임워크를 모르는 많은 사람이 완전히 소외되거나 대화에 참여하지 않고 짜증을 낼 것입니다. 이 시점에서 데이터 과학자 그룹은 원시 추천 점수를 생성하는 데 교대 최소 제곱(ALS)을 사용할지 딥러닝을 사용할지, 예측 결과에 과거 정보를 어떻게 반영해야 할지를 두고 논쟁을 벌일 뿐입니다. 마케팅 팀 앞에서 이러한 문제의 논의는 무의미합니다.

엔지니어링 측면에 초점을 맞추면 다이어그램은 사용자 경험 워크플로가 아니라 또 다른 그룹의 사람들을 소외시키는 전혀 다른 아키텍처를 나타내게 됩니다. 물론 엔지니어링과 모델링에 대한 논의가 중요하지만, 이는 대규모 팀 없이도 수행할 수 있으며 실험 단계가 완료된 후에 반복해 개발할 수도 있습니다.

이러한 사용자 경험 워크플로를 진행하면서 팀원들은 엔진 하나의 작동 방식에 대해 서로 상반된 가정을 하고 있다는 사실을 발견하기도 합니다. 마케팅 팀은 사용자가 클릭했으나 장바구니에 추가하지 않은 상품은 마음에 들지 않은 것이라고 추론합니다. 이렇게 가정한 팀원들은 해당 상품이 사용자의 추천 목록에 다시 표시되기를 원하지 않습니다.

그렇다면 MVP 구현 세부 사항을 어떻게 변경해야 할까요? 아키텍처를 바꿔야 합니다.

모델을 구축하기 전 계획 수립 단계에서 이 피처에 범위를 설정한 복잡성을 할당할 수 있다면 변경 작업이 훨씬 수월해집니다. 그렇지 않다면 기존 코드 기반과 아키텍처에 변경 사항을 멍키 패치monkey patch[1]로 적용해야 합니다. 또한 정의된 함수형 아키텍처에는 [그림 4-4]에서 볼 수 있듯이 엔진이 지원할 항목과 지원하지 않을 항목이 엔진 전체 보기에 추가될 수 있습니다. 함수형 아키텍처 설계를 통해 데이터 과학 팀, 프런트엔드 팀, 데이터 엔지니어링 팀은 구축할 프로토타입을 증명하거나 반증하기 위해 각각 무엇을 연구하고 실험해야 하는지에 집중할 수 있습니다. 이 모든 논의가 **코드 한 줄도 채 작성하기 전**에 이루어져야 한다는 점을 기억하세요.

'어떻게 작동해야 할까?'라는 간단한 질문을 던지고 표준 알고리듬 구현에 초점을 두지 않는 습관은 그 어떤 기술, 플랫폼, 알고리듬보다 ML 프로젝트의 성공을 보장하는 데 더 유익합니다. 이 질문은 프로젝트에 참여한 전원이 같은 생각을 갖고 있는지 확인하는 가장 중요한 질문입니다. 이 질문은 조사하고 실험해야 할 핵심 기능을 파악하기 위한 질문과 함께하는 것이 좋습니다. 핵심 요구 사항에 대해 혼란스러운 점이 있거나 구체적인 이론이 미진한 경우, 프로젝트 스폰서의 비전에 부합하지도 않는 솔루션 구축에 몇 달의 시간과 노력을 쏟아붓기보다 단 몇 시간의 계획 수립 회의를 진행해 초기 단계에서 가능한 모든 비즈니스 세부 사항을 정교화하게 다듬는 편이 훨씬 더 이롭습니다.

이상적인 최종 상태는 어떤 모습인가요?

이상적인 구현은 처음에, 특히 실험이 완료되기 전에는 정의하기가 어렵지만, 이상적인 상태의 각 측면에 대해 의견을 듣는 것은 실험 팀에 매우 유익합니다. 개방형 논의에서 대부분의 ML 실무자는 ML이 무엇인지 이해하지 못하는 사람들의 아이디어를 바탕으로 무엇이 가능하고 불가능한지 즉석에서 결정해버리는 경향이 있습니다. 필자의 조언은 그냥 경청하라는 것입니다. 범위를 벗어나거나 불가능하다고 즉시 대화의 실마리를 끊지 말고 계속 이어가도록 하세요.

----

1 옮긴이_ 런타임 환경에서 소프트웨어의 특정 기능을 수정하는 기법입니다.

창의적인 아이디어 구상 회의에서는 다른 방법으로 했다면 놓쳤을 대안 경로를 찾기도 합니다. 혼자 생각해낸 것보다 더 간단하고, 덜 특이하며, 훨씬 더 유지 관리하기 쉬운 설루션을 찾을 수도 있습니다. 제가 수년 동안 진행한 가장 성공적인 프로젝트는 다양한 주제 전문가 팀(운이 좋으면 실제 최종 사용자)과 이런 유형의 창의적 토론을 통해 그들의 비전에 최대한 근접하게 창의적 방식으로 생각을 전환할 수 있었기에 가능했습니다.

하지만 이상적인 최종 상태에 대한 논의가 ML 설루션의 멋진 이점을 얻기 위해 필요한 것만은 아닙니다. 프로젝트 구축을 요청하는 사람을 참여시키면 그들의 관점, 아이디어, 창의성이 프로젝트에 긍정적 영향을 미칩니다. 또한 논의는 프로젝트 개발에 대한 신뢰와 주인 의식을 형성해 팀의 단합을 도모합니다.

고객의 요구 사항에 경청하기는 ML 엔지니어가 배워야 할 기술이며, 알고리듬, 언어나 플랫폼을 능숙하게 다루는 기술보다 훨씬 더 중요합니다. 경청을 통해 무엇을 시도하고 조사할지, 문제에 대한 생각을 어떻게 달리해 가능한 한 최상의 설루션을 도출할지 힌트를 얻습니다.

[그림 4-4]의 시나리오에서는 초기 계획 수립 회의에서 이상적인 상태를 대략적으로 도출합니다. 이 상태가 **최종 엔진이 아닐 가능성이 높습니다**. 제 경험에 비춰볼 때 아닌 경우가 대부분이죠. 하지만 다이어그램은 이러한 기능 블록을 시스템으로 변환하는 방법을 알려줍니다. 다이어그램을 통해 실험 방향과, [그림 4-5]와 같이 예상치 못한 범위 변동^{scope creep}을 최소화하거나 방지하기 위해 철저히 연구해야 할 프로젝트 영역도 알게 됩니다.

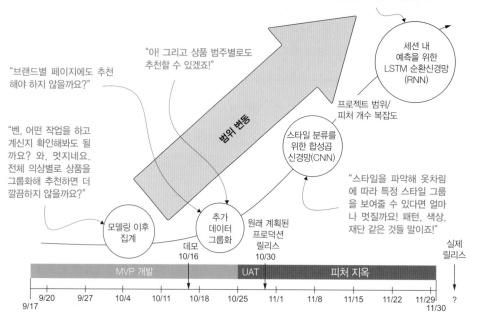

그림 4-5 ML 프로젝트의 급격한 범위 변동. 계획 수립 초기에 이런 사태가 발생할 여지를 강력히 차단하면 걱정할 필요가 없습니다.

스타트업에서 일한 적이 있다면 [그림 4-5]가 익숙할 것입니다. 무언가를 하고자 하는 추진력 있고 창의적인 사람들에게서 흘러나오는 흥분과 아이디어는 놀랍게도 전염성이 있으며, 약간의 절제를 통해 핵심 사명을 훌륭하게 수행하는, 진정으로 혁신적인 회사를 일굽니다. 그러나 특히 ML 프로젝트에 이러한 절제력과 집중력이 적용되지 않으면 설루션의 규모와 복잡성은 걷잡을 수 없는 통제 불능 상태에 빠지고 맙니다.

> **NOTE_** 필자는 프로젝트가 [그림 4-5]처럼 터무니없는 수준에 도달하도록 허용한 적이 단 한 번도 없습니다(프로젝트 몇 건은 그 수준에 가까웠지만 말이죠). 그러나 이 같은 의견과 아이디어, 질문은 제가 관여한 거의 모든 프로젝트에서 제기되었습니다. 조언하자면, 이때는 아이디어를 낸 사람에게 감사를 표하고 비기술 용어로 지금은 불가능하다고 부드럽게 설명하고 프로젝트를 마무리하세요.

범위 변동: 프로젝트 암살이나 마찬가지

부적절하거나 프로젝트 구축 대상 팀이 개입하지 않은 계획 수립은 프로젝트가 더디게 진행되다가 종료되고 마는 가장 실망스러운 길로 연결됩니다. '수천 건의 요청에 의한 ML 사망$^{ML\ death}$'으로 알려진 이 개념은 개발 후반 단계에서 구체화됩니다. 특히 이미 프로젝트 구축 단계에 돌입한 세부 사항에 대해 잘 모르는 팀에 데모를 보여주면 더욱 그렇습니다. 고객(내부 사업부)이 계획 수립 논의에 참여하지 않았다면 데모가 무엇을 하는지에 많은 의문을 갖게 될 것은 불을 보듯 뻔합니다.

필자가 본 거의 모든 사례나 의견을 묻지 않고 프로젝트를 '독단적으로' 진행하려 했던 경력 초기의 사례에서는 데모 진행 시 피처와 요구 사항을 추가해달라는 요청이 수십 건 들어옵니다. 이런 사태는 프로젝트가 적절하게 설계되고 계획되었어도 예상되는 바지만, 불변의 비즈니스 운영 '법칙'과 관련된 핵심 피처를 구현에 쉽게 추가하지 못한다면 프로젝트를 전면 재구현해야 할 수도 있습니다. 이 경우 의사 결정권자는 데이터 과학 팀이나 개인이 내린 결정 때문에 프로젝트를 지연시킬지 아니면 초기 실패의 재발을 방지하기 위해 프로젝트를 완전히 폐기할지 두 갈림길에서 어려운 선택을 해야 합니다.

ML 세계에서 무언가를 프로덕션에 배포한 직후 극도로 부정적인 피드백을 듣는 것보다 더 충격적인 일은 없을 겁니다. 방금 출시한 설루션이 견주에게 고양이 장난감을 추천한다는 내용의 경영진 이메일이 쇄도하는 것은 웃어넘길 수 있지만, 어린이에게 성인용 상품을 추천하는 것은 그야말로 잘못된 것입니다. 최악은 프로젝트가 출시되기 직전에 수행한 사용자 승인 테스트(UAT) 도중 긴급한 비즈니스 요구 사항을 충족하려면 매우 난해한 변경 목록을 만들어야 하는데, 그러자면 기존 설루션을 변경하는 것보다 프로젝트를 처음부터 다시 시작하는 것이 시간이 덜 걸린다는 사실을 깨닫는 것입니다.

범위 변동을 식별하는 것이 중요하지만, 변동 규모를 최소화할 수 있으며 경우에 따라서는 제거도 할 수 있습니다. 적절한 수준까지 논의해야 하며, 프로젝트의 핵심 측면은 실험용 노트북이나 IDE에 기록하기 훨씬 전에 반복적이고 힘겨운 세부 사항에 포함되어야 합니다.

필자와 함께 실험을 구축할 프로젝트 챔피언은 누구인가요?

필자가 함께 일한 팀에서 가장 가치 있는 팀원은 주제 전문가였습니다. 주제 전문가는 제가 이끄는 팀과 함께 일하며 작업을 확인하고, 우리가 제기한 어리석은 질문에 답하며, 누구도 상상하지 못한 창의적 발상으로 프로젝트 성장을 이끌었습니다. 주제 전문가는 대개 기술자가 아니지만 문제에 깊이 연관되어 있으며 식견이 넓습니다. 약간의 시간을 할애해 엔지니어링 세계와 ML을 비전문가 용어로 옮기는 일은 늘 그만한 가치가 있었습니다. 주제 전문가는 자신의 의견과 아이디어가 고려되는 과정과 실현되는 결과를 지켜보기 때문에 프로젝트 성공에 기꺼이 헌신하는 포용적 환경을 조성하기 때문입니다.

챔피언 역할을 가장 잘 수행할 사람이 임원급 프로젝트 소유자라는 점은 두 말할 여지가 없습니다. 언뜻 생각하면 매니저, 이사 또는 부사장에게 아이디어와 실험의 승인을 요청하는 편이 더 쉬울 것 같지만, 장담하건대 이는 프로젝트를 정체시킬 뿐입니다. 이들은 다른 사람에게 위임했던, 중요하지만 시간 소모적인 업무를 수십 건 처리하느라 굉장히 바쁩니다. 프로젝트가 다루고 있는 분야의 전문가일 수도 있고 아닐 수도 있는 이들에게 세부 사항마다 폭넓고 깊이 있는 논의를 기대하면(결국 모든 ML 설루션은 작은 세부 사항에 관한 것이므로) 프로젝트가 위험에 처할 수 있습니다. 첫 킥오프 회의에는 프로젝트와 프로젝트 전반에 걸쳐 내려야 할 중요한 결정을 처리할 시간, 가용성, 권한을 갖춘 주제 전문가 팀을 반드시 참여시켜야 합니다.

진행 상황을 공유하려면 언제 만나야 하나요?

ML 프로젝트, 특히 추천 엔진처럼 비즈니스 일부와 수많은 인터페이스를 요하는 프로젝트는 복잡하다는 특성상 회의가 결정적으로 중요합니다. 하지만 모든 회의가 똑같이 중요한 것은 아닙니다.

사람들이 매주 정해진 주기로 케이던스 회의를 하고 싶어 하는 것은 뿌리치기 힘든 유혹이지만, 프로젝트 회의는 프로젝트 마일스톤에 맞춰 진행해야 합니다. 프로젝트 기반 마일스톤 회의는 다음 원칙을 지켜야 합니다.

- 일일 스탠드업 회의를 대체하지 않습니다.
- 각 부서의 팀 회의와 겹치지 않아야 합니다.
- 항상 팀 전체가 참석한 상태에서 진행합니다.
- 논쟁의 여지가 있는 주제에 대해서는 항상 프로젝트 팀장이 참석해 최종 결정을 내립니다.
- 해당 시점의 설루션을 제시하는 데 집중하고 그 외는 제시하지 않습니다.

의도는 좋지만 해로운 외부 아이디어

짜임새 있는 프레젠테이션과 데이터 중심 회의를 벗어나 자유롭게 토론하고 싶은 마음이 굴뚝 같을 겁니다. 프로젝트에 참여하지 못한 팀원들이 호기심에 피드백과 추가 브레인스토밍 토론을 할 수도 있죠. 마찬가지로, 대규모 팀의 소그룹과 함께 고민하고 있는 문제의 설루션을 논의하는 것이 편리할 수 있습니다.

이 같은 팀 밖의 논의로 얼마나 많은 분열이 예상되고 또 실제로 일어날 공산이 얼마나 큰지는 아무리 강조해도 지나치지 않습니다. 대규모 프로젝트에서 팀원들이 내린 결정은, 설사 실험 단계에서 내린 결정이더라도 신성한 것으로 간주해야 합니다. 외부의 목소리와 '도우려는' 사람들을 참여시키면 팀원들이 함께 구축한 포용적인 소통 환경이 약화됩니다.

또한 외부 아이디어는 일반적으로 프로젝트에 통제할 수 없는 혼란을 초래해 구현에 관여한 모든 사람이 프로젝트를 관리하기가 어려워집니다. 데이터 과학 팀이 예측 전달 방법을 변경하기로 결정하면, 가령 추가 페이로드 데이터로 REST 엔드포인트를 재사용하기로 하면 전체 프로젝트가 영향을 받습니다. 그러면 다른 REST 엔드포인트를 만들 필요가 없어지므로 데이터 과학 팀은 작업 시간을 일주일 정도 절약하지만, 프런트엔드 엔지니어는 하는 작업마다 지장이 큽니다. 이로 인해 프런트엔드 팀이 몇 주 동안 재작업을 해야 할 수도 있죠.

변경 사항을 도입할 때 대규모 그룹에 알리고 함께 논의하는 과정을 생략하면 많은 시간과 자원을 낭비할 위험이 있으며, 결국 팀과 비즈니스 전반에 대한 신뢰가 약화됩니다. 이는 프로젝트가 셸프웨어shelfware가 되거나 사업부 소그룹 간에 사일로를 유도하는 매우 좋지 못한 방법입니다.

다른 팀에는 별것 아닌 것으로 보이는 변경 사항도 데이터 과학 팀에는 몇 주 내지 몇 달의 재작업을 추가할 위험이 있음을 모든 팀원이 알아야 합니다. 마찬가지로 데이터 과학 팀의 변경 사항도 다른 팀에 지대한 영향을 미칩니다.

프로젝트의 상호 연결성과 서로 다른 릴리스가 프로젝트에 어떤 영향을 미치는지 알기 위해 [그림 4-6]을 살펴봅시다. 그래프는 직원이 1,000명을 넘는 비교적 대규모 회사에서 역할과 책임이 다양한 그룹에 나뉘어 있을 때 설루션이 어떤 형태를 띨지 보여줍니다. 스타트업 같은 소규모 회사에서는 책임의 상당량이 별도의 데이터 엔지니어링 팀이 아닌 프런트엔드 팀이나 데이터 과학 팀에 맡겨질 것입니다.

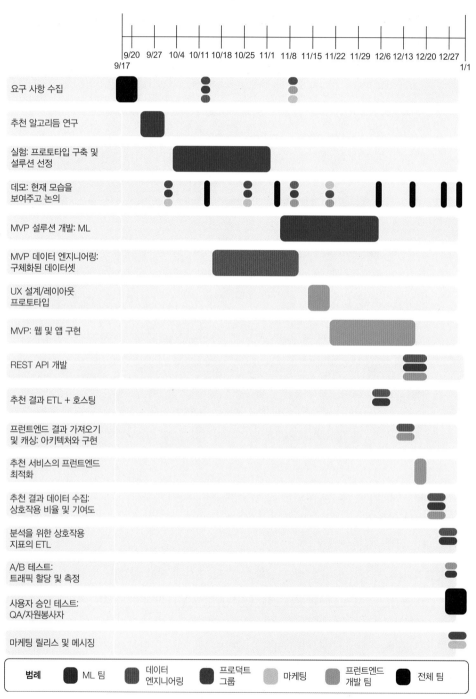

그림 4-6 크로스펑셔널 팀 프로젝트 일정표. 데모와 논의 빈도 및 팀원 요구 사항에 주목하세요. 대부분은 전체 팀을 대상으로 합니다.

[그림 4-6]에서 예를 들어 ML 실험의 종속성이 데이터 엔지니어링 팀과 프런트엔드 개발 팀 모두의 차후 작업에 어떤 영향을 미치는지 보게 됩니다. 과도한 지연이나 재작업이 추가되면 데이터 과학 팀에서 코드를 재작업해야 할 뿐만 아니라 전체 엔지니어링 조직에서 몇 주간의 작업이 물거품이 될 수 있습니다. 따라서 계획 수립, 프로젝트 상태에 대한 빈번한 데모, 관련 팀과의 공개 논의는 매우 중요합니다.

프로젝트가 언제 끝날까요?

늘 정직이 최선의 방책입니다. 제 경험에 의하면, 많은 데이터 과학 팀이 프로젝트 계획 수립 단계에서 약속은 지키고 초과 달성하는 것underpromise and overdeliver을 현명하다고 생각합니다. 하지만 이는 현명한 처사가 아닙니다. 프로젝트 일정에 여유를 주는 이 방책은 프로젝트 개발 중에 발생하는 예기치 않은 복잡성을 방지하기 위해 채택하는 경우가 많습니다. 하지만 여유분을 넣어 예상 납기일을 정하는 것은 데이터 과학 팀에 별다른 도움이 되지 않습니다. 이 같은 처사는 정직하지 못하며 데이터 과학 팀에 대한 사업부의 신뢰를 떨어뜨립니다. 더 좋은 방법은 모든 사람에게 정직하게 말하는 것입니다. ML 프로젝트에는 미지의 변수가 다수 내재한다는 사실을 사업부에 알리세요.

이 같은 관행은 내부 사업부 고객의 불만과 분노를 살 뿐입니다. 그들은 프로젝트 결과물을 약속된 기일보다 몇 주 앞서 몇 번에 걸쳐 나눠 받기를 달가워하지 않을 것이고, 여러분의 터무니없는 행동을 금세 눈치챌 겁니다. 신뢰가 중요합니다.

그 반대편은 납기가 반드시 지켜지리라는 비현실적인 기대입니다. 프로젝트 작업의 많은 단계에서 문제가 발생할 소지가 있음을 사업부에 알리지 않고 반복 설계를 위한 납기일을 빠듯하게 설정하면 모든 사람이 그 날짜에 유효한 결과물이 제공되리라 기대하게 됩니다. 이 기일은 일반적인 목표로 정했을 뿐 상황에 따라 조정이 필요할 수 있다는 사실을 설명하지 않으면, 예상치 못한 부작용이 생깁니다. 데이터 과학 팀이 과도한 목표를 달성하기 위해 길고 힘든 근무를 강요받게 되죠.

이 방책이 보장하는 유일한 결과는 팀의 번아웃입니다. 데이터 과학 팀이 무리한 요구 사항을 충족하기 위해 사력을 다한 나머지 완전히 의욕을 잃고 탈진한다면 결코 좋은 설루션이 아닙니다. 세부 사항을 놓치고 코드에 버그가 늘어날 것이며, 설루션이 출시된 뒤에는 가장 뛰어난 팀원이 더 좋은 직장을 찾아 이력서를 작성하게 될 겁니다.

[그림 4-7]은 주요 개념에만 초점을 맞춘 일반적인 전자 상거래 ML 프로젝트 마일스톤의 상위 수준 간트Gantt 차트입니다. 이와 같은 차트를 공동의 소통 도구로 사용하면 모든 팀의 생산성을 크게 높이고 특히 팀의 장벽을 넘어 다분야multidisciplinary 팀의 혼동을 줄입니다.

[그림 4-7] 상단의 마일스톤 화살표에서 볼 수 있듯이, 중요한 단계에서는 팀원 전원이 모여 개발하고 발견한 내용의 의미를 이해하고 각자의 프로젝트 작업을 종합적으로 조성할 수 있어야 합니다. 필자가 함께 일한 팀 대부분은 스프린트 계획을 하는 날에 이 회의도 했습니다.

이런 중단점을 통해 데모를 보여주고 기본 기능을 살펴보며 위험을 식별합니다. 공동의 소통 도구를 사용하는 목적은 두 가지입니다.

- 낭비되는 재작업 시간 최소화
- 프로젝트가 계획대로 순조롭게 진행되는지 확인

모든 프로젝트에 시간과 에너지를 들여 간트 차트를 만들 필요는 없지만 최소한 진행 상황과 마일스톤을 추적할 수 있는 차트는 만드는 것이 좋습니다. 프로젝트 총괄을 맡은 ML 엔지니어가 한 사람이라면 다채로운 차트와 시스템 개발에 대한 학제간interdisciplinary 추적은 분명 무의미합니다. 하지만 여러분이 키보드에 손을 대는 유일한 사람이더라도, 프로젝트 개발 과정에서 주요 경계가 어디에 있는지 파악하며 보여주고 말할show-and-tell 일정을 잡는 것은 매우 유용합니다.

튜닝된 모델이 문제를 해결했는지 확인할 데모 테스트 세트가 있나요? 이때 경계를 설정하고 데이터를 생성해 소모성 형태로 제시하고 문제 해결을 요청한 팀에 그 데모를 보여주세요. 적기에 피드백을 받으면 여러분과 고객은 좌절할 일이 많이 줄게 됩니다.

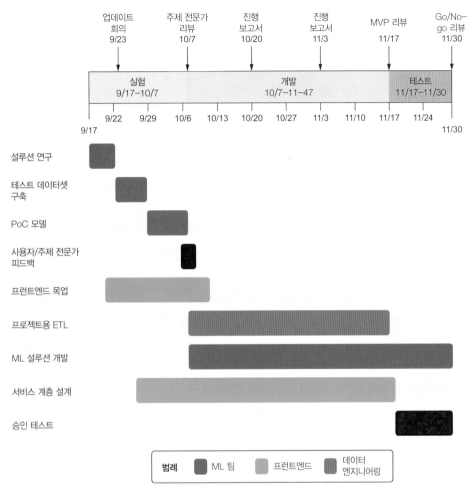

그림 4-7 엔지니어링 및 데이터 과학 팀의 프로젝트 일정표 개요

4.1.2 중요한 논의 경계 설정

다음 질문은 '프로젝트 경계를 어디에 설정해야 할까요?'입니다. 프로젝트마다 문제 해결에 필요한 작업량, 솔루션과 관련된 인원, 구현을 둘러싼 기술적 위험은 완전히 다릅니다.

그러나 일반 지침은 최소한의 회의 내용을 설정하는 데 도움됩니다. 구축하려는 추천 엔진의 범위 내에서 일정 양식을 설정해야 합니다. 이 양식에는 모두가 언제 만나고 무엇에 대해 이야기하며 회의에서 기대하는 바가 무엇인지, 그리고 가장 중요하게는 프로젝트 관계자 전원의 적극적인 참여가 솔루션의 적시 납기를 방해하는 요인을 최소화하는 데 어떤 도움이 되는지가 나타나야 합니다.

이번에 진행하는 프로젝트가 회사에서 처음 시도하는 대규모 ML 프로젝트라고 상상해봅시다. 이처럼 많은 개발자, 엔지니어, 제품 관리자, 주제 전문가가 협업하는 경우는 창업 이래 최초이며, 그들 중 어느 누구도 얼마나 자주 만나 프로젝트에 대한 논의를 해야 하는지 알지 못합니다. 계획 수립 단계에서 회의 필요성을 실감했지만, 회의를 '언제' 해야 할지는 모릅니다.

각 팀 내부적으로는 솔루션을 제공할 주기를 확실하게 이해합니다. 어떤 형태로든 애자일을 사용한다고 가정하면 스크럼 회의와 일일 스탠드업 회의를 둘 다 할 공산이 큽니다. 하지만 다른 팀에서는 개발 단계가 어떻게 진행되고 있는지 잘 모릅니다.

"매주 수요일 오후 1시에 만나죠" 같은 무심한 대답은 당연히 모든 관계자에게 실망을 안겨줍니다. 수십 명이 한 팀으로 편성된 '예정된 정기 프로그램' 회의에서는 일반적으로 팀이 충분히 논의하거나 시연하고 검토할 시간이 부족합니다. 명확한 의제가 없으면 회의의 중요성과 타당성에 의문이 싹트고 중요 사안을 검토해야 할 때 사람들이 불참하는 결과를 초래합니다.

필자가 찾은 최선의 방책은 검토할 가시적인 결과물, 탄탄한 의제를 준비하고 참석자 전원의 기대에 부응해 회의 일정을 정하는 것입니다. 그러면 모두가 회의의 중요성을 깨닫고 각자 의견을 개진하며, 귀중한 시간을 아끼게 됩니다.

데이터 과학 팀의 무의미한 회의

흥미로운 프로젝트가 진행 중이면 누구나 데이터 과학 팀과 이야기를 나누고 싶어 합니다. 프로젝트 진행 상황에 일반적인 흥분을 느끼기 때문일 수도 있고, 데이터 과학 팀이 단순히 정신병원에서 미친 듯이 뛰쳐나와The inmates are running the asylum 폭동을 일으키듯 프로젝트를 개발할까봐 사업부 팀장이 두려워하기 때문일 수도 있습니다.

프로젝트 현황을 만나서 논의하고 싶은 이유는 이해할 수 있습니다. 만약 회사에서 여러분이 진행하는 프로젝트가 기대에 못 미칠까 우려한다면, 성공적으로 완료된 몇몇 프로젝트로 두려움을 덜어주기 바랍니다. 하지만 이전 회의와 별다를 게 없는 진행 상황을 보고하는 것이 전부라면, 여러 번 회집하는 것은 팀에 해를 끼칩니다.

필자는 프로젝트를 시작할 때 이 개념을 전달하기를 강력히 제안합니다. 각 프레젠테이션과 데모에 대해 합의된 납기 목표를 달성하려면 팀원이 대부분 홀로 작업을 수행해야 합니다. 직접 얼굴을 맞대고 질문, 생각, 유용한 대화를 나누는 것은 애자일의 토대가 되기 때문에 환영할 만한 일입니다. 그러나 현황 회의, 진행 상황 보고, 반복적인 빈 카운팅bean counting은 아무 소용이 없으므로 팀의 부담을 덜어야 합니다.

특히 회사에서 ML의 참신함 때문에 ML을 경계한다면 이 같은 대화를 나누기가 어려울 수 있습니다. 하지만 필자가 언급한 개념을 분명히 제기해서 무의미한 회의가 납기일을 맞추는 데 이롭기기는커녕 오히려 해로운 이유를 명확하게 전달해야 합니다.

시간을 합리적이고 유익하며 효율적으로 사용하려면 **새로운 것을 검토해야 할 때만** 만나서 진행 중인 설루션을 검토해야 합니다. 하지만 이 시점은 언제일까요? 프로젝트 요소를 논의해야 할 필요성과, 업무에 방해되는 빈번한 회의에서 소소한 변경 사항을 검토하는 데 뒤따르는 피로 사이에 균형을 맞추려면 경계를 어떻게 정의해야 할까요? 정의는 프로젝트, 팀, 회사에 따라 다릅니다. 필자가 말하려는 요지는 상황마다 정의가 다르다는 것입니다. 회의 빈도, 회의 안건, 참여 대상에 기대치를 설정하고 이에 대한 대화를 나눠야 혼란을 통제하고 문제 해결을 향해 한 발 진전하게 됩니다.

연구 후 단계 논의(업데이트 회의)

데이터 과학 팀이 계획 수립 단계 사용자 여정 시뮬레이션의 요구 사항을 충족하기 위해 두 가지 모델을 구축하는 시나리오를 가정하겠습니다. 팀원들의 연구를 토대로 데이터 과학 팀은 협업 필터링과 FP-growthfrequent pattern growth 장바구니 분석 알고리듬을 딥러닝과 비교해 둘 중 어느 것이 재훈련 정확도가 더 높고 소유 비용이 더 낮은지 확인하기로 결정했습니다.

데이터 과학 팀장은 데이터 과학자와 ML 엔지니어로 각각 두 그룹을 구성해 경쟁 구현 작업을 할당합니다. 두 그룹은 정확히 동일한 합성 고객 데이터셋에서 모델 결과를 시뮬레이션하고 실제 웹사이트에 추천 목록을 표시하는 페이지의 와이어프레임에 모의 상품 이미지를 제공해야 합니다.

이 회의에서는 구현 세부 사항에 초점을 맞춰서는 안 됩니다. 대신 연구 단계의 결과, 즉 읽고, 공부하고, 직접 다뤄본 무한대에 가까운 선택지의 범위를 좁히는 데만 초점을 둬야 합니다. 데이터 과학 팀은 사용 가능한 데이터에 기반해 다수의 훌륭한 아이디어와 이보다 더 많은 잠재적 설루션을 찾아냈고, 훌륭한 아이디어를 압축해 두 가지 구현으로 경쟁하게 했습니다. 탐색한 선택지를 전부 언급하지 마세요. 결과가 훌륭해도 구축하는 데 2년이 걸릴 아이디어는 말도 꺼내지 마세요. 대신 다음 단계인 실험을 진행할 때 필요한 핵심 세부 사항으로 논의를 축소하세요.

각 알고리듬 설루션으로 무엇을 할 수 있는지, 둘 중 하나 또는 둘 다 불가능한 것은 무엇인지, 언제쯤 프로토타입을 볼 수 있는지 제시하는 범위 내에서만 주제 전문가에게 두 접근 방식을 보여주고 어느 것이 더 마음에 드는지는 회사에서 결정하게 하세요. 예측 품질에 확연한 차이가 없는 경우, 기술적 복잡성이나 구현 세부 사항은 논외로 하고 각 접근 방식의 단점을 고려해 접근 방식을 결정해야 합니다.

이처럼 밀도 높은 회의에서는 참석자가 이해하고 공감할 수 있는 언어와 참고 문헌에 초점을 맞춰 논의를 이어가세요. 번역은 머릿속으로 하면 됩니다. 기술적 세부 사항은 데이터 과학 팀, 설계자, 엔지니어링 경영진이 내부적으로만 논의해야 합니다.

필자가 참여한 많은 사례에서는 실험적 테스트 단계에서 수십 개의 아이디어를 테스트했지만, 한 사업부에서 검토하기에 가장 적합한 두 가지 아이디어만 제시하기도 합니다. 구현이 지나치게 번거롭거나 비용이 많이 들거나 복잡할 경우, **프로젝트 성공 가능성이 가장 확실하게 보장되는 선택지**를 제시하는 것이 최선입니다. 비록 다른 설루션만큼 화려하거나 흥미롭지 않아도 말이죠. 설루션의 유지 관리는 데이터 과학 팀의 몫입니다. 실험 단계에서 정말 근사하던 것이 유지 관리를 할 때는 악몽이 된다는 점을 꼭 기억하세요.

실험 후 단계(주제 전문가/UAT 리뷰)

실험 단계가 끝나면 데이터 과학 그룹 팀은 추천 엔진에 대한 두 가지 프로토타입을 구축합니다. 이전 마일스톤 회의에서는 각 선택지의 장단점을 참석자가 이해할 수 있게 제시하면서 두 선택지에 대해 논의했습니다. 이제 예측한 카드를 테이블 위에 놓고 설루션의 프로토타입이 어떻게 생겼는지 보여줄 차례입니다.

이전에는 잠재적 설루션을 검토하는 동안 몇 가지 대략적인 예측을 제시했습니다. 상품 ID가 다른 중복된 상품이 나란히 표시되고, 몇 사용자를 위해 한 상품의 추천 목록이 끝없이 생성되며(벨트를 그렇게 좋아할 사람은 없을 겁니다), 데모와 관련된 중요한 문제가 검토용으로 길게 나열되었습니다. 이러한 초기 사전 프로토타입에서는 비즈니스 논리와 피처 요구 사항이 아직 구축되지 않았습니다. 두 요소가 모델의 플랫폼과 기술에 따라 달라지기 때문입니다.

실험 단계를 마무리하는 프레젠테이션의 목표는 핵심 피처의 목업을 보여주는 것이 되어야 합니다. 관련성에 따라 요소를 정렬해야 할 수도 있습니다. 특별히 고려할 사항으로 가격대, 최근 비세션 기반 검색 기록, 특정 고객이 특정 브랜드에 암묵적 충성도를 가진다는 이론을 기반으로 항목을 추천해야 할 수도 있습니다. 이렇게 합의된 각 피처를 전체 팀에 보여야 합니다. 그러나 이 시점에 전체 구현을 완료해서는 안 되며, 시뮬레이션은 설계된 최종 시스템이 어떤 모습일지만 보여줘야 합니다.

회의의 결과는 초기 계획 수립 회의의 결과와 유사해야 합니다. 중요하다고 인식하지 않았던 피처를 개발 계획에 추가할 수 있으며, 원래 기능 중 불필요하다고 판단되는 피처가 있으면 계획에서 제거해야 합니다. 원래 계획을 재검토한 후 업데이트된 사용자 경험은 [그림 4-8]과 같을 것입니다.

실험 단계가 끝나면 데이터 과학 팀은 이전 단계에서 있으면 좋은 요소를 실행할 수 있을 뿐만 아니라 많은 추가 작업 없이 통합할 수 있다고 설명할 수 있습니다. [그림 4-8]은 아이디어, 가령 장바구니 분석, 동적 필터링, 집계 필터링의 통합을 보여주지만, '있으면 좋음' 아이디어는 유지합니다. 개발 중에 이 피처의 통합이 가능한 것으로 확인되면, 이 피처는 생활 계획 문서의 일부로 남겨집니다.

이 단계의 회의에서 가장 중요한 부분은 필터링을 수행하기 위해 서버로 이벤트 데이터를 전달하는 프런트엔드 개발자부터 프로덕트 팀에 이르기까지 팀원 모두가 관련 요소를 인식하는 것입니다. 이 회의를 통해 팀은 범위 설정이 필요한 요소와 스프린트 계획을 위해 만들어야 하는 일반 서사와 스토리를 이해하게 됩니다. 구현에 대한 공동의 추정치를 얻는 것이 중요합니다.

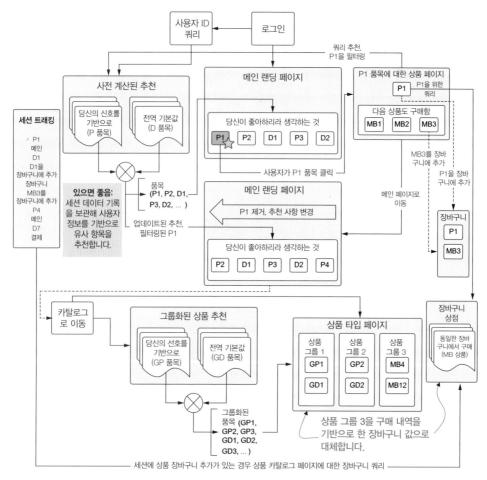

그림 4-8 실험 결과 검토 후 추천 엔진의 최종 와이어프레임 설계

개발 스프린트 리뷰(기술 전문가가 아닌 대상을 위한 진행 보고서)

엔지니어링에 초점을 맞추지 않고 반복해 회의를 진행하는 것은 개발 팀이 사업부에 정보를 전달하는 것에 못지않게 유용합니다. 프로젝트의 진행 상황을 알게 되고 서로 다른 시스템의 통합을 시작할 시기도 알 수 있습니다. 하지만 회의는 여전히 프로젝트에 초점을 맞춘 수준 높은 토론이 되어야 합니다.

프로젝트를 진행하는 많은 크로스펑셔널 팀은 업데이트 회의를 회고 성격의 회의나 슈퍼 스프린트 계획 회의로 전환하려는 유혹에 빠지기 쉽습니다. 이러한 회의가 유용할 수 있지만, 특히 다양한 엔지니어링 부서 간 통합을 목적으로 할 경우 그렇겠지만, 해당 주제는 엔지니어링 팀 회의용으로 남겨두어야 합니다.

전체 팀 진행 상황 보고 회의에서는 해당 시점까지의 진행 상황에 대한 현재 상태 데모를 보여 주기 위해 노력해야 합니다. 설루션의 시뮬레이션을 보여줌으로써 프로젝트에 참여한 엔지니어가 간과했을 세부 사항에 대해 사업부와 주제 전문가가 피드백을 제공하도록 해야 합니다. 스프린트마다 또는 스프린트별로 열리는 주기적인 회의는 앞서 언급한 범위 변동과 11시간이 지나서야 중요한 구성 요소가 누락된 것을 알고 프로젝트 납기를 크게 지연하는 불상사를 방지합니다.

MVP 리뷰(UAT를 사용한 전체 데모)

코드 완료는 조직마다 의미하는 바가 다르지만 일반적으로 다음 상태로 인식됩니다.

- 코드가 테스트되고 단위 및 통합 테스트를 통과했습니다.
- 시스템이 프로덕션 규모 데이터(모델이 프로덕션 데이터를 기반으로 훈련됨)를 사용하는 평가 환경에서 원활하게 작동합니다.
- 합의하에 계획한 피처가 모두 완료되고 설계된 대로 작동합니다.

그렇다고 해서 설루션의 주관적인 품질을 충족했다는 뜻은 아닙니다. 이 단계는 시스템이 추천 엔진 예제 페이지의 적절한 요소에 추천 목록을 전달한다는 것을 의미할 뿐입니다. 이 회의를 준비하기 위해 진행되는 MVP 리뷰 및 관련 UAT는 주관적인 품질 측정이 이루어지는 단계입니다.

이 단계가 추천 엔진에 어떤 의미가 있을까요? 주제 전문가가 UAT 환경에 로그인해 사이트를 탐색한다는 점에서 의미 있습니다. 그들은 선호도에 따라 추천 목록을 살펴보고 판단을 내립니다. 또한 가치가 높은 계정을 시뮬레이션해 주제 전문가가 고객 관점에서 바라본 추천 목록이 해당 유형의 사용자에 대해 알고 있는 것과 일치하는지 확인합니다.

ML 구현에서 지표는 훌륭한 도구이고 분명 모든 모델링에서 많이 활용되고 기록되어야 합니다. 그러나 설루션이 문제를 질적으로 해결하는지 판단하는 가장 좋은 척도는 시스템을 최종 사용자에게 배포하기 전에 시스템을 사용할 수 있는 내부 사용자와 전문가의 폭넓은 지식을 활용하는 것입니다.

몇 달에 걸쳐 개발한 설루션의 UAT 피드백에 대한 반응을 평가하는 회의에서 특정 모델의 검증 지표는 높지만 질적 검토 품질은 그 반대의 경우보다 훨씬 낮다는 이유로 사업부와 데이터 과학 팀 간에 논쟁이 벌어진 적이 있습니다. 이것이 바로 이 회의가 그토록 중요한 이유입니다. 계획 수립 단계만이 아니라 실험 및 개발 단계에서도 놓친 중요한 문제를 발견할 수 있기 때문입니다. 설루션 결과에 대한 최종 점검을 통해 최종 결과를 개선할 수 있습니다.

품질 평가와 관련된 회의와 리뷰에서 유념할 것은 거의 모든 프로젝트에는 제작자의 편향이 크게 작용한다는 점입니다. 무언가를 만들 때, 특히 도전할 만한 흥미로운 시스템을 만들 때 제작자는 시스템에 대한 익숙함과 애정으로 중요한 결함을 간과하거나 놓칠 수 있습니다.

> *부모는 자녀가 얼마나 추하고 어리석은지 결코 알 수 없습니다.*
> *자신이 만든 것을 무조건 사랑하는 것이 인간의 본성입니다.*
>
> *— 언제나 이성적인 모든 부모*

리뷰 회의 중 한 설루션에 대한 찬사가 압도적이면 팀은 우려해야 합니다. 프로젝트 소유권을 공유하는 사람들로 응집력 있는 크로스펑셔널 팀을 구성하는 데 따른 부작용은 프로젝트에 대한 감정적 편향이 프로젝트 효능에 대한 판단을 흐리게 한다는 것입니다.

설루션의 품질에 대한 요약 회의에 참석해 별다른 문제점을 듣지 못했다면, 프로젝트 팀과 프로젝트에 이해관계가 없는 직원들의 의견을 듣도록 합니다. 편향 없이 객관적으로 설루션을 바라보는 이들의 시각은 편향에 사로잡힌 팀이 완전히 놓쳤을 실행 가능한 개선 또는 수정을 하는 데 큰 도움이 됩니다.

사전 프로덕션 리뷰(UAT를 사용한 최종 데모)

최종 사전 프로덕션 리뷰 회의가 '출시 시간$^{go\ time}$'에 임박해 열렸습니다. 최종 수정이 완료되고 UAT 개발 완료 테스트의 피드백을 해결했으며 시스템이 며칠간 고장 없이 실행되었습니다.

릴리스가 다음 월요일로 예정되었으며(팁: 절대 금요일에는 릴리스하지 마세요) 시스템에 대한 최종 검토가 남았을 뿐입니다. 시스템 부하 테스트를 완료하고 피크 트래픽에서 사용자 볼륨의 10배 시뮬레이션을 통해 반응성을 측정했으며, 로깅이 작동하고 합성 사용자 작업에 대한 모델 재훈련에서 모델이 시뮬레이션된 데이터에 맞게 조정되는 것으로 나타났습니다. 엔지니어링 측면에서 모든 테스트를 통과했습니다.

릴리스 전의 최종 회의에서는 원래 계획과 비교하고, 지원 범위를 벗어나 거부된 피처와 추가 사항을 검토해야 합니다. 그러면 릴리스 시 쿼리해야 하는 분석 데이터의 기대치를 파악하게 됩니다. 추천용 상호작용 데이터 수집에 필요한 시스템이 구축되고, 분석가가 프로젝트 성과를 확인하는 A/B 테스트 데이터셋이 생성되었습니다.

최종 회의에서는 해당 데이터셋의 위치, 엔지니어가 데이터를 쿼리하는 법, 기술 전문가가 아닌 팀원이 사용할 수 있는 그래프와 보고서(및 접근 방법)에 초점을 둬야 합니다. 비즈니스 부문에 동력을 공급할 새로운 엔진은 첫 몇 시간, 며칠, 몇 주 동안 많은 조사를 받게 됩니다. 분석가와 데이터 과학 팀의 정신적 부담을 덜기 위해 사람들이 프로젝트의 지표와 통계에 스스로 알아서 접근할 수 있도록 약간의 준비 작업을 거치고 나면, 설루션 제작에 관여하지 않은 사람을 포함해 회사의 모든 사람이 데이터에 기반해 중요한 의사 결정을 내릴 수 있게 됩니다.

인내심을 가지자

전자 상거래 회사의 추천 엔진처럼 비즈니스에 미치는 파급 효과가 큰 ML 프로젝트의 출시는 비즈니스에서 두려운 일입니다. 사업부 팀장들은 어제의 매출이 얼마인지 알고 싶을 것입니다. 심지어 내일의 매출이 어제에 비해 어떤지 알고 싶겠죠. 이러한 기대와 두려움이 공존하는 상황에서는 결과를 분석할 때 인내의 미덕을 겸비하는 것이 중요합니다. 잠시 숨을 고를 때입니다.

프로젝트에는 그 성패에 영향을 미치는 요인이 많이 내재하는데, 그중 일부는 설계 팀이 통제 가능하고 일부는 완전히 통제 불능한 미지의 요인입니다. 이처럼 잠재적 요인이 많기 때문에 통계적으로 유효한 판단을 내리기 위해서는 설루션 성능에 대한 데이터가 충분히 수집될 때까지 설계 효과에 대한 판단을 보류해야 합니다.

특히 프로젝트가 프로덕션으로 전환되는 것을 보기 위해 많은 시간과 노력을 투입한 팀에게 기다리는 것은 어려운 일입니다. 사람들은 지속적으로 상태를 확인하고, 치즈를 얻기 위해 레버를 누르는 실험용 쥐의 신속함과 격렬함 같은 상호작용의 결과를 광범위한 집계와 추세로 추적하기를 원합니다.

프로젝트를 맡은 의사 결정권자에게 통계 분석 집중 과정을 제공하는 것이 데이터 과학 팀에게
는 최선의 이익입니다. 추천 엔진 같은 프로젝트의 경우 분산 분석ANOVA, 복잡한 시스템의 자유
도, 최신성, 빈도, 통화(RFM)[2] 코호트cohort 분석 및 상대적으로 높은 수준의 신뢰 구간 같은 주
제를 설명하면, 정보에 입각한 결정을 내리는 데 도움이 됩니다. 사용자 수, 서비스 중인 플랫폼
수, 고객이 사이트에 도착한 빈도에 따라, 프로젝트가 회사에 미치는 영향에 대해 정보에 입각한
결정을 내리기에 충분한 데이터를 수집하려면 며칠 또는 몇 주가 걸리기도 합니다.

그동안 큰 폭의 매출 증가가 직접적으로 프로젝트에 의한 것일 수도 있고 아닐 수도 있다는 걱정
을 덜고 기대치를 낮추기 위해 열심히 노력하세요. 데이터를 신중하고 성실하게 분석해야만 새
피처가 가져오는 참여도와 수익 증가를 누구나 알 수 있습니다.

4.2 시간 낭비하지 않기: 크로스펑셔널 팀과의 회의

3장에서는 ML 작업 자체를 제외하고 프로젝트의 계획 수립 및 실험 단계를 논의하면서 염두에
두어야 할 매우 중요한 측면 하나가 '각 단계에서' 소통하는 것이라고 언급했습니다. 받은 피드
백과 평가는 MVP를 제시간에 제공하고 전체 개발에 쏟는 노력을 바른 방향으로 이끌어 전진
하게 하는 매우 긴요한 도구입니다.

[그림 4-7]의 간트 차트를 다시 살펴보고 단계 전반에 걸쳐 각 팀의 상위 수준 진행 상황을 추
적하겠습니다. 그러나 의사소통이 목적이라면 [그림 4-9]의 상단에만 관심을 가지면 되겠죠.

---

2   옮긴이_ recency, frequency, monetary value의 약자로, 얼마나 최근에, 얼마나 자주, 얼마나 많은 금액을 지출했는지에 따라 사용
    자를 분류하는 분석 기법입니다.

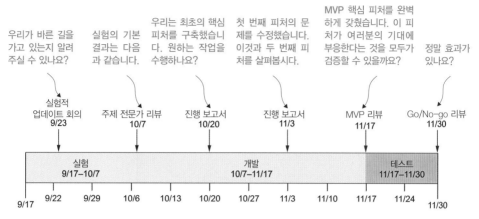

그림 4-9 중요한 회의 경계의 해석

구축 중인 프로젝트 유형에 따라 단계 전반에 걸쳐 많은 회의가 진행될 수 있습니다. 여기에는 릴리스 후 몇 개월 동안 솔루션의 복원력에 대한 지표, 통계, 예측을 검토하는 후속 회의도 포함됩니다. 예를 들어 개발 단계에 9개월이 걸려도 격주로 진행되는 진행 보고 회의는 이전 스프린트 기간의 성과 진행 상황을 되풀이해 논의하는 것에 불과합니다. 다음 절에서 이러한 단계를 자세히 설명하겠습니다.

4.2.1 실험적 업데이트 회의: 우리가 여기서 무엇을 하고 있는지 알고 있나요?

과학 팀에게는 그 어떤 회의보다 두렵지만 이들을 제외한 사람들에게는 흥미진진한 회의가 바로 **실험적 업데이트 회의**입니다. 이 회의는 한창 진행 중인 프로토타입 구현과 미완성 연구의 도상에 있는 데이터 과학 팀의 작업을 방해합니다. 프로젝트 요소들이 유동적인 상태라 엔트로피가 거의 정점을 찍어 불확실성이 큽니다. 이 회의는 아마도 프로젝트에서 두 번째로 중요할 겁니다. 또한 다음 상황을 마주했을 때 팀원들이 기꺼이 백기를 들고 항복할 수 있는 거의 최후의 시간입니다. 프로젝트를 더는 지지할 수 없거나 할당된 시간과 비용보다 더 많이 소요되거나 혹은 명시된 요구 사항을 충족하는 기술이 난해해서 향후 50년 내에 개발되지 못하리라는 사실을 팀원들이 알게 된 때입니다. 이 시점에는 정직과 성찰이 요구됩니다. 상황에 따라 자존심을 접고 패배를 인정해야 하죠.

논의를 주도할 최우선 질문은 '우리가 실제로 이 문제를 해결할 수 있나요?'입니다. 이 시점에서는 그 외 논의나 아이디어 구상이 소용없습니다. 테스트에 사용할 모델별 세부 사항이나 추가 알고리듬에 대해 자세히 알아보는 것이 아니라, 발견 현황을 보고하는 것이 데이터 과학 팀이 할 일입니다. 이 회의에서 가장 중요한 논의 사항은 다음과 같습니다.

- 프로토타입 제작이 어떻게 진행되고 있나요?
  - 테스트 중인 항목에서 알아낸 것이 있나요?
  - 어느 것이 가장 유망해 보이나요?
  - 테스트 계획 진행을 전면 중단할까요?
  - 예정된 기한까지 정상 궤도로 프로토타입을 제작할 수 있나요?
- 지금까지 어떤 위험을 발견했나요?
  - 데이터 엔지니어링 팀에 알려야 할 문제가 있나요?
  - 팀에 익숙하지 않은 새로운 기술, 플랫폼 또는 도구가 필요할까요?
  - 현시점에서 이 문제를 우리가 해결할 수 있다고 생각하세요?

이 같은 직접적인 질문에서 벗어난 논의는 데이터 과학 팀의 시간을 낭비할 뿐입니다. 이 시점에서는 이 질문들로 인력, 기술, 플랫폼, 비용 면에서 프로젝트 타당성을 평가해야 합니다.

백기 들기: 실패 인정이 허용될 때

실패 인정하기를 좋아하는 진지한 데이터 과학자는 거의 없습니다. 몇 달 내지 몇 년간 연구와 실험에 몰두하며 박사 과정을 막 수료한 사람에게는 문제 해결이 불가함을 인정한다는 개념이 있을 수 없습니다. 그래도 좋습니다. 이들은 새로운 알고리듬을 개발할 사람들이니까요! 참고로 덧붙이면, 이들은 작업을 수행하기 위해 회사의 승인을 받고 문제를 해결하기 위해 새로운 방법을 선택하지 않습니다.

그러나 회사의 ML 솔루션을 개발할 때 '이 문제를 우리가 해결할 수 있는지'에 대한 질문은 실제로 문제의 해결이 가능한지를 묻는 것이 아니라 막대한 돈과 리소스를 낭비하지 않게 짧은 시간 내에 솔루션을 만들 수 있는지를 묻습니다. 솔루션을 성취하려는 열의가 커지면 고도로 숙련된 ML 실무자도 자신의 역량을 가늠하는 안목이 흐려집니다.

취약하거나 불안정한 솔루션을 유지하는 데 따른 고충을 충분히 겪었다면 어느 정도 절제가 됩니다. 솔루션이 특정 프로젝트, 회사 또는 유지 관리 담당 팀에 적합하지 않을 수 있음을 알면 '전부 다' 해결하려는 욕구를 억제할 수 있습니다.

모든 프로젝트, 팀 또는 회사가 가장 까다롭고 복잡한 문제를 해결해야 하는 것은 아닙니다. 모든 사람은 한계가 있습니다. 장담하건대 백기를 든다고 해도 팀과 회사가 해결해야 할 데이터 과학 프로젝트는 앞으로 몇 세기 동안 충분합니다.

실패 인정은 **빠를수록 좋습니다**. 앞서 언급했듯이 창작자는 쏟은 시간과 에너지가 많을수록 창작물 포기를 꺼립니다. 프로젝트를 일찌감치 중단할 수 있다면, 추구할 가치가 없다는 신호를 조기에 알아차릴 수만 있다면, 좌절과 후회, 팀에 대한 신뢰 상실, 최악의 경우 회사 전반의 ML 불신을 초래할 설루션을 맹목적으로 따라가지 않고 더 가치 있는 일을 하게 될 것입니다.

이 회의에서 얻은 답변이 모두 긍정적이라면 본격적으로 작업을 시작해야 합니다. 데이터 과학 팀원들이 마감일에 맞춰 다음 회의에서 발표할 수 있도록 업무에 더 이상 차질을 빚지 않기 바랍니다.

4.2.2 주제 전문가 프로토타입 리뷰: 우리가 해결할 수 있을까요?

초기 회의 중 단연코 가장 중요한 주제 전문가 리뷰는 절대 건너뛰고 싶지 않은 회의입니다. 리소스 커밋이 발생하는 시점이니까요. 이 프로젝트를 진행할지 아니면 간단한 문제를 해결하는 동안 백로그에 넣을지를 결정할 마지막 회의입니다.

앞서 기술 전문가 그룹과 함께한 회의에서 한 질문을 이 리뷰에서도 해야 합니다. 유일한 변경 사항은 작업의 전체 범위가 완전히 알려졌으므로 전체 설루션을 개발할 역량, 예산, 열의가 존재하느냐 여부에 따라 답을 조정해야 한다는 것입니다.

이 논의의 주된 초점은 일반적으로 목업 프로토타입입니다. 추천 엔진의 경우 웹사이트에서 프로토타입은 표시된 상품과 관련 상품 이미지 및 레이블이 중첩된 합성 와이어프레임처럼 보일 수 있습니다. 데모의 목적상 실제 데이터 사용은 항상 도움이 됩니다. 주제 전문가 그룹에게 추천 목록 시연을 보여주려면 그들의 데이터를 사용하세요. 그들의 계정에 대한 추천 목록을 보여주고(물론 그들의 허락하에 말이죠!) 그들의 반응을 지켜보세요. 그들이 주는 긍정적 인상과 부정적 인상을 각각 기록하세요.

리뷰 결과가 끔찍하다면?

프로젝트, 관련 모델, ML 작업의 일반적인 접근 방식에 따라서 프로토타입에 대한 '끔찍한' 주관적 평가는 간단히 바꿀 수도 있지만 완전히 회복 불가능할 수도 있습니다. 예를 들면 전자의 경우, 모델을 적절하게 튜닝하거나 피처 세트를 증강하는 방법이 있습니다. 후자의 경우, 추가 피처 요청을 증강할 데이터가 존재하지 않거나, 요청을 해결할 만큼 데이터가 세분화되지 않았거나, 문제를 해결할 기술이 아직 이 세상에 존재하지 않기 때문에 예측 결과를 개선하려면 마법 같은 처방이 필요합니다.

식별된 문제의 발생 원인을 신속하게 파악하는 것이 중요합니다. 원인이 명백하고 데이터 과학 팀에서 수정할 수 있는 요소라면 이렇게 응답하면 됩니다. "걱정하지 마세요. 여러 컬레의 샌들이 바로 옆에 보이지 않게 예측값을 조정할 수 있습니다" 그러나 "그런지grunge 신발 옆에서 보헤미안 맥시 드레스를 보고 싶지 않아요" 같이 매우 복잡한 요청이라면, 응답을 질문자에게 사려 깊게 설명하거나 추가 연구 기간 동안 시간과 노력을 들여 기록해야 합니다.

그다음에는 다음 중 하나로 응답할 수 있습니다. "이 신발이 어떤 스타일인지 알려주는 데이터가 없으니 CNN 모델을 구축하고, 스타일을 인식하도록 훈련하고, 상품 카탈로그에서 스타일을 식별할 레이블을 수십만 개 만들어야 합니다. 구축하는 데 몇 년이 걸립니다" 또는 "자세히 살펴본 결과, 모든 상품에 레이블이 있으니 스타일별로 추천 목록을 그룹화하면 고객이 원하는 상품을 유연하게 선택할 수 있습니다"라고 말이죠.

프로토타입 리뷰 전에 무엇이 가능하고 불가능한지 확실히 파악하세요. 불분명한 요청을 받으면 ML의 황금 표현인 "모르겠지만 찾아보겠습니다"라고 응답하세요.

시연이 끝나면 팀 전체가 프로젝트를 추진할 가치가 있는지 판단할 수 있어야 합니다. 권장되는 접근 방식은 작동 방식을 알고 있는지 여부에 관계없이 그룹의 모든 사람이 프로젝트가 취하려는 **적절한 방향으로 편안하게 받아일 수 있다**는 합의를 이끌어내는 것입니다.

만장일치가 절대적인 것은 아닙니다. 그러나 모든 사람의 우려를 해소하고 편향 없이 합리적 논의를 통해 두려움을 덜어준다면 팀은 응집력이 더 좋아질 것입니다.

4.2.3 개발 진행 상황 리뷰: 제대로 작동할까요?

개발 진행 상황 리뷰는 개발 중에 '선박을 바로잡을' 기회입니다. 팀은 개발 중인 피처의 현재 상태를 한눈에 보여주는 마일스톤 같은 이정표에 초점을 둬야 합니다. 실험 검토 단계에서 사용한 와이어프레임 접근 방식과 동일한 접근 방식을 사용하는 것이 유용하고, 전체 팀이 이전 단계들을 직접 비교할 수 있도록 동일한 프로토타입 데이터를 사용하는 것도 유용합니다. 주제 전문가를 위한 공통 기준 틀을 마련하면 그들이 완전히 이해하는 용어로 솔루션의 주관적 품질을 측정하는 데 도움됩니다.

이러한 회의 중 처음 몇 번은 실제 개발에 대해 검토해야 합니다. 세부 사항을 소프트웨어 개발, 모델 튜닝이나 구현의 기술적 세부 사항 특정 영역으로 파고들어서는 안 되지만, 피처 개발의 전반적인 진행 상황은 추상적인 용어로 논의되어야 합니다.

이전 회의에서 예측의 품질이 어떤 식으로든 부족하다고 판단되면 주제 전문가 그룹이 만족할 만큼 문제가 해결되었는지 확인하기 위해 수정 사항을 업데이트하고 시연해야 합니다. "피처가 완벽하고 마스터에 체크인되었습니다"라고 주장하는 것만으로는 충분하지 않습니다. 대신 증명하세요. 원래 문제를 식별할 때 사용한 데이터와 동일한 것을 사용해 해결 방법을 보여주세요.

프로젝트가 진행될수록 이 회의는 더 짧게 하고 통합 측면에 더 많이 집중해야 합니다. 추천 프로젝트를 위한 최종 회의가 열릴 때까지 주제 전문가 그룹은 QA 환경에서 웹사이트의 실제 데모를 살펴봐야 합니다. 추천 목록은 탐색^navigation을 통해 계획대로 업데이트하고 다양한 플랫폼에서 기능 유효성 검증을 확인해야 합니다. 이후 단계에서 복잡성이 증가함에 따라 주제 전문가 팀원에게 프로젝트의 QA 버전 빌드를 푸시해 이들이 자기 시간에 솔루션을 평가하고 예정된 정기 케이던스 회의에서 팀에 피드백을 전달하게 하는 것이 좋습니다.

대부분의 ML 프로젝트가 복잡하다고 말하는 것은 애석한 표현입니다. 추천 엔진 같은 구현은 회사가 보유한 대단히 복잡한 코드 기반의 하나입니다. 비교적 복잡한 모델링은 일단 제쳐두고, 상호 관련된 규칙, 조건, 예측 사용은 가장 철저한 계획 수립 단계에서도 놓치거나 간과하는 게 있을 정도로 매우 복잡합니다.

적합한 경우가 가끔 있지만 대체 가능한 경우가 많은 ML 프로젝트의 특성상 상황이 바뀔 수 있습니다. 그래도 괜찮습니다. 애자일을 ML에 적용하면 작업 및 코드에 미치는 영향이 최소화됩니다.

데이터가 존재하지 않거나 해당 시점까지 구축된 프레임워크에서 특정 문제를 해결하는 데 너무 많은 비용이 들 수 있습니다. 접근 방식을 약간 변경하면 솔루션을 구현할 수 있지만 복잡성이 증가하거나 솔루션의 다른 측면에서 비용이 발생합니다. 변경해야 할 사항에 따라 갈리는 이 같은 행운과 불운도 ML의 일부입니다.

상황이 변한다는 사실을 이해한다면, 장애 요인 발생 시 변경 사항에 대해 알아야 하는 모든 사람에게 이를 명확하게 전달해야 함을 인식해야 합니다. 서비스 계층의 API 계약에 영향을 미치나요? 그렇다면 프런트엔드 팀과 상의하세요. 기술 세부 사항을 논의하기 위해 팀 전체를 회집하지는 마세요. 성별에 따른 추천 목록을 필터링하는 기능에 영향을 미치나요? 주제 전문가에 따르면 이는 큰 문제입니다. 솔루션에 대해 나누는 이야기는 집단 지성으로 문제를 해결하고 대안을 탐색하는 데 유익합니다.

문제가 생기면 닌자처럼 은밀히 해결$^{ninja-solve}$하고 있지 않은지 확인하세요. 작동할 것 같은 솔루션을 아무에게도 언급하지 않고 조용히 해킹하지 마세요. 나중에 예상치 못한 문제가 발생할 공산이 매우 크므로 솔루션이 미치는 영향은 대규모 팀에서 검토해야 합니다.

4.2.4 MVP 리뷰: 요청한 대로 빌드했나요?

MVP 리뷰를 받을 때쯤이면 모든 사람이 프로젝트에 대해 들뜬 상태이면서 지쳐있을 것입니다. 마지막 단계입니다. 내부 엔지니어링 검토가 완료되었고, 시스템이 올바르게 작동하고, 통합 테스트를 모두 통과했으며, 대규모 버스트 트래픽 규모에서 레이턴시^{latency}를 검증했고, 개발에 관여한 모든 실무자가 휴가를 떠날 준비를 마쳤습니다.

이 단계에서 팀과 회사가 프로덕션 설루션을 바로 출시하는 것을 놀라울 정도로 많이 보았습니다. 그런데 그때마다 그들은 후회했습니다. MVP를 구축하고 합의한 후에는 몇 차례 갖게 될 스프린트 회의에서 코드 강화, 즉 테스트, 모니터링, 기록, 면밀한 검토가 가능한 프로덕션용 코드 제작에 초점을 둬야 합니다. 코드 강화에 대해서는 2부와 3부에서 다룹니다.

성공적인 릴리스에는 엔지니어링 QA 단계 완료 후 설루션이 UAT를 거치는 단계가 포함됩니다. 이 단계는 설루션의 주관적 품질을 측정하도록 설계되었습니다. 품질을 계산할 수 있는 객관적 측정(예측 품질의 통계적 측정)이나 지금까지 프로젝트에 감정이 이입된 주제 전문가에 의한 편향적인 주관적 품질을 측정하려는 것이 아닙니다.

UAT 단계는 훌륭합니다. 이 시점에서 설루션은 프로젝트 외부에서 선별된 사람들의 피드백을 받고 마침내 빛을 보게 됩니다. 이들의 편향이 없는 참신한 시각은 설루션을 구축하는 데 들인 수고와 감정이 아니라 설루션 자체를 봅니다.

ML을 제외한 프로젝트의 여타 작업은 작동함과 작동하지 않음이라는 불리언[boolean] 척도로 효과적으로 측정되지만, ML 측면은 예측을 최종 소비자가 어떻게 해석하느냐에 따라 달라지는 품질의 차등 척도입니다. 최종 사용자와 추천 목록의 연관성처럼 주관적인 작업의 경우 이 척도는 매우 광범위합니다.

관련 데이터를 수집해 조정하는 효과적인 기법 하나는 설문 조사입니다. 추천 목록만큼 주관적인 프로젝트라면 더욱 그렇습니다. 제어 테스트를 기반으로 효과적인 품질 순위를 매겨 피드백을 제공하면 응답 분석을 표준화할 수 있어 엔진에 추가해야 하는 요소나 수정이 필요한 설정을 폭넓게 추정할 수 있습니다.

평가 및 지표 수집 시 주의할 점은 설루션을 평가하는 사람들이 설루션 생성에 어떤 방식으로든 관여하지 않아야 하며 엔진의 내부 작동 원리를 몰라야 한다는 것입니다. 엔진의 여러 기능에 대한 사전 지식이 있다면 결과가 오염될 수 있고, 프로젝트 팀원 중 누군가가 평가 작업에 관여한다면 검토 데이터가 즉시 의심받을 것입니다.

UAT 결과를 평가할 때는 적절한 통계 방법을 사용해 데이터를 정규화하는 것이 중요합니다. 점수, 특히 큰 숫자 척도의 점수는 사람들의 리뷰 편향을 방지하기 위해 각 사용자가 제공하는 점수 범위 내에서 정규화해야 합니다. 리뷰 편향이란 사람들이 최고 점수 아니면 최소 점수를 주거나, 평균값으로 일관하거나, 과도하게 좋은 점수를 주는 경향을 말합니다. 일단 정규화하면 각 질문의 중요도와 질문이 모델의 전반적인 예측 품질에 미치는 영향을 평가하고 순위를 매기며 구현 가능성을 결정할 수 있습니다. 시간이 충분하고 변경 사항이 보장되며 전체 UAT 추가가 필요하지 않을 정도로 구현 위험이 낮다면, 릴리스 시 가능한 한 최상의 솔루션을 만들기 위해 이러한 변경 사항을 구현할 수 있습니다.

단 하나의 문제도 없이 UAT 리뷰 회의를 통과했다면, 유례없는 행운의 팀이거나 평가자가 완전히 체크아웃한 상태일 것입니다. 이런 사례는 거의 모든 사람이 비정상적인 확증 편향confirmation bias[3]을 가지고 프로젝트를 완전히 인식하고 지지하는 소규모 회사에서 흔히 볼 수 있습니다. 이 경우, 가령 사기 탐지 모델이나 극도로 민감한 모델 같은 프로젝트가 아닌 경우에는 외부인을 초빙해 솔루션을 검증하는 것이 도움이 됩니다.

외부 고객을 위한 솔루션을 구축하는 데 성공한 많은 기업은 일반적으로 상품과 플랫폼에 투입된 고객에게서 고품질 피드백을 끌어낼 목적으로 새 피처의 알파 테스트나 베타 테스트에 참여합니다. 가장 열정적인 최종 사용자(내부 또는 외부)가 피드백을 제공하는 것은 어떨까요? 결국, 그들은 여러분이 만들고 있는 것을 사용할 사람들입니다.

4.2.5 사전 프로덕션 리뷰: 망치지 않았으면 합니다

프로젝트의 끝이 가까워졌습니다. UAT 피드백을 통해 최종 피처가 추가되고 개발이 완료되었으며, 코드가 강화되고 QA 검사가 모두 통과되었으며, 스트레스 테스트 환경에서 단 한 건의 문제도 없이 일주일 이상 솔루션이 실행되었습니다. 성과 수집을 위한 지표가 설정되고 분석 보고 데이터셋이 생성되어 프로젝트 성공을 측정할 준비가 되었습니다. 이제 남은 일은 프로덕션으로 이행하는 것입니다.

마지막으로 다 같이 한 번 만나는 것이 가장 좋지만 축하를 위한 것은 아닙니다. 하지만 나중에 완전한 크로스펑셔널 팀으로 꼭 만나세요. 최종 **사전 프로덕션 리뷰** 회의는 프로젝트 기반 회고 및 기능 분석으로 구성되어야 합니다. 이 회의에 참석한 모든 사람은 전문 분야와 최종 상품에 대한 기여도에 관계없이 동일한 질문을 해야 합니다. "우리가 구축하려 했던 것을 만들었나요?"

이 질문에 답하려면 원래 계획을 최종 설계 솔루션과 비교해야 합니다. 원래 설계에 있던 각 피

---

3 옮긴이_ 확증 편향이란 사실 여부를 떠나 원래 자신이 지니고 있는 생각이나 신념을 확인하려는 성향으로, 쉽게 말해 '보고 싶은 것만 보고 듣고 싶은 것만 듣는' 보편적 현상입니다.

처를 검토해 QA(테스트) 환경 내에서 실시간으로 작동하는지 검증해야 합니다. 페이지를 전환할 때 항목이 필터링되나요? 장바구니에 여러 상품이 연속해 추가되는 경우 관련 상품이 모두 필터링되나요 아니면 마지막 상품만 필터링되나요? 장바구니에서 상품이 제거되면 해당 상품이 추천 목록에서 제거된 상태로 유지되나요? 사용자가 사이트를 탐색하고 수천 개 상품을 장바구니에 추가한 다음 모든 상품을 제거하면 어떻게 되나요?

이 모든 시나리오가 이미 오래 전에 테스트되었기를 바라지만, 기능이 올바르게 구현되었는지 확인하기 위해 팀 전체와 협력하는 것은 중요합니다. 이 시점 이후에는 되돌리지 못합니다. 일단 프로덕션에 출시되면 좋든 나쁘든 고객의 손으로 넘어갑니다. 프로덕션 환경에서 발생하는 이슈를 처리하는 방법은 이어지는 여러 장에서 다루겠지만, 일단 근본적으로 망가진 무언가를 출시하면 프로젝트 평판을 해친다는 점을 생각해보세요. 취소할 수 없는 프로덕션 릴리스가 출시되기 전에 우려 사항과 막판 수정을 계획할 마지막 사전 프로덕션 회의입니다.

4.3 실험 한계 설정

추천 엔진 프로젝트를 위해 이 단계에 이르기까지 힘겨운 준비 과정을 거쳤습니다. 회의에 참석하고, 우려 사항과 위험 요인에 대해 의견을 나누고, 연구 단계를 기반으로 설계 계획을 세웠으며, 시험해볼 모델도 명확하게 정했습니다. 이제 드디어 재즈를 연주하고 창의력을 발휘해 폐기물이 아닌 특별한 무언가를 만들 수 있는지 알아볼 시간입니다.

하지만 흥분하기에 앞서 ML 프로젝트 작업의 여타 측면과 마찬가지로, 우리가 하고 있는 일의 목적을 신중하게 생각하면서 적정선을 지켜야 한다는 점을 인식하는 것이 중요합니다. 이 점은 무엇보다 실험 단계에서 확실히 적용해야 하는데, 이 단계가 완전히 격려되는 몇 안 되는 단계의 하나이기 때문입니다.

개인화 추천 엔진에 시간과 리소스가 전부 투입된다면 무엇을 할 수 있을까요? 업종과 회사에 따라 다르겠지만, 최신 백서를 연구해서 완전히 새로운 솔루션을 구현해볼까요? 모든 아이디어를 포괄하는 광범한 추천 모델 앙상블 구축을 생각해볼까요? (성향에 대한 고객 평생 가치 점수와 일반적인 상품 그룹 선호도를 기반으로 각 고객 코호트에 대한 협업 필터링 모델을 수행한 다음 이를 FP-growth 장바구니 모델과 병합해 특정 사용자에 대한 희소한 예측을 채우는 방법입니다) 그렇다면 아마도 달성 가능한 가장 정교하고 정확한 예측을 생성하기 위해 상품과 사용자 행동에 어떤 연관성이 있는지를 찾는 딥러닝 모델에 그래프 임베딩을 구축할 것입니다.

모두가 멋진 아이디어이며, 회사의 전사적 목적이 사람에게 항목을 추천하는 것이라면 가치가 있습니다. 그러나 대부분의 기업에서 가장 절박한 시간을 대가로 개발하기에는 지불해야 할 비용이 너무 큽니다.

시간도 유한한 자원이며, 솔루션을 요청하는 사업부의 인내심도 끝이 있음을 이해해야 합니다. 3.2.2절에서 논의했듯이, 실험 범위는 팀에 속한 데이터 과학자 인원, 비교할 선택지 개수, 가장 중요한 것으로 실험을 완료하는 데 필요한 시간 등 사용 가능한 리소스와 직접적인 관계가 있습니다. 시간과 개발자의 제약 사항을 안다면 통제해야 할 마지막 한계는 MVP 단계에서 구축할 수 있는 것이 제한된다는 것입니다.

머릿속에 있는 솔루션을 완전히 구축하고 설계한 대로 정확히 작동하는지 확인하고 싶은 유혹이 있을 겁니다. 생산성을 높이는 내부 도구 또는 데이터 과학 팀 내부 프로젝트에서 이런 유혹이 생깁니다. 하지만 ML 엔지니어나 데이터 과학자가 경력을 쌓으면서 맡게 될 거의 모든 업무에는 내부적이든 외부적이든 고객 측면이 있습니다. 즉, 문제를 해결하기 위해서는 작업에 따라 다른 사람이 필요합니다. 그들은 여러분의 가정과 일치하지 않을 수도 있는 솔루션의 요구 사항을 섬세하게 이해할 수 있습니다.

앞서 언급했듯이 프로젝트를 목표에 맞추는 과정에 이들을 참여시키는 것은 매우 중요합니다. 뿐만 아니라 이들에게 문제 해결을 위해 구축하고 있는 솔루션의 타당성에 대한 의견을 구하지 않고 긴밀하게 연결된 복잡한 솔루션을 완전히 구축하면 잠재적 위험을 안게 됩니다. 이 프로세스에 주제 전문가를 참여시켜야 한다는 이슈를 해결하는 방법은 테스트할 프로토타입에 경계를 설정하는 것입니다.

4.3.1 시간제한 설정

초기 프로토타입에 과도한 시간과 노력을 투입하면 프로젝트가 지연되거나 취소되기 쉽습니다. 여러 가지 이유로 이런 사태에 이르는데, 대부분은 팀 내 소통이 빈약하기 때문입니다. 또한 ML 프로세스의 작동 방식에 대한 비데이터 과학 팀원의 잘못된 가정, 가령 적절한 시행착오와 재작업을 혼합한 건전한 테스트로 개선할 수 있다는 가정 또는 경험이 없는 데이터 과학 팀이 누군가가 프로토타입을 보기 전에 설루션을 '완벽'하게 만들어야 한다고 가정하기 때문입니다.

이 같은 혼란과 시간 낭비를 방지하는 가장 좋은 방법은 시도할 아이디어 심사와 관련된 실험에 할당되는 시간을 제한하는 것입니다. 그러면 자연적으로 이 단계에서 작성되는 코드의 양이 줍니다. 프로젝트 팀의 모든 구성원은 계획 수립 단계에서 제시된 아이디어 대부분이 심사 단계에서 구현되지 않을 것이며, 사용할 구현 방법을 결정하기 위해 최소한의 프로젝트만 테스트해야 한다는 점을 명확히 인식해야 합니다.

[그림 4-10]에 실험 단계의 목표 달성에 필요한 최소한의 구현 사항을 정리했습니다. 이 시점에서는 추가 작업이 필요하지 않습니다. 대규모와 비용 면에서 잘 작동하고 객관적 품질과 주관적 품질의 표준을 충족하는 알고리듬을 결정해야 하죠.

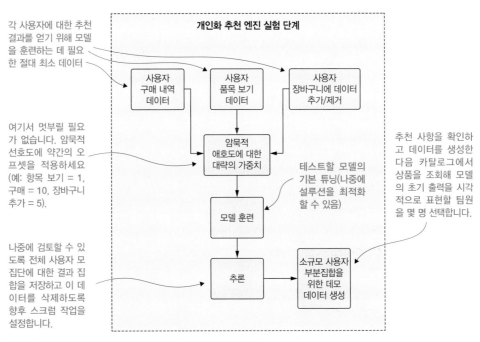

그림 4-10 아이디어를 테스트할 팀의 상위 수준 실험 단계 매핑

이에 비해 [그림 4-11]은 계획 수립 회의에서 나온 초기 계획을 기반으로 일부 잠재적인 핵심 피처를 간략하게 보여줍니다.

[그림 4-10]과 [그림 4-11]을 비교하면 첫 번째 계획에서 두 번째 계획으로 전환할 때 작업 범위가 넓어지는 모습을 확인할 수 있습니다. 모델을 완전히 새로 구축하고, 많은 양의 동적 실행별 집계와 필터링을 수행하며, 사용자 지정 가중치를 통합하고, 수십 개의 추가 데이터셋을 생성해야 합니다. 이러한 요소 중 어느 것도 실험의 경계에 있는 핵심 문제인 '어떤 모델을 사용해 개발해야 할까'를 해결하지 못합니다. 이때 결정을 내리는 데 걸리는 시간을 제한하면 대부분의 ML 실무자가 계획과 상관없이 솔루션을 구축하려는 자연스러운 경향을 방지하거나 최소화할 수 있습니다. 때로는 강제로 작업량을 줄여 이탈률을 줄이고 올바른 요소를 작업하고 있는지 확인해야 합니다.

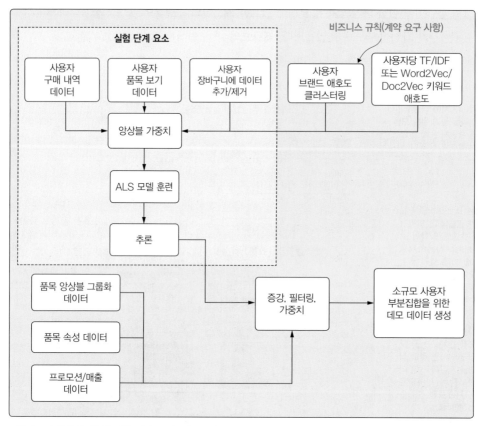

그림 4-11 확장된 피처에 대한 의사pseudo 아키텍처 계획. 이 피처는 효과적인 실험 수행과 대규모 팀의 피드백 수렴 후 실현되어 개발 단계에 포함됐습니다.

실험 코드는 약간 '버벅거림'이 있어야 합니다. 스크립트로 작성하고, 주석을 달고, 보기 흉하며, 테스트를 거의 할 수 없어야 합니다. 차트, 그래프, 인쇄 명령문과 온갖 잘못된 코딩 관행으로 가득 찬 스크립트여야 합니다.

결국 실험입니다. 실험적 동작을 결정하기 위해 빡빡한 일정을 따르고 있다면 클래스, 메서드, 인터페이스, 열거자, 팩토리 빌더 패턴, 전달 구성couriering configuration 등을 만들 시간이 없을 겁니다. 상위 수준 API, 선언적 스크립팅, 정적 데이터셋을 사용하게 되죠.

실험이 끝날 때 코드 상태에 대해 걱정하지 마세요. 실험 코드는 팀이 표준 소프트웨어 개발 방식으로 유지 관리 가능한 소프트웨어를 구축할 때 적절한 코딩을 하기 위해 참고할 수 있는 정도면 됩니다. 그리고 어떤 상황에서든 최종 설루션에서 실험 코드를 확장해서는 안 됩니다.

하지만 이 단계에서만큼은 작성한 스크립트가 끔찍해 보여도 괜찮습니다. 우리 모두가 가끔씩 그렇게 하죠.

4.3.2 프로덕션에 투입할 수 있나요? 유지 관리를 원하나요?

대규모 팀에게는 실험 단계의 주요 목적이 모델 구현의 예측 기능을 결정하는 것이지만, 데이터 과학 팀 내부의 주요 목적 하나는 해당 설루션이 팀에 적합한지 여부를 결정하는 것입니다. 데이터 과학 팀 팀장, 아키텍트 또는 팀의 선임 데이터 과학자는 프로젝트에 무엇을 포함할지 면밀히 살펴보고 어려운 질문을 던지며 정직한 답변을 해야 합니다. 가장 중요한 질문은 다음과 같습니다.

- 설루션을 구축하는 데 얼마나 걸릴까요?
- 코드 기반이 얼마나 복잡할까요?
- 필요한 재훈련 일정에 따라 훈련 비용이 얼마나 들까요?
- 우리 팀은 설루션을 유지 관리하는 데 필요한 기술을 보유하고 있나요? 모두가 이 알고리듬/언어/플랫폼을 알고 있나요?
- 데이터 훈련과 추론으로 무언가가 크게 바뀌면 설루션을 얼마나 빨리 수정할 수 있나요?
- 이 방법론/플랫폼/언어/API를 사용해 성공한 사례를 보고한 사람이 있나요? 우리는 바퀴를 재발명하고 있나요, 아니면 사각형 바퀴를 만들고 있나요?

- 피처 목표를 모두 충족하면서 설루션이 작동하게 하려면 팀에서 추가 작업을 얼마나 많이 수행해야 하나요?
- 확장 가능할까요? 버전 2.0 제작이 불가피하다면 이 설루션을 쉽게 개선할 수 있을까요?
- 테스트 가능한가요?
- 감사가 가능한가요?

필자는 프로토타입을 직접 구축하거나 다른 사람의 프로토타입을 검토하면서 이 같은 질문을 던진 적이 수없이 많습니다. 결과를 본 ML 실무자의 첫 반응은 대개 "결과가 가장 좋은 것을 선택하죠"입니다 하지만 '가장 좋은' 결과라고 해도 완벽한 구현은 거의 불가능하거나 설사 구현한다 해도 유지 관리하기가 악몽 같이 끔찍한 경우가 많습니다.

무엇보다 유지 보수성과 확장성에 대해서는 미래를 고려해 이런 질문을 던지고 신중히 검토해야 합니다. 사용 중인 알고리즘, 알고리듬 호출 API, 실행 중인 플랫폼이 어느 것이든 상관없습니다. 단순히 모델 프로토타입의 예측력이 아니라 구현할 프로덕션 문제를 정확히 평가하는 데 시간을 할애함으로써 성공적인 설루션과 허울뿐인 설루션을 가려내게 됩니다.

4.3.3 TDD, RDD, PDD, CDD 비교

소프트웨어를 개발할 때 선택할 수 있는 방법론이 무궁무진합니다. 폭포수부터 애자일 혁명에 이르기까지 각 방법론은 장단점이 있습니다.

특정 프로젝트 또는 팀에 가장 적합한 개발 접근 방식이 무엇인지는 다루지 않겠습니다. 이 주제를 심층적으로 탐구한 훌륭한 책이 다수 출판되었으므로, ML 프로젝트의 개발 프로세스를 개선하려면 이 책들을 읽어보는 것이 좋습니다. 그중에서도 그렉 스미스Greg Smith와 아메드 시드키Ahmed Sidky의 『Becoming Agile in an Imperfect World(불완전한 세상에서 애자일 확보하기)』(매닝, 2009)와 라세 코스켈라Lasse Koskela의 『Test Driven(테스트 중심 기반 개발)』(매닝, 2007)은 주목할 만한 참고 자료입니다. 하지만 여기서 논의할 가치가 있는 것은 ML 개발의 네 가지 일반적인 접근 방식입니다. 하나가 성공적인 방법론이고 그 외는 주의할 사항입니다.

테스트 주도 개발(TDD) 또는 피처 주도 개발(FDD)

순수한 **테스트 주도 개발**test-driven development(TDD)은 대부분 모델 자체의 비결정적 특성 때문에 ML 프로젝트에서 달성하기가 매우 어렵습니다. 그리고 결국 기존 소프트웨어 개발과 동일한 테스트 범위를 달성할 수 없습니다. 순수한 **피처 주도 개발**feature-driven development(FDD) 접근 방식은 프로젝트를 진행하는 동안 상당량의 재작업을 유발합니다.

그러나 ML 프로젝트에 대한 대부분의 성공적인 접근 방식은 두 개발 방식을 수용합니다. 작업을 점진적으로 진행하고 변화에 적응하며 테스트 가능할 뿐만 아니라 프로젝트 가이드라인을 충족하는 피처에만 전적으로 초점을 맞추는 모듈식 코드에 집중하는 접근 방식은 프로젝트를 제시간에 완료하고 솔루션의 유지 관리와 확장을 가능하게 만드는 것으로 입증되었습니다.

효과적인 개발 전략을 만들기 위해서는 개발 팀만이 아니라 조직의 일반적인 소프트웨어 개발 관행에도 애자일 접근 방식을 차용하고 조정해야 합니다. 또한 특정 설계 요구 사항에 따라 특정 프로젝트를 구현하는 접근 방식이 달라야 합니다.

다른 개발 철학을 사용하려는 이유가 무엇인가요?

ML을 광범한 주제로 논의할 때는 매우 복잡하고 역동적인 분야를 지나치게 단순화할 위험이 있습니다. ML은 매우 광범한 유스 케이스에 사용되고 광범한 기술, 도구, 플랫폼, 언어를 보유하기 때문에 다양한 프로젝트가 보이는 복잡성의 차이는 정말 놀랍습니다.

'고객 이탈을 예측하고 싶습니다'처럼 간단한 프로젝트의 경우, TDD 위주의 접근 방식이 솔루션을 개발하는 성공적인 방법이 될 수 있습니다. 고객 이탈 예측 모델을 구현하기 위한 모델과 추론 파이프라인은 일반적으로 매우 간단합니다. 대부분의 복잡성이 데이터 엔지니어링 부분에 있기 때문이죠. 따라서 코드를 모듈화하고 데이터 수집 단계의 각 구성 요소를 독립적으로 테스트할 수 있게 코드 기반을 구축하면 효율적인 구현 주기와 유지 관리가 용이한 최종 상품에 도움이 됩니다.

반면에 앙상블 추천 엔진처럼 복잡한 프로젝트는 실시간 예측 서비스를 사용하고, 수백 개의 논리 기반 재정렬 피처를 사용하며, 여러 모델의 예측을 사용하고, 대규모 다분야 팀이 작업할 수 있습니다.

이 유형의 프로젝트는 TDD의 테스트 가능성 구성 요소를 사용하면 큰 이점을 얻지만, 프로젝트 전반에 걸쳐 FDD 원칙을 적용해서 필요에 따라 가장 중요한 구성 요소만 개발해 피처 확장sprawl을 줄이도록 하세요.

각 프로젝트는 독자적입니다. 개발 관점에서 구현을 담당하는 팀장이나 아키텍트는 프로젝트 요구에 맞게 조정된 테스트 및 일반 코드 아키텍처와 관련해 작업 속도 기대치를 설정해야 합니다. 입증된 개발 표준의 모범 사례를 적절히 균형 있게 적용하면 프로젝트는 실패 위험이 가장 낮은 시점에 피처 완성 상태에 도달하므로 프로덕션 환경에서 솔루션이 안정적이고 유지 관리가 가능합니다.

기도 주도 개발(PDD)

한때는 ML 프로젝트를 기도 주도 개발prayer-driven development (PDD) 접근 방식으로 수행했습니다. ML 개발을 처음 접하는 조직에서는 여전히 이 방식을 사용합니다. 잘 문서화된 상위 수준 API가 등장해 모델링 작업이 쉬워지기 전에는, 모든 것을 그러모아 만든 것이 최소한 프로덕션 환경에서 모델에 과부하를 일으켜 폭발하지 않을 정도로만 잘 작동하기를 바라는 고통스러운 나날을 보냈습니다. 여기서 필자가 말하려는 것은 일이 '그냥 잘되기를' 바라고 기도하라는 것이 아닙니다.

오히려 인터넷 포럼이나 검색자보다 실제 경험이 더 적을 듯한 사람이 하는 어설픈 조언을 따라 문제를 해결할 단서를 미친 듯이 찾는 행위를 하지 말라는 것입니다. 당면한 문제와 관련이 있어 보이는 ML 기술이나 애플리케이션을 다룬 블로그를 찾았지만, 몇 달 후 그토록 기대했던 마법 같은 해결책이 허울뿐임을 알게 될 수도 있습니다.

PDD에서는 적절한 연구와 기술적 접근 방식 평가라는 지난한 작업을 제거할 목적으로, 어떻게 해결해야 할지 모르는 문제를 이전에 해결한 경험이 있어 모든 것을 아는 사람에게 넘깁니다. 이처럼 쉬운 길을 택해 그 결말이 좋은 경우는 희박하죠. 코드 기반이 망가지고, 노력이 물거품이 되어 이렇게 반문합니다. "그들이 한 대로 따라 했는데 왜 작동하지 않나요?" 극단적인 경우 프로젝트를 포기하는 등 PDD는 갈수록 심각해지는 바람직하지 않은 개발 방식이자 문제입니다.

이 같은 ML '복사 문화' 접근 방식에서 비롯되는 공통된 현상은 이 사고방식을 수용한 사람들이 모든 문제에 단일 도구를 사용한다는 것입니다. 가령 "네, XGBoost는 견고한 알고리듬입니다. 아니요. 모든 지도 학습 작업에 적용할 수 없습니다" 이런 식이죠. 또 최신 유행만 시도하기를 원해서 "고객 이탈 예측에는 텐서플로와 케라스를 사용해야 합니다"라고 말하죠.

XGBoost만 알면 모든 문제가 그레이디언트 부스팅처럼 보입니다.

연구를 수행하지 않고, 대체 접근 방식을 배우거나 테스트하지도 않고, 실험이나 개발을 몇 가지 도구로 제한하는 등 이런 식으로 자신을 제한할 때 설루션은 한계와 스스로 부과한 경계에 갇힐 것입니다. 한 가지 도구나 새로운 유행을 모든 문제에 일률적으로 적용하는 것은 최적의 해결책이 아닙니다. 더 비참한 것은 네모를 둥근 구멍에 끼워 맞추기 위해 필요도 없는 복잡한 코드를 훨씬 많이 작성하게 된다는 것입니다.

팀이나 자신이 PDD의 길을 걷고 있는지 여부를 알려면 프로젝트의 프로토타입 단계에서 계획한 사항을 확인하세요. 테스트 중인 모델이 몇 개인가요? 프레임워크는 몇 개를 검증하고 있나요? 두 질문의 답 중 '하나'가 있고 팀원 중 해당 문제를 여러 번 해결해본 사람이 없다면 PDD를 하고 있는 것입니다. 중단해야 합니다.

혼돈 주도 개발(CDD)

카우보이 개발 또는 해킹이라고도 하는 **혼돈 주도 개발**chaos-driven development (CDD)에서는 실험과 프로토타이핑 단계를 모두 건너뜁니다. 초기에는 리팩터링이 많지 않기 때문에 쉬워 보입니다. 그러나 프로젝트 작업 중에 필요에 따라 ML을 구축하는 이 접근 방식을 사용하는 것은 위험합니다.

설루션을 개발하는 과정에서 수정과 새 피처에 대한 요구가 제기되면 때로는 처음부터 재작업해야 하는 엄청난 양으로 인해 프로젝트가 더디게 진행됩니다. 결국 그렇게 되면 데이터 과학팀은 정신이 약화된 상태에서 스파게티 코드[4]로 구현하게 되어 차후 코드 개선이나 변경을 전혀 못하게 됩니다.

이 책에서 여러분이 꼭 실천하길 바라는 게 있다면 바로 이런 개발 방식을 피하는 것입니다. CDD는 제가 ML 프로젝트 작업 초기에 채택한 방식인데, 제가 다니던 회사에서 프로젝트가

4　옮긴이_ 소프트웨어 코드의 구조가 복잡하고 읽기 어려워져서, 마치 스파게티처럼 뒤얽혀 보이는 코드를 의미합니다. 여러 개발자가 작업한 코드를 병합하거나, 요구 사항 변경 등으로 코드를 빠르게 수정하고 추가해야 할 때 많이 발생합니다.

중단되는 가장 큰 원인이었습니다. 코드를 읽을 수도 수정할 수도 없고, 그 작동 방식을 설명조차 할 수 없다면 일이 잘될 리 없습니다.

이력서 주도 개발(RDD)

지금까지 살펴본 개발 방식 중 가장 유해한 개발 관행, 즉 문제에 대해 과도하고 과시적으로 구현을 설계하는 것은 프로젝트가 프로덕션 단계에 돌입한 후 중단되는 주요 원인입니다. **이력서 주도 개발**resume-driven development(RDD) 구현은 일반적으로 다음 특성에 초점을 둡니다.

- 다음과 같은 경우 '참신한 알고리듬'을 적용합니다.
  - 문제의 고유한 특성에 의해 보증되지 않는다면
  - 숙련된 다수의 ML 전문가가 대체 설루션이 없다는 데 동의하지 않는다면
- 프로젝트 작업을 실행하는 데 'ML 커뮤니티에서 검증되지 않은' 새 프레임워크를 사용합니다(문제 해결에 도움이 되지 않는 피처 포함).
  - 요즘에는 이에 대한 변명의 여지가 없습니다.
- 설루션에 대한 블로그 게시물이나 블로그 연재물은 '개발 중'에 작성됩니다(하지만 프로젝트가 완료된 후에 해도 괜찮습니다).
  - 이것은 팀원들 사이에서 유익한 의혹을 불러일으킬 겁니다.
  - 프로젝트가 프로덕션으로 출시된 후 한 달 동안 안정적인 것으로 확인되고 영향 지표가 검증되면 자축할 시간이 있습니다.
- 피처 엔지니어링 또는 유효성 검사와 달리 ML 알고리듬에는 엄청난 양의 코드가 사용됩니다.
  - 대부분의 ML 설루션에서 모델 코드 대비 피처 엔지니어링 코드 비율은 항상 네 배 이상이어야 합니다.
- 현황 회의에서 일반 수준 이상의 논의는 해결해야 할 문제가 아니라 모델에 관한 것입니다.
  - 비즈니스 문제를 해결하기 위해 여기에 모인 것입니다. 그렇지 않나요?

참신한 알고리듬 개발이나 매우 심도 있고 복잡한 설루션이 필요하지 않다는 말은 아닙니다. 물론 그럴 수도 있습니다. 하지만 그 외 옵션이 모두 소진된 경우에만 추구해야 합니다.

이 장 전체에서 살펴본 예의 경우 아무것도 준비되지 않은 상태에서 누군가가 이전에 구축된 적이 없는 특이한 설루션을 제안한다면, 이의를 제기해야 합니다. 이러한 개발 관행과 그 이면의 동기는 설루션을 지원해야 하는 팀에 독이 되고 프로젝트를 오염시켜 시간과 비용이 더 많이 들며, 개발자 이력서만 채울 뿐 아무 성과가 없음을 장담합니다.

4.4 비즈니스 규칙 혼돈에 대한 계획 수립

이 장 전체에서 구축한 추천 엔진 일부나 프로세스에 대해 말하자면, 모델의 결과를 보강할 수 있는 여러 피처를 구현했습니다. 일부는 최종 결과에 대한 특정 유스 케이스를 해결하기 위한 것인데, 예를 들면 시각화 목적으로 사이트와 앱에 서비스를 제공하는 컬렉션 집계입니다. 다른 일부는 공급업체와의 계약상 의무를 다하기 위해 설계되었습니다.

가장 중요한 기능은 사용자가 불쾌하지 않도록 보호하거나 부적절한 콘텐츠를 필터링하는 것입니다. 저는 ML에 대한 이 같은 뉘앙스를 비즈니스 **규칙의 혼돈**이라고 표현하고 싶습니다. 구체적인 제한과 제어는 매우 중요하지만 프로젝트에서 올바르게 구현하기가 가장 어려운 측면이기도 합니다.

제한 사항을 적절히 계획하지 못하거나 완전히 구현하지 못하면 예정된 출시일 전에 프로젝트가 보류될 것은 '거의 확실'합니다. 그리고 출시하기 전에 제한 사항을 발견하지 못하면 회사의 브랜드가 훼손됩니다.

4.4.1 계획을 세워 혼돈 수용하기

추천 엔진의 MVP를 작업하는 데이터 과학 팀이 회사가 민감한 상품을 판매한다는 사실을 알지 못한다고 가정해봅시다. 전자 상거래 회사는 많은 상품을 판매하며 데이터 과학 팀원은 상품 전문가가 아니기 때문에 모를 수 있습니다. 그들은 사이트의 사용자일 수 있지만 판매되는 모든 상품을 잘 알고 있지는 않을 것입니다. 추천 목록에 불쾌감을 줄 만한 상품이 포함될 수 있음을 인지하지 못하기 때문에 상품을 식별해 결과 집합에서 필터링하지 못합니다.

이 같은 세부 사항을 놓치는 게 잘못은 아닙니다. 필자의 경험상 세부 사항은 항상 복잡한 ML 설루션에서 나옵니다. 이에 대비하는 유일한 방법은 이런 일이 발생할 것을 예상하고, 전달된 구성passed-in configuration을 통해 적용하거나 수정할 수 있는 함수나 메서드 등 '지렛대와 손잡이' 방식으로 코드 기반을 설계하는 것입니다. 그러면 새로운 제한 사항을 구현하기 위해 코드를 전면 다시 작성하거나 몇 주에 걸쳐 코드 기반을 조정할 필요가 없습니다.

설루션을 개발하는 과정에서 많은 ML 실무자는 주로 모델의 예측력 품질에 몰두하는 경향이 있습니다. 검증 지표 측면에서 문제를 가장 잘 해결할 산술적인 최적의 설루션을 얻기 위해 수

많은 시간 동안 설루션을 실험, 튜닝, 검증, 재작업합니다. 따라서 이상적인 시스템을 구축하는데 이미 많은 시간과 에너지를 쏟아부은 후 모델 예측에 또 다른 제약 조건이 필요하다는 사실을 알게 되면 짜증이 날 수 있습니다.

시스템의 핵심이 예측 ML인 경우, 가령 설루션이 오랫동안 프로덕션에 배포되었다면 그 초기나 최종 시점에 제약 조건이 존재할 겁니다. 금융 시스템에서는 결과를 필터링하거나 조정해야 하는 법적 이유가 있을 수 있습니다. 고객이 예측 결과에 불쾌하지 않도록 미리 환기시키는 추천 시스템에 콘텐츠를 제한할 수 있습니다. 재정적, 법적, 윤리적, 그 외 단순한 이유에서든, ML 구현의 원시 예측은 반드시 무언가가 변경되기 마련입니다.

설루션 개발에 많은 시간을 할애하기 전에 잠재적인 제한 사항을 이해하는 것이 가장 좋습니다. 제한 사항을 미리 파악하면 설루션의 전체 아키텍처와 피처 엔지니어링에 영향을 미치며 ML 모델이 벡터를 학습하는 방법도 제어할 수 있습니다. 이를 통해 팀은 수많은 조정 시간을 단축하고, 모델 출력을 사후에 수정하기 위해 if/elif/else 문이 끝없이 이어져 실행 비용이 많이 들고 읽기도 어려운 코드 기반을 제거할 수 있습니다.

추천 엔진 프로젝트의 경우 ALS 모델의 원시 예측 출력에 많은 규칙을 추가할 수 있습니다. 연습 삼아 이전 개발 단계의 작업 구성 요소 다이어그램을 다시 살펴봅시다. [그림 4-12]는 특히 추천 목록 결과에 제약 조건을 적용하기 위해 특별히 설계, 계획된 설루션의 요소를 보여줍니다. 계약 요구 사항 요소뿐만 아니라 특정 사용자에게 부적절한 상품을 걸러내는 필터 등 몇 가지는 반드시 필요합니다. 사용자가 추천에 참여하도록 프로젝트 팀이 유도하는 데 크게 도움될 아이디어도 있습니다.

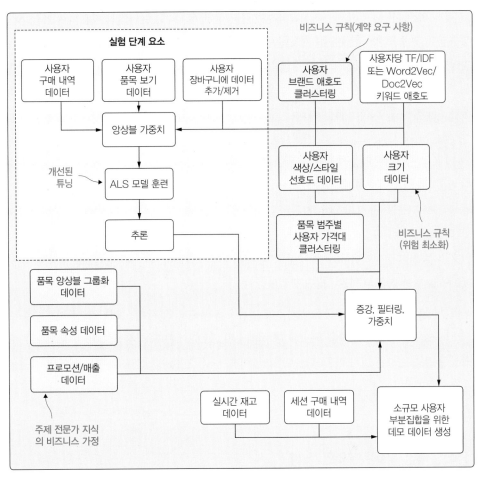

그림 4-12 추천 엔진 프로젝트의 비즈니스 컨텍스트 요구 사항을 식별하는 위험 감지 다이어그램

다이어그램이 보여주는 위치보다 더 중요한 것은 모델에 대한 **비즈니스 제한** 유형입니다. 계획 수립 단계에서 실험 후, 그리고 전체 개발이 시작되기 전에 이런 각 피처를 식별하고 분류하는 것이 좋습니다.

[그림 4-12]에서 비즈니스 규칙으로 표시된 것은 절대적으로 필요한 측면입니다. 이 측면은 작업 범위 내에서 계획하고 모델링 프로세스의 필수 부분으로 구축해야 합니다. 가중치, 조건부 논리 또는 불리언 스위치 등을 통해 솔루션의 조정 가능한 측면으로 구축할지 여부는 팀의 필요에 의해 결정되지만, 선택 가능한 피처나 테스트 가능한 피처가 아닌 필수 피처로 간주해야 합니다.

[그림 4-12]에서 비즈니스 가정으로 표시된 규칙의 나머지 측면은 다양한 방식으로 처리할 수 있습니다. 테스트 가능한 피처로 우선순위를 정할 수 있습니다. 가령 솔루션 미세 조정을 위해 다양한 아이디어를 A/B 테스트할 수 있는 구성을 구축할 수 있습니다. 또는 엔진의 초기 MVP 릴리스에 포함되지 않은 향후 작업으로 간주해 나중에 쉽게 수정할 수 있는 엔진 내 플레이스홀더로 구현할 수도 있습니다.

4.4.2 휴먼 인 더 루프(human-in-the-loop) 설계

팀에 가장 적합한 접근 방식이 무엇이든, 특히 엔진을 개발하는 ML 개발자가 명심할 사실은 모델 출력에 대한 이러한 종류의 제한을 조기에 식별하고 필요한 경우 동작의 변경을 허용해야 한다는 것입니다. 하지만 요구 사항을 위해 마지막에 구축해야 하는 것은 테스트를 위해 수정해야 하는 소스 코드의 하드코딩된 값입니다.

이러한 항목은 주제 전문가에게 성능 수정 권한을 부여해서 긴 릴리스 기간 동안 시스템을 중단하지 않고도 시스템 동작을 빠르게 변경하는 방식으로 접근하는 것이 가장 좋습니다. 또한 적절한 검증 절차를 거치지 않고서는 이러한 항목을 수정할 수 없도록 제한하는 제어 기능을 설정해야 합니다.

4.4.3 백업 계획은 무엇인가요?

신규 고객이 생기면 어떻게 되나요? 1년 이상 사이트를 방문하지 않았다가 다시 방문한 고객에게는 무엇을 추천해야 하나요? 한 상품만 본 고객이 다음 날 사이트를 다시 방문하는 경우에는 어떻게 추천해야 할까요?

희소 데이터에 대한 계획은 추천 엔진에만 해당하는 문제가 아니지만, 다른 ML 애플리케이션보다 성능에 더 큰 영향을 미치는 것은 분명합니다.

ML 프로젝트는 데이터 품질 문제가 발생할 것을 예상하고 구축해야 하며, 데이터의 변형이나 누락을 대비한 대체 계획을 수립해야 합니다. 안전 모드는 등록 정보나 IP 지리적 위치 추적으로 사용자가 로그인한 지역(가상 사설망 또는 VPN을 사용하지 않는 것이 바람직합니다)에서 집계된 인기 상품 가져오기처럼 복잡하거나, 모든 사용자의 일반적인 인기 순위처럼 간단할 수도 있습니다. 어떤 방법을 선택하든 사용자에게 개인화 데이터셋을 사용할 수 없는 경우 백업할 수 있는 안전한 일반 데이터셋을 확보하는 것이 중요합니다.

이 일반적인 개념은 추천 엔진뿐만 아니라 많은 유스 케이스에도 적용됩니다. 예측을 실행하고 있지만 피처 벡터를 완전히 채울 데이터가 충분하지 않은 경우, 이는 추천 엔진의 콜드 스타트 문제와 유사한 문제일 수 있습니다. 이 문제를 처리하는 방법은 여러 가지입니다. 하지만 계획 수립 단계에서 발생 가능한 문제를 인식하고 데이터 반환을 기대하는 서비스에 어느 정도 수준의 정보를 제공하는 대체 방안을 마련하는 것이 중요합니다.

4.5 결과에 대해 말하기

ML 알고리듬이 일반인에게 작동 원리를 설명하는 일은 대단한 도전입니다. 비유, 숙고와 실험을 기반으로 한 예시, 이해하기 쉬운 다이어그램을 곁들여 설명하는 일은 누군가가 진심으로 호기심을 갖고 질문하는 가장 좋은 상황에서도 어려운 일입니다. 프로젝트를 출시하려는 크로스펑셔널 팀원이 질문을 던질 때는 블랙박스에 대한 기대치가 있기 때문에 훨씬 더 어렵고 정신적으로 부담이 됩니다. 같은 팀원들이 예측 결과나 품질에서 결함을 발견하고 주관적으로 좋지 않은 결과에 화가 나 있다면, 선택한 알고리듬의 기능과 성능을 설명하는 일은 상당한 스트레스입니다.

프로젝트 개발에서 질문은 늘 제기됩니다. 계획 수립의 초기 단계이든, 프로토타입이 시연 중이든, 심지어 설루션이 UAT 평가를 받는 개발의 막바지 단계에서도 질문은 불가피합니다. 다음에 열거한 질문은 예제 추천 엔진에만 해당하지만, 이와 유사한 질문을 사기 예측 모델부터 위협 탐지 비디오 분류 모델에 이르기까지 분명 모든 ML 프로젝트에 적용할 수 있습니다.

- "왜 제가 그걸 원한다고 생각하세요? 그런 건 절대 고르지 않을 거예요!"
- "우산을 추천한 이유가 뭔가요? 그 고객은 사막에서 살아요. 대체 무슨 생각이에요?!"
- "고객이 티셔츠를 좋아한다고 생각한 이유가 뭘까요? 고객은 오뜨 꾸뛰르만 사요."

세 질문 모두에 가능한 답변은 의외로 간단합니다. "생각하지 마세요. 알고리듬은 우리가 '가르쳐준 것'만 알 뿐입니다." (가급적 이 대답을 그대로 활용하지는 마세요. 혹 이 대답을 따라 하려면 작은따옴표가 붙은 부분을 강조해야 합니다) 참을성 있고 이해심 많은 어조로 솔직하게 말하는 것만이 고객에게 수용되는 유일한 답입니다. "우리에겐 여러분의 의문을 해소해줄 데이터가 없습니다." 이렇게 주장하기 전에 피처 엔지니어링이 발휘할 만한 창의성을 모두 활용해보는 것이 최선이지만, 만약 여러분에게 데이터가 있다면 그것만이 내놓을 가치가 있는 유일한 대답입니다.

ML 측면과 관련된 방식으로 인과 개념을 명확히 설명해 문제와 그 근본 원인을 알려줘야 합니다. [그림 4-13]은 ML이 할 수 있는 것뿐만 아니라, 더 중요한 ML이 할 수 없는 것을 그림으로 설명합니다.

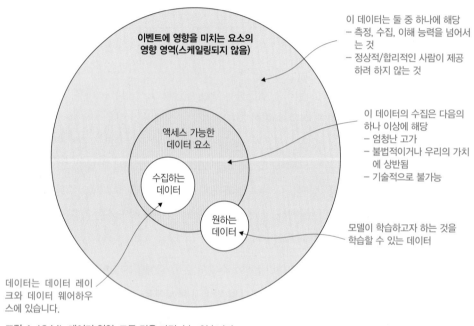

그림 4-13 ML 데이터 영역. 모든 것을 가질 수는 없습니다.

[그림 4-13]에서 볼 수 있듯이, 리뷰 회의 참석자가 요청하는 데이터는 단순히 획득할 수 있는 범위를 벗어납니다. 양말 한 켤레에 대한 주관적 선호도는 개인적 특성이기 때문에 이를 알려줄 데이터를 수집하거나 이 정보를 추론할 방법이 전혀 없을 겁니다. 아마도 모델이 요구하는 결론을 도출하기 위해 수집해야 할 데이터가 복잡하거나 저장 비용이 많거나 수집 자체가 어려워 회사의 예산 범위 내에서 데이터를 수집하지 못할 수도 있습니다.

회의에서 주제 전문가가 "모델이 이 그룹 사람들에게 매우 관련성이 높다고 예측한 항목이 왜 그들 장바구니에 들어 있지 않나요?"라고 반문한다면 답할 방법이 전혀 없습니다 이때는 질문자의 짜증 섞인 질문을 무시하는 대신, 모델이 '볼 수 있는' 현실적 관점에서 설명하면서 몇 가지 질문을 던지기만 하면 됩니다. 사용자가 다른 사람을 위해 쇼핑 중이었을 수 있습니다. 어쩌면 그들은 어떤 사건에서 영감을 받아 데이터에 나타나지 않은 새로운 것을 찾고 있었을 겁니다. 그냥 기분이 안 좋았던 걸지도 몰라요.

'현실 세계'에서 사건 행동에 영향을 미치는 잠재 요소는 놀라울 정도로 무한합니다. 우주를 관측해 알 수 있는 모든 정보와 지표를 수집한다 해도 무슨 일이 일어날지, 그렇다면 어디서 왜 일어나는지, 또는 아무 일도 일어나지 않을지를 확실하게 예측할 수는 없을 겁니다. 모델이 그런 방식으로 작동한 이유와 예상한 대로 결과(사용자가 상품을 구매하기 위해 돈을 지불하는 것)가 나오지 않은 이유를 주제 전문가가 알고 싶어 하는 것은 십분 이해합니다. 사람인 우리는 질서를 설명하기 위해 분투하는 존재니까요.

> *안심하세요. 모델이 완벽하지 않듯 우리도 그렇습니다. 세상은 꽤 혼란스러운 곳입니다.*
> *틀리게 추측한 것보다 앞으로 일어날 일을 정확히 추측하는 것이 더 많기를 바랄 뿐입니다.*

가령 훈련할 정보가 없으면 예측도 할 수 없다는 한계를 설명하면 특히 프로젝트 초기에 비전문가들이 갖고 있는 ML의 비현실적 기능에 대한 가정을 불식하게 됩니다. 프로젝트가 처한 정황 내에서 논의하며 데이터와 비즈니스의 상호 연관성을 논의에 포함하면, 프로젝트가 데모와 검토 마일스톤을 따라 순조롭게 진척되기 때문에 나중에 실망하고 좌절할 일이 사라집니다.

기대치를 명료하고도 분명하게 설명하면, 특히 프로젝트 팀장에게 그렇게 하면, 창의적 방식으로 해결할 수 있어 위험을 수용하거나 아니면 비즈니스 리더가 머릿속에 그렸던 대로 설루션이 작동하지 않아 프로젝트 자체를 중도에 완전히 포기하는 쪽으로 길을 정하게 됩니다. 비즈니스의 역사를 통틀어 혜안을 가진 많은 사람들의 금언처럼, '약속을 지키고 초과 달성하는 것이 늘 최선입니다'.

다섯 살짜리 아이에게 하듯 설명하세요

모델, 데이터, 머신러닝, 알고리듬 등에 대해 말할 때 때로는 마치 동굴의 우화 속에서 살고 있는 것처럼 느껴집니다. 햇볕 아래서 모든 사람에게 낮이 어떤 것인지 설명하려고 애쓰는 것 같지만, 사실과는 거리가 멀 수 있습니다.

지난 두 장에서 논의한 의사소통의 목표는 간단합니다. 바로 '이해받는 것'입니다. 자신이나 팀을 '빛을 경험한' 동굴 주민의 일원으로 생각하고 풀 컬러의 기적적인 이미지와 '현실 세계'를 보여주기 위해 동굴로 돌아가고 있을 뿐이라고 생각하려는 충동을 억제하세요. ML을 처음 접하는 사람보다 ML에 대한 지식이 많을 수 있지만, 다른 팀원에게 개념을 설명할 때 '깨달은 자'의 입장에서 우월한 어조를 취하는 것은 다른 사람들을 빛으로 끌어들이려 했던 귀환 그룹처럼 조롱과 분노를 일으킬 뿐입니다.

내부 작업에 익숙하지 않은 팀원들이 전혀 이해하지 못해 소외되는 대화를 하지 말고, 그들이 잘 아는 용어로 개념을 설명하고 복잡한 주제는 우화와 예시를 곁들여 설명하는 것이 항상 통하는 성공의 비결입니다.

4.6 요약

- 크로스펑셔널 팀의 의사소통 시 객관적이고 비기술적이며 설루션에 기반하고, 전문 용어를 언급하지 않는 대화에 힘쓰면 ML 프로젝트 목표 달성을 보장하는 협업 분위기가 조성됩니다.
- 광범한 주제 전문가 팀과 내부 고객에게 프로젝트 기능 시연을 위한 구체적인 마일스톤을 설정하면 ML 프로젝트에서 재작업과 예기치 않은 기능 결함이 크게 줍니다.
- 연구, 실험, 프로토타이핑 작업의 복잡성에 접근할 때 애자일 개발을 적용할 때처럼 엄격하면 실행 가능한 옵션 개발에 걸리는 시간이 단축됩니다.
- 프로젝트 초기에 비즈니스 규칙과 기대치를 이해하고 정의하고 통합해두면 설루션이 구축된 후에 이런 요구 사항에 억지로 끼워 맞출 일 없이 요구 사항을 중심으로 ML 구현을 조정하고 설계할 수 있습니다.
- 논의할 때 구현 세부 사항, ML과 관련된 난해한 주제, 알고리듬 내부 작동 방식에 대한 언급을 피해 모든 팀원이 창의성을 발휘하게 하면 설루션 성능에 초점을 둔 명확한 논의를 하게 됩니다.

CHAPTER 5

ML 프로젝트 계획 및 연구

이 장의 내용

- 프로젝트 연구 단계의 세부 사항
- 솔루션 실험을 수행하는 프로세스 및 방법

앞선 두 장에서 ML 프로젝트를 계획하고, 업무 범위를 정하고, 팀원 간에 소통하는 법을 중점적으로 알아봤습니다. 이어지는 세 장에서는 데이터 과학자가 ML 업무를 진행할 때 그다음으로 중요한 연구와 실험, 프로토타이핑과 MVP 개발에 대한 내용을 알아보겠습니다.

일단 프로젝트 계획 수립 회의를 통해 요구 사항을 충분히 파악하고 현실적으로 달성 가능한 수준으로 솔루션 모델링의 목표를 정의했다면, **실험과 연구**를 시작합니다. 하지만 이 단계가 주먹구구식으로 흘러간다면 프로젝트는 빠르게 실패에 이르게 됩니다.

솔루션에 대한 접근 방식을 최종 결정할 명확한 방향이 정해지지 않았다면, 실험 단계가 기약 없이 늘어나 프로젝트가 취소될 수 있습니다. 아니면 예측 성능이 낮아 프로젝트가 중단될 수도 있습니다. 불확실성이나 성능 문제 때문에, 즉 데이터나 알고리듬 문제로 프로젝트가 중단되거나 실패하는 것을 방지하려는 노력은 실험 단계에서 시작해야 합니다.

실험 단계에 투입할 시간을 정확하게 산정해주는 규칙은 없습니다. 프로젝트마다 생기는 복잡성이 상당히 다르기 때문입니다. 그럼에도 이 장에서 소개하는 방법론을 사용하면, 실험 수행 시 만족할 만한 MVP를 얻기까지 걸리는 시간과 중복 작업의 총량을 현저히 단축할 수 있습니다.

이 장에서는 [그림 5-1]에 보이는 ML 실험의 첫 단계를 다룹니다. 효과적인 실험 환경을 설정하고, 재사용 가능한 시각화 기능으로 데이터셋을 평가하고, 연구 및 모델링 방식을 통제 가능하고 효율적으로 검증해 반복 작업을 줄이면서도 빠르게 MVP 단계에 진입하는, 효과가 입증된 방법을 살펴보겠습니다.

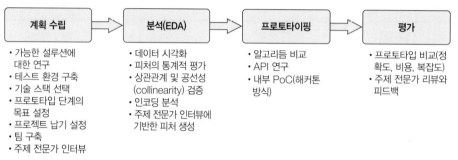

그림 5-1 ML 실험 프로세스

이제부터 이번 장에서 다룰 문제의 시나리오를 분석하고, 기대치와 규칙을 설정해 적절한 연구 계획을 세우고 정리하는 방법을 알아보겠습니다. 또한 모델을 선정하고 실험할 방법을 알아보고, 실제로 실험을 수행하며 유용한 도구를 구현합니다. 이런 프로세스와 단계는 개발 기간을 최대한 단축하고, 프로젝트 시작 단계부터 기술 부채를 최소화해 프로젝트 실패 위험도 최소화하기 위해 설계했습니다.

지금까지 전자 상거래용 추천 엔진 시나리오를 살펴보며 사전 실험 단계를 살펴봤는데, 이제부터는 더 간단한 예제인 시계열 모델링 프로젝트로 간결하게 전달해보겠습니다. 시계열 모델링 프로젝트는 ML 구현 측면에서 훨씬 간단하지만, 여기서 다룰 내용은 모든 ML 작업에 보편적으로 적용할 수 있습니다. 만약 보편적이지 않은 경우라면 추가 내용을 따로 적어두겠습니다. 소프트웨어를 개발할 때처럼 좋은 프로젝트는 계획에서 시작합니다.

5.1 실험 계획 수립

땅콩을 판매하는 회사에서 일한다고 가정해봅시다. 전 세계 주요 항공사에 개별 포장된 땅콩을 공급하는 일이 주요 사업입니다. 회사의 물류 사업부는 대량^bulk으로 납품한 땅콩의 유통기한이 지나 대량 폐기해야 한다는 여러 항공사의 압박이 갈수록 심해져 고심 중입니다. 고민 끝에 사업부는 아깝게 버려지는 땅콩의 수요를 예측하는 프로젝트를 개발해달라고 요청했습니다.

ML 팀은 사업부와의 회의를 통해 프로젝트 요구 사항을 수집한 후 팀 내부에서 논의한 결과, 이번 건을 간단한 시계열 수요 예측 문제로 보자는 의견이 모아졌습니다. 해결해야 할 문제를 알았으니 이제 어디서 시작하는 것이 좋을까요? 간단한 MVP를 만들어 이 문제를 해결할 ML 기법이 있음을 검증부터 해야 하는데, 데모를 2주 안으로 준비해달라고 합니다. 갑자기 서둘러야 하는 상황이 되어버렸네요.

우리가 하려는 일을 [그림 5-2] ML 실험의 계획 수립 단계에 나타냈습니다. 이 단계에서 많은 자료를 읽고, 브라우저 북마크로 등록해 머릿속에 최대한 많이 담아두고자 합니다.

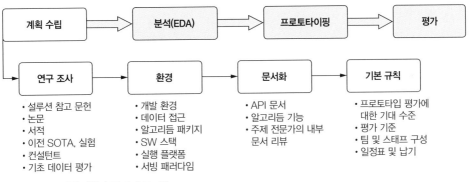

그림 5-2 ML 실험 계획 수립 단계 로드맵

5.1.1 기초 연구 조사 및 계획 수립

팀원들이 계획 회의를 마치고 가장 먼저 해야 하는 일은 사용 가능한 데이터를 들여다보는 일입니다. 우리는 땅콩 제조업체일 뿐이고 주요 항공사들과 파트너십을 맺지 않았기 때문에 항공권 판매 예측 데이터를 얻을 수 없는 상황입니다. 더군다나 시간이 많지 않아 웹 크롤러를 만들어 공항별 비행 정보를 확인할 틈조차 없습니다. 당장 사용할 수 있는 정보는 항공교통본부에서 무료로 제공하는 과거 승객 수뿐입니다.

[그림 5-2]에 나와 있는 것처럼, 데이터 특성을 파악하기 위해 가장 먼저 할 작업은 데이터를 시각화하고 몇 가지 통계 분석을 하는 것입니다. 대부분의 사람들은 단순히 데이터를 로컬 컴퓨터 환경에 불러오고 노트북에서 작업을 시작합니다.

하지만 이 방식은 정말 추천하고 싶지 않습니다. 각자의 컴퓨터에서 작동하는 기본 파이썬Python 환경은 이미 여러 패키지가 설치되어 복잡할 테니 말입니다. 필요한 개발 환경을 설정하는 시간의 낭비를 최소화하고 기초 연구 이후 개발 단계로 원활하게 넘어가려면 테스트할 수 있는 깨끗한 파이썬 환경을 만들어야 합니다. 이번 장과 이어지는 장의 코드를 실행하려면 도커Docker와 아나콘다Anaconda가 필요합니다. 부록 B를 참고해 코드 실행을 위한 개발 환경을 구축해보세요.

자, 이제 로컬 파일 시스템에 영구적인 노트북 스토리지를 두고 컨테이너에 매핑되며 격리된 개발 환경을 갖췄으니, 샘플 데이터를 이곳에 가져와 실험용 노트북을 만들 수 있습니다.

데이터셋의 빠른 시각화

문제를 해결할 ML 기법을 선택하기 전에 해야 할 작업은 데이터를 파악하는 일입니다. 데이터 파악은 데이터 과학자의 입장에서는 사소한 일이지만 중요성은 결코 사소하지 않습니다. 공항 예측을 위해 우리가 확보한 데이터를 살펴보겠습니다. [예제 5-1]은 예측해야 하는 시계열의 하나인 존 F. 케네디 국제공항(JFK) 국내선 승객 수를 빠르게 시각화하는 스크립트입니다.

> NOTE_ 이 예시를 그대로 따라 하려면 앨런 튜링 연구소Alan Turing Institute에서 관리하는 저장소를 통해 데이터셋을 다운로드하세요. 부록 B에 소개된 컨테이너로 매핑된 로컬 노트북 위치로 이동하고 다음 커맨드라인 명령어를 실행합니다.
>
> ```
> git clone https://github.com/alan-turing-institute/TCPD.git
> ```

예제 5-1 데이터 시각화

```
import pandas as pd
import numpy as np
import matplotlib.pylab as plt

ts_file = '/opt/notebooks/TCPD/datasets/jfk_passengers/air-passenger-
    traffic-per-month-port-authority-of-ny-nj-beginning-1977.csv'
raw_data = pd.read_csv(ts_file)
raw_data = raw_data.copy(deep=False)                                           ①
raw_data['Month'] = pd.to_datetime(raw_data['Month'], format='%b').dt.month    ②
raw_data.loc[:, 'Day'] = 1                                                     ③
```

```
raw_data['date'] = pd.to_datetime(raw_data[['Year', 'Month', 'Day']])        ④

jfk_data = raw_data[raw_data['Airport Code'] == 'JFK']                       ⑤
jfk_asc = jfk_data.sort_values('date', ascending=True)                       ⑥
jfk_asc.set_index('date', inplace=True)                                      ⑦

plt.plot(jfk_asc['Domestic Passengers'])
plt.show()
```

1. 변경 가능^{mutable}하게 수정하기 위해 DataFrame을 얕은 복사^{shallow copy} 합니다.

2. Month 열을 datetime 객체로 변환해 날짜 기준으로 통합할 수 있도록 준비합니다. 현재는 Jan, Feb처럼 세 글자 악어로 표현되었습니다.

3. 상수열 하나를 추가해 date 열을 만들 준비를 합니다.

4. Year, Month, Day를 합쳐 date 열을 만들고 공항별 인덱스 값으로 사용합니다.

5. DataFrame에 필터를 걸고 싶은 공항의 데이터만 추려냅니다.

6. DataFrame을 date 열로 정렬해 시계열 데이터의 순서를 맞춥니다.

7. date 열을 인덱스로 지정합니다.

[예제 5-1]을 노트북 REPL에서 수행하면, 시계열 추세를 간단하게 시각화할 수 있습니다. 데이터는 1977~2015년 동안 미국에서 국내선을 사용한 월간 승객 수를 나타냅니다. 맷플롯립 출력은 [그림 5-3]과 같습니다.

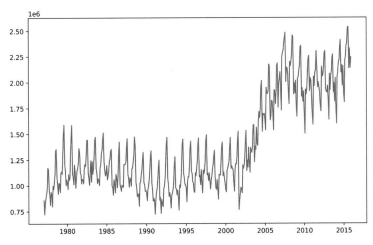

그림 5-3 원시 데이터의 기본 시각화

원시 데이터^{raw data}가 어떻게 시각화되는지 확인한 후에는 실험 단계에 대한 계획을 고려할 수 있습니다. 먼저 예측을 하기 위해 선택할 수 있는 방법을 이해하려면 어떤 연구 조사가 필요한지 파악할 질문을 해야 할 것입니다. 뿐만 아니라 이를 구현할 플랫폼을 선정하기 위해 필요한 질문도 해야 합니다. 그러면 데이터를 보고 어떤 질문을 할 수 있는지 보겠습니다.

- 잠재 요인이 추세에 영향을 미치는 것 같습니다. 데이터가 안정적이지 않아요.
- 데이터에 계절적 요인이 큰 영향을 주는 것 같습니다.
- 수천 개의 공항에 대해 모델링을 해야 합니다. 접근 방식을 고를 때 확장성도 고려해야 합니다.
- 이 유스 케이스에 적합한 모델이 무엇인가요?
- 2주 안에 어떤 방식으로 접근해야 할지 방향을 잡아야 합니다. 가능할까요?

프로젝트의 데이터 시각화 단계에서 위와 같은 질의응답을 통해 실험 단계의 효율을 높입니다. 이 같은 과정을 건너뛴 채 바로 모델을 만들고 아무 아이디어나 테스트하게 된다면, 오히려 불필요한 시행착오를 겪으며 MVP의 납기를 지연시킬 수도 있습니다. 이 단계에서는 사용할 접근 방식을 빠른 시일 내에 선별해서 테스트와 추가적으로 필요한 연구의 양을 줄여야 합니다. 문제를 해결할 수 있는 잠재적 솔루션을 조사하기 전에 데이터셋의 특성을 먼저 이해하고 숨겨진 문제점을 찾는 것이 시간을 선용하는 방법입니다.

연구 조사 단계

이제 우리는 데이터에 대해 고려해야 할 사항을 알게 됐습니다. 데이터가 계절성이 강하고, 아직은 잘 모르지만 어떤 잠재적 요인이 추세에 영향을 미친다는 사실을 알았으니, 이제는 연구 조사를 시작할 수 있습니다. 팀원 중 시계열 예측을 해본 사람이 아무도 없다고 가정해봅시다. 팀에 전문가가 없다면 어디서부터 연구 조사를 시작해야 할까요?

입문 단계에서는 인터넷 검색도 좋은 방법입니다. 하지만 검색 결과에는 주로 예측 솔루션을 판매하는 사람들의 블로그가 나올 것이고, 아마도 전체 솔루션의 구축이 얼마나 복잡한지 강조하는 내용이 주를 이룰 것입니다. 기술 백서를 찾아볼 수도 있지만, 일반적으로 백서에서는 알고리듬을 어떻게 응용하는지를 주된 내용으로 다루지 않습니다. 끝으로 다양한 API의 예제 코드를 보는 방법이 있습니다. 이런 예제를 통해 API가 어떻게 구성되는지 그 메커니즘을 파악해볼 수는 있겠지만, 이 방법도 지극히 단순한 문제만 다룬다는 한계가 있습니다.

그렇다면 향후 몇 개월간의 승객 수요를 예측하기 위해서는 도대체 무엇을 봐야 할까요? 바로

책입니다. 시계열 예측을 잘 설명한 훌륭한 책이 꽤 많습니다. 나름 잘 정리해둔 블로그가 있다면 그것도 도움이 될 수는 있지만, 블로그는 코드를 제공하는 경우가 드물기 때문에 어느 접근 방식이 유효한지 감을 잡는 목적으로만 활용할 수 있습니다.

> **NOTE_** 박스G.E.P. Box와 젠킨스G.M. Jenkins가 저술한 『Time Series Analysis(시계열 분석)』(Holden–Day, 1970)는 현대 시계열 예측 모델의 초석으로 널리 알려진 책입니다. 박스–젠킨스 방법론은 오늘날에도 사용되는 거의 모든 예측을 구현하는 작업의 기초가 됩니다.

시계열 예측을 연구 조사한 결과, 큰 노력을 들이지 않고도 대략적인 코드를 작성해 사용할 수 있는 잠재적 설루션을 몇 가지 찾았습니다. 우리가 시도해볼 것은 이런 방법입니다.

- 선형 회귀linear regression
- 자기회귀 누적 이동 평균autoregressive integrated moving average(ARIMA)
- 홀트–윈터스 지수 평활Holt–Winters exponential smoothing(HWES)
- 벡터 자기회귀vector autoregression(VAR)
- 계절적 자기회귀 누적 이동 평균seasonal autoregressive integrated moving average(SARIMA)

테스트할 대상을 준비한 후에는 이런 알고리듬을 어떤 패키지에서 제공하는지 파악하고, 해당 패키지의 API 문서를 읽어봅니다. ML 세계에서 항상 득이 되는 규칙은 잘 만들어진 라이브러리를 구축하고 그 라이브러리를 지속적으로 확장할 수 있도록 팀 예산을 수립하는 것입니다. 기술 문서 형태의 상세한 가이드를 모아두면 팀이 앞으로 마주할 새로운 문제를 해결하는 데 큰 도움을 받습니다. 이를 통해 복잡하고 섬세한 ML 애플리케이션을 수행할 때 적절한 양질의 정보를 제공할 수 있습니다.

5.1.2 블로그는 그만, API 문서를 읽으세요

블로그에 게시된 방법론과 코드를 기반으로 프로젝트를 진행하는 경우가 있습니다. 주로 주니어로 구성된 팀에서 그렇습니다. 블로그 글의 작성자는 형식상의 제약 때문에 실제 운영 환경에 필요한 ML 설루션에 대한 정보를 깊게 다루지 못합니다. 따라서 블로그 글에만 의존하면 프로젝트는 실패할 공산이 매우 큽니다.

시계열 문제에 대한 블로그 글에서 어떤 내용을 다루는지 알아보겠습니다. '시계열 예측 예제'

를 키워드로 검색하면 다행히도 몇 가지 블로그 검색 결과가 나옵니다. 시계열 예측은 꽤 오랫동안 다뤄진 사안이죠. 그런데 막상 들어가 보면 상위 수준에서 API 기본값을 사용하는 스크립트에 대한 코드 스니펫은 볼 수 있지만, 실제 실험을 반복해서 진행하는 데 필요한 세부 사항은 생략되기 일쑤입니다.

그럼에도 이 예제를 따라 하기로 결정했다면, 블로그 작성자의 코드를 이해하려고 몇 시간째 API 문서를 살펴보다가 끝내는 좌절하고 말 것입니다. 블로그는 10분 내로 쉽게 읽힐 목적으로 작성되기 때문에 실제 주요한 세부 사항이 모두 누락됐음을 그제서야 눈치챈 것이죠. [예제 5-2]는 사이킷런^{scikit-learn}을 활용한 일래스틱 넷 회귀 분석^{elastic net regression}에 대해 일반적인 기술 블로그에서 다루는 수준으로 작성한 코드입니다.

예제 5-2 사이킷런의 일래스틱 넷 회귀 분석에 대한 블로그 예시

```
import pandas as pd
import numpy as np
from sklearn.model_selection import train_test_split
from sklearn import datasets
from sklearn.linear_model import ElasticNet
from sklearn import metrics
boston_data = datasets.load_boston()                                            ①
boston_df = pd.DataFrame(boston_data.data, columns=boston_data.feature_names)
boston_df['House_Price'] = boston_data.target
x = boston_df.drop('House_Price', axis=1)
y = boston_df['House_Price']
train_x, test_x, train_y, test_y = train_test_split(x, y, test_size=0.3,
    random_state=42)                                                            ②
lm_elastic = ElasticNet()                                                       ③
lm_elastic.fit(train_x, train_y)                                                ④
predict_lm_elastic = lm_elastic.predict(test_x)
print("My score is:")
np.round(metrics.mean_squared_error(test_y, predict_lm_elastic))                ⑤
>> My score is:
>> 25.0
```

1. 내장^{built-in} 데이터셋을 사용함. 데모 재현에는 좋은 시작점이 될 수도 있습니다.

2. 데이터셋을 훈련용과 테스트용으로 무작위 분할을 수행합니다.

3. 음... 기본 생성자만으로도 괜찮겠죠?

4. fit 함수는 딱히 참조할 만한 건 없어 보이는데요...

5. 지표가 하나뿐이라고요? 더 많이 봐야 할 것 같습니다.

이 코드를 사용하면 어떤 문제가 있을까요? 코딩 방식 문제는 논외로 하더라도, 이 예제를 시계열 회귀 모델의 기반 코드로 사용한다면 다음과 같은 문제가 생깁니다.

- 최대한 간단하게 API 사용법의 큰 흐름을 보여줄 목적으로 만든 데모입니다. 그렇다 해도 품질이 형편없네요.
- 무작위 샘플링을 사용한 데이터셋 분할은 일래스틱 넷 회귀 모델에서는 괜찮지만, 시계열 데이터를 사용할 때는 좋은 방식이 아닙니다.
- API에서 설정한 기본 하이퍼파라미터를 사용합니다. 그러면 블로그 목적은 어느 정도 충족지만, 실제 적용할 때 무엇을 변경할 수 있는지 전혀 알 수가 없습니다.
- 최종 지표를 출력할 때 변수에 담지 않고 표준 출력^{stdout}에서 수행하므로, 차후 결과를 활용하기가 불가능합니다.

블로그는 새 개념을 접하고, 당장 해결해야 하는 문제의 대안적 설루션을 찾는 데는 유용합니다. 필자가 블로그에 지나치게 의존하지 말라고 주장하는 이유는 블로그 글이 쉽고 간결한 정보 전달을 목적으로 하기 때문입니다. 이로 인해 세부 내용을 생략할 수밖에 없죠.

블로그 글

블로그 작성자를 폄하하려는 것이 아닙니다. 그들은 분명히 가치 있는 개념과 잠재적 설루션을 훌륭하게 소개합니다. 여러분이 블로그를 운영한다면 계속해서 멋진 글을 써주기 바랍니다. 정말 많은 도움을 받고 있습니다. 다만 블로그의 독자 여러분에게 조심해서 접근하라고 당부할 뿐입니다.

인터넷에는 ML을 다룬 정말 훌륭한 블로그 글이 여럿 있습니다. 하지만 안타깝게도 지나치게 간략화된 PoC, 제대로 작동하지 않는 코드, 또는 끔찍한 프로그래밍 관행에 묻혀버리는 경우가 많습니다. 프로젝트를 시작할 때 블로그를 기초 연구 조사의 주요 대상으로 활용하는 경우, 블로그 예제 코드에서 프로토타입의 기초 코드를 만드는 것은 괜찮을 수도 있습니다. 하지만 MVP를 구현할 때는 설루션의 코드를 완전히 재작성해야 한다는 사실을 명심하세요.

블로그를 주된 참고 대상으로 사용하는 경우, 제가 드리고 싶은 가장 큰 조언은 가장 빈번하게 올라오는 아이디어를 검토하라는 것입니다. 여러분의 문제를 해결함에 있어서 특정 접근 방식을 사용하는 비슷한 설루션에 대한 블로그 글이 특히 많이 검색되는 경우가 있습니다. 그렇다면 여러분의 데이터를 해당 접근 방식으로 테스트해보는 것이 안전한 방법이 될 수 있습니다.

여러 블로그에서 똑같은 예제 코드가 있는 특정 설루션을 발견할 수도 있습니다. 이 경우 광고 수익을 노린 글일 수도 있습니다. 더 많은 블로그를 살펴보고, 작성자가 진짜 해당 분야에 대한 전문성이 있는지, 그 사람을 신뢰할 수 있는지 판단할 필요가 있습니다.

끝으로 하나만 강조하자면, 블로그 글에서 복사한 코드를 그대로 구현하는 일은 절대 금물이라는 것입니다. 블로그는 간결함을 추구하고, 일반적으로 협소한 주제만 다루는 경향이 있습니다. 짧은 형식의 글은 실제 운영 환경에 코드를 올리기에 적합하지 않습니다. 블로그 예시는 되도록 짧은 시간 내에 하나의 주제를 전달하기 위한 수단으로 올라온다는 것을 명심해야 합니다.

블로그 글을 맹목적으로 신뢰하고 효과가 있을 것 같은 내용을 기반으로 프로젝트를 진행하는 대신, 정보 출처를 확인하고 검증해야 합니다. 이런 출처에는 학술 논문, API 튜토리얼, 해당 주제로 출간된 도서 등이 있습니다. 무엇보다 중요한 것은 팀에서 접근 방식의 효과를 테스트하고 검증하는 단계를 추가해야 한다는 점입니다. 최근에 새로 접한 정보에 대한 블로그 글을 그대로 복사해 인용하는 일은 데이터 과학 팀에 어떤 식으로든 유익하지 않습니다. 이 사실을 안 사업부가 당장은 프로젝트를 취소하지 않겠지만, 길게 보면 위험할 수 있습니다.

API 문서를 꼭 읽으세요

테스트해볼 모델의 접근 방식을 선정했다면, 사용 중인 모듈에 대한 API 문서를 읽어야 합니다. 만약 일래스틱 넷을 사용할 것이라면 이 모델을 쓸 때 중요하게 테스트하고 튜닝해야 할 하이퍼파라미터 옵션을 찾을 수 있습니다. [예제 5-3]을 보겠습니다.

예제 5-3 사이킷런 일래스틱 넷의 API 규격

```
elasticnet_regressor = ElasticNet(
    alpha=0.8,                                              ①
    l1_ratio=0.6,                                           ②
    fit_intercept=False,                                    ③
    normalize=False,                                        ④
    precompute=True,                                        ⑤
    max_iter=5000,                                          ⑥
    copy_X=True,                                            ⑦
    tol=1e-6,                                               ⑧
    warm_start=False,                                       ⑨
```

```
    positive=True,                                                    ⑩
    random_state=42                                                   ⑪
    selection='random'                                               ⑫
)
```

1. L1, L2 정규화에 대한 페널티

2. 일래스틱 넷 믹싱 매개변수(릿지^{Ridge}와 라쏘^{Lasso}의 비율)

3. 인터셉트를 추정할 것인지에 대한 매개변수(데이터가 중앙에 있는지 여부에 따라 중요한 옵션)

4. `fit_intercept`가 `False`일 때만 사용. 평균을 뺀 후 L2-norm으로 나누는 정규화 수행

5. 계산 속도 향상을 위해 사전에 계산된 그램 행렬^{gram matrix}의 사용 여부, 그램 행렬 자체를 매개변숫값으로 사용할 수도 있음[1]

6. 수렴 과정을 위해 진행할 최대 반복 횟수

7. 훈련 데이터셋을 복사해 사용할지 덮어 쓸지 여부

8. 최적화 허용 오차. 최적화 코드는 이 값을 기준으로 반복 여부를 결정

9. 이전 실행에서 만든 모델을 초깃값으로 재사용할지 여부

10. 선형 방정식의 계수를 양수로 제한할지 여부

11. 랜덤 시드^{random seed}. `selection` 매개변숫값이 `random`일 경우 사용

12. 계수 선택 방식. 기본값은 `cyclic`으로 피처 벡터를 반복하는 방식이며, `random`은 각 반복에서 무작위로 계수를 선택함

ML 알고리듬은 기본값으로 지정된 옵션(하이퍼파라미터) 설정이 일반적인 데이터 구조에 적합한 경우가 많습니다. 하지만 항상 해당 옵션이 무엇이고 어떤 용도로 사용되는지 확인하는 것이 가장 좋으며, 조정해야 할 옵션을 파악하는 것은 효과적인 모델을 구축하는 데 필수입니다. 대부분의 경우 이런 옵션은 단순히 플레이스홀더(자리 표시자)^{placeholder}로 지정되는데, 이는 최종 사용자가 해당 값을 재정의해 사용할 수 있도록 API 개발자가 의도한 것입니다.

> **TIP** 데이터 과학의 세계에서는 아무것도 가정하지 않습니다. 가정은 프로젝트를 진행할 때 여러분의 발목을 잡을 수 있습니다.

팀이 테스트하기로 결정한 모델의 목록에 따라 팀원 모두가 각 모델의 API 규격에서 사용할 수 있는 옵션을 숙지해야 합니다. 각 모델에 대한 초기 실험을 진행한 후 서로의 결과를 확인할 때, 가장 먼저 비교할 것은 모델 자체에 대한 정확도 지표입니다. 하지만 모델의 유지 관리나

---

1   옮긴이_ 그램 행렬은 어떤 벡터 세트로 이루어진 행렬에서 이들의 모든 내적을 행렬로 표현한 것입니다.

복잡도에 대한 내용도 함께 고려해야 하기 때문에, 가능하다면 API에 빨리 익숙해져야 합니다.

API 문서의 중요한 역할은 소프트웨어 작동을 제어하는 데 사용할 옵션을 사용자에게 알려주는 것입니다. ML이라면 알고리듬의 학습 패턴을 제어하는 옵션이 되겠죠. 모델의 학습 과정을 제어하는 방법을 이해하지 못하면 과적합으로 일반화할 수 없는 모델을 구축하거나, 피처 입력의 기본 변동성이 조금만 바꿔어도 설루션이 비즈니스에 전혀 쓸모없게 될 정도로 취약한 모델을 구축할 위험이 있습니다.

제발! 꼭 문서를 읽으세요!

필자는 공식 문서를 읽어보지도 않은 채 어떤 API를 운영 환경에 적용하는 사람들을 보면서 매번 놀랐습니다. 저 또한 예전에 그랬었지만요. 만약 조종사가 아니라 승무원이 조종실에 들어가 비행기를 조종하는 모습을 본다면, 얼마나 놀랄지 상상해보세요. 승무원이 과연 비행기를 잘 운행할 수 있을까요? 물론 가능합니다. 승무원이 공기 역학이나 비행에 필요한 전문 지식이 없다해도, 핸들은 조정할 수 있겠죠. 악천후를 만나지 않기를 기도할 뿐입니다.

사용할 모든 모듈에 대해 모든 개발자가 API 문서를 읽어야 한다는 말이 아닙니다. 현실적으로 불가능할 뿐만 아니라 다소 터무니없는 일입니다. ML의 세계에는 알고리듬이 무수히 많고, 알고리듬을 구동하는 코드의 내부 작동 방식이 매우 복잡하며 막대한 양의 코드로 작성되기 때문입니다. 아무리 그렇다 해도, 최소한 기본 인터페이스 수준에서 API 문서의 정독은 매우 중요합니다.

다시 말하자면, 여러분이 사용할 클래스와 규격에 익숙해지고, 해당 클래스에서 사용하고자 하는 메서드에 익숙해지라는 이야기입니다. 패키지 코드로 들어가 리버스 엔지니어링까지 할 필요는 없습니다. 다만 최소한 개발자 문서의 클래스 설명을 숙지하고, 어떤 매개변수를 전달하거나 재정의할지 알며, 사용할 메서드의 기본 기능을 이해해야 합니다.

알고리듬을 구현하는 데는 미묘한 차이점이 있습니다. 특히 전체 작동 방식이 환경 설정에 의해 결정되는 상위 수준의 메타 알고리듬에서는 이런 차이가 더욱 큽니다. 어떤 값을 바꿔야 할지, 어떻게 바꿔야 할지, 값을 바꾸는 것이 어떤 의미가 있는지 이해한다면 테스트할 때 많은 위험 요소를 줄이게 됩니다. 특히 설루션 개발 단계로 넘어간다면, 클래스의 어떤 값이 채워져야 하는 플레이스홀더인지, 어떤 값이 기본값 그대로 있어도 괜찮은지 알게 됩니다. 이런 이해가 앞서지 않는다면 개발 단계에서 많은 시간을 소요하고 좌절하게 되겠죠.

이런 개념에 대해서는 이 책의 뒷부분에서 자세히 설명하겠습니다. 여기서는 이 장에서 다루는 MVP 시뮬레이션에서 API의 설정값이 모두 지정된 이유를 이해하는 것으로 충분합니다.

사람이 수동으로 작업하는 것보다 성능이 더 떨어지는 모델은 쓸모가 없어 폐기되기 마련입니다. 그렇기 때문에 당장 지금 단계에서 미세 조정fine-tuning할 필요는 없지만, 실험 초기 단계부터 모델의 작동 방식을 적절하게 조절하고 제어하는 법을 이해하는 것이 중요합니다.

빠른 테스트와 대략적인 추정

지금 이 단계가 ML 프로젝트를 진행하면서 적절한 하이퍼파라미터 튜닝을 위해 수행하는 광범한 검증 절차를 무시해도 되는 유일한 시점입니다. 빠르게 테스트를 진행하는 이 단계에서는 특정 모델이 우리 데이터를 얼마나 잘 맞추는지 확인하는 데는 별 관심이 없습니다. 그보다는 서로 다른 알고리듬 그룹의 일반적인 민감도를 측정해 나중에 모델을 미세 조정하고 드리프트 상황을 통해 모델을 유지 관리할 때 특정 접근 방식이 얼마나 안정적인지 측정하는 데 관심이 있습니다.

지금까지 API 문서나 소스 코드를 읽고 각 모델을 어떻게 조정해야 하는지 파악하는 것이 중요한 이유를 설명했습니다. 하지만 빠른 테스트 단계에서 앞서 파악한 모든 요소를 조정하기는 불가능합니다. MVP 구현과 전체 테스트를 위해 지금까지 가능성을 보인 9가지 구현 방식 중 관리하기 쉬운 방식을 추리려면 기본값을 그대로 사용하면서 결과가 어떻게 나타나는지 확인하는 것이 도움이 됩니다. 그러나 코드 상에는 기본 설정으로 인스턴스를 생성했음을 명시적으로 표기해두거나 TODO를 남겨두는 것이 좋습니다. 그러면 MVP 단계에서 모델을 완전히 튜닝할 준비가 되었을 때 API 설명서를 확인하고 API에 제시된 추가 설정을 검증하고 테스트할 수 있습니다.

빠른 프로토타입 테스트 단계에서의 과도한 구현

후보 솔루션에 대한 초기 스모크 테스트 실험에서는 정확성이 아닌 속도에 초점을 맞춰야 합니다. 여러분은 회사를 위해 일하고 있고, 결과가 나와야 하며, 진행해야 할 다른 프로젝트가 있을 수 있다는 점을 명심하세요.

이전 장에서 프로토타입을 과도하게 개발하는 것의 위험성을 이미 언급했습니다. 과도하게 개발하면 MVP로 무엇을 선택할지 결정하기가 더 어려워집니다. 하지만 회사라는 더 큰 관점에서 보면 불필요한 작업을 하게 돼 비즈니스에 더 큰 악영향을 미칩니다. 팀이 다양한 솔루션을 검증하는 데 매달리는 동안 다음 프로젝트에 투입할 시간이 줄기 때문입니다.

프로토타이핑의 초점은 항상 효율성, 일관적 기준에 따른 객관적 선택, MVP 개발로 나아가는 진전에 있어야 합니다. 그 외의 것은 고려하지 않아도 됩니다. 더 나은 정확도, 훌륭한 피처 엔지니어링, 문제에 대한 창의적 접근 방식을 구현할 때가 바로 MVP 단계입니다.

이어지는 내용에서 시계열 예측 문제에 대한 테스트 예제를 살펴보겠습니다. 지금 당장은 초기 탐색 작업과 설루션 평가를 위해 예측이 완벽할 필요가 없다는 점만 기억하세요. 9가지 또는 그 이상의 접근 방식의 미세 조정에 지나치게 많은 시간을 소비하기보다는 실행 가능한 한두 가지 설루션을 확보할 수 있도록 후보 목록을 추리는 데 에너지를 집중하는 것이 훨씬 더 효율적입니다.

5.1.3 사내 해커톤

테스트에 경계를 설정하는 것은 매우 중요합니다. 특히 팀이 많아지고 숙련될수록, 그리고 프로젝트 복잡성이 커질수록 더 중요해집니다. 지금 단계가 MVP 구축 방향을 선택할 중차대한 '시기'라는 생각에 팀의 효율적인 운용만을 고려하고 정작 필요한 테스트 담당자를 지정하지 않는다면, 이는 오히려 프로젝트를 해치는 일이 될 것입니다.

모든 사람에게 최고의 설루션을 찾아내도록 맡겨둔다면 특정 설루션에 중복된 작업이나 과도한 노력이 들어갈 수밖에 없습니다. 하나의 접근 방식에 집중하고 진행 상황에 대해 일관된 방식으로 상태를 업데이트한다면, 팀이 MVP의 납기일을 맞출 가능성이 높아집니다.

시계열 예측 모델의 잠재적 설루션 후보를 추렸으니, 이제 테스트를 어떻게 진행해야 할까요? 한 팀에 데이터 과학자가 한 명이든 열 명이 넘든 상관없이 동일한 접근 방식으로 진행해야 합니다.

- 테스트를 수행할 기간을 미리 정합니다. 이 단계에서 마감 기한을 잡아두면 긴박감이 조성되어 설루션의 유효성을 신속하게 판단하게 됩니다.
- 해커톤을 진행할 때와 마찬가지로 규칙을 정하세요.
  - 모든 사람이 같은 데이터셋을 사용합니다.
  - 모든 사람이 같은 평가 지표를 사용합니다.
  - 모든 평가가 동일한 기간을 예측합니다.

- 예측에 대한 시각화를 지표와 함께 제공합니다.
- 실험 코드를 가지고 처음부터 재연 가능해야 합니다.
- 선택한 프로그래밍 언어와 플랫폼이 팀에서 사용할 수 있는 것인지 확인해야 합니다.

이런 방식으로 실험 규칙을 설정한 다음에는 데이터셋을 기반으로 다음 규칙을 만듭니다.

- 목요일 스크럼 회의 이후부터 1주간 테스트를 진행합니다. 그리고 테스트 결과는 그다음 주 목요일 오전까지 제출해 전체 팀이 리뷰합니다.
- JFK 국내선 승객 데이터로 모델링합니다.
- 다음 평가 지표를 사용합니다.
  - 평균 절대 오차mean absolute error(MAE)
  - 평균 절대 백분율 오차mean absolute percentage error(MAPE)
  - 평균 제곱 오차mean squared error(MSE)
  - 평균 제곱근 오차root mean square error(RMSE)
  - R-제곱R-squared
- 평가할 예측 기간은 최근 5년치 데이터셋입니다.
- 실험은 도커 컨테이너의 표준 아나콘다를 활용해 주피터Jupyter 노트북에서 파이썬 3를 기반으로 수행합니다.

규칙을 수립한 후 팀은 설루션을 찾기 시작합니다. 곧바로 설루션을 찾는 효율적인 방법을 찾기 전에 표준에 대해 이야기해보겠습니다.

5.1.4 공정한 경쟁 환경 조성

우리가 찾은 9가지 접근 방식에 대한 실험의 타당성을 높이려면 무엇보다 공정해야 합니다. 즉 동일한 데이터셋을 사용하고 동일한 오류 지표를 사용해 테스트 데이터의 예측 결과를 평가해야 합니다. 설루션의 효과를 판단할 때 팀원들이 우유부단하거나 혼란스럽지 않아야 합니다. 그러면 앞서 이야기한 것처럼, MVP 단계로 넘어가는데 그렇지 않아도 부족한 시간을 낭비하게 됩니다.

시계열 문제를 다루고 있으므로 회귀 문제로 이를 평가해보려 합니다. 물론 제대로 된 비교를 하려면 데이터 분할 방식을 조정해야겠지만 이는 5.2절에서 별도의 예제를 통해 알아보겠습니다. 다시 돌아와, 예측의 정확도를 비교하려면 각 모델에서 측정할 평가 지표를 통일해야 합니다.

결국에는 공항별로 수천 개에 가까운 모델을 만들어야 하는 상황이고, 예측값을 그대로 사용할 경우 실젯값과 큰 차이가 날 것입니다. JFK 공항 이용자와 ATL 공항 이용자는 큰 차이가 없겠지만 지방의 작은 공항이라면 이야기가 전혀 달라집니다. 따라서 팀원들은 비율을 비교할 수 있는 MAPE를 지표로 사용하는 데 동의했습니다. 그리고 나중에 모델별 최적화를 위해 튜닝하는 과정에서 다른 지표로 전환할 경우를 대비해 시계열 회귀 문제에 적용할 수 있는 최대한 많은 회귀 지표를 수집해두기로 합의했습니다.

따라서 MAPE, MAE, MSE, RMSE, R-제곱에 대한 지표를 수집하기로 했습니다. 그러면 나중에 프로젝트의 데이터에 따라 다른 지표를 가지고 논의할 수 있는 유연성이 확보됩니다.

지표 전쟁과 이를 해결할 방법

다양한 ML 설루션에 가장 적합한 지표가 무엇인지에 대해서는 의견이 분분합니다. MSE를 사용할지, RMSE를 사용할지, F1 점수가 적절한지, ROC 영역이 적절한지, MAE을 정규화해 MAPE로 바꿔야 하는지 등 터무니없이 많은 논쟁으로 시간을 허비하는 것이 현실입니다.

각 유스 케이스에 적합한 지표를 선택하기 위해서는 치열한 논쟁이 오가야 함이 분명합니다. 그렇더라도 오류 계산은 대개 비용이 낮고 빠르게 수행됩니다. 그렇기 때문에 가능한 한 모든 지표를 계산하고 기록하는 것도 나쁘지 않은 방법입니다. 물론 회귀 문제에 대해 범주형 지표를 계산하는 것은 피해야겠죠. 각 방법의 이점을 판단할 때 활용할 수 있도록 모델에 대한 MAE, MSE, R-제곱을 계산하는 것은 유용합니다.

마찬가지로 설루션을 구축하고 조정하는 동안 팀이 다른 지표를 활용하기로 결정할 경우를 대비해 모든 지표를 기록해두는 것도 괜찮은 방법입니다. 처음부터 모든 지표를 기록해두면 나중에 지표를 추가로 수집하기 위해 이전의 실험을 재실행할 필요가 없기 때문입니다. 보통 이전의 실험을 새 지표로 새로 실행하는 작업에는 비용도 시간도 많이 듭니다.

'모든' 지표의 수집을 금해야 할 유일한 경우는 지표 계산 비용이 고가여서 지표에서 얻는 이점보다 지불할 금액이 더 큰 경우일 것입니다. 예를 들어 4장의 추천 시스템에서 NDCG를 계산하려면 대규모 데이터셋에 대한 윈도우 함수가 필요한데, 이 함수는 비교적 큰 규모의 아파치 스파크 클러스터에서 실행할 때 몇 시간 정도가 걸릴 수 있습니다. 관계형 데이터베이스 관리 시스템(RDBMS)에서 이런 점수를 계산하려면 값비싼 카테시안^{Cartesian} 조인을 사용해야 하기 때문에 시간이 더 오래 걸릴 수 있습니다. 지표가 중요하지 않고 계산 시간이 오래 걸린다면, 꼭 필요한지 고려해봐야 합니다. 시간 낭비는 피해야 합니다.

5.2 실험 사전 준비 작업

비즈니스 문제에 대한 ML 설루션 구축을 목표로 하는 팀이 계획 수립 및 연구 조사 단계를 완료한 후, 다음 단계인 실험적 테스트를 준비하는 과정은 필자의 경험상 데이터 과학자 커뮤니티에서 가장 자주 간과됩니다. 누가 무엇을 테스트할 것인지에 대한 확실한 계획, 합의된 일련의 지표, 데이터셋에 대한 평가, 각 팀이 실험을 어디까지 진행할 것인지에 대한 합의된 절차가 있다 해도 이 준비 단계를 건너뛰면 더 많은 비효율이 발생해 프로젝트가 지연될 수 있습니다. 준비 단계에서는 데이터셋을 자세히 분석하고, 팀 전체가 활용할 공통 도구를 만들어 실험의 평가 속도를 높이는 데 초점을 둡니다.

우리는 현 단계에서 시도할 몇 가지 모델을 결정했고, 실험 단계의 기본적인 규칙과 프로그래밍 언어와 플랫폼을 선택했습니다. 통계 모델 라이브러리 때문에 파이썬을, 라이브러리 호환성을 해결하기 위해 아나콘다를, 빠른 테스트와 시각화를 위해 도커 컨테이너에서 실행되는 주피터 노트북을 사용하기로 했습니다. 이제는 모델링 테스트를 시작하기 전에 우리가 해결해야 하는 문제와 관련된 데이터를 이해할 차례입니다.

이번 시계열 예측 프로젝트의 경우, 변동성 검토, 추세 분석, 이상치 식별뿐만 아니라 다른 팀에서 수행할 모델의 테스트를 빠르게 수행하도록 돕는 기본적인 시각화 도구 구축 등의 작업을 통해 데이터를 살펴보고 이해하겠습니다. [그림 5-4]에서는 각각의 해커톤 참가 팀이 효율적인 개발 프로세스를 만들고, 채점을 위해 결과를 제출하는 일 같은 중복 작업을 줄이기 위한 주요 준비 작업 단계를 다룹니다.

진행 중인 ML 프로젝트의 유형에 따라 하단의 경로는 크게 달라집니다. 하단의 목록은 지금 다루고 있는 시계열 예측 프로젝트에서 프로토타입 설루션을 만들기 전에 미리 작업해두면 좋은 것들입니다. 하지만 자연어 처리(NLP) 프로젝트에서는 이 단계에서 수행해야 하는 작업이 이 목록과는 다를 것입니다.

그림으로 프로세스를 나타낸 이유는 모델의 프로토타입을 만드는 작업에 들어가기 전에 계획을 먼저 수립해야 함을 설명하기 위해서입니다. 계획이 제대로 잡혀 있지 않다면 평가 단계는 길어지고, 혼란스럽고, 결국에는 원하던 결론을 내리지 못하게 될 것입니다.

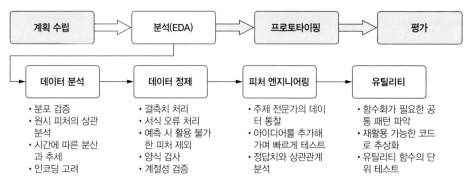

그림 5-4 분석 단계. 프로토타이핑 작업을 위한 데이터 평가에 초점 두기

5.2.1 데이터 분석 수행

적용 가능한 설루션을 연구하는 과정에서 많은 사람이 추세 시각화가 큰 도움이 된다고 여기는 것 같습니다. 이를 활용하면 내부 고객인 사업부에 보여줄 데이터의 기본 시각화를 준비할 수 있습니다. 뿐만 아니라 프로젝트 후반에 데이터 관련 문제를 우연히 발견하게 되는 불상사도 방지합니다. 이 문제는 설루션 전반에 걸쳐 재작업을 요하고, 재작업 규모가 막대하다면 프로젝트가 취소될 수도 있는 중대한 리스크입니다. 데이터의 심각한 결함을 미리 발견해 이와 관련한 위험을 최소화하기 위해 시각화 분석 도구를 구현해보겠습니다.

우리는 [예제 5-1]로 만든 원시 데이터의 기본 시각화 [그림 5-3]에서 데이터셋에 노이즈가 많음을 확인했습니다. 추세에 노이즈가 많으면 일반적인 추세선을 시각화하기가 유리하기 때문에, 일단 JFK 공항의 국내선 승객에 대한 원시 데이터를 가지고 평활화^smoothing 함수를 적용하겠습니다. 실제 스크립트는 [예제 5-4]와 같이 맷플롯립을 통해 시각화합니다.

예제 5-4 2시그마 오차에 대한 이동 평균 추세

```
rolling_average = jfk_asc['Domestic Passengers'].rolling(12, center=False).mean()    ①
rolling_std = jfk_asc['Domestic Passengers'].rolling(12, center=False).std()    ②
plt.plot(jfk_asc['Domestic Passengers'], color='darkblue', label='Monthly
    Passenger Count')    ③
plt.plot(rolling_average, color='red', label='Rolling Average')    ④
plt.plot(rolling_average + (2 * rolling_std), color='green', linestyle='-.',
    label='Rolling 2 sigma')    ⑤
plt.plot(rolling_average - (2 * rolling_std), color='green', linestyle='-.')
plt.legend(loc='best')
plt.title('JFK Passengers by Month')    ⑥
plt.show(block=False)    ⑦
```

1. 1년을 평활화 기간으로 두어 롤링 평균에 대한 시계열을 생성합니다.

2. 같은 기간으로 평활화를 적용해 롤링 표준 편차 시계열을 생성합니다.

3. 국내선 승객 원시 데이터로 플롯을 초기화하고, 범주 상자 안에 레이블을 생성합니다.

4. 롤링 평균 시계열을 플롯에 적용합니다.

5. 롤링 표준 편차 시계열을 2시그마로 적용 후 롤링 평균에 더하고 뺍니다.

6. 플롯의 제목을 지정합니다.

7. 플롯을 표준 출력으로 노출합니다.

> NOTE_ 5.2절에 제시한 코드는 빠른 실험을 목적으로 합니다. MVP 코드를 더 효과적으로 작성하는 법은
> 5.2.2절에서 다루겠습니다.

이 코드를 주피터 노트북에서 실행하면 [그림 5-5]와 같이 생성된 플롯이 표시됩니다. 평활화
했을 때 데이터에 나타나는 일반 추세를 보면, 2002년경에 계단 형태로 변화했음을 알 수 있습
니다. 또 기간에 따라 표준 편차가 크게 변하는 것을 알 수 있습니다. 2008년 이후에는 분산이
이전에 비해 훨씬 넓어집니다.

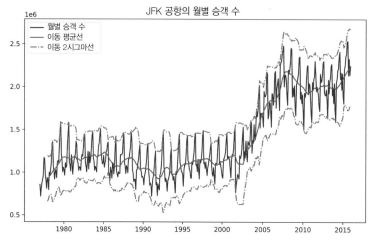

그림 5-5 [예제 5-4]의 기준선 평활화와 시그마 적용

추세는 괜찮아 보입니다. 훈련용 데이터셋과 검증용 데이터셋이 추세 변화를 반영하지 않을 때 생겨날 수 있는 잠재적 문제를 이해하기에도 유용합니다. 예를 들어 훈련용 데이터셋에 2000년도 데이터까지만 포함하고, 2000년부터 2015년까지 그 기간의 추세가 어떨지 추론할 수 있을 것입니다.

그렇다 해도 연구 조사 및 계획 수립 단계에서 시계열 데이터의 정상성^{stationary}에 대한 우려와 특정 모델 구조에서 추세의 변동을 예측하기가 매우 어려움을 알게 됐습니다. 여기서 이 내용에 대해 좀 더 알아보겠습니다.[2]

statsmodel 모듈에서 제공하는 증강 디키-풀러 정상성 검정^{augmented Dickey-Fuller stationary test}을 사용해보겠습니다. 이 검정은 비정상성이 있는 데이터를 처리하지 못하는 특정 모델을 사용하기 위해 시계열의 정상성을 조정해야 하는지 여부를 알려줍니다. 검정 결과 시계열이 정상성이 있음을 알려주는 값이 나오면, 기본적으로 모든 모델에서 변환 작업을 추가하지 않고도 원시 데이터를 사용할 수 있습니다. 하지만 데이터에 정상성이 없다면, 추가 작업이 필요합니다. [예제 5-5]는 JFK 국내선 승객 수에 대한 시계열 데이터로 검정해보는 코드입니다.

---

2 옮긴이_ 시간에 상관없이 일정한 성질을 가진다면 정상성이 있다고 할 수 있습니다.

```
from statsmodel.tsa.stattools import adfuller
dickey_fuller_test = adfuller(jfk_asc['Domestic Passengers'], autolag='AIC')    ①
test_items = dickey_fuller_test[:4]                                              ②
report_items = test_items + (("not " if test_items[1] > 0.05 else "") +
    "stationary",)                                                               ③
df_report = pd.Series(report_items, index=['Test Statistic', 'p-value',
    '# Lags', '# Observations', 'Stationarity Test'])                            ④
for k, v in dickey_fuller_test[4].items():                                       ⑤
    df_report['Critical Value(%s)' % k] = v
print(df_report)
```

1. adfuller(증강 디키-풀러 검정)를 인스턴스화하고, autolag를 자동 지연으로 설정해 지연 횟수 결정을 위한 정보 기준을 최소화합니다.

2. 검정 결과의 첫째 요소를 가져옵니다.

3. 정상성 여부를 결정합니다(실제로는 정상성 여부를 결정할 때 검정 통계의 임계치와 비교하는 것이 가장 좋습니다).

4. 필요한 정보를 키 값과 함께 표시합니다.

5. 검정 통계치로부터 임계치를 추출합니다.

이 코드를 실행하면 [그림 5-6]과 같은 출력물을 얻습니다.

```
Test Statistic             -0.0498716
p-value                      0.954208
# Lags                             13
# Observations                    454
Stationarity Test      not stationary
Critical Value(1%)           -3.44484
Critical Value(5%)           -2.86793
Critical Value(10%)          -2.57017
dtype: object
```

그림 5-6 [예제 5-5]의 정상성에 대한 증강 디키-풀러 검정 결과

검정 통계test statistic는 시계열이 단위근unit root을 포함한 인접성을 측정하는 지표이며 항상 음수로 나옵니다. 만약 시계열을 본질적으로 평평하게 만들기 위해 여러 개의 단위근을 적용해야 한다면 시계열은 정상성이 적은 상태인 것입니다. 수학 용어를 쓰지 않고 설명하면, 검정 통계치가 임계치보다 더 낮으면 시계열이 정상성이 있다고 판단할 수 있습니다. 위 예제의 경우 검정 통계치가 임계치보다 훨씬 더 높기 때문에, 정상성이 없다고 단정할 정도의 귀무가설을 허

용하는 p 값null-accepting p-value을 갖게 됩니다. adfuller 검정의 귀무가설(H_0)은 '시계열이 비정상성이 있다'입니다.

여기에는 또 다른 흥미로운 데이터가 있는데, 바로 발견한 지연 횟수입니다. 우리는 이 값을 또다른 방식으로 살펴볼 수 있으며, 이를 통해 ARIMA 기반 모델을 사용해 모델링 단계에서 고려해야 할 설정을 파악할 수 있습니다. 월별 데이터란 점을 고려할 때 13이라는 숫자는 뭔가 이상해 보입니다. 무턱대고 이 값을 모델에서 계절성 주기를 구성하는 요소로 사용한다면 아마도 끔찍한 결과를 얻게 될 것입니다. 하지만 [그림 5-7]의 추세 분해를 통해 이를 검증할 수 있습니다.

statsmodel에 내장된 기능을 사용해 시계열 데이터의 추세, 계절성, 잔차를 효과적으로 분해할 수 있는지 살펴보고, 모델링 실험 단계에서 필요한 설정 정보를 몇 개 알려주겠습니다. 고맙게도 이 패키지의 작성자는 분해 방법만이 아니라 [예제 5-6]처럼 쉽게 플롯으로 만들 수 있는 멋진 시각화도 구축했습니다. 계절성 주기에 대해 adfuller 리포트의 지연값(# Lags)을 사용하면 어떤 결과가 나오는지 살펴봅시다.

예제 5-6 계절성을 위한 추세 분해

```
from statsmodels.tsa.seasonal import seasonal_decompose
decomposed_trends = seasonal_decompose(jfk_asc['Domestic Passengers'], period=13)   ①
trend_plot = decomposed_trends.plot()                                               ②
plt.savefig("decomposed13.svg", format='svg')                                       ③
```

1. adfuller의 지연값 13에 대한 계절성 분해 수행
2. 플롯에서 사용하기 위해 참조를 가져옴
3. 나중에 참고하기 위해 플롯을 저장함

[예제 5-6]을 실행했을 때 보게 될 차트는 [그림 5-7]과 같습니다.

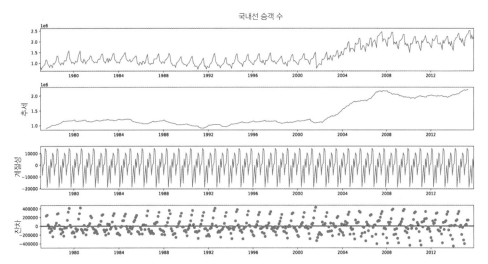

그림 5-7 위부터 차례로 원시 데이터, 추출된 추세, 계절성 구성 요소, 잔차를 나타내는 추세 분해 플롯. 뭔가 잘못된 것 같네요.

데이터를 봤을 때 설득력이 있어 보이지는 않습니다. 제일 하단의 그림을 보면 잔차에 무언가 신호가 있는 것 같습니다. 잔차는 데이터에서 일반 추세와 계절성을 추출하고 남은, 설명이 난해한 노이즈 형태가 되어야 합니다. 하지만 여기에서는 여전히 신호가 반복적으로 나타나듯 보입니다. [그림 5-8]과 같이 기간을 12로 지정해 살펴보겠습니다.

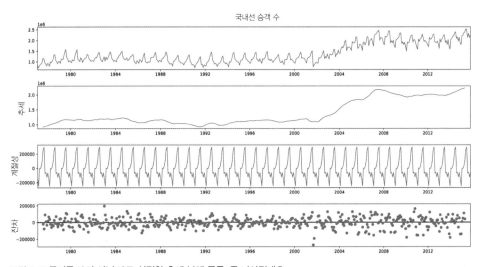

그림 5-8 주기를 13이 아닌 12로 설정한 추세 분해 플롯. 좀 나아졌네요.

주기가 12인 [그림 5-8]의 분석 결과는 앞서 테스트한 13의 결과보다 훨씬 좋아 보입니다. 추세가 매끄러워 보기 좋고 계절성이 데이터에 반복되는 패턴의 주기성과 잘 일치합니다. 그리고 잔차는 전반적으로 무작위로 나타납니다. 6장에서 테스트를 수행할 때 이 값을 상기하겠습니다.

이런 준비 작업은 **테스트 단계에 정보를 제공하기 위해** 미리 수행하는 것이죠. 데이터를 충분히 파악한 상태에서 실험을 빠르게 반복할 수 있도록 안내하려 합니다. 이를 통해 문제에 대한 접근 방식과 적용 가능한 설루션을 더 빨리 얻게 됩니다.

테스트 단계에서 시계열 예측에 대한 9가지 접근 방식을 평가할 예정임을 명심하세요. 그중 가장 유망한 2가지 후보를 빨리 결정해야 남은 7가지 후보도 신속하게 배제할 수 있습니다. 그러면 팀 전체가 협력해 비즈니스 MVP 마감 기한을 향해 더 빨리 전진할 수 있습니다.

데이터를 어떻게 정제할까요?

데이터 정합성 문제는 사업부에 약속한 일정보다 MVP가 훨씬 더 오래 걸리는 주요 원인입니다. 잘못된 데이터 요소를 식별하는 일은 모델링 훈련 효과를 높일 뿐 아니라, 모델의 특정 결과가 종종 부정확한 이유를 사업부에 설명하는 데도 매우 중요합니다. 잠재적 요인, 데이터 품질 문제, 설루션에 영향을 미칠 예기치 못한 요소의 복잡성을 일목요연하게 보여주는 일련의 시각화를 구축하면 사업부와 논의할 때 강력한 도구로 활용할 수 있습니다.

시계열 예측에 대해 설명할 때는 이 예측 시스템이 완벽하지 않으며, 그럴 수도 없다는 사실을 꼭 언급해야 합니다. 데이터셋에는 추세를 파악하기가 매우 복잡하거나, 모델링 비용이 과도하거나, 거의 예측 불가한 미지수가 많이 존재하는데, 이 같은 요소를 알고리듬에 반영해야 합니다. 일변량 시계열 모델의 경우, 추세 데이터 외에는 아무것도 모델에 입력되지 않습니다. 윈도우 접근 방식이나 LSTM^{long short-term memory} 기반의 순환 신경망^{recurrent neural network} (RNN) 등의 딥러닝 모델 같은 복잡한 구현 방식의 경우, 훨씬 더 많은 정보가 담긴 벡터를 만들 수는 있습니다. 하지만 추세에 영향을 줄 수 있는 피처를 모두 확보할 만한 역량이나 시간이 언제나 주어지는 것은 아닙니다.

이런 논의에 유용한 정보를 제공하기 위해, 계절적 영향을 받는 추세에서 기대하는 것과는 크게 차이가 나는 이상치의 간단한 식별법을 알아보겠습니다. 시계열 데이터에서는 정렬된 데이터에 비교 함수를 사용해 [예제 5-7]과 같이 이 작업을 쉽게 수행할 수 있습니다.

```
from datetime import datetime
jfk_asc['Log Domestic Passengers'] = np.log(jfk_asc['Domestic Passengers'])      ①
jfk_asc['DiffLog Domestic Passengers month'] = jfk_asc['Log Domestic Passengers'].
    diff(1)                                                                       ②
jfk_asc['DiffLog Domestic Passengers year'] = jfk_asc['Log Domestic Passengers'].
    diff(12)                                                                      ③
fig, axes = plt.subplots(3, 1, figsize=(16,12))                                   ④
boundary1 = datetime.strptime('2001-07-01', '%Y-%m-%d')                           ⑤
boundary2 = datetime.strptime('2001-11-01', '%Y-%m-%d')
axes[0].plot(jfk_asc['Domestic Passengers'], '-', label='Domestic Passengers')    ⑥
axes[0].set(title='JFK Domestic Passengers')
axes[0].axvline(boundary1, 0, 2.5e6, color='r', linestyle='--', label='Sept 11th
    2001')                                                                        ⑦
axes[0].axvline(boundary2, 0, 2.5e6, color='r', linestyle='--')
axes[0].legend(loc='upper left')
axes[1].plot(jfk_asc['DiffLog Domestic Passengers month'], label='Monthly diff of
    Domestic Passengers')                                                         ⑧
axes[1].hlines(0, jfk_asc.index[0], jfk_asc.index[-1], 'g')
axes[1].set(title='JFK Domestic Passenger Log Diff = 1')
axes[1].axvline(boundary1, 0, 2.5e6, color='r', linestyle='--', label='Sept 11th
    2001')
axes[1].axvline(boundary2, 0, 2.5e6, color='r', linestyle='--')
axes[1].legend(loc='lower left')
axes[2].plot(jfk_asc['DiffLog Domestic Passengers year'], label='Yearly diff of
    Domestic Passengers')
axes[2].hlines(0, jfk_asc.index[0], jfk_asc.index[-1], 'g')
axes[2].set(title='JFK Domestic Passenger Log Diff = 12')
axes[2].axvline(boundary1, 0, 2.5e6, color='r', linestyle='--', label='Sept 11th
    2001')
axes[2].axvline(boundary2, 0, 2.5e6, color='r', linestyle='--') axes[2].
    legend(loc='lower left')
plt.savefig("logdiff.svg", format='svg')                                          ⑨
```

1. 다음 단계에서 사용할 값의 크기 차이를 줄이기 위해 원시 데이터 로그 값을 취합니다.

2. 설정된 지연값에 해당하는 위치의 값과 비교합니다. 여기에서는 1로 설정해 바로 앞의 값을 비교합니다.

3. 12번째 이전 위치의 값과의 차이를 가져옵니다(월별 데이터이므로 1년 전 데이터와의 차이를 비교할 목적).

4. 세 개 플롯을 하나의 이미지로 구성할 플롯 구조를 생성합니다.

5. 시계열 데이터에서 비정상 기간을 나타내는 X축의 참조 지점을 생성합니다. 예측 결과가 맞지 않을 때 받게 될 사업부 팀원의 질문에 답할 목적입니다.

6. 플롯을 만들어 사업부에 공유할 때는 언제나 원시 데이터를 사용해야 합니다. 그렇지 않으면 나중에 데이터를 설명하기 위해 복잡한 추가 장표를 만들어야 할 수도 있습니다.

7. 정적인 경계선을 두어 잠재 요인이 추세에 영향을 준 이유를 강조합니다.

8. 강조된 경계선을 여러 방식으로 표시해 잠재 요인의 영향을 뚜렷하게 알립니다.

9. 플랫폼, 시각화 기술, 프로세스에 관계없이 생성된 플롯은 저장해두었다가 나중에 참고하도록 합니다.

코드를 실행하면 [그림 5-9]의 플롯을 얻습니다. 이미지는 SVG 형식으로 공유 노트북 디렉터리에 저장됩니다.

실험 중에 추세 그래프를 설정하면 더 많은 비즈니스 대상에게 시계열 예측의 기능 측면을 설명할 수 있습니다. 이러한 그래프가 예쁠 필요는 없지만 실험, 개발, 운영 환경 모니터링 단계에서 쉽게 가져오고, 생성하고, 기록할 수 있는 수준으로 작성하고 통합해야 합니다.

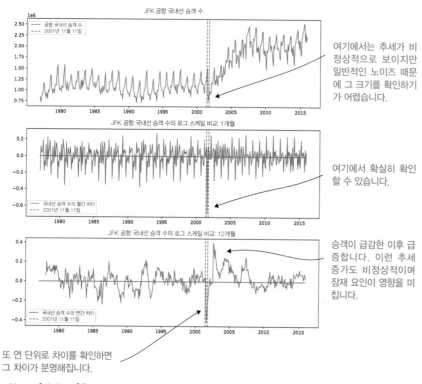

그림 5-9 [예제 5-7]을 통해 본 이상치 분석

데이터가 어떤 형태를 띨지 이제는 어느 정도 그려볼 수 있습니다. 우리는 데모 플롯과 기본적인 추세 분석을 만들고 추세를 보여줄 데이터를 수집했습니다. 코드 자체는 약간 투박하고

스크립트 형식으로 작성되었습니다. 시간을 조금 더 들여 코드를 재사용할 수 있도록 유틸리티 함수로 만들어두지 않으면, 나중에 누군가가 시각화를 생성하려 할 때마다 코드 기반 전체에 이 코드를 복사해 사용하게 될 것입니다.

5.2.2 스크립트 코드를 재사용 가능한 코드로

프로젝트 작업을 적절한 시기에 진행해야 한다는 주제로 돌아가겠습니다. 재사용 가능한 코드를 사용하는 데 초점을 맞추면 시간에 쫓겨 다급하게 프로젝트 방향을 결정하지 않아도 됩니다. 재사용 가능한 코드를 사용하면 코드 기반이 깔끔해질 뿐만 아니라 여러 사람이 똑같은 버전을 만들지 않아도 됩니다. 결과적으로 MVP 및 개발 단계에 대비해 프로젝트의 많은 요소를 표준화하는 데 도움이 됩니다. 의사 결정 시간을 단축하고, 노트북과 스크립트 코드에서 혼란의 여지를 줄이려고 노력하면 결국 사업부가 프로젝트에 대한 믿음을 갖게 됩니다. 지속해서 리소스를 투입하고 프로젝트를 잘 진행하고 있다는 믿음을 극대화합니다.

우리는 추세 분석과 JFK 국내선 승객 데이터를 시각화하기 위해 엄청난 양의 코드를 스크립터로 작성했습니다. 데이터의 현 상황을 빠르게 확인하기 위해서는 이런 접근 방식도 좋습니다. 실험 초기 단계에서는 충분히 이해할 수 있는 일입니다. 우리 모두가 그렇고, 그렇지 않다고 말하는 사람이 오히려 이상한 사람일 것입니다. 하지만 모델링 작업을 위해 팀을 분리한 이후에도 모든 사람이 각자 개별적으로 시각화나 비슷한 테스트를 자체적으로 구현하고, 표준 함수로 비교적 쉽게 적용할 수 있는 것조차도 개별적인 코드로 구현하는 것은 막대한 자원 낭비입니다. 똑같은 코드를 복사해 약간씩 변경한 후 여러 대의 노트북에 사방으로 흩어놓은 상태는 결코 이상적이지 않습니다. 우리가 애용하는 복사해 붙여넣기가 당장은 편할 수 있지만, 결과적으로는 생산성을 떨어뜨리고 정신적으로도 혼란스러운 결말로 인도할 것입니다. 더 좋은 방법은 바로 함수를 만드는 것입니다.

지금 단계에서 패키지 수준의 프로젝트를 만들어가며 유틸리티 함수를 만들라고 권장하는 것은 아닙니다. 이 작업은 나중에 진행하게 될 프로젝트의 실제 개발 단계에서 운영 배포로 나아가는 여정 중에 이루어질 것입니다.

지금은 일단 원시 데이터를 조작하고, 추세를 시각화하고, 정보를 추출하는 데 유용한 코드를 재사용 가능한 코드 스니펫으로 묶어 기본 함수 모음 정도로 만들어보겠습니다. 이 작업을 통해 다른 공항의 데이터를 활용해 다양한 구현 방식을 테스트할 때 수십 시간이 절약됩니다. 반면 스크립트 블록을 단순히 복사해 붙여넣어 시각화와 분석 작업을 한다면, 최적의 방법론이 무엇인지 알아낼 기회가 사라지고 엄청난 양의 중복 작업을 해야 하거나 코드의 유지 관리가 불가능해집니다.

[예제 5-1]의 데이터 수집을 위한 스크립트를 살펴보면서 데이터를 수집하고 바른 포맷으로 바꾸는 함수가 어떤 형태인지 알아보겠습니다. 데이터 수집 함수를 잘 사용하게 하려면, 파일에 포함된 공항 목록을 가져온 후, 필터링을 적용해 특정 공항의 데이터를 가져오고, 데이터에서 사용할 시계열 주기를 지정해야 합니다. [예제 5-8]에서 각각의 함수를 보겠습니다.

예제 5-8 데이터 수집과 함수 포맷

```
AIRPORT_FIELD = 'Airport Code'                                              ①

def apply_index_freq(data, freq):                                           ②
    return data.asfreq(freq)

def pull_raw_airport_data(file_location):                                   ③
    raw = pd.read_csv(file_location)
    raw = raw.copy(deep=False)                                             ④
    raw['Month'] = pd.to_datetime(raw['Month'], format='%b').dt.month      ⑤
    raw.loc[:, 'Day'] = 1                                                  ⑥
    raw['date'] = pd.to_datetime(raw[['Year', 'Month', 'Day']])           ⑦
    raw.set_index('date', inplace=True)                                    ⑧
    raw.index = pd.DatetimeIndex(raw.index.values, freq=raw.index.inferred_freq)  ⑨
    asc = raw.sort_index()
    return asc

def get_airport_data(airport, file_location):                              ⑩
    all_data = pull_raw_airport_data(file_location)
    filtered = all_data[all_data[AIRPORT_FIELD] == airport]
    return filtered

def filter_airport_data(all_data, airport):
    filtered_data = all_data[all_data[AIRPORT_FIELD] == airport]
    returfn filtered_data

def get_all_airports(file_location):                                       ⑪
    all_data = pull_raw_airport_data(file_location)
    unique_airports = all_data[AIRPORT_FIELD].unique()
    return sorted(unique_airports)
```

1. 공항 키가 포함된 열에 대해 정적 변수를 선언합니다. 이를 통해 코드 내에서 문자열을 변경하는 작업을 최소화할 수 있습니다.

2. DataFrame의 인덱스에 대해 시계열 주기를 설정하는 함수입니다.

3. 기본 데이터 수집 및 포맷을 적용하는 함수입니다.

4. 데이터를 안전하게 변경할 수 있도록 사본으로 복사합니다.

5. 원본 데이터의 날짯값 문자열에서 월에 해당하는 값을 추출합니다.

6. date 객체로 인코딩이 가능하도록 day 필드를 생성해 매월 첫째 날로 지정합니다.

7. NumPy의 datetime 형식의 date 필드를 생성합니다.

8. DataFrame의 인덱스를 date 칼럼으로 지정합니다(플로팅과 모델링 시 활용).

9. 인덱스를 inferred_freq로 지정해 데이터 기반으로 시계열 주기를 설정합니다.

10. DataFrame이 date 인덱스에 따라 정렬됐는지 확인해서 나중에 데이터 추출 시 생길 수 있는 문제를 방지합니다.

11. 데이터에 포함된 모든 공항 목록을 반환하는 유틸리티 함수입니다.

이런 함수를 만들어두면 실험 단계에서 시계열 예측 프로젝트에 대한 솔루션을 테스트할 때 각 팀에서 재활용할 수 있습니다. 나중에 개발 단계에서는 조금만 더 노력을 들여 이 모든 함수를 하나의 클래스로 모듈화하고, 운영 단계로 배포할 수 있는 수준의 최종 프로젝트를 위해 표준화와 테스트가 가능하도록 구현할 수 있습니다. 이 내용은 9장, 10장, 14장에서 다시 다루겠습니다. 지금 만든 코드를 사용하는 방법은 [예제 5-9]처럼 간단합니다.

예제 5-9 재사용 가능한 함수를 사용한 데이터 로드

```
DATA_PATH = '/opt/notebooks/TCPD/datasets/jfk_passengers/air-passenger- traffic-
    per-month-port-authority-of-ny-nj-beginning-1977.csv'

jfk = get_airport_data('JFK', DATA_PATH)                                    ①
jfk = apply_index_freq(jfk, 'MS')                                           ②
```

1. 함수 get_airport_data()를 사용해 날짜로 인덱싱된 판다스 DataFrame을 받아옵니다.

2. DataFrame의 날짜 인덱스를 원하는 주기로 설정합니다. MS는 월간 시작month start 주기입니다.

[그림 5-9]에서 설명한 [예제 5-7]의 이상치 시각화 스크립트를 가지고 적용할 수 있는 수정 사항을 살펴보겠습니다. 이 스크립트를 완전히 일반화하려면 많은 시간과 노력이 필요합니다. 따라서 완벽하게 일반화하지는 않더라도, 함수를 호출하는 한 줄만으로 플롯을 생성하는 과정을

크게 간소화하는 방법을 살펴보겠습니다. 이 시각화 로직은 함수로 표현하는 것이 조금 더 복잡하고 몇 줄의 코드를 더 작성해야 하지만, 최종 결과를 보면 그만한 가치가 있을 것입니다. 한 줄의 호출만으로도 플롯을 생성할 수 있기 때문입니다.

예제 5-10 이상치 데이터 시각화를 위한 재사용 가능한 함수

```
from datetime import datetime
from dateutil.relativedelta import relativedelta

def generate_outlier_plots(data_series, series_name, series_column, event_date,
event_name, image_name):                                                          ①
    log_name = 'Log {}'.format(series_column)                                     ②
    month_log_name = 'DiffLog {} month'.format(series_column)
    year_log_name = 'DiffLog {} year'.format(series_column)
    event_marker = datetime.strptime(event_date, '%Y-%m-%d').replace(day=1)       ③
    two_month_delta = relativedelta(months=2)                                     ④
    event_boundary_low = event_marker - two_month_delta
    event_boundary_high = event_marker + two_month_delta
    max_scaling = np.round(data_series[series_column].values.max() * 1.1, 0)      ⑤
    data = data_series.copy(deep=True)                                            ⑥
    data[log_name] = np.log(data[series_column])                                  ⑦
    data[month_log_name] = data[log_name].diff(1)
    data[year_log_name] = data[log_name].diff(12)
    fig, axes = plt.subplots(3, 1, figsize=(16, 12))                              ⑧
    axes[0].plot(data[series_column], '-', label=series_column)                   ⑨
    axes[0].set(title='{} {}'.format(series_name, series_column))
    axes[0].axvline(event_boundary_low, 0, max_scaling, color='r', linestyle='--',
                    label=event_name)
    axes[0].axvline(event_boundary_high, 0, max_scaling, color='r', linestyle='--')
    axes[0].legend(loc='best')
    axes[1].plot(data[month_log_name], label='Monthly diff of {}'.format(series_
                 column))
    axes[1].hlines(0, data.index[0], data.index[-1], 'g')
    axes[1].set(title='{} Monthly diff of {}'.format(series_name, series_column))
    axes[1].axvline(event_boundary_low, 0, max_scaling, color='r', linestyle='--',
                    label=event_name)
    axes[1].axvline(event_boundary_high, 0, max_scaling, color='r', linestyle='--')
    axes[1].legend(loc='best')
    axes[2].plot(data[year_log_name], label='Year diff of {}'.format(series_
                 column))
    axes[2].hlines(0, data.index[0], data.index[-1], 'g')
    axes[2].set(title='{} Yearly diff of {}'.format(series_name, series_column))
    axes[2].axvline(event_boundary_low, 0, max_scaling, color='r', linestyle='--',
```

```
                label=event_name)
    axes[2].axvline(event_boundary_high, 0, max_scaling, color='r', linestyle='--')
    axes[2].legend(loc='best') plt.savefig(image_name, format='svg')
    return fig
```

1. 함수에서는 일반적으로 인수를 제한하지 않습니다. 여러 개의 인수를 전달하는 데 * 튜플 패킹 연산자와 ** 딕셔너리 패킹 연산자를 사용할 수 있습니다. 이 예제에서는 혼동을 줄이기 위해 인수의 이름을 명시적으로 지정했습니다.

2. 문자열 포맷 기법을 사용해 DataFrame에서 동적으로 생성된 필드에 정적인 참조를 생성합니다.

3. 입력받은 날짜를 DataFrame의 datetime 인덱스에 맞게 변환합니다. 이 경우에는 입력값을 그대로 변환해도 괜찮지만, 보통 유효하지 않은 입력값에 대해서는 예외exception를 발생시켜 예상치 못한 결과를 방지하는 것이 올바른 방법입니다. 인덱스에 유효한 값이 들어 있는지 확인하는 것도 한 방법입니다.

4. DataFrame의 시계열 인덱스 단위에 따라 균일한 결과를 얻기 위해 날짜 간격을 생성합니다.

5. 데이터의 범위를 기준으로 그려질 수직선의 최대 범위를 지정합니다.

6. 깊은 복사deep copy를 사용해 객체를 다른 메모리 주소에 복제해서, 다음에 이 함수를 호출했을 때 원본 데이터를 변경하지 않도록 합니다. 특히 ML에서 이 데이터를 호출하는 루프나 맵 또는 람다를 컬렉션으로 수행하려는 경우에는 유용한 방식입니다.

7. 이전에 작성한 스크립트 방식의 코드와 동일한 log와 diff 함수를 호출하지만, 매개변수로 받은 이름을 활용하기 때문에 하드코딩이 필요하지 않습니다.

8. 플롯의 크기를 유연하게 조절하려는 경우, 크기 값을 튜플 형태의 인수를 통해 전달받을 수 있습니다. 이 예제에서는 하드코딩된 상태로 두겠습니다.

9. 유연한 사용성을 위해 전달된 인수를 통해 동적으로 변수를 활용한 것을 제외하면, 이 코드는 이전의 스크립트 버전 코드와 동일합니다.

문자열 보간과 친해지세요

ML 영역에서 우리가 하는 많은 작업에는 문자열 참조를 전달하는 작업이 포함됩니다. 그리고 이 일은 상당히 번거롭기도 합니다. 환경 설정을 할 때 문자열을 다루는 일보다 더 귀찮은 일은 이런 문자열을 코드에서 다른 용도로 사용하기 위해 수작업으로 덮어 쓰는 것입니다.

보간interpolation 기능은 바르게만 사용한다면 오타로 인한 좌절과 실패를 방지하는 놀랍도록 강력한 도구입니다. 그러나 보간이 훌륭한 도구인 만큼 사람들이 이를 제대로 사용하는 방법도 있고, '게으른' 방식으로 구현하는 방법도 있습니다.

게으른 방식으로 문자열을 만든다는 것은 어떤 걸까요? 연결 연산자를 사용하는 방법입니다.

[예제 5-10]에서 axes[1]의 title에 사용할 문자열을 만든다고 가정해보겠습니다. 연결 연산자를 사용하는 게으른 구현은 다음과 같이 합니다.

```
axes[1].set(title=series_name + ' Monthly diff of ' + series_column)
```

문자열을 올바르게 조합하기 때문에 기술적으로는 맞지만 보기 흉하고 읽기 어려우며 오류가 발생하기 쉽습니다. 정적으로 정의된 중간 문자열에 앞뒤 공백 넣기를 잊어버렸다면 어떻게 될까요? 나중에 누군가가 그 문자열을 변경해야 한다면 어떻게 해야 할까요? 제목을 추가해 다른 문자열을 수십 개 제공해야 한다면 어떻게 해야 할까요? 어느 순간 코드가 아마추어처럼 보이고 읽기 어려워지기 시작할 것입니다.

'{}'.format() 구문을 사용하면 불필요한 버그를 만들지 않고 코드는 더 간결해져 유지 보수성이 좋아집니다. 만약 변수와 데이터형을 추가 지정한다면 더할 나위 없겠죠. 이 형식의 문법이 마음에 들지 않는다면, f-string을 사용해 훨씬 더 간결하고 최적화된 방법으로 값을 보간할 수 있습니다. 이 책에서는 기존 형식에 익숙한 사람들이 코드에 쉽게 접근하도록 종래의 방식인 format()을 사용했지만, 필자도 사실은 f-string을 사용합니다.

[예제 5-10]의 코드를 실행해 시각화를 만들고, 나중을 위해 저장하는 작업은 [예제 5-11]의 코드처럼 간단하게 할 수 있습니다.

예제 5-11 이상치 데이터 시각화 함수의 사용법

```
irrelevant_outlier = generate_outlier_plots(jfk, 'JFK', 'International Passengers',
    '2003-10-24', 'Concorde Retired', 'irrelevant_outlier.svg')
```

이 함수를 실행하면 [그림 5-10]과 같이 시각화가 생성됩니다. 함수의 매개변수에 따라 전부 동적으로 생성되기 때문에, 날짜 윈도우, 서식이나 기타 문구를 지정할 필요가 없습니다. [예제 5-7]과 기타 시각화 예제에서 스크립트로 작성한 모든 것을 복사해 하드코딩할 필요 없이, 이 함수를 사용해 국내가 아닌 국제선 승객 수를 플로팅할 수도 있습니다.

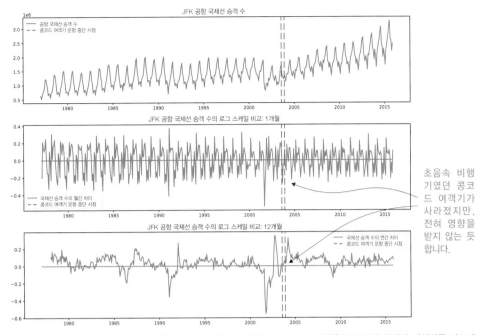

그림 5-10 함수로 플롯을 생성하면 향후 모델의 적용 가능성을 볼 수 있고, 재사용성이 있어 데이터 이상치를 빠르게 검증해 시간을 단축합니다.

가외로 약간의 시간을 들여 함수를 구축하면 어떤 이점이 생기는지 알기 위해 전혀 다른 라과디아 국제공항(LGA)에서 데이터를 생성해 어떤 결과를 얻는지 살펴보겠습니다. 원래대로라면 이상값 플로팅을 스크립트로 작성하고 LGA에 대해 동일한 플로팅을 생성하기 위해 JFK 스크립트를 복사하고, JFK에 대한 각 참좃값을 덮어 쓰는 번거로운 과정을 거쳐야 합니다. 플로팅 및 분석 필드를 International Passengers(국제선 승객 수)에서 Domestic Passengers(국내선 승객 수)로 변경하고, 잘못된 시계열이나 값이 플로팅되지 않도록 모든 참조를 바꿔야 합니다. 파이썬의 인터페이스 환경인 REPL에는 객체 불변성이라는 개념이 있기 때문에 커널 REPL이 중지될 때까지 모든 참조가 메모리에 유지되기 때문입니다. [예제 5-12]는 플로팅을 구현하는 함수가 포함된 코드입니다.

예제 5-12 이상치 분석을 위한 실험 단계의 함수 사용

```
laguardia = get_airport_data('LGA', DATA_PATH)                    ①
laguardia = apply_index_freq(laguardia, 'MS')                     ②
```

```
useful_outlier = generate_outlier_plots(laguardia, 'LGA', 'Domestic Passengers',
    '2001-09-11', 'Domestic Passenger Impact of 9/11', 'lga_sep_11_outlier.svg')③
```

1. LGA의 데이터를 데모용으로 받아옵니다. 제대로 구현했다면 필터를 적용하는 것도 한 번에 진행해서 메모리상에 DataFrame으로 받게 했을 것입니다.

2. 인덱스 주기를 JFK 데이터와 동일하게 월의 시작일로 설정합니다.

3. 시각화를 생성하고 디스크에 저장합니다. 함수의 매개변수를 사용하면 플롯을 반복해 생성할 수 있다는 점이 유용합니다.

이처럼 단 세 줄의 간단한 코드로 원래 코드를 전부 복사한 후 수정할 필요 없이 적절하게 레이블이 지정된 새로운 시각화를 생성하고 저장할 수 있습니다. 시각화 결과를 [그림 5-11]에서 확인보세요.

> NOTE_ 위 코드의 함수는 설명용으로 만들었습니다. ML을 위한 적절한 함수와 메서드를 구현해 함수나 메서드에서 처리할 작업량을 줄이는 방법은 이어지는 장에서 다루겠습니다. 지금은 재사용 가능한 코드를 사용할 때의 이점을 프로젝트 초기 단계에서도 활용할 수 있음을 설명하는 데 집중하겠습니다.

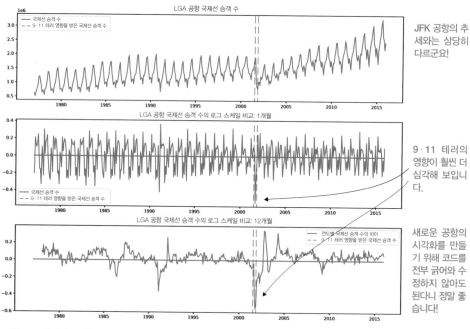

그림 5-11 [예제 5-12]의 실행 결과 플롯

함수는 언제 만들어야 하나요?

실험 중에는 문제 해결이라는 당장의 목표뿐만 아니라 코드를 재사용하기 위해 어떤 요소를 모듈화해야 하는지도 고려해야 합니다. 특히 초기 단계에서는 설루션의 모든 측면이 운영 환경에서 그대로 적용되어야 하지는 않지만 프로젝트의 어떤 부분이 여러 번 참조되거나 실행되어야 하는지에 대해 생각해보는 것, 그 자체만으로도 유익합니다.

빠르게 프로토타입을 제작하는 일에서 벗어나 함수를 만들면 때로는 궤도를 이탈한 것처럼 느껴질 수 있습니다. 하지만 몇 시간 정도 시간을 들여 반복 가능한 작업에 대한 일반적인 참조를 만들어두면 나중에 수십 시간을 절약할 수 있다는 점을 인식하세요.

스크립트로 작성된 설루션을 제대로 개발된 ML 코드 기반으로 변환하는 작업을 할 때 많은 코드를 검토할 필요가 없어진다는 간단한 사실만으로도 많은 시간을 절약할 수 있습니다. 코드 전체에 걸쳐 흩어져 있는 수십 개의 시각화와 평가를 위한 함수 대신에, 단일 목적을 가지는 함수 집합만 남겨둘 수 있는 것입니다.

일반적으로 ML 영역에서 가능한 한 초기에 만들어두면 좋은 함수는 다음과 같습니다.

- 점수 및 오류 계산
- 일반적인 데이터 시각화
- 데이터 검증 및 예측에 대한 시각화
- 모델 성능 보고서(예: ROC 곡선, 혼동 행렬)

그 외에도 많은 경우, '함수화'를 ML 설루션 구축 과정 초기에 할 수 있습니다. 프로젝트의 초기 단계부터 구축할 때 명심해야 할 점은 재사용 가능한 코드를 바로 만들 시간을 따로 확보하거나, 적어도 구현이 가능할 때 곧바로 작업을 시작하도록 쉽게 식별할 수 있는 방식으로 구현할 코드를 표시해둬야 한다는 것입니다.

왜 함수의 장점에 대해 이야기하고 있을까요? 언제 함수를 만들고 써야 하는지 다들 아시겠죠?

예측 모델링 실험에서 현실적으로 대부분의 ML 실무자는 피처 엔지니어링, 데이터 검증, 모델링 작업에 대부분의 노력을 쏟게 됩니다. 지속적으로 코드를 재작성하고 테스트하는 과정을 반복하다 보면 구축 중인 프로젝트의 시험용 코드가 반쪽짜리 코드가 되고, 주석이 달리고, 일반적으로 읽을 수 없는 혼돈의 덩어리로 급격히 변질될 수 있다는 사실을 우리 모두는 잘 알고 있습니다.

새로운 것을 테스트하고 싶을 때, 단순히 빠르게 무언가를 작동시키기 위해 노트북 셀 위에 있는 코드 블록을 복사하는 것이 손쉬운 것처럼 느껴질 때가 있습니다. 그런데 이렇게 하면 결과적으로 코드가 뒤죽박죽으로 엉켜서 더 이상 개발할 수 없는 상태가 되고, 이를 다시 개발하려면 엄청난 작업이 필요하게 됩니다.

필자가 신규 분야에 대한 실험을 할 때 접근 방식을 결정하고 나면 원래의 테스트 코드를 모두 버리는 경우가 많았습니다. 하지만 꼭 그럴 필요는 없습니다. 이 단계에서 조금만 주의를 기울이면 이후의 개발 단계에서 수행할 작업의 효율을 훨씬 높일 수 있습니다.

팀 단위로 작업하는 경우, 이런 문제는 더욱 복잡해집니다. 프로젝트를 데이터 과학자로 구성된 6개의 하위 팀에서 수행한다고 상상해봅시다. 아이디어를 테스트하는 단계가 완료될 때쯤이면, 데이터 수집에만 수십 개의 실행 방식이 존재하고, 데이터를 플로팅하고 시계열 데이터를 통계 분석하는 방법도 최소 수십 가지가 될 것입니다. 이때 표준화와 함수를 사용하면 이러한 중복 코드를 줄일 수 있습니다.

5.2.3 마지막 조언

프로젝트 실험에서 모델링 단계로 넘어가기 전에 함수를 하나 살펴보겠습니다. 이 함수는 각 모델을 비교할 지역의 여러 공항 중 한 공항의 특정 시계열, 즉 승객 데이터 계열 중 하나에 대한 유용한 스냅샷을 얻는 데 유용합니다.

우리는 앞에서 이상값 플로팅(5.2.2절)과 추세 분해 플로팅(5.2.1절)을 살펴봤습니다. 만약 이 둘 외에 두 가지 플롯이 더 있다면 테스트할 모델 유형 몇 가지에 적용할 초기 설정 정보를 파악하기가 유리할 것입니다. 두 플롯은 바로 자기상관autocorrelation과 편자기상관partial autocorrelation에 대한 것입니다.

자기상관이란 특정 시계열 데이터와 해당 시계열 데이터의 지연된 값(같은 데이터의 이전 단계) 간에 피어슨 테스트Pearson's test를 실행해 −1에서 +1 사이의 결과를 내어주는 알고리듬으로, 지연 간의 상대적 상관관계를 나타냅니다. +1은 최대 양의 상관관계로, 시계열 데이터 전체에서 지정된 지연 위치의 값 간에 완벽한 연관성이 있음을 나타냅니다. 시계열 데이터에서 10개의 값마다 반복 가능한 패턴이 있는 경우 최대 양의 상관관계인 +1로 표시합니다. 자기상관 테스트에서 생성된 그래프에는 계산된 각 지연값과, 0부터 시작되는 로그 곡선으로 보이는 파란색 원뿔 모양의 신뢰 구간(기본값은 95%)이 함께 그려집니다. 이 원뿔 경계를 넘어가는 지점은 통계적으로 유의미한 것으로 간주됩니다. 자기상관 테스트에는 지연 측정에 대한 직접적인 의존성 정보뿐만 아니라 간접적인 효과도 포함됩니다.

자기상관 테스트의 이런 특성으로 인해, 이 테스트만 단독으로 보면 해석을 다소 잘못할 수도 있습니다. 그렇기 때문에 시계열 데이터를 분석할 때는 자기상관 테스트와 함께 유용한 추가 분석 도구인 **편자기상관 테스트**도 함께 수행합니다. 이 추가 테스트는 자기상관과 유사한 방식으로 각 지연 위치를 평가하지만, 이전 지연값이 현재 측정 중인 독립 지연에 미치는 영향을 제거해 한 단계 더 나아갑니다. 간접적인 효과를 제거하면 특정값의 직접적인 지연 관계를 측정할 수 있습니다.

왜 중요한가요?

자기상관과 편자기상관 차트를 통해 발견한 값을 자기상관 모델을 사용한 모델링의 시작점으로 사용할 수 있습니다. 이에 대한 자세한 내용은 이어지는 6장에서 다루겠습니다.

지금은 모델링을 시작하기 전에 이러한 차트를 한 번에 생성할 수 있는 표준화된 방법을 마련하는 데 목적을 두겠습니다. 이를 활용하면 모든 팀이 튜닝을 수행하는 데 도움되는 시각화를 손쉽게 생성할 수 있습니다. 예측할 시계열 데이터를 분석하는 데 필요한 대부분의 내용을 플로팅하는 간단한 함수를 만들어보겠습니다.

예제 5-13 모델 준비를 위한 표준화된 시계열 데이터의 시각화 및 분석

```
from statsmodels.graphics.tsaplots import plot_acf, plot_pacf

def stationarity_tests(time_df, series_col, time_series_name, period, image_name,
lags=12, cf_alpha=0.05, style='seaborn', plot_size=(16, 32)):
    log_col_name = 'Log {}'.format(series_col)
    diff_log_col_name = 'LogDiff {}'.format(series_col)
    time_df[log_col_name] = np.log(time_df[series_col])
    time_df[diff_log_col_name] = time_df[log_col_name].diff()            ①
    decomposed_trend = seasonal_decompose(time_df[series_col], period=period)  ②
    df_index_start = time_df.index.values[0]
    df_index_end = time_df.index.values[len(time_df)-1]                  ③
    with plt.style.context(style=style):                                ④
        fig, axes = plt.subplots(7, 1, figsize=plot_size)
        plt.subplots_adjust(hspace=0.3)                                 ⑤
```

```
axes[0].plot(time_df[series_col], '-', label='Raw data for {}'.
    format(time_series_name))                                          ⑥
axes[0].legend(loc='upper left')
axes[0].set_title('Raw data trend for {}'.format(time_series_name))
axes[0].set_ylabel(series_col)
axes[0].set_xlabel(time_df.index.name)
axes[1].plot(time_df[diff_log_col_name], 'g-', label='Log Diff for {}'.
    format(time_series_name))                                          ⑦
axes[1].hlines(0.0, df_index_start, df_index_end, 'r', label='Series
    center')
axes[1].legend(loc='lower left')
axes[1].set_title('Diff Log Trend for outliers in {}'.format(time_series_
    name))
axes[1].set_ylabel(series_col) axes[1].set_xlabel(time_df.index.name)
fig = plot_acf(time_df[series_col], lags=lags, ax=axes[2])             ⑧
fig = plot_pacf(time_df[series_col], lags=lags, ax=axes[3])           ⑨
axes[2].set_xlabel('lags')
axes[2].set_ylabel('correlation')
axes[3].set_xlabel('lags')
axes[3].set_ylabel('correlation')
axes[4].plot(decomposed_trend.trend, 'r-', label='Trend data for {}'.
    format(time_series_name))                                          ⑩
axes[4].legend(loc='upper left')
axes[4].set_title('Trend component of decomposition for {}'.format(time_
    series_name))
axes[4].set_ylabel(series_col)
axes[4].set_xlabel(time_df.index.name)
axes[5].plot(decomposed_trend.seasonal, 'r-', label='Seasonal data for {}'.
    format(time_series_name))                                          ⑪
axes[5].legend(loc='center left', bbox_to_anchor=(0,1))
axes[5].set_title('Seasonal component of decomposition for {}'.
    format(time_series_name))
axes[5].set_ylabel(series_col)
axes[5].set_xlabel(time_df.index.name)
axes[6]. plot (decomposed_trend.resid, 'r.', label='Residuals data for {}'.
    format(time_series_name))                                          ⑫
axes[6].hlines(0.0, df_index_start, df_index_end, 'black', label='Series
    Center')
axes[6].legend(loc='center left', bbox_to_anchor=(0,1))
axes[6].set_title('Residuals component of decomposition for {}'.
    format(time_series_name))
axes[6].set_ylabel(series_col)
axes[6].set_xlabel(time_df.index.name)
plt.savefig(image_name, format='svg')                                  ⑬
```

```
        plt.tight_layout()
return fig                                                                                    ⑭
```

1. 이상치 플롯에서 **log** 차이 데이터를 계산합니다.

2. 추세 요소, 계절성 요소, 잔차를 넘파이 시계열로 분해합니다.

3. 플로팅의 수평선을 위한 시작점과 끝점의 인덱스를 추출합니다.

4. **matplotlib.pyplot.plot**의 래퍼로 플롯을 효과적으로 그리기 위해 그래프 스타일을 지정합니다.

5. 플롯에서 그래프 제목과 축 레이블이 겹치지 않게 미세 조정합니다.

6. 원시 데이터가 다른 플롯에 시각적으로 참조될 수 있게 플로팅합니다.

7. 로그 차이를 통한 이상치 데이터를 플로팅합니다.

8. 편자기상관과 자기상관 플롯으로 자기상관 모델 튜닝에 통찰을 제공합니다.

9. 편자기상관 플롯을 통해 자기상관 모델 튜닝에 통찰을 제공합니다.

10. 시계열에서 추출된 추세를 플로팅합니다.

11. 시계열에서 추출된 계절성 신호를 플로팅합니다.

12. 시계열의 잔차를 플로팅합니다.

13. 나중에 참고용이나 발표용으로 활용하기 위해 그림을 저장합니다.

14. 추가 작업을 위해 만든 그림을 반환합니다.

이제 코드가 생성하는 결과를 살펴보겠습니다. [그림 5-12]는 [예제 5-14]의 코드를 실행한 결과입니다.

예제 5-14 EWR 공항 국내선 승객 데이터의 추세 시각화

```
ewr = get_airport_data('EWR', DATA_PATH)                                                      ①
ewr = apply_index_freq(ewr, 'MS')                                                             ②
ewr_plots = stationarity_tests(ewr, 'Domestic Passengers', 'Newark Airport', 12,
    'newark_domestic_plots.svg', 48, 0.05)                                                    ③
```

1. 원본 데이터 소스로부터 뉴어크 리버티 국제공항(EWR)의 데이터 확보

2. DataFrame의 **date** 인덱스로 주기 설정

3. EWR의 국내선 승객에 대한 스냅샷 차트 생성

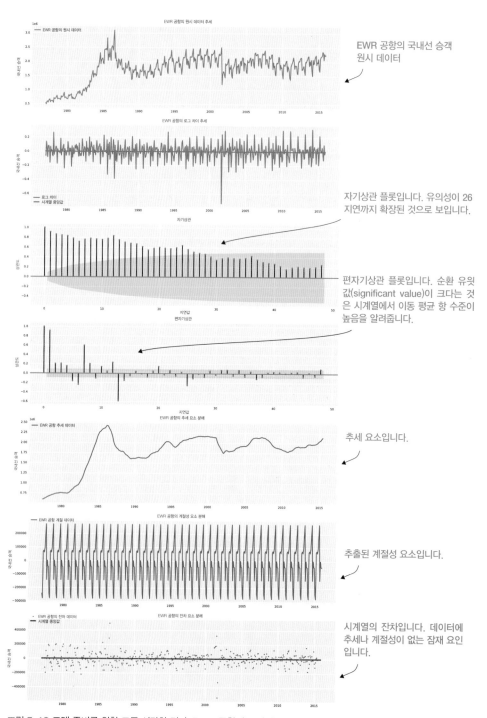

EWR 공항의 국내선 승객 원시 데이터

자기상관 플롯입니다. 유의성이 26 지연까지 확장된 것으로 보입니다.

편자기상관 플롯입니다. 순환 유윗값(significant value)이 크다는 것은 시계열에서 이동 평균 항 수준이 높음을 알려줍니다.

추세 요소입니다.

추출된 계절성 요소입니다.

시계열의 잔차입니다. 데이터에 추세나 계절성이 없는 잠재 요인입니다.

그림 5-12 모델 준비를 위한 모든 시각화 결과. EWR 공항의 국내선 승객 여행 데이터

이제 드디어 모델 평가를 시작할 준비가 되었습니다. 재사용 가능한 함수로 잘 정리된 몇 가지 표준 시각화 도구를 확보했고, 테스트를 위해 어떤 공항을 평가할지 알고 있으며, 우리가 개발한 도구는 각 실험 테스트에서 동일한 시각화와 데이터 처리 단계를 사용하도록 보장할 것입니다. 우리는 빈번하게 사용해 매번 개발했어야 할 코드를 상당량 제거했으며, 해결하고자 하는 핵심 문제인 시계열 예측을 시작하는 데 걸리는 시간을 단축했습니다.

다음 장에서 모델링 단계를 시작할 때도 표준 시각화를 추가로 구축할 것입니다. 하지만 현재 단계에서 장담할 수 있는 것은, 팀에서 기존의 코드를 중복해 만들거나 복사 및 붙여넣기를 남발하지는 않을 것이라는 점입니다.

5.3 요약

- 문제를 해결할 가능성이 있는 잠재적인 접근 방식에 대한 철저한 연구 조사 단계에서는 데이터셋의 통계 분석, 모델 API와 API 문서의 검토, 신속한 프로토타이핑 및 객관적인 비교를 수행합니다.
- 적절한 통계적 평가와 시각화를 통해 사용 가능한 피처 데이터를 깊이 이해한다면, 나중에 발생할 수 있는 문제를 조기에 발견하게 됩니다. 프로젝트에서 사용하는 훈련용 데이터에 익숙해지고, 잘 정제되고 정의된 상태로 시작한다면, 프로젝트 개발 단계의 후반에서 많은 비용이 드는 재작업을 줄일 수 있습니다.

CHAPTER 6

프로젝트 테스트 및 평가

이 장의 내용

- ML 프로젝트의 잠재적 접근 방식 평가
- 프로젝트를 구현할 접근 방식의 객관적 선택

이전 장에서 프로젝트의 실험 단계와 관련된 위험을 최소화하기 위해 취해야 할 모든 준비 조치를 다뤘습니다. 즉, 문제 해결에 사용할 옵션을 알려주는 연구의 수행 준비부터 프로토타입 제작 단계에서 팀원들이 활용할 유용한 함수의 구축에 이르는 내용입니다. 이번 장에서는 이전 장에서 다룬 공항 승객 수요 예측 시계열 모델링 프로젝트를 이어가면서 프로젝트 실패 확률을 줄이는 실험 테스트 방법론에 초점을 맞추겠습니다.

테스트 방법론에 시간을 할애하는 이유는 프로젝트 개발 단계 중 이 단계가 두 가지 이유로 절대적으로 중요하기 때문입니다. 극단의 한 예로 접근 방식을 충분히 테스트하지 않으면, 즉 비판적이고 객관적으로 평가하지 않으면 선택한 접근 방식이 실제 문제를 해결하기에 불충분합니다. 이에 대척되는 극단의 또 다른 예로 너무 많은 옵션을 과도하게 깊이 테스트하면 실험적인 프로토타이핑 단계가 되어 비즈니스 관점에서 볼 때 시간이 지나치게 오래 걸릴 위험이 있습니다.

아이디어의 신속한 테스트를 목표로 하는 방법론을 따르고, 통일된 채점 방법을 사용해 접근 방식을 비교하고, 예측의 절대적 정확성이 아닌 접근 방식의 성과 평가에 초점을 맞추면 프로젝트 실패 확률을 줄일 수 있습니다.

[그림 6-1]은 ML 프로젝트 내 프로토타이핑에 접근하는 두 극단의 방식을 비교합니다. 중간

지점에 있는 적당한 접근 방식이 필자가 이끌었거나 함께 일한 팀에서 성공률이 가장 높았습니다.

이 다이어그램에서 볼 수 있듯이 양 극단의 접근 방식은 종종 정반대 문제를 초래합니다. 왼쪽 접근 방식은 데이터 과학 팀의 솔루션 제공 역량을 사업부가 신뢰하지 못해 프로젝트가 취소될 공산이 매우 큽니다. 천운이라면 모를까. 데이터 과학 팀이 우연히 선택하고 간신히 테스트한 솔루션이 원격으로는 최적이 아닐 확률도 높습니다. 그들의 솔루션 구현도 마찬가지로 형편없고 비용이 많이 들며 취약할 여지가 큽니다.

그러나 오른쪽 접근 방식은 완전히 다른 문제에 봉착합니다. 학계의 영향을 받은 철저함은 감탄할 만하며 독창적인 연구를 수행하는 팀에는 안성맞춤일 겁니다. 하지만 업계에서 일하는 데이터 과학 팀의 경우, 가능한 솔루션을 일일이 철저하게 평가하는 데 매우 많은 시간이 걸리기 때문에, 대부분의 기업이 인내심을 가지고 기다릴 수 있는 시간보다 훨씬 더 길게 프로젝트가 지연될 수 있습니다. 각 접근 방식에 대한 맞춤형 피처 엔지니어링, 널리 사용되는 프레임워크에서 사용 가능한 모델의 전체 평가, 잠재적인 신규 알고리듬 구현, 이 모든 작업이 곧 매몰 비용입니다. 이 같은 조치는 과학적으로 더 엄격하겠지만 어느 것이 가장 효과적인지 파악하기 위해 각 접근 방식 구축에 시간이 소요되고, 그동안 다른 프로젝트를 진행하지 못합니다. 오래된 격언처럼 시간이 곧 돈입니다. 문제 해결을 위한 본격적인 접근 방식을 구축하는 데 시간을 할애하는 것은 시간과 자금 측면에서 값비싼 비용을 지불하는 것입니다.

응용 애플리케이션 중심의 효과적인 접근 방식을 탐구하기 위해 이전 장의 시계열 모델링 시나리오를 계속 살펴보겠습니다. 이 장에서는 [그림 6-1]의 중간 지점부터 시작해 성공적인 MVP로 이어질 가능성이 가장 높은 후보 접근 방식에 대해 알아보겠습니다.

ML 프로토타이핑의 양 극단 비교(중간 지점이 성공 가능성이 가장 높습니다)

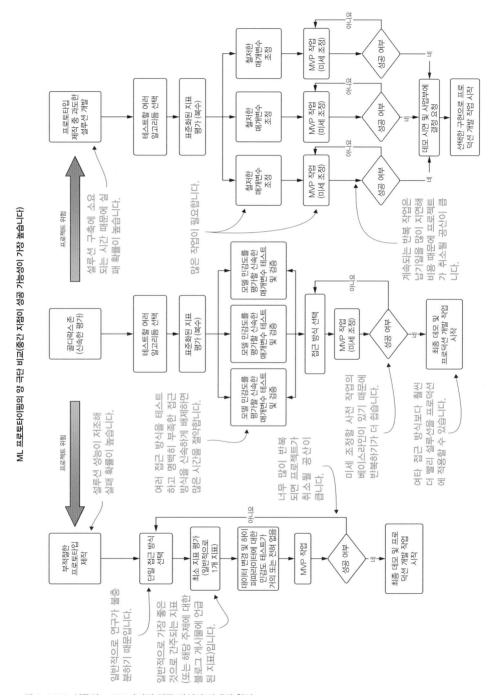

그림 6-1 ML 설루션 프로토타이핑 접근 방식의 단계적 확장

이 단계에서 완벽하려는 유혹을 물리치세요

데이터 과학자는 모든 작업에서 가능한 한 최적화되고 수학적으로 정확한 설루션을 구축하려는 근성이 있습니다. 이 성향은 갖춰야 할 중요한 추진력이지만 프로젝트 전체의 목표가 되어야 합니다. 초기 테스트 단계에서 완벽을 추구하는 열정은 실제로 프로젝트의 성공을 방해합니다.

프로젝트의 비즈니스 스폰서는 가능한 한 최상의 설루션을 원한다는 공통점이 있습니다. 하지만 그들은 오직 여러분이 결정하는 최종 접근 방식에만 관심을 보입니다. 비용은 말할 것도 없고 설루션 개발에 필요한 시간에도 촉각을 곤두세웁니다. 그들은 최상의 설루션을 찾기 위해 무엇을 하고 있는지 전혀 알지 못하며, 최적의 설루션을 찾기 위해 얼마나 많은 테스트를 했는지도 별로 신경 쓰지 않습니다.

프로토타입 제작 및 테스트 접근 방식의 단계에서는 문제를 해결할 옵션을 전부 완전무결하게 탐색하려는 본성적 욕구를 피하고, 대신 가능성이 가장 높은 접근 방식을 찾는 효율적인 방법에 초점을 두는 것이 가장 좋습니다. 이렇게 초점을 조정하고 납기일을 프로젝트에서 둘째로 중요한 요소로 생각하는 방향으로 패러다임을 전환하면 설루션이 프로덕션 과정에서 한발 더 진전할 가능성이 높아집니다.

6.1 아이디어 테스트

5장을 마치면서 공항 승객을 예측하기 위한 다양한 일변량^{univariate1} 모델링 접근 방식을 평가할 준비가 되었습니다. 이제 팀을 그룹으로 나눌 차례입니다. 각 그룹은 지금까지 발견한 다양한 연구 옵션의 구현에 초점을 두고 가능한 한 정확한 설루션을 만들 뿐만 아니라, 각 모델을 튜닝할 때 나타나는 미세한 차이를 이해하기 위해 최선을 다할 것입니다.

구현을 시작하기 전에 모든 사람이 동일한 지표를 평가하고, 동일한 보고서를 생성하고, 서로 다른 접근 방식의 장단점을 한눈에 보여주는 시각화를 생성할 수 있도록 표준 도구 함수를 몇 가지 더 개발해야 합니다. 이 작업을 완료한 후 팀은 동일한 핵심 함수와 점수를 사용해 할당된 각 모델링 작업을 평가하고 조사하는 작업에 착수합니다. 프로젝트의 모델 프로토타이핑 단계

---

1 옮긴이_ 시간에 따라 관측한 변수 하나로 이루어진 데이터를 말합니다. 시계열 분석에서 가장 기본적인 형태로 많은 시계열 모델이 일변량 시계열 데이터를 대상으로 합니다.

에서 준수해야 하는 일반적인 유틸리티, 함수, 표준의 개요를 [그림 6-2]에 제시했습니다.

5.2절에서 언급했듯이 이런 작업 경로는 일반적으로 지도 학습 프로젝트 작업에 중점을 둡니다. CNN의 프로토타입 단계는 상당히 다르게 보일 텐데요. 특히 분류기의 경우 사람이 이해할 수 있는 모델 성능 평가를 작성하는 데 훨씬 더 많은 작업이 선행됩니다. 그러나 일반적으로 다양한 설루션의 프로토타입에서 이런 사전 작업과 접근 방식을 수행함으로써 몇 주에 걸친 재작업과 혼란을 방지합니다.

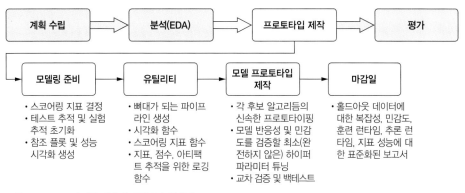

그림 6-2 프로토타이핑 단계의 작업 요소와 함수

6.1.1 코드 가이드라인 설정

5장에서 각 팀이 사용할 수 있는 시각화 도구와 기본 데이터 수집, 서식 지정 함수를 살펴보고 개발했습니다. 바로 아래의 주요 목적을 위해서입니다.

- **표준화**: 각 팀이 동일한 플롯, 수치, 지표를 생성해 서로 다른 접근 방식을 일관되게 비교합니다.
- **의사소통**: 참조 가능한 시각화를 생성해 모델링 작업이 어떻게 문제를 해결하는지 사업부에 보여줍니다.

프로젝트 작업 시 두 가지 요구 사항은 이 단계부터 충족하는 것이 매우 중요합니다. 표준화가 없다면 MVP와 이후에 완전히 개발된 설루션에 어느 접근 방식을 사용할지 결정할 때 실수할 위험이 있습니다. 또한 여러 팀이 접근 방식을 테스트하는 것이 아니라 본질적으로 동일한 시각화와 구현 작업을 해서 시간을 낭비할 위험이 있습니다. 의사소통이 없다면, 보고할 지표 점숫값이 혼란스럽거나 최악의 경우 사업부에 보여줄 원시 코드만 남게 됩니다. 어느 쪽이든 데모 회의에서 재앙을 초래하죠.

항상 복잡하지 않은 플롯을 준비하세요

데이터 과학자라는 직함이 생기기 전에 신생 데이터 과학자로서 필자가 가장 먼저 배운 교훈 하나는 회사의 모든 사람이 통계를 바라는 게 아니라는 사실입니다. 프로젝트 자금을 지원하는 경영진에게 정확도 점수, 신뢰 구간, 또는 기타 수학적 지표를 주장하면서 몇 달에 걸쳐 작업한 설루션의 진실성을 뽐내는 것은 좋은 방법이 아닙니다. 이런 통계는 비록 데이터 과학자 입장에서는 모호하지 않더라도 그들에게는 알쏭달쏭한 수치에 불과합니다.

인간은 세상의 질서와 패턴을 갈망하는 종족입니다. 레온 브릴루앙Leon Brillouin이 만든 용어인 네겐트로피negentropy[2]는 생명체에게 효과적으로 프로그래밍된 자연적 진화 경향을 뜻합니다. 따라서 특히 매우 복잡한 시스템을 단순화하기 위해 만든 데이터의 시각적 표현은 소통 도구로서 항상 효과가 좋습니다.

데이터 과학자가 연구 중인 특정 설루션의 경우, 사용해왔거나 처음부터 개발한 알고리듬의 예측력을 가장 효과적이고 이해하기 쉽게 보여주기 위해 시각화의 구상과 구축에 힘써야 한다고 주장하는 것은 아닙니다. 그렇다고 해서 사업부의 모든 직원이 지표에 대해 무지하다는 말은 더더욱 아닙니다. 요지는 ML 설루션에 대한 정보를 전달하는 수단 중 시각화가 그 어떤 것보다 항상 더 강력하다는 것입니다.

이 아이디어를 처음 고안한 헨리크 입센Henrik Ibsen의 말을 인용하자면, "천 마디 말로는 한 가지 행동만큼 깊은 인상을 남기지 못합니다". 이 말은 "한 장의 사진은 천 마디 말보다 더 낫다"라는 프레드 R. 바너드Fred R. Barnard의 말을 각색한 것입니다.

각 팀에 할당된 설루션을 집중적으로 개발하기 전에, 대규모 팀에서 최종 분석을 한 번 수행해 예측이 얼마나 잘 수행되는지를 관계자들에게 시각적으로 보여줄 수 있을 겁니다. 4장에서 논의한 대로, 실험 단계가 끝나면 팀은 ML이나 IT를 잘 모르는 사람도 쉽게 이해할 수 있게 결과를 발표해야 한다는 점을 명심하세요.

이 같은 소통의 가장 효과적인 방법은 간단한 시각화입니다. 명확하고 간략한 주석과 함께 접근 방식의 결과를 표시하는 데 집중하면 초기 테스트 단계에 도움이 될 뿐만 아니라, 나중에 프로덕션 단계에서의 설루션 성능을 보고하는 데 활용할 수 있습니다. 의미를 설명하는 시각적

---

2   옮긴이_ 엔트로피(entropy)의 반대 개념인 음의 엔트로피로, 엔트로피가 무질서와 불확실성을 나타낸다면 네겐트로피는 질서와 확실성을 나타내는 지표입니다.

힌트가 없는 혼란스러운 보고서와 지표 테이블을 피하면 사업부와의 명확하고 간결한 소통이 보장됩니다.

베이스라인 비교 시각화

더 복잡한 모델에 대한 기본 참조 결과를 얻으려면 가장 간단한 구현 결과가 무엇을 생성하는지 확인합니다. 그러면 고안한 알고리듬이 무엇이든 베이스라인보다 더 나은 결과를 보이는지 알게 됩니다. 시계열 모형화를 위한 베이스라인은 단순 이동 평균과 지수 평활 평균exponentially smoothed average[3]의 형태를 취합니다. 이 두 가지 접근 방식 중 어느 것도 프로젝트의 예측 요구 사항을 만족시킬 순 없지만, 베이스라인 결과를 사용해 검증 기간 내에 보다 정교한 접근 방식으로 예측 결과가 개선될 것인지 확인할 수 있습니다.

팀이 베이스라인 비교를 확인하는 데 사용할 시각화를 만들려면 먼저 [예제 6-1] 같은 지수 평활 함수를 정의해야 합니다. 이 모든 것은 각 팀의 업무를 표준화하고 프로젝트의 성공을 사업부에 전달할 효과적인 소통 도구를 구축하기 위해 고안되었음을 명심하세요.

예제 6-1 비교 예측을 생성하는 지수 평활 함수

```
def exp_smoothing(raw_series, alpha=0.05):                              ①
    output = [raw_series[0]]                                           ②
    for i in range(1, len(raw_series)):                               ③
        output.append(raw_series[i] * alpha + (1-alpha) * output[i-1])
    return output
```

1. alpha는 수열의 이전 값을 완화하는 평활화 매개변수입니다(값이 1.0에 가까울수록 감쇠 효과가 강하고, 0.0에 가까우면 감쇠 효과가 강하지 않습니다).

2. 시계열의 시작 값을 추가해 순회를 위한 올바른 인덱스 위치를 초기화합니다.

3. 지수 평활 공식을 각 값과 이전 값에 적용해 시계열을 반복합니다.

추가 분석을 위해 시계열의 간단한 모델링 적합도에 대한 지표와 오류 추정치를 생성하려면 보완 함수가 필요합니다. [예제 6-2]는 피팅에 대한 MAE를 계산하고 불확실성 구간(yhat 값)을

---

3   옮긴이_ 최근의 데이터일수록 높은 가중치를 부여하고 오래된 데이터일수록 낮은 가중치를 부여함으로써, 최근 추세나 계절성을 더 잘 반영하게 하는 모델링 기법입니다. 단순 지수 평활(simple exponential smoothing), 홀트의 선형 지수 평활(Holt's linear exponential smoothing), 홀트-윈터스(Holt-Winters) 지수 평활 등이 있습니다.

계산하는 방법을 안내합니다.

예제 6-2 MAE 및 불확실성

```
from sklearn.metrics import mean_absolute_error

def calculate_mae(raw_series, smoothed_series, window, scale):
    res = {}                                                                    ①
    mae_value = mean_absolute_error(raw_series[window:], smoothed_series[window:])  ②
    res['mae'] = mae_value
    deviation = np.std(raw_series[window:] - smoothed_series[window:])           ③
    res['stddev'] = deviation
    yhat = mae_value + scale * deviation                                         ④
    res['yhat_low'] = smoothed_series - yhat                                     ⑤
    res['yhat_high'] = smoothed_series + yhat
    return res
```

1. 커링^{currying4}을 위해 계산된 값을 저장할 딕셔너리를 인스턴스화합니다.

2. 표준 사이킷런의 **mean_absolute_error** 함수를 사용해 원시 데이터와 평활화된 시계열 사이의 MAE를 구합니다.

3. 시계열 차이의 표준 편차를 계산해 불확실성 임곗값(yhat)을 계산합니다.

4. 차분 시계열의 표준 베이스라인 **yhat** 값을 계산합니다.

5. 평활화된 시계열 데이터를 중심으로 하한값과 상한값 **yhat** 시계열을 생성합니다.

> **NOTE_** 이 코드 전체에서 필요한 경우 함수 위에 **import** 명령문이 표시됩니다. 이는 데모용으로만 사용됩니다. 노트북, 스크립트나 IDE에서 모듈로 작성하든 관계없이 모든 **import** 명령문은 항상 코드의 맨 위에 있어야 합니다.

[예제 6-1]과 [예제 6-2]에서 두 함수를 정의했으므로 이제 다른 함수에서 두 함수를 호출해 시각화뿐만 아니라 이동 평균과 지수 평활된 데이터의 시계열을 생성할 수 있습니다. [예제 6-3]은 참조 데이터를 생성하고 각 공항과 승객 유형을 쉽게 볼 수 있는 시각화를 생성합니다.

---

4   옮긴이_ 커링은 함수의 재사용성을 높이기 위해 매개변수가 하나 이상인 함수를 부분적으로 나눠 각각의 단일 매개변수를 갖는 함수로 설정하는 기법입니다.

```
def smoothed_time_plots(time_series, time_series_name, image_name, smoothing_
window, exp_alpha=0.05, yhat_scale=1.96, style='seaborn', plot_size=(16, 24)):
    reference_collection = {}                                              ①
    ts = pd.Series(time_series)

    with plt.style.context(style=style):
        fig, axes = plt.subplots(3, 1, figsize=plot_size)
        plt.subplots_adjust(hspace=0.3)
        moving_avg = ts.rolling(window=smoothing_window).mean()            ②
        exp_smoothed = exp_smoothing(ts, exp_alpha)                        ③
        res = calculate_mae(time_series, moving_avg, smoothing_window,
            yhat_scale)                                                    ④
        res_exp = calculate_mae(time_series, exp_smoothed, smoothing_window,
                                yhat_scale)                                ⑤
        exp_data = pd.Series(exp_smoothed, index=time_series.index)        ⑥
        exp_yhat_low_data = pd.Series(res_exp['yhat_low'], index=time_series.index)
        exp_yhat_high_data = pd.Series(res_exp['yhat_high'], index=time_series.
                                index)
        axes[0].plot(ts, '-', label='Trend for {}'.format(time_series_name))
        axes[0].legend(loc='upper left')
        axes[0].set_title('Raw Data trend for {}'.format(time_series_name))
        axes[1].plot(ts, '-', label='Trend for {}'.format(time_series_name))
        axes[1].plot(moving_avg, 'g-', label='Moving Average with window: {}'.
                    format(smoothing_window))
        axes[1].plot(res['yhat_high'], 'r--', label='yhat bounds')
        axes[1].plot(res['yhat_low'], 'r--')
        axes[1].set_title('Moving Average Trend for window: {} with MAE of:
                {:.1f}'.format(smoothing_window, res['mae']))              ⑦
        axes[1].legend(loc='upper left')
        axes[2].plot(ts, '-', label='Trend for {}'.format(time_series_name))
        axes[2].legend(loc='upper left')
        axes[2].plot(exp_data, 'g-', label='Exponential Smoothing with alpha: {}'.
                    format(exp_alpha))
        axes[2].plot(exp_yhat_high_data, 'r--', label='yhat bounds')
        axes[2].plot(exp_yhat_low_data, 'r--')
        axes[2].set_title('Exponential Smoothing Trend for alpha: {} with MAE of:
                    {:.1f}'.format(exp_alpha, res_exp['mae']))
        axes[2].legend(loc='upper left')
        plt.savefig(image_name, format='svg')
        plt.tight_layout()
        reference_collection['plots'] = fig
        reference_collection['moving_average'] = moving_avg
```

```
        reference_collection['exp_smooth'] = exp_smoothed
        return reference_collection
```

1. 데이터 반환값에 대한 커링 딕셔너리를 생성합니다.

2. 간단한 시계열 이동 평균을 계산합니다.

3. [예제 6-1]에 정의된 함수를 호출합니다.

4. 단순 이동 평균 시계열에 대해 [예제 6-2]에 정의된 함수를 호출합니다.

5. 평활화된 추세에 대해 [예제 6-2]에 정의된 함수를 호출합니다.

6. 판다스 인덱스 날짜 시계열을 인덱싱되지 않은 지수 평활화된 시계열(및 yhat 시계열값도 포함)에 적용합니다.

7. 수치 포맷과 함께 문자열 보간을 사용해 시각화를 더 쉽게 읽게 합니다.

[예제 6-4]에서는 이 함수를 호출합니다. 데이터와 미리 구축된 시각화를 통해 팀은 모델링 실험 전반에 걸쳐 참조할 수 있는 사용하기 쉬운 표준 가이드를 확보할 수 있습니다.

예제 6-4 시계열 데이터 및 시각화를 위한 참조 평활화 함수 호출

```
ewr_data = get_airport_data('EWR', DATA_PATH)
ewr_reference = smoothed_time_plots(ewr_data['International Passengers'], 'Newark
    International', 'newark_dom_smooth_plot.svg', 12, exp_alpha=0.25)
```

하위 팀들이 이 코드를 실행하면 [그림 6-3]과 같이 신속한 참조 시각화(및 이동 평균, 지수 가중 이동 평균 평활 알고리듬의 시계열 데이터 포함)를 확인할 수 있습니다.

이 단계에서 이 상용구boilerplate[5] 시각화 코드를 [예제 6-3]에서 정의하고 [예제 6-4]에서 사용한 함수로 래핑하는 목적은 두 가지입니다.

- 이식성: 각 팀에 이 함수를 참조할 수 있는 코드 조각으로 제공해 작업에 대한 종속성으로 사용할 수 있으므로 모든 사람이 정확히 동일한 시각화를 생성하도록 보장합니다.

- 프로덕션 준비: 이 코드는 함수로서 해당 프로젝트만이 아니라 향후 다른 예측 프로젝트에서도 메서드로 시각화 클래스에 쉽게 이식할 수 있습니다.

솔루션 프로토타입의 적시 제공에 집중하는 시점에서는 재사용 가능한 코드를 만드는 데 시간

---

5   옮긴이_ 프로그램에서 자주 사용되는 반복적이고 일정한 형식의 코드를 의미합니다. 이 코드에는 주로 프로그램 구조를 유지하거나, 프로그램 동작에 필요한 최소한의 코드가 담깁니다.

을 조금 할애하는 것이 가치가 없어 보일 수 있습니다. 하지만 프로젝트 범위가 확대되고 복잡성이 단순한 예측 문제를 훨씬 넘어서는 만큼, 바로 지금 코드를 모듈화하는 작은 수고로 나중에 많은 시간을 절약할 수 있습니다.

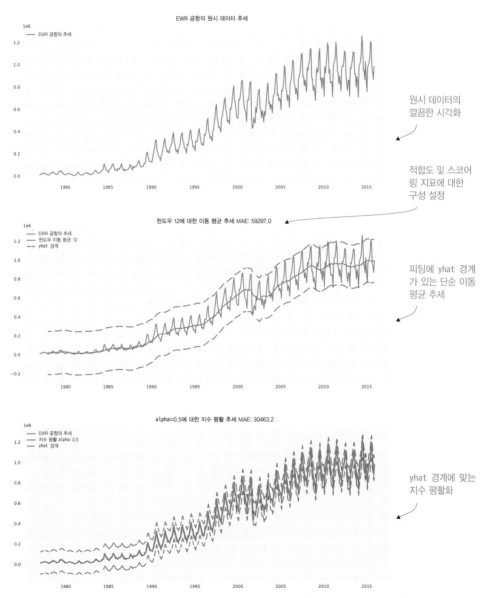

그림 6-3 [예제 6-4]에 표시된 것처럼 `smoothed_time_plots()` 함수 호출을 기반으로 한 참조 추세 시각화

표준 지표

모델 실험으로 넘어가기 전에 팀이 마지막으로 구현할 것은 홀드아웃 검증 데이터를 유지하기 위한 미래 예측의 측정 표준화입니다. 이 같은 수고는 각 구현의 효과에 대한 논쟁의 여지를 불식하기 위한 것입니다. 표준화를 통해 각 구현의 장점을 효과적으로 간략화함으로써 회의 시간을 절약할 뿐만 아니라 각 구현을 비교할 때 강력한 과학적 방법론을 제공할 수 있습니다.

지표를 두고 논쟁한다니, 어리석어 보이죠?

네, 네, 확실히 그렇습니다. 이런 논쟁을 본 적이 있냐고요? 네, 본 적이 있어요.

제가 그랬냐고요? 부끄럽게도 그렇습니다. 그리고 그 시간을 돌려받아 유익하게 쓸 수 있었으면 좋겠습니다.

그래서 좋은 결과를 얻었을까요? 확실히 그랬습니다.

지표 논쟁이 프로젝트 취소의 원인이 된 사례를 본 적이 있나요? 아니요, 말도 안 되는 소리죠.

짚고 넘어갈 것은 시간이 유한하다는 것입니다. 비즈니스 문제를 해결하기 위한 솔루션을 구축할 때 해당 사업부가 데이터 과학 팀이 관여하기 전까지 해오던 일을 계속하거나, 아예 프로젝트 취소를 요구하고 다시는 데이터 과학 팀과 협업하지 않겠다고 선언하기까지 프로젝트가 오랫동안 지연됩니다.

특히 모델 평가를 위해 모든 지표를 계산하고 차후 언제든 사후 평가에서 참조하도록 점수를 보존하는 것이 사소한 시간 투자라는 점을 고려할 때, 모델 평가에 어떤 지표를 사용할지를 두고 논쟁하느라 작업을 지연시킨다면 정말 어리석은 것입니다. 지표는 해결하려는 문제와 관련된 것을 모두 수집하기만 하면 됩니다. 다만 앞서 언급한 예외적인 경우는 제외합니다. 즉, 지표가 매우 복잡해서 계산하는 데 상당한 비용이 드는 경우, 코드를 작성하기 전에 파악할 가치가 있는지 확인해야 합니다. 이러한 유연성을 지원하도록 코드를 조정하는 것은 애자일 원칙에 부합하며, 대규모 리팩터링을 수행하지 않고도 빠르게 기능을 변경하게 해줍니다.

각 팀이 자체적으로 최적의 평가 지표를 결정하도록 맡기면, 상호 비교가 거의 불가능해 다시 테스트해야 하며 프로젝트가 더 지연될 수 있습니다. 이렇게 피할 수 있었던 지연이 꾸준히 누적되면 프로젝트를 포기하게 될 공산이 크게 높아집니다.

5.1.3절에서는 팀이 모델을 채점하는 데 사용할 합의된 지표(R-제곱, MSE, RMSE, MAE,

MAPE 및 설명된 분산)에 대해 다뤘습니다. 모델링 테스트 구현에 주력할 각 하위 팀의 시간을 크게 단축하려면 결과를 훨씬 쉽게 채점하고 표준화된 보고서를 작성할 수 있도록 몇 가지 함수를 만들어야 합니다.

먼저 MAPE를 실제로 구현해야 합니다. 이 글을 쓰는 시점에서 MAPE는 파이썬 라이브러리에서 스코어링 지표로 쉽게 사용할 수 없기 때문입니다. 이 지표는 시계열값의 크기를 고려하지 않고도 다양한 예측과 비교하는 데 사용할 수 있는 스케일링되고 표준화된 값이므로, 다양한 시계열에서 예측의 전반적인 품질을 평가하는 데 매우 중요합니다.

그러나 앞서 실험 계획에서 설명한 것처럼 이 수치를 유일한 측정 지표로 사용해서는 안 됩니다. 수행 중인 각 실험에서 여러 지표를 기록해두면 다른 지표를 기반으로 이전 실험을 평가할 때 좋은 결과를 얻습니다. [예제 6-5]는 기본 MAPE 구현입니다.

예제 6-5 간단한 MAPE 구현

```
def mape(y_true, y_pred):
    return np.mean(np.abs((y_true - y_pred) / y_true)) * 100
```

MAPE를 정의했으므로, 각 계산을 수동으로 구현해서 실험 코드 기반을 모두 버릴 필요 없이 합의된 모든 지표를 계산하는 간단한 시계열 스코어링 함수를 만들 수 있습니다. 또 이 함수를 사용하면 코드 전체에서 표준 지표 계산을 매번 재정의하지 않고도 이런 계산을 시각화에 포함할 수 있습니다. 사용할 표준 지표 함수는 [예제 6-6]과 같습니다.

예제 6-6 스코어링 예측 데이터에 대한 표준 오차 계산

```
from sklearn.metrics import explained_variance_score, mean_absolute_error,
    mean_squared_error, r2_score                                              ①
def calculate_errors(y_true, y_pred):                                         ②
    error_scores = {}                                                         ③
    mse = mean_squared_error(y_true, y_pred)                                  ④
    error_scores['mae'] = mean_absolute_error(y_true, y_pred)
    error_scores['mape'] = mape(y_true, y_pred)                               ⑤
    error_scores['mse'] = mse error_scores['rmse'] = sqrt(mse)
    error_scores['explained_var'] = explained_variance_score(y_true, y_pred)
    error_scores['r2'] = r2_score(y_true, y_pred)
    return error_scores
```

1. 사용 가능한 표준 스코어링 구현을 최대한 많이 가져와 활용합니다. 바퀴를 다시 발명할 까닭이 없습니다.

2. 예측 검증 기간에 대한 실제 시계열과 예측 시계열을 전달합니다.

3. 다른 곳에서 사용할 스코어를 저장하기 위한 딕셔너리 생성자를 인스턴스화합니다(print 명령문이 없다는 점에 유의하세요).

4. 지역 변수를 선언합니다(mse 값이 저장되어 rmse 지표에 사용되기 때문입니다).

5. [예제 6-5]에 정의된 MAPE를 계산해 사용합니다.

이 함수에서 눈에 띄는 것은 print 명령문이 누락된 것입니다. 이는 명백히 다른 두 가지 이유로 의도된 것입니다.

첫째로 데이터 과학 팀이 사용할 시각화에 딕셔너리로 캡슐화된 스코어링 지표를 사용하기 위함입니다. 따라서 값을 단순히 stdout으로 출력하고 싶지는 않습니다. 함수와 메서드에 stdout 출력을 사용하는 것은 좋지 않습니다. 그러면 차후 솔루션을 개발할 때 더 많은 작업이 필요하기 때문입니다.

프로덕션 버전으로 릴리스하기 전에 코드를 샅샅이 뒤져 print 명령문을 제거하거나 로깅 명령문으로 변환하는 작업은 지루하고 오류가 생기기 쉬우며, 오류를 놓칠 경우 프로덕션 솔루션 성능, 특히 지연 평가되는 언어lazily evaluated language에 영향을 미칩니다. 또 프로덕션 환경에서는 아무도 stdout을 읽지 않으므로 print 명령문은 불필요하게 실행된 코드에 지나지 않습니다.

print 명령문이 ML에 나쁜 이유

솔직히 print 명령문은 모든 소프트웨어에 좋지 않습니다. 주목할 만한 유일한 예외는 코드의 임시 디버깅으로 런타임 중에 복잡한 항목의 상태를 확인할 때뿐입니다. 하지만 특정 유스 케이스를 제외하고는 어떤 대가를 치르더라도 피해야 합니다.

문제는 필자가 print 명령문을 어디에서나 본다는 것입니다. 예를 들어 행 개수 print, 스코어링 지표 print, 배열 및 리스트 길이 print, 테스트 중인 하이퍼파라미터 print, I/O 작업을 위한 소스 및 싱크 print, 메서드에 제공된 인수의 구성 print 등이죠. 모두 똑같이 쓸모없으며, 대부분은 팀의 인프라 예산에 막대한 손해를 끼칩니다.

블로그 게시물, Hello world 및 API용 기본 시작 안내서는 새로운 언어, 주제 또는 API를 접하는 사람들에게 즉각적이고 만족스러운 결과를 보여주기 위해 print 명령문을 많이 사용하지만, 구문과 용법에 약간 익숙해지면 항상 코드에서 이를 제거해야 합니다. 그 이유는 간단한데, 실험과 개발 단계 외에서는 print 명령문을 다시 볼 일이 없기 때문입니다. 코드에 print 명령문을 여기저기 남기면 stdout 내에 혼란스럽고 찾기 어려운 참조가 남는데, 이는 일반적으로 실행이 끝나면 정보가 영원히 손실됨을 의미합니다.

ML 실행과 관련된 정보에 접근하는 더 좋은 방식은 쉽게 쿼리하거나 시각적으로 참조할 수 있는 위치에 데이터를 유지하는 것입니다.

이렇게 하면 print 명령문의 목적을 위해 공들여 수집한 정보를 나중에 참조하거나 플로팅하고 자동화된 프로세스의 시스템 제어를 위해 저장할 수도 있습니다.

실험 중에 꼭 무언가를 출력해야 하는 경우에는 print 명령문이 실험용 스크립트 코드에만 있는지 확인하세요. 더 나은 대안은 결과를 코드에 기록하거나 다음 장에서 다룰 MLflow 같은 서비스를 사용하는 것입니다.

최종 사전 모델링 작업에서는 신속한 시각화와 지표 보고 기능을 구축해야 합니다. 두 기능은 각 팀에 각 모델의 예측 성능을 평가할 표준적이고 재사용 가능한 수단을 제공합니다. [예제 6-7]은 6.1.2절의 모델 실험 단계에서 활용할 간단한 예시입니다.

예제 6-7 오류 지표를 사용한 미래 예측 플로팅

```
def plot_predictions(y_true, y_pred, time_series_name, value_name, image_name,
style='seaborn', plot_size=(16, 12)):                                    ①
    validation_output = {}
    error_values = calculate_errors(y_true, y_pred)                      ②
    validation_output['errors'] = error_values                          ③
    text_str = '\n'.join((
        'mae = {:.3f}'.format(error_values['mae']),
        'mape = {:.3f}'.format(error_values['mape']),
        'mse = {:.3f}'.format(error_values['mse']),
        'rmse = {:.3f}'.format(error_values['rmse']),
        'explained var = {:.3f}'.format(error_values['explained_var']),
        'r squared = {:.3f}'.format(error_values['r2']),
    ))                                                                   ④
    with plt.style.context(style=style):
        fig, axes = plt.subplots(1, 1, figsize=plot_size)
        axes.plot(y_true, 'b-', label='Test data for {}'.format(time_series_name))
        axes.plot(y_pred, 'r-', label='Forecast data for {}'.format(time_series_
                name))                                                   ⑤
```

```
        axes.legend(loc='upper left')
        axes.set_title('Raw and Predicted data trend for {}'.format(time_series_
                        name))
        axes.set_ylabel(value_name)
        axes.set_xlabel(y_true.index.name)
        props = dict(boxstyle='round', facecolor='oldlace', alpha=0.5)          ⑥
        axes.text(0.05, 0.9, text_str, transform=axes.transAxes, fontsize=12,
            verticalalignment='top', bbox=props)                                ⑦
        validation_output['plot'] = fig
        plt.savefig(image_name, format='svg')
        plt.tight_layout()
    return validation_output
```

---

1. 함수를 더 일반적으로 유지하기 위해 필드 이름이 있는 DataFrame 입력 대신 인덱싱된 시계열값으로 입력을 설정합니다.

2. [예제 6-6]에서 생성된 함수를 호출해 프로젝트에 대해 합의된 모든 오류 지표를 계산합니다.

3. 시각화 생성 외의 다른 용도로 사용할 수 있도록 오류 지표를 출력 딕셔너리에 추가합니다.

4. 그래프에 중첩된 바운딩 박스 요소에 적용할 문자열을 생성합니다.

5. 실제 및 미래 예측 데이터의 오버레이를 동일한 그래프에 다른 색상으로 플로팅합니다.

6. 모든 오류 스코어를 플롯된 데이터와 함께 표시할 텍스트 상자를 생성합니다.

7. 텍스트 내용을 텍스트 경계 박스에 기록합니다.

실험 작업의 속도를 내기 위해 기본 함수를 만들었다면, 드디어 시계열 작업을 위한 다양한 예측 알고리듬을 테스트하는 프로세스를 시작하겠습니다.

6.1.2 신속한 예측 테스트 실행

신속한 테스트 단계는 프로토타입을 올바르게 수행하기 위해 가장 중차대한 부분입니다. 이 장의 도입부에서 언급했듯이, 각 알고리듬의 튜닝 민감도를 결정하는 다양한 접근 방식을 충분히 테스트하지 않는 것과 각 접근 방식에 대한 전체 MVP 솔루션의 구축에 지나치게 많은 시간을 소비하는 것 사이의 균형점을 찾기 위해 노력해야 합니다. **이 단계에서는 시간이 가장 중요한 요소**이므로 문제를 확실하게 해결할 가능성이 가장 높은 접근 방식이 무엇인지에 대해 정보에 입각한 결정을 내려 효율성을 높여야 합니다.

유용하고 표준화된 유틸리티 기능으로 새롭게 무장한 각 데이터 과학 팀은 각자의 접근 방식을 연구하면서 가장 유망한 모델을 찾기 위해 신속하게 테스트할 수 있습니다. 팀은 모델링 테스트를 고려 중인 공항이 JFK, EWR, LGA라는 데 동의했습니다. 각 팀은 동일한 데이터셋에서 모델을 테스트하고 패러다임을 조정해 각 접근 방식을 공정하게 평가해야 합니다.

신속한 테스트 중에 각 팀이 다양한 모델 접근 방식으로 무엇을 하고, 접근 방식에 대해 어떤 결정을 내리며, 접근 방식이 제대로 진행되지 않는다고 판단되면 어떻게 재빨리 방향을 전환할 수 있는지 살펴봅시다. 탐색 단계에서는 각 알고리듬의 미묘한 차이를 발견할 뿐만 아니라 5장에서 다룬 준비 단계에서 실현되지 않았을 수 있는 프로젝트의 측면을 명확히 수행합니다. 충분히 예상되는 일로, 신속한 테스트 단계에서는 이 같은 문제를 발견할 때 팀원들이 자주 소통해야 한다는 점을 늘 기억해야 합니다. 문제 발견 시 효과적으로 대처하는 비법은 다음 글 상자를 참조하세요.

해커톤 동안 심판을 요청하세요

제게 매우 흥미로웠던 데이터 과학 작업 몇 가지는 신속한 프로토타이핑 단계에서 수행되었습니다. 해결할 수 없다고 생각한 비즈니스 문제에 대한 설루션을 마련하기 위해 뛰어난 인재들이 힘을 합쳐 창의력을 발휘하고 긴밀하게 협력하는 모습은 흥미진진하게 지켜볼 만합니다.

해커톤은 온종일 또는 문제의 복잡성에 따라 며칠 동안 혼란스러운 상황이 전개되므로 행사 진행자를 두는 것이 중요합니다. 팀장, 매니저, 수석 데이터 과학자 또는 그룹의 최고 선임 개인 기술 기여자든 직함에 관계없이, 중요한 것은 한 사람을 업무에서 배제해 그룹 간의 소통자 역할을 맡기는 것입니다.

이 사람의 역할은 작업 중인 내용을 논의하고, 조언하고, 그룹 간에 얻은 지식을 전달하는 것입니다. 이 사람은 중재자 역할이 중요한 만큼 어느 설루션에도 적극적으로 관여해서는 안 됩니다. 중재자는 그룹을 순회하면서 짧지만 핵심적인 질문을 하고, 팀의 전략이 막힐 경우 대안을 조언하는 데 시간을 할애해야 합니다.

이 절에서 신속한 프로토타이핑 실습을 하면서 팀에서 얻은 결과가 다른 팀에도 적용될 수 있다는 사실을 알게 될 것입니다. 이런 정보를 확산할 수 있는 중립적인 기술자를 확보하는 것이 중요합니다.

프로토타이핑 단계의 게임화 여부와 관계없이, 결국 팀 전원이 같은 회사에서 일하고 있다는 점을 기억해야 합니다. 결국 모두가 설루션의 MVP, 개발, 프로덕션 단계를 거치면서 성공하는 접근 방식에 초점을 모으게 될 것입니다. 공격적이고 치열한 경쟁을 통해서는 아무것도 얻지 못합니다.

잠깐만요. 검증 데이터셋을 어떻게 생성할까요?

한 그룹은 모델 테스트 단계에서 팀들이 잘 이해하지 못하는 연구와 테스트에 대한 예측 접근 방식을 택했습니다. 팀원 중 누군가가 벡터 자기회귀(VAR)[6]를 사용해 여러 시계열을 함께 모델링하는 것, 즉 다변량 내생 시계열multivariate endogenous series[7] 모델링에 대한 언급을 발견한 후 이 그룹은 이 알고리듬이 무엇이고 어떻게 사용하는지 연구하기 시작했습니다.

가장 먼저 'VAR'을 검색한 이들은 거시경제학 연구와 자연과학적 모델을 주로 활용하는 수학적 이론 분석과 증명이라는 방대한 벽에 부딪히게 됩니다. 이는 흥미롭기는 하지만, 이 모델을 데이터에 빠르게 적용해 테스트하고 싶은 경우에는 그다지 유용하지 않습니다. 그다음에는 해당 모델에 대한 statsmodels API 문서를 찾습니다.

팀원들은 공통 함수의 하나인 분할 방법론의 표준화를 아직까지 생각해보지 않았다는 사실을 금세 알아차렸습니다. 대부분의 지도 학습 ML 문제에 대해 그들은 항상 데이터 프레임 분할을 통한 판다스 분할 방법론을 사용하거나 무작위 시드를 사용해 훈련 데이터셋과 테스트 데이터셋의 행을 선택하는 고수준의 무작위 분할 API를 활용했습니다. 그러나 예측의 경우, 데이터 시간 분할을 수행한 지 오래되지 않았으며 정확한 예측 검증 홀드아웃 데이터를 얻기 위해 결정론적이고 시간순으로 분할할 방법이 필요함을 알게 되었습니다. 데이터셋에는 데이터프레임의 수집ingestion 함수 형식을 기반으로 한 인덱스 세트가 있으므로 인덱스 위치를 기반으로 비교적 간단한 분할 함수를 만들 수 있을 겁니다. [예제 6-8]은 팀원들이 생각해낸 함수입니다.

예제 6-8 훈련 데이터셋과 테스트 데이터셋에 대한 시간 분할(유효성 검증 검사 포함)

```
from dateutil.parser import parse
def split_correctness(data, train, test):                                ①
    assert data.size == train.size + test.size, \                        ②
    "Train count {} and test count {} did not match to source count {}".
    format(train.size, test.size, data.size)

def generate_splits(data, date):                                         ③
    parsed_date = parse(date, fuzzy=True)                                ④
    nearest_date = data[:parsed_date].iloc(0)[-1].name                   ⑤
    train = data[:nearest_date]                                          ⑥
```

---

6 옮긴이_ 다변량 시계열 모델링 기법의 하나로, 예측할 변수의 과거 값만이 아니라 예측할 변수와 종속성이 있는 변수도 고려하는 확률 모델입니다. 자세한 내용은 위키백과(https://ko.wikipedia.org/wiki/벡터자기회귀모형)를 참조하기 바랍니다.

7 옮긴이_ 내생(endogenous)이라는 용어는 변수가 시간적으로 자기상관을 가지며, 이전 값의 영향을 받는다는 것을 의미합니다.

```
        test = data[nearest_date:][1:]                                    ⑦
        split_correctness(data, train, test)                              ⑧
        return train, test
```

1. 사용자 지정 함수를 통해 수행되는 분할로 인해 훈련과 테스트 사이에 데이터 행을 삭제하지 않도록 설계된 검증 어설션 함수^{assertion function}[8]입니다.

2. 이 같은 어설션은 '강화된 코드' 및 단위 테스트의 전주곡입니다. 이에 대해서는 이후 장에서 자세히 다루겠지만, 이 간단한 예제에서는 사용자 정의 분할 함수를 구축해 사용자가 기대하는 대로 작동하도록 하고 있다는 점을 기억하세요.

3. 모델 구축과 검증을 위한 훈련 및 테스트 분할을 생성하는 함수입니다.

4. 창의적인 입력을 허용하는 것이 좋겠죠? '2005년 6월 3일'은 '2005-06-03'처럼 해석해야 합니다. 파이썬을 사용하는 경우 이러한 유연성을 활용하는 것이 좋습니다. 그나저나 타입 안전성이 필요한 사람은 누구일까요?

5. 가장 가까운 날짜를 찾는 검색 기능입니다. 여기에 월별 데이터가 있음을 기억하세요. 누군가가 2008-04-17을 입력하면 어떻게 될까요? 2008-04-01을 입력하면 어떻게 될까요? 어떤 유효한 데이터가 전달되든 상관없이 동작이 동일해야 합니다.

6. 가장 최근에 발견된 날짜까지 훈련 데이터를 생성합니다.

7. 훈련 인덱스 이후의 다음 인덱스 위치에서 테스트 데이터를 생성합니다.

8. 훈련 및 테스트 분할이 원본 소스 데이터프레임에서 행을 복제하거나 삭제하지 않았는지 검증합니다. 퍼지 구문 분석에서 유효하지 않은 날짜가 나오면 예외가 발생하므로 퍼지 구문 분석 부분에서는 이 작업을 수행할 필요가 없었습니다.

팀워크와 동료애가 뛰어난 이 팀의 팀원들은 함수 스니펫을 다른 팀에 즉시 전송해 데이터를 한 줄로 쉽게 분할할 수 있는 방법론을 도입하게 했습니다. 심지어 다른 날짜 포맷을 사용하려는 사람을 위해 창의적인 퍼지 매칭 구문 분석기를 넣기도 했습니다.

올바르게 작성했는지 확인하기 위해 구현에 몇 가지 테스트를 수행합니다. 데이터가 일치하지 않을 경우 실제로 예외가 발생하는지 확인하려는 것입니다. [그림 6-4]에서 무엇을 테스트하는지 살펴봅시다.

---

8   옮긴이_ 프로그램이 특정 조건을 만족하지 않을 경우 오류를 발생시키는 함수로 디버깅과 테스트에 매우 유용합니다(예시: assert x >= 0, "x must be positive").

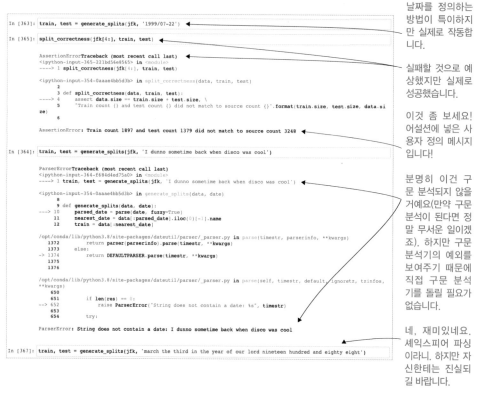

그림 6-4 사용자 정의 로직에 대한 함수 유효성 검증을 통해 [예제 6-8]의 함수가 예상대로 작동하는지 확인합니다.

VAR 모델의 신속한 테스트

이제 데이터를 훈련용과 테스트용으로 분할할 방법이 생겼으니, VAR 모델을 테스트하기 위해 구성된 팀과 다시 확인해보겠습니다. 이 모델의 기능을 자세히 설명하지 않아도, VAR 모델의 목표는 한 번에 여러 시계열을 동시에 모델링하는 것입니다.

> NOTE_ 이러한 고급 접근 방식에 대해 더 자세히 알고 싶다면 이 알고리듬을 고안한 헬무트 뤼트케폴Helmut Lütkepohl의 저서 『New Introduction to Multiple Time Series Analysis(다중 시계열 분석에 대한 새로운 소개)』(스프링거, 2006)를 참조하세요.

팀은 API 문서 페이지의 예제를 살펴보고 [예제 6-9] 같은 간단한 테스트를 구현하기 시작합니다.

```
from statsmodels.tsa.vector_ar.var_model import VAR                          ①
jfk = get_airport_data('JFK', DATA_PATH)
jfk = apply_index_freq(jfk, 'MS')
train, test = generate_splits(jfk, '2006-07-08')                             ②
var_model = VAR(train[['Domestic Passengers', 'International Passengers']])   ③
var_model.select_order(12)                                                   ④
var_fit = var_model.fit()                                                    ⑤
lag_order = var_fit.k_ar                                                      ⑥
var_pred = var_fit.forecast(test[['Domestic Passengers', 'International
    Passengers']].values[-lag_order:], test.index.size)                      ⑦
var_pred_dom = pd.Series(np.asarray(list(zip(*var_pred))[0], dtype=np.float32,
    index=test.index)                                                        ⑧
var_pred_intl = pd.Series(np.asarray(list(zip(*var_pred))[1], dtype=np.float32,
    index=test.index)                                                        ⑨
var_prediction_score = plot_predictions(test['Domestic Passengers'],
                                        var_pred_dom,
                                        "VAR model Domestic Passengers JFK",
                                        "Domestic Passengers",
                                        "var_jfk_dom.svg")                    ⑩
```

1. 지금까지 살펴본 VAR를 임포트합니다.

2. 사람들이 날짜로 입력하고 싶어 하는 모든 종류의 말도 안 되는 내용을 읽을 수 있는 매우 편리한 분할 함수를 사용합니다.

3. 시계열 데이터로 구성된 벡터로 VAR 모델을 구성합니다. 둘 다 동시에 모델링할 수 있죠! 멋지지 않나요?

4. VAR 클래스에는 아카이케 정보 기준^{Akaike information criterion}(AIC) 최소화에 기반한 최적화 함수가 있습니다. 이 함수는 적합도를 최적화하기 위해 순서 선택에 제한을 설정하려고 시도합니다. 이 모듈에 대한 API 문서를 읽으면서 이 기능을 알게 되었죠. AIC를 최적화하면 알고리듬이 수많은 자기회귀 지연 차수를 테스트하고 성능이 가장 좋은, 적어도 그럴 것으로 예상되는 순서를 선택할 수 있습니다.

5. 모델에서 fit()을 호출하고 어떤 방정식이 나오는지 살펴봅시다.

6. 문서에는 이 작업을 수행한다고 나와 있습니다. 피팅 모델에서 AIC에 최적화된 지연 순서를 가져와야 합니다.

7. 예측을 생성합니다. 문서가 매우 모호하고 이 모델을 사용하는 사람이 거의 없기 때문에 이 부분을 파악하기가 약간 까다로웠습니다. 하지만 여기저기 둘러보고 알아냈죠. 여기서는 두 시계열의 테스트 데이터셋에 대한 예측을 시작해 두 시계열에서 순수 시계열을 추출하고 테스트 데이터셋에 있는 것과 동일한 수의 데이터 포인트를 예측합니다.

8. 머리가 아파서 이렇게 작성했습니다. 예측 벡터, 즉 국내선 승객 예측과 국제선 승객 예측의 튜플을 얻

었으므로 이 튜플 배열에서 값을 추출해 목록에 넣고 넘파이 배열로 변환한 다음, 테스트 데이터에서 올바른 인덱스를 사용해 판다스 시계열을 생성해야 이를 플로팅할 수 있습니다.

9. 플로팅에는 사용하지 않지만(그 이유는 나중에 언급하겠습니다), 실험용 코드에서 불쾌한 스파게티 복사 코드를 예상할 수 있습니다.

10. 마지막으로 [예제 6-7]에서 생성한 예측 플로팅 코드를 사용해 모델이 얼마나 잘 작동하는지 확인해 보죠!

[그림 6-5]는 홀드아웃 검증 기간에 예측된 데이터와 실제 데이터를 비교한 위 코드의 결과를 예측한 플롯입니다.

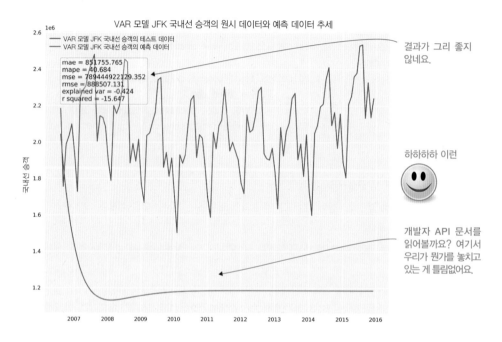

그림 6-5 API 문서를 읽었어야 했습니다.

TIP 예측 결과 또는 알고리듬 개발 코드에서 [그림 6-5]처럼 형편없는 결과가 나올 때마다 한 푼이라도 벌었다면 저는 직장에 다니지 않았을 겁니다. 멋진 아내와 여섯 마리의 견공과 함께 어딘가 수정처럼 맑은 바닷가에서 파도 치는 소리를 들으며 시원한 칵테일을 마시면서 휴식을 취하고 있었겠죠. 쓰레기가 생겨도 낙담하지 마세요. 우리 모두가 쓰레기를 배출합니다. 그것이 우리가 배우는 방법입니다.

예측 결과가 나쁘군요. 그래도 예전만큼 나쁘지는 않습니다. 예전엔 지금까지 살았던 인류보다 승객이 더 많을 거라고 예측했죠. 쓰레기나 다름없었습니다. 이 팀은 문제 해결 의지와 지혜가 뛰어나서 API 문서와 위키백과를 샅샅이 뒤져 무엇이 잘못되었는지 알아낼 수 있다고 가정해봅시다.

여기서 기억해야 할 가장 중요한 측면은 신속한 테스트 단계에서는 결과가 좋지 않을 수 있다는 것입니다. 운이 좋아 제대로 작동하는 경우도 있지만, 대부분 첫 시도에서는 제대로 작동하지 않죠. 결과가 [그림 6-5]와 비슷할 때 이 접근 방식을 더는 유지하기가 불가능하다고 판단해 다른 방식으로 넘어가는 것이야말로 최악입니다. 접근 방식을 약간만 조정하면 이 모델이 최상의 솔루션이 될 수 있습니다. 원시 데이터에 기본 구성을 사용한 첫 시도 후에 모델을 포기한다면, 팀에서는 이 모델이 실행 가능한 솔루션이 될 수 있다는 사실을 결코 알 수 없을 것입니다.

그러나 극단의 경우를 생각해보자면, 이와 반대편에 있는 극단의 경우도 프로젝트 성공에 해를 끼칠 수 있습니다. 팀원이 모델에서 최상의 결과를 얻기 위해 접근 방식을 수백 번 재작업하는 데 며칠 내지 몇 주를 소비한다면, 더 이상 프로토타입을 만드는 것이 아니라 MVP를 구축하면서 이 하나의 접근 방식에 많은 리소스를 투입하게 됩니다. 이 단계의 목표는 여러 접근 방식 중 어느 방식이 프로젝트 성공을 위해 위험을 감수할 가치가 있는지를 몇 시간 내에 알아내는 것입니다.

몇 가지 일을 망칠 준비를 해봅시다

이 장에서는 끔찍한 결과 상태에서 꽤 괜찮은 상태로 실험 환경을 구축하는 방법을 살펴보고 있습니다. 이는 ML에서 예상 가능한 일입니다. ML 도구로 접근하는 모든 문제를 여러 가지 방법으로 해결할 수 있습니다. 어떤 방법은 다른 방법보다 구현하기가 더 쉽고 또 어떤 방법은 API 문서, 블로그, 심지어 책을 읽어도 숨겨진 복잡성 수준이 즉시 드러나지 않을 수 있습니다. 본성적으로 오류를 범하는 우리 대부분이 첫 시도에서 완벽한 솔루션을 찾지 못하는 것은 불가피합니다. 사실, 문제 해결을 위한 첫 10여 번의 시도는 아마도 당황스러울 정도로 엉망일 겁니다.

필자가 명심하는 ML 개발의 교훈은 프로덕션 상태로 가져온 성공적인 모델에서 100번 이상의 시행착오를 겪었다는 것입니다. 그리고 일반적으로 최종 솔루션의 코드 라인 중 유사한 요소는 구축하는 과정에서 버립니다.

전문 ML 엔지니어라면 실험 초기 단계에서 어쩌면 유쾌한 실패를 할 수도 있다는 사실을 깨달아야 합니다. 어떤 경우는 꽤 실망스럽지만 대부분의 경우 실패를 통해 마침내 문제를 파악하고 예측 결과가 그다지 나쁘지 않을 때는 놀라운 만족감을 느끼게 됩니다.

실패를 받아들이고, 실패로부터 배우고, 첫 시도 전에 얼마나 많은 API 문서를 읽어야 할지 확실히 알아야 합니다. 무턱대고 문제를 해킹하는 것과 원작자 수준으로 세부 사항까지 파악하려고 몇 주째 API 학습에 몰두하는 것 사이에서 균형을 잡으세요.

다음 테스트에서 팀은 `fit()` 메서드가 **실제로 매개변수를 받는다**는 사실을 발견했습니다. 첫 시도의 베이스라인으로 보고 사용한 예제에서는 인잣값을 정의하지 않아 API 문서를 읽기 전까지는 이 값을 인식하지 못했습니다. 인잣값은 지연 주기$^{lag\ periodicity}$[9]를 설정해서 모델이 자기회귀 방정식을 구축할 때 얼마나 멀리 거슬러 올라가야 할지 알려주며, 문서에 따르면 이는 자기회귀 모델의 선형 방정식을 구축할 때도 유용합니다.

팀은 모델링을 시작하기 전에 수행한 시계열 분석 작업에서 기억하고 기록, 저장한 내용을 돌아보고 추세 분해의 주기가 12개월인 것을 알았습니다. 12개월은 추세선의 잔차가 노이즈가 되는 시점이며 계절성 기간에 맞지 않는 주기적 관계가 아닙니다. 팀은 [예제 6-10]에 표시된 대로 다시 시도했습니다.

예제 6-10 문서를 읽은 후 VAR을 다시 한번 살펴봅시다.

```
var_model = VAR(train[['Domestic Passengers', 'International Passengers']])
var_model.select_order(12)
var_fit = var_model.fit(12)                                              ①
lag_order = var_fit.k_ar
var_pred = var_fit.forecast(test[['Domestic Passengers', 'International
    Passengers']].values[-lag_order:], test.index.size)
var_pred_dom = pd.Series(np.asarray(list(zip(*var_pred))[0], dtype=np.float32),
    index=test.index)
var_pred_intl = pd.Series(np.asarray(list(zip(*var_pred))[1], dtype=np.float32),
    index=test.index)                                                    ②
var_prediction_score = plot_predictions(test['Domestic Passengers'],
                            var_pred_dom,
                            "VAR model Domestic Passengers JFK",
                            "Domestic Passengers",
                            "var_jfk_dom_lag12.svg")
var_prediction_score_intl = plot_predictions(test['International Passengers'],
```

---

9 옮긴이_ 지연은 시계열 데이터에서 현재 시점(t)에서 이전 시점($t-k$)으로 이동한 값을 의미합니다. 시계열 데이터에서 자기상관 함수를 계산할 때 주로 사용되며, 시계열 데이터의 패턴을 분석하는 데 매우 중요한 개념입니다. 예를 들어 시계열 데이터에서 $t-1$, $t-2$, $t-3$ 등과 같이 이전 시점에서의 데이터를 참조해 현재 시점에서의 데이터를 예측하는 모델을 구성할 때 lag 1, lag 2, lag 3 등의 값을 사용합니다.

```
var_pred_intl,
"VAR model International Passengers
JFK",
"International Passengers",
"var_jfk_intl_lag12.svg")          ③
```

1. 키 포인트입니다. 제대로 설정한 후 나쁘지 않은 결과가 나오는지 확인합시다.

2. 철저하게 하기 위해 다른 시계열(국제선 승객)도 살펴봅시다.

3. 모델이 두 가지 모두를 얼마나 잘 예측하는지 보기 위해 국제선 승객도 플로팅하겠습니다.

팀은 테스트를 약간 조정해 실행한 후 [그림 6-6] 결과를 살펴봅니다. 확실히 전보다 더 좋아 보이지만 여전히 약간은 부족합니다. 최종 리뷰와 약간의 추가 연구를 통해 이 팀은 VAR 모델이 정상성stationary[10] 시계열 데이터만 처리하도록 설계되었다는 것을 알게 되었습니다.

이 시점에서 팀은 평가를 마쳤고 팀원들은 이 API에 대해 많은 것을 배웠습니다.

- 이 API에서 예측 결과를 얻기는 복잡합니다.
- 이 모델을 통해 여러 시계열 실행 시 전달된 벡터에 상호 보완적 효과가 있습니다. 이는 동일한 공항에서 서로 다른 시계열에 적용할 경우 문제가 됩니다.
- 비슷한 모양의 벡터가 필요한 상황에서 국내선 허브만 제공하다가 국제선 항공편을 제공하기 시작한 공항에서도 이 벡터를 사용할 수 있을까요?
- 계절성 구성 요소의 해상도 손실은 예측이 너무 먼 미래에 실행되면 예측 추세의 미세한 세부 사항이 손실된다는 것을 의미합니다.
- 알고리듬은 `fit()` 메서드의 `maxlags` 매개변수에 민감합니다. 프로덕션 환경에서 사용할 경우 광범한 테스트와 모니터링이 필요합니다.
- VAR 모델은 비정상성 데이터를 처리하도록 설계되지 않았습니다. 이전 테스트에서 [예제 6-10]의 코드를 실행할 때 5.2.1절의 디키-풀러 검정을 기반으로 이러한 시계열이 정상성 시계열이 아님을 알 수 있습니다.

이제 팀이 테스트를 마쳤고 이 모델군의 한계, 즉 정상성 문제를 확실히 이해했으니 다른 몇 팀의 진행 상황을 살펴볼 차례입니다. 9가지 모델을 전부 살펴보지 않으니 걱정하지 마세요. 어쩌면 더 운이 좋을 수도 있습니다.

---

10 옮긴이_ 평균과 분산이 시간에 따라 일정한 것을 의미합니다. 시간에 따른 변화가 없거나 그 변화가 매우 작아서 무시할 수 있으므로, 시계열 데이터의 통계 특성이 일정하게 유지되기에 예측에 용이합니다. 안정성 여부 판단을 위해 시계열을 분해 및 시각화해 추세, 계절성, 주기성, 불규칙성 등을 파악해야 하며, 이를 위한 다양한 기법, 가령 이 장에서 언급되는 디키-풀러 검정, 차분이 있습니다.

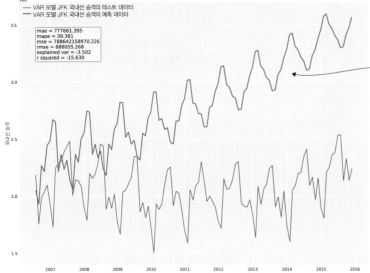

VAR 모델 JFK 국내선 승객의 원시 및 예측 데이터 추세

지난번 시도보다는 크게 개선됐지만, 이동 평균 추세가 지나치게 강조된 것으로 보입니다. 이 모델을 선택하면 문제가 될 수 있습니다.

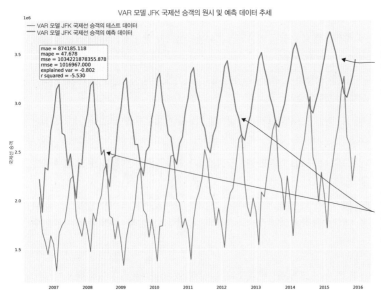

VAR 모델 JFK 국제선 승객의 원시 및 예측 데이터 추세

국제선 승객 추세에서도 이와 동일한 효과가 나타난 것으로 보입니다. 이동 평균 요소가 예측 결과에 많은 영향을 끼친 것으로 보입니다.

또 다른 우려 사항은 예측이 진행되면서 점차 계절성 측면이 사라진다는 점입니다. 문제가 될 수 있습니다.

그림 6-6 [예제 6-10]을 실행한 결과가 이전보다 10배 더 좋아졌다고 해서 좋은 것은 아닙니다.

마지막으로 한번 해봐야겠다는 생각이 드네요. 팀은 모델에 대한 결론을 내리기까지 하루가 남았고, 각 팀의 내부 마감일까지 몇 시간이 남았습니다.

정상성 문제를 빠르게 파악하고 예측을 더 잘 할 수 있는지 살펴보겠습니다. 시계열을 정상성 시계열로 변환하려면 자연 로그를 적용해 데이터를 정규화해야 합니다. 그런 다음 시계열과 관련된 비정상성 추세를 제거하기 위해 차분 함수를 사용해 시계열이 시간 척도를 따라 이동한 변화율을 구할 수 있습니다. [예제 6-11]은 차분 스케일로 변환하고, 모델 피팅을 실행하며, 시계열을 적절한 스케일로 압축 해제하는 코드 전체입니다.

예제 6-11 VAR 모델을 사용한 정상성 조정 예측

```
jfk_stat = get_airport_data('JFK', DATA_PATH)
jfk_stat = apply_index_freq(jfk, 'MS')
jfk_stat['Domestic Diff'] = np.log(jfk_stat['Domestic Passengers']).diff()     ①
jfk_stat['International Diff'] = np.log(jfk_stat['International Passengers']).
    diff()                                                                     ②
jfk_stat = jfk_stat.dropna()
train, test = generate_splits(jfk_stat, '2006-07-08')
var_model = VAR(train[['Domestic Diff', 'International Diff']])                 ③
var_model.select_order(6)
var_fit = var_model.fit(12) lag_order = var_fit.k_ar
var_pred = var_fit.forecast(test[['Domestic Diff', 'International Diff']].
    values[-lag_order:], test.index.size)
var_pred_dom = pd.Series(np.asarray(list(zip(*var_pred))[0], dtype=np.float32),
    index=test.index)
var_pred_intl = pd.Series(np.asarray(list(zip(*var_pred))[1], dtype=np.float32),
    index=test.index)
var_pred_dom_expanded = np.exp(var_pred_dom.cumsum()) * test['Domestic Passengers']
    [0]                                                                        ④
var_pred_intl_expanded = np.exp(var_pred_intl.cumsum()) * test['International
    Passengers'][0]
var_prediction_score = plot_predictions(test['Domestic Passengers'],
                                        var_pred_dom_expanded,
                                        "VAR model Domestic Passengers JFK Diff",
                                        "Domestic Diff",
                                        "var_jfk_dom_lag12_diff.svg")          ⑤
var_prediction_score_intl = plot_predictions(test['International Passengers'],
                                        var_pred_intl_expanded,
                                        "VAR model International Passengers
                                        JFK Diff",
                                        "International Diff",
                                        "var_jfk_intl_lag12_diff.svg")
```

1. 시계열 로그의 차분 함수를 사용해 정상성 시계열을 생성합니다(이상치 분석에서 사용한 것과 동일하다는 점을 기억하세요).

2. 국제선 승객에 대한 다른 벡터 위치 시계열 데이터에도 동일한 작업을 수행합니다.

3. 정상성 표현에 따라 모델을 훈련합니다.

4. 누적합인 `diff()`의 역함수를 사용해 정상성 데이터를 데이터의 실제 스케일로 다시 변환합니다. 그런 다음 지수를 사용해 데이터의 로그 스케일을 선형 공간으로 다시 변환합니다. 하지만 시계열이 `diff`로 설정되므로 올바른 스케일링을 하려면 값에 시작 위칫값(테스트 데이터셋 시계열 시작 시점의 실젯값)을 곱해야 합니다.

5. 테스트 시계열을 확장된 예측 시계열과 비교합니다.

복사, 붙여넣기는 왜 할까요?

이 장의 모든 예제에서 모델 개선을 반복할 때마다 동일한 코드 줄을 반복해서 붙여넣었습니다. 코드 스니펫에 이 모든 것을 포함한 것은 단순히 실행 가능한 완전한 코드 블록을 보여주기 위한 것이 아닙니다. 그보다는 구현을 테스트하고, 개별 아이디어를 반복하고, 결국에는 측정 가능한 결과를 도출하는 기능적인 코드 스크립트가 만들어질 때 많은 실험용 노트북(파이썬 스크립트를 작성하는 경우엔 해당 스크립트의 복사본)이 어떤 모습일지 시뮬레이션한 것입니다.

이 결과는 정상이며 실험에서 예상되는 바입니다.

일반적으로 좋은 가이드라인은 실험 및 평가 코드가 비교적 잘 정리되고, 읽고 따라 하기 쉬우며, 특히 복잡한 내용을 설명하는 주석이 충분한지 등 문서화된 상태를 확인하는 것입니다. 어떤 솔루션을 선택하든 코드를 깔끔하게 유지하면 다음 단계가 수월해집니다. 진행하면서 정리하고 죽은 코드를 삭제해서 한눈에 볼 수 있게 코드 구조를 유지하세요.

순서가 뒤바뀐 셀, 끊어진 변수 종속성 체인, 주석 처리된 많은 양의 비기능 코드가 노트북 곳곳에 널브러진 상태는 절대 원치 않을 것입니다.

혼란스러운 실험을 정리하다 보면 좌절과 무의미한 작업이 연속되고, 이미 복잡한 프로세스(프로덕션 등급 코드의 캡슐화 설계 및 아키텍처 수립)의 난도를 높여 개발이 완료된 코드를 복구하기보다 전부 처음부터 재작성하는 것이 더 쉬운 경우가 많죠.

프로젝트의 이 단계에서 완전한 기능의 셀 수준 캡슐화가 반드시 나쁜 것만은 아닙니다. 코드가 깔끔하게 작성되고 포맷이 바르다면, 이런 캡슐화는 신속한 프로토타이핑 단계에서 실험을 실행하는 방법을 파악하기 위해 수십 개 또는 수백 개의 셀을 샅샅이 뒤지는 일보다 더 쉬울 수 있습니다. 또 클래스 기반이나 함수형 프로그래밍 기반 구현으로 전환하는 것도 훨씬 쉬워집니다.

[그림 6-7]은 이 팀이 모델 구현을 반복하고, 문서를 자세히 읽고, 모델의 작동 방식에 대해, 적어도 'ML 수준의 애플리케이션' 수준에서 약간의 연구를 수행한 후의 최종 상태입니다. [예제 6-11]의 코드 실행 결과를 시각화한 것이죠.

실험 단계의 첫 번째 부분이 완료되었습니다. 팀은 가능성을 보여주는 모델을 갖게 되었으며, 더 중요한 것은 모델의 적용을 이해하고 적절하게 조정할 수 있다는 것입니다. 결과를 보여주기 위해 시각화를 생성했으며, 나중에 참조할 수 있도록 깔끔한 예제 코드를 노트북에 작성했습니다.

다른 그룹보다 먼저 프로토타이핑을 완료한 경우, 이 특정 모델 구현에 참여한 사람들은 작업에서 얻은 노하우를 다른 팀에 알려줄 수 있습니다. 이 같은 정보 공유는 실험의 진행 속도를 높여 실제 프로젝트 작업에 적용할 접근 방식을 결정할 수 있도록 도와줍니다.

와우, 불쾌했어요

특정 접근 방식으로 만족할 만한 결과를 얻기가 얼마나 어려운지 알아야 합니다. 모델이 가비지 이외의 것을 생성하기 위해 비정상적으로 많은 피처 엔지니어링이 필요하거나, 하이퍼파라미터에 극도로 민감하거나, 심지어 혼란스럽고 잘못 설계된 API를 사용하는 경우, 이 단계에서 나타나는 어려움을 팀 차원에서 주목할 필요가 있습니다.

6.2절에서 검토하겠지만, 다양한 솔루션을 구현할 때 직면하는 어려움은 프로덕션 지원 솔루션 개발의 복잡성과 밀접한 관련이 있습니다. 또한 이런 과제는 솔루션이 프로덕션 환경에 있을 때 팀이 솔루션을 유지 관리하는 능력에 직접적인 영향을 미칩니다.

이 단계를 진행하는 동안 다음 주제에 대해 생각해보고, 추후 프로세스에서 복잡성을 평가할 때 참조할 수 있도록 메모를 해두는 것이 좋습니다.

- 매개변수 변경에 대한 민감도
- 하이퍼파라미터 개수(모델 최적화에 영향을 미칩니다)
- API의 명료성(표준인가요? 파이프라인에 배치할 수 있나요?)
- 적합한 결과를 얻기 위해 수행해야 했던 피처 엔지니어링 작업량
- 훈련 및 테스트 데이터 볼륨의 변화에 대한 대응력(데이터셋 분할 범위가 변경되었을 때 예측 결과가 떨어지지는 않았나요?)

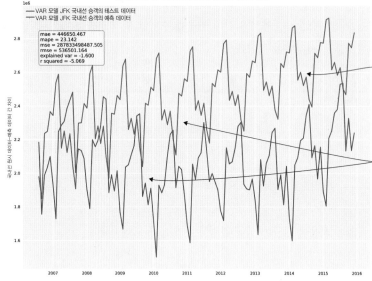

VAR 모델 JFK 국내선 승객의 원시 및 예측 데이터 추세

— VAR 모델 JFK 국내선 승객의 테스트 데이터
— VAR 모델 JFK 국내선 승객의 예측 데이터

mae = 446650.467
mape = 23.142
mse = 287833498487.505
rmse = 536501.164
explained var = -1.600
r squared = -5.069

이제 시계열을 정상성 시계열로 만들었으니 계절성 요소가 제대로 모델링됩니다.

경기 침체기에 국내선 승객 수송량이 감소했기 때문에 일반 추세가 상당히 선형적입니다. 이는 예상할 수 있는 사실입니다(우리는 이러한 잠재 변수를 모델링하지 않고 추세 자체만 보고 있습니다).

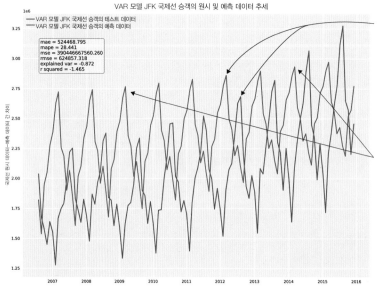

VAR 모델 JFK 국제선 승객의 원시 및 예측 데이터 추세

— VAR 모델 JFK 국제선 승객의 테스트 데이터
— VAR 모델 JFK 국제선 승객의 예측 데이터

mae = 524468.795
mape = 28.441
mse = 390446667560.260
rmse = 624857.318
explained var = -0.872
r squared = -1.465

정점이 확실히 이동했습니다.

앞선 차트와 같이 예측 추세에서도 예측 기간과 진폭이 가변적입니다.

그림 6-7 [예제 6-11]의 실행 결과

ARIMA 모델의 신속한 테스트

ARIMA 팀원들이 작업을 시작할 때 VAR 팀으로부터 어떤 조언도 받지 못했다고 가정합시다. 단, 홀드아웃 데이터 예측 점수를 매기기 위한 시계열 데이터의 훈련과 테스트 분할 방법론은 제외하고 말입니다. 다른 팀에서 데이터 전처리와 날짜 인덱스 서식 지정에 사용한 함수와 동일한 함수를 사용해 모델 연구 및 테스트 단계에 착수했지만, 그 외는 아직 미지의 영역에 있습니다.

팀은 ARIMA 모델에 필요한 설정, 특히 모델 인스턴스화 중에 할당해야 하는 p(자기회귀 매개변수), d(차이) 및 q(이동 평균) 변수가 처음으로 만나는 큰 장애라는 것을 깨닫습니다. 팀원들은 문서를 읽으면서 모두가 기여한 사전 실험 작업이 이미 이러한 값의 시작점을 찾는 수단이 됨을 알게 됩니다. [예제 5-14]로 구축한 정상성 테스트 시각화 함수를 사용해 자기회귀(AR) 매개변수의 유윗값을 얻습니다.

적절한 자기상관 및 편자기상관 측정값을 얻으려면, VAR 팀이 최종 테스트 모델에서 수행한 차분 함수와 동일한 것을 시계열 로그에 수행해 최대한 많은 노이즈를 제거해야 합니다. VAR 팀원들은 친절하게도 자신의 결과를 공유해주었습니다. 그 결과의 추세 플롯이 [그림 6-8]입니다.

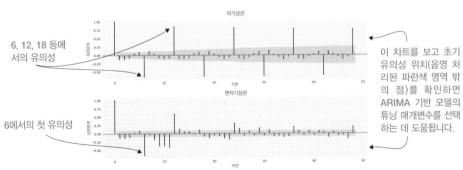

그림 6-8 JFK 국내선 승객 시계열의 지연 차이에 대한 정상성 테스트 실행

이전의 VAR 팀과 마찬가지로, ARIMA 팀의 팀원들도 나쁘지 않은 결과를 얻기 위해 작업을 수차례 반복하며 다양한 매개변수를 시도합니다. 이 책이 시계열 모델링에 관한 책이 아니기에 이런 반복을 다루지는 않을 겁니다. 대신 ARIMA 팀의 최종 결과를 살펴보겠습니다.

```
from statsmodels.tsa.arima.model import ARIMA
jfk_arima = get_airport_data('JFK', DATA_PATH)
jfk_arima = apply_index_freq(jfk_arima, 'MS')
train, test = generate_splits(jfk_arima, '2006-07-08')
arima_model = ARIMA(train['Domestic Passengers'], order=(48,1,1),
    enforce_stationarity=False, trend='c')                          ①
arima_model_intl = ARIMA(train['International Passengers'], order=(48,1,1),
    enforce_stationarity=False, trend='c')
arima_fit = arima_model.fit() arima_fit_intl = arima_model_intl.fit()
arima_predicted = arima_fit.predict(test.index[0], test.index[-1])
arima_predicted_intl = arima_fit_intl.predict(test.index[0], test.index[-1])
arima_score_dom = plot_predictions(test['Domestic Passengers'],
                                   arima_predicted,
                                   "ARIMA model Domestic Passengers JFK",
                                   "Domestic Passengers",
                                   "arima_jfk_dom_2.svg"
                                   )
arima_score_intl = plot_predictions(test['Domestic Passengers'],
                                   arima_predicted_intl,
                                   "ARIMA model International Passengers JFK",
                                   "International Passengers",
                                   "arima_jfk_intl_2.svg"
                                   )
```

1. (p, d, q)의 순서 매개변수입니다. p(기간) 값은 계산된 유윗값의 인자로 자기상관 및 편자기상관 분석에서 도출했습니다.

특히 주목할 점은 이 시계열에서 정상성을 강제하는 로그와 차분을 취하지 않았다는 점입니다. 정상성 조정을 테스트하는 동안 결과는 원시 데이터에서 수행한 예측 결과보다 훨씬 나빴습니다. 코드가 [예제 6-11]의 접근 방식과 거의 동일하므로 살펴보지 않겠습니다.

[그림 6-9]는 몇 가지 테스트에 대한 검증 플롯과 스코어를 보여줍니다. 왼쪽이 로그 차분 시도이고, 오른쪽이 훈련에 사용되는 수정되지 않은 시계열입니다. 적절한 차트 그룹화가 프로젝트 설루션에 이상적이지는 않지만, 대규모 팀은 예측 목적으로 ARIMA 모델의 미묘한 차이와 기능을 이해할 수 있을 것입니다.

테스트 결과는 두 가지 접근 방식, 즉 원시 데이터와 정상성을 강제 적용한 데이터 모두에서 가능성을 보여주며, ARIMA 알고리즘 구현을 개선하기 위해 더 나은 튜닝을 할 기회가 있음을 알려줍니다. 이런 결과와 이에 대한 지식으로 무장한 팀은 이 단계에서 결과를 개선하는 데 더 이상 귀중한 시간을 소비하지 않고도 대규모 팀에 결과를 발표할 준비를 할 수 있습니다.

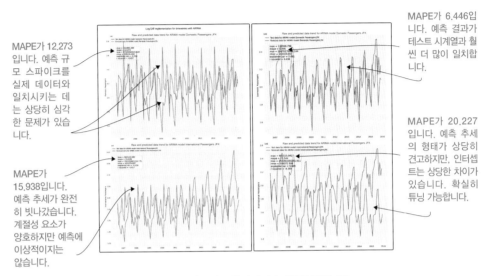

MAPE가 12.273입니다. 예측 규모 스파이크를 실제 데이터와 일치시키는 데는 상당히 심각한 문제가 있습니다.

MAPE가 15.938입니다. 예측 추세가 완전히 빗나갔습니다. 계절성 요소가 양호하지만 예측에 이상적이지는 않습니다.

MAPE가 6.446입니다. 예측 결과가 테스트 시계열과 훨씬 더 많이 일치합니다.

MAPE가 20.227입니다. 예측 추세의 형태가 상당히 견고하지만, 인터셉트는 상당한 차이가 있습니다. 확실히 튜닝 가능합니다.

그림 6-9 ARIMA 모델링을 위한 정상성 적용(왼쪽)과 원시 데이터 사용(오른쪽) 비교

홀트-윈터스 지수 평활 알고리듬의 신속한 테스트

이번에는 훨씬 더 간략하게 설명하겠습니다. 시계열 모델링 팬 여러분께 죄송합니다. 이 모델 평가를 위해 팀원들은 홀트-윈터스 지수 평활 모델[11]을 함수로 구현해 노트북 셀 전체에서 동일한 코드를 계속 복사할 필요를 없애고자 했습니다.

이 방법이 실험적인 코드를 작성할 때도 선호되는 이유는 다음 장에서 명확하게 설명하겠습니다. 지금은 이 팀에 선임 데이터 과학 팀원이 몇 명 더 있다고 가정하겠습니다. [예제 6-13]은 이들이 최종적으로 만들어낸 결과물입니다.

예제 6-13 홀트-윈터스 지수 평활 함수 및 사용법

```
from statsmodels.tsa.holtwinters import ExponentialSmoothing
def exp_smoothing(train, test, trend, seasonal, periods, dampening, smooth_slope,
    damping_slope):
```

....

11 옮긴이_ 단순 지수 평활이나 홀트의 선형 지수 평활보다 계절성을 더 잘 반영하는 지수 평활 기법입니다.

```
    output = {}
    exp_smoothing_model = ExponentialSmoothing(train,
                                               trend=trend,
                                               seasonal=seasonal,
                                               seasonal_periods=periods,
                                               damped=dampening
                                               )
    exp_fit = exp_smoothing_model.fit(smoothing_level=0.9,
                                      smoothing_seasonal=0.2,
                                      smoothing_slope=smooth_slope,
                                      damping_slope=damping_slope,
                                      use_brute=True,
                                      use_boxcox=False,
                                      use_basinhopping=True,
                                      remove_bias=True
                                      )                                     ①
    forecast = exp_fit.predict(train.index[-1], test.index[-1])            ②
    output['model'] = exp_fit
    output['forecast'] = forecast[1:]                                      ③
    return output


jfk = get_airport_data('JFK', DATA_PATH)
jfk = apply_index_freq(jfk, 'MS')
train, test = generate_splits(jfk, '2006-07-08')
prediction = exp_smoothing(train['Domestic Passengers'], test['Domestic
    Passengers'], 'add', 'add', 48, True, 0.9, 0.5)
prediction_intl = exp_smoothing(train['International Passengers'],
    test['International Passengers'], 'add', 'add', 60, True, 0.1, 1.0)    ④
exp_smooth_pred = plot_predictions(test['Domestic Passengers'],
                                   prediction['forecast'],
                                   "ExponentialSmoothing Domestic Passengers JFK",
                                   "Domestic Passengers",
                                   "exp_smooth_dom.svg"
                                   )


exp_smooth_pred_intl = plot_predictions(test['International Passengers'],
                                        prediction_intl['forecast'],
                                        "ExponentialSmoothing International
                                        Passengers JFK",
                                        "International Passengers",
                                        "exp_smooth_intl.svg"
                                        )
```

1. 개발 중에 이 모델을 선택하면 이러한 모든 설정(이 맞춤 메서드에서 사용할 수 있는 다른 설정도 포함)이 매개변수화되고 Hyperopt 같은 도구를 통한 자동 최적화가 적용됩니다.

2. 테스트된 모델과 약간 다른 이 모델에는 예측 범위에서 최소한 훈련 데이터의 마지막 요소가 있어야 합니다.

3. 훈련 데이터 시계열의 마지막 요소에 대한 예측을 제거합니다.

4. 자기회귀 요소(`seasonal_period`)는 해당 그룹의 시계열 특성 때문에 더 긴 주기성을 사용합니다. 개발 중에 이 모델을 선택하면 그리드 검색 또는 정교한 자동 최적화 알고리듬을 통해 이러한 값이 자동으로 튜닝됩니다.

이를 개발하는 프로세스의 하위 팀은 홀트-윈터스 지수 평활 API가 0.11과 0.12 버전 사이에 상당히 큰 폭으로 변경되었음을 발견했습니다. API 문서 웹사이트의 최신 문서인 0.12.0 버전이 기본적으로 표시됩니다. 그 결과, 팀원들은 적용하려는 설정이 계속 실패하는 이유를 알아내는 데 상당한 시간을 소비합니다. 이름을 변경하거나 매개변수를 수정해서 예외가 발생한 것인데 말이죠.

마침내 그들은 올바른 문서를 얻으려면 설치된 statsmodels 버전을 확인해야 한다는 사실을 깨닫습니다. 파이썬 버전 관리에 대한 자세한 내용은 255쪽의 글 상자를 참조하세요. 이 그룹의 작업 결과인 [그림 6-10]에는 그룹 전체에서 가장 유망한 지표가 반영되었습니다.

소규모의 일일 해커톤을 마친 후, 각 팀은 간단하고 이해하기 쉬운 보고서로 알고리듬의 데이터 예측력의 효율성 결과를 취합합니다. 그런 다음 팀들이 모여 짧게 발표하는 시간을 가집니다.

6.1절에서 설명한 준비 단계를 적용해 서로 다른 접근 방식을 효율적이고 안정적이며 객관적으로 비교합니다. 표준화를 통해 팀은 각 접근 방식을 판단할 진정한 베이스라인을 비교하며, 평가 시간을 제한함으로써 팀이 구축 중인 접근 방식이 실제로 최선인지 파악하지 못한 채 MVP 설루션 구축에 지나치게 몰두해 시간과 컴퓨팅 리소스를 낭비하지 않게 합니다.

이제 비즈니스 요구 사항을 해결하기 위해 구현을 잘못 선택할 여지를 줄이고 신속하게 구현했습니다. 문제 해결을 요구하는 사업부는 이 같은 내부 프로세스를 잘 알지 못하지만, 체계적인 접근 방식을 통해 종국에는 프로젝트 마감 기한을 준수할 뿐 아니라 더 우수한 상품을 얻게 됩니다.

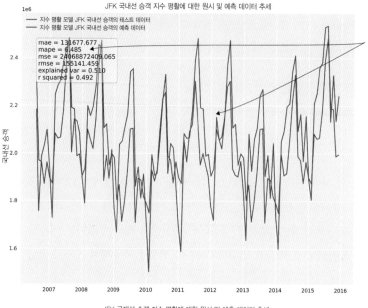

JFK 국내선 승객 지수 평활에 대한 원시 및 예측 데이터 추세

지수 평활 모델 JFK 국내선 승객의 테스트 데이터
지수 평활 모델 JFK 국내선 승객의 예측 데이터

mae = 131677.677
mape = 6.485
mse = 24068872409.065
rmse = 155141.459
explained var = 0.510
r squared = 0.492

MAPE가 6.485입니다.
JFK 국내선 승객을 위한
최고의 결과입니다. 계절
성, 주기성 및 일반 규모
의 추세 변화가 테스트 데
이터와 훨씬 더 많이 일치
합니다.

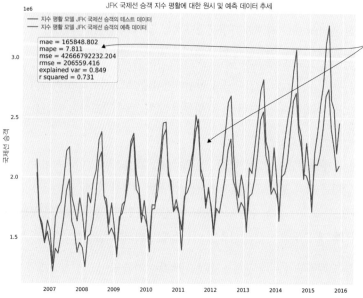

JFK 국제선 승객 지수 평활에 대한 원시 및 예측 데이터 추세

지수 평활 모델 JFK 국제선 승객의 테스트 데이터
지수 평활 모델 JFK 국제선 승객의 예측 데이터

mae = 165848.802
mape = 7.811
mse = 42666792232.204
rmse = 206559.416
explained var = 0.849
r squared = 0.731

7.811의 MAPE는 국제
선 승객 데이터에 대한 지
금까지 본 테스트 결과 중
단연 최고입니다. 이 프로
젝트에서 고려해야 할 강
력한 후보입니다.

그림 6-10 [예제 6-13]의 홀트–윈터스 지수 평활 테스트 결과. 확실한 후보가 생겼습니다!

큰 번거로움 없이 모듈 버전을 빠르게 알아내는 법

이 예제에 사용한 패키지 관리자인 아나콘다에는 사용할 수 있는 모듈이 상당히 많습니다. 기본 파이썬 함수 외에 ML 작업에 매우 유용한 도구가 수백 개 들어 있습니다. 각 종속성이 모두 함께 작동하고 정렬되도록 세심하게 대조되었습니다.

하지만 일부 모듈은 API 문서에 설명된 '안정적인 릴리스stable release'만큼 최신 버전이 아닐 수 있습니다. 개발 중이고 릴리스가 빈번한 프로젝트의 경우에 특히 그렇습니다. 따라서 문서에는 상호작용 중인 모듈의 버전이 반영되지 않을 수 있습니다.

이 문제는 파이썬에 국한되지 않고 대규모 오픈 소스 생태계, 가령 자바, 스칼라, R, 텐서플로, 케라스 등에서 접할 수 있습니다. 그러나 파이썬에서는 파이썬 REPL이나 노트북 셀 내에서 버전 정보를 비교적 쉽게 얻습니다.

예제의 목적을 위해 statsmodels의 버전 정보를 확인해보겠습니다. 버전을 알아내려면 메서드 이름(보통 의사−프라이빗pseudo-private 메서드)을 알아낸 다음 호출하기만 하면 됩니다. 기본 패키지를 가져오고 dir(<패키지명>)을 수행하면, 메서드 이름이 무엇인지 찾을 수 있습니다. 이름은 보통 __VERSION__, __version, _version처럼 version을 변형한 것입니다.

statsmodels의 경우 메서드 이름은 _version입니다. 버전 정보를 인쇄하려고 셀에 다음을 입력하면 표준 출력으로 인쇄됩니다.

```
import statsmodels
statsmodels._version.get_versions()
```

이 글을 쓰는 시점에서 statsmodels의 최신 안정 버전은 0.12.0이며, 지금까지 사용하던 API 에 몇 가지 중요한 변경 사항이 있습니다. 다행스럽게도 오픈 소스 소프트웨어 패키지의 각 릴리스 시 일반적으로 웹 페이지에 이전 버전의 설명서를 보관합니다. 문서를 볼 때 올바른 버전을 선택했는지 확인해서 실행 중인 패키지의 설치 버전과 호환되지 않는 것을 구현하느라 시간을 낭비하지 않도록 하세요.

하지만 아나콘다 빌드에서 사용하는 버전은 0.11.1입니다. 모델링을 위해 가져올 각 클래스의 옵션을 확인하려면 해당 버전의 API 문서를 살펴봐야 합니다.

6.2 가능성 좁히기

팀 전체가 어떤 방향으로 나아갈지 어떻게 결정하나요? 3장과 4장에서 실험 평가가 완료되면 이제 비즈니스 이해관계자를 참여시켜야 한다고 논의한 내용을 상기하세요. 주관적일 수 있는 그들의 의견을 받아야 합니다. 그들이 접근 방식에 편안함을 느끼고 방향 선택에 참여하도록 하기 위해, 그리고 심층의 주제 영역 지식에 대한 전문성이 결정에 비중 있게 작용하게 하기 위해서입니다.

테스트된 잠재적 구현을 철저하게 판단하려면 대규모 팀이 테스트된 각 접근 방식을 살펴보고 다음을 기반으로 판단을 내려야 합니다.

- 접근 방식의 예측력 극대화
- 문제를 해결할 수 있는 한도 내에서 설루션의 복잡성 최소화
- 납기일을 현실적으로 설정하기 위해 설루션 개발의 난도 평가 및 추정
- (재)훈련과 추론에 소요될 총 소유 비용 추정
- 설루션의 확장성 평가

평가 단계에서 이 같은 각 측면에 초점을 둠으로써 팀은 프로젝트의 위험 요소를 크게 줄이고 ML 프로젝트가 실패하거나 포기 또는 취소되는 이유 대부분을 제거하는 MVP 접근 방식을 종합적으로 결정할 수 있습니다. [그림 6-11]은 이런 각 기준과 기준이 ML 프로젝트 작업의 전체 프로토타이핑 단계에 어떻게 적용되는지 알려줍니다.

팀이 접근 방식을 평가할 때 고려할 사항을 확실히 알게 되었으니 이제 팀이 구현할 접근 방식을 어떻게 결정해야 할지 그 방법을 살펴봅시다.

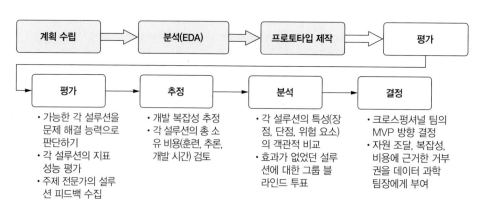

그림 6-11 MVP 구축 경로를 안내하는 평가 단계의 요소

6.2.1 프로토타입을 올바르게 평가하기

이 시점에서 대부분의 ML 팀은 특히 특정 설루션이 제공하는 정확성만 제시한다는 점에서 스스로 잘못된 길로 접어들 수 있습니다. 6.1.1절과 [예제 6-7]에서 ML 팀과 사업부 모두가 사용하기 쉬운 포맷으로 보여주는 매력적인 시각화를 만드는 것의 중요성에 대해 논의했지만, 이는 하나의 ML 접근 방식과 다른 ML 접근 방식을 결정하기 위한 이야기의 일부일 뿐입니다. 알고리듬의 예측력은 확실히 매우 중요하지만, 이는 다른 많은 중요한 고려 사항 중 하나일 뿐이죠. 예를 들어 이 세 가지 구현(및 간결함을 위해 보여드리지 않은 다른 구현)을 계속 진행하고 이러한 설루션 구축에 대한 전체 그림을 살펴볼 수 있도록 해당 구현에 대한 데이터를 수집해보겠습니다.

팀이 모여 서로 코드를 보여주고, 테스트한 다양한 매개변수로 다양한 테스트 실행을 검토하고, 합의한 상대적 난도를 비교해 정리합니다. 벡터 자기회귀(VAR), 일래스틱 넷 회귀, 라쏘 회귀, RNN 같은 모델의 경우, 예측에서 생성된 결과가 굉장히 좋지 않아 결과를 분석에 포함하지 않기로 ML 팀이 결정하기도 합니다. 사업부에 끔찍한 실패를 보여주는 것은 아무 쓸모가 없으며, 가뜩이나 지적으로 부담스러운 토론을 더 길고 부담스럽게 만들 뿐입니다. 후보를 얻기까지 얼마나 많은 작업을 수행했는지 전원에게 공개해야 한다면, "15가지 방법을 시도했지만 이 데이터에는 모두 적합하지 않았습니다"라고 한마디하면 그만입니다.

내부 데이터 과학 팀은 각 접근 방식의 객관적 장점을 검토한 후 [그림 6-12]와 유사한 평가 행렬을 도출합니다. 행렬의 평가 요소는 비교적 일반적이지만 대부분의 프로젝트 구현에 적용할 수 있습니다. 과거에는 프로젝트가 해결하고자 하는 문제 유형에 맞게 훨씬 더 상세하고 맞춤화된 선정 기준을 사용했지만, 일반적인 기준을 사용하는 것도 좋은 출발점입니다.

보다시피 예측력 이외의 요소에 대한 접근 방식을 전체적으로 평가하는 것은 매우 중요합니다. 결국, 선택한 설루션은 프로덕션을 위해 개발되고, 모니터링, 수정, 유지 관리되어야 하며, 오랫동안 존속해야 합니다. 유지 관리 요소를 고려하지 않으면 매우 강력한 설루션을 개발했어도 계속 운영하기가 거의 불가능할 수 있습니다.

프로토타입 완료 이후 단계에서 설루션을 구축하는 것이 어떨지, 전체 수명 주기 소유권이 어떨지 숙고해보는 것이 좋습니다. 설루션을 개선하고 싶은 사람이 있나요? 그들이 할 수 있을까요? 예측 결과가 나빠지기 시작하면 비교적 간단하게 문제를 해결할 수 있을까요? 모델이 왜 그런 결정을 내렸는지 설명할 수 있을까요? 모델을 운영할 여유가 있나요?

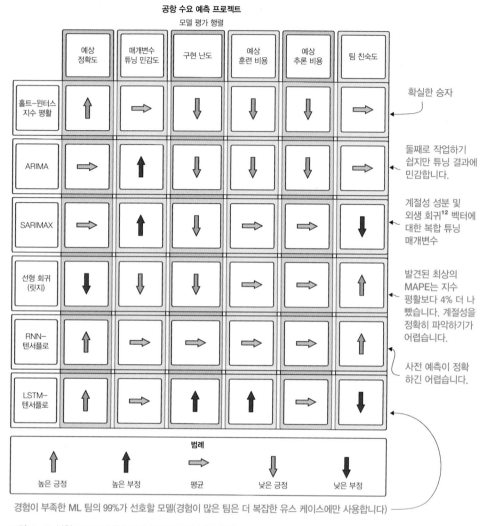

그림 6-12 실험 프로토타이핑 단계 결과의 의사 결정 행렬

설루션 그룹에서 제안한 이런 측면 중 하나라도 불확실한 경우, 합의가 이루어질 때까지 팀원들 사이에서 이 주제를 두고 논의하지 않고 최소한 비즈니스의 잠재적 설루션으로 제안하지 않는 것이 가장 좋습니다. 프로젝트가 끝났을 때 가장 원치 않는 상황은 조용히 사라져 다시는

---

12 옮긴이_ 일반적으로 회귀 모델은 종속 변수(타깃)와 독립 변수(피처)의 관계를 모델링하지만, 외생 회귀(exogenous regression) 모델은 종속 변수와 무관한 변수가 모델에 추가됩니다. 예를 들어 시계열 데이터의 경우 독립 변수로 과거 시점의 데이터가 사용될 수 있는데, 외생 회귀로는 시간과 관계없는 변수도 사용됩니다.

돌아오지 않길 바라는 흉물이 악몽처럼 되살아나 밤새 잠 못 이루게 괴롭힌다는 사실을 실감하는 것이죠. 이 시점에서 현명하게 선택하세요. 한 번 저지르고 나면 다른 접근 방식으로 전환하기 위해 큰 비용을 치러야 하기 때문입니다.

6.2.2 나아갈 방향 결정하기

접근 방식마다 상대적 장단점에 대한 데이터를 수집하고 모델링 접근 방식을 결정했으니 이제 진짜 재미가 시작됩니다. 모두가 홀트-윈터스 지수 평활이 예측을 구축하는 데 가장 안전한 옵션이라는 결론에 도달했으므로 아키텍처와 코드에 대해 이야기할 수 있습니다.

하지만 코드를 작성하기 전에 팀은 또 다른 계획 회의를 갖고 어려운 질문을 해야 합니다. 이때 명심할 가장 중요한 점은 개발 방향을 정하기 전에 이 질문에 답해야 한다는 것입니다.

질문 1: 얼마나 자주 실행해야 하나요?

모두가 선택한 모델 유형을 고려할 때 가장 중요한 질문입니다. 이 모델은 자기회귀 모델이므로 모델을 높은 빈도로, 아마도 추론을 실행할 때마다 재훈련하지 않으면 새로 들어오는 정답 데이터에 예측이 반영되지 않을 것입니다. 모델은 일변량 시계열만 보고 예측하므로 가능한 한 최신 훈련을 통해 변화하는 추세에 맞게 예측을 정확하게 조정해야 합니다.

> **TIP** 비즈니스나 프런트엔드 개발자에게 "그럼 얼마나 자주 예측해야 하나요?"라고 묻지 마세요. 그들은 보통 터무니없이 적게 말할 겁니다. 대신 "어느 시점에서 예측이 무의미해지나요?"라고 묻고 거기서부터 다시 작업하세요. 4시간 SLA와 10밀리초 SLA의 차이는 수십만 달러 규모의 인프라와 약 6개월의 작업 시간입니다.

비즈니스는 이러한 예측의 '최신성'을 유지하기 위해 최소 및 최대 SLA$^{service-level\ agreement}$(서비스 수준 협약)를 제공해야 합니다. 이러한 SLA 요구 사항을 지원하는 솔루션을 개발하는 데 걸리는 시간과 솔루션을 프로덕션 환경에서 실행하는 데 드는 비용의 대략적인 추정치를 알리세요.

질문 2: 현재 이 데이터가 어디에 있나요?

데이터는 외부 데이터 피드에서 제공됩니다. 따라서 훈련 데이터와 대치^{imputation}(예측) 데이터 모두에 대해 안정적이고 신뢰할 수 있는 ETL 수집을 생성하는 방법에 신중해야 합니다. 이 데이터의 최신성은 질문 1의 답변 요구 사항(SLA)을 충족해야 합니다.

프로덕션 단계로 넘어가기 훨씬 전에 데이터 엔지니어링 팀의 구성원을 불러들여 그들이 이 피드의 획득에 우선순위를 두도록 해야 합니다. 그들이 수용 가능한 날짜를 커밋할 수 없는 경우, ETL을 작성하고 데이터로 원본 테이블을 직접 채워야 하므로 프로젝트 범위, 비용, 위험 요소가 증가합니다.

질문 3: 예측 결과를 어디에 저장하나요?

사용자가 예측에 대해 비즈니스 인텔리전스(BI) 스타일의 쿼리를 발행해 임시방편으로 분석 시각화를 촉진할 예정인가요? 그러면 사내에 있는 RDBMS 소스에 데이터를 쓸 수 있습니다.

수백 명 내지 수천 명의 사용자가 데이터를 자주 쿼리할 건가요? 데이터를 웹 프런트엔드용 서비스로 제공할 예정인가요? 그렇다면 예측을 NoSQL 엔진이나 레디스^{Redis} 같은 인메모리 저장소에 정렬된 배열로 저장하는 방법을 고려해야 합니다. 프런트엔드 서비스에 제공하려면 데이터 앞에 REST API를 구축해야 하므로 프로젝트의 작업 범위가 몇 배로 확대될 것입니다.

질문 4: 코드 기반을 어떻게 설정할 건가요?

이 코드가 새 프로젝트의 코드 기반이 되나요? 아니면 이 코드를 공통 저장소의 다른 ML 프로젝트와 함께 사용할 건가요? 모듈식 설계로 완전한 객체 지향^{object-oriented}(OO) 접근 방식을 추구하나요, 아니면 함수형 프로그래밍^{functional programming}(FP)을 시도할 예정인가요?

향후 개선을 위한 배포 전략은 무엇인가요? 지속적 통합/지속적 배포(CI/CD) 시스템, GitFlow 릴리스 또는 표준 Git을 사용할 예정인가요? 각 실행과 관련된 지표가 어디에 표시되나요? 참조용 매개변수, 자동 튜닝된 하이퍼파라미터, 시각화를 어디에 기록할 건가요?

이 시점에서 이 모든 질문의 답을 즉시 얻는 것이 절대적으로 중요하지는 않지만, 팀장과 아키텍트는 프로젝트 개발의 모든 측면을 '곧바로' 주의 깊게 고려하고 관련 요소를 신중하게 결정해야 합니다. 자세한 내용은 다음 장에서 다루겠습니다.

질문 5: 모델 훈련은 어디에서 하나요?

진지하게 말하건대 훈련은 절대 노트북에서 수행하지 마세요. 이 프로젝트와 관련된 모델의 개수를 고려해 다음 장에서 이에 대한 옵션을 살펴보고 각 옵션의 장단점을 논의하겠습니다.

질문 6: 추론은 어디에서 하나요?

노트북에서는 추론도 절대 수행해서는 안 됩니다. 클라우드 서비스 제공업체 인프라, 온프레미스 데이터 센터, 클라우드나 온프레미스에서 실행되는 임시 서버리스 컨테이너가 유일한 옵션입니다.

질문 7: 최종 사용자에게 예측 결과를 어떻게 전달할 건가요?

질문 3의 답변에서 언급했듯이, 최종 사용자에게 예측 결과를 제공하는 일은 실제로 유용해야 하는 ML 프로젝트에서 가장 간과되지만, 가장 중요한 부분입니다. 웹 페이지에서 예측 결과를 제공해야 하나요? 바로 지금이 프런트엔드 또는 풀스택 개발자들과 대화를 나눌 적기입니다.

예측 결과가 BI 보고서에 포함돼야 하나요? 지금 데이터 엔지니어링 및 BI 엔지니어링 팀과 상의하세요.

분석가의 임시 SQL 쿼리를 위해 예측 결과를 저장해야 하나요? 만약 그렇다면, 이걸로 충분합니다. 그건 사소한 일입니다.

질문 8: 프로젝트에 기존 코드를 얼마나 사용할 수 있나요?

삶을 더 편리하게 해주는 유틸리티 패키지가 이미 개발되었다면 검토해보세요. 프로젝트를 진행하면서 수정하고 개선할 기술 부채가 있나요? 그렇다면 바로 지금, 이 문제를 해결할 때입니다. 기존 코드가 있고 기술 부채가 없다고 생각한다면 자신에게 더 솔직해져야 합니다.

기존 유틸리티 프레임워크가 구축되지 않았거나 ML 엔지니어링을 처음 시작하는 분들도 걱정하지 마세요! 이후 여러 장에서 이런 도구에 대해 다룰 것입니다.

질문 9: 개발 주기는 어떻게 되며 피처는 어떻게 작업할 예정인가요?

프로젝트 매니저와 함께 일하고 있나요? 지금 시간을 내서 프로젝트 매니저에게 개발 과정에서 얼마나 많은 코드를 버리게 될지 설명하세요. 전체 스토리와 서사가 지구 표면에서 지워져 두 번 다시 볼 수 없는 죽은 코드가 될 거라고 알려주세요. ML 프로젝트 작업의 혼란스러움을 설명해서 프로젝트가 시작되기 전 첫 네 단계의 슬픔을 극복하고 이를 받아들이는 법을 배우도록 하세요. 그들을 안아주거나 다른 위로를 할 필요는 없지만, 현실의 이치에 대한 생각이 깨질 수 있으니 이 사실을 부드럽게 전하세요.

ML 피처 작업은 매우 특이합니다. 방대한 양의 코드를 개발하다가 특정 접근 방식이 유지될 수 없는 것으로 판명되면 완전히 리팩터링(또는 폐기!)한다는 것이 전적으로 사실입니다. 이는 특정 기능이 합리적으로 정의되고 범위를 상당히 정확하게 지정할 수 있는 '순수한' 소프트웨어 개발과는 완전히 대조적입니다. 프로젝트의 일부가 완전히 새로운 알고리듬을 설계하고 개발하는 것이 아니라면(참고로 팀원 중 한 명이 아무리 그렇게 해야 한다고 설득해도 그렇게 해서는 안 됩니다), 코드 기반에서 특정 기능이 나온다는 보장은 없습니다.

따라서 순수 애자일 접근 방식은 일반적으로 변경이 필요한 특성 때문에 ML용 코드를 개발하는 효과적인 방법이 아닙니다. 예를 들어 모델을 교체하는 경우 두 개의 전체 스프린트를 소비하는 대규모 리팩터링이 생길 수 있습니다. ML 개발에 적용되는 애자일의 다양한 특성을 반영하려면 스토리, 스크럼, 커밋을 적절히 구성하는 것이 중요합니다.

6.2.3 그럼, 다음 단계는 무엇인가요?

다음 단계는 실제로 MVP를 구축하는 것입니다. 모델의 정확도를 미세 조정하고, 테스트 결과를 기록하고, 사업부에 문제 해결이 가능함을 보여주는 프레젠테이션을 선보이고, 시연 가능한 설루션을 개발하는 작업입니다. 다음 단계는 **ML 엔지니어링에 엔지니어링을 적용**하는 것입니다.

다음 장에서는 땅콩 재고 최적화 문제를 이어가면서, 한계 튜닝이 포함된 하드코딩된 프로토타입부터 함수로 채워진 코드 기반의 시작, 자동 튜닝 모델 지원, 각 모델의 튜닝 평가에 대한 전체 로깅을 MLflow에 적용하는 과정을 살펴보면서 이런 주제를 심층적으로 살펴보겠습니다. 또한 단일 스레드 순차 파이썬의 세계에서 분산 시스템인 아파치 스파크의 동시 모델링 기능의 세계로 이동하겠습니다.

6.3 요약

- 문제의 잠재적 설루션을 찾기 위해 API 테스트에 시간제한을 두는 총체적 접근 방식은 프로젝트의 구현 방향을 신속하게 달성하고 철저하게 평가해, 가능한 한 빠르게 문제의 요구 사항을 충족하도록 합니다. 예측력만이 중요한 기준인 것은 아닙니다.

- 후보 설루션의 모든 측면을 검토하면 예측력 이상의 가치를 평가하는 데 도움됩니다. 설루션을 선택할 때는 유지 관리 용이성부터 구현 복잡성, 비용에 이르기까지 다양한 요소를 고려해야 합니다.

프로토타입에서 MVP로

이 장의 내용

- 하이퍼파라미터 튜닝 기법과 자동화의 이점
- 하이퍼파라미터 최적화 성능 개선을 위한 실행 방법

지금까지 공항의 승객 예측이라는 비즈니스 문제에 대한 잠재적 설루션을 테스트하고 평가하는 시나리오를 살펴봤습니다. 결과적으로 홀트−윈터스 지수 평활을 사용하기로 결정했지만, 프로토타이핑 단계에서는 빠르게 테스트하기 위해 약간의 모델 튜닝만 수행했습니다.

실험적 프로토타이핑에서 MVP 개발로 전환하는 것은 어려운 일입니다. 지금까지 해온 작업과 달리 완전한 인식의 전환을 요하기 때문입니다. 우리는 더 이상 문제를 해결하고 좋은 결과를 얻을 방법을 고민하지 않습니다. 대신, 문제를 충분히 해결할 만큼 우수한 설루션을 지속적으로 성능이 저하되지 않는 강건한 방식으로 **구축할 방법**을 고민합니다. 모니터링, 자동화된 튜닝, 확장성, 비용으로 초점을 옮겨야 합니다. 우리가 데이터 과학 중심의 작업에서 엔지니어링 영역으로 이동하고 있기 때문입니다.

프로토타입에서 MVP로 전환할 때는 설루션이 올바르게 튜닝되었는지부터 확인해야 합니다. 모델 튜닝이 왜 그렇게 중요한지, 모델링 API에서 선택 사항인 것처럼 보이는 설정값이 실제로 테스트에 어떤 중요한 역할을 하는지에 대한 내용은 다음 페이지의 글 상자에서 이야기하겠습니다.

하이퍼파라미터는 정말 중요합니다

ML 코드에서 가장 실망스러운 것은 튜닝되지 않은 모델입니다. API에서 제공하는 기본값을 사용해 생성된 모델들이지요. 솔루션 구축에 필요한 모든 피처 엔지니어링, ETL, 시각화 작업, 그외 코딩 작업이 고난도의 작업임을 고려할 때, 기본값을 사용하는 기본적인 모델을 쓴다는 것은 고성능 스포츠카에 엔진 오일을 넣지 않는 것과 같습니다.

그럼에도 솔루션은 잘 실행될 것입니다. 하지만 성능이 기대한 만큼 나올까요? 그럴 리 없습니다. 성능이 좋지 않을 뿐만 아니라 '실제' 데이터를 입력했을 때 원하는 대로 작동하지 않을 공산이 큽니다. 특히 이전에 보지 못한 데이터에 대해 예측해본다면 더더욱 솔루션의 성능을 명확하게 확인할 수 있습니다.

어떤 알고리듬에서는 최적화된 솔루션에 수렴하는 방법을 알아서 처리하기 때문에 하이퍼파라미터를 지정할 필요가 없습니다. 하지만 대부분의 알고리듬에서는 여러 개의 하이퍼파라미터를 사용하고, 어떤 것은 알고리듬의 최적화 기법의 핵심 기능에 영향을 줍니다. 예를 들어 일반화 선형 모델generalized linear model(GLM)의 경우 `family` 매개변수에 무엇을 지정했는지에 따라 종속 변수의 분포를 다르게 가정하게 되므로 예측 성능의 차이가 매우 커집니다. 뿐만 아니라 최적화 기법이 최적의 목적 함수objective function를 찾는 작동 방식에도 영향을 주기도 합니다. 이런 하이퍼파라미터는 특정 알고리듬의 특정 상황에서만 필요할 수도 있습니다. 예를 들어 피처 벡터feature vector의 분산이 극단적으로 크거나 목푯값이 특정 분포를 따르는 경우가 되겠죠. 하지만 대부분의 경우, 하이퍼파라미터를 조절하는 작업은 알고리듬이 데이터에 대한 최적의 정합성을 '학습'하는 데 중요합니다.

다음 그래프는 선형 회귀 모델의 중요한 두 가지 하이퍼파라미터를 단순화한 예입니다. 일반적으로 피처 벡터의 조합과 해결해야 하는 문제에 따라 최적의 하이퍼파라미터 설정이 크게 달라지기 때문에 이러한 값을 어떻게 설정해야 하는지 추측하기는 불가능합니다.

이 예시는 단지 설명용으로 만들었습니다. 하이퍼파라미터에 설정한 다양한 값이 모델에 미치는 영향은 사용 중인 알고리듬 유형만이 아니라 피처 벡터에 포함된 데이터의 특성과 대상 변수의 속성에 따라 크게 달라집니다. 그렇기 때문에 모든 모델을 사용할 때는 튜닝이 필요합니다.

그림에서 볼 수 있듯이, 각 ML 알고리듬에서 선택 사항으로 보였던 설정값은 실제로 훈련 프로세스가 실행되는 방식에 큰 영향을 미칩니다. 설정값을 변경하고 최적화하지 않는다면 문제를 해결하는 성공적인 ML 기반 솔루션을 얻을 가능성은 거의 없습니다.

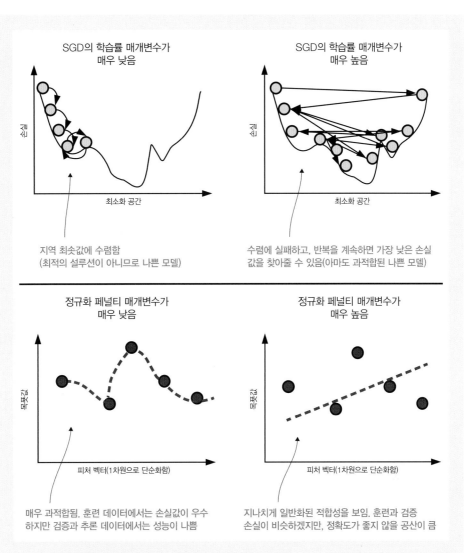

SGD의 학습률 매개변수가
매우 낮음

손실

최소화 공간

지역 최솟값에 수렴함
(최적의 설루션이 아니므로 나쁜 모델)

SGD의 학습률 매개변수가
매우 높음

손실

최소화 공간

수렴에 실패하고, 반복을 계속하면 가장 낮은 손실
값을 찾아줄 수 있음(아마도 과적합된 나쁜 모델)

정규화 페널티 매개변수가
매우 낮음

목푯값

피처 벡터(1차원으로 단순화함)

매우 과적합됨. 훈련 데이터에서는 손실값이 우수
하지만 검증과 추론 데이터에서는 성능이 나쁨

정규화 페널티 매개변수가
매우 높음

목푯값

피처 벡터(1차원으로 단순화함)

지나치게 일반화된 적합성을 보임. 훈련과 검증
손실이 비슷하겠지만, 정확도가 좋지 않을 공산이 큼

▶ 하이퍼파라미터가 과적합overfitting과 과소적합underfitting에 미치는 영향

7.1 튜닝: 지루한 일을 자동화합시다

앞선 두 개의 장에서는 땅콩의 수요를 예측하는 문제에 집중했습니다. 6장의 마지막에는 어느 정도 쓸 만한 프로토타입을 만들어 한 공항에서 검증했습니다. 모델의 예측 성능을 조절하고 튜닝한 프로세스는 특별히 과학적이지 않고 수동으로 수행되었으며, 모델의 예측 성능과 수동으로 튜닝한 결과는 크게 달랐습니다.

이 시나리오에서 예측 결과는 적당히 좋게 나올 수도 있고, 매우 좋게 나올 수도 있습니다. 둘 간의 차이는 공항에 납품하는 땅콩의 마진에 큰 영향을 줄 수 있습니다. 예측이 빗나가면 결국 수백만 달러의 손실이 발생하겠죠. 하지만 우수한 성능을 내기 위해 수작업으로 무수히 많은 하이퍼파라미터의 조합을 시도하는 데 시간을 들이는 것은 확장성을 떨어뜨립니다. 이 방식으로는 설루션의 예측 정확도가 향상될지 몰라도 설루션 납기를 전부 만족할 수 없기 때문이죠.

모델을 튜닝하기 위해 단편적인 경험에 의존하는 것보다 더 나은 접근 방식을 찾기 위해 몇 가지 옵션을 살펴볼 필요가 있습니다. [그림 7-1]에서 데이터 과학 팀이 모델 튜닝에 사용할 접근 방식을 유지 관리하기 쉬운 단순한 수준부터 맞춤형 프레임워크를 사용하는 복잡한 수준까지 다양하게 알아보겠습니다.

[그림 7-1]의 상단에 있는 수동 튜닝은 일반적으로 프로토타입을 구축할 때 사용하는 방법입니다. 빠르게 테스트하는 과정에서는 하이퍼파라미터 값을 수동으로 테스트해보는 것도 납득 가능한 접근 방식입니다. 6장에서 이야기한 것처럼 프로토타입의 목표는 설루션의 튜닝 가능성 수준을 대략 파악하는 것입니다. 하지만 운영 단계로 나아가는 단계에서는 유지 관리가 더 용이하고 강력한 설루션을 고려해야 합니다.

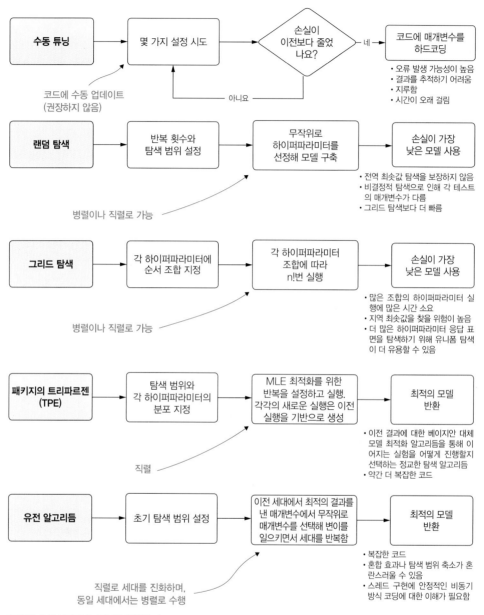

수동 튜닝 → 몇 가지 설정 시도 → 손실이 이전보다 줄었나요? — 네 → 코드에 매개변수를 하드코딩

코드에 수동 업데이트
(권장하지 않음)

아니요

• 오류 발생 가능성이 높음
• 결과를 추적하기 어려움
• 지루함
• 시간이 오래 걸림

랜덤 탐색 → 반복 횟수와 탐색 범위 설정 → 무작위로 하이퍼파라미터를 선정해 모델 구축 → 손실이 가장 낮은 모델 사용

병렬이나 직렬로 가능

• 전역 최솟값 탐색을 보장하지 않음
• 비결정적 탐색으로 인해 각 테스트의 매개변수가 다름
• 그리드 탐색보다 더 빠름

그리드 탐색 → 각 하이퍼파라미터에 순서 조합 지정 → 각 하이퍼파라미터 조합에 따라 n!번 실행 → 손실이 가장 낮은 모델 사용

병렬이나 직렬로 가능

• 많은 조합의 하이퍼파라미터 실행에 많은 시간 소요
• 지역 최솟값을 찾을 위험이 높음
• 더 많은 하이퍼파라미터 응답 표면을 탐색하기 위해 유니폼 탐색이 더 유용할 수 있음

패키지의 트리파르젠 (TPE) → 탐색 범위와 각 하이퍼파라미터의 분포 지정 → MLE 최적화를 위한 반복을 설정하고 실행. 각각의 새로운 실행은 이전 실행을 기반으로 생성 → 최적의 모델 반환

직렬

• 이전 결과에 대한 베이지안 대체 모델 최적화 알고리듬을 통해 이어지는 실험을 어떻게 진행할지 선택하는 정교한 탐색 알고리듬
• 약간 더 복잡한 코드

유전 알고리듬 → 초기 탐색 범위 설정 → 이전 세대에서 최적의 결과를 낸 매개변수에서 무작위로 매개변수를 선택해 변이를 일으키면서 세대를 반복함 → 최적의 모델 반환

직렬로 세대를 진화하며,
동일 세대에서는 병렬로 수행

• 복잡한 코드
• 혼합 효과나 탐색 범위 축소가 혼란스러울 수 있음
• 스레드 구현에 안정적인 비동기 방식 코딩에 대한 이해가 필요함

그림 7-1 하이퍼파라미터 튜닝 방법 비교

7.1.1 튜닝 방법

우리는 모델을 튜닝해야 한다는 것을 잘 알고 있습니다. 6장에서 튜닝을 하지 않을 때 어떤 일이 벌어지는지 알아봤습니다. 차라리 숫자가 표시된 공이 담긴 바구니에서 공을 꺼내 숫자를 알아맞히는 것이 더 나을 수도 있습니다. 튜닝을 통해 최적의 하이퍼파라미터 집합에 도달하기 위해서는 여러 가지 옵션을 고려해야 합니다.

수동 튜닝(경험에 의한 추측)

이후에 다시 살펴보겠지만, 예측 문제에 Hypteropt를 적용할 때 구축해야 하는 각 모델에서 최적의 하이퍼파라미터에 도달하는 것이 얼마나 어려운지 알게 될 것입니다. 최적화된 값을 추측하는 일이 직관적이지 않을 뿐만 아니라 각 예측 모델에 대한 최적의 하이퍼파라미터 조합은 다른 모델에서 최적의 결과를 내는 조합과 다르기 때문입니다.

수동 테스트 방법으로는 최적의 파라미터에 근접하는 것이 거의 불가능합니다. [그림 7-2]에서 보듯이 프로세스가 비효율적이고 답답하며 시도하는 데 엄청난 시간이 낭비됩니다.

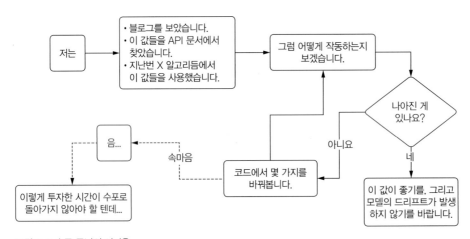

그림 7-2 수동 튜닝의 어려움

> **TIP** 하이퍼파라미터 개수가 한두 개로 매우 적거나, 작업 중인 알고리듬이 이산형이나 범주형으로 이루어진 경우가 아니라면 수동 튜닝을 시도하지 마세요.

이 방법의 가장 큰 문제는 테스트한 내용을 추적하는 데 있습니다. 동일한 값을 기록하고 이전에 시도한 적이 없는지 확인하는 시스템이 마련되어 있어도 해당 목록을 관리하는 데 필요한 작업량이 막대하고 오류가 발생하기 쉬우며, 최악의 경우에는 이런 노력조차 무의미합니다.

프로젝트 관점에서 본다면, 수동으로 튜닝하는 접근 방식은 신속한 프로토타이핑 단계 이후로는 사용하지 말아야 합니다. 그 시간을 선용할 더 유익한 일이 훨씬 많기 때문입니다.

그리드 탐색

기초적인 ML 기술로, 그리드 기반의 완전 탐색brute-force search 접근 방식을 통해 하이퍼파라미터를 테스트하는 방법은 꽤나 오래 전부터 사용되어 왔습니다. 그리드 탐색을 수행하기 위해 데이터 과학자는 각 하이퍼파라미터에 대해 테스트할 값 집합을 선택합니다. 그러면 그리드 탐색 API는 지정된 각 그룹에서 지정된 값들의 순열을 생성해 테스트할 하이퍼파라미터 컬렉션을 조합합니다. [그림 7-3]은 이 방법이 어떻게 작동하는지, 그리고 하이퍼파라미터가 많은 모델에서 적합하지 않을 수도 있는 이유를 설명합니다.

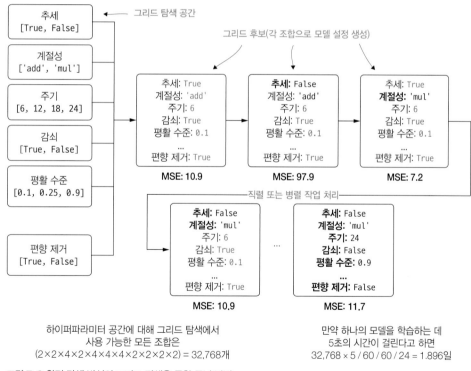

그림 7-3 완전 탐색 방식의 그리드 탐색을 통한 튜닝 방법

보다시피 하이퍼파라미터 수가 많으면 테스트해야 하는 순열의 수가 기하급수로 늘어나기 때문에 부담스러울 수 있습니다. 모든 순열을 실행하는 데 필요한 시간과 최적화의 탐색 기능 간에는 분명한 트레이드오프가 있습니다. 하이퍼파라미터의 응답 표면response surface을 더 많이 탐색하려면 더 많은 반복을 실행해야 하죠. 공짜는 없습니다.

랜덤 탐색

그리드 탐색은 여러 제약이 있어 최적의 하이퍼파라미터 집합에 도달하는 것이 어렵기 때문에 이 방법을 사용하면 막대한 시간과 비용을 소모하게 됩니다. 예측 모델에서 값이 연속되는 하이퍼파라미터를 꼼꼼하게 테스트해보고자 한다면, 단일 CPU에서 실행할 때 걸리는 시간은 몇 분이 아니라 몇 주 단위로 측정될 것입니다.

그리드 탐색의 대안으로, 최적의 값을 결정하기 위해 명시적인 순열에 의존하는 대신 여러 하이퍼파라미터 간 영향과 효과를 동시에 테스트하기 위해 각 하이퍼파라미터 그룹에서 추출한 무작위 샘플링을 사용하는 방법이 있습니다. [그림 7-4]는 랜덤 탐색을 보여줍니다. 이 그림을 [그림 7-3]과 비교하며 접근 방식의 차이를 확인해보겠습니다.

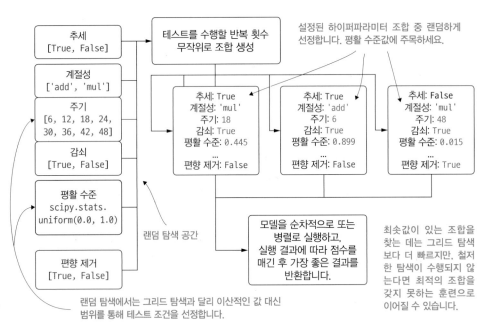

그림 7-4 하이퍼파라미터 최적화를 위한 랜덤 탐색 프로세스

보이는 것처럼, 테스트할 후보를 무작위로 선정하며 가능한 모든 값의 순열 메커니즘이 아니라 테스트할 최대 반복 횟수를 통해 관리합니다. 이는 양날의 검과도 같습니다. 실행 시간은 크게 단축되지만 하이퍼파라미터 탐색 공간은 제한됩니다.

하이퍼파라미터 탐색에 대한 논쟁

랜덤 탐색이 그리드 기반 탐색보다 우월한 이유에 대해서는 수많은 주장이 있고, 그중 상당수는 매우 타당하기도 합니다. 하지만 대부분의 온라인 참고 문헌, 샘플, 블로그 게시물에 등장하는 예제에서는 여전히 그리드 탐색을 모델 튜닝의 기법으로 사용합니다.

그 이유는 그리드 탐색이 손쉽기 때문입니다. 패키지 개발자나 블로그 작성자는 복잡하거나 시간이 많이 소요되는 예제보다는 손쉽게 실행할 수 있는 예제를 독자에게 전달하고 싶어 합니다. 그렇기 때문에 이런 예제를 따라 하는 것이 언제나 좋은 방법이 되지는 않습니다.

많은 예제에서 그리드 탐색이 사용되는 것을 보고 대다수의 실무자가 그리드 탐색이 다른 접근 방식보다 훨씬 더 효과적이라는 잘못된 인식을 하게 되었습니다. 어쩌면 인간은 기본적으로 엔트로피 혐오증이 있는지도 모릅니다. 무작위성을 싫어하기 때문에 랜덤 탐색도 나쁘게 인식할 수 있지 않을까요?

그러나 그리드 탐색의 한계는 아무리 강조해도 지나치지 않습니다. 철저한 탐색을 하려면 비용이 커집니다. 제임스 베르그스트라James Bergstra와 요슈아 벤지오Yoshua Bengio의 2012년 논문 「Random Search for Hyper-Parameter Optimization(하이퍼파라미터 최적화를 위한 무작위 탐색)」(https://www.jmlr.org/papers/volume13/bergstra12a/bergstra12a.pdf) 을 참고하세요. 필자는 그리드 탐색이 본질적으로 결함이 있는 접근 방식이라는 이 논문의 결론에 대체로 동의합니다. 어떤 하이퍼파라미터는 훈련된 특정 모델에서 전반적인 품질에 훨씬 더 많은 영향을 주지만, 반대로 영향력이 미미한 것도 있습니다. 이들을 동일한 범위로 테스트하는 것은 효율적인 탐색을 수행하는 데 제약점으로 작용할 수 있습니다. 계산 시간과 광범한 테스트 비용이 제한되기 때문입니다. 제 생각에는 랜덤 탐색이 그리드 탐색보다 더 나은 접근 방식이기는 하지만, 가장 효과적이거나 효율적인 접근 방식이라고는 할 수 없습니다.

베르그스트라와 벤지오도 이에 동의합니다. "하이퍼파라미터의 응답 표면을 분석한 결과, 모든 하이퍼파라미터가 똑같이 중요한 것이 아니기 때문에 무작위 실험이 더 효율적이라는 것을 알 수 있습니다. 그리드 탐색 실험은 중요하지 않은 차원을 탐색하는 데 너무 많은 실험을 할당하고, 정작 중요한 차원을 제대로 다루지 못합니다." 다음 절에서는 이들이 어떤 창의적인 알고리듬을 개발해 이 문제를 해결했는지 이야기하겠습니다.

모델 기반 최적화: 트리 구조의 파르젠 추정

우리는 지금 시계열 예측 모델에서 하이퍼파라미터에 대한 복잡한 탐색을 해야 합니다. 연속형 3개, 서수형 1개를 포함해 총 11개의 탐색 공간을 효과적으로 테스트하는 데 어려움이 있습니다. 이전의 접근 방식은 시간이 너무 많이 걸리거나(수동, 그리드), 비용이 많이 들거나(그리드), 실험 결과 데이터에서 검증하기 적절한 특징을 찾아내기가 어렵습니다(모두).

앞서 글 상자에서 소개한 논문의 연구 팀은 가우시안^{Gaussian} 접근 또는 트리 구조의 파르젠 추정^{tree of parzen estimators} (TPE)을 기반으로, 모델 기반의 최적화에 베이지안^{Bayesian} 기법을 사용해 최적의 하이퍼파라미터 응답 표면을 선택하는 방법을 개발했습니다. 연구 결과는 오픈 소스 패키지인 Hyperopt에서 제공됩니다. [그림 7-5]는 Hyperopt의 작동 방식을 개략적으로 나타냅니다.

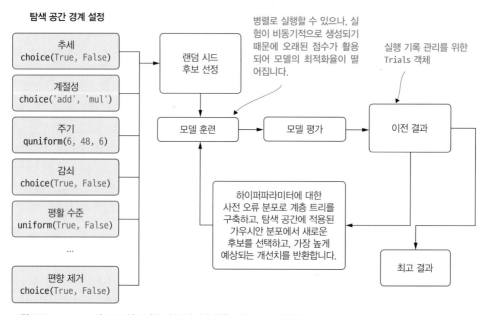

그림 7-5 Hyperopt의 TPE 알고리듬 작동 방식에 대한 상위 수준 다이어그램

이 시스템은 앞서 언급한 고전적인 튜닝법을 통해 전문가가 달성한 성능보다 더 뛰어난 성능을 거의 보장합니다. 복잡한 하이퍼파라미터 공간을 훌륭하게 탐색할 뿐만 아니라 다른 방법론에 비해 훨씬 적은 반복 횟수로도 탐색을 할 수 있습니다.

이 주제에 대해 더 자세히 알아보려면, 2011년에 발행된 제임스 베르그스트라 외의 백서 원본

「Algorithms for Hyper-Parameter Optimization(http://mng.bz/W76w)」을 읽어보고, 패키지의 API 문서(http://hyperopt.github.io/hyperopt)에서 그 효과에 대한 기록을 확인해보기 바랍니다.

더 나은, 그리고 더 복잡한 기술

Hyperopt의 TPE 또는 이와 유사한 튜닝 패키지보다 더 고급의 튜닝 설루션을 사용하려면, 일반적으로 자동화된 머신러닝$^{automated ML}$(AutoML) 설루션을 제공하는 회사에 비용을 지불하거나 직접 구축해서 사용하는 방법을 찾아야 합니다. 맞춤형 AutoML 설루션을 구축하는 영역에서는 유전 알고리듬과 베이지안 사전 확률 탐색 최적화를 혼합해서, 유전 알고리듬의 선택적 최적화 기법을 활용해 결과가 좋을 가능성이 가장 높은 n차원의 하이퍼파라미터 공간에서 탐색 후보를 생성하는 방법을 살펴볼 수도 있습니다.

이러한 AutoML 설루션 중 하나(https://github.com/databrickslabs/automl-tool-kit)를 구축한 사람의 말을 빌리면, 수백 개 이상의 다양한 프로젝트를 위한 맞춤형 프레임워크를 구축하는 경우, 또는 회사가 당면한 문제를 해결하기 위해 특별히 맞춤형으로 제작된 고성능 저비용의 최적화 도구가 반드시 필요한 경우가 아니라면 AutoML 설루션을 직접 구축하는 것을 추천하지 않습니다.

AutoML은 대부분 숙련된 데이터 과학자로 이루어진 팀에서 선호하는 방법이 아닙니다. 설루션의 특성상, 환경 설정을 위한 인터페이스를 제외하고는 대부분이 자동화되었기 때문에 소프트웨어에 포함된 의사 결정 과정에 대한 제어와 가시성을 포기해야 합니다. 최적의 결과를 얻기 위해 어떤 피처를 걸러내고 생성해야 하는지, 어째서 특정 모델을 선정해야 하는지, 그리고 피처 벡터에 대해 어떤 내부 검증을 수행해야 하는지에 대한 논리를 파악할 수 없게 됩니다.

만들어지는 설루션이 블랙박스라는 점은 감수한다 해도, AutoML 애플리케이션의 대상 사용자를 식별하는 것은 중요합니다. AutoML이라는 모든 기능을 포함한 파이프라인 생성 도구 키트는 애초에 숙련된 ML 개발자를 위해 설계된 것이 아닙니다. 오히려 비즈니스 요구 사항은 잘 알지만 ML 설루션을 직접 만들기에는 경험이나 지식이 부족한 주제 전문가, 소위 시티즌^{citizen} 데이터 과학자를 위해 만들어졌습니다.

회사가 직면한 문제를 해결하기 위해 필요한 수고스러운 모델링 과정을 자동화해주는 프레임워크를 구축하는 일이 흥미로워 보일 수 있습니다. 하지만 프레임워크를 구축하는 일은 그리 간단하지 않습니다. 만약 여러분이 AutoML 프레임워크와 비슷한 무언가를 만든다고 하면, 이를 수행할 여력이 있는지부터 확인해야 합니다. 사업부에서 이런 대규모 프로젝트를 진행하는 것에 대해 충분히 이해하고 지지해줄지, 그리고 상당한 시간과 리소스를 투자할 만큼 수익을 거둘 수 있는지도 확인해야 합니다. 어떤 ML 프로젝트를 진행하는 동안에 AutoML을 구축하기 위해 몇 개월을 투자하는 것은 옳지 않습니다.

7.1.2 Hyperopt 입문

우리가 다루고 있던 수요 예측 프로젝트로 돌아가서, 각 공항의 모델을 튜닝하는 가장 좋은 접근 방식은 Hyperopt의 TPE 접근 방식을 사용해보는 것이라고 자신 있게 이야기할 수 있습니다.

> NOTE_ Hyperopt는 우리가 사용하던 아나콘다 외부에 있는 별도 패키지입니다. 이를 사용하려면 여러분의 환경에서 **pip** 또는 **conda**를 사용해 설치를 진행해야 합니다.

사용할 코드를 살펴보기 전에 간략한 구현 관점에서 API가 어떻게 동작하는지 알아보겠습니다. 우선 Hyperopt는 목적 함수를 정의하는 것으로 시작합니다. [예제 7-1]은 최소화하는 값을 찾는 함수의 간략한 구현 방법을 안내합니다. 대체로 목적 함수는 훈련 데이터를 훈련하고, 테스트 데이터를 유효성 검증하고 점수를 매긴 후, 추론 결과를 검증 데이터와 비교해 오류 지표를 반환하는 모델입니다.

예제 **7-1** Hyperopt 기초: 목적 함수

```
import numpy as np
def objective_function(x):                          ①
    func = np.poly1d([1, -3, -88, 112, -5])         ②
    return func(x) * 0.01                           ③
```

1. 최소화하려고 하는 목적 함수 정의

2. 풀고자 하는 4차 다항 방정식

3. 손실 최소화를 위한 손실 추정

Hyperopt를 사용하는 이유

제가 이 장에서 Hyperopt를 사용하는 이유는 Hyperopt가 널리 사용되기 때문입니다. 다른 도구에도 이 패키지의 하이퍼파라미터 최적화 기능과 비슷하거나 어쩌면 더 고급 버전이 있을 수 있습니다. Optuna(https://optuna.org)는 Hyperopt를 구현하면서 반영된 기존 연구를 지속적으로 확장한 도구로 주목받고 있습니다. 꼭 한번 확인해보세요.

이 책에서는 기술보다는 기술의 사용과 관련된 프로세스를 다룹니다. 가까운 미래에는 더 좋은 기술이 등장할 것입니다. 최적의 하이퍼파라미터를 찾는 더 나은 방법이 나올 것입니다. 지속적으로 이 분야는 발전하고 있으며, 그 발전은 필연적이면서도 빠르게 이루어지고 있습니다. 필자는 어떤 기술이 또 다른 어떤 기술보다 더 나은지에 대한 논의를 하지 않으려 합니다. 다른 책에서도 많이 다루기 때문입니다. 오히려 이 문제를 해결하기 위해 어떤 기술을 사용하는 것이 왜 중요한지에 대해 논의하려 합니다. 여러분에게 맞는 기술을 자유롭게 선택하셔도 괜찮습니다.

목적 함수를 선언한 후 Hyperopt를 사용하기 위한 다음 단계는 탐색할 공간을 정의하는 것입니다. 이 예제에서는 [예제 7-1]의 다항식 함수를 최소화하는 하나의 값을 최적화하는 것을 목적으로 합니다. 함수에 대한 하나의 x 변수에 대한 탐색 공간을 정의하고, Trials 객체를 인스턴스화해 최적화 기록을 저장합니다. 그리고 Hyperopt API의 최소화 함수를 사용해 최적화를 수행합니다. 코드는 다음과 같습니다.

예제 7-2 단순한 다항식을 위한 Hyperopt 최적화

```
optimization_space = hp.uniform('x', -12, 12)                 ①
trials = Trials()                                             ②
trial_estimator = fmin(fn=objective_function,                 ③
                       space=optimization_space,              ④
                       algo=tpe.suggest,                       ⑤
                       trials=trials,                          ⑥
                       max_evals=1000                          ⑦
)
```

1. 탐색 공간의 정의. 이 예제에서는 −12에서 12 범위에서 균일 샘플 추출uniform sampling로 시드를 구하고, TPE 알고리듬을 수행하기 위해 가우시안 무작위 추출을 사용합니다.

2. Trials 객체를 인스턴스화해 최적화 기록을 저장합니다.

3. [예제 7-1]에 정의된 목적 함수를 Hyperopt의 `fmin` 최적화 함수로 전달합니다.

4. 탐색 공간. 상단에 정의된 -12에서 12 사이의 균일 샘플 추출

5. 최적화 알고리듬. 트리 구조의 파르젠 추정

6. `Trials` 객체를 최적화 함수에 전달합니다.

7. 최적화를 수행할 횟수를 지정합니다. `hpopt`는 반복 작업이기 때문에 횟수를 지정해 전체 최적화의 실행 시간을 제어할 수 있습니다.

주피터 노트북에서 위 코드를 실행하면 상태 표시줄을 보여줄 것이고, 최적화가 실행되는 동안 발견된 최적의 손실을 함께 표시합니다. 실행이 끝나면 `trials_estimator`에서 `objective_function`에 정의된 다항식의 결괏값을 최소화하는 최적의 x 값을 얻을 수 있습니다. 다음 예제를 통해 이 프로세스가 어떻게 작동하는지 알아보겠습니다.

예제 7-3 간단한 다항식 함수를 최소화하는 Hyperopt 수행

```
rng = np.arange(-11.0, 12.0, 0.01)                                    ①
values = [objective_function(x) for x in rng]                         ②
with plt.style.context(style='seaborn'):
    fig, ax = plt.subplots(1, 1, figsize=(5.5, 4))
    ax.plot(rng, values)                                              ③
    ax.set_title('Objective function')
    ax.scatter(x=trial_estimator['x'], y=trials.average_best_error(), marker='o',
        s=100)                                                        ④
    bbox_text = 'Hyperopt calculated minimum value\nx:{}'.format(trial_
        estimator['x'])
    arrow = dict(facecolor='darkblue', shrink=0.01,
    connectionstyle='angle3,angleA=90,angleB=45')
    bbox_conf = dict(boxstyle='round,pad=0.5', fc='ivory', ec='grey', lw=0.8)
    conf = dict(xycoords='data', textcoords='axes fraction', arrowprops=arrow,
        bbox=bbox_conf, ha='left', va='center', fontsize=12)
    ax.annotate(bbox_text, xy=(trial_estimator['x'],
        trials.average_best_error()), xytest=(0.3, 0.8), **conf)      ⑤
    fig.tight_layout()
    plt.savefig('objective_func.svg', format='svg')
```

1. [예제 7-1]에 정의된 함수를 그리기 위한 x 값의 범위를 생성합니다.

2. `rng` 배열의 x 값에 대한 y 값을 계산합니다.

3. 함수에 대한 그래프를 생성합니다.

4. 우리의 탐색 공간에서 Hyperopt가 찾아낸 최적화된 최솟값을 표시합니다.

5. 그래프에 주석을 추가해 최솟값을 표기합니다.

앞선 스크립트를 실행한 결과, [그림 7-6]의 그래프와 같이 나옵니다.

선형 모델은 종종 파라미터와 손실 지표 사이에 급격한 하락^{dip}과 계곡^{vally}이 생깁니다. 이를 설명하기 위해 **지역 최솟값**$^{\text{local minima}}$과 **지역 최댓값**$^{\text{local maxima}}$이라는 용어를 사용합니다. 파라미터의 탐색 공간을 충분히 탐색하지 않으면 모델의 튜닝에서 전역이 아니라 지역 최솟값이나 최댓값에 위치할 수 있습니다.

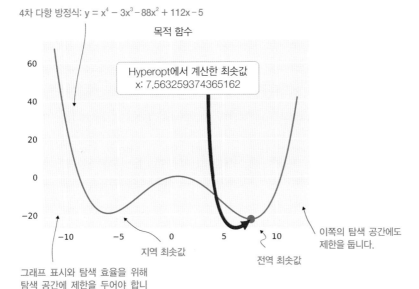

그림 7-6 Hyperopt를 사용해 간단한 다항식의 최솟값 구하기

7.1.3 Hyperopt를 사용해 복잡한 예측 문제 튜닝

우리는 자동화된 모델 튜닝 패키지의 개념을 이해했습니다. 이제 이 개념을 좀 더 복잡한 예측 모델링 문제에 적용해보겠습니다. 앞서 이야기한 것처럼 수동으로 모델을 튜닝하기는 복잡합니다. 탐색할 하이퍼파라미터가 11개나 될뿐더러, 실제 6장에서 수동으로 튜닝한 결과 역시 그다지 인상적이지는 않았습니다.

튜닝을 하기 위해 우리는 토마스 베이즈Tomas Bayes[1]와 피에르 시몽 라플라스Pierr-Simon Laplace[2]의 도움을 받으려 합니다. [예제 7-4]는 공항 승객을 예측하기 위한 홀트-윈터스 지수 평활(HWES) 모델의 최적화 함수를 보여줍니다.

예제 7-4 HWES의 최소화 함수

```
def hwes_minimization_function(selected_hp_values, train, test, loss_metric):    ①
    model = ExponentialSmoothing(train,                                          ②
                    trend=selected_hp_values['model']['trend'],
                    seasonal=selected_hp_values['model']['seasonal'],
                    seasonal_periods=selected_hp_values['model']['seasonal_periods'],
                    damped=selected_hp_values['model']['damped']
                    )

    model_fit = model.fit(smoothing_level=selected_hp_values['fit']['smoothing_
                    level'],                                                     ③
                    smoothing_seasonal=selected_hp_values['fit'][ 'smoothing_
                    seasonal'],
                    damping_slope=selected_hp_values['fit']['damping_slope'],
                    use_brute=selected_hp_values['fit']['use_brute'],
                    use_boxcox=selected_hp_values['fit']['use_boxcox'],
                    use_basinhopping=selected_hp_values['fit']['use_basinhopping'],
                    remove_bias=selected_hp_values['fit']['remove_bias']
                    )

    forecast = model_fit.predict(train.index[-1], test.index[-1])               ④
    param_count = extract_param_count_hwes(selected_hp_values)                   ⑤
    adjusted_forecast = forecast[1:]                                            ⑥
    errors = calculate_errors(test, adjusted_forecast, param_count)             ⑦
    return {'loss': errors[loss_metric], 'status': STATUS_OK}                    ⑧
```

1. `selected_hp_values` 딕셔너리를 사용해 적용할 하이퍼파라미터와 모델의 파라미터를 전달합니다. 이름이 유사하기 때문에 혼동을 방지하고자 'model'과 'fit'으로 구분합니다.

2. `ExponentialSmoothing` 클래스 객체를 Hyperopt에서 반복 수행할 때마다 선택해야 할 설정값으로 구성해 인스턴스화합니다.

---

1 옮긴이_ 잉글랜드의 장로교 목사입니다. 확률론의 베이즈 정리를 최초로 서술했는데, 이 정리는 훗날 베이즈 확률론의 시초가 되었습니다.

2 옮긴이_ 프랑스의 수학자로 선형 대수·확률론·해석학 등을 연구했습니다. 역확률에 대해 독자 연구하던 중 영국 철학자 프라이스가 가져온 베이즈의 베이즈 정리에 대해 듣고 확신을 갖고 연구를 수행했습니다.

3. fit 메서드에는 Hyperopt가 생성하고 테스트할 모델 풀에 적용할 하이퍼파라미터 집합을 전달합니다.

4. 모델을 실행하면서 예측 결과를 만들어내고 유효성 검증 및 점수를 매깁니다. 훈련 데이터셋의 마지막 인덱스부터 테스트 데이터셋의 마지막 인덱스까지의 예측 결과를 만들어냅니다.

5. 하이퍼파라미터의 개수를 가져오는 유틸리티 함수(책의 깃허브 저장소에서 확인)입니다.

6. 예측 결과의 첫 항목이 훈련 데이터셋의 마지막 인덱스 항목과 겹치므로 제거합니다.

7. 사용 가능한 모든 오류 지표(아카이케 정보 기준(AIC), 베이지안 정보 기준Bayesian information criterion (BIC), 새로 추가한 지표)를 계산합니다. 하이퍼파라미터의 개수를 함께 전달합니다.

8. Hyperopt의 최소화 함수로부터 받아오는 결과는 최적화를 위한 테스트 지표가 포함된 딕셔너리와 Hyperopt API 내부의 상태 리포트 메시지입니다. Trial() 객체는 실행에 대한 모든 데이터와 튜닝된 최적의 모델을 담고 있습니다.

6장의 내용을 되짚어보면, 알고리듬의 프로토타입을 만들 때 튜닝을 좀 더 쉽게 해주는 하이퍼파라미터(smoothing_level, smoothing_seasonal, use_brute, use_boxcox, use_basin_hopping, remove_bias) 중 몇 가지 값을 하드코딩했습니다. [예제 7-4]에서는 이 모든 값을 Hyperopt에서 튜닝하는 하이퍼파라미터로 설정했습니다. 우리는 알고리듬을 사용해 이렇게 큰 탐색 공간에서도 모든 하이퍼파라미터에 대한 예측 성능을 교차hold-out 검증으로 확인하고, 그들이 미치는 영향을 확인할 수 있습니다. 그리드 탐색과 같이 순열 기반을 사용하는 경우 실행 시간이 기하급수적으로 늘어나기 때문에 모든 하이퍼파라미터를 탐색하지 못할 것입니다.

이제 모델의 점수를 매기는 것이 구현되었으므로, 모델을 효율적으로 튜닝하기 위한 다음 단계인 하이퍼파라미터에 대한 탐색 공간을 정의하는 부분으로 넘어가겠습니다.

예제 7-5 Hyperopt 탐색 공간 설정

```
hpopt_space = {
    'model': {                                                              ①
        'trend': hp.choice('trend', ['add', 'mul']),                        ②
        'seasonal': hp.choice('seasonal', ['add', 'mul']),
        'seasonal_periods': hp.quniform('seasonal_periods', 12, 120, 12),   ③
        'damped': hp.choice('damped', [True, False])
    },
    'fit': {
        'smoothing_level': hp.uniform('smoothing_level', 0.01, 0.99),       ④
        'smoothing_seasonal': hp.uniform('smoothing_seasonal', 0.01, 0.99),
        'damping_slope': hp.uniform('damping_slope', 0.01, 0.99),
```

```
            'use_brute': hp.choice('use_brute', [True, False]),
            'use_boxcox': hp.choice('use_boxcox', [True, False]),
            'use_basinhopping': hp.choice('use_basinhopping', [True, False]),
            'remove_bias': hp.choice('remove_bias', [True, False])
        }
    }
```

1. 딕셔너리를 클래스 수준의 하이퍼파라미터(model)와 메서드 수준의 하이퍼파라미터(fit)로 나누었습니다. 이름이 유사한 하이퍼파라미터를 쉽게 구분할 수 있습니다.

2. hp.choice는 이진 또는 카테고리 값에서 하나를 선택할 때 사용합니다.

3. hp.quniform은 양자화된 공간에서 무작위로 값을 선택합니다. 이 예제에서는 12와 120 사이에 있는 12의 배수를 선택합니다.

4. hp.uniform은 연속 공간에서 무작위로 값을 선택합니다. 여기에서는 0.01에서 0.99 사이의 값입니다.

이 코드는 statsmodels 패키지의 0.11.1 버전을 기준으로 ExponentialSmoothing() 클래스와 fit() 메서드에서 사용할 수 있는 하이퍼파라미터를 전부 담고 있습니다. 일부 하이퍼파라미터는 모델의 예측 성능에 영향을 미치지 않을 수도 있기 때문에, 그리드 탐색을 통해 평가할 때는 생략할 수도 있습니다. 하지만 Hyperopt의 알고리즘은 영향력이 있는 하이퍼파라미터에 더 큰 가중치를 부여하는 방식이기 때문에 굳이 생략하지 않아도 총 실행 시간이 크게 늘지 않습니다.

시계열 모델의 튜닝 작업에 필요한 어려운 작업을 자동화하는 다음 단계는 최적화를 실행하고, 튜닝을 실행해 데이터를 수집하며, 플로팅할 함수를 만드는 것입니다. 이를 활용해 [예제 7-5]에 정의된 탐색 공간을 추가로 최적화하려 합니다. [예제 7-6]은 실행 함수를 보여줍니다.

> NOTE_ [예제 7-6]에서 호출하고 있는 모든 함수에 대한 전체 코드를 보려면 이 책의 깃허브 저장소 https://github.com/BenWilson2/ML-Engineering를 참조하세요. 자세한 설명은 다운로드해서 실행할 수 있는 노트북에 수록했습니다.

예제 7-6 Hyperopt 튜닝 실행

```
def run_tuning(train, test, **params):                              ①
    param_count = extract_param_count_hwes(params['tuning_space'])   ②
    output = {}
    trial_run = Trials()                                            ③
```

```
    tuning = fmin(partial(params['minimization_function'],         ④
                    train=train,
                    test=test,
                    loss_metric=params['loss_metric']
                    ),
            params['tuning_space'],                                ⑤
            algo=params['hpopt_algo'],                             ⑥
            max_evals=params['iterations'],                        ⑦
            trials=trial_run
            )
    best_run = space_eval(params['tuning_space'], tuning)          ⑧
    generated_model = params['forecast_algo'](train, test, best_run)   ⑨
    extracted_trials = extract_hyperopt_trials(trial_run,          ⑩
                                    params['tuning_space'],
                                    params['loss_metric']
                                    )
    output['best_hp_params'] = best_run
    output['best_model'] = generated_model['model']
    output['hyperopt_trials_data'] = extracted_trials
    output['hyperopt_trials_visualization'] =                      ⑪
        generate_hyperopt_report(extracted_trials,
                            params['loss_metric'],
                            params['hyperopt_title'],
                            params['hyperopt_image_name']
                            )
    output['forecast_data'] = generated_model['forecast']
    output['series_prediction'] =
        build_future_forecast(generated_model['model'],           ⑫
                            params['airport_name'],
                            params['future_forecast_periods'],
                            params['train_split_cutoff_months'],
                            params['target_name']
                            )
    output['plot_data'] = plot_predictions(test,                  ⑬
                                    generated_model['forecast'],
                                    param_count,
                                    params['name'],
                                    params['target_name'],
                                    params['image_name']
                                    )

    return output
```

1. 튜닝을 실행하고 최적화에서 활용할 시각화 및 데이터 수집에 필요한 설정값이 많기 때문에 (**kwargs)를 사용해 딕셔너리 기반으로 매개변수를 전달합니다.

2. AIC와 BIC를 계산하기 위해 최적화를 수행할 하이퍼파라미터의 총 개수가 필요합니다. 엔지니어가 직접 개수를 구하는 대신, 전달받은 Hyperopt 매개변수 중 tuning_space에서 추출합니다.

3. Trials() 객체는 각각의 하이퍼파라미터 설정에 따른 실험 결과를 기록합니다. 이를 활용해 최적화가 어떻게 수렴하는지 확인할 수 있습니다.

4. fmin()은 Hyperopt를 실행하는 기본 메서드입니다. 모델별 정적인 속성을 감싸는 래퍼로 partial 함수를 사용해. Hyperopt가 탐색을 위해 반복 실행될 때 하이퍼파라미터를 제외한 다른 부분을 동일하게 유지합니다.

5. [예제 7-5]에서 정의한 튜닝을 위한 탐색 공간입니다.

6. Hyperopt의 최적화 알고리듬(랜덤, TPE, 적응형adaptive TPE)은 자동으로 구성할 수도, 수동으로 제어할 수도 있습니다.

7. 최적의 설정을 찾기 위해 탐색을 수행할 횟수입니다.

8. Trials() 객체에서 최고의 모델을 가져옵니다.

9. 최고의 모델을 사용할 수 있도록 불러옵니다.

10. Trials() 객체로부터 플로팅할 튜닝 정보를 불러옵니다.

11. 실행 기록을 플롯으로 그립니다.

12. future_forecast_periods 설정값에 지정된 예측 기간에 대한 예측을 수행합니다.

13. 교차 검증의 검증용 데이터와 예측 결과를 그래프로 나타냅니다(6장 시각화의 개선 버전).

> NOTE_ partial 함수와 Hyperopt 작업에 대해 더 알고 싶다면 파이썬 문서의 functools.partial을 확인해보세요(https://docs.python.org/3/library/functools.html). Hyperopt 문서와 소스 코드는 깃허브 저장소를 확인하세요(http://Hyperopt.github.io/Hyperopt).

> NOTE_ [예제 7-6]의 사용자 지정 그래프 코드는 이 책의 깃허브 저장소에서 확인할 수 있습니다. 7장 노트북을 확인하세요(https://github.com/BenWilson2/ML-Engineering).

[예제 7-6]의 plot_prediction()을 실행한 결과는 [그림 7-7], generate_hyperopt_report()를 실행한 결과는 [그림 7-8]과 같습니다.

발견된 최적의 매개변수

```
damping_slope = 0.4247
remove_bias = False
smoothing_level = 0.173
smoothing_seasonal = 0.5604
use_basinhopping = True
use_boxcox = True
```

```
seasonal = 'add'
seasonal_periods = 24
trend = 'add'
use_brute = False
damped = False
```

자동화된 튜닝을 하지 않고 이 정도 결과를 얻기는 거의 불가능합니다.

하이퍼파라미터 최적화를 통한 JFK 공항의 승객 수 예측 데이터와 원시 데이터

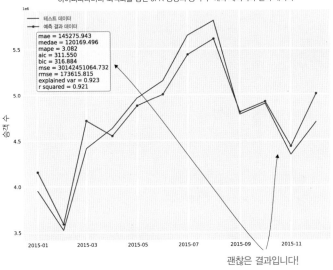

```
mae = 145275.943
medae = 120169.496
mape = 3.082
aic = 311.550
bic = 316.884
mse = 30142451064.732
rmse = 173615.815
explained var = 0.923
r squared = 0.921
```

괜찮은 결과입니다!

그림 7-7 예측 결과의 백테스트(가독성을 위해 x축 확대)

지금까지 Hyperopt를 사용해 우리가 가지고 있는 교차 검증 데이터에 대한 최고의 예측 결과를 달성해봤습니다. 다시 말해 예상치 못한 잠재 요인이 영향을 주지 않는다는 가정하에, 우리는 미래에 대한 좋은 예측 결과를 만들어낼 수 있도록 하이퍼파라미터를 최적화했습니다. 결과적으로 ML 작업의 최적화 단계에서 직면하는 몇 가지 주된 도전 과제를 자동화 튜닝을 통해 해결했습니다.

- 정확도: 적절한 탐색 공간을 선정하고, 충분한 실행을 반복함으로써 도달 가능한 최적의 예측 결과를 달성했습니다.
- 적절한 훈련 시간: 높은 수준의 자동화를 통해 튜닝이 잘 된 모델을 몇 분 이내로 확보할 수 있었습니다. 자동화된 튜닝이 아니었다면 몇 일, 몇 주가 걸렸을 것입니다.
- 유지 보수성: 시간이 지나 재훈련이 필요할 때도 자동화된 튜닝을 활용해 수작업의 필요를 최소화했습니다.
- 적절한 개발 시간: 코드를 노트북 안에서 모듈화된 함수로 구현했기 때문에, 재사용성과 확장성이 있습니다. 또 다른 공항을 위한 모델을 만들 때도 쉽게 활용할 수 있습니다.

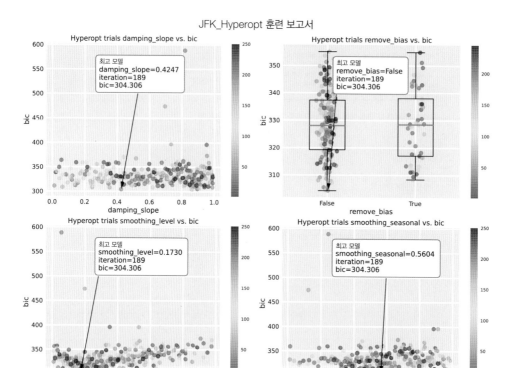

그림 7-8 Hyperopt 실행에 사용된 하이퍼파라미터의 샘플링 결과

> **NOTE**_ 예제를 통해 보여준 코드 샘플은 이 책의 깃허브 저장소 **notebooks/ch07**에 있는 전체 예제 코드의 일부입니다. 이 예제에서 데이터셋의 모든 공항에 대한 자동화된 튜닝 및 최적화와 관련해 구현된 모든 유틸리티 함수를 확인할 수 있습니다.

7.2 플랫폼과 팀에 적절한 기술 선택

지금까지 살펴본 시계열 예측 시나리오에서 하나의 공항에 대해 자동화 튜닝을 하고 예측을 수행하는 작업을 가상 머신(VM) 컨테이너에서 실행했을 때 잘 작동하는 것을 확인했습니다. 그리고 예측 결과 또한 충분히 좋았습니다. Hyperopt를 사용해 각각의 모델을 수작업으로 튜닝할 때 생기는 유지 보수의 번거로움도 덜 수 있었습니다. 꽤나 인상적인 발전이기는 하지만, 우리가 하나의 공항에 대해서만 승객을 예측하는 것이 아니란 사실을 잊으면 안 되겠죠. 수천 개의 공항에 대한 예측 결과를 만들어내야 합니다.

[그림 7-9]는 지금까지의 작업 결과를 실제 소요 시간 측면에서 보여줍니다. 각 공항의 모델을 만드는 작업은 for 루프를 통해 진행하고, Hyperopt의 베이지안 최적화 또한 순차적인 반복으로 진행합니다. 이는 결국 각 단계가 순서대로 진행되고, 모델 또한 하나씩 만들어지기를 기다려야 한다는 이야기입니다.

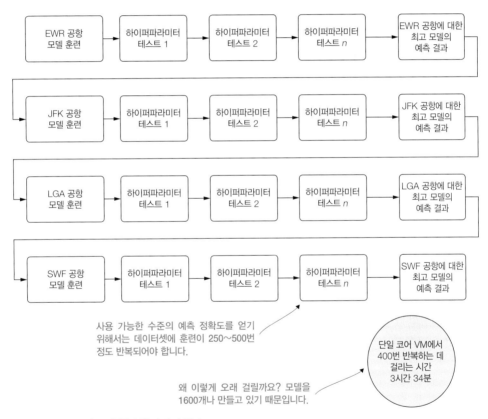

그림 7-9 단일 스레드 실행을 통한 순차적 튜닝

이 그림과 같이 대규모 ML에서 발생하는 문제는 많은 팀에 걸림돌이 되는데, 주로 복잡성이나 시간, 비용 때문에 발생합니다. 또 이런 규모의 ML 프로젝트가 취소되는 주된 이유이기도 합니다. ML 프로젝트의 확장성 문제를 해결하기 위한 솔루션에는 분산distributed 컴퓨팅, 비동기asynchronous 컴퓨팅 또는 두 가지를 적절하게 섞어 사용하는 방법이 있습니다.

대부분의 파이썬 ML에 사용되는 표준으로 구성된 코드는 기본적으로 순차적인 방식으로 실행됩니다. 리스트[list] 처리, 람다 또는 for 루프 등이 사용되는 ML 코드는 단계별로 순차적으로 실행됩니다. 이 접근 방식은 메모리가 많이 필요한 알고리듬, 특히 재귀 호출을 많이 사용하는 알고리듬에서 메모리 부담을 줄여주기 때문에 좋을 수 있습니다. 하지만 이 방식은 이전 작업이 끝난 후에만 후속 작업이 실행되기 때문에 실행 시간 관점에서는 훨씬 더 오래 걸린다는 단점이 될 수도 있습니다.

7.2절에서 ML의 동시성에 대해 간략하게 설명하고 이후 다른 장에서 더 자세히 설명하겠습니다. 일단은 프로젝트의 소요 시간과 관련된 확장성 문제와 관련해 각 공항의 탐색 공간을 더 빠르게 탐색하기 위해 **분산 접근 방식**을 살펴볼 필요가 있습니다. 단일 스레드의 가상 머신을 활용하는 접근 방식에서 벗어나 아파치 스파크 분산 컴퓨팅으로 넘어가겠습니다.

7.2.1 스파크를 왜 써야 하나요?

스파크를 쓰는 가장 큰 이유는 바로 속도입니다.

지금 해결하려는 문제는 매월 미국 주요 공항의 승객 수를 예측하는 것입니다. 당장 몇 분 또는 몇 시간 내에 예측해야 한다는 요구 사항이 있지는 않지만, 그럼에도 예측을 수행하는 데 걸리는 시간을 고려해봐야 합니다. 그 이유는 다음과 같습니다.

- **시간**: 이 작업을 모놀리식 모델링 이벤트 기반으로 수행해야 하는 경우, 매우 긴 시간이 소요되는 작업에서 어떤 오류가 발생했을 때 다시 처음부터 시작해야 합니다. 11일 동안 연속으로 실행해 99%가 되었는데 작업이 실패한다면 어떨까요?
- **안정성**: 작업 내부에서 객체를 참조할 때, 작업 실패로 이어질 수 있는 메모리 누수가 생기지 않도록 매우 주의해야 합니다.
- **리스크**: 컴퓨팅 자원을 매우 긴 시간 동안 사용하면 어떤 플랫폼의 이슈로 컴퓨터가 갑자기 다운될 수 있다는 위험성이 있습니다.
- **비용**: 가상 머신이 작동하는 위치와 상관없이 이에 대한 비용은 계속 발생합니다.

이렇게 큰 위험 요소를 해결하기 위해 분산 컴퓨팅을 도입하면 비용뿐만 아니라 실행 속도 측면에서도 순차적으로 반복 실행하는 것에 비해 효과가 큽니다. 만약 작업에 문제가 생기거나 데이터에 예기치 못한 문제가 일어나거나 VM이 실행되는 하드웨어에 문제가 발생한다 해도, 예측 작업의 실행 시간이 크게 단축되기 때문에 문제를 해결하고 작업을 다시 실행할 수 있는 유연함이 있습니다.

스파크에 대한 간략한 소개

스파크는 큰 주제이자 엄청난 규모의 생태계이고, 활발하게 오픈 소스에 기여하는 분산 컴퓨팅 플랫폼이며, 자바 가상 머신(JVM)을 기반으로 합니다. 이 책의 주제는 스파크가 아니므로 그 내부를 깊이 다루지 않겠습니다.

스파크를 다룬 유명한 책이 몇 권 있는데, 이 기술에 대해 자세히 알고 싶다면 다음을 읽어보길 추천합니다. 『러닝 스파크』(제이펍, 2022), 『스파크 완벽 가이드』(한빛미디어, 2018), 『Spark in Action(스파크 인 액션)』(매닝, 2020).

이 책에서는 스파크를 효과적으로 활용해 ML 작업을 수행하는 방법을 익히는 정도면 충분합니다. 이후의 많은 예제에서는 이 플랫폼의 강력한 기능을 활용해 대규모 ML의 훈련과 추론을 수행하는 방법을 다룰 것입니다.

이번 절에서는 예제를 통해 스파크가 작동하는 방식을 개략적으로 소개하고, 문제를 해결하는 데 스파크를 어떻게 사용할 수 있는지에 초점을 맞추겠습니다.

그러면 스파크는 이 문제를 어떻게 해결할 수 있을까요? 상대적으로 직관적인 패러다임 두 가지를 [그림 7-10]에서 살펴보겠습니다. 물론 둘 외에 많은 방법을 사용할 수 있지만, 지금은 간단한 방법부터 시작하고, 더 많은 고급 접근 방식은 이후에 다시 다루겠습니다.

첫 번째 접근 방식은 클러스터 내부의 워커를 활용해 탐색할 하이퍼파라미터 설정에 대해 병렬적으로 평가를 실행하는 것입니다. 이 방식에서는 사용할 시계열 데이터셋이 워커로부터 드라이버로 수집되어야 합니다. 이 글을 쓰는 시점에서는 데이터 직렬화의 최대 크기가 2기가바이트로 제한되기 때문에, 스파크의 많은 ML 유스 케이스에서 이 접근 방식은 적합하지 않습니다. 다만, 지금 우리가 다루는 문제와 같은 시계열 문제에서는 이 접근 방식도 잘 작동합니다.

두 번째 접근 방식은 데이터를 워커에 유지합니다. 6장에서 단일 코어 VM을 활용해 실행할 때와 마찬가지로 독립적으로 실행 가능한 Hyperopt의 `Trials()` 객체를 사용하며, 개별 워커에서 각 공항에 대한 모델 훈련을 동시에 진행합니다. 데이터의 배포는 `pandas_udf`를 활용합니다.

이렇게 하이퍼파라미터 튜닝을 가속화하는 두 가지 패러다임에 상위 수준 아키텍처를 정의했습니다. 이제 프로세스의 실행 관점에서 살펴보겠습니다.

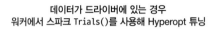

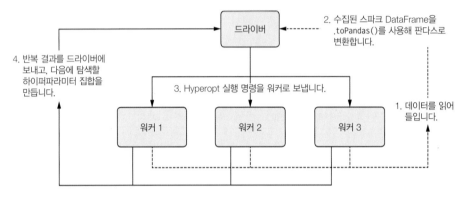

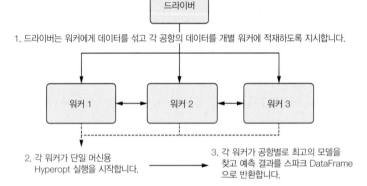

그림 7-10 스파크에서 pandas_udf를 사용해 하이퍼파라미터 튜닝 확장하기

7.2.2 드라이버에서 SparkTrials를 사용해 튜닝을 처리하는 방법

[그림 7-10]이 SparkTrials()로 분산 튜닝을 처리할 때 스파크 클러스터에서 일어나는 일을 물리적 구성으로 나타냈다면, [그림 7-11]은 실제 실행에 대한 내용을 더 자세히 다룹니다. 모델링해야 하는 각 공항은 드라이버에서 반복 실행하며, 그 최적화는 각 후보 하이퍼파라미터

조합을 각기 다른 워커에 보내주는 방식의 분산 처리로 구현되었습니다.

이 방식을 사용한다면 최소한의 수정만으로도 단일 머신에서 사용하던 접근 방식과 비슷한 수준의 하이퍼파라미터 탐색 공간을 탐색할 수 있습니다. 병렬 처리의 수준이 증가함에 따라 반복 횟수를 약간만 늘리면 가능합니다.

NOTE_ 병렬 처리 수준과 반복 횟수에 대한 조정은 일반적으로 '단일 머신에서의 반복 횟수 + (병렬 처리 수준/0.2)' 같은 간단한 식을 통해 진행합니다. 이를 통해 이전 단계의 더 많은 결과를 바탕으로 하이퍼파라미터 후보를 뽑을 수 있습니다. 병렬 실행을 비동기적으로 실행하기 때문에, 동기적으로 실행했을 때와 달리 실시간으로 결과를 받아볼 수 없습니다.

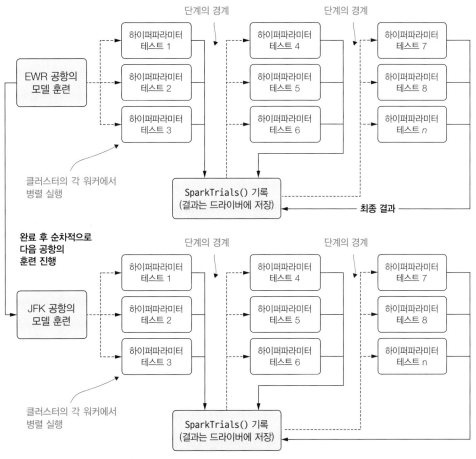

그림 7-11 스파크 워커를 활용한 Hyperopt 테스트 반복 실행의 분산 처리 방식에 대한 논리적 아키텍처

Hyperopt 최적화 도구의 특성을 고려할 때 이는 매우 중요합니다. 기본적으로 베이지안 추정기[Bayesian estimator]이기 때문에 최적의 하이퍼파라미터 집합을 찾아내기 위해서는 이전 데이터에 액세스해야 합니다. 만약 매우 많은 실행이 동시에 이루어진다면, 데이터가 부족해 효과적인 하이퍼파라미터를 탐색할 확률이 낮아집니다. 이전 결과를 충분히 활용할 수 없다면 오히려 랜덤 탐색에 비슷한 탐색을 수행하게 되기 때문에 베이지안 추정기의 사용 목적에 맞지 않게 됩니다.

하지만 이런 단점은 무시할 수 있는 수준이며, 특히 각 반복을 분산하기 위해 n개의 워커를 활용함으로써 달성할 수 있는 속도 측면의 이점을 고려하면, 그 단점은 정말 미미할 수 있습니다. 우리가 만들어둔 함수를 스파크로 변환하려면 불과 몇 가지의 수정 사항만 적용하면 됩니다.

> **NOTE_** 아파치 스파크를 사용해 분산 최적화를 실행할 수 있는 예제를 따라 해보세요. 이 책의 저장소에 **Chapter8_1**로 포함된 스파크 노트북을 참조하세요. 이 노트북을 이어지는 장에서도 활용하겠습니다.

가장 먼저 할 일은 Hyperopt에서 **SparkTrials** 모듈을 가져오는 일입니다. **SparkTrials**는 클러스터의 드라이버가 모든 테스트에 대한 기록을 추적할 수 있도록 하는 객체입니다. 동일한 VM에서 실행된 이력만을 추적할 수 있는 표준 **Trials** 객체와 달리, 서로 다른 하이퍼파라미터 구성으로 원격의 워커들에서 실행된 이력을 추적할 수 있습니다.

모듈을 가져온 이후, 기본 스파크 리더를 사용해 데이터를 읽어들일 수 있습니다. 이 예제에서는 데이터가 **delta** 테이블에 저장되고, 아파치 하이브 메타스토어[Apache Hive Metastore]에 등록되어 있어, 표준 데이터베이스와 테이블 이름을 식별자를 통해 접근할 수 있습니다. 워커에 데이터를 로드하고 나면, [예제 7-7]과 같이 시계열 데이터를 드라이버로 수집할 수 있습니다.

예제 7-7 스파크를 사용해 드라이버로 판다스 DataFrame 형식으로 데이터 수집

```
delta_table_nm = 'airport'                                            ①
delta_database_nm = 'ben_demo'                                        ②
delta_full_nm = "{}.{}".format(delta_database_nm, delta_table_nm)     ③
local_data = spark.table(delta_full_nm).toPandas()                    ④
```

1. **delta** 테이블 이름을 지정합니다.

2. **delta** 테이블이 등록된 하이브 데이터베이스의 이름을 지정합니다.

3. 표준 API를 활용해 데이터베이스 이름과 테이블 이름을 통해 데이터를 가져옵니다.

4. delta로부터 워커로 데이터를 읽어옵니다. 데이터를 판다스 DataFrame 형식으로 드라이버에 수집합니다(delta로부터 직접 데이터를 드라이버로 불러오는 것은 지원하지 않습니다).

> WARNING_ 스파크에서 데이터를 수집할 때 주의할 점이 있습니다. 훈련 데이터셋이 수십 또는 수백 기가바이트에 달하는 대부분의 대규모 ML의 경우, 스파크에서 .toPandas()를 호출하거나 수집하는 작업을 실행하면 작업이 실패하게 됩니다. 만약 큰 데이터셋을 가지고 있고 반복할 수 있는 상황이라면, 간단하게 스파크 DataFrame을 필터링하고, 반복 루프를 사용해 전체 데이터를 쪼개 .toPandas()로 수집합니다. 이렇게 하면 드라이버에서 한 번에 처리해야 하는 데이터양을 제어할 수 있습니다.

앞의 코드를 실행하고 나면 드라이버에 데이터가 적재됩니다. 7.1절에서 도커 컨테이너 VM에서 처리한 모델 튜닝보다 훨씬 더 확장성이 좋은 모델 튜닝을 수행하기 위해 스파크 클러스터의 분산 환경을 활용할 준비가 된 것입니다. [예제 7-8]은 [예제 7-6]을 분산 환경으로 실행할 수 있도록 수정한 코드입니다.

예제 7-8 Hyperopt를 스파크에서 실행하기 위한 튜닝 실행 함수 수정

```
def run_tuning(train, test, **params):
    param_count = extract_param_count_hwes(params['tuning_space'])
    output = {}
    trial_run = SparkTrials(                                          ①
        parallelism=params['parallelism'],
        timeout=params['timeout']
    )
    with mlflow.start_run(                                            ②
        run_name='PARENT_RUN_{}'.format(params['airport_name']),
        nested=True
    ):
        mlflow.set_tag('airport', params['airport_name'])            ③
        tuning = fmin(partial(params['minimization_function'],
                              train=train,
                              test=test,
                              loss_metric=params['loss_metric']
                              ),
                      params['tuning_space'],
                      algo=params['hpopt_algo'],
                      max_evals=params['iterations'],
                      trials=trial_run,
```

```
                    show_progressbar=False
                    )                                                              ④
        best_run = space_eval(params['tuning_space'], tuning)
        generated_model = params['forecast_algo'](train, test, best_run)
        extracted_trials = extract_hyperopt_trials(
            trial_run,
            params['tuning_space'],
            params['loss_metric']
        )
        output['best_hp_params'] = best_run
        output['best_model'] = generated_model['model']
        output['hyperopt_trials_data'] = extracted_trials
        output['hyperopt_trials_visualization'] = generate_Hyperopt_report(
            extracted_trials, params['loss_metric'],
            params['hyperopt_title'],
            params['hyperopt_image_name']
        )
        output['forecast_data'] = generated_model['forecast']
        output['series_prediction'] = build_future_forecast(
            generated_model['model'],
            params['airport_name'],
            params['future_forecast_periods'],
            params['train_split_cutoff_months'],
            params['target_name']
        )
        output['plot_data'] = plot_predictions(
            test,
            generated_model['forecast'],
            param_count,
            params['name'],
            params['target_name'],
            params['image_name']
        )
        mlflow.log_artifact(params['image_name'])                                  ⑤
        mlflow.log_artifact(params['hyperopt_image_name'])                         ⑥
    return output
```

---

1. Hyperopt에서 Trials() 대신에 SparkTrials()를 사용하도록 설정. 클러스터 내 워커에서 동시 실행할 테스트의 개수와 전체 타임아웃을 설정합니다.

2. 각 공항의 부모 실행 안에서 수행되는 각 하이퍼파라미터 테스트의 결과를 로깅할 수 있도록 MLflow를 설정합니다.

3. MLflow에 공항 이름을 로깅해 이후 추적 서비스에서 결과를 쉽게 검색할 수 있게 합니다.

4. 최소화 함수는 하위 실행을 통해 반복적으로 실행되는 테스트에 대한 하이퍼파라미터와 손실 지표를 MLflow 로깅에 추가하는 것을 제외하고는 크게 바뀌지 않습니다.

5. 부모 MLflow 실행에 최적의 모델로 생성한 예측 그래프를 로깅합니다.

6. 부모 MLflow 실행 ID에 Hyperopt 실행 보고서를 로깅합니다.

스파크의 분산 프레임워크에서 작동하도록 하기 위해서는 약간의 수정 사항만 적용하면 됩니다. 또한 MLflow에 정보를 쉽게 기록할 수 있기 때문에, 참조나 비교를 위한 테스트의 출처와 증명에 대한 문제를 해결할 수 있습니다. 그러면 프로젝트의 유지 관리가 용이해집니다.

이 방법론과 단일 코어의 가상 머신에서 실행하는 방법론을 비교한 결과, 이 접근 방식은 우리가 필요로 하는 빠른 훈련에 대한 목표를 충족했습니다. 이 예측 작업의 최적화 작업은 단일 코어 가상 머신에서 약 3.5시간이 소요된 것에 비해, 워커 노드가 네 개인 클러스터에서는 30분 미만이 소요되었습니다. 비슷한 정확도를 달성하기 위해 Hyperopt 반복 횟수를 600으로 두고, 병렬 처리 수준 매개변수를 8로 두었습니다.

이제 다음 절에서는 튜닝 작업을 병렬화하는 대신, 공항별 모델을 병렬화해 완전히 다른 방식으로 확장성 문제를 해결하는 방법을 살펴보겠습니다.

7.2.3 워커에서 pandas_udf를 사용해 튜닝을 처리하는 방법

앞서 알아본 접근 방식에서는 스파크를 활용해 개별 하이퍼파라미터 튜닝 단계를 분산함으로써 실행 시간을 대폭 단축할 수 있었습니다. 하지만 여전히 각 공항에 대해 순차적으로 진행하는 루프를 사용하고 있습니다. 공항 수가 늘어남에 따라 Hyperopt 튜닝 프레임워크에서 아무리 많은 병렬 작업을 수행해도 총 실행 시간과 공항 수의 관계는 여전히 선형으로 증가하게 되는 것이죠. 물론 병렬 작업의 수준을 높인다면 TPE를 실행하는 이점이 본질적으로 흐려지고, 랜덤 탐색과 같은 방식으로 최적화가 이루어진다는 한계도 있습니다.

따라서 실제 모델링 단계를 병렬화할 때 더 빠른 하드웨어를 사용하는 수직적 확장 대신에 더 많은 워커 노드를 추가해 모든 공항의 모델링 실행 시간을 효과적으로 줄일 수 있는 수평적 확장을 고려할 수 있습니다. [그림 7-12]는 스파크에서 pandas_udf를 사용해 여러 개의 모델을 훈련할 때 생기는 문제를 해결하는 아키텍처입니다.

여기에서는 서로 다른 VM에 존재하는 탄력적으로 분산된 데이터셋resiliently distributed

dataset(RDD)을 기반으로 하는 분산 데이터셋인 스파크 DataFrame을 사용해 Airport_Code라는 기본 모델링 키로 데이터셋을 그룹화합니다. 그룹화한 이후에는 그룹별 상태를 pandas_udf로 전달하고, pandas_udf는 아파치 애로우Apache Arrow를 활용해 데이터를 판다스 DataFrame 형태로 직렬화해 워커 노드에 전달합니다. 이 과정을 통해 동시에 활용 가능한 다수의 파이썬 VM이 생성되면 마치 단일 VM에서 작동하는 것처럼 자체 공항의 데이터를 사용할 수 있습니다.

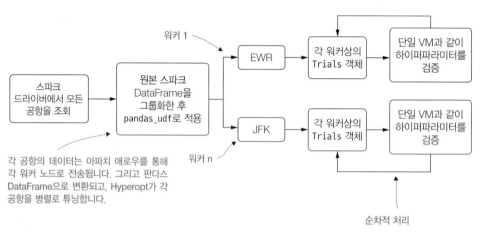

그림 7-12 스파크로 VM을 제어해 각 예측에 대해 비동기적으로 작업하기

이 접근 방식을 제대로 구현하려면 코드에 몇 가지 수정 사항을 반영해야 합니다. [예제 7-9]에서는 첫 번째 수정 사항인 MLflow 로깅 로직을 최소화 함수 내부로 이동하고, 함수의 인자에 로깅 값을 추가하고, 모델링 단계가 완료된 후에 볼 수 있도록 각 반복에 대한 예측 플롯을 생성하는 부분을 함수 내부에 추가합니다.

예제 7-9 분산 모델링 접근 방식을 위해 최소화 함수 수정

```
def hwes_minimization_function_udf(selected_hp_values, train, test, loss_metric,     ①
    airport, experiment_name, param_count, name, target_name, image_name, trial):
    model_results = exp_smoothing_raw_udf(train, test, selected_hp_values)
    errors = calculate_errors(test, model_results['forecast'],
        extract_param_count_hwes(selected_hp_values))
    with mlflow.start_run(run_name='{}_{}_{}_{}'.format(airport,                      ②
        experiment_name,str(uuid.uuid4())[:8], len(trial.results))):
        mlflow.set_tag('airport', airport)                                           ③
```

```
        mlflow.set_tag('parent_run', experiment_name)                          ④
        mlflow.log_param('id', mlflow.active_run().info.run_id)                 ⑤
        mlflow.log_params(selected_hp_values)                                   ⑥
        mlflow.log_metrics(errors)                                              ⑦
        img = plot_predictions(test,
                                model_results['forecast'],
                                param_count,
                                name,
                                target_name,
                                image_name)
        mlflow.log_artifact(image_name)                                         ⑧
    return {'loss': errors[loss_metric], 'status': STATUS_OK}:
```

1. MLflow 로깅을 위한 매개변수를 추가합니다.

2. 충돌을 방지하기 위해 고유한 이름으로 수행할 MLflow 실행에 대한 반복 실행을 초기화합니다.

3. MLflow UI의 검색 기능을 사용하기 위해 검색 가능한 태그를 추가합니다.

4. 작업에서 만들어진 특정 실행 이력이 있는 모든 모델의 집합에 대해 검색 가능한 태그를 설정합니다.

5. Hyperopt 반복 실행의 번호를 기록합니다.

6. 해당 반복 실행에 대한 하이퍼파라미터를 기록합니다.

7. 해당 반복 실행에 대한 손실 지표를 기록합니다.

8. plot_prediction 함수에 테스트 데이터와 예측 결과를 넣어 만들어진 플롯 이미지를 PNG 형태로 저장합니다.

스파크 워커 내부에서 직접 Hyperopt를 로컬과 유사하게 실행할 것이기 때문에, 아파치 애로우를 통해 워커에 전달된 데이터를 판다스 DataFrame으로 처리할 수 있는 새로운 함수를 만들어야 합니다. 이 함수는 훈련과 평가 로직을 포함합니다. [예제 7-10]은 사용자 정의 함수user defined function (UDF)를 구현하는 과정을 안내합니다.

예제 7-10 여러 모델을 동시에 만드는 pandas_udf 함수

```
output_schema = StructType([                                                  ①
    StructField('date', DateType()),
    StructField('Total_Passengers_pred', IntegerType()),
    StructField('Airport', StringType()),
    StructField('is_future', BooleanType())
])


@pandas_udf(output_schema, PandasUDFType.GROUPED_MAP)                          ②
```

```
def forecast_airports(airport_df):

    airport = airport_df['Airport_Code'][0]                                         ③
    hpopt_space = {                                                                  ④
        'model': {
                'trend': hp.choice('trend', ['add', 'mul']),
                'seasonal': hp.choice('seasonal', ['add', 'mul']),
                'seasonal_periods': hp.quniform('seasonal_periods', 12, 120, 12),
                'damped': hp.choice('damped', [True, False])
        },
        'fit': {
                'smoothing_level': hp.uniform('smoothing_level', 0.01, 0.99),
                'smoothing_seasonal': hp.uniform('smoothing_seasonal', 0.01, 0.99),
                'damping_slope': hp.uniform('damping_slope', 0.01, 0.99),
                'use_brute': hp.choice('use_brute', [True, False]),
                'use_boxcox': hp.choice('use_boxcox', [True, False]),
                'use_basinhopping': hp.choice('use_basinhopping', [True, False]),
                'remove_bias': hp.choice('remove_bias', [True, False])
        }
    }

    run_config = {                                                                  ⑤
                'minimization_function': hwes_minimization_function_udf,
                'tuning_space': hpopt_space,
                'forecast_algo': exp_smoothing_raw,
                'loss_metric': 'bic',
                'hpopt_algo': tpe.suggest,
                'iterations': 200,
                'experiment_name': RUN_NAME,
                'name': '{} {}'.format('Total Passengers HPOPT', airport),
                'target_name': 'Total_Passengers',
                'image_name': '{}_{}.png'.format('total_passengers_validation',
                    airport),
                'airport_name': airport,
                'future_forecast_periods': 36,
                'train_split_cutoff_months': 12,
                'hyperopt_title': '{}_hyperopt Training Report'.format(airport),
                'hyperopt_image_name': '{}_{}.png'.format('total_passengers_
                    hpopt', airport),
                'verbose': True
        }

    airport_data = airport_df.copy(deep=True)
    airport_data['date'] = pd.to_datetime(airport_data['date'])
```

```
airport_data.set_index('date', inplace=True)
airport_data.index = pd.DatetimeIndex(airport_data.index.values,
    freq=airport_data.index.inferred_freq)
asc = airport_data.sort_index()
asc = apply_index_freq(asc, 'MS')                                          ⑥

train, test = generate_splits_by_months(asc,
    run_config['train_split_cutoff_months']
)
tuning = run_udf_tuning(                                                    ⑦
    train['Total_Passengers'],
    test['Total_Passengers'],
    **run_config
)
return tuning                                                              ⑧
```

1. 스파크는 데이터 유형을 지켜야 하는 언어이므로, 판다스가 스파크 DataFrame에 반환하는 구조와 데이터 유형을 정의해야 합니다. 이는 위해 필드의 이름과 해당 데이터 유형을 정의하는 **StructType** 객체를 사용합니다.

2. 함수 위에 적용된 데코레이터를 통해 **pandas_udf**의 유형을 정의합니다. 판다스 DataFrame을 받아서 이를 반환하는 그룹화된 맵 유형을 사용합니다.

3. UDF로 추가적인 값을 전달하지 못하기 때문에, 인자로 전달받은 데이터로부터 공항 이름을 직접 뽑아옵니다.

4. UDF로 추가적인 값을 전달하지 못하기 때문에, 사용자 정의 함수 내부에서 직접 탐색 공간을 정의합니다.

5. MLflow의 실행에 대해 이름을 공항 이름으로 지정해야 하는데, 이 값은 UDF 내에서 데이터가 워커로 전달된 후에야 정의할 수 있기 때문에, 탐색을 위한 실행 구성을 UDF에서 설정합니다.

6. 시계열 데이터의 인덱스 조건과 시간 주기와 같은 내용이 스파크 DataFrame에 정의되지 않았기 때문에 판다스 DataFrame의 공항 데이터를 조작하는 부분을 여기에 작성합니다.

7. **run tuning** 함수에서 수정할 것은 두 가지입니다. 드라이버 기반의 분산 Hyperopt 최적화를 위한 MLflow 로깅을 제거하는 것, 그리고 실행 지표와 데이터를 포함한 딕셔너리를 반환하는 부분을 예측 결과만을 반환하도록 수정하는 것입니다.

8. 예측 결과를 판다스 DataFrame으로 반환합니다. 모든 공항의 튜닝과 예측을 완료했을 때 이를 수집해 스파크 DataFrame으로 재구성하는 데 필요합니다.

이제 **pandas_udf**를 생성해 분산 모델링을 수행할 수 있습니다. 그리고 이 작업에서는 단일 노드에서의 **Trials()**를 사용한 Hyperopt 코드를 활용합니다.

```
def validate_data_counts_udf(data, split_count):                          ①
    return (list(data.groupBy(col('Airport_Code')).count()
        .withColumn('check', when(((lit(12) / 0.2) < (col('count') * 0.8)), True)
        .otherwise(False))
        .filter(col('check')).select('Airport_Code').toPandas()[
                'Airport_Code']))

RUN_NAME = 'AIRPORT_FORECAST_DEC_2020'                                     ②
raw_data = spark.table(delta_full_nm)                                     ③
filtered_data = raw_data.where(col('Airport_Code')                        ④
    .isin(validate_data_counts_udf(raw_data, 12)))
    .repartition('Airport_Code')
grouped_apply = filtered_data.groupBy('Airport_Code').apply(forecast_airports)  ⑤
display(grouped_apply)                                                    ⑥
```

1. 단일 머신 코드에서 사용된 공항 필터링 코드를 수정합니다. PySpark를 활용해 특정 공항의 시계열 데이터가 예측 모델을 만들기에 충분한지 판단합니다.

2. 예측을 실행하기 위해 고유한 이름을 부여합니다. 이를 통해 추적 API에서 사용할 수 있는 MLflow 실험의 이름을 지정합니다.

3. delta 테이블에서 원시 승객 기록 데이터를 클러스터의 워커로 읽어옵니다.

4. 예측할 만큼 데이터가 충분하지 않은 공항을 필터링해 제거합니다.

5. UDF를 통해 실행할 수 있도록 스파크 DataFrame을 그룹화하고 집계된 데이터를 워커에 판다스 DataFrame으로 전달합니다.

6. 스파크 작업은 호출될 때 수행되므로, display()를 사용해 강제로 그룹화를 실행시킵니다.

위 코드를 실행해보면 생성하게 될 공항 모델의 개수와 최적화 및 예측 실행을 수행할 워커의 개수 간에 비교적 평평한 관계가 있음을 알 수 있습니다. 최단 시간 내에 7천 개 이상의 공항을 모델링해야 하는 상황은 클러스터 내부에 수천 개의 워커 노드를 필요로 할 수 있기에 약간 과장된 면이 있지만, 대기열을 처리할 수 있는 솔루션을 사용한다면 어떤 다른 솔루션도 이루기 어려운 수평적 확장을 이룰 수 있습니다.

하나의 모델을 만드는 데 하나의 워커가 필요하기 때문에 비용과 자원 측면에서 효과적인 $O(1)$의 실행 시간을 달성할 수는 없지만, 40개 노드로 클러스터를 준비하면 40개 공항에 대한 최적화와 예측 수행을 동시에 실행할 수 있습니다. 이렇게 하면 총 7천 개 공항에 대한 총 실행 시간을 23시간으로 크게 단축할 수 있습니다. 반면 순차적인 루프를 통해 단일 VM에서 실행하면 5천 시간 이상, 데이터를 스파크 클러스터의 드라이버로 수집해 분산 튜닝하는 방식에서는 800시간 이상이 소요됩니다.

대규모 프로젝트를 처리할 선택지를 고를 때 실행 아키텍처의 확장성은 ML의 다른 구성 요소만큼이나 중요합니다. 솔루션의 ML 측면을 만드는 데 들인 노력과 시간과 별개로, 모델링하는 데 수백, 수천 시간이 걸린다면 프로젝트를 성공적으로 마치기 어렵습니다. 다음 장에서는 이미 획기적으로 줄어든 23시간이라는 실행 시간을 더욱 관리하기 쉽게 해주는 접근 방식에 대해 알아보겠습니다.

7.2.4 새 패러다임의 플랫폼과 기술 도입

새로운 플랫폼에서 신기술을 활용하는 것은 많은 팀에게 부담스러운 일입니다. 새로운 언어를 배우거나 패러다임을 익혀야 할 수도 있겠죠. 앞서 알아본 예제는 기존에 단일 머신에서 주피터 노트북을 사용하던 환경에서 스파크 같은 분산 실행 환경으로 이동한 큰 도약이었습니다.

ML의 세계에는 알고리듬뿐만 아니라 프로그래밍 언어(R, 파이썬, 자바, 스칼라, .NET, 독자적인 언어)와 코드 개발 환경(프로토타이핑을 위한 노트북, MVP를 위한 스크립팅 환경, 운영 배포용 솔루션 개발을 위한 통합 개발 환경)에 대해 훌륭한 선택지가 있습니다. 무엇보다도 작성한 코드를 실행할 수 있는 곳이 다양하게 존재합니다. 앞서 살펴본 것처럼, 프로젝트의 실행 시간을 크게 줄일 수 있었던 것은 프로그래밍 언어나 알고리듬으로 인한 것이 아니라 사용할 플랫폼을 잘 선택했기 때문입니다.

프로젝트 작업을 위한 선택지를 고민할 때는 문제를 해결하기 위한 다양한 알고리듬의 접근 방식을 테스트해보는 것도 중요하지만, 해당 프로젝트의 요구 사항을 만족시킬 수 있는 솔루션을 실행할 환경을 찾는 것이 더 중요할 수 있습니다.

솔루션이 비즈니스에 적용될 가능성을 높이기 위해서는 실행 비용을 최소화하고 솔루션의 안정성을 최대한 높여야 합니다. 또한 개발 주기를 단축해 납기를 맞출 수 있는 올바른 플랫폼을 선택해야 합니다. ML 코드를 실행할 환경을 결정할 때 고려할 사항은 사용할 프레임워크를 학습하는 데 시간을 투자하면 이어지는 작업의 생산성과 효율성을 함께 올릴 수 있다는 점입니다. 7.2.3절에서 언급했듯이 특정 플랫폼이나 실행 아키텍처를 제대로 이해하지 못했다면, 이 프로젝트는 예측이 필요할 때마다 수백 시간의 실행 시간을 들여야 했을 수도 있습니다.

필자가 데이터 과학자로 일하기 시작했을 때는 파이썬 이외의 언어를 배우는 것에 약간의 두려움과 거부감이 있었습니다. 당시 선택한 언어에서 필요한 모든 알고리듬을 수행할 수 있었기에 모든 것을 다할 수 있는 언어라고 착각했습니다. 또한 판다스와 넘파이를 사용해 데이터를 조작하는 것에 익숙하기도 했던 터라, 다른 언어가 필요하지 않다고 생각했습니다. 하지만 테라바이트 수준의 데이터를 가지고 반복으로 추론을 짧은 시간 안에 수행해야 하는 초대형 ML 설루션을 처음 구축했을 때 큰 실수를 저지른 적이 있습니다.

하둡^{Hadoop}을 접한 후 몇 년 동안 저는 자바와 스칼라에도 익숙해졌고, ML 유스 케이스를 위해 사용자 지정 알고리듬과 프레임워크를 구축할 때 이 둘을 모두 사용했습니다. 또한 동기, 비동기 프로그래밍에 대한 지식을 이용해 설루션에 최대한 많은 컴퓨팅 파워를 활용할 수 있게 되었습니다. 조언을 하나 하자면, 새로운 기술을 배우는 것을 습관처럼 만들어보세요.

데이터 과학과 ML은 하나의 언어나 플랫폼 또는 정해진 어떤 것으로 할 수 있는 일이 아닙니다. 문제를 해결하는 데 가장 적합한 방식이라면, 무엇이든 상관없이 찾아내고 채택해야 하는 직업입니다. 문제를 해결하는 새로운 방법을 배우는 것은 여러분과 여러분의 회사에 도움이 될 것입니다. 더 나아가 그 여정에서 얻은 지식으로 커뮤니티에 다시 기여할 수도 있겠죠.

7.3 요약

- 모델 튜닝에서 수작업 또는 획일화된 접근 방식에만 의존한다면 시간과 비용이 많이 들고, 품질이 좋은 결과를 얻기도 어렵습니다. 모델에 사용할 매개변수의 최적화를 활용하는 것이 바람직합니다.
- 시간이 많이 소요되는 CPU 기반의 작업을 수행하는 데 적합한 플랫폼과 방법론을 선택하면 ML 프로젝트의 효율을 크게 높이고 개발 비용을 절감할 수 있습니다. 하이퍼파라미터 튜닝 같은 프로세스에서는 병렬 작업과 분산 시스템을 최대한 활용해 개발 일정을 크게 단축할 수 있습니다.

CHAPTER **8**

MLflow 및 런타임 최적화로 MVP 마무리

이 장의 내용

- ML 코드, 모델, 실험 결과의 버전 관리를 위한 접근 방식, 도구, 방법
- 모델 훈련 및 추론을 위한 확장 가능한 솔루션

이전 장에서 ML 실무자가 직면하는 가장 시간이 많이 걸리고 단조로운 작업인 모델 미세 조정에 대한 솔루션을 도출했습니다. 지루한 튜닝 작업을 해결할 수 있는 기술을 갖추면, 쓸모없을 정도로 부정확한 ML 기반 솔루션을 구축할 위험을 크게 줄일 수 있습니다. 하지만 이런 기술을 적용하는 과정에서 추적tracking이라는 거대한 코끼리가 프로젝트의 방으로 조용히 들어왔습니다.

지난 몇 장에 걸쳐 추론을 수행할 때마다 시계열 모델을 재훈련해야 했지만, 대부분의 지도 학습 작업에서는 그렇지 않습니다. 지도 학습과 비지도 학습의 다양한 애플리케이션에는 주기적인 재훈련 이벤트가 있으며, 그 사이에 각 모델은 추론(예측)을 위해 여러 번 호출됩니다.

우리는 재훈련을 매일, 매주 또는 매월 수행해야 하는지 여부에 관계없이(모델을 그보다 오래 방치해서는 안 됩니다), 스코어링 지표를 생성하는 최종 프로덕션 모델 버전뿐만 아니라 자동화된 튜닝의 최적화 이력도 보유하게 됩니다. 이 방대한 양의 모델링 정보에 과거 이력 참조historical reference로 유용한 실행별 데이터인 통계 검증 테스트, 메타데이터, 아티팩트를 추가하면 기록해야 할 중요한 데이터가 산더미처럼 쌓이게 됩니다.

이 장에서는 튜닝 실행 데이터를 MLflow의 추적 서버에 로깅해 프로젝트 솔루션에서 저장해야 할 중요하다고 판단되는 모든 항목에 대한 과거 이력 참조를 확보하는 방법을 살펴봅니다.

이런 데이터를 확보하는 것은 튜닝과 실험뿐만 아니라 솔루션의 장기적인 상태를 모니터링하는 데도 매우 중요합니다. 시간 경과에 따른 참조 가능한 지표와 매개변수 검색 기록이 있으면 솔루션을 개선할 방법을 파악하는 데 도움되며, 솔루션을 재구축해야 할 정도로 성능이 저하되는 시점도 통찰할 수 있습니다.

NOTE_ 이 장에서 설명한 사항에 대한 예제를 필자의 깃허브 스파크 노트북에서 확인할 수 있습니다.

8.1 로깅: 코드, 지표 및 결과

2장과 3장에서는 비즈니스와 동료 데이터 과학자 팀 간에 모델링에 대해 주고받는 의사소통의 중요성을 다뤘습니다. 프로젝트 설루션을 보여줄 뿐만 아니라 참조할 수 있는 출처 기록을 보유하는 것은 문제 해결에 사용된 알고리듬만큼, 아니 그 이상으로 프로젝트 성공에 중요한 요소입니다.

지난 몇 장에 걸쳐 살펴본 예측 프로젝트의 경우, 설루션의 ML 측면이 특별히 복잡하지 않지만 문제의 규모는 복잡합니다. 모델링해야 할 공항이 수천 개나 되는데, 이는 곧 수천 개의 모델을 조정하고 추적해야 함을 의미하므로 프로젝트 코드를 실행할 때마다 의사소통하고 과거 이력 데이터에 대한 참조 자료를 확보하기는 어렵습니다.

프로덕션 단계에서 예측 프로젝트를 실행한 후, 사업부 팀원이 특정 예측 결과가 수집된 데이터의 실제 결과와 왜 그렇게 차이가 났는지를 설명해달라고 요청하면 어떻게 될까요? 이는 비즈니스 운영 시 예측 결과에 대해 취해야 할 조치를 사업부에 알리기 위해 ML 예측에 의존하는 많은 회사에서 자주 제기하는 질문입니다. 블랙 스완 이벤트가 발생했는데 비즈니스에서 모델링된 예측 설루션이 왜 이를 예측하지 못했는지에 대해 의문을 제기하는 경우, 가장 피해야할 일은 예측할 수 없는 이벤트를 모델링하지 못한 이유를 완벽히 설명하기 위해 특정 시점에 모델이 예측했을 수 있는 내용을 다시 생성하려고 시도하는 것입니다.

그동안 ML 실무자들이 해결해야 했던 이러한 난해한 문제를 해결하기 위해 MLflow가 개발되었습니다. 이 절에서 살펴볼 MLflow의 측면은 추적 API로, 모든 튜닝 반복, 각 모델의 튜닝 실행에서 얻은 지표, 통합 그래픽 사용자 인터페이스graphical user interface(GUI)에서 쉽게 검색하고 참조할 수 있는 미리 생성된 시각화를 기록할 수 있는 공간을 제공합니다.

8.1.1 MLflow 추적

7.2절의 두 가지 스파크 기반 구현에서 MLflow 로깅과 관련해 어떤 일이 벌어지고 있는지 살펴보겠습니다. 이 장의 예제에서 MLflow의 컨텍스트 초기화는 서로 다른 두 위치에서 인스턴스화되었습니다.

첫 번째 접근 방식에서는 SparkTrials를 상태 관리 객체state-management object(드라이버에서 실행)로 사용해 MLflow 컨텍스트를 run_tuning() 함수 내에서 전체 튜닝 실행을 감싸는 래퍼로 배치했습니다. 이는 SparkTrials를 사용할 때 실행 추적을 오케스트레이션하는 데 선호되는 방법입니다. 이렇게 하면 부모 실행의 개별 자식 실행을 추적 서버의 GUI 내에서 쿼리할 뿐만 아니라, 필터 조건문이 포함된 추적 서버에 대한 REST API 요청에서도 쉽게 연결할 수 있습니다.

[그림 8-1]은 MLflow의 추적 서버와 상호작용하는 코드를 시각적으로 표현한 것입니다. 코드는 부모 캡슐화 실행의 메타데이터뿐만 아니라 각 하이퍼파라미터 평가가 발생할 때 워커에서 발생하는 반복 로깅도 기록합니다. MLflow 추적 서버의 GUI 내에서 실제 코드 표현을 살펴보면 [그림 8-2]와 같은 부모-자식 관계의 결과를 확인할 수 있습니다.

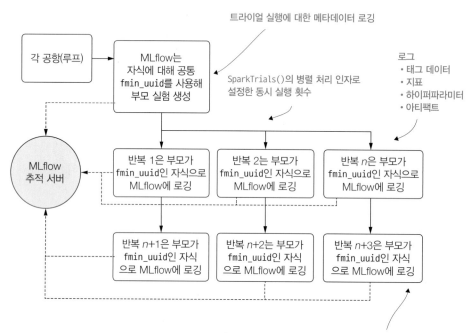

그림 8-1 분산 하이퍼파라미터 최적화를 사용한 MLFlow 추적 서버 로깅

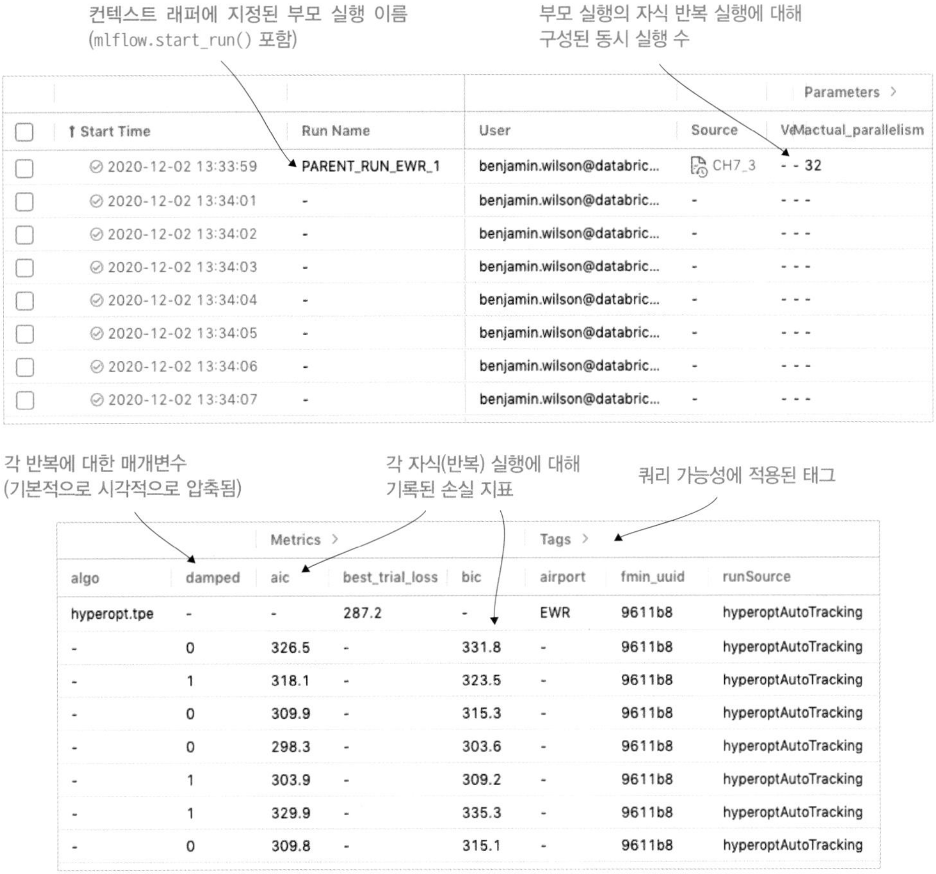

그림 8-2 MLFlow 추적 UI의 예

컨텍스트 래퍼에 지정된 부모 실행 이름
(mlflow.start_run() 포함)

부모 실행의 자식 반복 실행에 대해
구성된 동시 실행 수

	↑ Start Time	Run Name	User	Source	V	Mactual_parallelism
☐	⊘ 2020-12-02 13:33:59	PARENT_RUN_EWR_1	benjamin.wilson@databric...	CH7_3	-	- 32
☐	⊘ 2020-12-02 13:34:01	-	benjamin.wilson@databric...	-	-	- -
☐	⊘ 2020-12-02 13:34:02	-	benjamin.wilson@databric...	-	-	- -
☐	⊘ 2020-12-02 13:34:03	-	benjamin.wilson@databric...	-	-	- -
☐	⊘ 2020-12-02 13:34:04	-	benjamin.wilson@databric...	-	-	- -
☐	⊘ 2020-12-02 13:34:05	-	benjamin.wilson@databric...	-	-	- -
☐	⊘ 2020-12-02 13:34:06	-	benjamin.wilson@databric...	-	-	- -
☐	⊘ 2020-12-02 13:34:07	-	benjamin.wilson@databric...	-	-	- -

각 반복에 대한 매개변수
(기본적으로 시각적으로 압축됨)

각 자식(반복) 실행에 대해
기록된 손실 지표

쿼리 가능성에 적용된 태그

algo	damped	aic	best_trial_loss	bic	airport	fmin_uuid	runSource
hyperopt.tpe	-	-	287.2	-	EWR	9611b8	hyperoptAutoTracking
-	0	326.5	-	331.8	-	9611b8	hyperoptAutoTracking
-	1	318.1	-	323.5	-	9611b8	hyperoptAutoTracking
-	0	309.9	-	315.3	-	9611b8	hyperoptAutoTracking
-	0	298.3	-	303.6	-	9611b8	hyperoptAutoTracking
-	1	303.9	-	309.2	-	9611b8	hyperoptAutoTracking
-	1	329.9	-	335.3	-	9611b8	hyperoptAutoTracking
-	0	309.8	-	315.1	-	9611b8	hyperoptAutoTracking

반대로 pandas_udf 구현에 사용되는 접근 방식은 약간 다릅니다. 7장의 [예제 7-10]에서 Hyperopt가 실행하는 각 개별 반복에는 신규 실험을 생성해야 합니다. 데이터를 함께 그룹화할 자식–부모 관계가 없기 때문에, 사용자 정의 이름 지정 및 태깅을 적용해야 GUI 내에서 검색이 가능하며, 프로덕션 지원 코드의 경우 더 중요한 REST API를 사용할 수 있습니다. 이 대안에 대한 로깅 메커니즘의 개요와 수천 개의 모델로 구성된 유스 케이스에 대한 보다 확장 가능한 구현이 [그림 8-3]입니다.

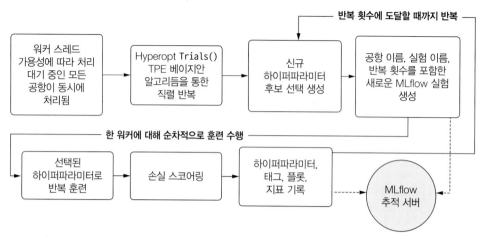

그림 8-3 pandas_udf 분산 모델 접근 방식에 대한 MLFlow 로깅 논리적 실행

어떤 방법론을 선택하든, 이 모든 논의의 중요한 측면은 프로젝트 실패를 자주 야기하는 큰 문제를 해결했다는 것입니다. 각 방법론은 접근 방식에 따라 고유한 장점이 있습니다. 단일 모델 프로젝트의 경우 SparkTrials가 훨씬 더 나은 선택이지만, 수천 개의 모델을 사용하는 예측 시나리오의 경우 pandas_udf 접근 방식이 훨씬 더 우수합니다. 오랫동안 ML 프로젝트 작업에 걸림돌이 되었던 과거 이력 추적 및 정리 문제를 해결했습니다. 테스트 결과뿐만 아니라 훈련 및 스코어링 시점을 기준으로 현재 프로덕션에서 실행 중인 모델의 상태에도 쉽게 액세스할수 있는 기능을 갖추는 것은 성공적인 ML 프로젝트의 필수 요소입니다.

8.1.2 print 문을 중단하고 정보를 로깅하세요

실행 중인 각 예측 작업에 대한 실험, 튜닝 실행, 사전 프로덕션 훈련을 추적하는 데 사용할 수 있는 도구를 살펴봤으니, 이번에는 ML 기반 프로젝트를 구축할 때 추적 서비스를 사용하는 또다른 모범 사례인 로깅에 대해 알아보겠습니다.

필자가 프로덕션 ML 코드에서 print 명령문을 본 횟수는 정말 놀라울 정도로 많습니다. 대부분의 경우, 개발자에게 코드가 실행 중임을 알리고 코드가 실행되는 동안 커피를 마셔도 되는지 여부를 알려주는 디버깅 스크립트 줄을 잊어버렸거나 향후 디버깅을 위해 의도적으로 남겨두었기 때문이죠. 솔루션 개발 중 커피를 마시는 시간 외에는 이러한 print 문의 출력이 다시는 사람의 눈에 보이지 않습니다. [그림 8-4]의 상단은 코드 기반 내에서 print 문의 무의미함을 알려줍니다. [그림 8-4]는 ML 프로젝트 코드에서 자주 발생하는 패턴, 특히 상위 두 영역의 방법론을 비교합니다. 윗부분(일정 주기로 실행되는 노트북에서 stdout으로 출력)을 절대 권장하지 않지만, 안타깝게도 업계에서 가장 흔한 관행입니다. ML 프로젝트를 위해 패키지 코드를 작성하거나 자바, 스칼라 또는 C 기반 언어와 같이 컴파일 기반 언어를 사용하는 보다 정교한 팀의 경우, 과거에는 로깅 데몬에 실행 정보를 로깅하는 방법을 사용했습니다. 이렇게 하면 데이터 레코드에 대한 과거 이력 참조를 유지할 수 있지만, 문제가 발생했을 때 정보를 추출하기 위해 수많은 ETL이나 더 일반적으로는 ELT가 필요합니다. [그림 8-4]의 마지막 부분은 MLflow를 활용해 이 같은 접근성 문제를 해결하는 방법과 모든 ML 솔루션에 대한 기록 출처 증명 요구 사항을 보여줍니다.

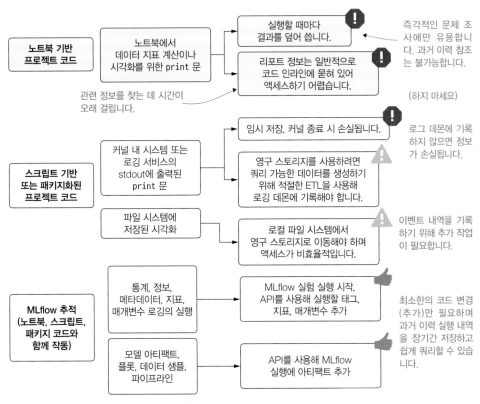

그림 8-4 ML 실험을 위한 정보 저장 패러다임 비교

분명히 말씀드리지만, print나 log 문을 절대 사용하지 말라는 것이 아닙니다. print 문은 특히 복잡한 코드 기반을 디버깅할 때 매우 유용하며 설루션을 개발하는 동안에도 매우 쓸모 있습니다. 하지만 프로덕션 개발로 전환하면 이러한 유용성이 사라지기 시작합니다. 그리고 다른 프로젝트로 바쁠 때는 print 문을 더 이상 확인하지 않게 되고, 로그를 파싱해 상태 정보를 검색하는 빈도가 훨씬 떨어집니다.

프로젝트의 코드 실행을 위해 중요한 정보를 기록해야 하는 경우, **향후 참조할 수 있도록 항상 로깅하고 기록해두어야 합니다.** MLflow 같은 도구가 이 문제를 해결하기 전에는 많은 데이터 과학 팀에서 프로덕션 목적으로 중요한 정보를 RDBMS 테이블에 기록했습니다. 프로덕션에 수십 개의 설루션을 사용하는 대규모 그룹은 확장성을 처리하기 위해 NoSQL 설루션을 활용했습니다. 가학적인 사람들은 모델에 대한 중요한 데이터를 검색하기 위해 시스템 로그를 파싱하는 ELT 작업을 했습니다. 반면 MLflow는 지표, 속성, 아티팩트 로깅을 위한 일관된 통합 프레임워크를 생성해 시간이 많이 소요되는 ML 로깅 작업을 제거함으로써 이런 모든 상황을 간소화합니다.

앞서 스파크에서 실행한 예제에서 보았듯이, 이런 실행에 튜닝 실행과 관련된 일반적인 정보 외에 추가 정보를 기록하고 있었습니다. 과거 이력 검색 가능성을 위해 공항별 지표와 매개변수, 예측 차트를 기록했습니다. 기록할 추가 데이터가 있는 경우 실행 정보 로깅을 위해 mlflow.set_tag(<키>, <값>) 포맷으로 API를 통해 태그를 추가하거나, 더 복잡한 정보(시각화, 데이터, 모델 또는 고도로 구조화된 데이터)의 경우 해당 정보를 mlflow.log_artifact(<로컬 파일 시스템 내 데이터의 위치 및 이름>) API를 사용해 아티팩트로 로깅할 수 있습니다.

특정 모델 튜닝 및 훈련 이벤트와 관련된 모든 정보의 기록을 시스템 실행 시 사용된 외부 스토리지에 보관하면 모델이 훈련할 때 보았을 수 있는 정확한 조건을 다시 생성하려고 할 때, 특정 빌드에 어떤 일이 발생했는지 설명해야 할 때 수많은 시간을 절약할 수 있습니다. 모델 성능에 대한 사업부의 믿음에 대한 질문에 신속하게 답변할 수 있으면, 프로젝트 포기 확률을 크게 줄일 뿐 아니라 성과가 저조한 모델을 개선하는 데 드는 많은 시간을 절약할 수 있습니다.

8.1.3 버전 관리, 브랜치 전략 및 사람들과의 협력

프로젝트를 MVP 단계로 적시에 체계적으로 전달하는 데 영향을 미치는 개발 작업의 가장 큰 측면 하나는 팀이나 개인이 저장소와 상호작용하는 방식에 있습니다. 예제 시나리오에서 비교적 규모가 큰 ML 팀이 예측 모델의 개별 구성 요소에 대해 작업하는 경우를 고려해봅시다. 모든 사람이 구조적이고 통제된 방식으로 코드 기반의 일부에 기여할 수 있는 능력은 번거로운 재작업, 버그가 있는 코드, 대규모 리팩터링을 방지하는 데 필수입니다. 코드의 프로덕션 버전이 어떻게 보일지 자세히 살펴보지는 않았지만(분명 노트북에서 개발되지는 않겠죠), 일반적인 설계는 [그림 8-5]의 모듈 레이아웃과 비슷할 겁니다.

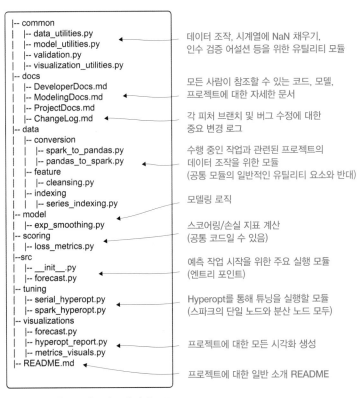

그림 8-5 예측 프로젝트의 초기 저장소 구조

프로젝트가 진행되면서 프로젝트의 여러 팀원이 주어진 시간에 코드 기반 내의 여러 모듈에 기여하게 됩니다. 스프린트 내에서 일부 팀원은 시각화 작업과 스토리를 다루고 다른 팀원은 핵심 모델링 클래스 작업을 하며, 공통 유틸리티 함수는 거의 모든 팀원이 추가하고 개선할 겁니다.

강력한 버전 제어 시스템뿐만 아니라 해당 저장소에 코드를 커밋하는 기본 프로세스를 사용하지 않으면 코드 기반이 크게 저하되거나 손상될 공산이 큽니다. ML 개발의 측면 대부분이 기존 소프트웨어 엔지니어링 개발과 크게 다르지만, 두 분야 간에 완전히 동일한 한 가지 측면은 버전 관리 및 브랜치 개발 관행입니다.

호환되지 않는 변경 사항이 마스터 브랜치에 병합되어 발생하는 문제를 방지하려면 스프린트에서 데이터 과학자가 작업할 스토리나 작업을 가져올 때마다 저장소에 있는 마스터 브랜치의 현재 빌드에서 자체 브랜치를 생성해야 합니다. 이 브랜치 내에서 새로운 피처를 빌드하고, 공통 피처를 업데이트하고, 신규 단위 테스트를 추가해 수정 사항이 팀에 영향을 미치지 않는지 확인해야 합니다. 스토리나 작업을 마무리할 때가 되면 해당 스토리의 코드를 개발한 데이터 과학자는 전체 프로젝트의 코드가 단위 테스트(특히 수정하지 않은 모듈과 함수에 대한)와 전체 실행 통합 테스트를 모두 통과했는지 확인한 후, 피어 리뷰 요청을 제출해 코드를 마스터에 병합해야 합니다.

[그림 8-6]은 사용되는 저장소 기술이나 서비스에 관계없이 저장소를 다룰 때 ML 프로젝트 작업에 접근하는 표준 방식을 안내합니다. 각 저장소에는 고유한 뉘앙스, 함수, 명령문이 있지만 여기서는 다루지 않겠습니다. 중요한 것은 특정한 하나의 저장소를 사용하는 방법이 아니라 저장소가 사용되는 방식입니다.

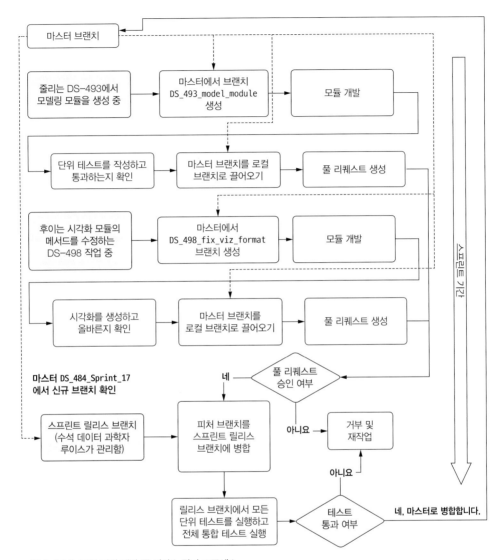

그림 8-6 ML 팀의 피처 개발 중 저장소 관리 프로세스

이와 같은 코드 병합 패러다임을 따르면 많은 좌절과 시간 낭비를 완전히 예방할 수 있습니다. 데이터 과학 팀원은 지옥 같은 병합 문제를 해결하고 병합이 잘못되어 오류가 발생한 코드를 수정하는 대신 프로젝트의 실제 문제를 해결하는 데 더 많은 시간을 할애할 수 있습니다. 코드 병합 후보를 효과적으로 테스트하면 프로젝트 속도가 향상되어 프로젝트에 더 확실하고 안정적이며 버그가 없는 코드 기반을 만들어 프로젝트 포기 확률을 획기적으로 줄입니다.

8.2 확장성 및 동시성

이 프로젝트를 통틀어 설루션에 요구하는 가장 중요하고 가장 복잡한 사항은 확장성scalability이었습니다. 여기서 언급하는 확장성이란 실제로 비용을 말합니다. 가상 머신이 실행되고 프로젝트 코드를 실행하는 시간이 길어질수록 청구서의 비용은 점점 더 소리 없이 올라갑니다. 따라서 하드웨어의 리소스 활용도를 시간에 따라 최대화할 온갖 방법을 동원해 청구서 비용을 관리 가능한 상태로 유지해야 합니다. 그렇게 함으로써 설루션의 총비용에 대한 사업부의 우려를 덜게 됩니다.

7장 후반부에서는 여러 공항 모델링을 지원하기 위해 문제 규모를 조절하는 두 가지 전략을 평가했습니다. 첫째는 클러스터에 대한 하이퍼파라미터 평가를 병렬화해 직렬 접근 방식에 비해 모델당 훈련 시간을 크게 단축한 전략입니다. 둘째는 클러스터 전체에서 실제 모델별 훈련을 병렬화해 약간 다른 방식, 즉 많은 모델과 합리적인 훈련 반복 접근 방식에 더 유리하게 설루션을 확장해 총비용을 대폭 줄인 전략입니다.

7장에서 언급한 것처럼 이 두 방법은 문제를 확장하는 두 방식에 불과하며, 모두 모델링 프로세스의 일부를 여러 컴퓨터에 분산하는 병렬 구현을 수행합니다. 그러나 처리 계층을 추가해 이런 작업의 속도를 더욱 가속화할 수 있습니다. [그림 8-7]은 설루션 구축에 소요되는 시간을 줄이기 위해 ML 작업의 처리량을 늘리는 선택지를 비교합니다.

[그림 8-7]의 규모를 줄이면 단순성과 성능 간에 절충점을 찾을 수 있습니다. 분산 컴퓨팅 규모를 결정하려면 코드 기반의 복잡성 수준을 이해해야 합니다. 이 같은 구현 과제는 더 이상 설루션의 데이터 과학에 국한되지 않고 분산 컴퓨팅을 구축하기 위한 보다 정교한 엔지니어링 기술을 요합니다.

분산 계산을 처리할 수 있는 시스템, 가령 스파크, 쿠버네티스 또는 대스크Dask를 활용하는 대규모 ML 프로젝트를 구축하는 데 필요한 지식과 역량을 갖추면, 확장이 필요한 설루션을 구현할 수 있습니다. 제 경험에 비춰볼 때, 동시성concurrency을 활용하고 분산 시스템을 사용해 가용한 하드웨어 리소스를 최대한 독점함으로써 프로젝트의 성능을 가속화하고 비용을 절감하는 방법을 배우기까지 오랜 시간이 걸렸습니다.

간결함을 위해 [그림 8-7]의 마지막 두 섹션을 구현하는 예제를 이 장에서 다루지는 않겠습니다. 하지만 이 책의 뒷부분에서 동시 작업의 예제를 살펴봅니다.

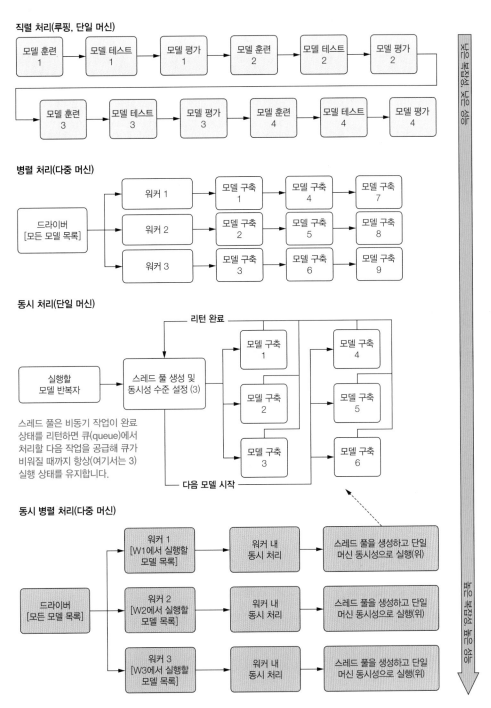

직렬 처리(루핑, 단일 머신)

| 모델 훈련 1 | → | 모델 테스트 1 | → | 모델 평가 1 | → | 모델 훈련 2 | → | 모델 테스트 2 | → | 모델 평가 2 |

| 모델 훈련 3 | → | 모델 테스트 3 | → | 모델 평가 3 | → | 모델 훈련 4 | → | 모델 테스트 4 | → | 모델 평가 4 |

병렬 처리(다중 머신)

드라이버 [모든 모델 목록]

워커 1 → 모델 구축 1 → 모델 구축 4 → 모델 구축 7

워커 2 → 모델 구축 2 → 모델 구축 5 → 모델 구축 8

워커 3 → 모델 구축 3 → 모델 구축 6 → 모델 구축 9

동시 처리(단일 머신)

리턴 완료

실행할 모델 반복자 → 스레드 풀 생성 및 동시성 수준 설정 (3)

스레드 풀은 비동기 작업이 완료 상태를 리턴하면 큐(queue)에서 처리할 다음 작업을 공급해 큐가 비워질 때까지 항상(여기서는 3) 실행 상태를 유지합니다.

다음 모델 시작

모델 구축 1 → 모델 구축 4

모델 구축 2 → 모델 구축 5

모델 구축 3 → 모델 구축 6

동시 병렬 처리(다중 머신)

드라이버 [모든 모델 목록]

워커 1 [W1에서 실행할 모델 목록] → 워커 내 동시 처리 → 스레드 풀을 생성하고 단일 머신 동시성으로 실행(위)

워커 2 [W2에서 실행할 모델 목록] → 워커 내 동시 처리 → 스레드 풀을 생성하고 단일 머신 동시성으로 실행(위)

워커 3 [W3에서 실행할 모델 목록] → 워커 내 동시 처리 → 스레드 풀을 생성하고 단일 머신 동시성으로 실행(위)

그림 8-7 실행 패러다임 비교

8.2.1 동시성이란 무엇인가요?

[그림 8-7]에서 하단의 두 설루션에 동시성이라는 용어가 등장한 것을 볼 수 있습니다. 소프트웨어 엔지니어링 배경 지식이 없는 대부분의 데이터 과학자는 이 용어를 병렬 처리로 오해하기 쉽습니다. 하지만 동시성은 여러 가지 작업을 동시에 효과적으로 수행하는 것입니다.

동시성은 정의에 따라 여러 작업을 동시에 실행하는 행위입니다. 동시에 작업을 순서대로 또는 순차적으로 처리하는 것을 의미하지는 않습니다. 단지 시스템과 시스템으로 전송되는 코드 명령어가 동시에 둘 이상의 작업을 실행할 수 있어야 합니다.

반면 **병렬 처리**는 작업을 하위 작업으로 분할해 CPU나 GPU의 개별 스레드와 코어에서 동시에 병렬로 실행하는 것입니다. 예를 들어 스파크는 실행자^{executor}의 개별 코어로 구성된 분산 시스템에서 작업을 병렬로 실행합니다.

이 두 가지 개념은 각각 여러 코어를 사용할 수 있는 여러 컴퓨터 중 하나를 지원하는 시스템에서 결합할 수 있습니다. 이 시스템 아키텍처는 [그림 8-7]의 마지막 하단 섹션에 표시되었습니다. [그림 8-8]은 병렬 실행과 동시 실행, 하이브리드 병렬 실행과 동시 실행 시스템의 차이점을 알려줍니다.

해결하고자 하는 문제 유형에 따라 이 같은 실행 전략을 활용하면 프로젝트 비용을 크게 절감할 수 있습니다. 모든 문제에 대해 가장 복잡한 접근 방식, 즉 분산 시스템에서의 병렬 동시 처리를 활용하고 싶은 충동을 느끼겠지만, 그럴 가치가 없습니다. 해결하려는 문제를 단일 컴퓨터에서 구현할 수 있다면, 해당 접근 방식을 사용해 인프라 복잡성을 줄이는 것이 가장 좋습니다. 꼭 필요한 경우에만 인프라 복잡성을 높이는 전략이 좋습니다. 데이터, 알고리듬 또는 작업 규모가 너무 커서 더 간단한 접근 방식이 불가능할 때 특히 그렇습니다.

8.2.2 비동기로 실행할 수 있는 것과 실행할 수 없는 것

런타임 성능 향상에 대한 마지막 참고 사항으로 ML의 모든 문제를 병렬 실행이나 분산 시스템을 사용해 해결할 수 있는 것은 아니라는 점을 언급하겠습니다. 대부분의 알고리듬이 올바르게 작동하기 위해 상태를 유지해야 하므로 코어에서 실행하기 위해 하위 작업으로 분할할 수 없습니다.

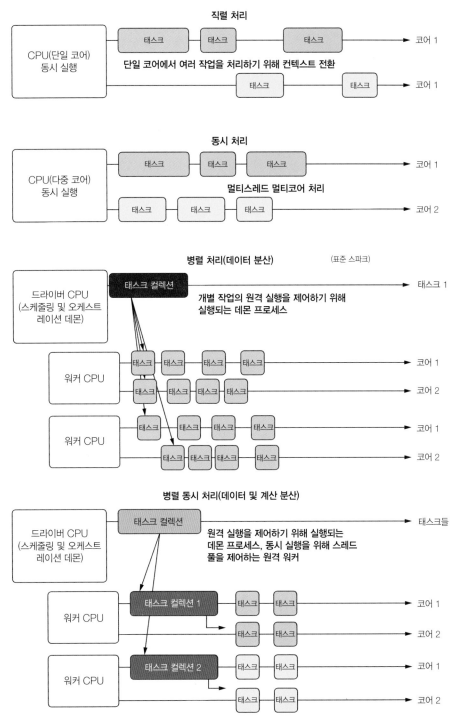

그림 8-8 실행 전략 비교

지난 몇 장에서 살펴본 일변량 시계열 시나리오는 병렬화로 얻는 이점이 확실히 있습니다. Hyperopt 튜닝과 모델 훈련을 모두 병렬화할 수 있죠. 가령 각 공항의 데이터가 독립적이며 다른 데이터에 종속되지 않는 것처럼 데이터 자체와 튜닝 작업 내에서 격리성을 확보하면 분산 처리와 비동기 동시성을 모두 적절히 활용해 작업의 총 런타임을 크게 단축할 수 있음을 의미합니다.

모델링 솔루션의 성능을 개선할 기회를 선택할 때는 실행 중인 작업 내의 종속성을 고려해야 합니다. 데이터셋에 적용할 수 있는 필터를 기반으로 모델 평가, 훈련 또는 추론을 분리하는 등 작업을 서로 분리할 기회가 있다면, 이런 프로세스를 처리할 수 있는 프레임워크를 활용하는 것이 좋습니다.

그러나 ML의 많은 작업은 분산할 수 없거나 적어도 쉽게 분산할 수 없습니다. 피처 훈련 세트 전체에 액세스해야 하는 모델은 분산 훈련에 적합하지 않습니다. 어떤 모델은 분산 훈련이 가능하지만 분산 솔루션 구축과 관련된 수요 또는 기술적 복잡성 때문에 분산 훈련을 수행하지 않았을 수도 있습니다. 알고리듬이나 접근 방식이 분산 처리를 통해 동시성 또는 병렬성을 활용할 수 있는지 확인하려면, 널리 사용되는 프레임워크에 대한 라이브러리 설명서를 읽어보는 것이 가장 좋습니다. 알고리듬이 분산 처리 프레임워크에서 구현되지 않았다면 그럴 만한 이유가 있는 것입니다. 찾고 있는 모델의 요구 사항과 동일한 요구 사항을 충족하는 더 간단한 접근 방식을 사용할 수 있거나(그럴 가능성이 높죠), 알고리듬을 위한 분산 솔루션을 구축하는 데 드는 개발 및 런타임 비용이 천문학적으로 높기 때문입니다.

8.3 요약

- 솔루션의 수명 주기 전반에 걸쳐 MLflow 같은 실험 추적 서비스를 활용하면 프로젝트에 대한 감사 가능성과 과거 이력 모니터링을 크게 개선할 수 있습니다. 또한 버전 제어와 로깅을 활용하면 프로덕션 코드 기반을 개선해 문제 해결 시간을 단축하고 프로덕션 단계에서 프로젝트 상태를 진단, 보고할 수 있습니다.
- 확장 가능한 인프라에서 솔루션을 사용하고 구현하는 방법을 배우는 것은 많은 대규모 ML 프로젝트에서 매우 중요합니다. 모든 구현에 적합한 것은 아니지만, 분산 시스템, 동시성과 이런 패러다임을 가능하게 하는 프레임워크를 이해하는 것은 ML 엔지니어에게 매우 중요합니다.

Part **II**

프로덕션 준비:
유지 관리 가능한 ML 만들기

1부를 통해 현대 소프트웨어 개발 접근 방식에서 빌려온 프로젝트 아이디어를 검증하는 패턴에 대해 감을 잡았을 것입니다. 아이디어를 적절히 검증했고 프로토타입도 구축했다면, 이제는 유지 관리가 가능한 솔루션을 제대로 구축하는 다음 단계에 집중해야 합니다.

1부에서 많은 ML 프로젝트가 부실한 계획과 범위 설정으로 실패한다고 이야기했습니다. 이런 상황에서는 프로젝트를 이어나간다 해도 결국에는 운영 중인 프로젝트를 중단하는 사태를 맞게 될 것입니다. 운영 중인 프로젝트가 손을 댈 수 없을 정도로 엉망이거나, 사업부에서 프로젝트의 가치를 정당화하지 못하고 비용 지불을 거부할 수 있기 때문입니다. 하지만 프로젝트 개발에 대한 특정 방법론을 적용한다면 이 같은 문제를 피할 수도 있습니다.

Part II

프로덕션 준비:
유지 관리 가능한 ML 만들기

2부에서는 제가 프로젝트 작업을 하면서, 그리고 다른 사람의 작업을 통해 얻은 교훈을 다루겠습니다. 그리고 응용 ML 코드 개발 표준을 통해 다음을 구축하는 데 도움을 드리려 합니다.

- 잘 실행되는 코드
- 테스트 가능하고 디버깅 가능한 코드
- 쉽게 수정할 수 있는 설루션
- 문제 해결 여부 파악 및 지속적 해결을 위해 성능을 평가할 수 있는 설루션
- 구축 이후에도 아쉬움이 남지 않는 설루션

이러한 가이드라인을 준수하면 여러분은 더욱 효과적으로 유지 관리가 가능한 설루션을 운영으로 배포할 수 있고, 자신이 유지 관리가 가능한 소프트웨어를 개발하고 있음에 안도할 수 있습니다.

CHAPTER 9

ML 모듈화: 테스트 가능하고 읽기 쉬운 코드 작성

이 장의 내용

- 모놀리식 스크립트 코딩 패턴이 ML 프로젝트를 더 복잡하게 만드는 이유
- 추상화되지 않은 코드의 문제 해결(트러블슈팅)troubleshooting 복잡성
- ML 프로젝트에 기본적인 추상화 적용
- ML 코드 기반에서 테스트 가능한 설계 구현

다른 사람이 작성한 복잡한 코드 기반을 인수하는 것은 대부분의 사람들에게 버거운 일입니다. 산더미 같은 분량의 이해할 수 없는 코드를 파악하고 지속적으로 관리해야 한다는 사실만으로도 쉽게 사기가 떨어지기 마련입니다. 가장 안타까운 일은 근본적으로 문제가 있는 코드의 유지 관리를 넘겨받아 여러분의 이름으로 추가적인 커밋을 해야 한다는 것입니다.

단순히 넘겨받은 코드가 작동하지 않는 상황을 이야기하려는 것이 아닙니다. 오히려 코드 자체는 완벽하게 돌아갈 수도 있습니다. 하지만 코드가 어떻게 돌아가는지, 심지어 왜 돌아가는지도 쉽게 파악하지 못하는 상황을 이야기하는 것입니다. 이 문제는 2008년 마틴 파울러Martin Fowler가 가장 쉽게 설명했습니다.

> *컴퓨터가 이해할 수 있는 코드는 누구나 작성할 수 있습니다.*
> *하지만 좋은 프로그래머는 사람이 이해할 수 있는 코드를 작성합니다.*

ML 코드의 많은 부분이 좋은 소프트웨어 엔지니어링의 원칙에 부합하지 않습니다. 우리는 알고리듬, 벡터, 인덱스, 모델, 손실 함수, 최적화, 하이퍼파라미터, 성능 지표에 초점을 두는 실무자이기 때문에 까다로운 코딩 표준을 준수하기 위해 많은 시간을 쓰지 않습니다. 안타깝지만

여러분 대다수는 공감할 것입니다.

필자도 오랜 기간 동안 정말 엉망인 코드를 작성했습니다. 하지만 코드를 배포할 때 대부분 문제 없이 작동했죠. 정확도를 조금이라도 높이는 일이나 효과적인 피처 엔지니어링 작업에 몰입하다 보면 코드가 엉망이 되어버린 적이 많았습니다. 필자의 초창기 프로젝트 중 일부는 정말 끔찍해서 동료들이 무슨 이야기를 해도 할 말이 없습니다.

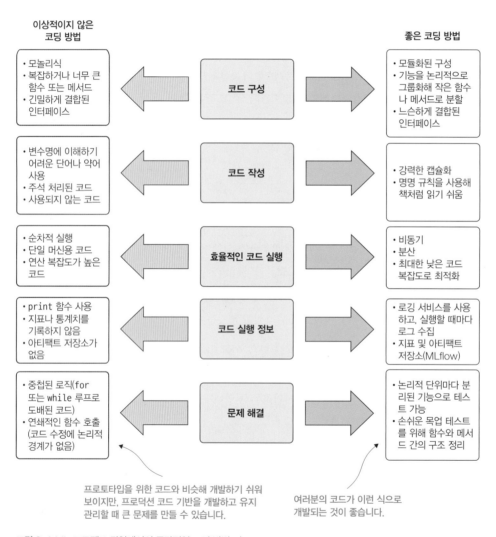

그림 9-1 ML 프로젝트 작업에서의 극단적인 코딩 방법 비교

이 장과 다음 장에서는 필자가 수년간 배운 코딩 표준에 대한 내용을 다룹니다. 소프트웨어 엔지니어링에 대한 방대한 이론을 다루는 것은 아닙니다. 오히려 ML 프로젝트 작업에서 더 간단하고 유지 관리하기 쉬운 코드 기반을 만들기 위해 경험으로 터득한 가장 중요한 내용을 소개하겠습니다. [그림 9-1]에 보이는 것처럼 다섯 가지 핵심 영역의 모범 사례를 다루겠습니다. 결과적으로 이 장의 목표는 코드가 과도하게 복잡해지는 상황을 피하는 것입니다.

복잡다단한 코드와 복잡한 코드는 다릅니다

이 두 말이 같은 말처럼 느껴질 수 있습니다. 하지만 코드 관점에서 볼 때, 이 둘은 확연히 다른 말입니다. '복잡한complex' 코드 기반은 특정 코드가 캡슐화되어 메서드나 함수가 어떻게 분기되는지 파악하기 어려운 것을 의미합니다. 조건문이나 루프 구문, 스위치, 함수의 인자에 따라 다르게 작동하도록 하는 상태 관리 같은 요소가 코드의 복잡도complexity를 추가합니다. 약간의 코드만으로 여러 기능을 수행하도록 코딩한다면 일반적으로 해당 코드에서 나올 수 있는 결과의 종류가 매우 많아지게 됩니다. 이와 같은 경우, 이 코드가 제대로 동작하는지 확인하기 위해서는 많은 테스트가 필요합니다. 이런 복잡성은 기능에 대한 분기가 많지 않은 코드에 비해 이해하기도 어렵습니다.

'복잡다단한complicated' 코드는 반대로 어떻게 작동하는지 파악하기가 어려운 방식으로 작성된 코드를 의미합니다. 이는 매우 주관적 평가로, 코드를 읽는 사람에 따라 평가가 크게 달라질 수 있습니다. 하지만 대부분의 숙련된 개발자는 코드를 보고 얼마나 복잡다단한지에 대해 비슷한 평가를 내릴 수 있습니다.

매우 복잡다단한 코드는 반복적인 코드의 패치와 수정 과정을 거쳐 만들어졌을 수 있습니다. 이 코드는 서로 얽혔거나, 잘못된 명명 규칙을 따르거나, 읽기 어려운 방식으로 조건문이 반복적으로 나올 수도 있고, 통용되지 않는 약어가 튀어나올 수도 있습니다.

여러분의 코드 기반에 이런 요소가 뒤섞여 있을 수 있습니다.

- 복잡하지만, 복잡다단하지 않음: 어렵긴 하지만 ML 코드라면 수용 가능한 상황입니다.
- 복잡하지도, 복잡다단하지도 않음: 데이터 과학자의 분석 업무에서는 수용 가능하지만 다른 분야에서는 거의 찾아볼 수 없습니다.
- 복잡하지 않지만, 복잡다단함: 9.1.1절에서 예를 들어 살펴보겠습니다.
- 복잡하면서, 복잡다단함: 이런 코드 기반을 작성한 ML 실무자는 인수인계할 때 큰 화를 당할 수도 있습니다.

ML 프로젝트를 개발할 때 목표는 코드 기반의 복잡다단함을 가능한 한 낮게 유지하면서, 복잡성을 최대한 낮추는 것입니다. 이 두 가지가 낮을수록 프로젝트가 프로덕션 단계까지 추진되고 향후 유지 관리가 가능하면서 확장 가능한 솔루션으로 적용될 가능성이 높아집니다.

이해하기 쉽게, 이 장 전체에서 비교적 간단한 예제를 들겠습니다. 이 예제는 일변량 데이터의 분포를 추정하는 것으로, 간단하고 쉽게 적용할 수 있기 때문에 계속 사용하려 합니다. 다른 프로그래밍 분야의 시각에서 효과적인 솔루션을 살펴보고, 쉬운 유지 관리에 초점을 두는 것이 얼마나 중요한지 알아보겠습니다.

9.1 모놀리식 스크립트의 개념과 나쁜 이유

컴퓨팅 분야에서 상속inheritance은 몇 가지 의미를 지닙니다. 가장 먼저 떠오르는 것은 객체 지향 설계object-oriented design에서 재사용을 통해 코드 중복을 줄여 복잡도를 낮추는 방법인 추상화와 관련된 의미입니다. 이 개념의 상속은 두 말할 필요 없이 좋은 방법이지만, 다른 사람의 코드 기반을 인수인계하는 상황에서는 때에 따라 좋을 수도 있고 끔찍할 수도 있습니다.

새 직장에서 일을 시작한다고 상상해봅시다. 기본적인 직무 교육이 끝나면 데이터 과학자가 사용하는 코드 저장소에 접근할 수 있는 권한을 받게 됩니다. 코드 저장소를 살펴보는 순간은 여러분의 경력 수준에 따라 설레는 순간이 될 수도 있고, 오히려 두려운 순간이 될 수도 있습니다. 이 저장소를 보면서 어떤 것을 알 수 있을까요? 회사가 만들어온 것이 무엇인지 확인하고, 코드를 디버깅하고 수정하기가 얼마나 쉬울지 간파할 수 있습니다. 기술 부채가 얼마나 되는지, 코딩 방식에 일관성이 있는지, 프로그래밍 언어의 표준을 잘 따르는지도 파악할 수 있겠죠.

처음 디렉터리 구조를 보았을 때는 다소 절망적이었을 것입니다. 프로젝트 이름으로 된 디렉터리가 수십 개나 있고, 디렉터리마다 파일이 달랑 하나 들어 있습니다. 이렇게 지저분한 모놀리식[1] 스크립트가 어떻게 작동하는지 알아가는 일은 꽤나 좌절스럽습니다. 어찌되었든 작업 요청이 들어올 때마다 이 코드를 가지고 대응해야 합니다. 결국에는 사소한 오류가 발생하거나 다

---

1 옮긴이_ 모놀리식(monolithic) 아키텍처는 비즈니스 요구 사항을 만족시키기 위한 모든 코드가 단일 코드 기반에 있는 아키텍처로, 코드가 밀접하게 결합되어 있고 단일 서비스로 실행합니다.

른 문제가 생길 때마다 혼란스럽고 복잡다단한 스크립트를 리버스 엔지니어링을 통해 풀어야
겠죠.

9.1.1 모놀리식이 생겨나는 과정

여러분이 합류한 팀의 코드 저장소 커밋 이력을 살펴본다면, 아마도 프로토타입에서 실험 단계
로 자연스럽게 전환한 것을 발견할 수 있을 것입니다. 첫 번째 커밋은 TODO 코멘트와 아직 구
현되지 않은 기능들로 채워진 초창기 실험 단계에서 나온 결과물일 것입니다. 이어지는 기록
을 살펴보면서 스크립트가 하나씩 구현되고 마침내 프로덕션 코드인 현재의 메인 브랜치main
branch에 도달하게 됩니다.

여기서의 문제점은 코드가 스크립트 방식으로 짜인 것이 아닙니다. 대다수의 전문 ML 엔지니
어가 프로토타이핑과 실험 단계를 노트북에서 스크립트형 코드를 작성해 수행합니다. 노트북
에서 제공하는 간편함과 새로운 아이디어를 빠르게 시도해볼 수 있는 환경은 이런 작업 단계에
이상적인 플랫폼입니다. 하지만 프로토타입이 선정된 후에는 MVP 개발 과정에서 모듈화된 코
드를 만들기 위해 프로토타입 코드를 버리게 됩니다.

프로토타입의 스크립트를 개선해 사용하는 것까지는 이해할 수 있습니다. ML 개발은 수많은
변경 사항을 수반할 수밖에 없고 결과에 대한 빠른 피드백 반영이 필요하기 때문에, MVP 단
계에서도 접근 방식이 급격하게 바뀌는 것으로 악명이 높습니다. 하지만 초기 단계부터 기능을
분리하고, 코드의 복잡성을 추상화하고, 테스트 가능하고 디버깅이 편한 코드 기반을 쉽게 만
들 수 있도록 코드를 구조화할 수 있습니다. 모놀리식의 프로덕션 코드 기반은 프로토타입을
프로덕션으로 배포함으로써 생겨납니다. 절대 권장하지 않는 방식이죠.

9.1.2 텍스트 벽

제가 데이터 과학자로 일하면서 경력에 비해 비교적 일찍 깨달은 것이 있다면, 디버깅을 정말
싫어한다는 것이었습니다. 코드의 버그를 추적하는 일 자체가 싫다는 것이 아니라, 컴퓨터에
지시한 일에서 무엇이 잘못되었는지 파악하기 위해 거쳐야 하는 과정이 너무나 고되게 느껴졌
습니다.

대다수의 주니어 데이터 과학자 실무진이 하듯 저도 코딩을 할 때 선언적인 코드를 많이 사용했습니다. 문제 해결에 필요한 의식의 흐름을 그대로 코드로 작성했습니다. 예를 들자면 '데이터를 가져와서 몇 가지 통계 실험을 한 다음, 의사 결정을 하고, 데이터를 약간 조작한 다음에 벡터로 만들고, 모델에 넣는다' 같은 식입니다. 이 방식을 사용하면 설루션은 서로 연결된 긴 작업 목록으로 구현됩니다. 이 프로그래밍 모델이 최종 결과물로서 가지는 의미는, 캡슐화는커녕 기능을 분리하거나 격리하지도 않은, 하나의 거대한 코드 벽이라는 것입니다.

이렇게 작성된 코드에서 오류를 찾아내는 것은 말 그대로 모래사장에서 바늘 찾기와 같습니다. 이 아키텍처는 그 안에 포함된 수백 개의 단계 중 어느 것이 문제를 일으키는지 찾아내는 데 전혀 도움되지 않습니다.

텍스트 벽walls of text[2]이란 문제를 해결하는 작업은 인내를 요하며, 필요한 노력에 있어서 타의 추종을 불허합니다. 이런 코드를 작성한 장본인에게도 성가시면서 즐겁지 않은 작업입니다. 이처럼 시간이 많이 걸리는 작업은 ML 코드에 사용되는 요소 중 무엇을, 어떻게, 어디에서 분리해야 하는지 안다면 쉽게 피할 수 있습니다.

만약 다른 사람이 코드를 작성했고 불행히도 여러분이 그 코드를 상속받은 상황이라면, 일단 애도의 말씀을 드립니다. 시간을 선용하려면 일단 코드를 먼저 수정한 후에, 원작자에게 조언과 도움말을 전달합니다. 그들이 다시는 이렇게 화나게 만드는 코드를 작성하지 않도록 돕는 것이죠.

이 이야기를 좀 더 쉽게 이해하기 위해 텍스트 벽이 어떻게 생겼는지 예를 들겠습니다. 이 예제는 다소 단순하지만, 전체 코드를 보지 않아도 완성된 전체 ML 코드가 어떤 모습일지 상상해 볼 수 있을 것입니다.

[예제 9-1]에 대한 간략한 참고 사항

필자의 초창기 코드는 이 예제의 코드보다 훨씬 더 끔찍한 모습이었습니다. 스크립트와 함수, 그리고 말도 안 되는 수준의 메서드로 가득 찬 클래스를 작성한 적이 있습니다. 만든 지 2주도 지나지 않아 다시 코드를 볼 일이 있었는데, 만든 내용이 무엇인지조차 가늠할 수 없을 정도였습니다.

---

2   옮긴이_ 장황한 문장으로 가득한 글을 일컫는 미국식 표현으로, 국내에서는 스크롤의 압박 또는 '스압' 과 유사한 단어입니다.

최소한 코드의 원작자는 코드가 어떻게 작동하는지 파악할 수 있어야 하는데 그렇지 못한 상황이 되어버리면 정말 자괴감이 듭니다. 코드가 복잡하거나 개선해야 할 양이 너무 많아서, 아예 처음부터 다시 시작한 적도 많았습니다.

이 예제를 제시한 이유는 제 실수를 재조명하고 훨씬 더 간단한 방법으로 향상될 수 있다는 점을 말씀드리려는 것입니다. 독자 여러분은 부디 저와 같은 실수를 되풀이하지 마시고, 제가 배운 교훈을 얻어 가길 바랍니다.

[예제 9-1]은 연속된 일련의 데이터에 가장 가까운 정규 분포를 구하는 비교적 간단한 스크립트 블록입니다. 이 코드는 몇 가지 정규성 검사로 시작해 정규 분포와의 비교, 플롯 생성 순으로 작성했습니다.

NOTE_ 이 코드는 책과 함께 제공되는 저장소에 있습니다. 하지만 실행 시간이 오래 걸리기 때문에 직접 실행하기를 권장하지 않습니다.

예제 9-1 텍스트 벽 방식의 스크립트

```
import warnings as warn
import pandas as pd
import numpy as np
import scipy.stats as stat
from scipy.stats import shapiro, normaltest, anderson
import matplotlib.pyplot as plt
from statsmodels.graphics.gofplots import qqplot

data = pd.read_csv('/sf-airbnb-clean.csv')
series = data['price']
shapiro, pval = shapiro(series)                                              ①
print('Shapiro score: ' + str(shapiro) + ' with pvalue: ' + str(pval))       ②
dagastino, pval = normaltest(series)                                         ③
print("D'Agostino score: " + str(dagastino) + " with pvalue: " + str(pval))
anderson_stat, crit, sig = anderson(series)
print("Anderson statistic: " + str(anderson_stat))
anderson_rep = list(zip(list(crit), list(sig)))
for i in anderson_rep:
            print('Significance: ' + str(i[0]) + ' Crit level: ' + str(i[1]))
```

```
    bins = int(np.ceil(series.index.values.max()))                              ④
    y, x = np.histogram(series, 200, density=True)
    x = (x + np.roll(x, -1))[:-1] / 2.                                          ⑤
    bl = np.inf                                                                 ⑥
    bf = stat.norm
    bp = (0., 1.)
    with warn.catch_warnings():
        warn.filterwarnings('ignore')
        fam = stat._continuous_distns._distn_names
        for d in fam:
            h = getattr(stat, d)                                               ⑦
            f = h.fit(series)
            pdf = h.pdf(x, loc=f[-2], scale=f[-1], *f[:-2])
            loss = np.sum(np.power(y - pdf, 2.))
            if bl > loss > 0:
                bl = loss
                bf = h
                bp = f
    start = bf.ppf(0.001, *bp[:-2], loc=bp[-2], scale=bp[-1])
    end = bf.ppf(0.999, *bp[:-2], loc=bp[-2], scale=bp[-1])
    xd = np.linspace(start, end, bins)
    yd = bf.pdf(xd, loc=bp[-2], scale=bp[-1], *bp[:-2])
    hdist = pd.Series(yd, xd)
    with warn.catch_warnings():
        warn.filterwarnings('ignore')
        with plt.style.context(style='seaborn'):
            fig = plt.figure(figsize=(16,12))
            ax = series.plot(kind='hist', bins=100, normed=True, alpha=0.5,
                label='Airbnb SF Price', legend=True)                          ⑧
            ymax = ax.get_ylim()
            xmax = ax.get_xlim()
            hdist.plot(lw=3, label='best dist ' + bf.__class__.__name__, legend=True,
                ax=ax)
            ax.legend(loc='best')
            ax.set_xlim(xmax)
            ax.set_ylim(ymax)
    qqplot(series, line='s')
```

---

1. 표준 명명 규칙이 아닙니다. **p_value_shapiro**나 이와 비슷한 변수명이 되어야 합니다.

2. 문자열 결합 코드를 읽기 어렵습니다. 실행 시 문제가 생길 수 있고, 타이핑도 더 많이 해야 합니다.

3. 변수 **pval**을 shapiro의 원본에서 변경하면 나중에 쓸 수 없습니다. 코드를 더 복잡하고 따라가기 어렵게 만들기 때문에 나쁜 습관입니다.

4. 일반적인 변수명을 사용하면 변수 역할이 무엇인지 알기 위해 전체 코드를 검색해야 합니다.

5. 여기에서 x를 변경하는 것은 납득됩니다. 하지만 용도가 무엇인지 표기하지 않았습니다.

6. 약어 사용은 코드 이해에 도움되지 않습니다.

7. 한 글자 변수명을 사용하면 내용을 파악하지 못합니다. 코드가 간결해 보일지 몰라도 읽기 어렵습니다. 심지어 주석도 없기 때문에 가독성을 해칩니다.

8. 변수를 하드코딩해두면 변경이 필요할 때 코드를 수정해야 합니다. 하드코딩 대신 함수를 사용해 추상화해야 합니다.

우선 좋지 않은 예제를 제시한 것에 사과드립니다. 코드가 혼란스럽고, 복잡하고, 아마추어 같을 뿐만 아니라 의도적으로 난독화한 것처럼 작성되었습니다.

변수명을 한 글자로 만든 까닭이 무엇일까요? 빠른 타이핑을 위해서? 변수명이 짧다고 해서 프로그램이 더 빠르게 실행되는 것도 아닙니다. 오히려 코드를 이해하기 어렵게 만들 뿐입니다. 조정 가능한 값이 하드코딩돼서 테스트할 때마다 스크립트를 수정해야 합니다. 수정을 한다는 것은 오타나 그 외 오류의 발생 확률이 매우 높음을 뜻합니다. 심지어 실행 중에 어떤 부분이 잘못되었는지 파악하는 데 유용한 중단점도 설정되지 않았습니다.

9.1.3 모놀리식 스크립트를 작성할 때 고려할 점

[예제 9-1]에는 읽기 어렵다는 점 말고도 여러 문제점이 있습니다. 그중 가장 큰 것은 바로 모놀리식이라는 점입니다. 스크립트 언어이기는 하지만 텍스트 벽과 같은 코드를 만들 때도 함수와 메서드를 클래스 내부에 둔다는 원칙은 적용할 수 있습니다. 노트북 환경에서는 ML 코드를 실행하는 것이 좀 더 선언적이 될 수밖에 없지만, 그렇다 해도 이런 일반적인 원칙에 대한 개념은 있어야 합니다.

실행해야 하는 코드를 캡슐화할 때 너무 많은 로직을 포함하면 문제가 생깁니다. 그리고 이 예제는 노트북에서 실행되는 스크립트이기 때문에 전체 코드가 캡슐화된 하나의 블록이라고 볼 수 있습니다. 다음 질문을 통해 발생할 수 있는 문제에 대해 생각해보겠습니다.

- 코드 블록에 새 기능을 추가한다면 어떤 모습일까요?
- 만약 변경 사항을 만들었다면, 제대로 되었는지 쉽게 테스트할 수 있을까요?
- 코드에서 예외가 만들어진다면 어떻게 하나요?
- 예외가 발생했을 때 코드에서 무엇이 잘못되었는지 어떻게 알아낼 건가요?

- 데이터 구조가 변경되면 어떻게 해야 하나요? 변경 사항을 반영하기 위해 코드를 어떻게 바꿀 건가요?

이런 질문에 답하기 전에 코드가 어떤 역할을 하는지 살펴보겠습니다. 혼란스러운 변수 이름, 난해한 코딩 방식, 코드의 밀접한 결합 때문에 읽기만 해서는 알기가 어렵습니다. 실행해봐야 무슨 일을 하는지 알 수 있습니다.

예제 9-2 [예제 9-1] print 문의 출력 결과

```
Shapiro score: 0.33195996284484863 with pvalue: 0.0                    ①
D'Agostino score: 14345.798651770001 with pvalue: 0.0                  ②
Anderson statistic: 1022.1779688188954
Significance: 0.576 Crit level: 15.0                                    ③
Significance: 0.656 Crit level: 10.0
Significance: 0.787 Crit level: 5.0
Significance: 0.917 Crit level: 2.5
Significance: 1.091 Crit level: 1.0
```

1. 소수점 자릿수를 조금 줄이면 유용할 것 같습니다.

2. pvalue 항목이 무엇을 의미하는지에 대한 설명이 없다면 혼동을 줄 여지가 있습니다. 사용자가 직접 이 테스트에 대한 API 문서를 찾아봐야 합니다.

3. 유의수준에 대한 설명이 없기 때문에, 앤더슨-달링 검정[3]을 알지 못하는 사람에게는 의미 없는 데이터일 뿐입니다.

이 코드는 DataFrame에 있는 단일 변수의 시계열에 대한 정규성 검정을 수행합니다. 이는 타깃 값에 대한 회귀 문제를 수행할 것인지 결정하는, 분명히 가치 있는 작업입니다. 스크립트의 나머지 부분에서 만들어낸 플롯 중 첫 번째 결과가 [그림 9-2]의 그림과 같이 나옵니다.

> NOTE_ 8장에서 정보를 로깅하는 것의 중요성에 대해 다뤘습니다. MLflow 또는 다른 도구를 사용해서 말이죠. 그리고 중요한 정보를 표준 출력으로 단순히 print하는 것이 얼마나 좋지 않은지도 알아봤습니다. 하지만 이 예제와 같은 케이스에서는 예외를 둘 수 있습니다. MLflow는 모델 기반의 실험, 개발, 운영 환경 모니터링을 지원하는 도구입니다. 일회적인 유효성 검증을 수행하는 이 예제와 같은 경우, MLflow와 같은 도구를 사용하는 것이 적절하지 않을 수 있습니다. 특정 접근 방식을 결정하기 위해 확인해야 하는 정보가 특정 순간에만 필요한 경우, 이 정보를 영구적으로 보관하는 것은 무의미합니다.

----

3   옮긴이_ 앤더슨-달링(Anderson-Darling) 검정은 데이터가 특정 분포를 얼마나 잘 따르는지 측정합니다.

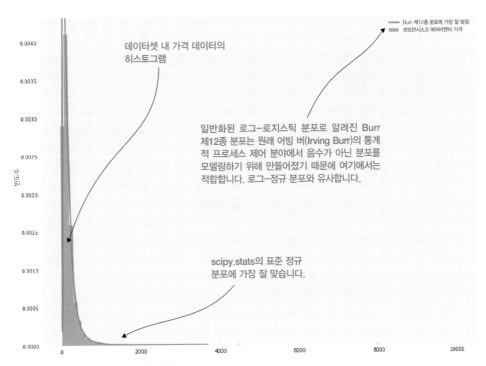

데이터셋 내 가격 데이터의 히스토그램

Burr 제12종 분포에 가장 잘 맞음
샌프란시스코 에어비앤비 가격

일반화된 로그-로지스틱 분포로 알려진 Burr 제12종 분포는 원래 어빙 버(Irving Burr)의 통계적 프로세스 제어 분야에서 음수가 아닌 분포를 모델링하기 위해 만들어졌기 때문에 여기에서는 적합합니다. 로그-정규 분포와 유사합니다.

scipy.stats의 표준 정규 분포에 가장 잘 맞습니다.

그림 9-2 [예제 9-1]에서 생성된 첫 번째 플롯

[그림 9-3]은 [예제 9-1]에서 만들어진 마지막 플롯입니다.

이 사분위수 간의 그래프는 서로 다른 분포에 대한 정규성 또는 다른 분포에 대한 적합도를 결정하기 위해 한 계열의 사분위수값을 다른 계열의 사분위수값과 비교해 플롯을 그려주는 유용한 탐색 보조 기법입니다. 이 예에서는 데이터셋의 가격에 대한 사분위수를 표준 정규 분포의 사분위수와 비교해 그립니다.

하지만 [예제 9-1]의 코드에는 이 플롯이 무엇인지에 대한 주석이나 그 외 표기가 없기 때문에 스크립트의 최종 사용자는 무엇을 위한 코드인지 파악하기가 어려울 수 있습니다. 코드 내부에 평가 기능을 넣을 때 이런 식으로 배치하는 것은 좋지 않습니다. 중요한 내용을 간과하기 쉽고, 해당 코드가 그 위치에 있는 이유도 의아할 수 있기 때문입니다.

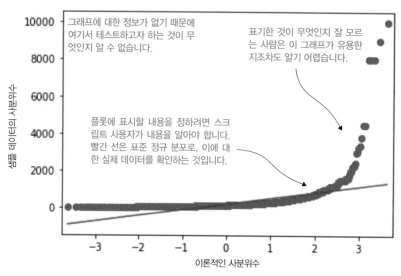

그림 9-3 [예제 9-1]의 마지막 부분에서 생성된 플롯

예제에 나온 코드 일부만을 보는 것이 아니라 모놀리식 스크립트로 작성된 전체 프로젝트를 살펴본다고 가정해봅시다. 예를 들어 스크립트가 1,500행 정도 된다고 하겠습니다. 만약 코드에서 오류가 발생한다면 어떻게 될까요? 이런 형식의 코드에서 일어나는 모든 일을 명확하게 확인하고 이해할 수 있을까요? 그러면 어디에서부터 문제 해결을 시작해야 할까요?

캡슐화는 코드를 더 복잡하게만 만들지 않나요?

맞기도 하고 틀리기도 합니다. 스크립트 내에서 공통 기능을 함수나 메서드로 만드는 리팩터링만으로는 코드의 복잡성을 크게 개선할 수 없다는 견해는 논쟁의 여지가 없습니다. 결국 동일한 로직이 처리되는 것이기 때문이죠. 하지만 리팩터링은 복잡다단한 코드를 깔끔하게 정리해줍니다. 개발자는 더 작은 코드 덩어리를 볼 수 있고, 이를 통해 기능을 디버깅하고, 캡슐화된 코드 블록이 의도한 대로 작동하는지 테스트할 수 있습니다. 결과적으로 나중에 코드를 수정하기가 더 쉬워집니다. 스크립트를 함수형이나 객체 지향형 코드로 변환하면, 일반적으로 전체 코드의 행 수가 늘고 추적해야 하는 요소가 많아집니다. 함수형이나 객체 지향형 프로그래밍의 개념에 익숙하지 않은 사람은 오히려 코드를 처음 접할 때 어려움을 느낄 수 있기 때문에 복잡성이 커진 것처럼 보일 수 있습니다. 하지만 팀원들이 이런 설계에 익숙해지면 거대한 텍스트 벽 형태의 코드 기반에서 유지 관리하기가 훨씬 용이할 것입니다.

9.2 텍스트 벽으로 된 코드 디버깅

새 직장에서 코드 기반의 상태를 확인했다고 가정했습니다. 그리고 얼마 지나지 않아 코드 기반을 유지 관리해야 하는 역할을 맡게 됩니다. 기존 스크립트 중 하나에 새 피처를 추가하는 일을 맡을 수도 있습니다. 우리는 리버스 엔지니어링을 통해 코드에 주석을 달아가며 코드를 이해할 수 있게 만들었습니다. 그리고 나서 새 기능을 추가하는 작업을 시작합니다. 이 시점에서 코드를 테스트하는 유일한 방법은 전체 스크립트를 실행해보는 것뿐입니다.

새 기능을 추가하기 위해 스크립트를 변경하는 과정에서 필연적으로 버그가 발생할 것이고, 이를 해결해야 합니다. 매우 긴 기능이 연속적으로 수행되는 노트북 환경이나 스크립트를 다루게 될 텐데요. 코드에서 잘못된 점을 찾으려면 어떻게 해야 할까요? [그림 9-4]는 [예제 9-1]의 코드에서 문제를 바로잡기 위해 수행할 문제 해결 프로세스입니다.

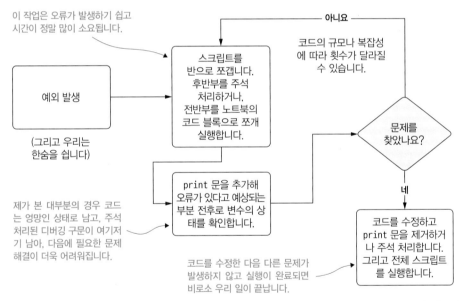

그림 9-4 코드를 반으로 쪼개 접근하는 문제 해결 프로세스는 시간이 많이 걸리며, 모놀리식 코드 기반을 더 복잡하게 만듭니다.

이 프로세스는 [예제 9-1]에 잘못된 변수 이름이나 약어가 없다 해도 충분히 복잡다단하고 쉽지 않은 과정입니다. 코드를 읽고 따라가기가 어려울수록 코드를 테스트하는 작업에 정신적 부담이 커집니다. 더 정확하게는 어떤 지점에서 코드를 분할할지, 어떤 변수를 print 문으로 출력해야 할지 파악하기가 어려워집니다.

코드를 양분해서 절반은 평가에, 절반은 테스트에 사용하는 이 프로세스를 수행한다는 것은 실제로 소스 코드를 변경해가면서 진행한다는 것을 의미합니다. print 구문을 추가하든, 주석 처리를 하든, 이 방식에서 코드 결함을 테스트하려면 손이 많이 갑니다. 기본적으로 실수가 발생할 확률이 높고, 이 과정에서 추가적인 문제를 일으킬 여지 또한 무시할 수 없습니다.

모놀리식 코드

[예제 9-1]은 잘못된 개발 사례의 극치로 보일 수 있습니다. 전체 ML 설루션을 이렇게 작성하는 사람이 정말 있기는 하냐며 비웃을 수도 있습니다. 필자 또한 컨설팅을 해보기 전에는 말도 안 된다고 생각했습니다.

하지만 수백 여 기업의 ML 팀이 설루션을 개발하는 과정을 관찰해본 결과, 모놀리식 블록으로 코드를 작성하는 일이 매우 보편적이라는 사실을 알게 되었습니다. 일반적으로 이런 현상은 회사 내 다른 엔지니어링 팀원들과 협업할 일이 없고, 팀원 중 소프트웨어 개발자와 함께 일한 경험이 없는 사람들로 이뤄진 데이터 과학 팀에서 일어납니다. 이런 팀은 알고리듬 구현 관점에서 문제를 해결하고, 프로토타입으로 만든 PoC 설루션을 그대로 프로덕션에 배포합니다. 그들의 입장에서는 효율적이라고 볼 수도 있겠죠.

실제로 [예제 9-1]보다 코드 기반이 훨씬 더 읽기 어렵고 오류가 자주 생김에도 불구하고 프로덕션 환경에서 운영 중인 사례를 본 적이 있습니다. 이런 ML 코드를 가진 대부분의 기업은 결국 둘 중 하나를 선택합니다.

- 고가의 컨설팅 회사를 고용해 프로덕션에 배포할 수 있도록 코드를 리팩터링합니다. 설루션의 유지 보수성, 컨설턴트의 기술 역량, 작업을 수행할 팀의 고용에 드는 총비용에 따라 결과물은 달라지게 됩니다.
- 팀 내 인력이 한계에 부딪힐 때까지 코드를 유지합니다. 그러다가 설루션이 가져다주는 효용보다 지속적으로 코드를 고치는 비용이 더 커지면 프로젝트를 폐기합니다.

굳이 이렇게까지 이야기하는 이유는 발생 가능한 문제를 부각해 모놀리식 코드의 유해함을 이해시키기 위함입니다.

잘 정리된 코드를 만들고, 복잡성을 줄이는 유익한 방법은 분명 있습니다. 다음 절에서 살펴볼 [예제 9-3]은 지금까지 다룬 스크립트를 객체 지향형으로 구성한 것입니다.

9.3 모듈화된 ML 코드 설계

우리는 방대한 양의 스크립트를 수정하고 검증하는 고통스러운 과정을 거치면서 더는 이렇게 할 수 없다는 결론에 이르렀습니다. 코드의 기술 부채가 너무나 많기 때문에, 다른 작업을 하기 전에 이를 먼저 해결해야 한다고 팀에 알렸습니다. 다행히도 팀은 스크립트를 기능별로 나누고, 복잡한 코드를 논리적으로 그룹화해 개별적으로 이해할 수 있고 테스트 가능한 작은 조각들로 추상화하는 것에 동의했습니다.

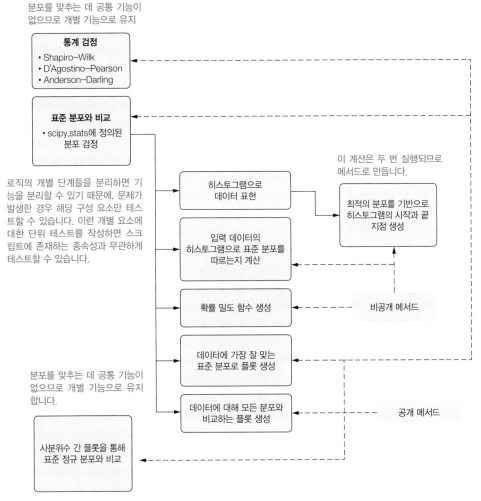

그림 9-5 [예제 9-1]의 코드 아키텍처 리팩터링

변경된 코드를 살펴보기 이전에 스크립트를 분석해 주요 기능 그룹을 먼저 확인하겠습니다. 이렇게 기능을 기반으로 분석을 수행하면 코드를 분리하기 위해 어떤 방식으로 진행해야 하는지 파악하게 됩니다. 그리고 나중에 문제를 해결하고, 새 기능을 추가하거나 테스트하는 데도 도움이 됩니다. [그림 9-5]는 스크립트에 포함된 핵심 기능을 알려주고, 단일 목적의 코드 그룹을 추출하고, 캡슐화를 통해 메서드를 정의하는 방법을 안내합니다.

코드의 구조적, 기능적 분석은 공통 기능 요소를 식별해내는 데 도움이 됩니다. 이를 통해 구성 요소를 식별하고, 분리하고, 캡슐화해 코드의 가독성과 유지 보수성을 높입니다. 최종 사용자가 외부에서 호출할 필요가 없는 내부 기능인 비공개 메서드와 사용자가 외부에서 호출해 코드 내 특정 기능을 수행하는 공개 메서드도 주목할 필요가 있습니다. 이 모듈을 사용하는 사람들에게 내부 기능을 숨기면 코드의 복잡성을 최소화하면서 모듈을 사용하는 데 따르는 정신적 부담을 덜 수 있습니다.

이제 이해하기 쉽고 유지 관리가 가능한 코드로 리팩터링할 계획을 세웠으니, 다음 예제에서 리팩터링과 모듈화의 최종 결과물을 살펴보겠습니다.

예제 9-3 [예제 9-1] 스크립트 코드의 객체 지향 버전

```
import warnings as warn
import pandas as pd
import numpy as np
import scipy
import scipy.stats as stat
from scipy.stats import shapiro, normaltest, anderson
import matplotlib.pyplot as plt
from statsmodels.graphics.gofplots import qqplot

class DistributionAnalysis(object):                                    ①

    def init (self, series, histogram_bins, **kwargs):                 ②
        self.series = series
        self.histogram_bins = histogram_bins
        self.series_name = kwargs.get('series_name', 'data')
        self.plot_bins = kwargs.get('plot_bins', 200)
        self.best_plot_size = kwargs.get('best_plot_size', (20, 16))
        self.all_plot_size = kwargs.get('all_plot_size', (24, 30))
        self.MIN_BOUNDARY = 0.001                                      ③
        self.MAX_BOUNDARY = 0.999
        self.ALPHA = kwargs.get('alpha', 0.05)
```

```python
    def _get_series_bins(self):                                              ④
        return int(np.ceil(self.series.index.values.max()))
    @staticmethod                                                            ⑤
    def _get_distributions():
        scipy_ver = scipy.__version                                          ⑥
        if (int(scipy_ver[2]) >= 5) and (int(scipy_ver[4:]) > 3):
            names, gen_names = stat.get_distribution_names(stat.pairs,
                                                    stat.rv_continuous)
        else:
            names = stat._continuous_distns._distn_names
        return names
    @staticmethod                                                            ⑦
    def _extract_params(params):
        return {'arguments': params[:-2], 'location': params[-2], 'scale':
            params[-1]}                                                      ⑧


    @staticmethod
    def _generate_boundaries(distribution, parameters, x):                   ⑨
        args = parameters['arguments']
        loc = parameters['location'] scale = parameters['scale']
        return distribution.ppf(x, *args, loc=loc, scale=scale) if args else
            distribution.ppf(x, loc=loc, scale=scale)                        ⑩


    @staticmethod
    def _build_pdf(x, distribution, parameters):                             ⑪
        if parameters['arguments']:
            pdf = distribution.pdf(x, loc=parameters['location'],
                                scale=parameters['scale'],
                                *parameters['arguments'])
        else:
            pdf = distribution.pdf(x, loc=parameters['location'],
                                scale=parameters['scale'])
        return pdf


    def plot_normalcy(self):
        qqplot(self.series, line='s')                                        ⑫


    def check_normalcy(self):                                                ⑬
        def significance_test(value, threshold):                            ⑭
            return "Data set {} normally distributed from".format('is' if value >
                threshold else 'is not')

        shapiro_stat, shapiro_p_value = shapiro(self.series)
        dagostino_stat, dagostino_p_value = normaltest(self.series)
```

```python
        anderson_stat, anderson_crit_vals, anderson_significance_levels = \
            anderson(self.series)
        anderson_report = list(zip(list(anderson_crit_vals),
                         list(anderson_significance_levels)))
        shapiro_statement = """Shapiro-Wilk stat: {:.4f}
            Shapiro-Wilk test p-Value: {:.4f} {}
            Shapiro-Wilk Test""".format(
                shapiro_stat,
                shapiro_p_value,
                significance_test(shapiro_p_value, self.ALPHA)
            )
        dagostino_statement = """\nD'Agostino stat: {:.4f}
            D'Agostino test p-Value: {:.4f} {}
            D'Agostino Test""".format(
                dagostino_stat,
                dagostino_p_value,
                significance_test(dagostino_p_value, self.ALPHA)
            )
        anderson_statement = '\nAnderson statistic: {:.4f}'.format(anderson_stat)
        for i in anderson_report:
            anderson_statement = anderson_statement + """ For signifance level {}
                of Anderson-Darling test: {} the evaluation.
                Critical value: {}""".format(
                    i[1],
                    significance_test(i[0], anderson_stat),
                    i[0]
                )
        return "{}{}{}".format(
            shapiro_statement,
            dagostino_statement,
            anderson_statement
        )


    def _calculate_fit_loss(self, x, y, dist):                              ⑮
        with warn.catch_warnings():
            warn.filterwarnings('ignore')
            estimated_distribution = dist.fit(x)
            params = self._extract_params(estimated_distribution)
            pdf = self._build_pdf(x, dist, params)
        return np.sum(np.power(y - pdf, 2.0)), estimated_distribution


    def _generate_probability_distribution(self, distribution, parameters, bins): ⑯
        starting_point = self._generate_boundaries(distribution, parameters,
                                                 self.MIN_BOUNDARY)
```

```
        ending_point = self._generate_boundaries(distribution, parameters,
                                                  self.MAX_BOUNDARY)
        x = np.linspace(starting_point, ending_point, bins)
        y = self._build_pdf(x, distribution, parameters)
        return pd.Series(y, x)

    def find_distribution_fit(self):                                            ⑰
        y_hist, x_hist_raw = np.histogram(self.series, self.histogram_bins,
            density=True)
        x_hist = (x_hist_raw + np.roll(x_hist_raw, -1))[:-1] / 2.
        full_distribution_results = {}                                          ⑱
        best_loss = np.inf best_fit = stat.norm best_params = (0., 1.)
        for dist in self._get_distributions():
            histogram = getattr(stat, dist)
            results, parameters = self._calculate_fit_loss(x_hist, y_hist, histogram)
            full_distribution_results[dist] = {'hist': histogram,
                'loss': results,
                'params': {
                    'arguments': parameters[:-2],
                    'location': parameters[-2],
                    'scale': parameters[-1]
                    }
            }
            if best_loss > results > 0:
                best_loss = results
                best_fit = histogram
                best_params = parameters
        return {'best_distribution': best_fit,
                'best_loss': best_loss,
                'best_params': {
                'arguments': best_params[:-2],
                'location': best_params[-2],
                'scale': best_params[-1]
            },
            'all_results': full_distribution_results
        }

    def plot_best_fit(self):                                                    ⑲
        fits = self.find_distribution_fit()
        best_fit_distribution = fits['best_distribution']
        best_fit_parameters = fits['best_params']
        distribution_series = self._generate_probability_distribution(
            best_fit_distribution, best_fit_parameters, self._get_series_bins()
        )
```

```
            with plt.style.context(style='seaborn'):
                fig = plt.figure(figsize=self.best_plot_size)
                ax = self.series.plot(kind='hist', bins=self.plot_bins, normed=True,
                                      alpha=0.5, label=self.series_name, legend=True)
                distribution_series.plot(lw=3, label=best_fit_distribution. class . name,
                                         legend=True, ax=ax)

            ax.legend(loc='best')
        return fig

    def plot_all_fits(self):                                                    ⑳
        fits = self.find_distribution_fit()
        series_bins = self._get_series_bins()
        with warn.catch_warnings():
            warn.filterwarnings('ignore')
            with plt.style.context(style='seaborn'):
                fig = plt.figure(figsize=self.all_plot_size)
                ax = self.series.plot(kind='hist', bins=self.plot_bins, normed=True,
                                      alpha=0.5, label=self.series_name, legend=True)
                y_max = ax.get_ylim()
                x_max = ax.get_xlim()
                for dist in fits['all_results']:
                    hist = fits['all_results'][dist]
                    distribution_data = self._generate_probability_distribution(
                        hist['hist'], hist['params'], series_bins)
                    distribution_data.plot(lw=2, label=dist, alpha=0.6, ax=ax)
                ax.legend(loc='best')
                ax.set_ylim(y_max) ax.set_xlim(x_max)
        return fig
```

1. 모든 기능이 분포에 대한 분석을 다루기 때문에 전체 모듈을 클래스로 캡슐화합니다.

2. 클래스 초기화 함수에서 사용하는 기본값을 대체하기 위해 키-값 쌍으로 이뤄진 **kwargs 매개변수를 입력받습니다(스크립트에서는 전부 하드코딩된 값).

3. 이 값들은 정적으로 두지만 kwargs에 따라 대체 가능합니다.

4. 비공개 유틸리티 메서드를 통해 더 깔끔하고 읽기 쉽게 만듭니다.

5. 정적 메서드는 클래스를 생성하는 초기 매개변수나 다른 메서드에 대한 종속성 없이도 기능을 효과적으로 캡슐화합니다. 대부분의 코드 기반은 정적 메서드가 많지 않으며, 전역 상태에 대한 문제를 피하기 위해 전역 함수보다는 정적 메서드로 정의하는 것이 더 낫습니다.

6. Scipy API가 변경되었기 때문에 버전 검사 구문을 둡니다. 파이썬 오픈 소스 라이브러리에서는 버전에 따라 API가 변경되는 일이 잦습니다. 신규 버전의 Scipy API에서는 분포의 목록에 직접 접근하는 데 제약을 두고, 별도의 접근 함수를 사용하도록 하고 있습니다.

7. 분포 적합으로부터 매개변수를 추출하고 딕셔너리 형태로 저장하는 함수. 함수의 복잡한 리턴 값 유형을 하나의 참조 객체로 압축해 코드를 훨씬 더 깔끔하게 만드는 기법으로, 커링이라고 알려졌습니다.

8. [예제 9-1]에서 이 기능이 여러 번 복사된 것을 기억해보세요. 정보를 추출하는 기능에 대해 하나의 참조를 제공함으로써 코드 오타로 인한 버그를 줄일 수 있습니다.

9. 표준 히스토그램을 생성할 때 누적 분포 함수의 역변환인 분포의 퍼센트를 찾는 함수를 사용해 시작과 끝 지점을 생성해내는 비공개 메서드입니다.

10. location과 scale, 두 개의 매개변수만을 필요로 하는 분포에 대한 처리 로직 분기. 다른 분포들은 추가 매개변수가 필요합니다.

11. 확률 밀도 함수$^{probability\ density\ function}$(pdf)를 만들어주는 비공개 메서드입니다. 분기 조건은 분포에 사용되는 매개변수의 개수를 사용합니다.

12. 표준 정규 분포와 비교하기 위해 Q-Q 그래프를 생성하는 비공개 메서드입니다. 나중에는 scipy.stats의 다른 분포들과 비교할 수 있도록 확장해 리팩터링할 수 있습니다.

13. 세 가지 정규성 검정 결과를 stdout으로 내보내는 print 함수입니다. 여기에서 사용된 형식은 스크립트에 사용된 것과 약간 다릅니다. 매개변수로 입력받은 유의수준을 기반으로 정규성에 대한 의사 결정 내용을 읽기 쉽게 보여줍니다. 덕분에 최종 보고서를 해석하기 쉽고 시계열 데이터에 대한 가정을 수립할 때 오류를 범할 확률을 낮춥니다.

14. 메서드 내부의 비공개 메서드입니다. 이 기능은 코드의 가독성을 높이기 위해 사용합니다. 외부에서 호출될 일이 없는 기능을 내부의 비공개 메서드로 만드는 것은 좋은 방법입니다.

15. scipy.stats의 표준 히스토그램에 대해 시계열 데이터 히스토그램의 적합도를 계산하는 비공개 함수입니다.

16. pdf를 생성하고, 이를 시계열 데이터로 변환한 후 실제 입력받은 원본 데이터와 비교하는 비공개 메서드입니다.

17. 입력받은 시계열 데이터에 가장 가까운 표준 분포를 찾아내는 원천 메서드입니다. 최종 사용자의 입장에서 모듈의 결과에 원본 데이터가 노출되는 것은 개발자 API로서 사용할 때 의미 있는 부분입니다. 원본 데이터를 보고 추가 조치를 취할 수 있기 때문입니다.

18. 다시 커링 기법을 사용해 n개의 튜플로 이뤄진 값을 반환합니다. 파이썬의 딕셔너리 형식을 사용하면, 약간의 추가 코딩은 필요하지만, 위치 정보가 포함된 결괏값을 가지고 디버깅할 수 있어 최종 사용자에게 도움됩니다.

19. 가장 적합한 분포를 그래프로 그려주는 공개 메서드로, 위 클래스의 검증에 사용합니다.

20. 모든 분포에 대해 입력 시계열 데이터를 플롯으로 보여주는 추가적인 메서드입니다. 이를 통해 표준 분포 간의 유사도를 시각화할 수 있습니다.

이 코드는 [예제 9-1]의 스크립트와 기능적으로 동일합니다. 추가로 작성한 분포를 플롯으로 그리는 메서드를 제외하면 모든 부분은 동일한 실행 시간 내에 같은 결과물을 생성하고, 심지어 바이트코드 컴파일 결과도 동일합니다. 이 코드의 가장 큰 차이점은 활용성에 있습니다.

스크립트보다 줄 수가 훨씬 더 많지만, 코드의 핵심 로직을 처리하는 부분이 분리되었습니다. 코드를 메서드별로 살펴보고 발생할 수 있는 모든 문제를 추적할 수 있기 때문에, 매우 큰 규모의 작업이 필요할 수도 있는 문제 해결을 도와줍니다. 그리고 이제 코드에 대해 단위 테스트를 할 수도 있습니다. 예측 가능하고 쉽게 이해할 수 있는 목업 데이터를 가지고 이 메서드들을 실행한다면, 기능을 검증해볼 수도 있습니다.

이런 방식으로 코드를 작성한다면, 한번 개발할 때 약간 더 복잡한 과정을 거치는 투자만으로 이후에 발생하는 결함을 해결하는 데 필요한 수많은 시간을 절약할 수 있습니다. 다시 말해 비즈니스 문제를 해결하는 데 더 많은 시간을 들일 수 있게 되는 것입니다.

> **NOTE_** 이 솔루션을 여러분의 실제 코드 기반으로 사용한다면, 통계 계산은 별도의 통계 모듈을 가지고 있는 클래스에 배치하고, 시각화도 다른 모듈에 담을 수 있습니다. [예제 9-3]에서는 책이라는 매체의 특성을 고려해서 가독성 좋게 모든 메서드를 하나의 클래스에 담았습니다.

기계가 이해하기 쉬운 코드 vs. 사람이 읽기 쉬운 코드

필자가 강조하고 싶은 내용은 코드의 설계나 구조는 기계가 아니라 사람에게 유리한 방향으로 만들어진다는 것입니다. 좋은 코드 설계를 통해 복잡다단하고 치밀한 코드 블록이 연쇄적으로 연결되어 연산된다면 컴퓨터 입장에서는 더 효율적으로 실행될 것처럼 보일 수 있습니다. 하지만 실행에 대한 로직이 동일하다면, 함수형이나 객체 지향과 같은 코드 작성 방식으로 얻는 이점은 순전히 코드를 유지 관리하는 사람들에게 돌아갑니다.

좋은 품질의 코드 기반은 글을 읽는 것처럼 읽힙니다. 변수, 함수, 메서드, 클래스, 모듈 이름과 프로그래밍 언어의 코딩 기법을 볼 때 깔끔하고 읽기 쉬워야 합니다. 해당 프로그래밍 언어에 익숙한 사람들이 코드만 봐도, 마치 잘 작성된 설명서를 읽듯이 쉽게 이해할 수 있어야 합니다.

약식 표기, 혼란스러운 약어, 지나치게 복잡한 분기 흐름 같은 것은 코드의 작동 방식을 표현하는 데 도움되지 않습니다. 결국 컴퓨터가 실행하는 바이트 코드에서는 여러분이 상위 프로그래밍 언어로 작성한 코드가 컴파일되어, h 변수가 뜻하는 것이 standard_distribution_histogram 변수의 메모리 참조가 될 수 있습니다. 하지만 사람은 그런 식으로 코드를 평가할 수 없겠죠.

테스트 주도 개발(TDD)이라는, ML 프로젝트에 적용할 수 있는 코드 작성법에 대한 설계 철학이 있습니다. 이 철학을 사용하면 효율적인 방식으로 코드 기반을 설계할 수 있습니다. 이어지는 절에서 ML 개발에 적용되는 TDD의 원칙을 살펴보겠습니다.

9.4 ML에 TDD 방식 활용

새 팀과 함께 문제가 많은 스크립트 코드를 리팩터링한 작업에 이어서, 기존과는 다른 방식으로 MVP 개발을 진행하는 방법에 대해 논의할 것입니다. 소프트웨어 개발 분야에서는 수년에 걸쳐 다양한 철학과 패턴이 만들어졌습니다. 그중 필자가 ML 프로젝트 작업에서 적용해보고 놀라운 효과를 본 것은 바로 TDD입니다.

TDD는 기본적으로 일반적인 소프트웨어 개발에 적용하는 훌륭한 방법입니다. TDD의 핵심은 먼저 테스트를 작성하는 데 집중하고, 해당 테스트를 통과할 수 있도록 작동하는 기능에 대한 멋진 코드 기반을 만드는 방식으로 개발 작업을 수행하는 것입니다. 테스트를 통과하기 위한 최소한의 코드로 기능을 만들어내는 방식으로 접근합니다. 풀어 이야기하면, 'x라는 연산을 수행하고 y라는 결과를 만들어내야 합니다. 그렇기 때문에 y를 검증하는 테스트를 만들고 난 다음, 테스트를 통과하는 y를 만들어내는 x에 대한 코드를 작성할 것입니다'와 같이 되겠죠. 오늘날 사용되는 대부분의 소프트웨어 엔지니어링에서 TDD는 애자일 패러다임에서 소프트웨어를 개발하는 기본적인 접근 방식 중 하나로 여겨집니다.

순수한 TDD는 ML 유스 케이스를 위한 개발 전략으로 사용하기가 매우 어렵습니다. 특히 정의되지 않은 알고리듬의 결과를 테스트하려 한다면 더더욱 그렇습니다. 하지만 TDD의 기본 원칙을 ML 프로젝트 작업에 사용하면 코드의 기능이나 가독성, 안정성을 크게 개선할 수 있습니다. 기존의 소프트웨어 개발자가 사용하는 방식과 다를 수 있지만, 그 의도나 배경은 동일하게 유지합니다. 개발 과정에서 올바르게 작동하는지 확인할 수 있는 의도적이고 예측 가능한 동작을 만드는 것이 중요합니다.

[예제 9-3]에서 진행한 리팩터링을 살펴보면, 단순히 보기 좋게 하기보다는 코드 블록을 테스트하기 쉽게 만드는 방향으로 기능을 분할했습니다. [예제 9-3]의 리팩터링 과정에서 제가 가졌던 의식의 흐름을 [그림 9-6]에 정리했습니다.

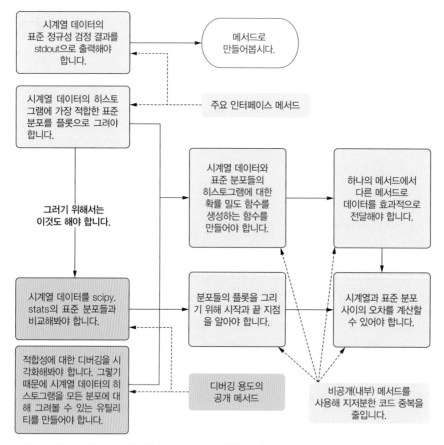

그림 9-6 테스트 가능성과 격리 가능한 코드 구조에 초점을 둔 설계 프로세스

[그림 9-6]의 왼쪽에 있는 상자는 테스트를 위해 분리된 각각의 논리적 연산을 나타냅니다. 이런 방식으로 컴포넌트를 분리해두면 기능을 찾아야 할 때 검색해야 하는 수고를 덜 수 있습니다. 또한 개별 기능을 분리함으로써 코드의 복잡다단함을 줄이고, 전체적으로 엮여서 작동하는 여러 기능을 큰 흐름 속의 구성 요소 수준으로 만들어두면 이들이 잘 작동하는지 여부를 독립적으로 확인하고 검증할 수 있습니다.

[그림 9-6]에 나온 의식의 흐름이 어떻게 기존의 설계를 바꿔 간결하고 분리 가능한 그룹으로, 테스트 가능한 코드로 만들어주는지 설명해보겠습니다. 비공개 메서드였던 _generate_boundaries()를 예로 들어 간단한 단위 테스트를 만들겠습니다.

예제 9-4 _generate_boundaries() 메서드를 위한 단위 테스트 예제

```
def test_generate_boundaries():                                          ①
    expected_low_norm = -2.3263478740408408                              ②
    expected_high_norm = 2.3263478740408408
    boundary_arguments = {'location': 0, 'scale': 1, 'arguments': ()}
    test_object = DistributionAnalysis(np.arange(0,100), 10)             ③
    normal_distribution_low = test_object._generate_boundaries(stat.norm,
                                                    boundary_arguments,
                                                    0.01)                ④
    normal_distribution_high = test_object._generate_boundaries(stat.norm,
                                                    boundary_arguments,
                                                    0.99)
    assert normal_distribution_low == expected_low_norm, \
      'Normal Dist low boundary: {} does not match expected: {}' \
      .format(normal_distribution_low, expected_low_norm)                ⑤
    assert normal_distribution_high == expected_high_norm, \
      'Normal Dist high boundary: {} does not match expected: {}' \
      .format(normal_distribution_high, expected_high_norm)

if __name__ == '__main__':                                               ⑥
    test_generate_boundaries()
    print('tests passed')
```

1. _generate_boundaries() 메서드를 테스트할 단위 테스트 함수를 정의합니다.

2. 기능이 정상적으로 작동할 때의 결과로 예상되는 값을 정적 테스트 값으로 설정합니다.

3. DistributionAnalysis() 클래스 객체를 인스턴스화합니다.

4. 하한값을 0.01로 두고 비공개 메서드 _generate_boundaries()를 호출합니다.

5. 메서드의 결괏값이 예상한 값과 동일한지 검증합니다.

6. 모듈 내 모든 테스트를 실행합니다. 실제로는 이곳에서 여러 개의 단위 테스트 함수가 호출될 것입니다. 만약 모든 테스트를 통과한다면 이 스크립트는 'test passed'를 출력하고 끝납니다.

이 예제에서는 메서드가 의도한 대로 작동하는지 확인하기 위해 몇 가지 조건에서 테스트합니다. 만약 테스트하려는 코드 블록이 이 모듈의 나머지 작업들과 밀접하게 결합된 상태였다면 이 기능만을 테스트하는 것이 매우 어렵거나 불가능했을 것입니다. 만약 이 기능 자체에서 문제가 발생하거나 앞이나 뒤에 있는 다른 기능이 의도치 않은 방식으로 작동했다면, 전체 코드를 수정하지 않고서 정확한 원인을 파악할 방법은 없었을 것입니다. 하지만 이렇게 기능이 분리되어 있다면 해당 기능에 대해서만 테스트하고 의도한 대로 작동하는지 확인할 수 있기 때문에, 모듈에서 오류가 발생하더라도 확인해야 할 항목의 수를 줄일 수 있습니다.

> **NOTE_** 파이썬에는 단위 테스트를 위한 프레임워크가 많이 있습니다. 프레임워크는 인터페이스와 작동 방식이 각각 다릅니다. 그중 pytest의 경우에는 애너테이션을 활용하는 방식으로 작동합니다. 반면 JVM 기반의 언어는 일반적으로 xUnit에서 설정한 표준을 따르기 때문에, 파이썬의 표준과는 많이 다릅니다. 중요한 점은 특정 스타일을 사용하는 것이 아니라, 테스트 가능한 코드를 만들고 사용하려는 표준에 맞춰 테스트하는 것입니다.

TDD 패러다임이 실제로 어떤 효과를 가져다주는지 알기 위해 두 번째 검증 구문에서 같음을 같지 않음으로 바꾸면 어떤 일이 일어나는지 보겠습니다. 이 테스트를 실행하면 코드에서 어떤 문제가 발생했는지를 자세히 알려주는 출력이 AssertionError로 나타납니다.

예제 9-5 의도적으로 단위 테스트 실패해보기

```
============================= FAILURES =============================
_____ test_generate_boundaries _____

def test_generate_boundaries():
    expected_low_norm = -2.3263478740408408
    expected_high_norm = 2.3263478740408408
    boundary_arguments = {'location': 0, 'scale': 1, 'arguments': ()}
    test_object = DistributionAnalysis(np.arange(0, 100), 10)
    normal_distribution_low = test_object._generate_boundaries(stat.norm,
```

```
                                                              boundary_arguments,
                                                              0.01)
        normal_distribution_high = test_object._generate_boundaries(stat.norm,
                                                              boundary_arguments,
                                                              0.99)

        assert normal_distribution_low == expected_low_norm,
            'Normal Dist low boundary: {} does not match expected: {}' .format(
                normal_distribution_low, expected_low_norm)
>       assert normal_distribution_high != expected_high_norm,                    ①
            'Normal Dist high boundary: {} does not match expected: {}'.format(
                normal_distribution_high, expected_high_norm)
E       AssertionError: Normal Dist high boundary: 2.3263478740408408 does not match
            expected: 2.3263478740408408                                          ②
E       assert 2.3263478740408408 != 2.3263478740408408                           ③


ch09/UnitTestExample.py:20: AssertionError
===================== 1 failed in 0.99 seconds =======================
Process finished with exit code 0
```

1. 가장자리의 꺽쇠 기호는 단위 테스트에서 실패한 구문을 나타냅니다.

2. AssertionError라는 상위 수준의 예외를 표기합니다. 우리가 테스트 코드에 정의한 오류 구문이 출력되기 때문에 원인을 파악하기가 수월합니다.

3. 실제 수행된 검증 내역을 보여줍니다.

효과적인 단위 테스트를 설계하고 작성해 실행하는 것은 프로덕션 환경의 안정성을 위해 절대적으로 중요합니다. 특히 향후 리팩터링이나 이 모듈의 기능 확장을 고려할 때, 그리고 이 모듈에서 사용하는 다른 메서드의 작동 방식이 변경될 수도 있음을 생각한다면 단위 테스트의 중요성은 더욱 클 수밖에 없습니다. 또한 우리는 코드를 수정한 후 메인 브랜치에 병합하기 전에 수정 사항으로 인해 모듈의 다른 부분에서 오류가 발생하지 않는지 확인해야 합니다. 이때 모듈 내 기능들이 분리되어 있다면 문제가 발생할 수 있는 부분을 짐작할 수 있습니다. 그리고 효과적인 단위 테스트가 작성되었다면, 모든 단위 기능이 의도한 대로 작동한다는 것을 확인할 수 있습니다. 복잡다단한 코드 기반을 안정적으로 그리고 자신 있게 유지해주는 방법인 것입니다.

> NOTE_ TDD에 대해 더 많은 정보를 알고 싶다면, 켄트 벡의 책 『테스트 주도 개발』(인사이트, 2014)을 추천합니다.

9.5 요약

- 모놀리식 스크립트는 읽기 어려울 뿐 아니라, 비효율적이면서 오류가 발생하기 쉬워 디버깅 기술을 사용할 수밖에 없도록 만듭니다.

- 평가하기가 까다로운 대규모의 스크립트에서 작동 방식을 수정하고 새 기능을 추가하기는 매우 어렵습니다. 이 과정에서 발생하는 오류를 해결하는 것은 자괴감이 드는 일입니다.

- ML 코드 기반에서 수행하는 작업을 추상화를 통해 논리적으로 분리해둠으로써 가독성을 확보하세요. 앞으로 다른 팀원들이 솔루션을 유지 관리하고 개선하는 데 도움됩니다.

- 기능에 대해 개별적 테스트가 가능한 인터페이스를 제공하도록 프로젝트 코드의 아키텍처를 설계하세요. 장기적 관점에서 ML 프로젝트의 디버깅이나 피처 추가, 지속적인 유지 관리에 큰 도움이 될 것입니다.

CHAPTER 10

코딩 표준 및 유지 관리 가능한 ML 코드 작성

이 장의 내용

- ML 코드 문제 식별 및 해결 방법
- ML 프로젝트의 코드 복잡성 감소
- 더 깔끔하고 이해하기 쉬운 코드의 커링
- ML 코드 기반에서 적절한 예외 처리 적용
- 부작용과 이로 인한 버그 생성 방법 이해
- 중첩된 논리를 단순화해 이해력 향상

이전 장에서 코드 기반에 대한 내용을 광범위하게 다뤘습니다. 리팩터링과 기본적인 소프트웨어 엔지니어링 모범 사례를 활용해 복잡한 구조를 분해한 것은 ML 소프트웨어 개발의 세부 측면에 대해 자세히 논의할 기반을 마련하기 위함이었습니다. 모범 사례 기반을 마련하지 않으면 그 후속 작업인 코드 아키텍처와 설계 요소가 아무런 의미가 없습니다.

ML이나 그 외 소프트웨어 개발 방면에서 경력 초기에는 구현에 잠재된 이슈를 식별하는 능력이 사실상 부족합니다. 직접 경험하면서 무엇이 효과가 있고 없는지를 알게 되기 때문입니다. 소프트웨어 개발자는 자신이 할 수 있는 어떤 일을 반드시 코드로 해야 하는 것이 아님을 마침내 배웁니다. 이런 교훈은 대개 일을 많이 망쳐본 후에야 얻게 되죠.

앞서 언급했듯 오류가 지나치게 많으면 프로젝트가 중단될 위험이 있습니다. 결국 코드를 읽고 오류를 바로잡을 사람이 단 한 사람도 없다면, 기술적 결함으로 가득한 설루션이 프로덕션 환경에서 장기적으로 실행될 가능성은 희박합니다.

이 장의 목표는 ML 코드 기반에서 **설루션의 안정성**과 설루션을 유지 관리하는 사람의 정신 건강에 직접 영향을 미치는 일반적인 이슈를 식별하는 것입니다.

10.1 ML 코드 스멜

단순히 코드 기반을 보고 무언가가 잘못됐음을 알게 될 때가 있습니다. 포맷 지정, 컬렉션 처리, 적절한 재귀문의 부재 또는 데드 코드$^{dead\ code}$[1]의 분량 등에서 코드 기반의 전반적인 상태를 보기 때문입니다. 이런 코드 기반의 엉성함은 말단 팀원도 알아차릴 겁니다.

방심할 수 없는 심각한 문제는 주니어 데이터 과학자 눈에는 잘 띄지 않지만 시니어 데이터 과학자 눈에는 선명하게 보이는 문제입니다. 코드에 존재하는 이런 '스멜(마틴 파울러$^{Martin\ Fowler}$가 만든 유명한 용어)'[2]은 프로젝트 도처에서 언제든 불거질 수 있는 심각한 문제를 가리키며, 프로덕션 안정성에 직접 영향을 미치거나 문제 발생 시 코드 디버깅을 불가능하게 만듭니다.

[표 10-1]은 ML 코드 기반에서 흔히 볼 수 있는 코드 스멜$^{code\ smell}$입니다. 스멜은 그 자체로 치명적이진 않지만, 보통 '덴마크에서는 일이 잘 풀리지 않는다'[3]는 징크스의 첫 신호탄입니다. 발견한 코드 스멜 하나는 일반적으로 프로덕션 안정성에 영향을 미치는 까다로운 문제 하나가 코드 기반 어딘가에 도사리고 있다는 증거입니다. ML 프로젝트에서 이런 문제를 인식하는 법을 배우고, 문제를 해결할 계획을 세우며, 문제를 면할 기법까지 익히고 나면 ML 팀에서 차후에 수행해야 할 리팩터링과 복구 작업을 크게 줄일 수 있습니다.

---

1 옮긴이_ 프로그램에서 쓸모없는 코드로, 전혀 실행되지 않는 코드를 의미합니다. 일반적으로 조건에 따른 분기에서 발생합니다. 자세한 내용은 위키백과(https://ko.wikipedia.org/wiki/불필요한_코드)를 참조하기 바랍니다.

2 옮긴이_ 코드 스멜은 코드에서 더 큰 문제를 일으킬 여지가 있는 소스 코드를 뜻하며 마틴 파울러의 저서인 『리팩터링 – 코드 구조를 체계적으로 개선해 효율적인 리팩터링 구현하기』(한빛미디어, 2020)에 등장했으나, 마틴 파울러가 아닌 켄트 벡이 처음 만든 용어입니다. 자세한 내용은 https://martinfowler.com/bliki/CodeSmell.html을 참조하기 바랍니다.

3 옮긴이_ 윌리엄 셰익스피어의 『덴마크 왕자 햄릿의 비극(The Tragedy of Hamlet, Prince of Denmark)』에 비유한 문장입니다.

표 10-1 ML 코드 기반에서 흔히 발생하는 '비독성nontoxic' 코드 스멜

코드 스멜	예시	코드 스멜 발생 이유
와일드카드 임포트	`from scipy import *`	패키지의 모든 최상위 함수를 가져옵니다. 가져온 다른 라이브러리 간 또는 프로젝트의 코드 기반 내에서 네임스페이스 충돌이 발생할 수 있습니다.
다중 임포트	`import numpy as np`	코드 전체에 걸쳐 혼재된 사용법이 복잡합니다.
	`from numpy import add`	코드 가독성이 떨어집니다.

과도한 매개변수	`def my_method(df, name, source,`
	`fitting, metric, score, value,`
	`rename, outliers, train, valid)`
		가독성이 떨어지고, 유지 관리하기 어렵고, 복잡합니다. 코드 기반 전반에 걸쳐 추상화와 캡슐화에 더 심각한 문제가 있음을 나타냅니다.

복사된 상용구 코드	훈련, 테스트, 추론을 위한 피처 엔지니어링 코드가 세 위치에 별도로 정의되었습니다.	일명 샷건 수술[4]로 모든 곳에서 변경 사항을 일치시켜야 하므로 실수할 확률과 일관성 없는 부분이 생길 여지가 커집니다.
기본	`km = Kmeans()`	기본값은 일반적으로 이상적이지 않습니다.
하이퍼파라미터	`km.fit(train)`	신속한 프로토타이핑 외에 튜닝되지 않은 모델을 확인하는 것은 위험합니다.

변수 재사용	`pred = lr.predict(test)`
	`pred.to_parquet('/<loc>')`
	`pred = rf.predict(test)`
	`pred.to_parquet('/<loc2>')`
		단일 책임 원칙을 위반합니다. 코드를 따라가거나 디버깅하기 어렵게 만듭니다. 수정하기 어려운 스테이트풀 버그를 만들 수 있습니다. 신규 함수 추가 시 스파게티 코드가 만들어질 수 있습니다.

리터럴[5] 사용	`profit = 0.72 * revenue`	리터럴은 코드 전체에 흩어져 있으면 업데이트가 악몽이 되는 '매직 넘버'입니다. 리터럴은 항상 명명된 상수로 정의해야 합니다.
코드 작동 방식을 설명하는 인라인 주석	<엄청나게 복잡한 체인 코드>	코드 작동 방식을 설명하기 위해 주석을 작성해야 한다면 잘못된 겁니다. 코드가 너무 복잡다단해져 어떻게 작동하는지 다시 알려줘야 할 때는 자신이 작성한 내용을 다른 사람이 이해할 수 없을 거라고 가정해야 합니다. 리팩터링해서 복잡성을 줄이세요.

----

4   옮긴이_ 소프트웨어 개발에서 발생하는 구조적 문제로, 코드 변경 시 모듈 간에 의존성이 높아 여러 개의 클래스나 모듈을 수정해야 하는 상황을 의미합니다.

5   옮긴이_ 소스 코드의 고정된 값을 나타내는 표기법입니다. 예를 들어 문자열 Hello, world는 문자열 리터럴이며, 숫자 7은 숫자 리터럴입니다. 상수와 리터럴은 의미상으로 약간의 차이가 있는데, 상수는 값이 변경되지 않는 변수이고 리터럴은 소스 코드에서 직접 나타내는 고정된 값입니다.

공통 테이블 표현식(CTE)[6]이 없는 SQL	<캡슐화된 중간 테이블 정의가 없는 체인 조인>	CTE는 SQL의 가독성을 높입니다. 단일 종속성 체인이 있는 수백, 수천 줄의 SQL이 있으면 열을 추가하거나 삭제하는 등 수정하는 데 몇 시간이 걸릴 수 있으며 디버깅이 거의 불가능합니다.
SQL 월[wall][7]	<함수에 대문자 사용 금지, 들여쓰기 또는 줄 바꿈 SQL 사용 금지>	이 세 가지는 모두 읽기가 불가능합니다.
상수 리캐스팅	age = int(age) height = float(height) seniority = int(retirement) – int(age)	타이핑은 변하지 않습니다. 한 번만 입력하면 되죠. 이것은 나이브한[naive] 프로그래밍을 나타냅니다(예: 'int가 아니라는 이유로 예외를 한 번 발생시켰으니 모든 정수를 int로 캐스팅하겠습니다'). 무의미합니다.

이 장에서는 가장 빈번한 다섯 가지 '치명적' 오류에 초점을 맞춥니다. 이 오류는 ML 코드 기반을 근본적으로 무너뜨리는 치명타를 입힙니다. 이런 종류의 문제를 발견하면 적어도 일주일에 한 번은 페이저(호출기)[pager]를 호출해야 할 것입니다.

이 장에서 설명한 이슈가 일부 있다고 해서 프로젝트 실패가 당연하다는 것은 아닙니다. 프로젝트가 개발을 계속 추진하기에 부담스럽고 혼란스러울 수도 있으며 유지 관리하기가 매우 까다로울 수 있지만, 그렇다고 프로젝트를 실행하지 못해 의도한 목적을 달성할 수 없다는 의미는 아닙니다.

하지만 코드 기반이 문제 유형별 사례로 가득하다면 당직 근무자가 한 주 동안 숙면을 취할 확률은 희박하겠죠. [그림 10-1]은 이런 이슈의 심각성과 이슈가 최종 프로젝트 결과에 미칠 잠재적 영향을 보여줍니다.

---

6 옮긴이_ SQL에서 임시적인 결과 집합을 정의하고 이를 사용해 쿼리를 수행하는 기능을 제공합니다. 임시 테이블과 달리 메모리를 차지하지 않고 쿼리 실행이 끝나면 자동으로 삭제되므로 유지 보수가 용이합니다.

7 옮긴이_ 데이터베이스 서버가 대량의 SQL 쿼리를 동시에 처리할 때 일부 쿼리가 느려지거나 멈추는 상황을 의미합니다. 발생 원인으로는 서버 자원 부족, 인덱스 부재, 불필요한 데이터베이스 조인, 쿼리 최적화 부족 등이 있습니다.

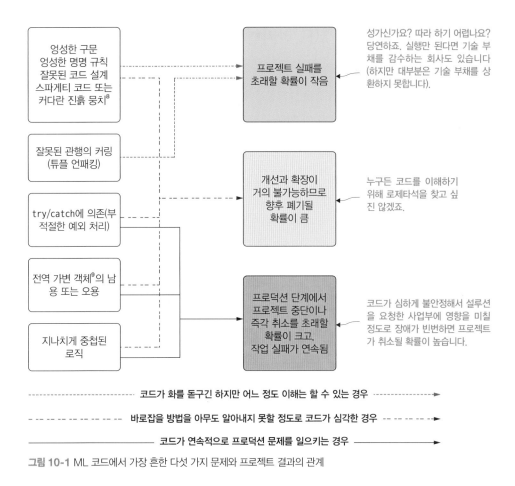

그림 10-1 ML 코드에서 가장 흔한 다섯 가지 문제와 프로젝트 결과의 관계

다섯 가지 잘못된 주요 관행을 이 장에서 살펴보겠습니다. 관행을 바로잡을 방법에 초점을 두고 왜 이런 관행이 ML 프로젝트 작업에 악영향을 미치는지 논의할 것입니다.

---

8 옮긴이_ 모범 소프트웨어 아키텍처나 설계 패턴이 아니라, 각 개발자가 나름의 방식으로 코드를 작성하고 변경해가며 복잡한 시스템을 만드는 것을 의미합니다. 작업의 결과물이 마치 큰 진흙덩어리처럼 보일 수 있기에 이 용어가 정착되었습니다.

9 옮긴이_ 전역 범위(global scope) 내에서 선언된 객체 중에서 값을 변경할 수 있는 객체를 의미합니다. 어디에서나 접근 가능하기 때문에 값이 변경되면 예기치 않은 결과를 초래하며, 특히 여러 모듈에서 공유되는 전역 객체는 값이 변경될 확률이 높아서 예상치 못한 버그가 발생하기 쉽습니다.

10.2 네이밍, 구조 및 코드 아키텍처

온콜on-call[10] 지원 담당자에게 방금 장애가 발생해서 점검해야 할 것이 '그 작업'이라는 얘기를 듣는 것보다 더 힘 빠지는 황당한 경우는 드뭅니다. 코드가 심히 혼란스럽고 복잡다단하며 엉망진창인 경우 보통은 코드를 바로잡기 위해 원작자를 불러들입니다. 그런데 설상가상으로 그 사람은 두 달 전에 퇴사하고 없습니다. 이제 그 사람의 코드를 다른 사람이 수정해야 하죠.

코드를 자세히 들여다보니 애매모호한 두문자어 변수 이름, 함수를 가득 채운 거대한 코드 벽, 아무렇게나 던져진 관련 없는 메서드가 수십 개나 되는 클래스, 도움되지 않는 인라인 주석, 주석 처리된 코드 수천 줄만 보입니다. 게다가 최악의 코드 상태 두 가지가 공존합니다. '스파게티 코드(한 접시에 담긴 스파게티 면처럼 뒤섞여 다루기 힘든 코드)'와 '커다란 진흙 뭉치(중복된 코드, 전역 참조, 데드 코드로 범벅되고 유지 보수성을 고려한 아키텍처 설계가 전혀 보이지 않는 스파게티 여러 접시)'죠.

안타깝게도 많은 ML 코드가 이와 같은 경향을 보이며, 문제를 진단하고 리팩터링하는 것이 상당히 답답할 수 있습니다. 네이밍, 구조, 아키텍처와 관련된 잘못된 습관과 관행을 바꿀 대안을 살펴보겠습니다.

10.2.1 네이밍 규칙 및 구조

변수 이름을 짓는 작업은 다소 까다롭습니다. 어떤 학파에서는 '더 적은 것이 더 좋다'는 철학을 따라 가장 간결한(짧은) 코드가 가장 좋다고 합니다. 저를 포함해 일군의 사람들은 ML이 아닌 코드를 작성할 때 장황한 네이밍 규칙을 고수하는 경향이 있습니다. 9장에서 언급했듯이 컴퓨터는 사용자가 이름을 어떻게 짓는지에 전혀 신경 쓰지 않습니다. 단, [예제 10-1]처럼 구조체의 예약 키워드를 변수 이름으로 사용하지 않는 경우는 예외입니다.

몇 가지 네이밍 이슈를 면밀하게 살펴보겠습니다. 지연 약어(약식 플레이스홀더 변수 이름)부터 이해하기 어려운 암호 같은 이름과 예약reserved 함수 이름까지 몇 가지 문제가 있습니다.

---

10 옮긴이_ 긴급 상황에 대비해 조직에서 개인이나 팀을 지정해 근무 시간 외에도 상시 대기하도록 하는 응급 대응 체제를 말합니다. 종래에는 위급 상황에 대비해야 하는 병원, 경찰서, 소방서 같은 조직에 주로 적용되었지만, 최근에는 IT 기술의 발전으로 갑작스러운 장애 발생에 신속하게 대응해야 하는 사례가 많아져 아마존을 비롯한 IT 업계에서도 도입하고 있습니다.

```
import functools import operator
import math
gta = tuple([1,2,3,4])                                            ①
abc = list(range(100))                                            ②
REF_IND_24G_88A = list(zip(abc, list(range(0, 500, 5))))          ③
tuple = [math.pow(x[0] - x[1],2) for x in REF_IND_24G_88A]        ④
rtrn = math.sqrt(functools.reduce(operator.add, tuple) / len(tuple))  ⑤
rtrn                                                              ⑥
> 229.20732972573106 h                                            ⑦
gta                                                               ⑧
> (1, 2, 3, 4)                                                    ⑨
another_tuple = tuple([2,3,4]                                     ⑩
> TypeErrorTraceback (most recent call last)
<ipython-input-9-e840d888412f> in <module>
----> 1 another_tuple = tuple([2,3,4])
TypeError: 'list' object is not callable                          ⑪
```

1. 이터러블^{iterable}(여기서는 리스트)을 받는 내장 파이썬 함수 **tuple()**을 사용해 튜플을 정의합니다. 하지만 이 함수가 어디에 사용되는지는 변수 정의에 나와 있지 않습니다.

2. 숫자 리스트를 생성합니다. 변수 이름 **abc**는 그냥 건성으로 붙인 이름입니다.

3. 각각 다른 리스트가 병합된 리스트를 생성합니다. 이 명령문에서 리스트를 정의하면 코드가 읽기 어렵고 복잡해집니다. 변수 이름이 약어가 되어 코드를 읽는 사람이 전혀 이해하지 못합니다.

4. 두 숫자 리스트의 제곱 오차$^{squared\ error}$를 계산합니다. 변수 이름이 컨텍스트에서 덮어 쓰게 될 예약 함수 이름이기 때문에 위험합니다.

5. RMSE를 계산하지만 정의된 변수는 예약된 언어 피처(**return**)가 축약된 이름일 뿐입니다.

6. 값을 stdout에 출력합니다(데모용으로만 사용합니다).

7. 두 시계열의 RMSE를 리턴합니다.

8. 이제 이전에 정의한 튜플 **gta**를 호출해서 실행 시 생성된 결과를 확인합니다.

9. **gta** 선언에서 튜플을 정의할 때 예상되는 결과입니다.

10. 이제 다른 튜플을 생성하려고 시도합니다.

11. 저런! 왜 작동하지 않죠? 파이썬 함수 **tuple()**을 리스트 정의로 재정의했기 때문입니다. 파이썬의 거의 모든 것이 가변적이고, 취약한 타입이며, 객체 기반이기 때문에 조심하지 않으면 언어 자체의 특성을 재정의할 수도 있습니다.

이 코드는 잘못된 관행 여러 가지를 코드 블록 하나에 종합한 다소 과장된 예시입니다. 여러분은 이 같은 코드를 실무에서 볼 가능성이 거의 없지만, 제가 지금껏 보아온 코드 기반에는 이런 코드가 부분이든 전부이든 한결같이 존재했습니다.

여기에 제시된 문제 중에서 예약 이름 사용과 관련한 문제가 아마도 가장 까다로울 겁니다. 이 문제는 대규모 코드 기반에서 발견하기가 매우 어려울 뿐 아니라 향후 피처 개발에 큰 차질을 빚죠. 특히 파이썬 같은 언어에서 비구체적 변수nonspecific variable[11] 이름을 사용하지 않는 것이 얼마나 중요한지는 아무리 강조해도 지나치지 않습니다. 겉보기에 별문제가 없어 보이는 단축 네이밍으로 핵심 함수를 오버라이딩할 수 있기 때문입니다.

컴파일된 언어에서는 컴파일러가 보호protected 메서드를 사용자가 정의한 항목에 재할당하는 것을 허용하지 않기 때문에 이 점이 직접적으로 문제가 되지는 않지만, 종속성이 있는 메서드를 실수로 재정의해 문제가 생길 수 있습니다. JVM[12] 언어는 슈퍼클래스에서 부적절하게 오버라이딩된 특성을 감지하고 혼합하는 것을 허용하지 않지만, 개발 도중 메서드 이름을 잘못 지정하면 구축 실패 원인을 추적하느라 수많은 시간을 낭비할 수 있습니다.

10.2.2 지나친 기교 부리기

키 입력이 가장 적은 소프트웨어를 개발해 얻는 이득은 없으며 앞으로도 없을 것입니다. 코드를 얼마나 간결하고 정확하게 작성할 수 있는지 증명해서 지능적으로 보이려는 노력은 인터프리터 언어에서 코드의 런타임 효율성에 아무런 도움이 되지 않습니다. 코드를 분석해야 하는 사람들의 분노만 키울 뿐이죠.

> NOTE_ 코드 스타일링과 명확한 구조체는 사람에게 편리합니다. 컴퓨터는 여러분의 체인 연산이 얼마나 훌륭한지 신경 쓰지 않지만, 사람들은 신경 쓸 것입니다. 그리고 그들은 이런 형태의 기교를 싫어할 것입니다.

---

11 옮긴이_ 이름이나 용도가 불명확하거나 'abc', 'tmp'처럼 매우 일반적인 변수를 의미합니다. 비구체적 변수를 남용하면 코드의 가독성이 떨어지고 유지 보수가 어려워집니다.

12 옮긴이_ 자바 프로그램이 실행되는 가상 머신으로, 자바 컴파일러가 생성한 바이트 코드를 해석하고 실행하는 환경을 제공합니다. 자세한 내용은 위키백과(https://ko.wikipedia.org/wiki/자바_가상_머신)를 참조하기 바랍니다.

[예제 10-2]는 최대한 가장 조밀하고 효율적인 코드를 작성하려는 시도를 보여줍니다. 기술적으로 정확하게 평균 제곱근 오차를 계산할 수 있으나 가독성이 떨어집니다.

이런 코드는 성능에 전혀 이롭지 않습니다. 작성자는 효율적인 코드를 작성함으로써 자신이 똑똑하다고 느끼겠지만, 사실과는 거리가 멀죠. 이 코드는 다른 이들이 그 내용을 파악하기 어렵고, 수정하기가 매우 난해하며, 디버깅을 제한합니다.

예제 10-2 복잡한 원라이너one-liner 코드

```
rmse = math.sqrt(functools.reduce(operator.add, [math.pow(x[0] - x[1], 2) for x
    in list(zip(list(range(100)), list(range(0,500,5))))]) / 100)        ①
```

1. 의도적으로 함수를 난독화했습니다. 이런 코드를 작성하는 것은 자신을 비롯해 그 누구에게도 도움되지 않습니다. 난해하고 읽기 어렵고, 이름이 올바르게 지정되었어도 코드가 무슨 일을 하는지 알아내려면 많은 정신적 노력이 필요합니다.

효율적인 원라이너 코딩 방식은 발생하는 모든 동작을 조합하기 위해 각 요소에 과도한 주의를 기울여야 합니다. 다행히도 이 예제에서는 간단한 로직 세트가 수행되고 있습니다. 필자는 IDE에서 수십 줄에 걸친 원라이너 코딩을 본 적이 있는데, 이런 식의 코드는 아무에게도 도움되지 않습니다.

다음은 이 함수 블록을 더 깔끔하고 간단하게 작성하는 방법입니다. 여전히 이상적이지는 않지만 가독성이 더 높습니다.

예제 10-3 적절하게 명명되고 구조화된 버전

```
first_series_small = list(range(100))
larger_series_by_five = list(range(0, 500, 5))                          ①
merged_series_by_index = list(zip(first_series_small, larger_series_by_five))  ②
merged_squared_errors = [math.pow(x[0] - x[1],2) for x in
                         merged_series_by_index]
merged_rmse = math.sqrt(functools.reduce(operator.add, merged_squared_errors) /
                        llen(merged_squared_errors))                    ③
```

1. 변수가 가리키는 값을 일반 텍스트로 설명하는 훨씬 더 명확한 변수 이름입니다.

2. 변수 이름에 변수가 하는 일을 나타내면 코드를 훨씬 더 쉽게 살펴볼 수 있습니다. 현재 작업 상태와 무관한 복잡한 이름 대신 수행 중인 작업을 명시하면 코드 읽기가 훨씬 수월해집니다.

3. 최종 작업의 이름을 정의된 로직에 따라 특정 계산값으로 적절하게 지정하면 전체 블록을 훨씬 쉽게 파악할 수 있습니다.

코드를 작성하는 올바른 방법을 [예제 10-4]에 나타냈습니다. 변수 이름이 명확할 뿐만 아니라 표준 패키지 내에 이미 존재하는 함수를 재구현하지 않습니다. 코드를 최대한 단순하고 읽기 쉬운 상태로 유지하려면, '바퀴를 재발명하지 마세요'란 금언처럼 처음부터 새로 만들려고 하지 마세요.

예제 10-4 올바른 코드 작성법

```
import numpy as np
from sklearn.metrics import mean_squared_error                            ①
def calculate_rmse_for_generated_sequences(**kwargs):
    first_sequence = np.arange(kwargs['seq_1_start'], kwargs['seq_1_stop'],
        kwargs['seq_1_step'], float)
    second_sequence = np.arange(kwargs['seq_2_start'], kwargs['seq_2_stop'],   ②
        kwargs['seq_2_step'], float)
    return mean_squared_error(first_sequence, second_sequence, squared=False)  ③

calculate_rmse_for_generated_sequences(**{'seq_1_start': 0, 'seq_1_stop': 100,
                                           'seq_1_step': 1, 'seq_2_start': 0,
                                           'seq_2_stop': 500, 'seq_2_step': 5})
> 229.20732972573106
```

1. RMSE 방정식은 친절하게도 사이킷런 개발 팀이 제공하고 유지 관리합니다. 그들은 작동 방식을 확실히 알므로, 사이킷런 모듈이 올바르게 작동한다고 믿어야 합니다.

2. 함수나 메서드 내에서 값을 하드코딩하는 것은 (mean_squared_error 함수에서 플래그가 False로 설정된 특정 함수를 제외하면) 안티패턴이므로, 여기서는 전달된 구성에 따라 제너레이터generator[13]가 생성된 시퀀스의 다른 값을 계산할 수 있게 했습니다.

3. 평균 제곱 오차 함수(MSE)의 제곱 인수 플래그를 False로 설정하면 RMSE가 됩니다.

----

13 옮긴이_ 함수의 실행을 일시 중지했다가 나중에 해당 함수의 실행을 재개할 수 있는 기능입니다. 제너레이터 함수는 호출될 때마다 이터레이터(iterator) 객체를 반환하며, 이터레이터를 통해 제너레이터 함수를 제어합니다. 자세한 내용은 위키백과(https://en.wikipedia.org/wiki/Generator_(computer_programming))를 참조하기 바랍니다.

10.2.3 코드 아키텍처

코드 아키텍처는 논쟁의 여지가 많은 주제입니다. 많은 사람이 이상적인 접근 방식이라고 주장하지만, 코드 기반에서 좋은 로직 레이아웃이 어떤 것이냐는 질문의 정답은 **팀이 지속적으로 유지 관리할 수 있는 레이아웃**뿐입니다. 필자는 누군가의 이상적인 저장소 구조가 터무니없이 오버엔지니어링overengineering[14]되어 프로젝트가 완료되기 전에 팀이 코드를 병합하느라 힘겨워하는 사례를 수없이 많이 봤습니다.

의도는 좋았지만 저장소 구조를 지나치게 복잡하게 정의하면, 그 결과 적절한 추상화가 무너지고 맙니다. ML 프로젝트에서 개발 프로세스가 착착 진척되고 설루션의 요구 사항을 해결하기 위해 추가 피처가 생성되면서, 신규 함수가 다른 방법으로는 배치되지 않았을 곳에 갑자기 배치되기도 합니다. 개발 주기가 완료될 즈음에는 [그림 10-2]에서 보는 바와 같이 코드 기반을 탐색할 수 없게 됩니다.

이 예시에서는 일련의 세 가지 주요 피처 업데이트를 코드에 추가해야 합니다. 각 기여자는 프로젝트 초기에 구축된 기존 와이어프레임을 기반으로 피처 브랜치 코드를 어디에 배치해야 하는지 파악하려고 합니다. 벡터에 더 많은 피처를 추가하는 첫 번째 개선 사항은 복잡하지 않습니다. 저장소 구조에는 이를 전담하는 모듈이 명확하게 정의되어 있습니다.

두 번째 변경 사항인 모델 제품군 수정은 이전에 사용하던 모델을 교체하는 것입니다. 변경하기 전에 존재했던 원본 모델의 핵심 코드가 코드 기반에서 완전히 제거되고 데드 코드가 주석 처리되지 않고 제거되는 한, 이런 형태의 리팩터링은 문제 없이 진행됩니다. 그러나 이 모델을 변경하는 과정에서 유효성 검증 형식의 신규 함수가 필요합니다. 어떻게 해야 할까요?

---

14 옮긴이_ 필요한 요구 사항 이상으로 복잡하고 과도한 기술을 적용해 개발하는 것을 의미합니다. 오버엔지니어링은 비효율적이며 비용을 증가시키고, 제품의 개발 기간을 연장시키는 등 부정적 영향을 미칠 수 있습니다.

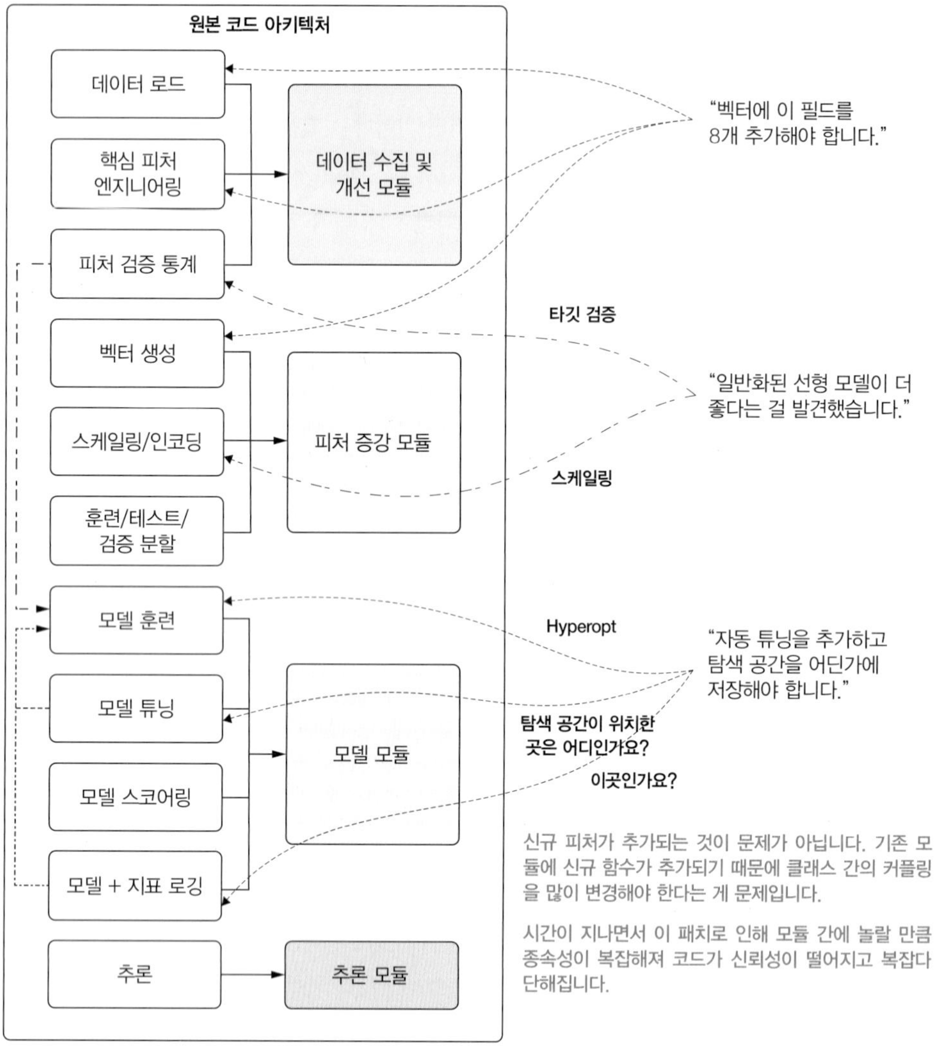
원본 코드 아키텍처
데이터 로드
핵심 피처
엔지니어링
피처 검증 통계
데이터 수집 및
개선 모듈
벡터 생성
스케일링/인코딩
훈련/테스트/
검증 분할
피처 증강 모듈
모델 훈련
모델 튜닝
모델 스코어링
모델 + 지표 로깅
모델 모듈
추론
추론 모듈
"벡터에 이 필드를
8개 추가해야 합니다."
타깃 검증
"일반화된 선형 모델이 더
좋다는 걸 발견했습니다."
스케일링
Hyperopt
"자동 튜닝을 추가하고
탐색 공간을 어딘가에
저장해야 합니다."
탐색 공간이 위치한
곳은 어디인가요?
이곳인가요?
신규 피처가 추가되는 것이 문제가 아닙니다. 기존 모듈에 신규 함수가 추가되기 때문에 클래스 간의 커플링을 많이 변경해야 한다는 게 문제입니다.
시간이 지나면서 이 패치로 인해 모듈 간에 놀랄 만큼 종속성이 복잡해져 코드가 신뢰성이 떨어지고 복잡다단해집니다.

그림 10-2 고심 끝에 나온 저장소 설계와 코드 아키텍처가 서서히 엉키면서 혼란스러워질 수 있습니다.

기여자는 신규 함수를 피처 검증 통계 클래스에 추가합니다. 이제 피처 관련 통계와 신규 타깃 관련 통계 간에 함수가 긴밀하게 결합됩니다.

두 작업이 모두 데이터의 통계적 유효성 검증을 수행하는 것은 사실이지만, 수행되는 알고리듬, 유효성 검증, 작업은 서로 아무런 관련이 없습니다. 게다가 이 함수를 기존 클래스에 적용하려면 두 유스 케이스 모두에 맞게 시그니처^{signature}15를 변경해야 하는데, 그러면 분명 스파게티 코드가 될 겁니다. 전혀 무관한 코드와 함수를 '멍키 패치'하는 수정 사항은 결국 코드를 더 취약하고 복잡하게 만들며 향후 수정하기 어렵게 합니다. 이 클래스에 대한 테스트도 마찬가지로 신규 함수를 고려해야 하므로 작성하기가 훨씬 더 어려워집니다. 결국 해야 할 일보다 더 많은 일을 하게 되죠. 기여자가 신규 함수로 해야 할 일은 타깃의 통계적 유효성 검증 요구 사항을 지원하는 클래스를 포함해 신규 모듈을 생성하는 것입니다.

팀원들은 마지막 변경 사항인 모델 자동 튜닝을 위한 Hyperopt를 추가하기 위해 매우 복잡한 리팩터링을 수행해야 합니다. 이를 지원하기 위해 모델 훈련 모듈을 업데이트한 것은 합리적입니다. 하지만 탐색 공간 구성은 다른 모듈로 외부화했어야 합니다. 관련 없는 함수로 지표, 매개변수, 모니터링 모듈을 로드하면 코드 기반이 엉성해질 뿐입니다. 그러면 피어 리뷰 프로세스가 더 복잡다단해지고, 향후 피처 작업이 더 어려워지며, 적절한 코드 커버리지를 보장하기 위해 더 복잡한 단위 테스트를 작성해야 할 뿐입니다.

분명히 말씀드리지만, 특정 코드 아키텍처를 엄격하게 고수하거나 프로젝트의 MVP 단계가 끝날 때 저장소 설계를 고수해야 한다고 주장하는 것이 아닙니다. 코드는 항상 유기적으로 발전해야 합니다. 리팩터링, 개선, 피처 추가와 제거, 코드 기반 유지 관리 프로세스를 소프트웨어 개발에 종사하는 모든 사람이 받아들여야 합니다.

그렇다 해도 코드 기반을 유지 관리하기 쉽게 만드는 피처를 추가하는 방법이 있고 코드 기반을 망치고 복잡다단하고 혼란스럽게 만드는 방법도 있습니다. 기존 함수를 변경하거나 격리된 신규 함수를 현재 클래스나 모듈에 정의된 캡슐화에 추가하는 경우에는 해당 모듈 내에서 함수를 작성해야 합니다. 그러나 완전히 새로운 함수를 자체 모듈로 추상화하는 것처럼 변경 사항이 매우 크거나, 코드 기반 전체에 퍼져 있는 많은 클래스 및 모듈과의 통신이 필요한 경우에는 자신과 팀을 위해 신규 모듈을 생성하는 것이 좋습니다.

....

15 옮긴이_ 함수 선언에서 함수 이름, 매개변수 개수, 자료형(data type) 및 반환형(return type) 등 함수의 기본적인 정보를 요약한 것을 의미합니다. 함수 시그니처는 함수의 호출이나 오버로딩(overloading) 등에서 함수를 구별하는 데 사용되며, 함수 시그니처가 다르면 이름이 동일해도 다른 함수로 인식됩니다.

10.3 튜플 언패킹 및 유지 관리 대안

프로덕션 단계에 있는 비교적 복잡한 ML 코드 기반을 작업하고 있다고 가정해봅시다. 피처 브랜치를 만들었고 개선 사항을 구현할 준비가 되었습니다. 핵심 모듈에 통계 검정을 추가하는 티켓을 작업 중인데 스코어링 메서드에 다른 리턴 값을 추가해야 합니다.

기존 메서드를 살펴보면 리턴 값이 현재 세 개의 값으로 구성된 튜플임을 알 수 있습니다. 로직을 추가하고 추가 변수로 리턴 튜플을 업데이트한 후, 코드에서 신규 리턴 값이 필요한 부분으로 이동합니다. 피처 브랜치에서 이 메서드의 사용을 목표로 하는 리턴 구조체를 업데이트한 후 피처 브랜치에서 테스트를 실행합니다.

모든 것이 망가집니다. 신규 변수가 특별히 필요하지 않은 코드 기반의 다른 위치에서는 신규 변수를 사용하지 않아도 추가된 리턴 값을 캡처해야 합니다. 다행히도 위치 참조로 리턴 값을 커링하는 문제를 해소할 솔루션이 있는데, 바로 튜플 언패킹tuple unpacking입니다.

10.3.1 튜플 언패킹 예제

[예제 10-5]에서 간단한 데이터 제너레이터를 살펴보겠습니다. 이 코드에서는 로지스틱 맵 함수를 사용해 일련의 데이터를 생성하고, 시각화하고, 구성된 값을 기반으로 통계 분석을 수행할 수 있도록 플롯 객체와 시퀀스를 모두 리턴해서 일련의 데이터를 생성합니다.

예제 10-5 튜플을 리턴하는 로지스틱 맵 데이터 제너레이터

```
import matplotlib.pyplot as plt
import numpy as np

def logistic_map(x, recurrence):                                        ①
    return x * recurrence * (1 - x)

def log_map(n, x, r, collection=None):                                  ②
    if collection is None:
        collection = []
    calculated_value = logistic_map(x, r)
        collection.append(calculated_value)
      if n > 0:
            log_map(n-1, calculated_value, r, collection)
```

```
        return np.array(collection[:n])

def generate_log_map_and_plot(iterations, recurrence, start):                    ③
    map_series = log_map(iterations, start, recurrence)
    with plt.style.context(style='seaborn'):
        fig = plt.figure(figsize=(16,8))
        ax = fig.add_subplot(111)
        ax.plot(range(iterations), map_series)
        ax.set_xlabel('iterations')
        ax.set_ylabel('logistic map values')
        ax.set_title('Logistic Map with recurrence of: {}'.format(recurrence))
    return (map_series, fig)                                                      ④

log_map_values_chaos, log_map_plot_chaos = generate_log_map_and_plot(1000, 3.869954,
                                                                     0.5)        ⑤
```

1. 이전 값의 재귀에 사용하기 위한 로지스틱 맵 함수

2. 각 이전 값에 로지스틱 맵 방정식을 적용해 시계열을 생성하기 위한 꼬리 재귀 함수tail-recursive function[16]

3. 시계열을 생성하는 함수와 특정 재귀값이 시계열에 미치는 영향을 보여주는 플롯을 생성하는 함수

4. 튜플 리턴 유형. 이 유형은 함수에서 결과를 전달할 때의 복잡함을 보여주는 예는 아니지만, 사용하려면 함수 시그니처에 대한 지식이 필요합니다. 또한 이 함수가 호출될 각 위치에 대한 위치 참조가 필요합니다 (이 함수의 리턴 유형과 코드에서 사용되는 각 위치 사이에 긴밀하게 연결된 구조를 생성합니다).

5. 리턴 값의 튜플 언패킹으로 함수를 호출해 변수에 직접 할당합니다.

> **NOTE_** [예제 10-5] 결과를 확인하려면 저자의 깃허브 https://github.com/BenWilson2/ML-Engine ering에 있는 이 장의 주피터 노트북을 참조하기 바랍니다.

generate_log_map_and_plot() 함수에 지정된 두 개의 리턴 값을 사용하면 사용성과 유지 관리 측면에서 함수를 사용할 때 올바른 참조를 유지하는 것이 그리 복잡하지 않습니다. 그러나 리턴 값의 크기와 복잡성이 커지면 함수를 사용하기가 점점 더 어려워집니다.

함수의 복잡한 리턴 유형의 예로 [예제 10-6]을 참조하세요. 일변량 계열에 대한 간단한 통계 분석이지만 복잡한 출력을 생성합니다. 더 쉽게 사용할 의도로 튜플을 그룹화했지만, 여전히

---

16 옮긴이_ 함수가 자신을 호출하는 과정이 함수 호출 스택에 쌓이지 않고, 바로 위의 호출 프레임 위에 덮어 씌워지는 재귀 호출 방법입니다. 일반적인 재귀 함수는 자신을 호출한 이전 호출 스택의 상태를 기억해야 하므로, 재귀 호출이 많아지면 스택 오버플로로 문제가 생길 수 있습니다. 하지만 꼬리 재귀 함수는 호출 스택에 계속해서 새 프레임을 생성하지 않고, 하나의 프레임만 사용하므로 스택 오버플로를 방지하게 됩니다.

매우 복잡합니다.

예제 10-6 악몽 같은 튜플 언패킹이 포함된 통계 분석 함수

```
def analyze_series(series):                                              ①
    minimum = np.min(series)
    mean = np.average(series)
    maximum = np.max(series)
    q1 = np.quantile(series, 0.25)
    median = np.quantile(series, 0.5)
    q3 = np.quantile(series, 0.75)
    p5, p95 = np.percentile(series, [5, 95])
    std_dev = np.std(series)
    variance = np.var(series)
    return ((minimum, mean, maximum), (std_dev, variance),
        (p5, q1, median,c q3, p95))                                      ②

get_all_of_it = analyze_series(log_map_values_chaos)                     ③
mean_of_chaos_series = get_all_of_it[0][1]                              ④
mean_of_chaos_series
> 0.5935408729262835


((minimum, mean, maximum), (std_dev, variance), (p5, q1, median, q3, p95)) =
    analyze_series(log_map_values_chaos)                                ⑤
```

1. 일련의 데이터에 대한 통계를 수집하는 함수

2. 이 함수의 호출자 측에서 위치 또는 복잡하게 정의된 리턴을 강제하는 복잡한 그룹 중첩 튜플 리턴 유형

3. 객체를 사용해 전체 리턴 구조체를 단일 변수에 보관합니다.

4. 리턴 구조체에서 특정 요소를 리턴하기 위해 위치 표기^{positional notation}와 중첩을 사용합니다. 이는 매우 취약하고 사용하기 어렵습니다. 대부분의 경우 이 접근 방식을 사용한 함수 변경 시 리팩터링할 때 이 값을 간과해 예외가 발생하거나 계산을 잘못할 수 있습니다.

5. 튜플 확장을 위한 대체 액세스 패턴. 보기 흉하고 유지 관리가 어렵습니다. 기본 함수가 변경되면 긴밀하게 결합된 시그니처는 언패킹 횟수가 예상에서 벗어나는 **ValueError** 예외를 발생시킵니다.

하지만 이런 방식으로 코드를 작성하면 단순히 소스 코드를 봐야만 사용할 수 있다는 이유 외에 또 다른 이유로 문제가 됩니다. 이 함수를 변경해야 할 때는 어떻게 될까요? 시계열의 95번째 백분위수를 평가하는 대신 99번째 백분위수도 계산해야 한다면 어떻게 해야 할까요? 이 함수를 구조체 어디에 배치해야 할까요?

리턴 시그니처를 수정하면 이 함수를 사용한 부분을 일일이 수정해야 합니다. 단순히 함수에서 데이터를 커링하는 데 사용할 수 있는 형식이 아닙니다. 또한 코드의 복잡다단함이 커져서 전체 코드 기반이 더 취약해지고 유지 관리가 더 힘들어지며 문제 해결과 테스트가 더 어려워집니다.

10.3.2 튜플 언패킹의 확실한 대안

[예제 10-7]은 범용의 ML 주류 언어에서 사용되는 것과 유사한 구조체와 접근 방식을 사용해 이 문제의 설루션을 제시합니다. 바로 case 클래스를 사용하는 스칼라입니다. 이 예제에서는 **명명된 튜플**을 사용해 리턴 유형 구조체를 처리하므로 명명된 참조를 사용해 구조체 내의 기본 데이터에 접근할 수 있습니다.

이 접근 방식은 리턴 구조체를 수정해도 사용처에서 소비 패턴을 정의할 필요가 없으므로 향후에도 사용할 수 있고 구현하기도 훨씬 쉽습니다. 이런 구조체를 사용하는 것은 딕셔너리를 사용하는 것과 비슷하지만(유사한 기본 구조체 사용), 엔티티 표기법상 위치 이름이 지정되기 때문에 딕셔너리보다 더 체계적인 구문으로 느껴집니다.

예제 10-7 명명된 튜플을 사용한 시계열 및 플롯 제너레이터 리팩터링

```
from collections import namedtuple                              ①
def generate_log_map_and_plot_named(iterations, recurrence, start):
    map_series = log_map(iterations, start, recurrence)
    MapData = namedtuple('MapData', 'series plot')              ②
    with plt.style.context(style='seaborn'):
        fig = plt.figure(figsize=(16,8))
        ax = fig.add_subplot(111)
        ax.plot(range(iterations), map_series)
        ax.set_xlabel('iterations')
        ax.set_ylabel('logistic map values')
        ax.set_title('Logistic Map with recurrence of: {}'.format(recurrence))
    return MapData(map_series, fig)                             ③

other_chaos_series = generate_log_map_and_plot_named(1000, 3.7223976, 0.5)  ④
other_chaos_series.series                                       ⑤

> array([0.9305994 , 0.24040791, 0.67975427, 0.81032278, 0.57213166,
        0.91123186, 0.30109864, 0.78333483, 0.63177043, 0.86596575, ...])
```

1. 명명된 튜플에 액세스할 수 있도록 표준 컬렉션 라이브러리를 가져옵니다.

2. 튜플 리턴 유형 내의 데이터에 대한 명명된 액세스에 사용할 명명된 튜플을 정의합니다.

3. 명명된 튜플 MapData의 신규 인스턴스를 생성하고 함수에서 리턴할 객체를 명명된 튜플 정의 구조체 내에 배치합니다.

4. 리턴 시그니처는 이제 단일 요소여서 함수를 사용할 때 코드가 훨씬 깔끔하게 유지되지만, 요소에 액세스하는 데 더 이상 위치 표기가 필요하지 않습니다.

5. 리턴 변수에 포함된 개별 값은 명명된 튜플 컬렉션 정의의 일부로 정의한 명명된 요소를 통해 액세스합니다.

[예제 10-5]에서 시계열 생성과 플로팅을 리팩터링하는 간단한 예제를 살펴봤으므로, 구조체가 정의되고 명명된 튜플 접근 방식이 [예제 10-6]의 훨씬 더 복잡다단한 리턴 유형에 어떻게 도움이 되는지 살펴봅시다.

예제 10-8 명명된 튜플을 사용한 통계 속성 함수 리팩터링

```
def analyze_series_legible(series):
    BasicStats = namedtuple('BasicStats', 'minimum mean maximum')          ①
    Variation = namedtuple('Variation', 'std_dev variance')
    Quantiles = namedtuple('Quantiles', 'p5 q1 median q3 p95')
    Analysis = namedtuple('Analysis', ['basic_stats', 'variation', 'quantiles'])  ②
    minimum = np.min(series)
    mean = np.average(series)
    maximum = np.max(series)
    q1 = np.quantile(series, 0.25)
    median = np.quantile(series, 0.5)
    q3 = np.quantile(series, 0.75)
    p5, p95 = np.percentile(series, [5, 95])
    std_dev = np.std(series)
    variance = np.var(series)
    return Analysis(BasicStats(minimum, mean, maximum),
                    Variation(std_dev, variance),
                    Quantiles(p5, q1, median, q3, p95)
    )

bi_cycle = generate_log_map_and_plot_named(100, 3.564407, 0.5)              ③
legible_return_bi_cycle = analyze_series_legible(bi_cycle.series)           ④
legible_return_bi_cycle.variation.std_dev                                   ⑤
> 0.21570993929353727
```

1. 분석의 각 구성 요소에 대해 명명된 튜플을 정의합니다.
2. 명명된 튜플을 중첩해서 유사한 데이터 리턴 유형을 함께 집계할 수 있습니다.
3. 시계열 데이터를 생성합니다.
4. 함수를 호출하고 제너레이터 함수 리턴에서 이름이 참조된 시계열 데이터를 전달합니다.
5. 중첩되고 명명된 튜플 변수의 데이터를 추출합니다.

명명된 구조체를 사용하면 함수나 메서드의 모든 호출 인스턴스를 변경할 필요가 없으므로 코드를 리팩터링할 때 작성자의 작업량과 차후 다른 사람의 작업량도 적어집니다. 또한 코드를 읽기가 훨씬 더 쉬워집니다. 코드의 가독성을 높인다고 해서 코드가 수행하는 작업의 복잡성이 낮아지는 것은 아니지만, 코드가 **훨씬 덜 복잡다단해지는** 것은 확실합니다.

많은 ML API가 튜플 언패킹을 활용합니다. 일반적으로 튜플은 최종 사용자의 혼란을 줄이기 위해 요소를 세 개 이하로 제한합니다. 세 요소를 추적하는 작업은 대부분 그리 복잡해 보이지 않습니다. 하지만 함수나 메서드에서 요소를 리턴하기 위해 위치 참조를 사용하면 **코드가 호출될 때마다** 이런 위치 리턴을 반영해야 하므로 번거로워집니다.

튜플 언패킹은 결국 코드를 읽고 유지 관리하는 사람들의 불편을 가중시키고 코드 기반의 복잡성을 전반적으로 높입니다. 파이썬에서는 튜플로, 스칼라에서는 case 클래스로 명명하는 캡슐화된 리턴 유형으로 전환하면 피처 브랜치에서 변경해야 하는 코드양을 최소화하고 코드를 해석할 때 덜 혼란스럽습니다.

10.4 이슈에 눈 감기: 예외 및 기타 잘못된 관행 사용

첫 번째 피처 브랜치에 전체 테스트를 실행하는 데 초점을 두고 익숙하지 않은 코드 기반으로 들어가는 시나리오를 이어가겠습니다. 이 브랜치의 일부로 객체 스토리지 데이터 레이크와의 인터페이스를 위해 작성된 데이터 로더 모듈을 사용해야 합니다. 이 모듈의 문서가 부실하고 코드가 읽기 어렵기 때문에 실수로 잘못된 인증 토큰을 전달했습니다. 브랜치를 실행하면 stderr와 stdout에 달랑 한 줄이 출력됩니다.

```
'Oops. Couldn't read data.'
```

이 출력은 화를 돋울 뿐 아니라 '왜' 읽을 수 없는지 알려주지도 않습니다. 오류 메시지가 귀엽지만 유용하진 않죠. 데이터가 존재하지 않았나요? 잘못된 경로를 전달했나요? 데이터에 액세스하긴 했나요? 새 피처 브랜치의 데이터 로더 클래스 내 메서드 사용 방식에 문제가 있나요?

시스템에서 로그를 로드해 분석하지 않고서는 이유를 알 수 없습니다. 코드를 추적하고, 수정하고, 디버그 구문을 삽입한 후, 코드와 유틸리티 모듈 코드를 파헤쳐서 무슨 일이 일어난 건지 파악하는 데 몇 시간을 소비해야 합니다. 우리는 try/catch 블록을 부적절하게 사용해 '그냥 작동하게 만들려는' 잘못된 의도로 '예외 먹잇감exception eating'이 되어버렸습니다.

10.4.1 사격처럼 정밀한 try/catch

ML 코드를 개발할 때 매우 위험한 나쁜 습관이 예외 처리입니다. 소프트웨어 개발에서 이 영역은 대부분의 데이터 과학 실무자가 문제 해결을 시도할 때 사용하는 코딩 방식이 대체로 먹히지 않습니다.

일반적으로 코드 작성 중에 오류가 발생하면 현재 문제가 된 사안을 바로잡은 다음, 문제 해결을 위해 하던 작업을 계속합니다. 하지만 프로덕션 코드의 영역에서는 코드 기반에서 많은 것이 잘못될 수 있습니다. 데이터가 잘못 전달되었거나, 계산이 더 이상 유효하지 않을 정도로 데이터 규모가 변경되었거나, 기타 잘못될 수 있는 수백만 개 중 하나가 잘못될 수 있습니다.

저는 많은 사람이 별것 아닌 것 같은 결함에 try/catch를 사용하는 것을 봤습니다. 그러나 특정 예외 처리를 구현하는 방법을 완벽하게 이해하지 못하면 블라인드 캐치blind catch[17]를 사용하게 되어 코드 기반을 디버깅하기가 매우 어렵게 만들 수 있습니다.

이 개념을 설명한 코드가 [예제 10-9]입니다. 간단한 이 예제에서는 정수를 받아 정수 리스트로 나눕니다. 이 함수에서 원하는 것은 기본 수를 전달된 컬렉션의 각 멤버로 나눈 몫을 나타내는 새로운 컬렉션입니다. 함수 하단의 결과는 코드를 실행할 때 반드시 생기는 결과인 ZeroDivisionError를 보여줍니다.

---

17 옮긴이_ try/catch 블록으로 예외를 처리할 때 어떤 예외가 발생했는지 확인하지 않고 단순히 예외를 캐치하고 처리하는 방식을 말합니다. 이렇게 하면 디버깅이 어려워지고, 예외 처리 시 정확한 조치를 취할 수 없게 됩니다.

```
import random
numbers = list(range(0, 100))                                    ①
random.shuffle(numbers)                                          ②
def divide_list(base, collection):                              ③
    output = []
    for i in collection:                                        ④
        output.append(base / i)                                 ⑤
    return output
blown_up = divide_list(100, numbers)                           ⑥
> ZeroDivisionErrorTraceback (most recent call last)          ⑦
<ipython-input-140-3ed60281fb4b> in <module>
----> 1 blown_up = divide_list(100, numbers)
<ipython-input-75-a0ad45358f8f> in divide_list(base, collection)
      2 output = []
      3 for i in collection:
----> 4     output.append(base / i)                            ⑧
      5 return output
ZeroDivisionError: division by zero                            ⑨
```

1. 0에서 99 사이의 숫자 리스트를 생성합니다.

2. 생성된 정수 리스트의 무작위 순서를 제공하기 위해 셔플을 사용합니다.

3. 함수 정의. base의 시그니처는 컬렉션 변수의 내용을 나눌 숫자입니다.

4. 컬렉션의 각 요소를 반복해 살펴봅니다.

5. i 위치에 리스트 컬렉션 엔티티의 이터레이터[18] 값과 base 번호의 지수quotient를 추가합니다.

6. 함수를 호출합니다.

7. 예외가 발생한 경우의 stdout 결과. 스택 트레이스가 이 헤더 아래에 표시됩니다.

8. 문제를 일으킨 코드 줄을 식별합니다.

9. 예외와 관련된 ZeroDivisionError 예외 클래스 이름 및 메시지입니다.

필자가 본 많은 데이터 과학자가 이 문제를 해결하기 위해 사용하는 블라인드 캐치(일명 예외를 모두 먹기eating all of the exceptions) 설루션은 [예제 10-10]과 비슷합니다. 분명히 말씀드리지만, 이 방법은 절대 사용해서는 안 됩니다.

---

18 옮긴이_ 컬렉션이나 리스트 등의 객체를 순회할 수 있는 포인터입니다. 자세한 내용은 위키백과(https://ko.wikipedia.org/wiki/반복자)를 참조하기 바랍니다.

예제 10-10 안전하지 않은 예외 처리 예제

```
def divide_list_unsafe(base, collection):
    output = []
    for i in collection:
        try:                                    ①
            output.append(base / i)
        except:                                 ②
            pass                                ③
    return output
```

1. try 블록은 캡슐화된 작업을 수행하려고 시도하지만 예외가 발생하면 예외 블록으로 이동합니다.

2. 특정 예외에 대한 처리 코드가 포함된 예외 블록입니다. 이 구현(블라인드 캐치)은 위험하고 부적절하며 안정성과 트러블슈팅 문제를 일으킬 수 있습니다. 이는 사실상 버그를 코드에 직접 기록하는 것이나 다름 없습니다.

3. 위험한 pass(아무것도 수행하지 않음) 명령은 상태 비저장 트랜잭션 시스템(가령 웹 앱)에서는 유용할 수 있지만 ML 코드에서는 절대 사용해서는 안 됩니다.

이 코드를 리스트에 대해 실행하면 예외를 발생시키고 pass 키워드로 인해 무시된 0 값을 제외하고 99개 숫자로 채워진 리스트가 리턴됩니다. 그러면 문제가 해결되고 실행을 계속할 수 있는 것처럼 보일 수 있지만, 이는 정말 끔찍한 솔루션입니다. 그 이유를 [예제 10-11]에서 설명합니다.

예제 10-11 블라인드 예외 처리가 나쁜 이유를 보여주는 예제

```
broken = divide_list_unsafe('oops', numbers)    ①
len(broken)                                      ②
> 0                                              ③
```

1. 나눌 문자열을 전달합니다. 분명히 작동하지 않죠(TypeError가 발생합니다).

2. 모든 예외를 잡아내고 그냥 넘어가기 때문에(pass 키워드), 무언가 제대로 작동하지 않았음을 경고하는 예외가 발생하지 않습니다.

3. 리스트가 비어 있습니다. 그러면 다운스트림이 중단될 확률이 높습니다.

이 함수에 숫자가 아닌 것을 전달해도 오류가 발생하지 않습니다. 리턴 값이 빈 리스트임을 경고하는 예외가 하나도 발생하지 않습니다. 대신 정확한 예외를 포착해 이 같은 상황이 발생하지 않게 함으로써 문제를 효과적으로 방지할 수 있습니다.

예외 포착에 따른 이슈

[예제 10-11]은 분명하고 다소 단순하며 별 기능이 없지만, 실제로는 이런 패턴의 인스턴스가 참으로 추악한 방식으로 나타납니다.

ML 프로젝트 코드 대부분이 일련의 블라인드 **try/catch** 문으로 작성되었다고 합시다. 소스 데이터 읽기, 피처 엔지니어링 작업 수행, 모델 튜닝, 검증, 로깅에 이르기까지 각 주요 단계가 **try, except, pass** 문으로 묶였습니다. 인코딩 단계에서 실패한 데이터에 이슈가 생기면 어떻게 될까요? 소스 데이터를 읽을 인증 토큰이 만료되면 어떻게 될까요? 데이터가 이동해 현재 읽고 있는 위치가 텅 비면 어떻게 되나요? 모델이 수렴^{converge}에 실패하면 어떻게 하죠?

제가 말하고자 하는 요지는 왜 작업이 아무런 결과물을 생성하지 못했는지 조사하는 사람에게는 이런 시나리오가 모두 동일하게 보인다는 것입니다. 무언가 잘못되었음을 알리는 유일한 징후는 그 작업이 하기로 돼있는 일을 하지 않은 것입니다. 예외가 모두 사라져서 범인을 어디서부터 찾아야 할지 전혀 감을 잡지 못합니다.

이런 이유에서 예외를 맹목적으로 포착하는 것은 본질적으로 매우 위험합니다. 프로젝트 코드 기반이 장기적으로 실행될 때 후일 어느 시점에서든 문제가 발생할 것입니다. 어떤 이유로든 작업이 실패하겠죠. 이슈가 무엇인지 찾아낼 능력이 부족하다면 수작업으로 코드를 살펴보거나 일종의 이진 검색을 수행해 무슨 일이 일어난 건지 추적해야 합니다. 하지만 이런 식의 문제 파악은 노력과 시간을 낭비할 뿐입니다.

적절한 예외 처리를 작성하는 것이 일을 더 많이 하는 것처럼 여겨질 수 있지만, 이 방법이 정석입니다. 시간이 충분하면 모든 코드 기반에서 그렇게 합니다. 결국 코드에서 문제가 발생할 때 그 원인을 며칠이 아닌 몇 분 만에 찾아낸다면, 가외로 30분을 투자해 적절한 처리 코드를 작성해둔 것에 감사하게 될 것입니다.

10.4.2 레이저 정밀도[19]에 버금가는 예외 처리

[예제 10-12]는 유형별로 예외를 포착하는 적절한 방법을 알려줍니다.

예제 10-12 단일 예외를 안전하게 포착하고 처리하기

```
def divide_list_safer(base, collection):
    output = []
    for i in collection:
        try:
            output.append(base / i)
        except ZeroDivisionError as e:                                ①
            print("Couldn't divide {} by {} due to {}".format(base, i, e))   ②
    return output

safer = divide_list_safer(100, numbers)
> Couldn't divide 100 by 0 due to division by zero                    ③
len(safer)
> 99                                                                  ④
```

1. 원하는 정확한 예외(**ZeroDivisionError**)를 포착하고 예외 객체(**e**)에 대한 참조를 가져옵니다.

2. 이상적이지 않은 예외 처리(예외가 발생할 때마다 stdout에 출력해서 효율적으로 예외를 무시하지만, 적어도 무언가를 합니다)입니다. 적절한 처리 방법은 로깅 서비스나 MLflow에 오류를 로깅하는 것입니다.

3. 함수를 호출해도 중단 가능한 예외가 발생하지는 않지만 어떤 일이 일어났는지 알려줍니다.

4. 요소 하나(정수 0)를 삭제했지만 입력 리스트의 나머지 99개 요소는 처리되었습니다.

하지만 이로 인해 또 다른 문제가 발생합니다. 경고 메시지가 생성되었지만, 이 메시지가 stdout으로 출력됩니다. 이는 트러블슈팅을 위해 문제가 발생한 정황을 기록해야 하는 프로덕션 시스템에는 도움이 되지 않습니다.

대신 이런 문제가 언제, 어디서, 어떻게 발생했는지 등의 세부 정보를 확인할 수 있는 중앙 집중식 공간이 필요합니다. 또한 문제를 추적하기 위해 로그 파일 검색에 소요되는 시간을 줄일 수 있도록, 최소한 구문 분석이 가능한 표준 형식의 로그가 있는지 확인해야 합니다.

---

19 옮긴이_ 매우 높은 정확도를 가리키는 비유적 표현입니다.

10.4.3 올바른 방법으로 오류 처리

[예제 10-13]은 예외 처리 시나리오의 최종 구현이며, 0 나눗셈 오류에 대한 사용자 지정 예외, 로깅, 제어 처리로 구성됩니다.

예제 10-13 적절한 예외 처리 및 로깅을 포함한 최종 구현

```
from importlib import reload
from datetime import datetime
import logging
import inspect

reload(logging)
log_file_name = 'ch9_01logs_{}.log'.format(datetime.now().date().strftime('%Y-%m-
    %d'))
logging.basicConfig(filename=log_file_name, level=logging.INFO)          ①

class CalculationError(ValueError):                                      ②
    def init (self, message, pre, post, *args):
        self.message = message
        self.pre = pre
        self.post = post
        super(CalculationError, self).__init__(message, pre, post, *args)

def divide_values_better(base, collection):
    function_nm = inspect.currentframe().f_code.co_name                  ③
    output = []
    for i in collection:
        try:
            output.append(base / i)
        except ZeroDivisionError as e:                                   ④
            logging.error(
                "{} -{}- Couldn't divide {} by {} due to {} in {}".format(
                    datetime.now(), type(e), base, i, e, function_nm)
            )
            output.append(0.0)
        except TypeError as e:                                           ⑤
            logging.error(
                "{} -{}- Couldn't process the base value '{}' ({}) in {}".format(
                    datetime.now(), type(e), base, e, function_nm)
            )                                                            ⑥
            raise e                                                      ⑦
    input_len = len(collection)                                          ⑧
```

```
        output_len = len(output)
        if input_len != output_len:
            msg = "The return size of the collection does not match passed in
                    collection size."
            e = CalculationError(msg, input_len, output_len)                    ⑨
            logging.error("{} {} Input: {} Output: {} in {}".format(
                datetime.now(), e.message, e.pre, e.post, function_nm
            ))                                                                   ⑩
            raise e                                                              ⑪
    return output

placeholder = divide_values_better(100, numbers)
len(placeholder)
> 100                                                                            ⑫
```

1. 세 줄은 주피터 노트북에서만 필요합니다. **.egg** 파일에서는 단지 신규 로깅 인스턴스를 인스턴스화하면 됩니다. 하지만 주피터에서는 세션을 초기화할 때 자동으로 인스턴스를 시작합니다.

2. 표준 **ValueError** 예외에서 속성을 상속할 수 있는 사용자 정의 예외 클래스를 만들고 다른 개발자가 이 예외 클래스를 확장하거나 사용자 정의할 수 있도록 ***args**를 제공합니다.

3. 로깅을 위해 현재 함수 이름을 검색합니다. 여러 곳에 이름을 직접 입력할 필요가 없습니다.

4. 0 나눗셈 예외를 포착해 로깅한 다음 플레이스홀더 값을 제공합니다.

5. 전달된 데이터를 기반으로 수학적으로 잘못된 연산의 **TypeError**를 포착합니다.

6. 다른 작업을 수행하기 전에 예외가 발생했음을 알도록 **TypeError** 예외를 로깅합니다.

7. 예외를 로깅한 후 수동으로 예외를 발생시켜 함수와 인터페이스하는 개발자에게 이 함수에 기본 변수로 숫자 유형을 전달해야 한다고 경고합니다.

8. 입력 리스트 **collection**의 길이와 출력 리스트의 사후 루프 길이를 가져옵니다.

9. 리스트 크기가 일치하지 않는 경우 사용자 정의 예외 클래스의 객체를 생성합니다.

10. 사용자 정의 예외 세부 정보를 기록합니다.

11. 사용자 정의 예외를 발생시킵니다.

12. 출력 리스트에서 실패한 0 나눗셈 오류를 0.0으로 대체하므로 리스트 길이가 100으로 일치합니다.

이 시점에서 유효한 컬렉션(0을 포함하거나 포함하지 않음)으로 함수를 실행하면 대체되는 각 인스턴스에 대한 로그 보고서를 얻게 됩니다. 유효하지 않은 값으로 함수를 호출하면 예외가 기록되고 예외도 발생합니다(바람직한 동작). 마지막으로, 이 함수에 대한 향후 수정으로 리스트가 일치하지 않는 경우, 가령 새로운 예외를 포착했는데 값을 바꾸지 않거나 로직의 동작을 수정하는 경우에는 변경 작업을 하는 사람에게 변경으로 인해 버그가 발생했음을 명확하게 알립니다.

[예제 10-14]는 변수 전달을 위한 원래 구성에서 이 함수를 실행해서 기본 인수로 제공된 잘못된 문자열 매개변수를 테스트하고 길이가 일치하지 않는 것을 시뮬레이션한 로그 결과입니다.

예제 10-14 포착되고 처리된 예외의 로깅 결과

```
def read_log(log_name):                                                    ①
    try:
        with open(log_name) as log:
            print(log.read())
    except FileNotFoundError as e:                                         ②
        print("The log file is empty.")
read_log(log_file_name)
>
ERROR:root:2020-12-28 21:01:21.067276 -<class 'ZeroDivisionError'>-
    Couldn't divide 100 by 0 due to division by zero in divide_values_better   ③
ERROR:root:2020-12-28 21:01:21.069412 The return size of the collection does not
    match passed in collection size. Input: 100 Output: 99 in divide_values_better ④
ERROR:root:2020-12-28 21:01:24.672938 -<class 'TypeError'>- Couldn't process
    the base value 'oops' (unsupported operand type(s) for /: 'str' and 'int') in
    divide_values_better                                                   ⑤
```

1. 로그 파일에서 읽을 수 있는 매우 간단한 함수

2. open() 함수에 대해 예상되는 예외를 처리해 로그 파일이 생성되지 않았더라도(함수 사용에 문제가 발생하지 않았기 때문에), 함수의 최종 사용자에게 명확하지 않으며 예기치 않은 예외가 발생하지 않도록 합니다. 대신 로그가 아직 생성되지 않았음을 알려주는 간단한 설명이 출력됩니다.

3. 숫자 0을 포함하는 정수 컬렉션 리스트를 전달했을 때 발생할 것으로 예상되는 예외

4. 0 나누기 오류를 처리하기 위해 catch 블록에서 0.0으로 바꾸는 함수를 제거한 결과

5. 함수의 기본 인수로 유효하지 않은 값을 전달했을 때 로그에 기록된 결과(런타임에도 예외가 발생하지만 예외를 로그에 기록한 후)

개발 중에는 중요하지 않아 보이는 무해한 오류도 로깅하는 것이 프로덕션 환경에서 문제를 해결하는 데 일조합니다. 성가신 문제의 근본 원인을 해결하거나 코드 기반의 상태를 확인하려는 경우, 로그와 적절한 데이터가 기록되어 있지 않으면 설루션 코드에 잠재적인 문제가 있음을 전혀 인식하지 못할 수 있습니다. 의심스럽다면 로그아웃하세요.

10.5 전역 가변 객체[20] 사용

우리는 새 팀의 기존 코드 기반을 계속 탐색하면서 추가할 또 다른 신규 피처에 대해 다루고 있습니다. 바로 새로운 함수를 추가하는 것이죠. 개발 프로세스에서 브랜치에 필요한 로직의 상당 부분이 이미 존재하며 몇 가지 메서드와 함수만 재사용하면 된다는 사실을 알게 되었습니다. 하지만 이 함수가 전역 범위 변수의 선언을 사용한다는 사실을 간과하고 있었습니다. 단위 테스트를 통해 브랜치에 대한 테스트를 단독으로 실행하면 모든 것이 의도한 대로 정확하게 작동합니다. 하지만 전체 코드 기반에 대한 통합 테스트에서는 말도 안 되는 결과가 나옵니다.

몇 시간째 코드를 검색하고 디버그 추적을 살펴본 결과, 사용하던 함수의 상태가 처음 사용하던 것과 달리 실제로 변경되었고, 함수가 사용하던 전역 변수가 실제로 변경되어 두 번째 사용법이 완전히 잘못되었다는 사실을 발견했습니다. 그야말로 돌연변이에 당한 셈이죠.

10.5.1 가변성의 위험성

가변성이 얼마나 위험한지를 인식하기가 다소 힘들 수 있습니다. 가변값의 남용, 상태 변경, 데이터 덮어 쓰기는 다양한 모습으로 나타나는데, 그 최종 결과는 대개 매우 복잡다단한 일련의 버그로 동일합니다. 이때 버그가 나타나는 방식 역시 다양합니다. '하이젠버그*Heisenbugs*'는 조사하려고 하면 사라지는 것처럼 보이고, '만델버그*Mandelbugs*'는 매우 복잡하고 비결정적이어서 프랙털처럼 복잡해 보입니다. 변이로 가득한 코드 기반을 리팩터링하는 작업은 결코 쉽지 않으며, 설계 결함을 수정하기 위해 처음부터 다시 시작하는 것이 더 수월한 경우도 많습니다.

변이 및 부작용과 관련된 이슈는 보통 프로젝트의 초기 MVP가 완료되고 한참이 지나야 비로소 드러납니다. 나중에, 개발 프로세스에서 또는 프로덕션 릴리스 이후에 변이와 부작용에 의존하는 결함이 있는 코드 기반이 이음새마다 부서지기 시작합니다. [그림 10-3]은 다양한 언어와 언어가 실행되는 환경의 미세한 차이와, 자신이 익숙한 언어에서 가변성 우려가 명확하지 않은 이유를 알려줍니다.

---

20 옮긴이_ 전역 가변 객체(global mutable object)는 전역 변수로 선언되고, 값을 변경할 수 있는 객체를 의미합니다. 코드의 유지 보수와 디버깅을 어렵게 하고, 예측할 수 없는 오류를 일으킬 수 있기에 전역 가변 객체의 사용을 최대한 피해야 합니다.

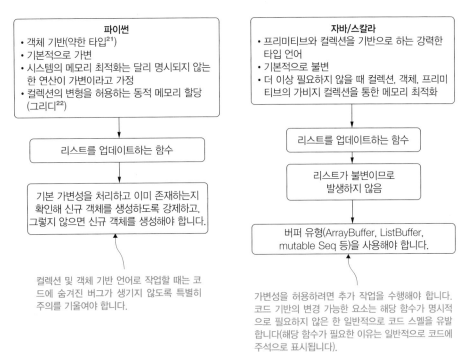

그림 10-3 파이썬과 JVM 기반 언어의 가변성 비교

시나리오를 단순화하기 위해, 앙상블 모델링 문제에 사용할 개별 벡터에서 일부 필드를 추적한다고 합시다. [예제 10-15]는 함수 시그니처의 매개변수에 기본값이 담긴 간단한 함수입니다. 이 기본값은 한 번만 사용하면 예상 함수를 제공합니다.

예제 10-15 요소 리스트를 유지 관리하는 유틸리티 함수의 예

```
def features_to_add_to_vector(features, feature_collection=[]):        ①
    [feature_collection.append(x) for x in features]                   ②
    return feature_collection                                          ③
```

---

21 옮긴이_ 약한 타입(weakly typed)은 느슨한 타입(loosely typed) 또는 동적 타입(dynamic typed)이라고도 하며, 변수를 선언할 때 해당 변수가 어떤 데이터 타입인지 미리 지정할 필요 없이, 변수가 저장하는 값에 따라 자동으로 데이터 타입이 결정되는 프로그래밍 언어의 특성을 의미합니다.

22 옮긴이_ 그리디(greedy)는 '탐욕적'이나 '욕심 많은'으로 많이 직역하지만, 컴퓨터 과학에서는 최적해를 찾는 과정에서 언제나 최적의 선택을 하는 게 아니라 지금 당장 가장 득이 되는 선택을 하는 것을 의미합니다. 간단하고 빠르게 해를 산출할 수 있다는 장점이 있지만 최적해를 보장하지는 않습니다.

1. 신규 요소 리스트에 리스트를 추가하는 간단한 함수입니다(벡터 생성에 대한 현실적인 예제는 아니지만 설명하기 위해 간단하게 작성했습니다).

2. 제공된 요소 리스트를 반복해 신규 컬렉션에 추가합니다.

3. 신규 컬렉션을 리턴합니다.

다음은 이 함수를 한 번 사용한 출력 결과입니다. 특이한 점은 없습니다.

예제 10-16 단순 리스팅 함수 사용

```
trial_1 = features_to_add_to_vector(['a', 'b', 'c'])      ①
trial_1
> ['a', 'b', 'c']                                          ②
```

1. 세 개의 문자열 요소를 함수에 전달해 신규 컬렉션에 추가합니다.

2. 예상대로 전달한 요소가 포함된 리스트가 있습니다.

하지만 추가 연산을 위해 두 번째로 호출하면 어떻게 될까요? [예제 10–17]은 이 추가 사용법을 알려주며, 값은 물론 원래 변수 선언에 어떤 일이 일어나는지도 보여줍니다.

예제 10-17 함수 반복 호출을 통한 객체 상태 변경

```
trial_2 = features_to_add_to_vector(['d', 'e', 'f'])      ①
trial_2
> ['a', 'b', 'c', 'd', 'e', 'f']                           ②
trial_1
> ['a', 'b', 'c', 'd', 'e', 'f']                           ③
```

1. 새로운 요소 리스트로 함수를 다시 호출합니다. 리턴은 ['d', 'e', 'f']가 될 것으로 예상해야겠죠?

2. 저런. 리턴 값에 여전히 이전에 호출했을 때의 값이 있습니다. 이상하네요.

3. 그리고 처음 호출한 변수 리스트를 업데이트합니다. 뭔가 잘못된 것 같습니다.

조금 의외이지 않나요? 필드 a, b, c로 한 모델을 구축한 다음, 필드 d, e, f로 다른 모델을 구축하려 한다면 어떻게 될까요? 두 모델은 모두 여섯 개 열 모두의 입력 벡터를 갖게 됩니다. 이런 방식으로 변수를 재정의하기 위해 변이를 활용해도 프로젝트 코드가 손상되지 않습니다. 두 모델은 모두 예외를 발생시키지 않고 실행됩니다. 그러나 모든 것을 매우 주의 깊게 검증하지 않는다면, 똑같이 구성된 두 개의 모델을 구축했다는 사실을 간과하게 됩니다.

이와 같은 버그는 생산성을 저해합니다. 무언가가 의도한 대로 작동하지 않는 이유를 알아내기 위해 디버깅하는 데 정말 막대한 시간이 걸릴 수 있습니다. 그 이유를 파헤치는 대신 새로운 것을 구축하는 데 써야 할 시간이죠.

이 모든 것은 파이썬 함수 자체가 객체이기 때문에 발생합니다. 함수는 상태를 유지하므로 그 안에서 발생하는 변수와 연산이 분리 가능하다는 개념이 언어에 있지 않습니다. 특히 코드 기반에 추가할 때는 예기치 않은 동작이 발생하지 않도록, 가령 이 예제에서는 의도하지 않은 변형을 피하기 위해 원래 구현이 만들어지도록 주의를 기울여야 합니다.

코드 기반에 신규 함수를 추가하는 제1의 목적은 코드가 실행되는지, 예외가 발생하지는 않는지 확인하는 것입니다. 변경 사항을 유효성 검증하지 않으면 정확성 문제가 생기고, 안전하지 않은 돌연변이와 같은 단축키를 실수로 사용해 진단하기 어려운 버그가 발생할 수 있습니다. 그렇다면 코드를 어떻게 작성해야 할까요?

10.5.2 가변 부작용 방지를 위한 캡슐화[23]

파이썬 함수가 상태를 유지한다는 것을 안다면, 게다가 파이썬에서는 모든 것이 가변적이라는 사실을 안다면 이 결과를 예상할 수 있었을 것입니다. 격리를 유지하고 객체 변이 상태를 깨기 위해 기본 인수를 적용하는 대신, 이 함수를 검사할 수 있는 상태로 초기화했어야 합니다.

간단한 상태 유효성 검증을 수행함으로써, 로직을 충족하려면 신규 값 리스트를 저장하기 위해 신규 객체를 생성해야 한다는 것을 인터프리터에 알릴 수 있습니다. 컬렉션 변이를 위해 파이썬에서 인스턴스 상태를 검사하는 적절한 구현체를 [예제 10-18]에 설명했습니다.

예제 10-18 유틸리티 함수의 고정 구현체

```
def features_to_add_to_vector_updated(features, feature_collection=None):      ①
    collection = feature_collection if feature_collection else list()          ②
    [collection.append(x) for x in features]
    return collection
trial_1a = features_to_add_to_vector_updated(['a', 'b', 'c'])
trial_1a
```

---

23 옮긴이_ 객체의 상태는 객체 내부에서만 변경할 수 있으며 객체 외부의 메서드를 통해서만 객체의 상태를 변경하거나 접근함으로써, 객체의 상태를 외부에서 알지 못하게 은닉한다는 객체 지향 프로그래밍의 주요 개념입니다.

```
> ['a', 'b', 'c']                                                    ③
trial_2a = features_to_add_to_vector_updated(['d', 'e', 'f'])
trial_2a
> ['d', 'e', 'f']                                                    ④
trial_1a
> ['a', 'b', 'c']                                                    ⑤
```

1. 두 번째 인자가 빈 리스트 대신 **None**으로 기본 설정되도록 시그니처를 변경합니다.

2. **feature_collection** 인자에 아무것도 전달되지 않은 경우, 빈 리스트를 새로 생성합니다(이 경우 파이썬이 신규 객체를 생성하도록 트리거합니다).

3. 예상대로 전달한 요소가 포함된 신규 리스트를 얻습니다.

4. 이제 반복된 호출로 신규 리스트를 얻습니다. 예상된 동작입니다.

5. 함수를 재사용해도 원래 변수는 변경되지 않았습니다.

이처럼 사소해 보이는 이슈가 프로젝트를 실행하는 사람이나 팀에게 끝없는 골칫거리를 안겨 줍니다. 이런 문제는 대개 초기에 발생하고 모듈을 구축하는 동안에는 발생하지 않습니다. 함수를 개별적으로 검증하는 간단한 단위 테스트도 제대로 작동하는 것으로 보입니다.

일반적으로 MVP의 중간 지점에 이르러서야 가변성과 관련된 문제가 드러나기 시작합니다. 복잡성이 커지면 함수와 클래스가 여러 번 활용될 수 있습니다. 물론 이는 개발에서 바람직한 패턴이죠. 또한 함수와 클래스가 제대로 구현되지 않으면 이전에는 정상적으로 작동하던 것이 문제 해결이 어려운 버그가 될 수 있습니다.

> **TIP** 개발 언어가 객체, 프리미티브, 컬렉션을 처리하는 방식에 익숙해지는 것이 가장 좋습니다. 언어의 미세한 주요 차이점을 파악한다면 개발 프로세스 내내 그 언어를 도구 삼아 작업 효율을 높일 수 있습니다. 즉, 차후에 하게 될 작업과 좌절을 애초에 만들지 않는 것이죠.

캡슐화에 대한 참고 사항

필자는 이 책에서 선언적 코드를 선호하는 함수의 사용에 대해 여러 번 언급했습니다. 또 함수보다 클래스와 메서드를 선호하는 편이 좋다고도 말했죠. 이 둘은 캡슐화와 추상화를 수행해 얻는 이점이 매우 강력하기 때문에 언급한 것입니다. 참고로 추상화는 다른 장에서 논의했으니 건너뛰겠습니다.

코드를 캡슐화하면 기본적으로 두 가지 이점이 생깁니다.

- 내부 보호 함수, 상태 또는 데이터에 대한 최종 사용자 액세스 제한
- 전달되는 데이터 번들과 메서드에 포함된 로직에 로직 실행을 강제

첫째 이점은 오픈 소스 프로젝트나 유틸리티 라이브러리를 작성하거나, 공개 API에 기여하는 경우를 제외하면 대부분의 데이터 과학자에게 별로 중요하지 않습니다. 하지만 캡슐화의 둘째 속성은 ML 실무자의 골칫거리를 덜어줍니다. 데이터, 즉 메서드에 전달되는 데이터의 인수를 묶고 해당 데이터에 대한 로직을 로컬로 실행함으로써 다른 프로세스로부터 동작을 격리할 수 있습니다.

- 메서드에 선언된 변수는 해당 메서드 내에서만 참조됩니다.
- 메서드가 외부 세계에 액세스할 수 있는 유일한 외부 액세스는 리턴 값입니다.
- 수행되는 연산은 메서드에 전달된 인수 이외의 어떤 상태에도 영향을 받지 않습니다.

이 속성은 언제든 코드의 정확성을 보장합니다. 예를 들어 메서드의 유일한 목적이 상품 가격에 판매 세액 공제를 적용하는 것일 때, 상품 원가와 세율을 전달하고 이 메서드의 외부에 있는 시스템 기본 상태에 관계없이 항상 전달된 값에 판매 세액 공제를 적용하고 조정된 값을 리턴하는 한 가지 작업만 수행하게 할 수 있습니다. 이 속성 덕에 코드를 더 쉽게 테스트할 수 있죠.

캡슐화의 많은 이점, 특히 ML 작업에서 얻는 이점은 3부에서 다루겠습니다. 지금은 함수와 메서드를 사용해서 데이터와 로직의 캡슐화를 적절히 적용함으로써 가변성 문제와 상태 관리로 인해 생기는 골칫거리를 완전히 제거할 수 있다는 점을 기억하세요.

10.6 과도하게 중첩된 로직

ML 코드 기반에 자주 등장하는 코드 중 대규모 조건부 논리 트리만큼 코드를 읽고 디버깅하는 사람에게 두려운 존재는 없습니다. 논리 트리 대부분이 활용 초기에는 비교적 간단합니다. 몇 개의 if 문과 elif 문, 그리고 더 적은 캐치올catchall else 문이 그 뒤를 따라나오죠. 하지만 코드가 프로덕션에 사용되고 몇 달이 지나면 골치 아픈 로직의 모놀리식 코드가 수백 줄에 이릅니다. 이런 비즈니스 논리 규칙은 일반적으로 복잡다단하고 혼란스러우며 유지 관리가 거의 불가능한 다단계 로직으로 발전하게 됩니다.

ML 세계에서 애용되는 앙상블을 예로 들겠습니다. 모델이 두 개 있고 각 모델이 고객당 확률을 생성한다고 합시다. 두 모델의 결괏값을 나타내는 데이터셋을 생성해보겠습니다.

예제 10-19 앙상블 조정을 위한 합성 확률 데이터 생성

```
import random
def generate_scores(number, seed=42):                                  ①
    def get_random():                                                  ②
        return random.uniform(0.0, 1.0)                                ③
    random.seed(seed)
    return [(get_random(), get_random()) for x in range(number)]       ④
generated_probabilities = generate_scores(100)
> [(0.6394267984578837, 0.025010755222666936),                        ⑤
   (0.27502931836911926, 0.22321073814882275),
   (0.7364712141640124, 0.6766994874229113)...
```

1. 데이터 생성을 위한 캡슐화 함수

2. random() 함수의 시드 상태를 참조하는 캡슐화된 내부 함수

3. 0.0과 1.0 사이의 균등 분포를 사용해 무작위로 제공한 시드 상태를 기반으로 난수를 생성합니다.

4. 시뮬레이션한 두 가지 확률로 튜플을 생성하고 여러 번 반복해 튜플 리스트를 생성합니다.

5. 합성 데이터

이제 일부 데이터가 생성되었으니, 비즈니스에서 다양한 확률에 따라 5단계로 분류하고 버킷 값을 대표 스코어 하나로 결합한다고 가정하겠습니다.

파이썬이 3.9버전을 기준으로 switch (case) 문을 사용할 수 없으므로, 평가 통합 스코어를 생성하는 접근 방식은 [예제 10-20]과 같습니다.

예제 10-20 if, elif, else 문을 사용한 통합 논리

```
def master_score(prob1, prob2):                                        ①
    if prob1 < 0.2:
        if prob2 < 0.2:
            return (0, (prob1, prob2))                                 ②
        elif prob2 < 0.4:
            return (1, (prob1, prob2))
        elif prob2 < 0.6:
            return (2, (prob1, prob2))
        elif prob2 < 0.8:
            return (3, (prob1, prob2))
        else:
            return (4, (prob1, prob2))
    elif prob1 < 0.4:
```

```python
        if prob2 < 0.2:
            return (1, (prob1, prob2))
        elif prob2 < 0.4:
            return (2, (prob1, prob2))
        elif prob2 < 0.6:
            return (3, (prob1, prob2))
        elif prob2 < 0.8:
            return (4, (prob1, prob2))
        else:
            return (5, (prob1, prob2))
    elif prob1 < 0.6:
        if prob2 < 0.2:
            return (2, (prob1, prob2))
        elif prob2 < 0.4:
            return (3, (prob1, prob2))
        elif prob2 < 0.6:
            return (4, (prob1, prob2))
        elif prob2 < 0.8:
            return (5, (prob1, prob2))
        else:
            return (6, (prob1, prob2))
    elif prob1 < 0.8:
        if prob2 < 0.2:
            return (3, (prob1, prob2))
        elif prob2 < 0.4:
            return (4, (prob1, prob2))
        elif prob2 < 0.6:
            return (5, (prob1, prob2))
        elif prob2 < 0.8:
            return (6, (prob1, prob2))
        else:
            return (7, (prob1, prob2))
    else:
        if prob2 < 0.2:
            return (4, (prob1, prob2))
        elif prob2 < 0.4:
            return (5, (prob1, prob2))
        elif prob2 < 0.6:
            return (6, (prob1, prob2))
        elif prob2 < 0.8:
            return (7, (prob1, prob2))
        else:
            return (8, (prob1, prob2))
```

```
def apply_scores(probabilities):                                            ③
    final_scores = []
    for i in probabilities:
        final_scores.append(master_score(i[0], i[1]))                       ④
    return final_scores
scored_data = apply_scores(generated_probabilities)                         ⑤
scored_data
> [(3, (0.6394267984578837, 0.025010755222666936)),                         ⑥
   (2, (0.27502931836911926, 0.22321073814882275)),
   (6, (0.7364712141640124, 0.6766994874229113))]…
```

1. 두 확률의 쌍 조합을 처리하고 중첩된 조건부 논리를 통해 이를 해결하는 함수

2. 중첩된 논리 구조(첫 번째 확률이 0.2보다 작으면 두 번째 확률의 조건을 확인)

3. 확률값으로 구성되어 쌍을 이루는 튜플 컬렉션을 평가하는 호출자 함수

4. 확률을 단일 스코어로 확인하기 위한 평가 함수 호출

5. 스코어 데이터에서 함수 호출

6. 조건부 논리에 기반한 해결 스코어의 첫 세 요소

계층적 논리 체인이 일련의 **if, elif, else** 문으로 작성되어 가독성이 떨어질 뿐만 아니라 실제 조건부 논리를 추가 삽입하면 유지 관리가 악몽처럼 끔찍해집니다.

만약 이게 수정되어야 한다면 사용자 경험은 어떻게 될까요? 티켓을 작업하는 사람은 조건부 논리의 복잡한 내용을 꼼꼼하게 읽고 각 위치가 올바르게 업데이트되었는지 확인해야 할 것입니다. 예제가 단순하기 때문에 그닥 번거롭지 않지만, 제가 본 코드 기반에서 비즈니스 규칙 논리가 이처럼 단순하고 직관적인 경우는 거의 없었습니다. 대신, 보통은 조건 검사 내에 **and** 및 **or**이 포함된 중첩된 조건문이 들어 있어 접근 방식이 매우 복잡다단해집니다.

이 접근 방식을 기존 소프트웨어 개발자에게 제공했다면, 그들은 전혀 다른 방식으로 이 문제에 접근했을 것입니다. 즉, 구성 구조체를 활용해 스코어 통합 처리에서 비즈니스 로직을 분리하는 것입니다. [예제 10-21]은 이 패턴을 나타냅니다.

예제 10-21 비즈니스 로직을 처리하기 위한 딕셔너리 기반 구성 접근 방식

```
threshold_dict = {                                                          ①
    '<0.2': 'low',
    '<0.4': 'low_med',
    '<0.6': 'med',
```

```
        '<0.8': 'med_high',
        '<1.0': 'high'
}
match_dict = {                                                                    ②
        ('low', 'low'): 0,
        ('low', 'low_med'): 1,
        ('low', 'med'): 2,
        ('low', 'med_high'): 3,
        ('low', 'high'): 4,
        ('low_med', 'low'): 1,
        ('low_med', 'low_med'): 2,
        ('low_med', 'med'): 3,
        ('low_med', 'med_high'): 4,
        ('low_med', 'high'): 5,
        ('med', 'low'): 2,
        ('med', 'low_med'): 3,
        ('med', 'med'): 4,
        ('med', 'med_high'): 5,
        ('med', 'high'): 6,
        ('med_high', 'low'): 3,
        ('med_high', 'low_med'): 4,
        ('med_high', 'med'): 5,
        ('med_high', 'med_high'): 6,
        ('med_high', 'high'): 7,
        ('high', 'low'): 4,
        ('high', 'low_med'): 5,
        ('high', 'med'): 6,
        ('high', 'med_high'): 7,
        ('high', 'high'): 8
}


def adjudicate_individual(value):                                                 ③
        if value < 0.2: return threshold_dict['<0.2']
        elif value < 0.4: return threshold_dict['<0.4']
        elif value < 0.6: return threshold_dict['<0.6']
        elif value < 0.8: return threshold_dict['<0.8']
        else: return threshold_dict['<1.0']


def adjudicate_pair(pair):                                                        ④
        return match_dict[(adjudicate_individual(pair[0]), adjudicate_
            individual(pair[1]))]


def evaluate_raw_scores(scores):                                                  ⑤
        return [(adjudicate_pair(x), x) for x in scores]
```

```
dev_way = evaluate_raw_scores(generated_probabilities)                  ⑥
dev_way
> [(3, (0.6394267984578837, 0.025010755222666936)), ]                   ⑦
(2, (0.27502931836911926, 0.22321073814882275)),
(6, (0.7364712141640124, 0.6766994874229113))…
```

1. 처리 로직에서 매핑 로직을 제거하기 위한 조회 딕셔너리(실제 코드 기반에서는 이 딕셔너리가 뒤에 오는 처리 로직과 다른 모듈에 있음)

2. 쌍을 이루는 확률 버킷 임곗값을 단일 스코어로 변환하기 위한 리졸버 딕셔너리

3. 단일 확률을 처리하고 그 값을 임곗값 버킷에 매핑하는 함수

4. 일치하는 딕셔너리를 기준으로 쌍을 이루는 확률의 튜플을 찾고 평가하는 함수

5. 총 스코어 집합의 각 튜플을 반복하고 해상도 로직을 적용하는 함수

6. 확률을 스코어로 계산하기 위한 기본 함수 호출

7. 데이터의 첫 세 요소

이 접근 방식은 [예제 10-20]의 이전 구현보다 이해하기가 훨씬 쉽지만 여전히 이상적이지 않습니다. 프로젝트 설루션을 개발하는 동안 확률 스코어를 생성하는 모델 개수를 2개에서 8개로 늘리기로 결정했다고 합시다.

이 경우 두 구조체 중 하나에 어떤 영향을 미칠까요? [예제 10-22]는 두 구현 패턴 모두에서 8개 모델을 한 스코어로 해결하기 위해 작성해야 하는 코드 줄 수를 알려줍니다.

예제 10-22 작성해야 하는 코드 줄 수를 계산하는 함수

```
import math
def how_many_terrible_lines(levels):                                    ①
    return ((5**levels) * 2) + math.factorial(levels)
how_many_terrible_lines(8)
> 821570                                                                ②
```

1. if/ elif/ else 패턴에 대해 몇 줄의 코드를 작성해야 하는지 계산하는 재미있는 함수입니다.

2. 정말 겁나는 숫자입니다! 현실적으로 시도하기 어렵습니다.

분명히 이것은 선택 사항이 아닙니다. 이 메서드(매핑을 처리하기 위해 구성 딕셔너리를 사용하는 '개발 방식')를 사용하려고 해도 8개 확률을 한 스코어로 병합하려고 하면 딕셔너리의 튜플-8 키에 32,768개의 조건을 만들어야 합니다. 작성하자니, 정말 터무니없이 구성할 게 많죠.

형편없는 설계 패턴을 고수하는 것

if/elif/else 패턴의 예제는 일부 독자에게 다소 우습게 보일 수 있지만, 제가 지금까지 본 ML 코드 기반에서 가장 대중적인 접근 방식입니다. 서로 다른 8개 요소에 대해 이야기할 때 구성 제어 구조에 대한 순열이 얼마나 많이 생성될 수 있는지 생각하면 딕셔너리 접근 방식도 약간 우스꽝스럽게 보일 수 있습니다.

이건 과장된 예시가 아닙니다. 이런 로직을 처리하기 위해 키가 10,000개를 훨씬 넘는 이와 유사한 구성 파일을 본 적이 있습니다. 대부분은 손으로 직접 입력한 것이 아니라 기계가 생성한 코드와 IDE에 복사해 붙여넣은 결과물입니다.

문제는 키가 수만 개란 점이 아닙니다. 파이썬 해시 테이블은 조회 함수에서 성능 병목 현상이 일어나기 전에 고유 키 식별자가 2^{26}개(67,108,864개 항목)여도 큰 어려움 없이 쉽게 처리할 수 있습니다. 파이썬은 이를 처리할 수 있지만 키보드와 여러분의 동료는 그렇지 못합니다.

이런 방식으로 비즈니스 로직이나 피처 엔지니어링 작업에 접근할 때 드러나는 진짜 문제는 이런 시도를 처음에 한다는 것입니다. 이 같은 문제에 if/elif/else 패턴이나 딕셔너리 패턴으로 접근하는 것은 '망치만 있으면 모든 것이 못처럼 보인다'는 옛 격언과 비슷합니다. 복잡한 로직 패턴을 더 작고 다루기 쉬운 조각으로 나누는 방법이 더 좋은 설루션입니다.

대량의 로직을 반복해서 복사해 붙여넣어야 하는 상황에서는 키보드에서 잠시 손을 내려놓고 어떻게 하면 더 효율적으로 해결할 수 있을지 생각해보세요. 그다음, 코드 기반이 관리하기 어렵게 엉망이 되는 것을 방지할 뿐 아니라 차후 수정과 문제 해결이 더 용이한 이론을 몇 가지 시험해 보는 것이 가장 좋습니다.

[예제 10-23]은 이 문제에 접근하는 훨씬 더 나은 방식을 안내합니다. 이 코드 블록에서는 모델 리턴 튜플의 일부로 임의의 수의 확률을 지원하도록 데이터 제너레이터를 조정한 다음, 조회 함수를 딕셔너리에서 스코어의 직접적인 수학적 표현으로 변환하겠습니다. 이 시점부터 코드는 훨씬 더 관리하기 쉬운 상태로 복잡성을 줄여 스케일링, 신규 해결 스코어에 대한 매핑, 차후 쉽게 수정할 수 있는 코드 기반을 생성함으로써 비즈니스 규칙을 더 쉽게 해결합니다.

```
def generate_scores_updated(number, elements, seed=42):            ①
    def get_random():
        return random.uniform(0.0, 1.0)
    random.seed(seed)
    return [tuple(get_random() for y in range(elements)) for x in range(number)]
larger_probabilities = generate_scores_updated(100, 8)             ②
larger_probabilities
> [(0.6394267984578837, 0.025010755222666936, 0.27502931836911926,  ③
   0.22321073814882275, 0.7364712141640124, 0.6766994874229113,
   0.8921795677048454, 0.08693883262941615), …

def updated_adjudication(value):                                   ④
    if value < 0.2: return 0
    elif value < 0.4: return 1
    elif value < 0.6: return 2
    elif value < 0.8: return 3
    else: return 4

def score_larger(scores):                                          ⑤
    return sum(updated_adjudication(x) for x in scores)

def evaluate_larger_scores(probs):                                 ⑥
    return [(score_larger(x), x) for x in probs]

simpler_solution = evaluate_larger_scores(larger_probabilities)
simpler_solution
> [(15, (0.6394267984578837, 0.025010755222666936, 0.27502931836911926,  ⑦
    0.22321073814882275, 0.7364712141640124, 0.6766994874229113,
    0.8921795677048454, 0.08693883262941615)),
   (10, (0.4219218196852704, 0.029797219438070344, 0.21863797480360336,…
```

1. 각 튜플 내에서 임의 수의 요소를 생성하는 함수

2. 단일 스코어로 변환하기 위해 확률 집합인 튜플-8 생성

3. 생성된 첫 번째 튜플-8 예시

4. 스코어 해결 함수를 수학적 버킷팅에 적용합니다. 이 값의 공간을 원래의 2튜플 앙상블 설계 범위로 되돌리는 것은 값의 합을 튜플 길이의 절반으로 나눈 값에 대해 상한 또는 하한 함수를 만드는 것만큼이나 간단합니다.

5. 확률 튜플 내 각 요소에 대한 버킷의 해결 스코어를 합산하는 함수

6. 모든 튜플 확률의 컬렉션을 반복하는 메인 함수

7. 스코어 리졸버의 첫 두 요소 중 일부의 샘플

코드 몇 줄로 확장성과 복잡성 문제를 해결했습니다. 딕셔너리, 매핑, 연쇄 로직을 제거해 복잡성을 줄이고 코드를 훨씬 더 단순하게 만들었습니다. 코드를 작성할 때 단순성을 추구하는 것은 모든 개발자, 특히 폭넓은 데이터 과학 작업을 처리해야 하는 개발자가 항상 추구해야 할 목표입니다.

필자가 가장 자주 받는 질문

지금까지 주니어 데이터 과학자에게 가장 많이 받은 질문은 "어떻게 하면 소프트웨어 개발과 관련된 내용을 더 잘 배울 수 있을까요?"입니다. 타당하지만 이해가 다소 부족해 나온 질문입니다.

ML 소프트웨어 개발은 순수 소프트웨어 개발과 사뭇 다릅니다. 개발자가 알아야 할 모든 요소의 축소판이며, 데이터 과학 작업에 필요한 함수를 수행하는 코드와 유지 관리가 가능하고 안정적인 코드를 만드는 데 초점을 둡니다. 물론 기본 사항은 순수 소프트웨어 개발과 같습니다. 좋은 소프트웨어 설계, 추상화, 캡슐화, 이해, 상속, 다형성의 기본을 아는 것은 ML 엔지니어로서 그리고 개발자로서 성공하는 데 매우 중요합니다. 그러나 기본 사항을 지나고 나면 유사점이 갈라지기 시작합니다.

저는 주니어 데이터 과학자의 질문에 노련한 개발자가 되기 위해 노련한 데이터 과학자가 될 필요는 없다고 답합니다. 두 가지 직업에 동시에 능통해야 한다니, 대다수 사람에게는 불가능한 일이죠.

하지만 그들에게 다소 개방적인 조언을 합니다. 다재다능한 ML 엔지니어가 되기 위해 필요한 기본 지식과 특정 기술을 넘어 자신이 얼마나 알고 싶어 하는지가 관건이라고 말이죠.

소프트웨어 개발 기술은 그냥 배우는 게 아닙니다. 이 책, 저 책을 읽는다고 해서 얻을 수 있는 것이 아닙니다. 또 값비싼 수업을 듣거나 인터넷에서 저장소를 훑어보고 배우는 것도 아닙니다. 이런 기술은 의지적으로 시간을 내서 코드 문제를 해결할 새 방법에 몰두하면서 자신보다 더 숙련된 사람들이 과거에 어떻게 문제를 해결했는지 보면서 배웁니다. 이런 기술은 실패하고, 다시 작성하고, 실수에서 교훈을 얻으며, 테스트하고, 지난주에 작성한 코드보다 오류가 더 적은 코드를 만들기 위해 노력을 기울일 때 배웁니다. 필자가 생각하기에 이런 과정은 가치 있는 여정입니다.

이 장에서 문제시한 내용은 결과적으로 복잡다단해지고 문제 해결이 어려워지게 코드를 작성하고 있는 많은 데이터 과학자의 관행에 대한 것입니다. 이와 관련된 내용을 전부 다루지는 못했지만, 여러분이 작성한 코드가 왜 자신이나 다른 사람에게 문제 해결과 유지 관리, 설명하기조차 어려운 코드가 되는지 생각해보는 계기가 되기 바랍니다.

프로그래밍 인터페이스를 언어라고 일컫는 데는 이유가 있습니다. 언어를 배울 때처럼 기본적인 구문 규칙, 문법, 구조 구성 요소를 이해하고 준수해야 다른 사람이 자신의 생각과 의도를 이해할 수 있습니다. 프로그래밍 언어의 미묘한 차이에는 구어와 문어도 포함됩니다. 잘 만들어진 완벽한 구문의 예시도 있고, 아는 사람만 아는 약어인 '속어slang'도 있습니다.

친구에게 농담을 건네듯 면접에서 말하는 게 바람직하지 않은 것처럼, 코드도 이런 식으로 작성하는 것은 결코 좋지 않습니다. 그렇다 해도 언어에 대한 지식과 표준이 없다면, 의도가 좋은 개발자도 제2외국어를 배운 지 1주일 된 학생처럼 이해할 수 없는 코드를 작성하게 됩니다. 더 큰 문제는 인터넷 속기로 외운 관용적 표현을 남발하는 연설자처럼 세련되지 않고 아마추어처럼 어설프게 코드를 작성한다는 것입니다.

기본 개념을 배우는 시점을 일단 지나고 나면, 그리고 모국어가 가장 배우기 어렵다는 점을 감안하면, 기본 역량과 능숙한 숙달을 가르는 광대한 강에 이르게 됩니다.

시와 산문을 쓰는 여러 작가를 언어 숙달에 비유하고 싶습니다. 처음에 기본을 배우고 나면 아마도 어린이 책 수준의 코드를 작성할 수 있을 겁니다. 물론 문장도 있고 줄거리도 있지만 퓰리처상 수상은 꿈도 꾸지 못하겠죠. 하지만 시간을 들여 연습하고 많은 실수를 고치다 보면 마침내 데이비드 포스터 월리스David Foster Wallace의 소설처럼 세련미와 뉘앙스를 겸비한 ML 설루션을 작성하게 될 겁니다.

코딩 실력이 향상되려면 오랜 시간이 걸립니다. 수많은 오류와 좌절로 가득 차서 결코 숙달하지 못할 것처럼 여겨질 수도 있습니다. 하지만 만사가 그렇듯 결국 어느 순간에는 코딩이 쉬워진 것을 깨닫게 될 겁니다. 과거에 어려웠던 기본 구현이 이제 너무 평범하고 수월해져서 '완벽하게' 해내게 되면, 그동안 얼마나 눈부신 발전을 이룩했는지 알아차리지 못하기도 합니다. 모든 것이 학습과 연습의 여정을 거칩니다.

10.7 요약

- 문제시되는 일반적인 구현 패턴, 이른바 코드 스멜을 식별하면 ML 코드 기반을 읽기 쉽고 디버깅하기 쉬우며 확장 가능하게 만들 수 있습니다.

- 코드 기반이 어떻게 작동하는지 이해하는 데 따르는 인지적 부담을 줄이고 가독성을 높이기 위해 구현을 간소화하려면 많은 시간이 소요됩니다.

- 데이터를 표준 구조로 커링하면 코드 기반을 확장하는 데 필요한 리팩터링의 양이 크게 줄고 오류 문제 해결의 복잡성이 적어집니다.

- try/catch(예외 처리)를 안전하게 적용하면 코드 기반이 프로덕션 환경에서 보다 안정적이게 됩니다. 특정 예외만 발견하면 프로덕션 문제를 조사하는 데 도움이 됩니다.

- 전역 변수의 부작용과 부적절한 사용은 코드 기반에 결정적인 문제를 일으킬 수 있습니다. 변수를 효과적으로 사용할 시점을 알고 필요한 경우 외에는 절대 사용하지 않는 것이 코드 복원력을 향상하는 방법입니다.

- 의도한 동작을 실행하는 논리적 프로세스가 중첩되고 복잡한 재귀적 동작에 적합하더라도 이 논리를 더 이해하기 쉽게 리팩터링하는 것이 ML 코드 기반의 우선적인 작업이 되어야 합니다.

CHAPTER 11

모델의 측정과 그 중요성

> **이 장의 내용**
>
> - 모델의 영향력을 판단하는 방법론
> - 기여도 데이터 수집을 위한 A/B 테스트 방법론

1부에서는 ML 프로젝트 작업을 비즈니스 문제에 연결하는 데 중점을 뒀습니다. 두 영역의 연결은 궁극적으로 솔루션을 실현 가능하게 만드는 가장 중요한 측면입니다. 지금까지 프로젝트를 시작하기 이전과 진행 중에, 그리고 프로덕션 출시 직전까지의 의사소통에 집중했다면, 이번 장에서는 출시 이후의 의사소통에 집중하겠습니다. 특히 사업부에서 이해할 수 있는 언어와 방법론을 사용해 ML 프로젝트의 장기적 건전성을 발표하고, 논의하고, 정확하게 보고하는 방법을 다루겠습니다.

모델 성능에 대한 논의는 복잡합니다. 사업부는 사업 성과를 측정할 기여도에 주된 관심이 있는 반면, ML 팀은 타깃 변수와의 상관관계 같은 모델 유효성의 측정에 집중합니다. 각각 내재한 언어 장벽으로 목표를 서로 다르게 정의하지만, 언제나 그렇듯 솔루션은 있습니다. 비즈니스와 관련 지표에 소통의 초점을 맞춘다면 사업부 팀장이 진정으로 하고 싶은 질문에 답할 수 있습니다. "이 솔루션은 회사에 어떤 도움이 되나요?" 내부 고객이 실제로 신경 쓰는 비즈니스 지표 분석을 확실히 수행한다면 데이터 과학 팀은 [그림 11-1]과 같은 상황을 면할 수 있습니다.

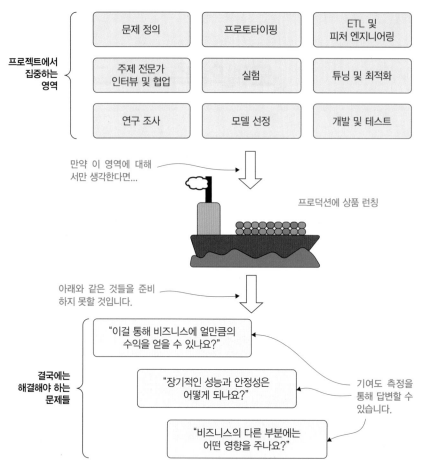

그림 11-1 근시안적인 ML 프로젝트

[그림 11-1]에서 ML 팀은 프로젝트에 대해 근시안적인 접근을 합니다. ML 팀원들은 견고한 솔루션을 프로덕션에 적용하기 위해 각자 필요하다고 여기는 요구 사항에 집중하기 때문에, 피할 수 없는 내부 고객의 질문에 답할 준비가 되지 않습니다. 상관관계 지표를 보여줘봐야 그들에게는 아무런 의미가 없습니다.

이런 문제에 처방할 만한 솔루션이 있습니다. 개발 핵심 코드 외에 추가할 작업이 조금 있지만, 사업부가 지속적으로 참여하고 프로젝트 상태를 알게 된다는 점에서 가치가 있습니다. 이 작업은 비즈니스 기여도를 측정하는 것으로 시작됩니다.

11.1 모델의 기여도 측정

아이스크림 회사 이야기를 해보겠습니다. 이번에 우리는 아이스크림 회사에서 일하는 데이터 과학 팀입니다. 몇 개월 전에 영업 팀과 마케팅 팀이 요청하기를, 고객에게 쿠폰 보낼 시간을 예측해서 고객이 쿠폰을 볼 확률을 높이는 모델을 만들어달라고 했습니다. 마케팅 팀에서는 매주 월요일 오전 8시에 대량의 메일을 발송합니다. 이 프로젝트에서 우리 목표는 개인화해 각 개인에게 맞는 방식으로 이메일을 발송할 날짜와 시간의 조합을 생성하는 것입니다.

[그림 11-2]의 상단은 현재 사용하고 있는 메일의 구성 요소와 그 예시를 보여줍니다. 그리고 하단은 각 회원에게 맞춰 개인화된 모델 결과를 보여줍니다.

우리는 MVP를 구축했고, 실험적으로 실행한 후 몇 가지 괜찮은 결과를 확인했습니다. 우선 이 메일 쿠폰 코드에 1×1 픽셀 데이터를 추가해 마케팅 광고의 열람률과 클릭률을 확인할 수 있게 했습니다. 이 정보를 추적해 실제 쿠폰의 열람률과 사용률을 모니터링해보니, 놀랍게도 정확도가 높았습니다.

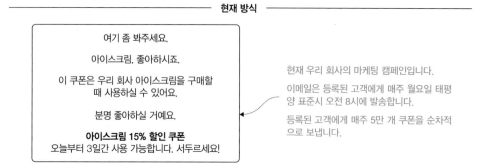

여기 좀 봐주세요.

아이스크림, 좋아하시죠.

이 쿠폰은 우리 회사 아이스크림을 구매할 때 사용하실 수 있어요.

분명 좋아하실 거예요.

아이스크림 15% 할인 쿠폰
오늘부터 3일간 사용 가능합니다. 서두르세요!

현재 우리 회사의 마케팅 캠페인입니다.

이메일은 등록된 고객에게 매주 월요일 태평양 표준시 오전 8시에 발송합니다.

등록된 고객에게 매주 5만 개 쿠폰을 순차적으로 보냅니다.

ML 프로젝트

개인화된 이메일이 더 좋을 거라 생각합니다.

회귀 ── 이메일을 보낼 때 시간을 각 고객에게 맞춥니다.

분석 ── 선호하는 맛에 따라 이미지와 콘텐츠를 개인에게 맞춥니다.

몬테카를로 마르코프 체인 ── 사용 확률에 기반해 할인가를 개인에게 맞춥니다.

ML 프로젝트
- 최적의 발송 시간
- 애호도 분석
- 할인가 목표 모델

목요일 오후 4:45 발송

윌리 님! 좋은 오후입니다.
열심히 일하는 강아지가 가장 좋아하는 게 뭔지 아세요?

바보 같은 질문이죠? **맞습니다.**
당신이 가장 좋아하는 블랙 포레스트 체리가 입고되었다고 사람들에게 알려주세요!

15% 할인 블랙체리 아이스크림
착한 분들에게만 드리는 쿠폰입니다.

토요일 오후 7:15 발송

줄스 님, 당신이 좋아할 새로운 맛이 나왔어요!

4일간 사용 가능하니 꼭 와서 주문해보세요.

체리 초코칩 쿠키 아이스크림 40% 할인

그림 11-2 아이스크림 프로젝트의 경우 기준선이 되는 기존 메일과 테스트할 실험 결과가 둘 다 있습니다. 성공 여부를 어떻게 측정할 수 있을까요?

정말 흥분되는 소식이지만, 사업부는 예측한 이메일 열람 시간과 실제 열람 시간 사이에 몇 분 오차가 있는 것이 탐탁지 않습니다. 사실 그들이 정말로 알고 싶은 것은 '이렇게 하면 매출이 증가하는가?'입니다. 이 질문에 답하려면 [그림 11-3]에 보이는 지표를 분석해야 합니다.

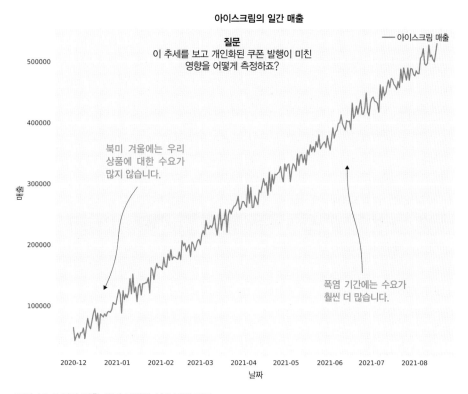

그림 11-3 일간 매출: 우리 모델의 실제 타깃 지표

개인화된 쿠폰을 고객이 쿠폰을 열람할 확률이 가장 높은 시간에 발송하는 것과 고객이 쿠폰을 실제 사용하는 것에 인과관계^{causation}가 있는지 확인할 방법이 있을까요? 모델이 인과관계에 영향을 주는지 확인하려면 누구를 대상으로, 무엇을, 어떤 도구를 활용해 측정할지를 먼저 결정해야 합니다.

11.1.1 예측 성능 측정

모델의 성능을 측정할 때 생각해야 하는 첫 단계는 실험을 설계할 때 진행한 단계와 같습니다. 우리는 솔루션의 프로덕션 출시일보다 훨씬 앞서서 이메일 마케팅 캠페인을 진행하고 있는 내부 고객 전문가와 이야기를 나누는 것으로 시작합니다. 그들은 자사 고객과 제품군 간의 상호작용을 깊이 이해하고 있습니다.

논의를 진행하는 동안에는 고객에 대해 마케팅 팀이 알고 있는 지식에 초점을 맞추는 것이 좋습니다. 고객에 대한 깊은 이해는 영향을 미칠 잠재 요소를 제한하고, 결과의 편차를 최소화하는 데 유익합니다. 다시 말해 우리가 어떤 데이터를 수집하고 사용할지 정의할 때 고객에 대한 이해를 기준으로 삼을 수 있습니다. [표 11-1]은 주제 전문가와 데이터 과학 팀의 가정과 그 분석 결과입니다.

표 11-1 가설로 설정한 차별화 요소와 실제 사전 정보

가설	유의미한가?	잠재적인 교란 요인인가?
따뜻한 지역의 고객은 아이스크림을 더 많이 구매한다.	아니요	아니요
교외에 사는 고객이 더 많이 구매한다.	네	아마도*
30대 이상의 고객이 더 많이 구매한다.	아니요	아마도*
이메일을 열어본 고객이 더 많이 구매한다.	네	네
오래된 고객이 더 많이 구매한다.	네	아마도**
자녀가 있는 고객이 더 많이 구매한다.	네	아니요***

* 분석에 편향이 있을 공산이 큽니다. 위험이 큰 교란 요인입니다.

** 최근 구매일과 구매 수량이 복합적으로 얽혀 있을 수 있습니다.

*** 데이터가 불충분하고 추적하기 어렵습니다.

다양한 고객 그룹을 평가하는 분석 프로세스를 과거 데이터에 적용해서 그룹별로 행동 패턴을 분리해내고, 동시에 그룹 내부의 편차를 줄일 수 있습니다. [그림 11-4]는 분석 테스트에서 발견한 최적의 계층화 방법론으로 수행할 일을 보여줍니다.

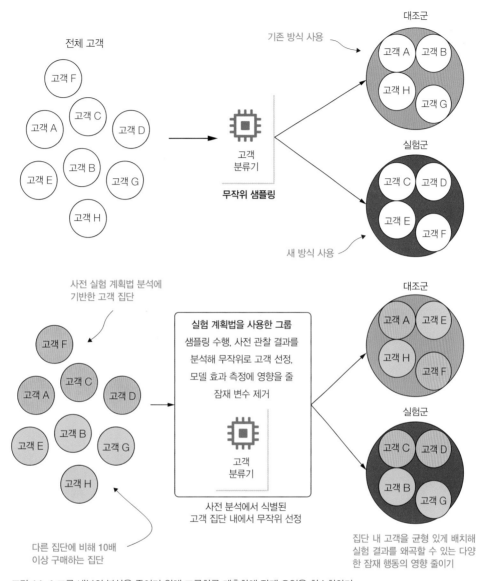

그림 11-4 그룹 내부의 분산을 줄이기 위해 그룹화를 계층화해 잠재 요인을 최소화하기

우리는 고객 행동에 불균형을 가져오는 잠재 변수의 영향을 최소화해야 한다는 점을 잘 압니다. 고객 행동을 결정적으로 식별할 데이터를 확보하지는 못하지만, 약간의 조정을 통해 기여도를 높일 수는 있습니다. 그렇다면 어떻게 해야 할까요? 고객을 가장 효과적으로 그룹화하는 방법이 무엇일까요?

주제 전문가들과의 논의를 바탕으로 모집단에 내재된 변동성을 줄일 대략적인 분석 방법을 찾아냈습니다. 마케팅 팀의 의견을 경청해 고객 집단을 평가할 때 검증된 방법론을 사용하는 것이 최고의 솔루션이라는 사실도 알게 되었습니다. 최근 구매 이력, 과거 구매 횟수, 고객이 지불한 총액을 결합해 고객 집단을 분류하는 표준 지표를 정의했습니다.

RFM: 고객을 그룹화하는 좋은 방법

최신성recency, 빈도frequency, 금전적 가치monetary value의 첫 자를 딴 RFM은 얀 로엘프 불트Jan Roelf Bult와 톰 완스벡Tom Wansbeek이 만든 다이렉트 마케팅 용어입니다. 이들은 '다이렉트 메일을 위한 최적의 선택Optimal Selection for Direct Mail'이라는 기사에서 RFM을 고객에게 가치를 주는 강력한 도구라고 소개했습니다. 두 사람은 기업 매출의 80%가 20%의 고객에게서 창출된다고 추정했습니다.

과도한 주장이라고 할 수 있겠지만, 이 방법론은 여러 산업에서 오랜 기간 입증되었습니다. 이 방법론의 주요 개념은 관찰 가능한 세 개의 변수에 대한 사분위수로 다섯 개의 고객 집단을 정의하는 것입니다. 예를 들어 금전적 가치가 높은 고객은 상위 20%에 속하는 소비 고객으로 M 값을 5로 두고, 계정을 만든 후 한 번만 구매한 고객은 F 값을 1로 두는 식입니다.

RFM을 조합하면 가치가 가장 낮은 고객(111)부터 가장 높은 고객(555)까지 총 125개 집단이 있는 행렬이 생성됩니다. 행렬 항목에 사업 또는 산업별로 집단의 의미를 부여하면 데이터 과학 팀은 가설 검정을 위해 잠재 변수를 줄일 수 있는 계층화 지점을 확보할 수 있습니다.

저는 인간의 행동을 단순하게 유형화해 분류하는 이 기법을 처음에는 그다지 신뢰하지 않았습니다. 하지만 몇 번의 성공을 경험한 후로는 단순하지만 놀랍도록 강력한 이 기법을 굳게 신뢰하게 되었습니다.

RFM 계산을 통해 고객 집단을 생성하는 방법은 [그림 11-5]를 참고하세요.

RFM 기법은 사람에게만 적용되는 것이 아닙니다. 우리 고객 데이터에 비율 분석을 수행해 가치가 가장 낮은 고객(111)부터 가장 높은 고객(555)까지 분류합니다. 그러면 이를 통해 고객 행동에 영향을 미치는 수많은 잠재 요인을 대략 추정할 수 있습니다. 다시 말해 비교적 행동이 비슷한 사람들의 집단을 대상으로 테스트할 수 있도록 계층화할 수 있다는 것입니다. 결과적으로 실험을 제어하고 편차를 줄이게 됩니다.

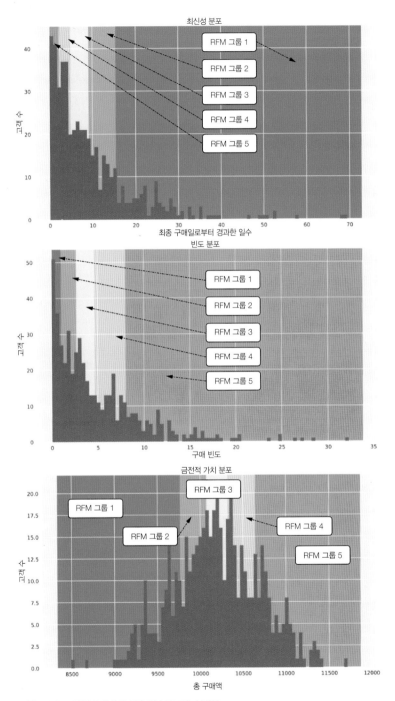

그림 11-5 고객의 RFM 요소별 히스토그램 시각화

RFM의 125개 조합을 사용하는 것은 흥미롭지만, 우리가 보고 싶어 하는 비즈니스 지표와 관련된 모델의 성과를 분석하는 데는 실질적인 도움이 되지 않습니다. 마케팅 주제 전문가와의 협업을 통해 125개 집단을 의미 있는 세 집단(높은 가치, 중간 가치, 낮은 가치)으로 축소해 분석할 수 있습니다.

이렇게 그룹을 나누면 [그림 11-6]과 같이 고객 기반이 전반적으로 구분됩니다. 그림을 보면 매출 기준에 대해 각 구성 요소의 기여도, 차이에 대한 통계적 유의성, 가설 검정에 사용할 수 있는 성공 공식을 명확하게 구분할 수 있습니다.

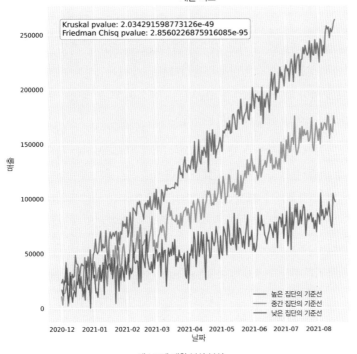

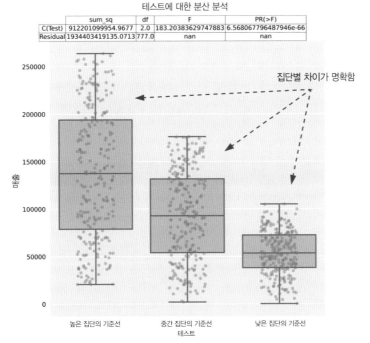

그림 11-6 마케팅 주제 전문가와 함께 RFM 계산에서 새로 정의한 세 집단의 동질성 분석

모델 성능을 굳이 지표로 나타내야 하는 이유가 뭔가요?

모델 적합도 추정에 사용하는 예측 오차 지표가 사업부에는 익숙하지 않은 개념이라는 사실은 일단 제쳐두겠습니다. 모델 성능을 단순한 지표로 점수를 매기는 것이 어려운 가장 큰 이유는 실제 비즈니스에서 영향력을 산정할 때와 같은 항목을 측정하지 않기 때문입니다. 유효성 검증을 위한 교차 검증 데이터로 모델이 얼마나 좋은 성능을 내든 관계없이, 지표 성능이 실제 프로젝트의 목표에 직접 영향을 미친다고 보장할 수 없다는 말입니다.

교차 검증 데이터가 나타내는 지표 성능만을 보면 프로젝트에서 해결하고자 하는 문제를 완벽하게 해결한 것처럼 보일 수 있습니다. 하지만 이 지표만을 근거로 프로젝트에 도입한 솔루션이 성공할 것이라는 주장은 다소 성급할 수 있고 오해의 소지도 많습니다. 상관관계 점수로 모델 품질을 추정할 때 문제점은 상관관계 점수라는 지표가 결과에 영향을 미치는 모든 요인을 포괄하지 못한다는 것입니다.

피처 벡터를 만들어내는 과정에서 우리는 관측값과 결괏값의 상관관계를 최적화하려 합니다. 그래서 실제 예측 결과가 우리가 의도하는 영향을 미칠 수 있을지 확신하지 못합니다.

이 시나리오에서 예측의 영향력을 확인하는 유일한 방법은 모델의 예측 결과를 본 사람과 그렇지 않은 사람의 매출 차이를 측정해 가설을 검증하는 것뿐입니다. 표본 집단 간의 매출 차이를 통해 이 모델이 전체 고객에게 적용될 때 확률적으로 효과가 있으리라는 확신을 가질 수 있습니다.

상관관계와 인과관계에 대해 계속 알아보기 전에, 몇 가지 일반적인 지도 학습 문제에서 ML 지표 점수와 비즈니스 지표 점수가 서로 다른 예를 [표 11-2]를 통해 보겠습니다.

표 11-2 프로젝트 지표와 비즈니스 지표

프로젝트	ML 지표	비즈니스 지표
사기 탐지	areaUnderPR, areaUnderROC, F1	사기로 인한 손실액, 발생한 사기 건수
고객 이탈 예측	areaUnderPR, areaUnderROC, F1	최근 구매 경과 일수, 이탈 위기 고객의 로그인 이력
매출 예측	AIC, BIC, RMSE 등	수익
감성 분석	BLEURT, BERTScore	고객 점수, 참여율
아이스크림 쿠폰	MAE, MSE, RMSE	수익, 쿠폰 사용량

이 표는 적용 가능한 손실 지표가 아니라 비즈니스에서 중요한 것을 데이터 과학 팀의 관점에서 보도록 하는 데 초점을 둡니다. 손실 지표는 훈련 과정에서 대단히 중요하지만, 손실 지표가 최적화되었다고 해서 꼭 비즈니스 지표에 좋은 조건이 되는 것이 아닙니다. 특히 데이터셋에 존재하는 왜곡된 상관관계를 최적화했다면 더더욱 그렇습니다. ML 기반 프로젝트 전반에 걸쳐 손실 지표와 비즈니스 지표를 둘 다 활용한다면, 결과적으로 비즈니스의 기대치를 맞추지 못하는 위험을 크게 낮출 수 있습니다.

사업부에 결과 자료를 전달할 때 반드시 명심할 것은 상관관계와 인과관계를 혼동해서는 안 된다는 점입니다. 사람들이 분석 결과를 보고 자연스럽게 인과관계를 유추하려 하겠지만, 그렇게 하도록 방치하는 것은 매우 위험합니다. 모니터링하려는 지표가 수익처럼 전사적으로 중요한 내용이라면 더더욱 위험합니다.

A/B 테스트를 수행한다면 고객의 행동을 관찰하고 그 차이를 기반으로 모델의 영향력을 판단할 근거로 제공할 수는 있지만, 테스트 결과를 넘어서는 이야기는 자제해야 합니다. 인과관계는 전적으로 확실하지 않기 때문입니다. 가장 좋은 방법은 상관관계에 기반한 모델의 특징이나 계층화 분석에 활용한 그룹화 특징을 알려주되 이를 결과의 원인으로 암시하지 않는 것입니다. 그렇다고 주장하기에는 테스트 결과에 무수한 변수가 잠재하고, 그 내용을 전부 다 알 수도 없기 때문입니다.

ML 지표

ML 지표 사용을 부정하는 것처럼 보일 수 있겠지만, 사실은 전혀 그렇지 않습니다. 이 지표는 모델을 적합한 방향으로 구축해가는 데 절대적으로 중요한 요소로 활용 가치가 높습니다. 또 상관관계에 초점을 맞춰 예측할 때 품질에 대한 많은 정보를 경험을 통해 알게 됩니다. 오히려 저는 솔루션을 구축하는 과정에서 지표 데이터를 약간 과하게 수집하곤 합니다. 만일의 상황을 대비해 수학적인 자료를 모아두는 편이죠.

ML 지표가 보통 사업부에는 쓸모없는 데이터라는 이야기입니다. 내부 고객이나 외부 고객과 직접적인 관계가 없기 때문입니다.

이런 지표를 사용한다고 해서 우리 문제가 반드시 해결된다는 보장은 없습니다. 그 목적과 설계를 고려해본다면, 현실에서 수집하고 사용할 수 있는 데이터가 제한된 상황에서 솔루션이 타깃 값을 얼마나 잘 맞추는지에 대한 상대적인 품질을 측정하는 도구 이상의 의미는 없습니다.

이 책에서 제가 주장하는 바는 항상 모든 작업의 초점을 최종 상태가 어떻게 될 것인지에 맞춰야 한다는 것입니다. ML 실무자로서 어떤 알고리듬을 사용하고 어떤 통계 모델을 채택하며 피처 엔지니어링이 얼마나 잘 되는지에 집중하는 것이 아니라 우리가 구축하는 것이 무엇인지에 집중해야 합니다. 모델만이 아니라 모든 인프라와 데이터가 문제 해결이라는 목적하에 쓸모가 있음을 잊지 말아야 합니다.

데이터 과학 팀에서 다루는 모든 프로젝트는 품질을 측정할 수 있습니다. 만약 그렇지 않다면 프로젝트가 실험 단계에서 중단될 공산이 큽니다. 프로젝트를 통해 해결하려는 모든 문제에는 대개 자체 지표가 있고, 그런 지표는 데이터 과학 팀에 프로젝트를 의뢰한 팀이 갖고 있습니다.

매출을 늘리고자 한다면 수익, 판매량, 고객 유지율, 재구매율, 세션 시간 같은 것을 측정하세요. 콘텐츠를 더 많이 보여주고 싶다면 얼마나 시청했는지, 플랫폼 이용 시간, 반복 방문, 추천 항목의 소비량 등을 측정할 수 있습니다. 사기 탐지를 원한다면 탐지율, 사기 손실 비용, 고객 만족도를 측정해보세요. 장비 고장을 예측하고 싶다면 사후 장비 검사 상태, 수리 비용 수준, 장비 교체 지출 같은 지표를 측정할 수 있습니다.

프로젝트 지침에는 사업부에서 사전에 측정한 특정 내용이 들어 있는데, 이 내용은 데이터 과학 팀이 바로 수정해 사용할 수 있도록 상세히 조사되어 있어야 합니다. 그리고 사업부에서는 ML을 적용하면 상황이 개선되리라고 기대할 것입니다.

만약 여러분이 이런 상황의 개선 여부를 측정하지 않고 난해한 통계치를 가지고 예측 성능을 정당화하는 일에만 전념한다면, 여러분 자신과 프로젝트 팀에 해를 끼치게 됩니다.

프로젝트 전반을 사업부에서 익숙한 지표로 측정해 소통한다면, 사업부 팀장에게 영웅이란 말을 들을 수도 있습니다. 데이터 과학 팀은 능력에 대해 높은 신임을 받고 비즈니스에 미치는 영향에 솔직해질 것입니다. 또 상황이 이전처럼 잘 풀리지 않는 때를 모두가 명확하게 인식하게 됩니다. 다음 장에서 다루겠지만, 이런 일은 피할 수 없죠.

11.1.2 상관관계와 인과관계

사업부에 모델의 결과를 보여줄 때는 상관관계와 인과관계를 뚜렷하게 구분해야 합니다. 여러분이 내놓은 결과를 보면서 사업부 팀장이 인과관계를 유추할 낌새가 조금이라도 보이면, 이둘의 차이를 말해주는 것이 좋습니다.

상관관계는 단순히 관찰된 변수들 간의 관계나 연관성을 뜻합니다. 모종의 관계가 있고 없음을 따질 뿐, 그 외 어떤 것도 의미하지 않습니다. 이 개념은 데이터 분석에 익숙하지 않은 일반인에게 직관적이지 않을 수 있습니다. 사실상 우리 뇌가 데이터를 분석한 결과를 보고 '그럴듯한' 결론을 내리는 합리적 방식으로 작동하기 때문이죠.

예를 들어 아이스크림과 벙어리 장갑의 매출 데이터를 수집해 연도별, 국가별로 집계하고 이 둘 사이에 강한 음의 상관관계가 있음을 계산할 수 있습니다. 벙어리 장갑 매출이 줄면 아이스크림 매출은 늘고, 반대로 벙어리 장갑 매출이 증가하면 아이스크림 매출이 감소합니다. 이 결과를 가지고 "아이스크림을 더 많이 팔려면 벙어리 장갑 공급량을 줄이면 되겠다"는 인과관계를 말한다면 대부분의 사람은 말도 안 된다며 웃겠죠.

보통 사람들은 "사람들은 추우면 장갑을 사고 더울 때는 아이스크림을 사잖아요"라고 이야기할 것입니다. 이런 것이 인과관계를 정의하려는 시도입니다. 그러나 관찰된 데이터의 음의 상관관계만으로는 인과관계를 추론하지 못합니다. 우리가 가진 관찰 데이터만으로는 아이스크림이나 벙어리 장갑 구매에 영향을 주는 개별 요인이 무엇인지 알 수 없기 때문입니다.

이 분석에 기온을 추가해 교란 변수confounding variable로 적용한다면 이 같은 결론이 왜곡된 것임을 확인할 수 있습니다. 하지만 여기에서는 구매 결정을 유도하는 복잡한 요인을 무시했습니다. 다음 페이지의 [그림 11–7]을 통해 예를 들어보겠습니다. 이 그림을 보면 분명 관계가 있습니다. 기온이 올라가면 아이스크림 매출도 늘어납니다. 게다가 관계가 매우 강하게 나타납니다. 하지만 이 둘 간에 관계가 있다는 것 외에 유추할 만한 게 있을까요?

그다음 페이지에 있는 [그림 11–8]의 그래프를 봅시다. 누군가가 아이스크림을 구매할 것인지 예측하기 위해 모델에 관찰 데이터를 추가했습니다. 구름의 양(흐린 정도)과 매출을 그린 그래프를 보면 기온보다 훨씬 더 강한 상관관계가 있습니다. 그렇다면 이것이 의미하는 바는 무엇일까요? 단지 관찰된 변수 간에 강력한 상관관계가 존재한다는 것입니다. 그 외에 다른 어떤 것도 유추할 수 없습니다. 기온이 높고 구름이 적은 날에는 아이스크림을 구매할 것이라고 논리적 비약을 할 수는 없는 것이죠. 기온과 구름이 구매율에 영향을 미치는 것은 분명해 보이지만, 이 둘이 아이스크림 구매 결정의 원인이라고 단정할 수 없습니다.

ML 모델에서 우리는 관찰된 변수의 관계 중에서 비용 함수cost function를 최적화하고, 예측 변수에서 가장 합리적인 추정치를 도출하는 작업을 할 뿐입니다. 어떤 상황에서든 이 작업이 인과관계를 의미하지는 않습니다.

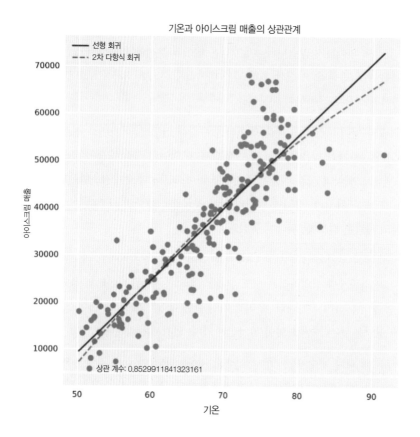

두 변수 간에 강한 상관관계가 있습니다.

하지만 어느 하나가 다른 하나의 원인이라고 이야기하지는 않습니다.

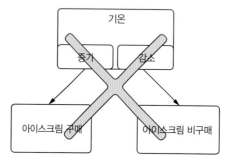

그림 11-7 상관관계가 곧 인과관계인 것은 아닙니다.

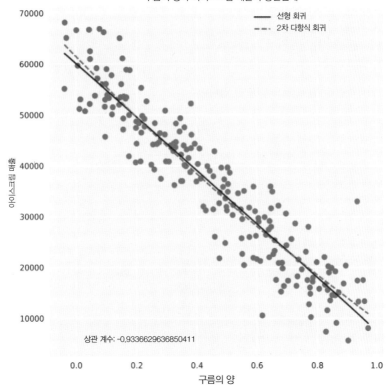

구름의 양과 아이스크림 매출의 상관관계

상관 계수: -0.9336629636850411

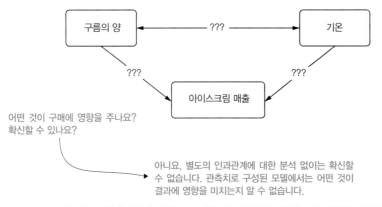

구름의 양 비율과 아이스크림 매출의 상관관계가 더 크다면?

구름의 양 ←――― ??? ――→ 기온

??? ???

아이스크림 매출

어떤 것이 구매에 영향을 주나요?
확신할 수 있나요?

아니요, 별도의 인과관계에 대한 분석 없이는 확신할
수 없습니다. 관측치로 구성된 모델에서는 어떤 것이
결과에 영향을 미치는지 알 수 없습니다.

그림 11-8 교란 변수, 기온과 매출의 관계를 비교해볼 때 어떤 것이 매출에 더 큰 영향을 줄까요? 기온일까요, 구름일까요? 아니면 둘 다일까요?

인과관계를 추론하지 못하는 이유는 간단합니다. 그렇게 결정이 내려진 이유를 '모두' 수집하지 않았기 때문입니다. 우리가 모든 이유를 관측하지 못했기 때문에 모델 역시 그 이유를 알지 못하는 것이 당연합니다. 만약 우리가 전지전능해서 결정에 영향을 줄 수 있는 모든 이유를 관측해낼 수 있다면, 거의 완벽한 정확도로 예상 결과를 단도직입적으로 말할 수 있겠죠. 그렇게 된다면 데이터 과학자라는 직업도 필요 없을 것입니다.

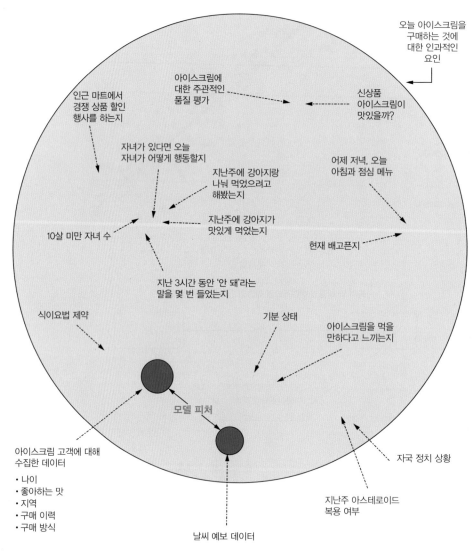

그림 11-9 모델에서 미지 요인의 바다. 모든 요소를 관찰하지 않으면 인과관계의 추정이 불가합니다. 모든 정보를 확보하지 못합니다.

누군가의 아이스크림 구매 여부를 알아내려 한다고 상상해봅시다. [그림 11-9]는 의사 결정을 유도하는 요인을 복합적으로 보여줍니다. 여러 요인 중 이 사람에 대해 수집할 수 있는 데이터는 제한적입니다. 구매 결정에 영향을 미칠 다른 요인도 마찬가지로 수집할 방법이 없습니다. 만약 모든 정보를 수집한다 해도 이 모델을 훈련해 일반화하기는 어려울 것입니다. 차원의 저주 curse of dimensionality 때문에, 이렇게 많은 피처로 쓸 만한 모델을 훈련하려면 데이터가 수십억 건은 되어야 그나마 정확성을 논할 수 있겠죠.

ML 모델의 결과에 인과관계를 부여하려는 시도는 하지 않는 편이 좋습니다. 우리가 다루는 것은 상관관계이며, 예측하기 위해 상관관계가 있는 변수에서 결과를 추출하려고 최선의 노력을 기울이고 있다는 점을 잊으면 안 됩니다. 우리는 실제로 어떤 일이 일어나거나 일어나지 않게 하는 힘에 대해 근시안적 관점에서 의미나 인과적 동기를 부여하려는 것이 아닙니다.

이와 비슷하게 A/B 테스트에서 통계적으로 유의미한 결과가 나왔다고 해서 인과관계를 유추할 수 있는 것도 아닙니다. 테스트 집단 간에 결과가 동일하지 않다고 주장할 수 있을 뿐입니다. 그러나 A/B 테스트로 인과관계를 실험해서 모델의 예측 결과가 유용한지 검증할 수는 있습니다.

데이터 과학자로서 이 개념을 이해하는 것은 중요합니다. 하지만 여러분이 구축하고 있는 프로젝트를 의뢰한 사업부의 내부 고객과 대화할 때는 이 개념을 더욱 확실히 짚고 넘어가야 합니다. 저는 이 원리를 제대로 전달하지 못해 엄청난 혼란과 좌절을 겪은 적이 있습니다.

인과관계 분석

실험 계획법(DOE)이나 인과관계 모델링 같은 특정 기법을 사용한다면, 피처와 타깃 값의 인과관계를 파악할 수 있습니다. 오차 최소화에만 초점을 두는 지도 학습과 달리, 실험 계획법 모델링을 통해 발견하게 되는 인과관계는 자신 있게 정의할 수 있습니다.

실험 계획법에서 유향 비순환 그래프 directed acyclic graph(DAG)를 주의 깊게 구성한다면 타깃 값에 미치는 영향의 크기와 방향을 결정할 수 있습니다. 인과관계 모델링과 실험 계획법에 대한 자세한 내용은 『Elements of Casual Inference: Foundations and Learning Algorithms by Jonas Peters』(MIT Press, 2017)를 참고하기 바랍니다.

11.2 A/B 테스트를 활용한 기여도 계산

이전 절에서 기여도 측정의 중요성을 이해했습니다. 아이스크림 쿠폰 모델의 경우, 잠재 변수의 영향을 최소화하기 위해 고객을 여러 집단으로 세분화하는 방법론을 정의했습니다. 개선하고자 하는 목표와 관련된 비즈니스 지표를 기반으로 우리가 구현할 것의 성공 기준을 평가하는 것이 왜 그렇게 중요한지도 알아봤습니다.

이런 이해를 바탕으로 모델이 미치는 영향력을 계산하려면 어떻게 해야 할까요? 수학적으로 타당하다는 판단을 내리고 모델이 비즈니스에 미치는 영향만큼이나 복잡한 어떤 것에 대해 반박할 수 없는 평가를 하려면 어떻게 해야 할까요?

11.2.1 A/B 테스트의 기본

앞서 비율 기반의 RFM 그룹화를 통해 고객 집단을 정의했으므로, 고객에게 어떤 쿠폰을 제공할지 결정하기 위해 무작위 계층화 추출random stratified sampling을 수행할 준비가 되었습니다.

대조군에는 태평양 표준시 월요일 오전 8시에 일반 쿠폰을 이메일로 발송합니다. 실험군에는 ML 모델을 통해 생성한 맞춤형 콘텐츠를 이메일 발송 시간에 맞춰 발송합니다.

> NOTE_ 프로젝트에서 여러 요소를 한꺼번에 공개하는 일이 가설 검정에 직관적이지 않은 듯 보이지만, 대부분의 기업은 되도록 빠른 시간 내에 솔루션을 출시하기 위해 과학적인 정확도 평가 결과를 어느 정도 양보할 의향이 있습니다. 이 과정에서 통계 표준을 따르지 못할 수도 있는데, 이 같은 상황에서 제가 드리는 조언은 이렇습니다. 일단 조용히 참으세요. 그리고 나중에 A/B 테스트에서 구현 사항을 변경해서 솔루션의 여러 측면에 미치는 인과적 영향을 파악하기 위한 변동 테스트를 수행할 수 있음을 상기하세요. 솔루션을 출시할 때가 되면 일단은 가능한 한 최상의 솔루션을 먼저 출시한 다음, 나중에 구성 요소를 분석해보는 것이 훨씬 이로운 경우가 많습니다.

일반적으로 사람들은 프로덕션에 배포한 후 데이터가 들어오기 시작하면 그 영향을 시각적으로 확인하고 싶어 합니다. 대조군과 실험군을 기준으로 비즈니스 변수의 결과를 집계하는 많은 차트를 만들게 됩니다. 시각적으로 멋진 차트를 만드는 것도 중요하지만, 그 전에 가설을 검정할 중요한 측면을 정의해야 성공적인 판단을 내릴 수 있습니다.

얼마나 많은 데이터를 모아야 하나요?

가설 검정을 설계하는 프로세스에서는 평가를 내리기에 적합한 데이터 표본 크기를 결정하는 일이 관건입니다. 다음 예제에서는 비즈니스의 필요에 따라 표본의 적정 크기를 결정하는 비교적 간단한 방법을 알려줍니다.

예제 11-1 최소 표본 크기 결정하기

```
from statsmodels.stats.power import tt_ind_solve_power                    ①
x_effects = [0.01, 0.05, 0.1, 0.15, 0.2, 0.25, 0.5]                      ②
sample_sizes = [tt_ind_solve_power(x, None, 0.2, 0.8, 1, 'two-sided')
    for x in x_effects]                                                  ③
sample_sizes_low_alpha = [tt_ind_solve_power(x, None, 0.01, 0.8, 1, 'two-sided')
    for x in x_effects]                                                  ④
```

1. SciPy의 **power solver**를 **statsmodels**의 상위 수준 API로 사용합니다.

2. 대조군과 실험군의 차이를 비율 기준으로 알아보기 위한 리스트입니다.

3. 유의수준alpha을 0.2로, **effect_size**를 **None**으로 두고 표본 크기를 확인합니다.

4. 유의수준을 0.01로 두고 표본 크기를 확인합니다(99% 확률로 1종 오류가 발생하지 않음).

코드를 실행한 결과가 [그림 11-10]입니다. 시각화와 관련된 코드는 이 책의 저장소에서 확인할 수 있습니다. 두 경우는 모두 **power** 값을 0.8로 고정했는데, 예시에서 2종 오류 위험이 비즈니스에 악영향을 주는 경우 이 값을 조정해야 합니다.

유의수준이 작을수록 실험군과 대조군 간의 차이를 판단하기 위해 더 많은 표본이 필요합니다. 확정적 판단을 내리기 위해서는 데이터를 충분히 수집해야 하며, 이를 위해 필요한 시간이 얼마인지 알려주는 과정이 필요합니다. 이런 내용은 모델이 프로덕션 단계로 이동하기 전에 전달되어야 합니다. 기대치에 대해 사전에 논의하지 않는다면 사업부는 프로젝트 결과물을 언제 볼 수 있는지, 볼 수는 있는지 의문을 갖게 될 것입니다.

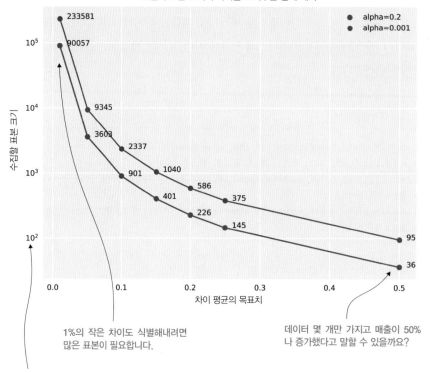

표본과 표본 크기의 차이를 보여주는 관계 예시

- alpha=0.2
- alpha=0.001

233581

90057

9345

3603

2337

901

1040

586

401

375

226

145

95

36

10^5

10^4

10^3

10^2

수집할 표본 크기

0.0   0.1   0.2   0.3   0.4   0.5

차이 평균의 목표치

1%의 작은 차이도 식별해내려면
많은 표본이 필요합니다.

데이터 몇 개만 가지고 매출이 50%
나 증가했다고 말할 수 있을까요?

로그 스케일을 통해 모델을 적용할 때 얻는 개선 효과를 알 수 있습니다. 개선하
고자 하는 지표에 영향을 주지 않는다면, 원점으로 돌아가 설루션 접근 방식을
다른 방향으로 재고해야 합니다.

그림 11-10 신뢰도 요구 사항을 기반으로 표본 크기 결정하기

지금까지 알아본 추정치는 정규 분포를 따르는 균일한 표본 집단의 크기를 요하는 통계 검정에 기반합니다. 모수^{parametric} 데이터뿐만 아니라 비모수$^{non-parametric}$ 데이터 또는 불균형한 표본 크기에 적절한 유의성 검정에 대해서도 차차 알아보겠습니다.

이렇게 하면 안 됩니다

[그림 11-11]은 많은 기업에서 비즈니스에 미치는 영향을 평가하기 위해 ML 프로젝트 작업의 초기부터 기여도를 평가하는 방식을 안내합니다. 바른 통계 프로세스를 거쳐 적절한 분석으로 기여도를 측정하지 않는다면 사업부에서는 크게 좌절할 수 있습니다.

이를 방지하는 가장 좋은 방법은 데이터를 평가하는 방법과 영향력을 판단하는 데 시간이 얼마나 걸리는지를 규칙으로 정하고, 매개변수의 통계적 유의성을 검정할 수 있도록 모니터링 시스템을 갖추는 것입니다.

지금까지 우리는 RFM 집단을 정의하고, 표본 크기를 산정하며, 측정할 기여도 데이터를 수집할 자동화된 모니터링 작업을 완료했습니다. 이로써 프로젝트 평가를 시작할 준비가 된 것입니다.

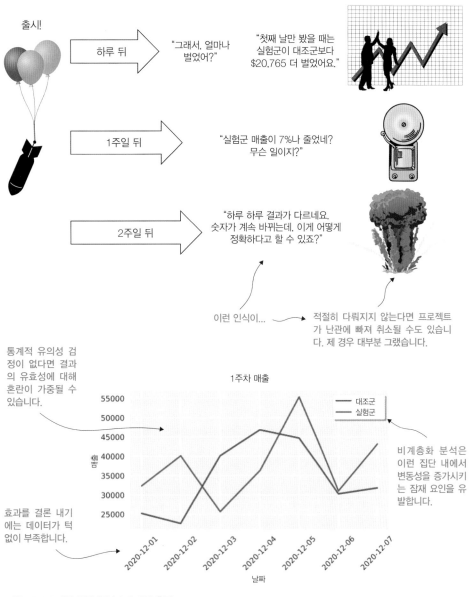

그림 11-11 가설 검정 무시가 초래한 혼란

11.2.2 지속적인 지표 평가

아이스크림 쿠폰 최적화 문제의 경우, 비즈니스에서 가장 중요하게 여기는 측정값 하나는 수익입니다. 금전적 가치를 다루는 많은 경우에 지출과 관련된 분포는 일반적으로 강한 비정규성을 보입니다. [그림 11-12]는 상품 가격이 다양하고 장바구니에 무제한 담을 수 있는 전자 상거래에서의 지출액을 나타낸 구매 그래프입니다.

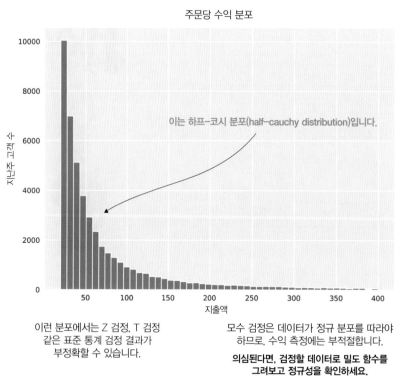

그림 11-12 고객 수에 따른 수익의 정규성 검증

이 그래프와 같은 분포를 다루게 된다면 표준 모수 검정을 하지 않을 것입니다. 하지만 지금은 아이스크림이 고정 가격 상품으로 이루어져 있고, 쿠폰도 단일 상품에 발행합니다. 통계 분석 후에 우리가 검증할 데이터가 비교적 정규 분포를 따르고 있음을 확인했습니다.

솔루션에 대해 실험적 테스트를 수행할 때는 [예제 11-2]와 같이 모수 검정을 정의할 것입니다. 시간에 따른 특정 집단의 매출뿐만 아니라 각 테스트 간의 동등성 검정 p-값과 함께 표준 그래프로 보여줄 것입니다. 이는 모수 검정과 비모수 검정을 모두 나타낸 데모용이며, 실제로는 보고서에 이 모든 것을 포함하지 않고 적합한 것만을 수록해야 합니다.

예제 11-2 통계 검정 그래프

```
from statsmodels.stats import anova
from scipy.stats import f_oneway, mannwhitneyu, wilcoxon, ttest_ind
from collections import namedtuple
import matplotlib.pyplot as plt
DATE_FIELD = 'Date'
TARGET_FIELD = 'Sales'
def calculate_basic_stats_df(series):                                          ①
    StatsData = namedtuple('StatsData', 'name mean median stddev variance sum')
    return StatsData(series.name,
        np.mean(series),
        np.median(series),
        np.std(series),
        np.var(series),
        np.sum(series)
    )


def series_comparison_continuous_df(a, b):                                     ②
    BatteryData = namedtuple('BatteryData',
                             'left right anova mann_whitney_u wilcoxon ttest')
    TestData = namedtuple('TestData', 'statistic pvalue')
        anova_test = f_oneway(a, b)
    mann_whitney = mannwhitneyu(a, b)
    wilcoxon_rank = wilcoxon(a, b)
    t_test = ttest_ind(a, b, equal_var=False)
    return BatteryData(a.name, b.name,
                    TestData(anova_test.statistic, anova_test.pvalue),
                    TestData(mann_whitney.statistic, mann_whitney.pvalue),
                    TestData(wilcoxon_rank.statistic, wilcoxon_rank.pvalue),
                    TestData(t_test.statistic, t_test.pvalue)
                    )

def plot_comparison_series_df(x, y1, y2, size=(10,10)): with plt.style.
    context(style='seaborn'):
    fig = plt.figure(figsize=size)
    ax = fig.add_subplot(111)
    ax.plot(x, y1, color='darkred', label=y1.name)
    ax.plot(x, y2, color='green', label=y2.name)
    ax.set_title("Comparison of Sales between tests {} and {}".format(y1.name,
        y2.name))
```

```
    ax.set_xlabel(DATE_FIELD)
    ax.set_ylabel(TARGET_FIELD)
    comparison = series_comparison_continuous_df(y1, y2)              ③
    y1_stats = calculate_basic_stats_df(y1)                           ④
    y2_stats = calculate_basic_stats_df(y2)
    bbox_stats = "\n".join((
        "Series {}:".format(y1.name),
        " Mean: {:.2f}".format(y1_stats.mean),
        " Median: {:.2f}".format(y1_stats.median),
        " Stddev: {:.2f}".format(y1_stats.stddev),
        " Variance: {:.2f}".format(y1_stats.variance),
        " Sum: {:.2f}".format(y1_stats.sum), "Series {}:".format(y2.name),
        " Mean: {:.2f}".format(y2_stats.mean),
        " Median: {:.2f}".format(y2_stats.median),
        " Stddev: {:.2f}".format(y2_stats.stddev),
        " Variance: {:.2f}".format(y2_stats.variance),
        " Sum: {:.2f}".format(y2_stats.sum)
    ))
    bbox_text = "Anova pvalue: {}\nT-test pvalue: {}\nMannWhitneyU pvalue:
        {}\nWilcoxon pvalue: {}".format( comparison.anova.pvalue,
                                         comparison.ttest.pvalue,
                                         comparison.mann_whitney_u.pvalue,
                                         comparison.wilcoxon.pvalue
        )
    bbox_props = dict(boxstyle='round', facecolor='ivory', alpha=0.8)
    ax.text(0.05, 0.95, bbox_text, transform=ax.transAxes, fontsize=12,
        verticalalignment='top', bbox=bbox_props)
    ax.text(0.05, 0.8, bbox_stats, transform=ax.transAxes, fontsize=10,
        verticalalignment='top', bbox=bbox_props)
    ax.legend(loc='lower right')
    plt.tight_layout()
```

1. 각 시계열에 대해 중요한 통계치를 구하는 함수

2. 모수, 비모수 동등성 검정 계산을 위해 SciPy와 **statsmodels** 모듈을 호출하는 함수

3. 그래프에 표기할 유의성 검정값 확보를 위해 시계열 비교 함수 호출

4. 각 시계열의 기본 통계치 계산 호출

[그림 11-13]은 [예제 11-2]를 실행한 결과로 HIGH_VALUE 고객 집단에 대한 150일간의 테스트 결과를 나타냅니다.

여기서 비교하는 데이터셋은 비모수적입니다. 시간이 지남에 따라 매출의 추세가 변화하기 때

문입니다. 분산 분석, T 검정, Z 검정 같은 비교를 사용할 수 있는 유일한 조건은 데이터의 추세가 0으로, 정규성이 있는 경우입니다.

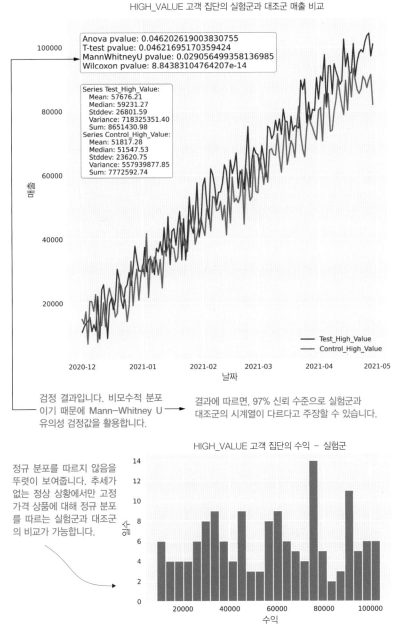

HIGH_VALUE 고객 집단의 실험군과 대조군 매출 비교

Anova pvalue: 0.046202619003830755
T-test pvalue: 0.04621695170359424
MannWhitneyU pvalue: 0.029056499358136985
Wilcoxon pvalue: 8.84383104764207e-14

Series Test_High_Value:
　Mean: 57676.21
　Median: 59231.27
　Stddev: 26801.59
　Variance: 718325351.40
　Sum: 8651430.98
Series Control_High_Value:
　Mean: 51817.28
　Median: 51547.53
　Stddev: 23620.75
　Variance: 557939877.85
　Sum: 7772592.74

검정 결과입니다. 비모수적 분포이기 때문에 Mann–Whitney U 유의성 검정값을 활용합니다.

결과에 따르면, 97% 신뢰 수준으로 실험군과 대조군의 시계열이 다르다고 주장할 수 있습니다.

HIGH_VALUE 고객 집단의 수익 – 실험군

정규 분포를 따르지 않음을 뚜렷이 보여줍니다. 추세가 없는 정상 상황에서만 고정 가격 상품에 대해 정규 분포를 따르는 실험군과 대조군의 비교가 가능합니다.

그림 11-13 실험군과 대조군의 시계열 그래프로 비모수적 특성을 확인합니다.

이런 식의 시계열 데이터 표현은 테스트 결과를 시각화하는 한 방식에 불과합니다. 1부에서 중점적으로 다뤘듯이, 사업부와 명확하게 소통할 수 있는 능력은 ML 프로젝트에서 매우 중요합니다. 기여도와 측정이라는 주제로 논의가 진행될 때는 더욱더 중요합니다. 전체 그림을 파악하기 위해서는 데이터를 주제로 프레젠테이션을 여러 번 해야 할 수 있습니다.

정말로 이렇게까지 해야 하나요?

답변부터 하자면, 아닙니다.

ML 프로젝트 작업에는 여러 단계가 있습니다. 비즈니스에 미치는 영향 수준에 따라 구분한 각 단계는 기여도와 드리프트 측정을 구현하는 작업과 그에 상응하는 긴급성 수준이 있습니다. 몇 가지 예를 보겠습니다.

- 다른 프로젝트에서 레이블을 생성하는 도구로 활용할 내부용 모델: 표준 ML 지표로 충분합니다.
- 사내 다른 부서를 지원할 예측 모델: 기여도 설계까지는 필요 없지만, 주기적으로 수행한다면 드리프트 탐지가 유용할 수 있습니다.
- 사내의 중요한 비즈니스 의사 결정과 운영에 직접적 영향을 미치는 프로젝트: 드리프트 탐지가 매우 중요하며, 기여도 설계를 구축하는 편이 좋습니다.
- 외부 고객을 대상으로 하는 모델: 기여도 측정과 드리프트 탐지가 반드시 필요합니다. 수집된 데이터의 성격이나 유형에 따라 실제 사회 이슈를 유발하는 예측 편향도 평가해야 합니다.

마지막 항목은 대부분의 프로덕션 ML이 집중하는 요소로, 기업의 수익성이나 효율성에 지대한 영향을 미치는 중대한 프로젝트입니다. 이 가운데 특히 주목할 것은 이 글을 쓰는 시점에서 활발히 연구되고 있는 편향성 측정입니다. 이 주제를 자세히 다루지 않지만, 편향성 측정은 우리가 하는 작업에서 매우 긴요한 일면입니다. 편향성을 다룬 책이 여러 권 있으니 전문 ML 실무자라면 적어도 한 권 이상 읽어보길 권장합니다.

편향성 측정은 모델의 결과가 사람들의 삶에 미치는 파급 효과가 있을 때 매우 중요합니다. 신용카드 신청, 주택 대출 승인, 경찰 순찰 추천, 도시 자금 지원, 인간 행동 위험 감지 같은 사례는 데이터셋에 반영된 이전 행동을 기반으로 심각한 편향성이 발견되고 있는 ML 애플리케이션의 일부일 뿐입니다. 꾸준히 결과를 주시한다면 어려운 대화도 소화할 수 있을 겁니다.

11.2.3 통계 검정 및 시각화의 대안

시계열 관련 가설 검정과 함께 사업부에 결과의 박스 플롯^{box plot}을 제시하는 것이 유용합니다. 이런 차트는 접근하기 쉬운 방식으로 정보를 추출하는 데 매우 유용하지만, 비전문가 대다수는 차트 해석을 돕는 통계 정보와 함께 보는 것이 익숙하지 않습니다.

통계적 유의성에 대한 참조가 없으면 데이터가 충분하지 않거나 분산이 클 때 성급한 판단을 내릴 수 있습니다. [예제 11-3]은 모수 데이터에 대한 분산 분석 박스 플롯과 검정 수행에 필요한 데이터프레임 작업을 알려줍니다.

예제 11-3 모수 데이터로 분산 분석 박스 플롯 보고서 생성

```
from statsmodels.formula.api import ols
from statsmodels.stats import anova

def generate_melted_df(series_collection, dates, date_filtering=DATA_SIZE):    ①
    series_df = generate_df(series_collection, dates)
    melted = pd.melt(series_df.reset_index(), id_vars='Date',
        value_vars=[x.name for x in series_collection])
    melted.columns = [DATE_FIELD, 'Test', 'Sales']
    return melted[melted[DATE_FIELD] > max(melted[DATE_FIELD]) -
        timedelta(days=date_filtering)]

def run_anova(data, value_name, group_name):    ②
    ols_model = ols('{} ~ C({})'.format(value_name, group_name), data=data).fit()
    return anova.anova_lm(ols_model, typ=2)

def plot_anova(melted_data, plot_name, figsize=(16, 16)):
    anova_report = run_anova(melted_data, 'Sales', 'Test')
    with plt.style.context(style='seaborn'):
        fig = plt.figure(figsize=figsize)
        ax0 = fig.add_subplot(111)
        ax0 = sns.boxplot(x='Test', y='Sales', data=melted_data,
                    color='lightsteelblue')
        ax0 = sns.stripplot(x='Test', y='Sales', data=melted_data, color='steelblue',
                    alpha=0.4, jitter=0.2)
        ax1 = fig.add_subplot(211)
        ax1.set_title("Anova Analysis of tests", y=1.25, fontsize=16)
        tbl = ax1.table(cellText=anova_report.values,
                    colLabels=anova_report.columns,
                    rowLabels=anova_report.index,
```

```
                          loc='top',
                          cellLoc='center',
                          rowLoc='center',
                          bbox=[0.075,1.0,0.875,0.2]
                          )                                                    ③
        tbl.auto_set_column_width(col=list(range(len(anova_report.columns))))
        ax1.axis('tight')
        ax1.set_axis_off()
        plt.savefig("anova_{}.svg".format(plot_name), format='svg')
```

1. DataFrame을 statsmodels에서 분산 분석 계산을 할 수 있도록 재구조화melting합니다.

2. 분산 분석에서 필요한 선형 모델을 생성합니다.

3. 차트에 분산 분석 결과 통계치를 겹쳐 표시합니다.

[예제 11-3]의 코드를 정상성이 있고 계절성seasonal 효과가 없는 데이터셋에서 실행한다면 그 결과는 [그림 11-14]와 같게 됩니다. 이 데이터셋의 생성 방식과 아이스크림 사례 데이터셋과의 차이점을 자세히 알려면 책의 저장소를 참고하세요.

모수 검정을 사용하면 실험에서 나타난 차이의 정도를 훨씬 더 정확하게 파악할 수 있습니다. 모수 검정이 스튜던트 검정을 기반으로 하기 때문입니다. 표본의 평균이 정규 분포를 따르고 평균의 표준 오차 자유도가 n-1인 카이제곱chi-square 분포를 따릅니다. 원래 문제에서는 여러 집단을 동시에 검정하기 때문에 각 분산 분석 검정을 쌍으로 그래프에 표현하기가 다소 번거로웠을 것입니다. 아이스크림 사례에서는 실험군과 대조군 집단이 세 개에 불과하기 때문에 큰 무리가 없었겠지만, 만약 집단이 25개라면 전혀 다를 것입니다.

투키 HSD^{Tukey honestly significant difference} 검정으로 넘어가겠습니다. 이는 또 다른 유형의 모수 검정 기법으로 집단 간 비교를 한 번에 수행한다는 점에서 스튜던트 계열 검정과 크게 다릅니다. 이 검정의 구현과 그에 따른 시각화 보고서를 [예제 11-4]에 나타냈습니다.

실험군의 분산 분석

	sum_sq	df	F	PR(>F)
C(Test)	80833089089.18445	1.0	3735.9011945872767	1.7073328996246434e-147
Residual	5149567454.058764	238.0	nan	nan

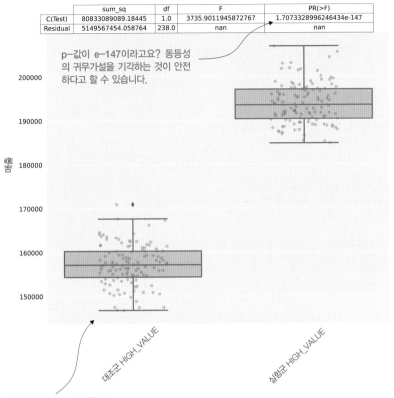

p-값이 e-147이라고요? 동등성의 귀무가설을 기각하는 것이 안전하다고 할 수 있습니다.

집단 간 차이는 소소합니다.

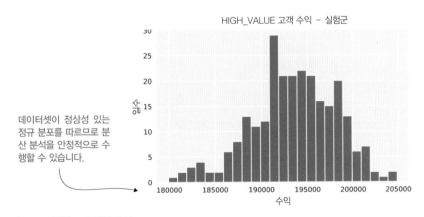

데이터셋이 정상성 있는 정규 분포를 따르므로 분산 분석을 안정적으로 수행할 수 있습니다.

그림 11-14 정상 모수 검정의 예

```
from statsmodels.stats.multicomp import pairwise_tukeyhsd

def convert_tukey_to_df(tukey):
    STRUCTURES = [(0, 'str'), (1, 'str'), (2, 'float'), (3, 'float'),      ①
                  (4, 'float'), (5, 'float'), (6, 'bool')]
    fields = tukey.data[0]
    extracts = [extract_data(tukey.data[1:], x[0], x[1]) for x in STRUCTURES]   ②
    result_df = pd.concat(extracts, axis=1)
    result_df.columns = fields
    return result_df.sort_values(['p-adj', 'meandiff'], ascending=[True, False])  ③

def run_tukey(value, group, alpha=0.05):                                    ④
    paired_test = pairwise_tukeyhsd(value, group, alpha)
    return convert_tukey_to_df(paired_test._results_table)

def plot_tukey(melted_data, name, alpha=0.05, figsize=(14,14)):
    tukey_data = run_tukey(melted_data[TARGET_FIELD], melted_data[TEST_FIELD], alpha)
    with plt.style.context(style='seaborn'):
    fig = plt.figure(figsize=figsize)
    ax_plot = fig.add_subplot(111)
    ax_plot = sns.boxplot(x=TEST_FIELD, y=TARGET_FIELD,
                          data=melted_data, color='lightsteelblue')
    ax_plot = sns.stripplot(x=TEST_FIELD, y=TARGET_FIELD,
                            data=melted_data, color='steelblue',
                            alpha=0.4, jitter=0.2)
    ax_table = fig.add_subplot(211)
    ax_table.set_title("TukeyHSD Analysis of tests", y=1.5, fontsize=16)
    tbl = ax_table.table(cellText=tukey_data.values,
                         colLabels=tukey_data.columns,
                         rowLabels=tukey_data.index,
                         loc='top',
                         cellLoc='center',
                         rowLoc='center',
                         bbox=[0.075, 1.0, 0.875, 0.5]
                         )                                                  ⑤
    tbl.auto_set_column_width(col=list(range(len(tukey_data.columns))))
    ax_table.axis('tight')
    ax_table.set_axis_off()
    plt.tight_layout()
    plt.savefig('tukey_{}.svg'.format(name), format='svg')
```

1. pairwise_tukeyhsd의 반환 형식을 정의합니다.

2. 투키 HSD 검정 결괏값으로부터 데이터를 추출합니다.

3. 투키 HSD 검정을 실행합니다.

4. 평균의 차이와 유의성으로 정렬된 쌍을 반환합니다.

5. 박스 플롯 상단에 검증 중인 모든 집단 쌍 간의 관계를 보여주는 테이블을 그립니다.

[예제 11-4]의 코드를 고정된 전체 표본 집단에 실행하면 [그림 11-15] 같은 박스 플롯이 생성됩니다. Medium_Value와 Low_value 집단을 보면 알 수 있듯이, 데이터가 비슷해 보여 그 차이를 시각화로만 판단하기는 매우 어렵습니다. 시각화나 단순한 집계만으로 평가하기는 매우 위험합니다. 하지만 통계적 유효성 검증을 비교 차트의 일부로 활용하면 사업부에서 결론을 확고히 내릴 수 있습니다.

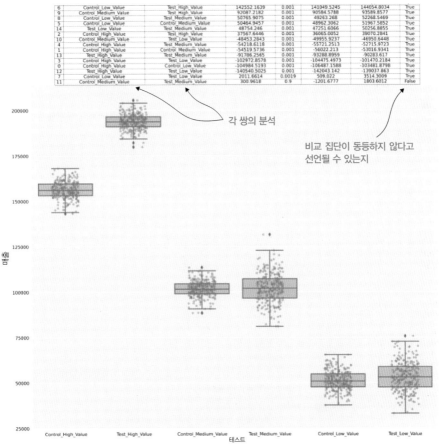

쌍별 비교 검정은 그림 하나로 간단하게 이해할 수 있는 비교 내용을 보여줍니다.
매우 유용할 수 있지만, 검정의 기본적인 요구 사항을 만족할 때만 사용하세요.

그림 11-15 투키 HSD 쌍별 비교 검정. 각 집단이 그 외 모든 집단에 대해 동등성 비교의 귀무가설을 기각할 수 있는지 보여줍니다.

직관적인 이 그래프는 사업부에서 쉽게 해석할 수 있습니다. 따라서 결론이 어떻든 데이터가 충분히 확보되기 전까지는 어느 누구도 프로젝트의 결과를 판단하지 않을 것입니다. 그래프를 보면 Medium_Value 집단은 실험군과 대조군 간에 눈에 띄는 차이가 없습니다. 이를 통해 다른 접근 방식이 필요한 집단과 조심스럽게 접근해야 하는 집단을 식별할 수 있습니다. 전자의 경우 모델링을 위한 다음 실험을 설계해야 할 것이고, 후자의 경우 원활하게 작동하므로 변경 사항 도입에 신중해야 합니다.

11.2.4 범주형 지표에 대한 평가

지금까지 수익에 대해 이야기했지만, 아이스크림 매출을 최적화하는 프로젝트에서 추가할 것은 수익만이 아닙니다. 경영진은 이 모델이 매출 규모에 미치는 영향에도 신경을 쓰고, 마케팅 팀은 쿠폰의 사용률을 알고 싶어 합니다.

안타깝게도 지금까지 연속형 데이터 분석에 사용한 방식을 범주형 데이터에도 그대로 적용할 수는 없습니다. 분산 분석, 투키 HSD, 그 외 기법 대신 범주형 검정 기법도 알아야 합니다. 측정하려는 사건이 '발생했는지, 발생하지 않았는지'로 사고방식을 전환해야 합니다.

[예제 11-5]는 A/B 테스트 시작 후 50일 동안 발급된 쿠폰 50,000개에서 실험군과 대조군 간 비율을 측정하는 간단한 방법을 알려줍니다. 간단하게 시각화하기 위해 모든 집단을 단일 집단으로 다루겠습니다. 하지만 실무에서는 집단별로 차트와 통계 검정을 달리해야 한다는 점에 유의하세요.

예제 11-5 범주형 유의성 검정

```
from scipy.stats import fisher_exact, chi2_contingency

def categorical_significance(test_happen, test_not_happen, control_happen,
                             control_not_happen):
    CategoricalTest = namedtuple('CategoricalTest',
                                 'fisher_stat fisher_p chisq_stat chisq_p
                                 chisq_df chisq_expected')
    t_happen = np.sum(test_happen)                                           ①
    t_not_happen = np.sum(test_not_happen)
    c_happen = np.sum(control_happen)
    c_not_happen = np.sum(control_not_happen)
```

```python
        matrix = np.array([[t_happen, c_happen], [t_not_happen, c_not_happen]])
        fisher_stat, fisher_p = fisher_exact(matrix)                              ②
        chisq_stat, chisq_p, chisq_df, chisq_expected = chi2_contingency(matrix)  ③
        return CategoricalTest(fisher_stat, fisher_p, chisq_stat, chisq_p,
                               chisq_df, chisq_expected)


def plot_coupon_usage(test_happen, test_not_happen, control_happen,
    control_not_happen, name, figsize=(10,8)):
    cat_test = categorical_significance(test_series, test_unused,
                                        control_series, control_unused)          ④
    with plt.style.context(style='seaborn'):
        fig = plt.figure(figsize=figsize)
        ax = fig.add_subplot(111)
        dates = np.arange(DATE_START, DATE_START + timedelta(days=COUPON_DATES),
                          timedelta(days=1)).astype(date)
        bar1 = ax.bar(dates, test_series, color='#5499C7', label='Test Coupons
                      Used')
        bar2 = ax.bar(dates, test_unused, bottom=test_series, color='#A9CCE3',
                      label='Test Unused Coupons')                               ⑤
        bar3 = ax.bar(dates, control_series, bottom=test_series+test_unused,
                      color='#52BE80', label='Control Coupons Used')
        bar4 = ax.bar(dates, control_unused,
                      bottom=test_series+test_unused+control_series,
                      color='#A9DFBF', label='Control Unused Coupons')
        bbox_text = "Fisher's Exact pvalue: {}\nChisq Contingency pvalue:
                    {}\nChisq DF: {}".format(cat_test.fisher_p,
                                             cat_test.chisq_p,
                                             cat_test.chisq_df
                                             )                                   ⑥
        bbox_props = dict(boxstyle='round', facecolor='ivory', alpha=1.0)
        ax.set_title("Coupon Usage Comparison", fontsize=16)
        ax.text(0.05, 0.95, bbox_text, transform=ax.transAxes, fontsize=12,
                verticalalignment='top', bbox=bbox_props)
        ax.set_xlabel('Date')
        ax.set_ylabel('Coupon Usage')
        legend = ax.legend(loc='best', shadow=True, frameon=True)
        legend.get_frame().set_facecolor('ivory')
        plt.tight_layout()
        plt.savefig('coupon_usage_{}.svg'.format(name), format='svg')
```

1. 실험군과 대조군의 시계열 데이터에서 사건이 발생한 총횟수를 구합니다.

2. 각 집단의 사건 발생/미발생 행렬에서 피셔의 정확 검정Fisher's exact test을 수행합니다.

3. 카이제곱 분할 검정contingency test을 수행합니다.

4. `categorical_significance` 함수로부터 통계 검정을 가져옵니다.

5. 바 차트를 쌓아올려 시간에 따른 상호작용 비율을 한눈에 볼 수 있게 합니다.

6. 통계 검정 보고서를 박스 플롯으로 구성합니다.

쿠폰 발행과 사용에 대한 ETL을 완료한 후 코드를 실행하면 [그림 11-16] 같은 차트가 보입니다.

[그림 11-16]은 어떤 ML 프로젝트에서는 적용되지 않을 수 있습니다. 이 장의 앞부분에서 설명한 연속된 값을 기반으로 하는 측정이 훨씬 더 보편적입니다. 그러나 특정 사건의 발생 여부를 기반으로 데이터를 평가하고, 실험 조건에 차이가 있는지에 대한 결정적인 판단을 내려야 하는 경우, 이 방법론을 필수로 사용해야 할 것입니다.

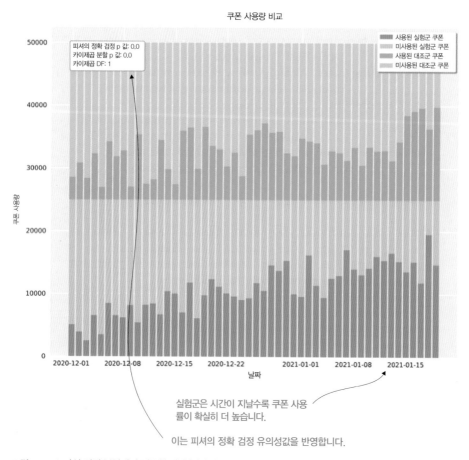

그림 11-16 가설 검정 분석에서 범주형 발생/미발생 이벤트 측정

기여도 측정의 일반적인 적용 사례

지금까지 아이스크림 쿠폰 발행을 위한 모델의 기여도 측정 방법에 대해 알아봤습니다. 한발 더 나아가 진지하게 접근해보면 어떨까요?

비즈니스 기여도 모니터링의 핵심은 유용한 측정 지표를 선택하는 것입니다. 측정 지표의 유용성을 '악마는 디테일에 있다'라는 말로 일축할 수 있습니다. 비즈니스 성공을 측정하는 지표는 유용한 것부터 무의미한 것까지 미세한 차이가 다양합니다. 비즈니스의 미세한 차이를 반영하는 측정 가능한 지표를 선택하는 것이 중요합니다. 이런 측면을 담당한 사업부 주제 전문가들과의 논의로 기여도 분석의 관련성을 높이게 됩니다.

악마는 디테일에 있다

외부인의 눈에는 비즈니스 지표가 상식선에서 만들어진 것처럼 보입니다. 모델의 수익 창출 효과를 측정하려면 매출만 보면 되겠죠? 참여도 상승분을 계산할 때는 로그인 이벤트만 살펴봅니다. 국제공항으로 가는 비행 경로를 최적화하려면 비행기 탑승률을 고려해야겠죠?

이 같은 규칙을 정의하는 것이 사소해 보일 수 있지만, 장담하건대 결코 그렇지 않습니다. 유스 케이스마다 어떤 지표를 계산할 것인지에 대한 세부 사항과 그 지표를 어떻게 계산할 것인지에 대한 세부 사항은 복잡할 뿐만 아니라 회사의 경영 방식에 따라 매우 특화되기 때문입니다. 따라서 회사에 제출할 보고서를 작성하기 위해 지표를 계산하는 담당자와 기여도 지표를 논의하는 것은 매우 중요합니다.

회사의 수익을 목표로 솔루션을 구축하는 경우 재무 팀과 상의하세요. 물류 효율 최적화에 주력한다면 운영 팀과 협의하세요. 제조된 부품의 결함 밀도 감소가 목표라면 품질 보증 및 계측 팀에 문의해야 합니다.

회사가 성공을 정의하는 방식과 일치하는 일련의 지표가 있으면 사업부에 모델의 영향을 프레젠테이션할 때 일어날 혼란을 최소화할 수 있습니다. 이런 일관성은 솔루션에 대한 신뢰를 형성하고, ML 솔루션을 회사 운영의 핵심 요소로 자리매김하며, 혁신의 성장과 데이터 과학 팀이 해결해야 할 흥미로운 프로젝트의 창출에 일조합니다.

모니터링할 비즈니스 지표를 파악하려면 어떻게 해야 할까요?

간단히 답하자면, 질문을 하는 것입니다.

ML 프로젝트는 데이터 과학 팀이 구상해 먼저 제안하는 경우도 가끔 있지만, 대개는 사업부 스폰서나 경영진이 먼저 요청합니다. 그리고 제가 경험한 과제 중 완전히 참신하다고 할 만한 것은 손으로 꼽을 정도로 적습니다.

다시 말해 ML 설루션이 구축되기 전부터 비슷한 업무가 존재했다는 것입니다. 다만 알고리듬과 코드가 아니라 사람이 처리했다는 점이 다를 뿐이죠. 수익 극대화? 그게 바로 마케팅입니다. 사기 탐지? 사기 전담 팀에서 맡습니다. 가격 최적화? 수요 예측? 데이터 과학 팀에 도움을 청하기 오래전부터 사람이 이런 일을 수행했습니다.

이 사람들은 자신의 기술을 잘 알죠. 데이터의 미묘한 차이, 담당 업무의 영역, 고객이나 프로세스의 특성을 데이터 과학 팀원보다 훨씬 더 잘 꿰고 있을 겁니다. 구축하려는 작업 성과를 측정할 지표를 비즈니스의 어느 측면을 사용해 만들 수 있는지 결정할 때 가장 좋은 정보원이 바로 이런 사람들입니다.

저는 신규 프로젝트에 착수할 때마다 이런 사람을 알아가려고 노력합니다. 토론회, 점심 식사, 회의에 초대하고 보통은 그들이 하는 말을 경청합니다. 각자 업무에서 성공 여부를 어떻게 측정하는지 묻는 날카로운 질문을 던집니다. 부서의 목표가 곧 모델의 측정 기준이라면 모든 사람이 효과를 쉽게 이해할 겁니다. 부서의 성공을 판단하기 위해 어떤 쿼리를 사용하는지도 묻습니다. 또 부서의 목표와 핵심 결과objectives and key results(OKR)가 무엇인지 질문합니다.

아마도 그들은 단지 사기를 탐지해낸 건수가 아니라 이전에 보지 못한 새로운 사기 유형을 탐지해낸 것으로 성공 여부를 측정한다고 말할 것입니다. 사기 거래 적발에 중점을 두지만, 엉뚱한 고객을 잘못 신고하는 것만은 절대로 피하고 싶다고 말할 수도 있습니다. 이런 요소는 모델 구축에 영향을 미치기도 하지만, 구현의 건전한 상태를 가늠하는 지표로도 이용할 수 있습니다.

이렇게 조율을 하고 해당 주제에 박식한 사람들을 참여시킴으로써 프로젝트가 출시되자마자 더 높은 수준의 성공을 거둘 준비를 할 수 있습니다. 하지만 더 중요한 이점은 프로덕션 출시 모델을 회사 전체가 보는 방식으로 측정할 수 있다는 것입니다. 그러면 성능 저하와 이슈를 회사가 인지하기 전에 알아차려 프로젝트의 안정성 수준을 높일 수 있습니다.

지금까지 비즈니스에서 프로젝트를 통해 얻고자 하는 답을 찾는 데 초점을 두고 기여도 분석을 위한 ML 실험의 측정 방법을 살펴봤으니, 이제 우리가 해야 하는 일을 알아볼 차례입니다. 우리는 드리프트를 감지하는 법, 드리프트에 대해 무엇을 해야 하고 모델 성능 저하가 불가피할 때 조치를 취할 적정 시점이 언제인지 파악해야 합니다. 기여도 분석을 통해 이를 측정할 수 있는 통계를 확립하고 이를 내부 데이터 과학자가 들여다보는 손실 지표와 함께 볼 수 있다면, 우리는 이 문제를 정면으로 마주할 준비가 된 것입니다. 이제 모델 드리프트에 대해 생각해볼 때입니다.

11.3 요약

- 기여도 분석을 통해 데이터 과학 팀은 사업부에서 해결하고자 한 문제를 솔루션이 어떻게 해결했는지를 명확하게 전달할 수 있습니다. 적절한 통계 방법과 통제된 테스트를 활용하면 솔루션 상태에 대해 객관적으로 말할 수 있습니다.
- A/B 테스트 데이터를 평가하는 데 바른 통계 검정 기법을 활용하면, 솔루션의 성능 상태를 파악하고 데이터 기반의 모델 영향을 제시할 수 있습니다.

CHAPTER **12**

드리프트 주시를 통한
상승세 유지

이 장의 내용

- 프로덕션 설루션에서 드리프트 식별 및 모니터링
- 드리프트 감지 시 대처 방안 정의

이전 장에서는 ML 설루션의 효과를 측정할 지반을 구축했습니다. 데이터 과학 팀은 이런 견고한 지반에 근거해 프로젝트 성과를 사업부가 알아듣는 말로 전달할 수 있습니다. 하지만 설루션의 효과를 긍정하는 보고를 계속 이어가려면 좀 더 많은 작업을 해야 합니다.

적절한 어트리뷰션^{attribution}[1] 모니터링과 비즈니스 보고서 작성이 프로젝트의 근간이자 토대라면, 엔트로피는 프로젝트를 지속적으로 와해시키려는 폭풍우와도 같습니다. 이처럼 불규칙하고 예측 불가한 무질서한 변화^{chaotic shift}를 우리는 성능 드리프트^{performance drift}라 칭하는데, 이는 다양한 형태로 나타납니다. 엔트로피에 맞서 싸우려면 모니터링을 지속적으로 수행하고 모델에 유입되고 유출되는 모든 것을 맹신하지 않고 의심하는 자세가 필요합니다.

이 장에서는 모델 드리프트의 주요 유형과 원인, 이에 대한 설루션을 살펴봅니다. 드리프트를 방치하지 않고 대응하면 회사의 비즈니스 성과를 꾸준히 달성할 수 있습니다.

---

1 옮긴이_ 설명 가능한 머신러닝에서 주로 사용되는 전문 용어로 모델의 예측 결과를 설명하기 위해 어떤 피처가 예측에 영향을 미치고 그 피처가 어떻게 작용했는지 파악하는 일입니다. 대표적인 기법으로 SHAP(SHapley Additive exPlanations), LIME(Local Interpretable Model-agnostic Explanations), DeepLIFT 등이 있습니다.

12.1 드리프트 감지

11장의 사례로 돌아가 아이스크림 쿠폰 시스템을 배포했다고 가정하겠습니다. 개발 전반에 걸쳐 탄탄한 엔지니어링 관행대로 작업했으며, 내부 주제 전문가 테스트 결과도 긍정적이었습니다. 어트리뷰션 측정을 설정하고 A/B 테스트를 정의했으며, 결과 수집에 착수할 준비를 마쳤습니다. 그리고 멋진 결과물을 전 세계에 배포했습니다.

하지만 모델이 순조롭게 작동한 지 6주쯤 되었을 때 고객 기반 분석에서 몇 가지 추세가 우려된다는 마케팅 팀의 통보를 받았습니다. 한 지역에서는 쿠폰 발행량과 할인율이 증가해 상품 품절 사태가 벌어지고, 어떤 지역에서는 상품 구매가 특정 유형에 몰려 타 상품의 재고 물량이 넘쳐난다는 내용이었습니다. 약간 패닉 상태에 빠지는 시점이죠.

문제의 근본 원인이 모델에 있는지 조사하기 위해 여타 프로젝트 작업을 보류하고 임시방편으로 피처 데이터를 파헤치는 등 총력전을 펼쳤습니다. 하지만 며칠간의 탐색적 분석에도 근본 원인에 대해 일말의 단서도 얻지 못하자, 사업부는 모델을 일부 수정하거나 전면 중단하라는 최후 통첩을 내렸습니다. 수익 기여도가 상승해 상품 폐기 비용을 상쇄하기는 하지만, 사업부를 설득하기엔 역부족이었습니다.

모델을 새로 훈련할 때는 두 눈을 감고 기도한 채로 최선의 결과가 나오길 기대합니다. 훈련 중 홀드아웃 검증 스코어링 지표의 결과를 보면 문제가 저절로 해결된 것처럼 보입니다. 현재로서는 말이죠.

무엇이 문제일까요? 왜 갑자기 모델이 이런 식으로 작동하기 시작했을까요? 별일 아닌 듯한데 왜 비즈니스가 그렇게 큰 영향을 받았을까요? 가장 중요한 것으로, 이 모델을 프로덕션에 출시하기 전에 우리가 무엇을 달리 했어야 할까요?

간단한 대답은 **우리 주변 도처에 엔트로피가 존재한다**는 것입니다. 피처 측정 데이터와 인과관계에 영향을 미치는 잠재 요인이 시시각각 변화합니다. 많은 경우, 모델 결괏값에 취하는 조치가 데이터에 변화를 일으킵니다. 잠재적 영향을 주는 피드백 루프feedback loop가 모델 훈련 중 보이지 않았던 상관관계를 유발할 수 있습니다. 한때 대상 최적화target optimization에 중요한 상관관계였던 데이터가 악화되거나 강화되어, 모델 예측이 프로젝트가 해결하고자 했던 문제를 더 이상 해결하지 못할 수 있습니다.

이런 파급 효과는 일부 유스 케이스에서 다소 심각하고 신속하게 나타나기도 합니다. 예를 들어 사기 탐지는 범죄자가 영리하고 창의적인 방법으로 모델의 탐지 기능을 무력화하기 때문에 이런 영향을 쉽게 받습니다. 매우 취약하죠. 반면에 다른 파급 효과는 점진적으로 나타나 알고리듬 방식으로 모니터링하지 않으면 놓치기 십상입니다. 이 같은 필연적 변화를 인지하고 제어하는 것 역시 ML 프로젝트 개발에서 해야 할 일입니다. 변화를 예상하고, 이를 발견할 시스템을 갖추며, 이를 복구할 방법을 알아야 합니다.

12.1.1 드리프트에 영향을 미치는 요소

어떤 드리프트는 명백하게 감지되지만, 어떤 드리프트는 많은 연구와 분석을 거쳐 발견됩니다. [표 12-1]에 모델 성능 저하 메커니즘을 간략하게 요약했습니다.

표 12-1 예측 드리프트 유형 및 보정 조치

드리프트 유형	측정 방법	보정 조치
피처 드리프트feature drift	피처 분포 검증	신규 데이터로 모델 재훈련
	사후 예측 오류 계산	피처 엔지니어링 재검토
레이블 드리프트label drift	사후 예측 분석	신규 데이터로 재훈련, 튜닝
개념 드리프트concept drift	어트리뷰션 측정	피처 엔지니어링 작업 수행
	피처 분포 검증	모델 재훈련
	사후 예측 분석	설루션(신규 알고리듬 또는 접근 방식) 재검토
	추가 분석	설루션 관련성 평가
	인과관계 모델(시뮬레이션)	
예측 드리프트prediction drift	사후 예측 분석	비즈니스에 미치는 영향 분석
	어트리뷰션 측정	
현실 드리프트reality drift	아시겠죠. 모두 불타고 있습니다.	사람 개입으로 전환
		피처 재평가
		훈련 데이터에 하드스톱 경계hard-stop boundary[2] 생성
		모델 재훈련
피드백 드리프트feedback drift	모델 개선에 소요된 시간	설루션의 효율성 평가
	재훈련 중 성능	신규 설루션 필요 여부 결정

2　옮긴이_ 데이터 분할 시 겹치는 영역 없이 의미 있게 세분화하는 경계를 선택한다는 의미로, 데이터 특성과 도메인의 특성에 따라 다양한 형태로 정의합니다. 예를 들어 고객 리뷰에서는 긍정 리뷰, 부정 리뷰로 하드스톱 경계를 정의하고 시계열 분석에서는 고정된 시간 간격으로 하드스톱 경계를 정의합니다.

이런 측정 방법은 비교적 대중적이며, 개념 드리프트를 감지할 때 가장 상세하게 적용됩니다. 각 측정 방법은 프로덕션에 투입되는 모든 모델에 적용해야 합니다. 측정을 지속해야 하는 여러 가지 이유 중 가장 중요한 것을 꼽으면 다음과 같습니다.

- 모델이 드리프트됩니다. 정적인 모델 구현이란 존재하지 않습니다.
- 점진적 성능 저하를 어트리뷰션 측정만으로 파악하는 것은 대단히 힘겨운 도전입니다. 성능을 다양한 방법으로 모니터링하면 오랜 기간에 걸쳐 나타날 이슈에 대해 알림을 받을 수 있습니다.
- 과거 측정값 없이 급격한 성능 저하에 대응하는 것은 힘겨운 도전입니다. 무엇이 잘못되었는지 판단할 데이터가 없는 모델을 복구하는 데는 엄청난 시간이 소요됩니다.
- 알림을 통해, 이슈가 더 커지기 전에 불거진 문제를 바로잡을 귀중한 시간을 확보하게 됩니다. 이로써 프로젝트 목표를 달성하고 데이터 과학 팀의 작업에 대한 사업부의 신임이 두터워집니다.

편의상 아이스크림 시나리오를 그대로 사용해 드리프트의 각 메커니즘을 살펴보겠습니다.

> NOTE_ 이런 효과, 특히 피처 기반 드리프트에 모니터링을 설정하기 위해 12.2절에서 설명할 기법 일부는 부엌-싱크대[kitchen-sink][3] 접근 방식을 취한 모델에서 확장하기가 어려울 수 있습니다(정확도를 높이기 위해 벡터를 수천 개 피처로 구성해 대규모로 구현하려는 사람을 본 적이 있습니다). 예측 솔루션을 설계할 때는 이 점을 반드시 고려해야 합니다. 모델에 엄청난 양의 데이터를 던져넣고 최고의 결과를 기대하는 쉬운 길을 택한다면, 결국 모델 상태의 모니터링은 악몽 같은 일이 될 겁니다.

피처 드리프트

아이스크림 구매 경향 모델이 여러 지역의 일기 예보 데이터를 사용한다고 합시다. 또 모델에 모니터링을 설정하지 않고 매달 수동으로 모델을 재훈련한다고 가정하겠습니다.

우리는 처음에 모델을 구축할 때 피처를 철저히 분석했습니다. 상관관곗값(피어슨 및 카이제곱)을 확인한 결과, 기온과 아이스크림 판매량은 놀라울 정도로 밀접한 관계가 있음을 알았습니다. 처음 몇 달 동안은 60% 이상의 열람 경향[propensity-to-open][4] 스코어를 기준으로 일정 간격으로 이메일을 발송하는 등 모든 게 순탄했습니다.

----

3   옮긴이_ '부엌 싱크대를 제외한 모든 것'이라는 문구의 은유적 표현으로, 과도하거나 중복될 정도로 많은 것을 포함하는 접근 방식을 의미합니다.
4   옮긴이_ 이메일 또는 기타 디지털 커뮤니케이션 수신자가 메시지를 열어볼 가능성이나 확률을 가리킵니다. 이메일 마케팅에서 캠페인 효과를 측정하고 성과를 높이기 위해 최적화하는 데 사용하는 주요 지표입니다.

그런데 6월 중순에 갑자기 어트리뷰션 모델의 예측 지표가 급격히 떨어지기 시작했습니다. 열람률과 사용률이 엄청나게 낮아졌습니다. 20% 매출 상승을 보이던 실험군이 이제 300% 매출 손실을 기록합니다. 마케팅 팀은 다양한 캠페인을 벌여보지만 결과는 마찬가지입니다. 심지어 상품 개발 팀에서는 고객이 시판되는 아이스크림 맛에 싫증이 난 것이라고 오해해 새로운 맛을 시도해보기도 합니다.

몇 개월이 지나 프로젝트가 취소될 수 있다는 통보를 받은 데이터 과학 팀은 비로소 본격적으로 조사에 착수했습니다. 6월 중순부터 일주일 동안 모델 예측을 조사한 결과, 쿠폰 사용 경향 확률에서 계단식 형태의 극적인 함수 변화를 찾아냈습니다. 또 피처를 살펴보고는 [그림 12-1]과 같이 약간 염려되는 점을 발견했습니다.

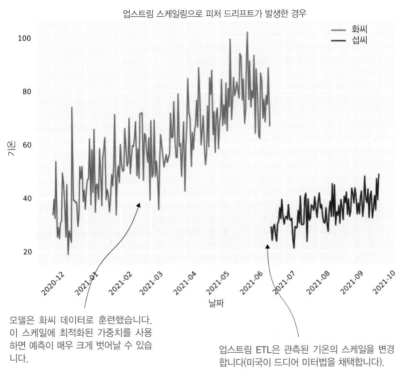

그림 12-1 수치 스케일링 변화에 따른 피처 드리프트

이 사례는 피처 드리프트의 전형적인 예시이긴 하지만 그동안 제가 많은 경우 목도한 바와 유사합니다. 알림 없이 데이터 피드가 예기치 않게 변경된 일을 겪어보지 않은 데이터 과학자를

본 적이 거의 없으며, 경험하거나 들은 사례 중 상당수가 이 예처럼 터무니없었습니다.

많은 경우, 예측 결괏값을 활용할 수 없을 정도로 변화의 폭이 커서 짧은 기간 내에 무언가 상당한 변화가 있었음을 알 수 있습니다. [그림 12-1] 같은 일부 드문 경우에는 자동 모니터링이 적용되지 않으면 변화의 폭이 미세해 더 오랜 기간 감지하지 못하기도 합니다.

이 유스 케이스의 경우, 예측 결과는 신생의 현대 빙하기를 견디고 있는 고객에게 추천 목록을 제공합니다. 대부분의 사용자에게는 모델에서 나온 확률 결과가 매우 낮을 것입니다. 모델에서 추천 목록을 보내는 사후 예측 트리거가 60% 경향으로 설정되었으므로, 확률이 훨씬 낮아 평가 테스트에 참여한 고객 대다수가 더는 이메일을 수신하지 않게 됩니다. 평균과 표준 편차를 측정하는 피처 모니터링을 사용했다면 간단한 휴리스틱 제어 로직만으로도 이를 포착할 수 있었을 텐데 말입니다.

피처 드리프트의 또 다른 형태는 **피처 무지**feature ignorance입니다. 이런 종류의 드리프트는 추론 데이터가 모델에 전달될 때, 모델의 훈련 범위를 벗어난 데이터가 유입될 때 발생합니다. 예를 들어 60°F에서 95°F 사이의 기온(캘리포니아 남부)을 기준으로 모델을 훈련했는데 섭씨 단위로 환산하는 과정에서 대치 피처가 20으로 떨어진 경우, 트리 기반 모델은 이를 잘 처리할 수 있습니다. 트리 기반 모델은 가장 낮은 범위(약 60)의 온도를 포착하는 모든 결정 기준 내에서 이런 신규 값을 버킷에 담습니다.

하지만 선형 모델은 그렇지 않습니다. 모델 아티팩트는 결국 선형 모델의 방정식입니다. 추론 피처 벡터의 온돗값에 계수를 곱한 다음 훈련 중에 결정된 나머지 피처 계산값에 더하거나 뺍니다. 훈련 중에 추정된 범위에서 크게 벗어난 값을 사용하면 예측 결과가 예상치에서 크게 어긋날 수 있습니다.

레이블 드리프트

레이블 드리프트는 추적하기가 매우 까다롭습니다. 일반적으로 레이블 드리프트는 중요도가 높은 핵심 피처의 분포 변화로 발생해 비즈니스의 요구와 상반된 방향으로 작용할 수 있습니다.

아이스크림 경향 모델에서, 수집된 데이터가 부족해서 미처 파악하지 못한 잠재적 영향을 모델의 일부 요소가 받는다고 해봅시다. 피처 값 중 분산 하나가 전반적으로 감소하기 때문에 상관관계에서 그 원인이 무엇인지 알 수 있습니다. 그러나 수집된 데이터 피처 하나만으로는 우리가 관찰한 효과와 연결할 결정적 단서가 부족합니다.

우리가 보게 되는 주요 효과가 [그림 12-2]입니다.

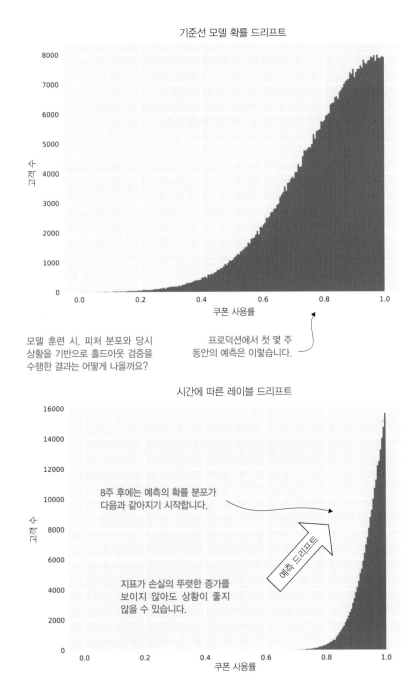

그림 12-2 레이블 드리프트는 예측 분포의 변화를 나타냅니다.

이런 분포 변화가 비즈니스에 극적인 영향을 미칠 수 있습니다. ML 관점에서 볼 때, 이론적으로 모델의 정확도(손실)는 [그림 12-2]의 하단 시나리오에서 얻은 것이 초기 훈련 때 얻은 것보다 더 좋을 수 있습니다. 따라서 이와 같은 드리프트 이벤트는 발견하기가 매우 어려울 수 있으며, 모델 훈련 관점에서는 훨씬 더 좋고 이상적인 것처럼 보입니다. 그러나 비즈니스 관점에서는 재앙이 될 수 있습니다.

만약 마케팅 팀이 고객 맞춤 이메일 쿠폰을 성공 확률이 90% 이상인 경우에만 발송하도록 임곗값을 설정한다면 어떻게 될까요? 이 같은 제약은 대개 비용 때문에 적용합니다. 대량 전송은 저렴하지만 맞춤형 솔루션은 서비스 비용이 훨씬 더 크기 때문이죠. 마케팅 팀이 첫 몇 주 동안 모델의 예측 결과를 분석한 후 이 수준을 기준으로 전송 임곗값을 설정했다면 맞춤형 전송에 지불해야 할 최적의 비용 대비 편익 비율을 선택했을 것입니다. 두 번째 차트에서는 시간이 지나 레이블 드리프트가 발생하면 기본적으로 모든 실험군 고객이 쿠폰 수신 대상에 포함됩니다. 그러면 비용이 크게 증가해 마케팅 팀이 이 프로젝트를 선호하지 않게 될 수 있습니다. 상황이 심각하다면 팀에서 프로젝트의 결과물 활용을 완전히 포기할 수도 있습니다.

시간 경과에 따른 모델 결과물의 분포에 세심한 주의를 기울이면 잠재된 문제를 파악하고 결과물의 일관성을 어느 정도 확보할 수 있습니다. 긍정적으로든 부정적으로든 결과가 변화하면, 그리고 실제로 그렇겠지만, 모델의 내부 소비자가 예상하지 못한 후광 효과가 생길 수 있습니다.

따라서 예측 결과를 항상 모니터링하는 것이 가장 좋습니다. 솔루션에서 생성하는 예측 결과를 꾸준히 모니터링하지 않으면 해결하고자 하는 문제의 종류에 따라 비즈니스 전반에 미치는 파급 효과가 심각해질 수 있습니다. 레이블 드리프트 모니터링을 구현할 때는 다음에 초점을 둬야 합니다.

- 예측 결과 수집 및 저장
- 분류 문제의 경우
  - 예측 클래스 값을 집계할 타임 윈도우를 정의하고 각 값의 개수를 저장합니다.
  - 시간 경과에 따른 레이블 예측 비율을 추적하고 비율값에 대한 허용 가능한 편차 수준을 설정합니다.
  - 유의수준이 매우 낮은(alpha ⟨ 0.01) 피셔의 정확 검정[5] 같은 알고리듬을 사용해 최근 값과 모델 생성 중에 계산된 검증(테스트) 지표 간의 동등성 비교를 수행합니다.

....

5 옮긴이_ 둘 이하 범주형 변수 연관성을 분석하는 검정 방법의 하나입니다. 귀무가설(가령 두 변수는 연관성이 없다)을 설정하고, 귀무가설이 기각될 확률(유의 확률)을 계산합니다. 만약 유의 확률이 충분히 작다면, 귀무가설을 기각하고 두 변수에 연관성이 있는 것으로 결론지을 수 있습니다.

- (선택 사항) 최근 데이터의 확률 질량 함수(pmf)를 결정하고 훈련 중 모델에서 생성한 검증 예측의 pmf 와 비교합니다. 피셔 비중심 초기하적 검정Fisher's noncentral hypergeometric test[6] 같은 알고리듬을 사용해 pmf 이산 분포를 비교할 수 있습니다.

- 회귀 문제의 경우

    - 윈도우 데이터의 평균, 중앙값, 표준 편차, 사분위수 범위interquartile range(IQR)를 수집해 최근 예측의 분포 (예측의 규모와 변동성에 따른 과거 일수, 과거 시간 수)를 분석합니다.

    - 측정된 집계 통계에서 관심 있는 값을 모니터링할 임곗값을 설정합니다. 편차가 발생하면 데이터 과학 팀 에 알려 조사하도록 합니다.

    - (선택 사항) 콜모고로프 스미르노프 검정Kolmogorov-Smirnov test[7] 같은 알고리듬을 사용해 연속 예측에 가 장 가까운 분포를 결정하고 확률 밀도 함수(pdf)의 유사성을 비교합니다.

개념 드리프트

개념 드리프트는 모델에 영향을 미칠 수 있는 난제입니다. 간단히 말해, 모델의 예측에 강력한 영향을 미치는 대규모 잠재(수집되지 않은) 변수가 유입됨을 뜻합니다. 이런 영향은 일반적으 로 훈련한 모델에서 전부는 아니더라도 대치에 사용되는 피처 대부분을 변경하는 광범한 형태 로 나타납니다. 아이스크림 예제를 이어가며 [그림 12-3]을 살펴봅시다.

---

6 옮긴이_ 둘 이상의 범주형 변수 연관성을 분석하는 검정 방법의 하나로, 교차 빈도의 분포가 비중심 하이퍼기하 분포를 따른다는 가정 하에 검정 통계량을 계산합니다.

7 옮긴이_ 두 분포가 동일한 분포에서 나왔는지를 확인할 때 사용하는 검정으로, 두 분포의 누적 분포 함수(cumulative distribution function, CDF)를 비교하며 두 분포 간 최대 차이가 얼마나 큰지 측정합니다.

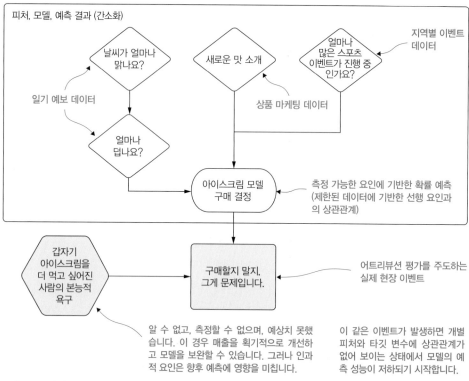

그림 12-3 개념 드리프트가 모델 성능, 비즈니스 영향, 어트리뷰션 측정에 미치는 영향

상관관계 기반 훈련에 측정하고 사용한 날씨 데이터, 자체 상품 데이터, 이벤트 데이터 등의 값은 개별 고객의 주중 아이스크림 구매 경향에 대한 강력한 상관관계를 구축하는 데 사용되었습니다. 11장에서 논의했듯이, 수집하지 못한 잠재 변수는 수집한 데이터보다 개인의 구매 결정에 더 큰 영향을 미칩니다.

모델의 결과에 긍정적으로 또는 부정적으로 미지의 영향을 미치는 경우, 예측이나 모델에 대한 어트리뷰션 측정값이 크게 달라질 수 있습니다. 근본 원인을 추적하는 일은 세계적인 팬데믹 경우처럼 매우 명백할 수도 있고, 소셜 미디어가 브랜드 이미지에 미치는 영향처럼 교묘하고 복잡할 수도 있습니다. 예제 시나리오에서는 다음 방법으로 이 유형의 드리프트에 모니터링을 진행할 수 있습니다.

- 다음 지표의 로깅 구현
  - 주요 모델 오류(손실) 지표
  - 모델 어트리뷰션 기준(프로젝트에서 개선하기 위해 노력 중인 비즈니스 지표)
- 예측 결과에 대한 집계된 통계(해당 시간 범위 내) 수집 및 생성
  - 개수(예측 수, 그룹화된 코호트당 예측 수 등)
  - 회귀 변수에 대한 평균, 표준 편차, 사분위수 범위(IQR)
  - 분류기에 대한 개수(예측 수, 예측된 레이블 수) 및 버킷 확률 임곗값
- 시간 경과에 따른 예측 및 어트리뷰션 측정에 대한 집계된 통계의 추세 평가. 설명 불가한 드리프트는 모델 재훈련 또는 피처 엔지니어링 평가로 돌아가야 할 근거가 됩니다(새로운 잠재 요인 효과를 포착하기 위해 추가 피처가 필요할 수 있습니다).

원인에 관계없이 이런 이슈를 나타내는 두 징후, 즉 수동 재훈련에 대한 훈련과 관련 모델 지표, 능동 재훈련에 대한 모델 어트리뷰션 데이터를 모두 모니터링하는 것이 중요합니다. 모델 효율성의 변화를 모니터링하면 조기 개입, 설명 가능한 분석 보고서, 프로젝트 전체에 차질을 일으키지 않는 방식으로 이슈를 해소하게 됩니다.

여타 드리프트, 즉 피처 및 예측 드리프트처럼 설루션이 쉽게 드러나지 않을 수 있습니다. 설명 불가한 드리프트를 프로덕션 모니터링할 때는 드리프트를 시초에 포착하는 것이 무엇보다 중요합니다. 모델 성능에 잠재적 악영향을 미칠 수도 있는 드리프트를 확인하지 않고 방치하면 유스 케이스에 따라 비즈니스에 막대한 영향을 줄 수 있습니다. 간단한 ETL을 통해 모니터링 통계를 생성하기 바랍니다.

예측 드리프트

예측 드리프트는 레이블 드리프트와 매우 비슷하지만, 이 유형의 드리프트를 극복하려면 일련의 조치가 필요하다는 미묘한 차이가 있습니다. 레이블 드리프트와 마찬가지로 예측에 큰 영향을 미치지만, 외부 영향과 관련되지 않고 모델의 일부인 피처와 직접적으로 관련됩니다. 때로는 혼란스러운 방식으로 발생하기도 하지만요.

대성공을 거둔 아이스크림 회사가 모델 설루션을 훈련할 당시 미국 태평양 북서부 지역에서 실적이 다소 저조했다고 가정합시다. 모델은 훈련 데이터가 부족해서 이 지역과 관련된 극소수의 피처 데이터에 적합하지 않았습니다. 데이터 부족 문제와 더불어 탐색적 데이터 분석(EDA)에 필요한 정보도 불충분해서 이 지역의 잠재 고객이 자사 상품을 선호할지 여부도 타진하지

못했습니다.

새로운 캠페인을 벌이고 입소문을 통해 인지도를 높인 몇 달 후, 태평양 북서부 지역의 사람들과 그들의 반려견이 아이스크림을 즐겨 먹을 뿐 아니라, 그들의 행동 패턴이 가장 활동적인 고객과 매우 잘 일치한다는 사실이 밝혀졌습니다. 그래서 우리 모델은 이 지역의 고객에게 쿠폰을 발행하는 빈도와 비율을 늘렸습니다. 그런데 이 같은 수요 증가로 모델이 너무 많은 쿠폰을 발급하기 시작하면서 재고 부족이라는 완전히 새로운 문제가 부상했습니다.

[그림 12-4]는 이 모델이 의도치 않게 비즈니스에 끼친 영향을 한눈에 보여줍니다. 확실히 수익이 늘었다는 면에서 그 자체로 나쁜 문제는 아니지만, 비즈니스 운영 기반에서 예상치 못한 요인이 다급히 해결해야 하는 문제를 일으킬 수 있습니다.

[그림 12-4]의 상황은 확실히 긍정적입니다. 그러나 모델이 미친 영향이 모델링 지표에 나타나지 않았습니다. 실제로는 새 데이터로 모델을 재훈련해도 상당히 동등한 손실 스코어가 나타날 확률이 높습니다. 어트리뷰션 측정 분석은 이를 감지하고 향후 고객 기반의 근본적인 변화를 설명할 유일한 방법입니다.

일반적으로 예측 드리프트는 피처 모니터링 프로세스를 거쳐 처리합니다. 이때 사용하는 도구에는 다음의 여러 개념이 포함됩니다.

- 최근 값과 비교한 각 피처의 분포 모니터링(적절한 시간 인자factor만큼 지연)
  - 훈련 시점의 피처에 대한 평균, 중앙값, 표준 편차, IQR을 계산합니다.
  - 값 사이의 거리나 백분율 오차를 계산합니다.
  - 지표 간 편차가 일정 수준 이상이면 팀에 알립니다.
- 분포 동등성 측정distribution equivalency measurement
  - 연속형 피처를 훈련 중에 그대로 피처에 대한 확률 밀도 함수(pdf)로 변환합니다.
  - 명목(범주형) 피처를 훈련 중에 그대로 피처에 대한 확률 질량 함수(pmf)로 변환합니다.
  - 와서스테인 지표Wasserstein metric[8] 또는 헬링거 거리Hellinger distance[9] 같은 알고리듬을 사용해 이 데이터와 가장 최근의 (모델이 훈련 과정에서 볼 수 없는) 추론 데이터 간의 유사성을 계산합니다.

---

8 옮긴이_ 두 확률 분포의 차이를 측정하는 데 사용하는 지표로 분포 간의 최소 이동 거리를 계산해 두 분포의 모양이 얼마나 비슷한지 측정합니다.

9 옮긴이_ 두 확률 분포의 차이를 측정하는 데 사용하는 지표로, 분포 간의 차이를 제곱하고 제곱근을 취하는 방식으로 간단히 측정합니다. 와서스테인 분포는 GAN(generative adversarial network) 같은 복잡한 분포를 다루는 문제에 유용하며, 헬링거 분포는 간단한 분포 비교에 널리 사용합니다.

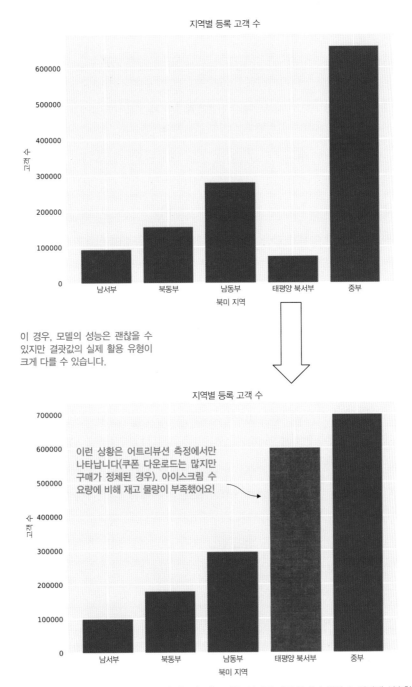

그림 12-4 모델 결괏값이 비즈니스에 이득이 되는 경우. 하지만 다른 문제가 생길 수 있기에 신속한 조정이 필요합니다 (특히 반대 상황이 발생할 경우).

- 각 피처의 기본 통계 지표에 대한 통계적 공정 관리statistical process control (SPC)[10] 규칙 지정
  - 시간 경과에 따른 각 연속 피처의 평활화값을 측정하고(대개 이동 평균 또는 윈도우 집계를 통해) 선택한 규칙을 위반할 때 알림을 보내는 시그마 기반 임곗값 수준입니다. 일반적으로 웨스턴 일렉트릭 규칙Western Electric rules[11]을 사용합니다.
  - SPC 규칙은 피처 내 범주형 또는 명목값의 척도화된 백분율 멤버십을 기반으로 합니다(시간 함수로 집계).

어떤 방법론을 사용하든, 또는 모든 방법론을 사용하든, 훈련 중에 피처 상태에 대한 정보를 수집할 때 관건은 모니터링을 통해 피처 성능 저하를 미리 파악할 수 있다는 점입니다.

이런 통계 지표 추적을 지원하기 위해 저를 포함해 많은 사람이 MLflow의 추적 서버에 크게 의존합니다. 모델 훈련 이벤트의 일부로 값을 기록하면 해당 모델이 훈련에 사용한 값의 과거 기록을 보존할 뿐 아니라, 드리프트 검증을 실행할 때마다 이 값의 과거 값 계산을 전산적으로, 오랜 시간을 들여 대규모로 수행하지 않아도 됩니다.

현실 드리프트

저는 지금 이 글을 2022년 1월 20일에 쓰고 있습니다. 지난해는 아이스크림 업계에 불황이었습니다. 어쩌면 인류에게 전반적으로 힘든 해였는지도 모릅니다. 아이스크림 트럭이 마을, 공원, 스포츠 행사장, 반려견 놀이터 등을 돌며 판매하던 우리 회사의 주된 영업 방식이 제대로 작동하지 않았습니다. 유통 전략과 마케팅 메시지를 재고하고 코로나19의 여파로 한층 어려워진 경제 난국을 헤쳐나가야 했습니다.

현실 드리프트는 개념 드리프트의 특수 사례입니다. 이 드리프트는 측정할 수 없고 예측도 할 수 없는 외부 영향이지만, 일반적인 개념 드리프트보다 모델 효과에 훨씬 더 중대하고 대규모 영향을 미치는 근본적 변화입니다. 하지만 팬데믹만이 현실 드리프트를 일으키는 것은 아닙니다. 말굽 제조업체도 20세기 초 수십 년 동안 수요량의 정확한 예측 같은 비슷한 이슈를 겪었을 것입니다.

이런 이벤트는, 특히 블랙 스완 이벤트인 경우 근본적으로 변혁적이고 파괴적입니다. 가장 심각한 경우에는 오작동하는 모델이 비즈니스에 치명타를 입혀 최악의 골칫거리가 될 수 있습니

---

10 옮긴이_ 제조 공정에서 생산되는 상품의 품질을 감독하고, 이상 현상을 감지해 조치를 취하는 통계 방법론입니다.
11 옮긴이_ SPC를 위한 규칙의 집합으로 1920년대에 미국의 전화기 제조사인 웨스턴 일렉트릭에서 품질 관리 목적으로 개발되었습니다.

다. 회사의 존속이라는 훨씬 더 시급한 문제 말입니다.

현실 드리프트가 중간 수준으로 파괴적인 경우, 일반적으로 프로덕션에서 실행 중인 ML 설루션은 큰 타격을 받습니다. 비즈니스의 근본적인 구조 변화를 설명할 신규 피처를 파악하지 못한 상태에서 즉각적이고 커다란 변화를 처리하도록 설루션을 조정하는 것은 시간을 요하는 큰 문제가 됩니다. 모델을 복구할 시간이나 리소스가 충분하지 않으며, 때로는 필요한 데이터를 수집할 능력조차 없기도 합니다.

이런 근본적인 패러다임 전환기에 세상의 변화에 민감한 모델은 두 갈래길에 서게 됩니다.

- 성능 저하 또는 비용 절감 계획에 의한 포기
- 대규모 피처 생성 및 피처 엔지니어링 후 모델 재구축

이 외에 문제를 조용히 무시하는 일만큼은 절대 하지 말아야 합니다. 예측이 무의미할 공산이 크고, 원래 피처를 맹목적으로 재훈련한다고 해도 문제가 해결되지 않을 확률이 높으며, 그렇다고 성능이 좋지 않은 모델을 계속 실행하면 많은 비용이 발생합니다. 적어도 모델에 들어가는 피처의 특성과 상태에 대한 포괄적 평가를 수행해 모델의 정확도가 여전히 유효한지는 확인해야 합니다. 이런 철저한 검증과 인증 방식으로 이벤트에 접근하지 않으면 해당 모델(및 다른 모델)이 미검증된 결과를 계속해서 장기간 생성할 여지가 있습니다.

피드백 드리프트와 수익률 감소의 법칙

잘 알려지지 않은 드리프트 유형이 **피드백 드리프트**입니다. 공장에서 제조된 부품의 결함 밀도를 추정할 모델링 설루션을 개발하는 중이라고 가정하겠습니다. 모델은 인과관계 모델이며, 생산 방식이 생산 공정을 보여주는 유향 비순환 그래프(DAG)를 반영하도록 구축되었습니다. 베이지안 모델링 접근 방식을 실행해 매개변수 변경이 최종 결과(생산량)에 미친 다양한 영향을 시뮬레이션한 후, 기계에 입력할 최적의 매개변수 집합을 찾았습니다.

처음에는 모델이 최적의 결과를 가져오지 않는 상관관계를 보여줍니다. 피처 공간을 더 탐색하고 모델을 재훈련하면 시뮬레이션이 테스트를 시작할 때 예상된 결과를 더 정확하게 반영합니다. 모델을 실행하고 시뮬레이션 결과를 활용하면 몇 달 내에 수익률이 거의 100%로 안정적으로 유지됩니다.

모델링 대상 시스템에 존재하는 인과관계를 제어함으로써 모델에 피드백 루프를 효과적으로

구축했습니다. 조정 가능한 매개변수의 편차가 줄고, 이 데이터에 검증 목적으로 지도 학습 머신러닝 모델을 구축하면 학습을 많이 하지 못합니다. 더 이상 학습할 데이터가 없거나 적어도 그다지 가치가 있는 데이터가 없기 때문입니다.

인과관계 모델은 상관관계에 기반한 기존 ML 모델보다 이런 영향을 더 많이 받으므로 모든 상황에서 이 같은 효과가 나타나지는 않습니다. 그러나 일부 상황에서는 상관관계 기반 모델의 예측 결과가 새로 들어온 피처를 오염시켜 실제로 발생한 관찰 결과로 수집한 피처의 효과를 왜곡할 수 있습니다. 이탈 모델, 사기 의심 모델, 추천 엔진은 모두 그런 영향에 매우 취약합니다. 긍정적 결과를 확대하고 부정적 결과를 축소하기 위해 예측 결과에 따라 달리 조치함으로써 고객의 행동을 직접적으로 조작하는 셈입니다.

이는 많은 지도 학습 문제에서 발생하는 위험 요인으로, 시간의 경과에 따른 예측 품질을 평가해 감지할 수 있습니다. 재훈련이 이루어질 때마다 모델과 관련된 지표를 기록하고(MLflow는 이를 위한 훌륭한 도구입니다), 모델에 새로운 피처 데이터가 추가될 때 성능 저하가 발생하는지 주기적으로 측정해야 합니다. 최근 활동에 사용한 검증 데이터를 기반으로 모델이 허용 가능한 수준의 손실 지표로 되돌아가지 못하는 경우, 수익이 감소하는 상황에 이를 수 있습니다.

이 같은 상황의 대응책은 새 데이터 패러다임의 학습을 돕는 데이터를 추가해 피처 엔지니어링 작업을 다시 수행하거나 프로젝트를 재검토하는 것입니다. 때로는 프로젝트 재검토가 프로젝트 중단을 의미하기도 합니다. 몇몇 문제는 ML을 활용해 시스템 동작이나 사람 행동의 패턴을 발견함으로써 시간이 지나 완전히 해결할 수 있으며, 비즈니스 운영 방식을 수정해 대체할 수도 있습니다.

12.2 드리프트 대응

지금까지 어트리뷰션 지표를 통계 검정해 모델 영향을 계산하는 방법과 시간이 지나면서 모델의 안정성을 떨어뜨리는 엔트로피에 대해 살펴봤습니다. 12.1절에 소개한 여섯 가지 드리프트 유형 중 어느 하나로든 아이스크림 쿠폰 모델이 악화되고 있다면, 어떤 프로세스로 해결해야 할까요?

12.2.1 어떻게 대처해야 하나요?

모든 것이 모니터링에서 시작됩니다. 아이스크림 쿠폰 시나리오에서는 예측하고, 분석 사용 사례를 위해 각 예측 배치를 안전하게 저장할 뿐만 아니라 모델 상태를 알려주는 트리거된 알림 설정에 사용할 기본 통계 측정 속성에 대한 ETL 프로세스를 구축했습니다.

11장에서 모델에 피처로 입력한 외부 온도 측정값을 다시 보겠습니다. [그림 12-5]는 온도 피처에 세 가지 개별 검사를 설정해 기초 데이터에서 이슈를 감지하는 방법을 보여줍니다.

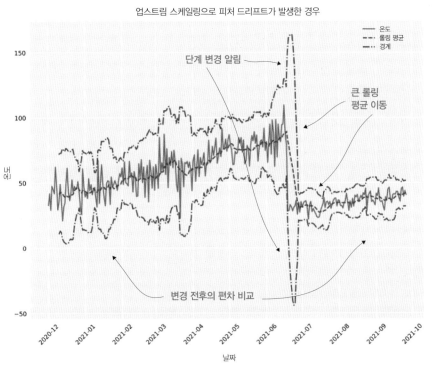

그림 12-5 피처 주위에 임곗값 경계를 설정해 대규모 변경 사항을 알립니다.

이 플롯은 시각적으로 보여주기 위한 것입니다. 실제로는 데이터로 계산해 알림을 구성하고, 경계를 이동한 크기가 코드 로직에 설정한 임곗값을 초과하는 경우 트리거합니다. 하지만 이 플롯에서 식별된 세 영역은 모델의 입력 피처 이슈를 팀에 알려주는 모니터링 코드에 포함시켜야 한다는 규칙을 보여줍니다.

첫 번째 감지 유형, 즉 평균의 단계적 변화 알림은 모델의 예측 기능에 문제가 될 수 있는 예상치 못한 큰 편차를 감지하는 데 유용합니다. 이 규칙은 구현하기가 비교적 간단하고 임곗값을 지정할 수 있으며, 신규 데이터가 도착하면 ML 팀이 신속하게 개입할 수 있는 효과적인 조기 경보 시스템입니다.

두 번째 감지 유형인 데이터 분산값의 단계적 변화는 일반적으로 트리거하는 데 조금 더 많은 시간이 필요합니다. 상이한 눈금(섭씨와 화씨)에서는 동일한 값(온도)의 분산이 본질적으로 다릅니다. 따라서 데이터의 총분산은 현저한 차이를 보일 것입니다. 그러나 불연속 기간의 오탐지 경고 가능성을 줄이기 위해, 분산 모니터링과 관련된 알림 조건은 일반적으로 트리거하는 데 더 오랜 기간이 필요합니다.

세 번째 유형은 평균의 변화와 일치하지만 이전에는 관찰되지 않았던 편차의 급격한 증가입니다. 변동 측정값에서 봉우리가 크면, 즉 이 예시의 두 번째 사례에서 모니터링한 것보다 훨씬 더 크게 변화하면 측정 중인 데이터 상태를 조사해야 합니다.

기본적으로 모델 성능의 완만한 엔트로피 감소와 [그림 12-5]의 근본적인 파괴적 이벤트를 모두 방지하려면, 모델의 여러 측면을 측정해야 합니다. 피처 모니터링, 훈련 레이블 드리프트 측정, 모델 검증 지표, 어트리뷰션 지표는 모두 드리프트를 식별해줄 효과적인 전략의 구성 요소입니다.

[표 12-2]는 제가 여러 업계에서 목도하고 작업한 보편적인 모델링 유형과, 재훈련이 필요하기 전에 모델의 안정성이 얼마나 오래 유지되었는지를 일반적으로 추산해 알려줍니다.

표 12-2 드리프트에 대한 모델 안정성 및 견고성

애플리케이션	어트리뷰션 지표	재훈련 주기(근사치)
고객 이탈률 예측	높은 확률로 고객에게 조치를 취한 후 구매 이벤트 진행	매월
고객 평생 가치(CLV)	CLV 그룹 멤버십 지속 비율	매주
	안정성	
운송 산업	수익	매월
수요/가격 예측	구매율	
추천 엔진(개인화)	구매율 또는 조회율	매시간 또는 매일
이미지 콘텐츠 레이블링	오분류율	2~6개월

사기 탐지	손실 이벤트 수	격주
	손실 금액	
	미탐지 사기 이벤트 수	
장비 고장	유지 보수 비용(교체)	반기별 또는 매년
예측(생존 가능성)	불필요한 유지 보수 횟수	
매출 예측	예상 정확도 백테스트	매일 또는 매주

[표 12-2]에서 보듯이 예상 재훈련 주기는 애플리케이션별로 매우 다양합니다. 또 재훈련 계획 외에 다른 상황은 반영되지 않았습니다. 모델 어트리뷰션 성능이 저하될 경우 신규 모델을 생성할 능동 재훈련 시스템이 마련되어 있더라도 신규 모델의 지속적인 성공을 보장할 수는 없습니다. 드리프트가 이전 모델과 신규 모델 모두에 영향을 미쳤을 수 있으며, 대개 드리프트는 신규 데이터에 대한 재훈련만으로는 모델 성능을 허용 가능한 수준으로 복구하지 못할 정도로 미치는 영향이 큽니다.

수동 예약 재훈련 패러다임의 경우, 어트리뷰션 측정값을 면밀히 모니터링하지 않으면 문제를 해결하는 데 더 오랜 시간이 소요됩니다. [표 12-2]에 언급된 주기(대략적인 근사치)에 따라 드리프트 이벤트 발생 후 처음 예약된 재훈련에서는 대개 수동 개입을 통해 해결해야 할 문제를 발견합니다. 기존 피처에서 모델이 새로운 환경 상태에 적응하는 데 도움되는 신규 피처를 포함해 프로젝트의 피처 엔지니어링 단계를 재검토하거나 아니면 애초에 프로젝트 구축에 사용한 접근 방식을 전면 점검할 수 있습니다.

피처 지표와 모델 지표에서 어트리뷰션 측정에 이르기까지 모델에 영향을 미치는 요소를 모니터링해 예측 이슈를 식별할 수 있습니다. 하지만 이슈를 파악한 후에는 어떻게 해야 할까요?

12.2.2 드리프트 대응
[그림 12-5]의 온도 드리프트 예시에서 드리프트 조건을 복구하는 방법은 간단합니다. 이전 데이터에 피처 변환을 적용해 온돗값의 새 스케일링과 일치하게 만들면 됩니다. 명백하고 해결하기 쉬운 이슈는 식별, 분리, 복구하기가 수월합니다. 이슈를 바로잡아 문제를 해결하고 계속 진행하면 됩니다.

하지만 안타깝게도 모든 문제가 그렇게 간단한 것은 아닙니다. 모델 성능이 저하되는 원인을 알아낼 수 없다면 어떻게 해야 할까요? 드리프트에 대응하는 주요 방법은 네 가지입니다.

- 이전 모델과 비교해 결과를 검증하고 새 검증 데이터를 비교해 신규 모델을 생성할 재훈련 작업을 예약하거나 트리거합니다. 가장 우수한 모델을 유지하세요.
- 이슈가 명백한 경우(예: ETL 오류, 유일값의 급증 또는 피처 분산 변화), 피처를 복구하거나 확장하고, 모델을 재훈련하고, 신규 홀드아웃 데이터의 성능을 검증하고, 신규 모델에서 이전처럼 계속 실행하세요.
- 예측 성능의 저하가 첫째 항목에서 언급한 명백한 요인과 무관한 경우, 피처 엔지니어링을 다시 살펴보고 탐색적 데이터 분석과 상관관계 분석을 수행하세요. 신규 피처를 추가할지 아니면 기존 피처를 제거할지 결정합니다. 검증된 새로운 모델을 재훈련하고 프로덕션에 배포하세요.
- 모델이 통계적으로 유의미할 정도로 비즈니스에 부정적 영향을 미친 것으로 나타나면 즉시 모델 사용을 중단하세요. 가능하다면 근본 원인 분석을 수행해 문제를 해결합니다. 모델의 이점이 더 이상 존재하지 않으면 모델을 영구 종료하세요.

이 중 후자의 세 방법은 비교적 자명합니다. 그러나 첫째 방법은 기본적으로 재훈련에 사용되는 메커니즘에 따라 약간 미묘한 차이가 있습니다. 재훈련 이벤트를 시작하는 데는 [그림 12-6]처럼 수동과 능동이라는 두 가지 주요 수단이 있습니다.

모델 재훈련을 시작하는 두 가지 메커니즘은 현저하게 다릅니다. 수동 재훈련에서는 새 모델을 훈련하기 위해 피처 데이터의 슬라이딩 윈도우를 가져오는 예약된 작업을 설정합니다. 이 접근 방식은 일정 기간 동안 빠르게 변화하는 값을 예측하는 매우 동적인 데이터셋에 유용합니다. 또는 이전 프로덕션 모델에서 보지 못한 새로운 데이터를 포함해 처음부터 모든 데이터를 사용합니다. 그런 다음 가장 최근 데이터에서 홀드아웃 데이터셋을 가져와 동일한 홀드아웃 검증 데이터로 현재 운영되고 있는 이전 모델(프로덕션 모델)과 신규 모델에 대한 모델 평가를 실행합니다. 모델 지표에 따라 승자가 프로덕션용으로 선택됩니다.

수동 재훈련 접근 방식에서는 일반적으로 너무 많은 반복 동안 신규 모델이 교체 대상으로 선택되지 않을 경우 이를 알려주는 경고가 설정되어 있습니다. 이는 최근 데이터에 근본적인 변화가 발생해 피처 엔지니어링 세트를 재구축할 필요가 있을 수 있음을 경고하는 것으로, 수동 재훈련 주기에서 제외됩니다.

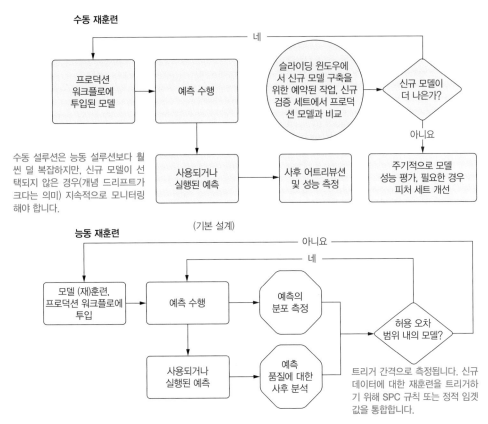

그림 12-6 모델 드리프트에 대응하기 위한 수동 재훈련(예약) 및 능동 재훈련(트리거)

[그림 12-6] 하단에 표시된 능동 재훈련 구현의 경우, 지속적으로 모니터링되는 자동화된 설루션이 적용되어 모델의 비즈니스 영향과 예측 품질(분포, 분산, 평균 등) 어트리뷰션을 측정합니다. 어트리뷰션 모니터링에서 성능 저하가 감지되면 자동화된 재훈련 이벤트가 발생합니다. 수동 구현과 마찬가지로, 최근 홀드아웃 데이터에 대해 새로 트리거된 모델과 현재 실행 중인 모델을 비교합니다. 새 모델이 더 나은 경우 이를 선택해 프로덕션으로 전환합니다. 일반적으로 CI/CD를 통해 자동화됩니다. 수동 접근 방식과 마찬가지로, 이전 세대의 모델 반복에 거듭 실패하면 데이터 과학 팀에서 조사할 수 있도록 알림이 트리거됩니다.

수동 구현과 능동 구현 중 어느 것을 선택할지는 프로젝트에 참여하는 ML 팀의 규모, 구현의 안정성, 비즈니스 유스 케이스의 특성, 팀의 역량에 전적으로 좌우됩니다. ML 프로젝트에 어느 설루션을 선택하든 상관없습니다. 중요한 것은 이 중 하나를 선택해야 하느냐 여부입니다.

모델이 처음 훈련했을 때처럼 계속해서 예측을 잘 수행할 것이라고 가정하고 추가 조치 없이 그대로 방치하는 것은 실패의 지름길입니다. 재훈련, 상태 점검, 모니터링, 어트리뷰션 측정을 고려하지 않으면 비즈니스와 관련성이 없거나 비즈니스에 악영향을 미칠 정도로 결과가 좋지 않아 프로젝트가 실패할 수밖에 없습니다.

12.3 요약

- 드리프트의 주요 유형, 즉 피처, 레이블, 개념, 예측, 현실, 피드백에 대한 모니터링은 솔루션의 안정성을 보장하는 데 매우 중요합니다.
- 수동 또는 능동 방식의 재훈련은 드리프트에 대응하는 효과적인 방법입니다. 이런 시도가 실패할 경우, 솔루션이 지속적으로 목적을 달성할 수 있도록 드리프트를 처리할 새 피처를 도입하기 위해 솔루션 구현을 재검토하는 것이 필수입니다.

CHAPTER 13

ML 개발의 오만함

이 장의 내용

- 과도하게 엔지니어링된 구현의 리팩터링으로 개발 속도 개선
- 리팩터링 대상이 되는 코드 식별
- 단순함을 추구하는 개발 방식 수립
- 지속 가능한 방식으로 신기술 채택
- 구현 단계에서 구축, 구매, 선행 기술 비교

이전 장에서는 예측 결과에 초점을 맞춰 설루션의 효율성 관점에서 프로젝트 전반의 상태를 측정하는 핵심 구성 요소를 알아봤습니다. 입력과 출력에 효과적이고 상세한 모니터링을 수행해 오랫동안 지속되도록 구현된 ML 프로젝트는 그렇지 못한 프로젝트보다 성공 확률이 훨씬 더 높습니다. 하지만 이는 프로젝트 성공을 견인하는 한 요소일 뿐입니다.

또 다른 주된 요소는 사람이 하는 일과 관련이 있습니다. 특히 설루션의 수명이 다할 때까지 발생하는 이슈를 지원하고 분석해 프로젝트의 코드 기반을 유지 보수하며 개선해야 하는 사람을 고려해야 합니다.

NOTE_ 프로젝트가 프로덕션에 공개되면 이제 막 서막이 오른 것입니다. ML의 진정한 과제는 오랜 기간 지속적으로 잘 실행되는 것입니다.

이러한 인적인 요소는 다음과 같은 형태로 나타날 수 있습니다.

- **코드의 작성 방식**: 다른 사람이 코드를 읽고 이해할 수 있는가
- **코드의 성능**: 의도치 않은 부작용이 발생하는가
- **코드의 복잡성**: 유스 케이스에 비해 설계가 과도하거나 부족한가
- **개선의 용이성**: ML 코드가 지속적으로 리팩터링되는가

이 장에서는 ML 코드 기반을 유지 관리하기 어렵게 만드는 패턴을 정의하고 주의해야 할 조짐을 살펴볼 것입니다. 과시용으로 코드를 복잡하게 만드는 개발자부터 거대한 제국을 건설하려는 프레임워크 제작자까지, 이 같은 이슈를 식별하고 어떤 대안이 있는지 알아보겠습니다. 그리고 ML 프로젝트 코드 개발에 가장 효과적인 디자인 패턴을 사용하는 것이 프로젝트의 그 외 측면에 이로운 이유를 살펴보겠습니다.

TIP 결국 코드의 유지 관리는 사람이 해야 합니다. 당면한 문제를 해결하는 데 필요한 만큼만 복잡하게 만드세요.

오만함이라고 표현한 이유

필자는 시간에 걸쳐 다른 모습을 가지게 된 자신을 두고 오랜 고민 끝에 오만함이라는 단어를 택했습니다. 한쪽은 자신의 기술 역량을 과신해 처참하게 실패한 아픔이 있는 모습입니다. 허영심 가득한 코드를 만들어서 구현이 얼마나 멋지게 되었는지로 프로젝트 성공을 판단하려 했던 자신 이었습니다. 또 다른 한쪽은 이제 막 이 분야에 발을 들여놓은 훨씬 더 젊은 시절의 모습입니다. 상상할 수 있는 것보다 훨씬 더 부적절하고 심각한 허풍쟁이였다고 생각합니다.

오만함은 과도한 자부심과 자신감을 의미합니다. 우리는 당연히 복잡한 문제를 해결했을 때 자부심을 가져야 합니다. 다만 지나친 것이 문제이죠.

데이터 과학자는 오만한 태도로 일할 때 문제 해결에 필요한 것 이상으로 복잡한 설루션을 구축하는 경향이 있습니다. 자존심이나 과시욕 아니면 동료에게 자신의 실력이 월등함을 증명하려는 순진한 욕구 때문일 수도 있습니다. 이유가 어찌되었든 최종적으로 후회만 남는 결과를 낳습니다. 공들여 만든 설루션은 유지 관리가 어렵고 지나치게 복잡해서 혼란스럽고 확장이 불가능하여 프로젝트에 악영향을 주거나 동료들을 힘겹게 하고 코드 오류를 해결하는 작업을 두려워하게 합니다.

제가 수년간 저지른 뼈아픈 실수를 여러분이 되풀이하지 않기를 바라는 마음으로 제 시행착오를 공유하겠습니다. 지속 가능한 ML 개발 패턴을 정의하고 코드의 단순성을 추구해야 한다는 교훈을 얻기까지 제가 경험한 위험천만한 일들입니다.

13.1 우아하게 복잡한 코드와 과도한 엔지니어링의 차이

새 프로젝트에 착수한다고 합시다. 반려견에 대한 데이터가 있고, 품종과 나이, 몸무게, 좋아하는 음식, 일반적으로 호의적인 성향인지 아닌지 등을 알고 있습니다. 그리고 각 반려견이 우리 펫 스토어 프랜차이즈에 들어왔을 때 배고픈 징후가 보이는지 여부를 측정한 레이블 데이터가 있습니다.

이 데이터에 근거한 반려견 고객의 등록 데이터를 기반으로 반려견이 계산대를 통과할 때 간식을 제공해야 하는지 여부를 예측하는 모델을 구축하고자 합니다.

> NOTE_ 필자도 이 시나리오가 얼마나 우스운지 잘 압니다. 그래도 아내가 좋아해서 쓰기로 했습니다.

데이터를 조사하기 시작하면서 우리는 훈련 데이터가 정말 엄청나게 많다는 것을 깨달았습니다. 데이터가 수십억 행에 이릅니다. 하지만 이 모든 데이터를 모델 훈련에 활용하고 싶었고 그래서 이를 실행할 플랫폼은 간단하게 결정했습니다. 바로 아파치 스파크입니다.

지금까지 파이썬을 두루 광범위하게 사용했으니, 이 장에서는 파이썬에 못지않게 훈련 데이터양이 많은 대규모 ML 프로젝트에 널리 사용되는 스칼라^{Scala}를 살펴보겠습니다. 여기서도 스파크의 ML 라이브러리를 사용하므로, 칼럼형 데이터에서 피처 벡터를 효과적으로 생성하려면 불연속 데이터 유형을 식별하고 이를 인덱싱된 정숫값으로 변환해야 합니다.

우아한 코드와 과도한 엔지니어링의 차이를 보여줄 각 예제를 살펴보기 전에, ML 코딩 방식부터 알아보겠습니다. 코드의 복잡성 관점에서 개발 스타일이란 [그림 13-1]과 같이 섬세한 균형을 잡아가는 것이라 생각합니다.

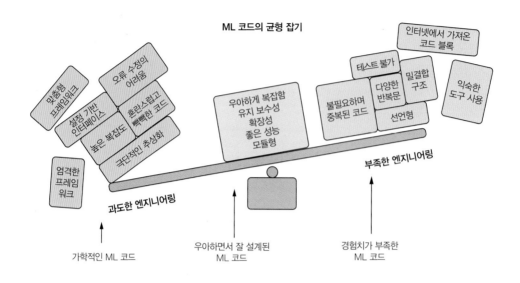

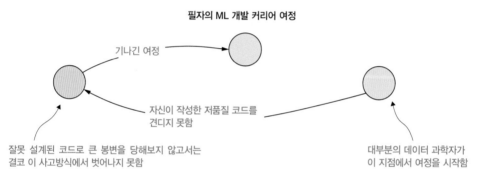

그림 13-1 극단적인 두 개발 방식 사이에서 균형을 잡는다면 프로젝트를 더 효과적이고 안정적으로 수행할 수 있습니다.

그림의 오른쪽 코드는 매우 가볍습니다. 이 코드는 스크립트 구문과 비슷하게 매우 선언적이고, 복사 붙여넣기가 많아 단조로우며, 구성 요소 간에 긴밀하게 결합되어 요소 하나를 변경하면 코드를 샅샅이 뒤져 모든 문자열을 업데이트해야 합니다.

이 같은 가벼운 코드 기반은 마치 서로 다른 회사에서 일하는 사람들이 모여 만든 것처럼 보이기도 합니다. 인기 있는 개발자 Q&A 커뮤니티에서 전체 기능과 코드 스니펫을 그대로 가져온 경우가 많기 때문입니다. 또 다른 공통점은 유스 케이스의 적합성에 관계없이 잘 문서화된 범용의 프레임워크와 도구에 의존한다는 점입니다. 이러한 코드는 다음의 주요 특징을 보입니다.

- 겨우 수천 개 행과 수십 개 열로 구성된 훈련 데이터셋에도 대규모 ML 프레임워크를 사용합니다. 보통 이 경우에는 SparkML을 사용하는 대신, 판다스를 주로 사용하고 브로드캐스트 모드에서는 스파크로 훈련합니다.

- 요청 건수가 분당 몇 건을 초과하지 않아도 대규모 서빙 아키텍처 위에 실시간 서빙을 구축합니다. 셀던[Seldon]과 쿠버네티스[Kubernetes]를 병용하는 대신, 도커 컨테이너에 간단한 플라스크 앱을 사용해도 충분합니다.

- 시간당 예측 건수가 수백 건에 불과한데도 SLA가 분 단위로 측정되는 대규모 마이크로배치 예측을 위한 스트리밍 적재 서비스를 구성합니다. 카프카[Kafka]나 스파크 구조적 스트리밍 또는 스칼라의 사용자 정의 함수를 사용하는 대신, 플라스크 앱을 사용해도 됩니다.

- 간단한 ARIMA 모델을 사용해 한 자릿수 RMSE 값으로 예측할 수 있는 일변량 시계열에 대해 Horovod 다중 GPU 스케줄링 모드와 함께 GPU 하드웨어에서 실행되는 LSTM을 사용해 시계열 예측 모델을 구축합니다. ARIMA 모델을 사용하고 훨씬 저렴한 CPU기반 VM을 선택하세요.

그러나 그림의 왼쪽에는 정반대 코드가 있습니다. 코드는 조밀하고 간결하며 매우 추상적인 데다가 대개 복잡합니다. 왼쪽 코드는 일부 그룹과 조직에 적합할 수도 있습니다. 하지만 대체로 쓸데없이 복잡하고 혼란스러우며, 고급 언어 기능을 이해하려면 고도의 숙련도가 필요하므로 프로젝트에 기여할 사람의 수가 제한됩니다. 일부 ML 엔지니어는 가벼운 스크립팅 방식의 ML 개발로 대규모의 복잡한 프로젝트를 처리한 후에 후속 프로젝트에서 왼쪽의 무거운 코드에 접근하는 방식을 추구할 것입니다. 스크립팅 방식과 광범하게 연결된 모든 결합을 유지하는 데 어려움을 겪다 보니 일반적인 프레임워크를 구축하는 수준으로 추상화된 연산자가 폭발적으로 증가할 수 있습니다. 솔직히 말하면 제 경우가 바로 그랬는데, 이 사실은 [그림 13-1]의 하단에 있는 제 여정을 보면 알 수 있습니다.

그림 중앙의 개발 방식이 장기적으로 성공할 확률이 가장 높은 균형 잡힌 접근 방식입니다. 상반된 두 방식으로 접근할 때 코드가 어떻게 구성되는지를 예를 들어 살펴봅시다.

13.1.1 가벼운 스크립팅 방식(명령형)

최소한의 선언적 스타일로 작성된 프로토타입 ML 모델 코드를 살펴보기 전에, 데이터가 어떻게 생겼는지 짧게 살펴보겠습니다. [표 13-1]은 데이터셋의 첫 다섯 줄 샘플입니다.

표 13-1 배고픈 반려견 데이터셋의 샘플 데이터

age	weight	favorite_food	breed	good_boy_or_girl	hungry
2	3.05	Labneh	Pug	No	True
7	20.44	Fajitas	Dalmatian	Sometimes	False
5	11.3	Spaghetti	German Shepherd	No	True
3	17.9	Hummus	Estrela	Yes	False
8	55.6	Bolognese	Husky	Yes, when food is available	True

타깃 레이블인 hungry 칼럼을 포함해 대부분의 데이터를 인코딩해야 함을 알 수 있습니다.

SparkML의 파이프라인 API를 사용해 벡터를 구축하고 간단한 DecisionTreeClassifier 를 실행해 인코딩을 처리하는 방법을 살펴보겠습니다. 이 작업을 위한 코드는 [예제 13-1]과 같습니다. 파이썬 대신 스칼라를 선택한 이유는 따로 이야기하겠습니다.

예제 13-1 명령형 모델 프로토타입

```scala
import org.apache.spark.ml.feature.{StringIndexer,
                                    VectorAssembler,
                                    IndexToString}
import org.apache.spark.ml.classification.DecisionTreeClassifier
import org.apache.spark.ml.evaluation.BinaryClassificationEvaluator
import org.apache.spark.ml.Pipeline
val DATA_SOURCE = dataLarger                                         ①
val indexerFood = new StringIndexer()
    .setInputCol("favorite_food")
    .setOutputCol("favorite_food_si")
    .setHandleInvalid("keep")
    .fit(DATA_SOURCE)                                                ②
val indexerBreed = new StringIndexer()
    .setInputCol("breed")
    .setOutputCol("breed_si")
    .setHandleInvalid("keep")
    .fit(DATA_SOURCE)                                                ③
val indexerGood = new StringIndexer()
    .setInputCol("good_boy_or_girl")
    .setOutputCol("good_boy_or_girl_si")
    .setHandleInvalid("keep")
    .fit(DATA_SOURCE)
val indexerHungry = new StringIndexer()
```

```
        .setInputCol("hungry")
        .setOutputCol("hungry_si")
        .setHandleInvalid("error")
        .fit(DATA_SOURCE)                                               ④
val Array(train, test) = DATA_SOURCE.randomSplit(
        Array(0.75, 0.25))                                             ⑤
val indexerLabelConversion = new IndexToString()
        .setInputCol("prediction")
        .setOutputCol("predictionLabel")
        .setLabels(indexerHungry.labelsArray(0))
val assembler = new VectorAssembler()
        .setInputCols(Array("age", "weight", "favorite_food_si",
                            "breed_si", "good_boy_or_girl_si"))        ⑥
        .setOutputCol("features")
val decisionTreeModel = new DecisionTreeClassifier()
        .setLabelCol("hungry_si")
        .setFeaturesCol("features")
        .setImpurity("gini")
        .setMinInfoGain(1e-4)
        .setMaxDepth(6)
        .setMinInstancesPerNode(5)
        .setMinWeightFractionPerNode(0.05)                            ⑦
val pipeline = new Pipeline()
        .setStages(Array(indexerFood, indexerBreed, indexerGood,
                    indexerHungry, assembler, decisionTreeModel,
                    indexerLabelConversion))                          ⑧
val model = pipeline.fit(train)                                       ⑨
val predictions = model.transform(test)                               ⑩
val lossMetric = new BinaryClassificationEvaluator()                  ⑪
        .setLabelCol("hungry_si")
        .setRawPredictionCol("prediction")
        .setMetricName("areaUnderROC")
        .evaluate(predictions)
```

1. dataLarger는 전체 데이터셋을 담고 있는 스파크 DataFrame입니다.

2. 문자열 타입의 breed 칼럼을 인덱싱하고 발생 빈도에 따라 내림차순으로 정렬합니다.

3. 다음 문자열 타입 칼럼의 인덱스를 생성합니다.

4. 타깃 레이블 칼럼의 인덱스를 생성합니다.

5. 훈련 세트와 테스트 세트로 분리합니다.

6. 피처 벡터로 사용할 칼럼을 정의합니다.

7. 의사 결정 트리 분류 모델을 생성합니다(하이퍼파라미터는 단순화를 위해 하드코딩함).

8. 작업 순서를 정의하고 파이프라인으로 감쌉니다(실험 동안에는 변경을 많이 하게 됨).

9. 파이프라인을 훈련 데이터셋으로 실행합니다(모든 단계를 수행하고 모델과 단계별 작업을 단일 객체로 반환함).

10. 점수를 매기기 위해 테스트 데이터로 예측을 수행합니다.

11. 지표를 계산하고 그 값을 반환합니다(예시에서는 **areaUnderROC**를 사용함).

코드가 비교적 친숙하게 느껴질 것입니다. 모델링 프레임워크에 대한 API 설명서에서 누구나 볼 수 있는 코드입니다. 이 경우에는 스파크이지만, 다른 어떤 프레임워크에든 비슷한 예제가 존재합니다. 이는 명령형 스타일로, 실행 단계를 코드에 직접 제공해 단계별로 수행하는 방식을 그대로 유지합니다. 이 방식의 코드는 매우 쉽게 읽힙니다. 이 점은 시작하기 가이드 예제에서 이 형식을 사용하는 이유이기도 합니다. 하지만 이 방식의 코드는 실험 및 MVP 개발 과정에서 다양한 테스트를 진행하면서 수정하고 확장하기가 매우 어렵습니다.

왜 스칼라죠?

우리는 주로 스파크 때문에 스칼라를 사용합니다. 스파크에서 완벽하게 지원하는 주력 언어는 파이썬이지만, 스파크의 백엔드는 스칼라로 만들어졌습니다. 파이썬 API는 스칼라 API에 대한 인터페이스일 뿐이기 때문에, 데이터프레임 API보다 더 낮은 수준의 인터페이스를 사용해야 하는 경우 스칼라나 자바를 사용해야 합니다.

스파크에서 사용할 언어로 파이썬과 스칼라 중 택일할 때는 다음을 타진해봐야 합니다.

- 스칼라와 파이썬의 숙련도
- DataFrame API의 함수를 통해 직접 지원하지 않는 복잡한 작업을 수행해야 하는 경우, 사용자 정의 함수, 분산 데이터셋(RDD) 작업 또는 사용자 정의 예측이나 변환을 해야 하는 경우
- 특정 문제를 해결하는 데 사용자 정의 분산 알고리듬이 필요한지 여부(가령 이 책을 쓸 때는 XGBoost가 스칼라나 자바 라이브러리로만 제공됨)

그런데 이 책에서는 왜 스칼라를 사용했냐고요?

업계에서 매우 방대한 데이터셋을 다룰 때 스칼라를 선호하는 ML 엔지니어 그룹이 있지만 그들의 견해를 들을 기회는 많지 않습니다. 스칼라는 사용하기 쉽고 관대한 파이썬 같은 언어에 비해 코드의 난도가 높기 때문에 인터넷상에 스칼라나 자바의 사용에 대한 질문이 많지 않은 것이죠. 익숙한 방식이 아니라 약간 낯선 ML 코드 개발 방식을 제시해 여러분의 호기심을 자극하고 시야를 확장하기 위해 스칼라를 사용했습니다.

파이썬에만 익숙하다면 당장은 어리둥절하겠지만, 스칼라를 배워두면 전문 ML 엔지니어로서 기술 레퍼토리를 확장하는 데 유익합니다. 스칼라는 파이썬만으로 해결하기 어려운 문제를 감당할 제2의 도구입니다.

그 외에 스파크에서 파이썬이 아니라 스칼라를 선택한 데는 훨씬 낮은 수준의 엔지니어링 면에서 다양한 이유가 있습니다. 이는 ML 분야의 알고리듬 개발자 관심사인 동시성, 스레드 관리, JVM에서 직접 on-heap 메모리 활용과 관련됩니다. 스파크의 최종 사용자가 ML 관련 작업을 수행할 때 가장 널리 사용되는 표준은 파이썬입니다. 하지만 스칼라 외에 선택의 여지가 없는 5%의 유스 케이스에 대비해 다른 언어를 알고 있는 것은 언제나 유익합니다. 그리고 코드 작성 시 우아하고 재미있는 언어이기도 합니다!

ML 프로젝트 작업을 처음 시작할 때만 해도 명령형 스타일로 코드를 작성하는 데 이렇게 큰 어려움이 뒤따를 줄은 생각도 못했습니다. 당시 제 코드는 대부분 [예제 13-1]과 같았습니다. 데이터 과학자로서 초기에 수행한 수십 건 프로젝트를 기꺼이 인정하면 그만일 것을 왜 이처럼 이 부분을 강조하는 걸까요?

실험과 테스트 중에 모델에 더 많은 피처를 추가해야 한다는 사실을 알게 되면 어떻게 될까요? 광범위한 EDA를 수행한 결과 모델 성능을 향상시키는 47개 피처를 추가할 수 있다는 사실을 발견하면 어떻게 하죠? 게다가 그 피처들이 모두 범주형이라면요?

그래서 [예제 13-1]과 같은 명령형 스타일로 코드를 작성하면 어마어마한 텍스트 벽이 만들어질 것입니다. 코드에서 어느 부분을 업데이트해야 하는지 알아내기 위해 브라우저나 IDE의 검색 기능을 사용하겠죠. VectorAssembler 생성자만 해도 유지 관리가 어려울 정도로 거대한 문자열 배열이 되기 시작할 것입니다.

이 같은 방식으로 복잡한 코드 기반을 작성하면 오류가 발생하기 쉽고 코드가 취약하며 골칫거리가 되기 십상입니다. 앞서 언급한 이유만으로도 프로젝트의 실험 및 개발 단계에서 곤란을 겪게 되는데, 설상가상으로 소스 데이터가 변경된다면(가령 소스 시스템에서 열 이름이 변경) 어떤 일이 생길지 생각해보세요. 코드 기반에서 업데이트할 부분이 얼마나 많을까요? 일정한 주기로 예측을 수행해야 하는데 다음 예측 전까지 코드를 모두 수정해 반영할 수 있을까요?

제 삶이 그랬습니다. 새로운 예측 결과를 제때 전달하지 못해 문제가 발생하기 전에 성공적으로 수정을 마치는 경우가 40%를 넘지 못했습니다.

이런 좌절을 겪은 후 제가 선택한 방법은 모든 개발 방식을 [그림 13-1]의 왼쪽과 같이 바꾸는 것이었습니다. 극단적인 추상화와 객체 지향 원칙을 곧이곧대로 적용함으로써 자신과 팀원들에게 또 다른 어려움을 안겼습니다. 하지만 당시 저는 엄청나게 복잡한 코드를 만들어내면서도 옳은 방식으로 일하고 있다고 굳게 믿었습니다.

13.1.2 과도한 엔지니어링의 폐해

그래서 젊은 시절의 필자는 무엇을 만들었을까요? [예제 13-2]와 같은 것입니다.

예제 13-2 과도하게 복잡한 모델 프로토타입

```
case class ModelReturn(pipeline: PipelineModel,
                       metric: Double
                       )                                                   ①
class BuildDecisionTree(data: DataFrame,                                   ②
                        trainPercent: Double,
                        labelCol: String) {
    final val LABEL_COL = "label"                                          ③
    final val FEATURES_COL = "features"
    final val PREDICTION_COL = "prediction"
    final val SCORING_METRIC = "areaUnderROC"
    private def constructIndexers(): Array[StringIndexerModel] = {          ④
        data.schema
            .collect {
                case x if (x.dataType == StringType) & (x.name != labelCol) => x.name
            }
            .map { x =>
                new StringIndexer()
                    .setInputCol(x)
                    .setOutputCol(s"${x}_si")
                    .setHandleInvalid("keep")
                    .fit(data)
            }
            .toArray
    }
    private def indexLabel(): StringIndexerModel = {                        ⑤
        data.schema.collect {
```

```
        case x if (x.name == labelCol) & (x.dataType == StringType) =>
            new StringIndexer()
                .setInputCol(x.name)
                .setOutputCol(LABEL_COL)
                .setHandleInvalid("error")
                .fit(data)
        }.head
    }
    private def labelInversion(                                          ⑥
        labelIndexer: StringIndexerModel
    ): IndexToString = {
        new IndexToString()
            .setInputCol(PREDICTION_COL)
            .setOutputCol(s"${LABEL_COL}_${PREDICTION_COL}")
            .setLabels(labelIndexer.labelsArray(0))
    }
    private def buildVector(                                             ⑦
        featureIndexers: Array[StringIndexerModel]
    ): VectorAssembler = {
        val featureSchema = data.schema.names.filterNot(_.contains(labelCol))
        val updatedSchema = featureIndexers.map(_.getInputCol)
        val features = featureSchema.filterNot(
            updatedSchema.contains) ++ featureIndexers
            .map(_.getOutputCol)
        new VectorAssembler()
            .setInputCols(features)
            .setOutputCol(FEATURES_COL)
    }
    private def buildDecisionTree(): DecisionTreeClassifier = {        ⑧
        new DecisionTreeClassifier()
            .setLabelCol(LABEL_COL)
            .setFeaturesCol(FEATURES_COL)
            .setImpurity("entropy")
            .setMinInfoGain(1e-7)
            .setMaxDepth(6)
            .setMinInstancesPerNode(5)
    }
    private def scorePipeline(testData: DataFrame,
                              pipeline: PipelineModel): Double = {
        new BinaryClassificationEvaluator()
            .setLabelCol(LABEL_COL)
            .setRawPredictionCol(PREDICTION_COL)
            .setMetricName(SCORING_METRIC)
            .evaluate(pipeline.transform(testData))
```

```scala
        }
    def buildPipeline(): ModelReturn = {                                    ⑨
        val featureIndexers = constructIndexers()
        val labelIndexer = indexLabel()
        val vectorAssembler = buildVector(featureIndexers)
        val Array(train, test) = data.randomSplit(
                                    Array(trainPercent, 1.0-trainPercent))
        val pipeline = new Pipeline()
            .setStages(
                featureIndexers ++
                Array(
                    labelIndexer,
                    vectorAssembler,
                    buildDecisionTree(),
                    labelInversion(labelIndexer)
                )
            )
            .fit(train)
        ModelReturn(pipeline, scorePipeline(test, pipeline))
    }
}


object BuildDecisionTree {                                                  ⑩
    def apply(data: DataFrame,
            trainPercent: Double,
            labelCol: String): BuildDecisionTree =
        new BuildDecisionTree(data, trainPercent, labelCol)
}
```

1. 메인 메서드에서 파이프라인과 성능 지표를 반환하는 데이터를 처리하기 위한 **case** 클래스를 정의합니다.

2. 모델을 생성하는 코드가 담긴 클래스인데, 프로젝트 초기 단계에서는 불필요합니다. 메서드 내부의 의존성을 리팩터링하는 것이 명령형 스크립트보다 훨씬 더 복잡합니다.

3. 메서드에서 사용되는 상수들을 외부로 배치합니다(최종 프로덕션 코드에서는 이들을 다루는 자체 모듈을 둘 수 있음).

4. DataFrame의 스키마에 콘텐츠를 매핑하고 레이블(타깃) 필드가 아닌 모든 문자열 유형의 필드에 **StringIndexer**를 적용합니다.

5. **StringIndexer**를 생성하는 함수입니다. 이 예제에서 다른 값들에 대한 처리는 구현하지 않았습니다.

6. 레이블을 원래 값으로 다시 변환하는 레이블 변환기입니다. 예제에서는 인덱싱 기준에 대한 예외 처리를 하지 않았습니다.

7. 포함시킬 칼럼의 유형과 목록을 조작해 피처 벡터를 생성하는 동적 평균입니다. 여기에는 숫자와 문자열을 제외하고 그 외 유형의 데이터가 포함되지 않으므로, 다른 유형의 칼럼은 피처 벡터에 포함되지 않습니다.

8. 의사 결정 트리 분류기의 하이퍼파라미터를 하드코딩했습니다. 이 방식으로 코딩할 경우 튜닝을 위한 리팩터링이 광범위하게 이루어져야 합니다. 게다가 프라이빗 메서드이기 때문에 메인 메서드의 파라미터로 이러한 값을 인자로 전달하거나 클래스를 생성할 때 전달해야 합니다. 좋은 설계는 아닙니다.

9. 전달받은 데이터를 기반으로 파이프라인을 구축하는 유연한 설계이지만, 파이프라인 생성자에 단계를 추가해야 하는 경우 작업 순서에 유의해야 하기 때문에 다른 사람이 코드를 활용하기가 다소 어려울 수 있습니다.

10. 클래스의 동반 객체입니다. 프로젝트의 최종 API 설계가 완성될 때까지 기다렸다가 만드는 것이 좋습니다.

처음에는 코드가 그렇게 불합리해 보이지 않을 수 있습니다. 실제로 모델의 피처 벡터에 피처를 추가할 때 발생할 수 있는 상황을 고려해, 코드가 장황해지는 것을 최소화할 수 있습니다. 1000개 피처를 추가한다 해도 코드는 동일하게 유지될 것입니다. 이런 방식으로 ML 코드를 작성할 때 얻는 확실한 이점이라고 볼 수도 있습니다.

하지만 일부 칼럼에 `StringIndexer`와 다른 방식을 써야 한다면 어떻게 될까요? 일부 칼럼은 범주형 데이터 같은 유효하지 않은 키를 인덱스 값에 추가하는 것으로 해결할 수 있겠지만, 만약 그렇게 처리할 수 없는 상황이라면 코드의 많은 부분을 수정해야 합니다.

`constructIndexers()` 메서드를 추상화하고, `case` 구문을 통해 다양한 유형의 칼럼에 대한 인덱서를 생성해야 합니다. 그리고 래퍼 메서드에 칼럼명과 키 존재 여부를 검증하는 방법에 대한 튜플을 함수의 인자로 입력받아 처리할 수 있도록 수정해야 합니다.

이 방식은 처리 방식을 확장하는 데 유효하지만, 실험 단계에서 적용하기에는 다소 번거롭습니다. 다양한 실험을 수행해 모델의 성능을 검증하는 대신 클래스를 리팩터링하고, 새 메서드를 추가하고, 복잡성을 추상화하는 데 많은 시간을 들이게 됩니다. 실제로 잘 작동하지 않을 수도 있는 아이디어를 확인하는 데 너무 많은 시간을 소비할 수도 있습니다.

프로토타이핑 작업에서 이런 접근 방식의 코딩은 생산성 면에서 프로젝트 실패의 지름길입니다. 프로젝트 초기 단계에서는 빠른 반복과 수정이 가능한 덜 복잡한 코딩 스타일을 채택하는 것이 가장 좋습니다. [예제 13-2]의 스타일은 프로젝트의 최종 배포 이전 단계에 수행하는 것이 훨씬 더 적합하며, 특히 최종 프로젝트 설루션을 만들기 위한 구성 요소가 잘 정의되고 코드 기반에 필요한 것이 식별될 수 있을 때 더욱 효과적입니다. 개발 단계에 따른 접근 방식의 예를 [그림 13-2]에서 확인하세요.

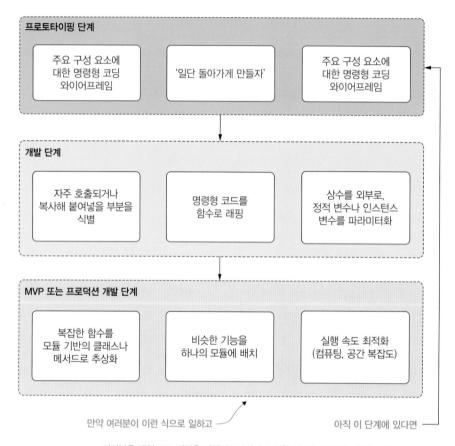

그림 13-2 단계적 ML개발을 통해 리팩터링 지옥에서 벗어나기

프로토타이핑 단계에서는 모든 것이 바뀔 수 있고 그에 따라 구성 요소도 빠르게 반영되어야 한다는 가변적 특성이 있습니다. 그래서 저는 보통 최소한의 명령형 프로그래밍 기법을 고수합니다. 개발이 성공적으로 진행되어 프로젝트의 프로덕션 구축 단계로 이관되면, 더 많은 복잡한 로직이 별도 모듈로 추상화되어 유지 관리와 재사용성을 확보합니다.

프로젝트 초기에 과도한 엔지니어링으로 지나치게 복잡한 코드 아키텍처를 구현하게 되면 [예제 13-2]에서 보는 것처럼 피처 개선을 위한 리팩터링이 상상 이상으로 복잡해지는 상황이 벌어집니다. 초기부터 과도한 엔지니어링을 추구하면 시간만 낭비하고 팀원들이 좌절에 빠질 뿐입니다. 게다가 결과적으로 훨씬 더 복잡하고 유지 관리하기 어려운 코드 기반을 만들게 됩니다.

제 전철을 밟지 마세요. 특히 개발 초기에 화려해 보이는 코드는 문제의 불씨가 될 수 있습니다. 가장 단순하게 최소한의 구현을 추구하면 필요할 때 확장성을 확보하고, 프로덕션 코드를 작성할 때 코드 구조를 일관화할 수 있습니다. 결과적으로 기술 부채가 없이 더 쉽게 문제를 해결하는 코드 기반을 구현하게 됩니다.

13.2 의도치 않은 난독화: 남이 작성한 코드를 읽을 수 있을까요?

코드 난독화 역시 ML 개발의 오만함을 드러내는 개발 관행입니다. 어쩌면 악의적인 동기, 때로는 자존심을 세우려는 의도일 수도 있지만, 대부분은 미숙함과 두려움으로 이해할 수 없는 복잡한 코드를 만들곤 합니다.

피처 엔지니어링을 수행하기 위해 데이터 유형을 다시 캐스팅하는 일반적이고 단순한 작업을 예로 들어보겠습니다. 모델 구축을 위한 파이프라인의 전처리 단계에서 피처 유형을 수정해야 하는 데이터셋의 경우, 이를 가장 간단하게 구현하는 방식은 [예제 13-3]과 같습니다.

예제 13-3 명령형 캐스팅 코드

```
def simple(df: DataFrame): DataFrame = {                              ①
  df.withColumn("age", col("age").cast("double"))                    ②
    .withColumn("weight", col("weight").cast("double"))              ③
    .withColumn("hungry", col("hungry").cast("string"))              ④
}
```

1. 데이터 조작을 캡슐화하고 DataFrame을 입력으로 받아 DataFrame으로 반환합니다.
2. integer 타입의 age 칼럼을 double로 변환합니다.
3. double 타입의 weight 칼럼을 다시 한번 double로 변환합니다.
4. boolean 타입의 target 칼럼을 string으로 변환해 인코더에서 사용 가능하게 합니다.

DataFrame에서 칼럼을 캐스팅하는 비교적 간단한 명령형 스타일의 구현에서 예를 들어 난독화를 살펴보고, 이렇게 단순해 보이는 코드에도 난독화가 어떤 영향을 미치는지 이야기하겠습니다.

> **NOTE_** 다음 절에서는 일부 ML 엔지니어가 코드를 작성하는 나쁜 습관을 들여다보려 합니다. 먼저 이런 방식의 구현을 폄하하기 위해 [예제 13-3]을 제시한 것이 아님을 밝힙니다. ML 코드 기반을 구축할 때 명령형 접근 방식의 사용이 부적절한 것은 아닙니다. 칼럼 하나를 변경할 때마다 코드 기반에서 수십 줄을 수정해야 하는 긴밀한 결합이 없다면 더더욱 상관없습니다. 유일하게 문제가 되는 경우는 솔루션이 복잡해 명령형 코드를 수정하기가 부담스러울 때죠. 프로젝트가 지극히 단순하다면 더 간결한 코드를 사용하면 됩니다. 오히려 단순함은 차후에 새 피처를 추가하거나 수정할 때 유리하게 작용합니다.

13.2.1 난독화의 묘미

이번에는 점점 더 이해하기 어렵고 복잡해서 유지 보수가 점점 더 어려워지는 예제로 이야기를 풀어가려 합니다. 일부 개발자들의 나쁜 습관을 분석해 이런 코딩 패턴을 분별하고, 유지 보수를 위해 무조건 리팩터링해야 하는 패턴과 생산성을 저해하는 패턴이 무엇인지 알아보겠습니다.

앞으로 살펴볼 몇 가지 예시를 통해 여러분이 스스로를 돌아보고 더 나쁜 상황으로 진전하는 것을 막고자 합니다. 그 전에 개발 습관을 고스란히 반영하는 페르소나 유형을 [그림 13-3]에서 다양하게 만나보겠습니다.

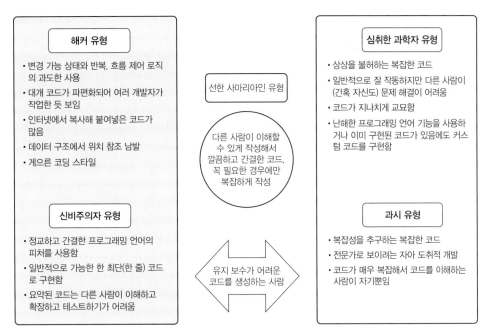

그림 13-3 ML 코드 개발의 다양한 페르소나. 가운데 선한 사마리아인에 속하지 않는다면 차후 팀에 문제를 일으킬 소지가 다분합니다.

이 같은 페르소나는 특정 사람을 가려내기 위함이 아니라 더 훌륭한 개발자가 되어 가는 여정에서 데이터 과학자가 겪게 될 과정과 특성을 설명하기 위해 제시한 것입니다. 저만이 아니라 제가 만난 거의 대부분의 사람이 해커형에서 출발합니다. 한 번도 겪어보지 못한 문제에 맞닥뜨리면 즉시 온라인에서 미봉책부터 찾고, 누군가의 코드를 복사하고, 일단 해결되면 다음 단계로 넘어가곤 합니다. 인터넷이나 책에서 정보를 구하는 방법 자체가 바람직하지 않다는 말이 아닙니다. 경험이 많은 개발자들도 자주 그렇게 합니다.

코딩 경험이 누적되면서 어떤 사람은 세 가지 코딩 스타일 중 하나로 뚜렷하게 방향을 정할 것입니다. 만약 좋은 멘토링을 받았다면 가운데의 선한 사마리아인으로 직행할 수도 있습니다. 어떤 사람은 자신을 증명할 무기를 갖고자 할 것입니다. 또 어떤 사람은 가독성, 확장성, 테스트 가능성을 희생하더라도 코드양 최소화야말로 효과적인 개발 전략이라고 생각할 수 있습니다. [그림 13-4]는 제가 개인적으로 경험한 패턴을 보여줍니다.

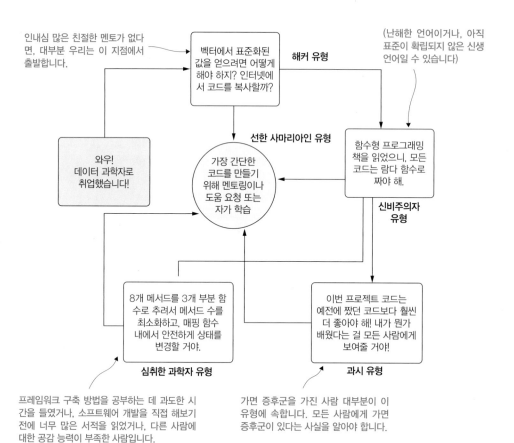

그림 13-4 훌륭한 개발자가 되기까지 거쳐갈 경로

그림의 경로를 따라가다 보면 지혜와 경험이 축적되고 코딩 능력이 정점을 찍기까지 점점 더 필요 이상으로 복잡다단한 구현을 만들게 됩니다. 이 여정의 도상에 있는 여러분에게 우리가 바라는 바는 더 좋은 경로를 분별하고 배우는 능력을 습득하는 것입니다. 무엇보다, 가장 단순한 솔루션이야말로 언제나 문제를 해결하는 최선의 방법임을 아는 것입니다.

저는 [그림 13-4]의 모든 경로를 거쳐 지금의 경륜을 갖게 되었습니다. 대부분 오만함에서 비롯된 것이지만, 소프트웨어 중심 회사의 내근직이 아니라 현장에서 코드와 씨름을 하며 문제의 해결 방법을 터득했습니다. 그 과정에서 끊임없이 시행착오를 하며 굳이 어려운 방법을 배운 경우도 많습니다. 저는 해커형 개발자였습니다. 잠깐 신비주의자형이 되기도 했으나, 꽤 오랜 기간을 과시형으로 보냈습니다. 물론 심취한 과학자형으로 프로젝트에 참여한 경우도 적지 않죠. 그리고 마침내 선한 사마리아인형 개발자로 남기 위해 부단히 노력했습니다.

제 여정을 공개한 까닭은 이 여정이 결국 단순한 설계와 일관적 코드라는 목적지를 향해 꾸준하게 끝없이 실력을 갈고 닦는 분투로 점철됨을 말씀드리기 위해서입니다. 이 분투는 참고 견딜 가치가 있습니다. 깔끔하고 단순한 코드는 팀과 회사에 유익할뿐더러 훗날 코드 기반 문제를 해결하거나 개선해야 하는 미래의 자신에게 주는 가장 큰 선물이 되기도 합니다. 교묘한 속임수, 간결한 한 줄 문구, 복잡한 디자인 패턴으로 자기를 만족시키는 왜곡, 그리고 작성하는 순간에는 기막힌 아이디어처럼 보이지만 실제로는 그렇지 않은 복잡한 구현은 모두 단념해야 합니다.

저는 이 여정을 수차례 되풀이하며 힘들게 배웠습니다. 그래서 제가 드리는 조언은 제 사례를 통해 스스로 깨닫거나 함께 일하고 있는 사람들이 이런 개발 패턴을 띨 때 알아차려야 한다는 것입니다. 사람들이 단순함으로 돌아간다면 프로젝트는 더 크게 성공할 겁니다.

이번에는 피처 엔지니어링을 위해 유형을 변환하는 스파크 DataFrame 작업을 다룬 [예제 13-3]을 여러 버전으로 보겠습니다. 간단한 작업이지만, 이 절을 마칠 때쯤에는 어느 사람이 얼마나 '영리하게' 복잡한 코드를 구현했는지 볼 수 있는 안목이 생기길 바랍니다.

해커 유형

해커형 개발자는 대부분 경험이 부족해서 소프트웨어 개발의 개념이나 ML을 감당하기가 벅찬 상태에서 구상하기 시작합니다. 이 유형의 많은 개발자가 설루션을 구축하는 데 필요한 도움을 청하거나 다른 팀원이 설루션을 어떻게 구축하는지 이해하는 데 긴장감을 느낍니다. 이들은 소위 '가면 증후군imposter syndrome'이라는 부적절감에 시달리며 대규모 팀에서 효과적인 멘토링과 지지를 받지 못하면 성장 잠재력이 제한될 수 있습니다.

그들이 수행한 프로젝트나 프로젝트 내에서 기여한 많은 일이 서로 조화를 이루지 못하거나 불협화음을 낼 수 있습니다. 제출한 코드를 보면 여러 사람이 코딩한 듯 보이기까지 합니다. 실제로 스택 오버플로에 익명의 기여자가 존재할 가능성이 높습니다.

제가 수년 전에 전체 프로젝트 코드를 작성하기 시작했을 때 했던 많은 생각을 [그림 13-5]에 요약했습니다. 저는 주니어 데이터 과학자들에게 코드에 대한 피어 리뷰를 진행하면서 스택 오버플로에서 코드를 복사한 이유를 물은 적이 있는데, 그때 알게 된 그들의 사고 과정도 이 그림에 그대로 옮겼습니다.

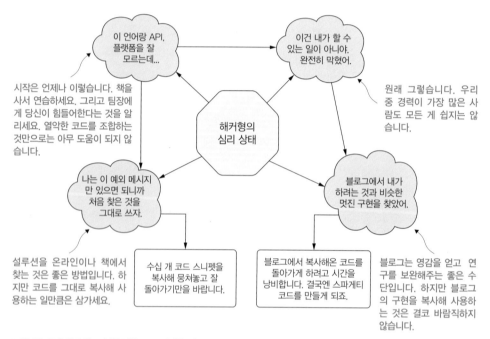

그림 13-5 혼란스럽고 불안정한 코드 기반을 만드는 해커의 사고 패턴은 우리가 ML을 시작할 때의 모습입니다.

해커형 개발자가 작성한 코드는 누더기로 천을 기운 것처럼 보입니다. 일관성 없는 구조, 일관되지 않은 명명 규칙, 코드 품질의 차이는 코드 리뷰나 피어 리뷰에서 반복적으로 지적될 공산이 큽니다. 단위 테스트가 작성된 경우 테스트 코드의 구현에서 많은 부분이 약점으로 나타날 것입니다.

[예제 13-4]는 해커형 개발자가 칼럼을 조작하는 작업의 설루션으로 만들어낼 수 있는 코드의 예시입니다. 누더기 같은 코드는 아니지만, 확실히 안티패턴이 가득합니다.

예제 13-4 해커형 개발자가 칼럼을 캐스팅합니다.

```
def hacker(df: DataFrame,
    castChanges: List[(String, String)]): DataFrame = {      ①
        var mutated = df                                      ②
        castChanges.foreach { x =>                            ③
            mutated = mutated.withColumn(x._1, mutated(x._1).cast(x._2))   ④
        }
    mutated                                                   ⑤
}
val hackerRecasting = hacker(dogData, List(("age", "double"),
    ("weight", "double"),
    ("hungry", "string")))                                    ⑥
```

1. 함수의 인자로 castChanges가 들어가는 것이 이상합니다. 튜플의 리스트가 의미하는 게 뭔가요?

2. 객체 변형은 이 상황에서 좋은 접근은 아닙니다. DataFrame은 변형 불가 특성이 있는데, 군이 var로 선언해 변형을 가능하게 만들어서 주먹구구식 메서드 체인이 작동하게 만들었습니다.

3. 입력받은 튜플의 리스트를 순차적으로 반복합니다.

4. 튜플의 위치로 표기하는 것은 혼란스럽고 오류가 발생하기 쉽습니다. 이해하기도 어렵고 API 사용 시 당황스러울 수 있습니다. 데이터 유형과 칼럼명 순서가 바뀐다면 어떨지 상상해보세요.

5. 변형된 DataFrame을 반환하는 것으로 캡슐화를 유지하지만, 냄새가 나는 코드입니다.

6. 정의가 까다로운 튜플 리스트의 사용 예입니다.

코드에 보이는 로직이 본질적으로 파이썬의 가변적 특성과 유사함을 알 수 있습니다. 객체를 안전하게 반복 접근해 연쇄적으로 메서드를 적용하는 방법을 연구하는 대신, 이 개발자는 공유된 상태 변수를 조작한다는 스칼라의 강력한 안티패턴을 구현합니다. 또 함수의 인자인 cast-Changes에는 어떤 문자열 값이 쓰일 수 있는지에 대한 내용조차 없습니다. 예를 들어 어느 것이 칼럼 이름이고 어느 것이 데이터 타입으로 쓰이는지 등이 필요합니다. 지금과 같은 상황에서는 이 함수를 사용하는 사람이 소스 코드를 직접 살펴보면서 이를 파악해야 합니다.

동료들의 작업에서는 이런 코드 스멜을 알아차려야 합니다. 그들이 팀에 신입으로 합류하든 경력자이든, 설사 경력이 많더라도 단순히 익숙한 방식으로만 움직이는 사람일 수 있습니다. 어찌되었건 그들을 도와야 합니다. 도움을 주려는 노력을 통해 팀원과 협업하고, 그들의 기술을 향상시키며, 그 과정에서 모든 엔지니어가 우수한 유지 보수성과 프로덕션 준비가 된 코드를 생성할 수 있습니다. 다시 말해 더 강성한 팀을 구축할 절호의 기회로 삼는 것이죠.

신비주의자 유형

ML 소프트웨어 개발에서 새로운 개념을 접하고 사용할 수 있는 기술이 늘어남에 따라 자연스럽게 함수형 프로그래밍 기법으로 이행하게 됩니다. 전통적인 소프트웨어 개발과 달리 데이터 과학자의 코딩 작업은 함수 구성에 적합합니다. 우리는 일반적으로 배열 컬렉션으로 표현되는 데이터 구조를 입력받아 연산을 수행하고, 캡슐화된 방식으로 데이터의 수정된 상태를 반환합니다. 우리의 연산은 대부분 값을 직접 계산하거나 구조를 변환해 데이터에 알고리듬을 적용하는 작업을 기반으로 합니다. 상당히 많은 부분에서 코드 기반을 상태가 없는^{stateless} 함수형 프로그래밍 방식으로 작성할 수 있습니다.

핵심적인 ML의 많은 작업에서 함수를 이용하고 그 많은 작업 중 함수형 프로그래밍 기법을 적용해 강력한 효과를 본 사례도 있습니다. 하지만 **신비주의자 유형**의 개발자는 적당한 함수형 프로그래밍을 선별해 적용하지 않습니다. 그 대신 전체 코드 기반을 함수형으로 만드는 데 시간과 노력을 쏟아붓습니다. 그들은 약한 상태$^{weak\ state}$와 유사한 함수에 구성 모나드^{configuration} ^{monads}를 전달하며 마치 광신도처럼 열렬하게 함수형 프로그래밍 표준을 준수하고자 합니다. 이 점을 설명하기 위해, 제가 함수형 프로그래밍을 접했을 때 이것이 코드 기반에 가져올 경이로운 점을 떠올리며 생각의 나래를 펼쳤던 과정을 [그림 13-6]에 정리했습니다.

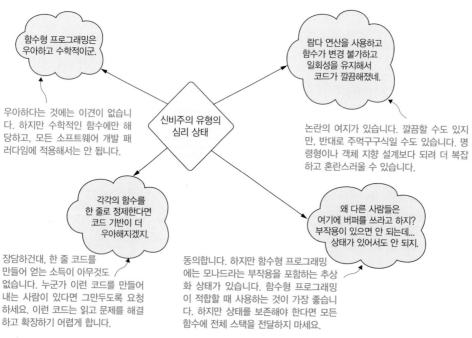

그림 13-6 신비주의자(함수형 프로그래밍 순정주의자)형 개발자의 의식 흐름

제가 처음 함수형 프로그래밍의 개념을 배우고 모든 코드를 이 표준에 맞게 바꾸려고 최선을 다했을 때, 그 단순함이 해방감을 주고 효율적이며 우아하다는 것을 발견했습니다. 상태가 없는 코딩의 단순함과 순수한 캡슐화의 순수함을 즐겼습니다. 이전에 해커 유형으로 작성한 코드에서 불거졌던 상태 변화의 부작용이 사라지고, 스타일리시한 map, flatmap, reduce, scan, fold로 대체되었습니다. 컨테이너화하고 일반 타입을 정의해서 자신이 작성하고 유지, 디버깅할 코드양을 줄인다는 아이디어를 절대적으로 사랑했습니다. 모든 것이 훨씬 더 우아해 보였습니다.

제가 이런 식으로 코드를 리팩터링하는 과정에서 손이 많이 가는 리팩터링 작업을 일일이 지켜보던 사람들은 화를 냈습니다. 코드 기반의 복잡성을 높이고, 분리할 필요가 없는 함수를 분리하고, 일반적으로 코드를 더 읽기 어렵게 만든다는 그들의 지적은 옳았습니다. 이 구현 스타일이 칼럼 캐스팅에 어떤 영향을 미치는지 이해하기 위해 다음 예제를 살펴봅시다.

예제 13-5 순수 함수형 프로그래밍 접근 방식

```
def mystic(df: DataFrame,
           castChanges: List[(String, DataType)]
    ): DataFrame = {                                        ①
    castChanges.foldLeft(df) {                              ②
       case (data, (c, t)) =>
             data.withColumn(c, df(c).cast(t))              ③
    }
}
val mysticRecasting = mystic(dogData,
    List(("age", DoubleType),
    ("weight", DoubleType),
    ("hungry", StringType)))                                ④
```

1. 함수 정의의 castChanges 인자는 해커 유형의 구현보다 안전합니다. DataType 추상 클래스가 입력되도록 요구함으로써 이 함수를 통해 의도치 않은 버그가 발생할 확률을 줄입니다.

2. foldLeft(입력받은 DataFrame df에 castChanges 컬렉션을 매핑하고 누적 연산을 적용함)를 사용해 해커 유형의 접근 방식보다 훨씬 더 효율적으로 DataFrame 상태를 변경합니다.

3. castChanges 구조를 정의하기 위해 케이스 매칭을 하면 해커 유형에서 사용되었던 복잡다단한 위치 참조 방식을 사용하지 않아도 됩니다. 이 코드가 훨씬 깔끔합니다.

4. 이 함수를 사용하면 해커 유형의 코드에 비해 양은 줍니다. 하지만 데이터 캐스팅 같은 타입의 작업에서 이런 함수를 만드는 것이 기능의 효율을 얼마나 높였는지는 의문입니다.

이 구현에는 뚜렷한 함수형 언어의 특징이 있습니다. 기술적으로만 말한다면, 이 유스 케이스에서 [예제 13-5]는 모든 예제 중 가장 좋은 코드일 것입니다. DataFrame 객체는 안전하게 누적 연산에 적합한 방식으로 변형되며(DataFrame에 연산을 연결하는 상태 변형은 foldLeft 내에 캡슐화됨), 함수의 인자들은 형 변환의 일부로 기본 유형을 사용하기 때문에 오류를 최소화합니다. 그리고 사용된 매칭 구문은 혼란스러운 변수 명명 규칙을 방지합니다.

이를 약간 더 개선하는 유일한 방법은 castChanges 인수에 모나드를 사용하는 것입니다. 칼럼 이름을 캐스팅 타입에 매핑하는 부분이 있는 case 클래스 생성자를 정의하면, 이 유틸리티 함수를 사용하려는 다른 사람들의 혼란을 줄이고 오용을 방지할 수 있을 것입니다.

[예제 13-5]의 이슈는 코드 자체가 아니라, 이런 식으로 코드를 작성하고 코드 기반의 어디에서나 이런 패턴을 강제하는 사람의 철학적 접근 방식에 있습니다. 코드 기반 곳곳에서 이런 종류의 개발 패턴이 보이고, 전체 스택을 각 함수에 전달하는 매우 복잡하고 혼란스러운 상태 변경이 가득하다면, 이 사람과는 대화를 해야 합니다. 경각심을 줘야 합니다. '순수함'을 추구하는 것이 얼마나 우매한 것인지 알려주세요. 원작자가 아닌 사람도 이 코드 기반을 유지 보수할 수 있어야 합니다.

함수형 프로그래밍에 대해 한마디

제가 함수형 프로그래밍을 싫어하는 것처럼 보일 수도 있겠습니다. 하지만 그렇지 않습니다. 이 장에서 그리고 제가 기여한 어느 코드 기반을 보더라도 함수형 프로그래밍 작업을 다수 선택한 것을 알 수 있습니다. 실제로 멋진 프로그래밍 스타일입니다. 일부 언어들, 예를 들어 파이썬과 스칼라에서는 성능상의 이점도 있습니다(누적 연산을 사용하는 것은 변형을 사용하는 것보다 훨씬 더 효율적입니다).

하지만 회고해보면 순정주의식으로 접근한 것은 아쉬움이 남습니다. ML 개발의 많은 영역에서 단순히 함수형 프로그래밍 기법을 사용하는 것은 별 의미가 없습니다. 예를 들어 결정론적인 상태 제어 하이퍼파라미터 튜닝에 함수형 디자인 패턴을 욱여넣으려는 시도는 재앙의 단초입니다.

저는 ML 실무자들이 함수형 프로그래밍이 필요한 영역에 대해 그 개념을 배우기를 권합니다. 컬렉션에 대해 반복하고 함수를 적용해야 하나요? for 루프를 사용하지 말고, map 함수를 사용하세요(파이썬에서는 리스트 처리list comprehension).

대규모 작업 컬렉션을 기반으로 객체 상태를 업데이트해야 하나요? map-reduce 패러다임을 사용하세요(스칼라에서는 fold, 다시 말해 파이썬에서의 리스트 처리). 이 같은 언어 피처는 무척 유용하며, 보통은 대체 반복자(가령 for와 while 루프)보다 성능이 더 우수하고 훨씬 더 깔끔한 코드를 만듭니다.

함수형 프로그래밍을 사용하는 것이 불리한 유일한 경우는 그것에 익숙하지 않은 경우뿐입니다. 하지만 언제나 그렇듯 훈련을 통해 극복할 수 있습니다. 약간의 시간을 할애해 팀에게 이 내용을 소개한다면, 컬렉션에 대한 반복을 읽기도, 작성하기도 더 쉽게 하고 더 저렴하게 실행할 수 있을 것입니다.

과시 유형

과시형 사람은 여러 형태로 나타납니다. 그들은 무척 고급스러운 개별적인 기여자일 수도 있으며, ML 구성 요소가 없는 소프트웨어 개발에 다년간의 경력이 있을 수도 있습니다. 그들은 ML 프로젝트를 보고, 인기 있는 오픈 소스 라이브러리로 이미 존재하는 알고리듬을 이용하는 대신 맞춤형 구현을 만들려고 할 수 있습니다. 또 그들은 해커형 개발자를 졸업하고, 구현 언어와 소프트웨어 디자인 패턴에 대한 깊은 이해를 바탕으로 팀의 모든 사람에게 자신이 얼마나 월등한지를 과시하려 할 수도 있습니다.

이 유형의 개발자가 무슨 의도로 코드 개발을 복잡하게 하는지는 차치하고, 복잡하게 구현된 코드는 팀과 프로젝트에 동일한 악영향을 미칠 것입니다. 코드가 적절하게 리팩터링되지 않는 이상 코드 작성자가 그 소유자가 될 것입니다.

유스 케이스와 해결하고자 하는 문제가 복잡성을 요할 때는 코드가 복잡해도 전혀 문제가 없습니다. 하지만 과시 유형은 팀의 다른 사람들에게 자신의 유능함을 보여주기 위해 과도하게 설루션을 복잡하게 만듭니다. 상상하건대, 과시형 사람들의 심리 상태는 [그림 13-7]과 같을 것입니다.

이런 개발 습관과 사고 패턴을 지닌 사람이 여러분의 동료라면 좀처럼 견디기가 쉽지 않을 것입니다. 그들이 제시하는 아이디어 자체는 그다지 나쁘지 않을 수 있습니다. 생성자^{builder} 패턴, 강력한 추상화, 암시적 타이핑, 리플렉션, 잘 만들어진 인터페이스는 모두 좋습니다. 그러나 그것들은 필요할 때나 사용하는 도구입니다.

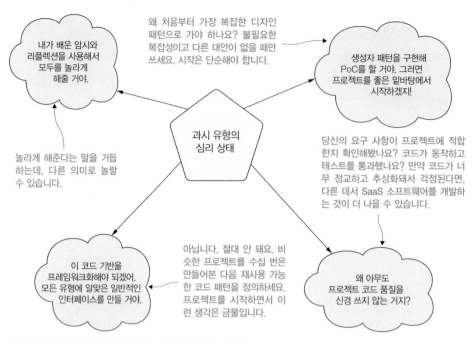

그림 13-7 과시 유형의 도움되지 않는 개발 습관과 사고방식

이런 사람이 사고하고 코드를 작성하는 방식의 문제점은 첫 번째 브랜치의 초기 커밋부터 전혀 필요하지 않은 거대한 프로젝트 아키텍처를 위한 스켈레톤 튜토리얼로 프로젝트를 구현한다는 것입니다. 이 사람은 프로젝트의 코드 정교함에만 집중하고 실제 프로젝트의 목적은 눈꼽만큼도 안중에 없는 ML 엔지니어이며 이처럼 무조건적으로 매우 복잡한 코드를 작성하기 위해 노력합니다. 따라서 해결해야 하는 문제에 비해 압도적일 정도로 과도한 엔지니어링을 수행해서 나머지 팀원들에게 일부러 난독화한 것 같은 인상을 주기도 합니다.

> **TIP** 사람들에게 똑똑하다는 평가를 받고 싶다면, 차라리 퀴즈쇼에 참가해 우승을 하세요. 코드로 과시하려 한다면, 여러분은 팀을 난항으로 몰고 갈 것입니다.

이제 과시형 개발 스타일로 작성된 데이터형 변환 함수를 살펴봅시다.

예제 13-6 과시 유형의 캐스팅 구현

```
val numTypes =
    List(IntegerType, FloatType, DoubleType, LongType, DecimalType, ShortType)    ①
def showOff(df: DataFrame): DataFrame = {
```

```
    df.schema
        .map(
            s =>
                s.dataType match {                                        ②
                    case x if numTypes.contains(x) => s.name -> "n"       ③
                    case _                         => s.name -> "s"       ④
                }
        )
        .foldLeft(df) {
            case (df, x) =>                                               ⑤
                df.withColumn(x._1, df(x._1).cast(x._2 match {
                    case "n" => "double"
                    case _   => "string"                                  ⑥
                }))
        }
    }
val showOffRecasting = showOff(dogData)                                   ⑦
```

1. 일치하는 숫자 유형을 정의하는 것은 이 유스 케이스의 구현에 적합하지 않습니다. 정수 유형을 다르게 처리해야 한다면 어떻게 할까요? 디자인 패턴을 고수하기 위해 필요한 리팩터링이 상당할 것입니다!

2. 전달된 데이터 프레임의 데이터 유형이 나쁘지 않으므로 이 코드 블록에서는 적절하다고 할 수 있습니다.

3. 칼럼명을 캐스팅 유형에 매핑하는 것은 적절하지 않습니다. 이는 다음 구문에서 사용됩니다.

4. 다른 모든 조건에서 와일드카드로 접근합니다. 입력받은 DataFrame이 컬렉션을 가지고 있다면 어떻게 될까요?

5. 첫 번째 단계에서 map 컬렉션 x를 게으르게 전달하기 때문에, 해당 값에 접근하려면 위치 표기가 필요합니다.

6. 와일드카드로 접근합니다. ArrayType 또는 ListType은 여기서 심각한 이슈를 일으킬 수 있습니다.

7. 적어도 함수의 사용은 꽤나 간단합니다.

이 코드는 이전의 세 가지 예제와 정확히 같은 방식으로 동작합니다. 단지 읽기 어려울 뿐이죠. 그런데 기술과 고급 언어 구사 실력을 뽐내는 과정에서 몇 가지 실수를 해버렸습니다.

첫째로, 스키마 필드에 대한 초기 매핑은 전혀 필요가 없습니다. 단일 문잣값에서 칼럼명에 이르기까지 열거형pseudo-enumeration을 구성하는 **Map** 타입 칼럼을 만드는 것은 무용지물인데다 혼란스럽습니다. 첫 번째 단계에서 생성된 컬렉션은 DataFrame에 대한 누적 연산 작업에서 바로 폴딩되며, 올바른 타입 캐스팅을 적용하기 위해 '임시' **Map** 객체 컬렉션 생성을 강제합니다. 마지막으로 모든 조건 매치를 완전히 작성하고 싶지 않은 게으름에서, 마지막 섹션에 와일드카드 매치 케이스를 두었습니다. 만약 누군가가 다른 데이터 타입을 처리해야 한다면 어떻게 될까요? 바이너리 타입, 정수 또는 불리언 값에 대한 지원을 업데이트하는 단계는 무엇인가요? 이를 확장하는 작업은 그닥 유쾌하지 않을 것입니다.

이런 식으로 코드를 작성하는 사람들, 특히 팀의 선임급 사람들을 조심해야 합니다. 팀의 모든 구성원이 코드를 유지 관리하고 문제를 해결할 수 있어야 한다는 것이 얼마나 중요한지에 대해 대화를 나누는 것이 좋은 접근법입니다. 그들이 고의적으로 다른 사람들을 고생시키려고 코드를 복잡하게 만드는 것이 아닐 겁니다. 더 간단한 구현을 요청하기만 한다면, 그들은 요청을 미래의 개발 전략에 반영해 합리적으로 수긍할 것입니다.

심취한 과학자 유형

심취한 과학자형 개발자는 본성이 유순합니다. 그들은 소프트웨어 개발 분야에서 식자의 길을 걸어왔고, 기본 수준을 훨씬 넘어 고수의 경지에 이르렀습니다. 그들이 쌓아온 경험과 수행한 프로젝트 건수, 작성한 코드양을 고려할 때, 그들은 유지해야 할 코드양을 줄이기 위해 언어의 고급 기술을 활용하기 시작합니다. 보통 그들은 둘 이상의 언어를 능수능란하게 다룹니다.

이런 사람들은 코드의 정교함을 인정받는 것보다 개발 효율성에 기반한 문제 해결 방법에 주된 관심이 있습니다. 그들은 오랜 기간에 걸쳐 많은 지식을 습득했으며, 최적이 아닌 코드를 리팩터링하고 유지 관리해야 했던 경험이 충분하기 때문에, 문제 해결과 유지 관리가 더 쉬운 구현을 작성하기로 결정합니다.

그들이 설정한 목표는 나머지 팀원들의 기술 역량이 그들과 비슷한 경우 값진 목표가 됩니다. 하지만 대개 팀은 개발 역량이 서로 다른 다양한 인력으로 구성됩니다. 복잡하지만 매우 효율적인 코드를 작성하는 것은 팀 내 주니어 팀원들의 효율성을 방해하기도 합니다. 이 같은 사고 과정을 설명하기 위해, 심취한 과학자의 마음을 [그림 13-8]에 그려보았습니다.

그림에서 보면 심취한 과학자의 사고방식은 온당합니다. 그들의 생각은 매우 유효하고, 일반적인 모범 사례로 간주됩니다. 그러나 코드 작업을 함께하는 사람들이 이런 표준을 인식하지 못한다면 문제가 됩니다.

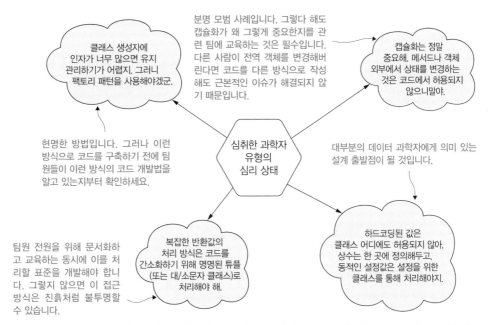

그림 13-8 팀원들에게 적절한 교육과 멘토링을 하지 않는다면, 고도로 숙련된 고급 ML 엔지니어가 매우 모호하고 복잡다단한 코드를 작성할 수 있습니다.

당신을 제외한 팀원들이 위와 같은 표준이 왜 중요한지 알지 못한다면 이런 규칙을 바탕으로 만든 코드의 설계와 구현을 아무도 이해하지 못할 것입니다. 심취한 과학자형 개발자가 어떻게 이 코드를 작성할지 보여주는 캐스팅 예제 [예제 13-7]을 계속 살펴봅시다.

예제 13-7 심취한 과학자 유형의 캐스팅 구현

```scala
val numTypes = List(FloatType, DoubleType, LongType, DecimalType, ShortType)
def madScientist(df: DataFrame): DataFrame = {
    df.schema.foldLeft(df) {                                           ①
        case (accum, s) =>                                             ②
            accum.withColumn(s.name, accum(s.name).cast(s.dataType match {   ③
                case x: IntegerType => x
                case x if numTypes.contains(x) => DoubleType
                case ArrayType(_,_) | MapType(_,_,_) => s.dataType
                case _                             => StringType
        }))                                                            ④
    }
}
```

1. **df.schema getter**에서 반환된 컬렉션을 직접 반복 처리한다는 점을 제외하면 앞의 예제와 비슷합니다.
2. 앞선 예제에서 사용된 **df**라는 혼란스러운 이름을 더 이상 참조하지 않습니다. **df**라는 이름을 사용하면 캡슐화되어 안전하지만 읽기에 혼란스럽습니다.
3. 스키마(변수)의 반환에서 명명된 엔티티를 사용해 차후 예기치 않은 버그를 방지합니다.
4. 의사 결정 로직을 캐스팅 구문으로 래핑하면 코드의 줄 수를 줄일 수 있습니다. 스키마의 메타데이터에서 유형에 직접 일치하는 것은 향후 확장성 면에서도 도움됩니다.

이 코드는 문제가 없습니다. 코드가 간결하며, 필요한 유스 케이스를 상당히 잘 다루며, 복잡한 타입(배열과 맵)이 데이터셋의 칼럼에 있을 경우에도 갑작스럽게 오작동하지 않도록 설계되었습니다. 여기서 유의할 단 하나는 이 디자인 패턴을 과연 여러분의 팀이 유지 관리할 수 있을지 타진하는 것입니다. 팀원들이 이런 방식으로 코드를 유지 관리하고 작성하는 것에 문제가 없다면, 좋은 설루션입니다. 그러나 명령형 프로그래밍에 익숙한 팀원들에게는 이 코드 설계가 마치 다른 언어로 작성된 것처럼 난해한 존재가 될 것입니다.

팀이 쇄도하는 명령형 호출에 압도되어 고통스럽다면 [예제 13-7]의 코딩 스타일을 팀에 소개하는 것이 최선의 방책입니다. 시간을 할애해서 팀원들에게 더 효율적인 개발 방법론을 교육하고 멘토링함으로써 프로젝트 작업을 가속화하고 프로젝트 지원에 필요한 유지 관리의 작업량을 줄이게 됩니다. 그런데 이때 절대적으로 중요한 것은 경험이 더 많은 사람들이 표준의 중요성을 팀원들에게 교육해야 한다는 것입니다. 여기서 교육이란 언어 명세 링크를 내보내거나(파이썬의 PEP-8 표준 링크를 단지 PR[pull request]에 연결하는 것은 그다지 도움되지 않습니다), 브랜치에 밀도 있고 효율적인 코드를 담아 단순히 팀에 공지하는 것을 의미하지 않습니다. 그보다는 잘 문서화된 코드를 정교하게 다듬고, 내부 팀 문서 저장소에 예시를 제공하며, 훈련 세션을 진행하고, 경험이 적은 팀원들과 페어 프로그래밍을 함께 진행하는 것을 의미합니다.

만약 여러분이 심취한 과학자 유형에 속한다면, 그리고 우아하고 잘 구축된 코드를 작성하고 있지만 팀원들이 쉽게 이해하지 못하고 가시성이 없다고 생각한다면, 먼저 취할 대응책은 그들을 가르치는 것입니다. 신랄한 PR 리뷰 내용을 작성하고 병합[merge] 요청을 거부하는 것보다, 이런 개발 패러다임이 왜 좋은지를 모두가 이해하도록 돕는 것이 훨씬 더 효과적입니다. 결국, 만약 여러분이 사용하는 패러다임을 경험해보지 못한 팀에 여러분이 만든 좋은 코드를 제공한다면, 코드는 [예제 13-6]의 과시 유형 코드가 주는 혼란스러움 못지않게 난독화되어 보일 것입니다.

더 안전한 접근법

지금까지 다룬 캐스팅 문제를 해결하는 더 안전하고 가독성이 높은 방법, 게다가 약간 더 표준적인 방법을 살펴봅시다. 유지 보수하기가 더 쉬운 구현은 다음과 같습니다.

예제 13-8 유효하지 않은 유형을 캐스팅하는 더 안전한 방법

```scala
object SimpleReCasting {                                                    ①
    private val STRING_CONVERSIONS = List(BooleanType, CharType, ByteType)  ②
    private val NUMERIC_CONVERSIONS = List(FloatType, DecimalType)          ③
    def castInvalidTypes(df: DataFrame): DataFrame = {
        val schema: StructType = df.schema                                  ④
        schema.foldLeft(df) {
            case (outputDataFrame, columnReference) => {
                outputDataFrame.withColumn(columnReference.name,
                    outputDataFrame(columnReference.name)
                        .cast(columnReference.dataType match {
                            case x if STRING_CONVERSIONS.contains(x) => StringType   ⑤
                            case x if NUMERIC_CONVERSIONS.contains(x) =>DoubleType   ⑥
                            case _ => columnReference.dataType                       ⑦
                        }))
            }))
}}}}
```

1. 더 효율적인 JVM의 가비지 컬렉션과 캡슐화를 위해 객체를 사용합니다.

2. `StringType`으로 변환해야 하는 데이터 유형을 명시적으로 선언합니다.

3. `DoubleType`으로 변환해야 하는 데이터 유형을 명시적으로 선언합니다.

4. 스키마 참조를 분리해 코드의 복잡성을 줄이고 다른 사람이 쉽게 읽을 수 있게 합니다.

5. `StringType`으로 변환하려는 설정 목록에 있는 데이터 유형이라면 변환을 수행합니다.

6. 설정 목록에 있는 숫자 유형에 대해서만 `DoubleType`으로 변환합니다.

7. 나머지는 그대로 두겠습니다.

코드가 객체로 감싸인 것을 눈치 챘나요? 이것은 정의된 **List**에 대한 참조를 격리하기 위함입니다. 우리는 이런 변수들이 코드 기반에서 전역적으로 정의되기를 원하지 않기 때문에 변수를 객체로 캡슐화합니다.

또 캡슐화를 하게 되면 가비지 컬렉터가 더 이상 필요하지 않은 객체들에 대한 참조를 제거하기가 훨씬 수월해집니다. `SimpleReCasting`은 한 번 사용되고 코드 내에서 더 이상 참조되지 않을 경우, 그 안에 캡슐화된 모든 객체들과 함께 힙^{heap} 메모리에서 제거됩니다. 명명 규칙이

더 상세하므로 이 코드가 [예제 13-7]의 코드보다 더 명확하게 읽힙니다.

코드에서 마지막으로 주목할 점은 모든 작업이 완전히 명시적이라는 것입니다. 이 점은 이전의 예제들과 비교할 때 이 코드의 가장 큰 특징이며, 명령형 캐스팅이었던 [예제 13-3]을 제외한 모든 예제가 명시적이지 않았습니다. 우리는 시스템에 변경하라고 명령하는 칼럼 유형만을 변경했습니다. '그냥 나머지 모두를 문자열로 캐스팅하라'와 같이 불안정하고 예측 불가한 동작을 만들어내는 기본 방식을 별도로 설정하지 않았습니다.

이런 접근 방식으로 코딩을 구상하면, 프로덕션 단계에서 버그를 찾을 때 아무 문제가 없는 코드를 들여다보느라 수개월을 낭비할 일이 사라집니다. 우리는 다음 장에서 알 수 없는 상태에 대해 정적인 기본값으로 설정해두는 방식이 ML 엔지니어에게 어떤 문제를 일으킬 수 있는지 다시 살펴볼 것입니다. 여기서는 단지 행동을 명확하게 하는 것이 ML에서 좋은 디자인 패턴임을 깨닫는 것으로 충분합니다.

13.2.2 문제가 되는 코딩 습관 다시 보기

이전 절에서 코드를 작성하는 바람직하지 않은 몇 가지 방식을 집중적으로 살펴봤습니다. 방식은 그 자체로, 또 기타 무수한 이유로 나쁘지만, 그중 최악의 이유를 [표 13-2]에 요약했습니다.

코드를 작성할 때 명심할 가장 중요한 측면은 코드를 순전히 코드를 실행하는 시스템의 입장에서만 작성해서는 안 된다는 것입니다. 만약 시스템의 효율성만을 염두에 둔다면 프로그래머는 명령어 작성을 위한 하위 수준의 코드 프레임워크를 벗어나지 못할 것입니다. 어셈블리 언어와 같은 2세대 언어나 1세대 기계어 코드가 그 예가 될 수 있습니다.

표 13-2 개발자가 구현하면서 저지르는 나쁜 습관

개발자 유형	나쁜 이유
해커 유형	코드가 파편화되고 서로 밀접하게 연관되어 자주 망가집니다.
신비주의자 유형	복잡다단하고 난해한 코드는 리버스 엔지니어링에 너무 많은 시간이 소요됩니다. 테스트할 수 없는 중첩된 코드에서는 진단하기 어려운 버그가 생깁니다.
과시 유형	의도적인 복잡한 코드는 다른 사람들에게 자괴감을 안겨주려고 고의적으로 만든 것입니다. 문제 해결이나 유지 보수, 확장이 불가한 끔찍한 코드입니다.
심취한 과학자 유형	동료가 이해하기에는 구현이 너무 교묘하고 엄격한 탓에 가벼운 테스트나 확장성이 허용되지 않습니다.

프로그래밍 언어는 고차원적 세대를 거치면서 컴퓨터 프로세싱과 메모리 연산 효율성보다는 코드를 읽고 그 기능을 파악하는 인간을 위해 발전했습니다. 우리는 상위 수준의 API를 사용해 코드를 작성하고, 동료와 미래의 자신을 위해 코드를 쉽게 읽고 유지 관리할 수 있는 방식으로 코드를 구성합니다.

[표 13-2]에 나열된 습관을 피하고 여러분과 여러분의 팀, 그리고 향후 팀에서 채용하려는 기술 인재에게 필요한 방향으로 코드를 작성하세요. 이렇게 하면 모든 사람이 생산성을 높이고 솔루션 구축 및 유지 관리에 기여하며, 생각 없는 개발자가 초래한 엄청난 기술 부채를 상환하기 위해 끔찍하게 복잡한 코드 기반을 비효율적으로 리팩터링해야 하는 사태를 미연에 방지할 수 있습니다.

13.3 성급한 일반화와 최적화 그리고 자신을 드러내기 위해 사용하는 나쁜 방법

소프트웨어 개발 분야에서 비교적 앞서 나가는 ML 엔지니어들과 팀을 꾸려 프로젝트를 새로 시작한다고 해봅시다. 프로젝트를 시작할 때 아키텍트는 코드 상태를 제어하는 가장 좋은 방법이 모델링 및 추론 작업을 실행할 프레임워크를 설계하고 구현하는 것이라고 단정합니다. 팀원들은 놀라울 정도로 크게 들뜹니다. 마침내 팀원들은 흥미진진한 무언가 대단한 일이 시작되었다고 생각합니다!

집단적 흥분에 심취한 팀원들은 시간을 쓸 필요가 없는 일에 시간을 들이는 최악의 오만함을 범하고 있다는 사실을 인지하지 못합니다. 그들은 자신의 존재를 정당화할 뿐 효용 가치가 전혀 없는 프레임워크 코드 기반을 구축할 태세입니다.

13.3.1 일반화와 프레임워크: 피할 수 있다면 최대한 피합시다

팀은 가장 먼저 자체 프레임워크에서 수행하기 원하는 기능을 설명하는 제품 요구 사항 문서product requirements document(PRD)부터 작성합니다. 그렇게 빌더 패턴을 기반으로 한 일반적인 설계 초안이 완성됩니다. 그리고 아키텍트는 팀이 다음 작업을 수행하기를 바라죠.

1. 프로젝트 코드 전체에서 API의 기본값이 아니라 사용자 정의 기본값 사용

2. 하이퍼파라미터 튜닝과 관련해 모델링 프로세스의 특정 요소 오버라이드override

3. 회사의 코드 표준에 더 알맞은 명명 규칙과 구조적 요소로 오픈 소스 API 래핑

실험을 수행하기 전에 [그림 13-9]와 같이 피처에 대한 계획을 짭니다. 다소 야심 찬 계획입니다. 이 계획대로 진행되면 그림의 오른쪽에 표시된 현실적인 측면이 나타날 공산이 큽니다. 적어도 제가 본 바에 의하면, 이런 시도는 항상 결말이 같았습니다. 재작업, 리팩터링, 재설계로 가득한 프로젝트는 실패로 끝나고 맙니다.

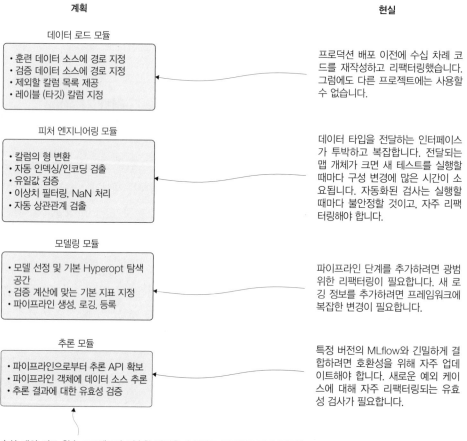

계획

데이터 로드 모듈
- 훈련 데이터 소스에 경로 지정
- 검증 데이터 소스에 경로 지정
- 제외할 칼럼 목록 제공
- 레이블 (타깃) 칼럼 지정

피처 엔지니어링 모듈
- 칼럼의 형 변환
- 자동 인덱싱/인코딩 검출
- 유일값 검증
- 이상치 필터링, NaN 처리
- 자동 상관관계 검출

모델링 모듈
- 모델 선정 및 기본 Hyperopt 탐색 공간
- 검증 계산에 맞는 기본 지표 지정
- 파이프라인 생성, 로깅, 등록

추론 모듈
- 파이프라인으로부터 추론 API 확보
- 파이프라인 객체에 데이터 소스 추론
- 추론 결과에 대한 유효성 검증

현실

프로덕션 배포 이전에 수십 차례 코드를 재작성하고 리팩터링했습니다. 그럼에도 다른 프로젝트에는 사용할 수 없습니다.

데이터 타입을 전달하는 인터페이스가 투박하고 복잡합니다. 전달되는 맵 개체가 크면 새 테스트를 실행할 때마다 구성 변경에 많은 시간이 소요됩니다. 자동화된 검사는 실행할 때마다 불안정할 것이고, 자주 리팩터링해야 합니다.

파이프라인 단계를 추가하려면 광범위한 리팩터링이 필요합니다. 새 로깅 정보를 추가하려면 프레임워크에 복잡한 변경이 필요합니다.

특정 버전의 MLflow와 긴밀하게 결합하려면 호환성을 위해 자주 업데이트해야 합니다. 새로운 예외 케이스에 대해 자주 리팩터링되는 유효성 검사가 필요합니다.

수십 개의 지도 학습 프로젝트가 비슷한 작업을 수행하고 프로젝트 간에 공통된 작업이 공유된다면 위의 작업은 의미가 있습니다. 하지만 프로젝트 시작 단계부터 이를 설계하고 구축한다는 생각은 끔찍하게 잘못된 것입니다.

그림 13-9 여러 프레임워크에 통일된 래퍼를 구축해 회사의 모든 ML 요구 사항을 처리하려는 한 아키텍트의 희망 사항. 그 결말은 좋지 않습니다.

팀은 스파크, 판다스, 사이킷런, 넘파이, R 같은 기존 프레임워크로 문제를 해결하는 데 주력하는 대신, 프로젝트 설루션은 물론이고 프레임워크 래퍼의 사용자 정의 구현과 그에 딸려오는 온갖 고충을 처리해야 합니다. 프레임워크를 지원할 소프트웨어 엔지니어가 수십 명 대기하는 게 아니라면, 프레임워크 구축 계획은 심사숙고하는 것이 좋습니다.

소프트웨어 스택을 구축하고 유지 관리하는 데 엄청난 작업 부하가 가중되는 이유는 간단합니다. 사용하려는 프레임워크에 보다 일반적인 래퍼를 제공하려고 시도하기 때문이죠. 이런 작업에 몰두하는 것은 근본적인 두 가지 이유 때문에 절대로 결말이 좋을 리 없습니다.

- 자체 프레임워크를 보유한다는 것은 업데이트, 호환성 보장, 테스트를 위해 작성해야 하는 코드의 양이 엄청나게 많다는 뜻입니다. 필요한 기능의 작동을 보장하려면 프레임워크 구축에 사용한 패키지에 의존할 수밖에 없습니다.
- 자체 프레임워크를 보유한다는 것은 이를 정말 범용으로 만들고, 오픈 소스로 공개하고, 기여자 커뮤니티를 꾸려 프레임워크 성장에 참여시키고, 유지 관리에 전념해야 한다는 의미입니다. 그렇지 않다면 프레임워크 구축은 무의미합니다.

일반화된 접근 방식은 직접적인 필요가 있는 경우에만 추구할 가치가 있습니다. 다른 ML 프레임워크가 더 효율적으로 작동하도록 중요한 새 기능을 개발해야 하나요? 그렇다면 해당 오픈 소스 프레임워크에 기여하는 쪽을 고려해보세요. 공통의 문제를 해결하기 위해 서로 다른 하위 수준 API를 연결할 필요가 있나요? 그렇다면 프레임워크 구축이 적합한 사례가 되겠습니다.

프로젝트를 시작할 때, 맞춤형 프레임워크의 구축은 **가장 후순위**로 고려해야 합니다. 성급한 일반화 작업에 들어가는 시간과 정신적 소모, 좌절감 등은 프로젝트를 진척시키는 작업에 막대한 지장을 초래하고, 문제 해결에 집중해야 하는 생산적인 작업을 지연시키고 방해합니다. 게다가 프로젝트가 고도화되는 동안 여러 번의 재작업이 불가피합니다. 한마디로 이런 노력을 들일 가치가 없습니다.

범용 프레임워크를 만들어야 하나요?

그럼요! 음, 아마 그럴 걸요.

저는 고려할 사항을 제시할 뿐입니다. 프레임워크 구축을 진정 원하는지에 대한 판단은 독자 여러분에게 맡기겠습니다.

- 팀원이 몇인가요? 프레임워크를 유지 관리하고 피처를 추가하고 문제 해결을 수행하는 데 주당 최소 16시간 이상 인력을 투입할 수 없다면, 프레임워크 구축에 그만한 가치가 있는지 재고해야 합니다.

- 오픈 소스로 전환할 계획인가요? 커뮤니티를 어떤 규모로 구성할 수 있나요? 오픈 소스 유지 관리에 대한 회사의 법적 규정은 어떤가요? 소프트웨어 기술 지원에 얼마나 많은 시간을 할당할 수 있나요?

- 새로 등장한 문제를 해결하려는 건가요, 아니면 이미 툴에 존재하는 기능을 재구축하려는 건가요?

- 프레임워크를 통해 하려는 일을 다른 툴이나 플랫폼으로도 수행할 수 있나요? 만약 그렇다면 해당 툴을 구입하거나 기존의 오픈 소스 솔루션을 사용하는 것이 자체 프레임워크 구축에 시간과 에너지를 들이는 것보다 훨씬 더 저렴할 것입니다.

- 자체 프레임워크 종속성이 얼마나 큰가요? 패키지를 추가할 때마다 장기적인 유지 관리에 골칫거리가 하나씩 늘어나는 셈입니다. 소프트웨어 패키지와 종속성은 변경되기 마련이며 그때마다 특정 기능이 사라지기도 하고 유지 보수가 중단되기도 합니다. 이는 미래에 여러분의 프레임워크가 하루 만에 중단될 수도 있는 위협이 됩니다.

- 프레임워크를 통해 얻는 가치가 무엇인가요? 현재와 미래에 진행하는 프로젝트에서 프레임워크 구축 및 유지 관리에 소요된 시간과 노력을 곱절 이상 절감하지 못한다면, 두 자원을 낭비한 셈입니다.

프레임워크가 다른 오픈 소스 프레임워크의 래퍼일 뿐인가요? 제 경험상, 판다스나 스파크에 커스텀 래퍼를 작성하는 사람의 수는 정말 충격적으로 극소수였습니다. 근본적인 변경 사항이 이루어지는 배포가 있기 전에는 모든 것이 잘 작동하지만, 그 이후에는 사실상 프레임워크를 처음부터 다시 작성해야 하는 사태에 이릅니다.

위에 열거한 고려 사항은 범용 ML 프레임워크를 구축하겠다고 말하는 사람들에게 하는 질문 중 몇 개를 추린 것에 불과합니다. 그들의 원대한 목표를 하찮게 보는 것이 아니라, 몸소 겪어봐서 이런 작업을 유지 관리하는 일이 얼마나 힘든지 잘 알기 때문입니다.

예를 들어 비즈니스에 대한 예측 인사이트를 제공하기 위해 수백 개 XGBoost 모델을 프로덕션 환경에서 실행해야 하는 상황에 처했다면, 자체 프레임워크를 구축하는 것도 납득이 됩니다. 하지만 현업 사업부는 물론이고 여러분 역시 엄청난 양의 작업을 수행해야 한다는 점을 알아둬야 합니다. 프레임워크를 구축하지 않는 것이 오히려 어리석은 결정이 되는 경우에만 자체 프레임워크를 고려하세요. 수백 개의 XGBoost 모델을 구축, 모니터링, 추론하기 위한 상위 수준 API가 필요하다는 것은 프레임워크를 구축해야 하는 타당한 이유가 될 것입니다.

13.3.2 너무 이른 최적화

이번에는 프레임워크를 만들어야 한다고 주장하는 아키텍트가 없는 회사에서 일한다고 가정하겠습니다. 회사에는 거창한 꿈을 가진 아키텍트 대신 백엔드 엔지니어링 방면에서 경력을 쌓은 데이터 과학 팀 고문이 있습니다. 고문의 경력을 통해 팀은 밀리초 단위로 측정할 수 있는 SLA, 가능한 한 가장 효율적인 방식으로 컬렉션을 탐색하는 알고리듬, 사용 가능한 모든 CPU 사이클을 최대한 활용하는 방대한 양의 시간에 집중했습니다. 그들은 작업의 초점을 코드에서 눈에 잘 띄지 않는 성능에 전적으로 맞추고 있었습니다.

첫 프로젝트에서 고문은 부하 테스터 구축을 도움으로써 데이터 과학 팀의 작업에 기여하고자 했습니다. 데이터 과학 팀은 지역 반려동물 용품점에 들어갈 때 개가 배고픈지 여부를 판단하는 문제를 다시 다루고 있기 때문에, 고문은 설루션의 구현을 돕고자 합니다.

팀원들은 백엔드 시스템용 스칼라에 대한 경험과 지식을 바탕으로 결국 JVM의 메모리 부담을 최소화하는 데 고도로 최적화된 설루션에 집중하게 됩니다. 이들은 변경 가능한 버퍼 컬렉션을 피하고 사전에 정의된 고정 컬렉션 크기로 필요한 최소한의 메모리만 사용하는 명시적 컬렉션 구축을 선호합니다. 이전 경험을 교훈 삼아, 추론 목적으로 모델링 설루션의 처리량을 테스트할 데이터를 생성하기 위해 며칠 동안 코드를 작성합니다.

우선 고문은 테스트에 사용할 데이터 구조를 정의하는 작업부터 수행합니다. [예제 13-9]는 데이터 구조와 데이터를 생성하기 위한 정적 매개변수의 정의를 모두 보여줍니다.

> NOTE_ [예제 13-9]의 스칼라 형식은 읽기 쉽게 간략화한 것입니다. 스칼라 구문을 대표하는 모범 사례는 아닙니다.

예제 13-9 데이터 생성기 설정 및 일반 구조

```
import org.apache.spark.sql.functions._
import org.apache.spark.sql.types._
import org.apache.spark.sql.{DataFrame, SparkSession}
import scala.collection.mutable.ArrayBuffer
import scala.reflect.ClassTag
import scala.util.Random
case class Dogs(age: Int, weight: Double, favorite_food: String,
                breed: String, good_boy_or_girl: String, hungry: Boolean)      ①
```

```scala
case object CoreData {                                                      ②
    def dogBreeds: Seq[String] = Seq("Husky", "GermanShepherd", "Dalmation",
                                     "Pug", "Malamute", "Akita", "BelgianMalinois",
                                     "Chinook", "Estrela", "Doberman", "Mastiff")
    def foods: Seq[String] = Seq("Kibble", "Spaghetti", "Labneh", "Steak",
                                 "Hummus", "Fajitas", "BœufBourgignon", "Bolognese")
    def goodness: Seq[String] = Seq("yes", "no", "sometimes",
                                    "yesWhenFoodAvailable")
    def hungry: Seq[Boolean] = Seq(true, false)
    def ageSigma = 3
    def ageMean = 2
    def weightSigma = 12
    def weightMean = 60
}
trait DogUtility {                                                          ③
    lazy val spark: SparkSession = SparkSession.builder().getOrCreate()     ④
    def getDoggoData[T: ClassTag](a: Seq[T], dogs: Int, seed: Long): Seq[T] = {
        val rnd = new Random(seed)
        Seq.fill(dogs)(a(rnd.nextInt(a.size)))
    }                                                                       ⑤
    def getDistributedIntData(sigma: Double, mean: Double, dogs: Int,
                              seed: Long): Seq[Int] = {
        val rnd = new Random(seed)
        (0 until dogs).map(
            _ => math.ceil(math.abs(rnd.nextGaussian() * sigma + mean)).toInt)
    }                                                                       ⑥
    def getDistributedDoubleData(sigma: Double, mean: Double, dogs: Int,
                                 seed: Long): Seq[Double] = {
        val rnd = new Random(seed)
        (0 until dogs).map( _ => math.round(math.abs(rnd.nextGaussian() * sigma *
        100 + mean)).toDouble / 100)
    }                                                                       ⑦
}
```

1. 테스트용 데이터셋의 유형을 포함해 스키마를 정의합니다.

2. 데이터 생성 시 사용할 정적인 값을 저장하기 위해 **case** 객체를 사용합니다.

3. 다중 상속을 위해 트레이트trait를 사용해 다양한 구현에 대해 테스트하고 코드를 더 깔끔하게 만듭니다.

4. 나중에 객체에서 스파크 세션 참조를 사용할 것이므로, 트레이트 안에서 사용할 수 있게 해둡니다.

5. 제너릭 타입을 사용해 고정 크기의 시퀀스에 **string** 또는 **boolean** 형식의 값을 무작위로 채웁니다.

6. 입력받은 평균과 표준 편차를 바탕으로 가우시안 분포의 **integer** 값을 무작위로 생성합니다.

7. 입력받은 평균과 표준 편차를 바탕으로 가우시안 분포의 **double** 값을 무작위로 생성합니다.

이제 시뮬레이션 데이터의 동작과 특성을 제어하는 헬퍼[helper] 코드가 개발되었습니다. 고문은 DogUtility 트레이트에 정의된 메서드의 성능을 테스트합니다. 몇 시간의 조정과 리팩터링을 거쳐 수억 개 요소로 성능을 확장할 수 있습니다.

당연히 이 구현은 당면한 문제에 비해 다소 과도한 부분이 있습니다. 아직은 프로젝트의 시작점이기 때문에, 모델의 최종 결과 상태를 위해 필요한 피처가 완전히 정의되지 않았을뿐더러, 피처의 통계 분포도 분석되기 전입니다. 고문은 이제 스파크 DataFrame으로 데이터를 생성하는 코드를 실행할 제어용 코드를 구축할 때라고 판단하고, 다음 예제와 같이 코드를 작성합니다.

예제 13-10 데이터 생성기 설정 및 일반 구조

```scala
object PrematureOptimization extends DogUtility {                          ①
    import spark.implicits._                                              ②
    case class DogInfo(columnName: String,
                        stringData: Option[Either[Seq[String],
                        Seq[Boolean]]],                                   ③
                        sigmaData: Option[Double],                       ④
                        meanData: Option[Double],
                        valueType: String)                               ⑤
    def dogDataConstruct: Seq[DogInfo] = {                               ⑥
        Seq(DogInfo("age", None, Some(CoreData.ageSigma),
            Some(CoreData.ageMean), "Int"),
            DogInfo("weight", None,
                Some(CoreData.weightSigma),
                Some(CoreData.weightMean), "Double"),
            DogInfo("food", Some(Left(CoreData.foods)), None, None, "String"),
            DogInfo("breed", Some(Left(CoreData.dogBreeds)), None, None, "String"),
            DogInfo("good", Some(Left(CoreData.goodness)), None, None, "String"),
            DogInfo("hungry", Some(Right(CoreData.hungry)), None, None, "Boolean"))
    }
    def generateOptimizedData(rows: Int, seed: Long): DataFrame = {       ⑦
        val data = dogDataConstruct.map( x => x.columnName -> {
            x.valueType match {
                case "Int" => getDistributedIntData(x.sigmaData.get,
                                                    x.meanData.get, rows, seed)
                case "Double" => getDistributedDoubleData(x.sigmaData.get,
                                                    x.meanData.get, rows, seed)
                case "String" => getDoggoData(x.stringData.get.left.get,
                                                    rows, seed)            ⑧
                case _        => getDoggoData(x.stringData.get.right.get, rows, seed)
            }
```

```
        }                                                          ⑨
    ).toMap                                                        ⑩
        val collection = (0 until rows).toArray                    ⑪
            .map(x => {
                Dogs(
                    data("age")(x).asInstanceOf[Int],
                    data("weight")(x).asInstanceOf[Double],
                    data("food")(x).asInstanceOf[String],
                    data("breed")(x).asInstanceOf[String],
                    data("good")(x).asInstanceOf[String],
                    data("hungry")(x).asInstanceOf[Boolean]
                )
            })
            .toSeq
        collection.toDF()                                          ⑫
    }
}
```

1. 앞서 정의한 **DogUtility** 트레이트를 사용해 메서드와 **SparkContext**에 접근합니다.

2. 스파크의 **implicits** 패키지를 사용해 **case** 클래스 객체의 컬렉션을 직접 직렬화해 DataFrame 객체로 변환합니다.

3. **Either** 유형을 사용해 두 유형을 허용하기 때문에 차후 확장하는 데 어려움을 겪을 것입니다. 차라리 제너릭 유형을 사용하는 것이 더 낫습니다.

4. **Option** 유형을 사용한 이유는 데이터 생성기를 호출할 때 어떤 설정에서는 필요치 않은 값이기 때문입니다.

5. **valueType**은 아래 생성기의 최적화된 구현을 가능하게 합니다.

6. 제어용 페이로드payload를 구성해 데이터 생성기를 어떻게 호출할 것인지 정의합니다.

7. **dogDataConstruct** 메서드에 지정된 설정을 기반으로 데이터 생성기를 호출하기 위해 지나치게 화려하고 (코드 길이에) 최적화된 구현입니다.

8. 이 방식으로 값에 접근하면 **get** 연산을 두 번 사용하기 때문에 좋지 않습니다.

9. 아래에 표시된 성능 이슈의 근본 원인입니다. **Seq** 유형 대신에 **IndexedSeq** 유형을 사용해 $O(n)$ 대신 $O(1)$의 복잡도를 가지는 개별값 접근을 사용해야 합니다.

10. **Map** 객체에 각각의 컬렉션을 래핑해두어 이름으로 값을 불러옵니다. 위치 참조로 접근하는 것보다 사용하기가 더 용이합니다.

11. 이 코드의 두 번째 문제입니다. 각 컬렉션의 인덱스 위치를 매핑해 열들을 생성합니다. 이는 $O(kn)$ 복잡도를 지닙니다.

12. 스파크 DataFrame으로 변환합니다.

팀원들은 코드에 몇 가지 테스트를 수행한 후, 생성된 행 크기와 런타임 간 관계가 선형과 거리가 멀다는 사실을 금세 깨닫습니다. 사실, 선형이라기보다는 계산 복잡성이 $O(n \times \log(n))$에 가까울 정도로 훨씬 더 나쁩니다. 5,000개 행의 생성에 약 0.6초가 걸리는 반면, 50만 개 행의 부하 테스트에는 약 1분 20초가 소요됩니다. 5,000만 개 행의 전체 부하 테스트에서 2시간 54분 동안 기다린다는 것은 다소 무리입니다.

무엇이 잘못되었을까요? 코드의 각 부분이 개별적으로 최대한 빨리 실행되도록 최적화하는 데 모든 시간을 쏟아부었습니다. 하지만 전체 코드가 실행되었을 때, 그 결과는 엉망진창이었습니다. 구현이 엉뚱한 방식으로 너무 영리하게 이루어졌기 때문입니다.

그런데 왜 이렇게 느린 걸까요? 바로 마지막 부분 때문입니다. 이 구현에서는 메모리 부담을 최소화할 수 있었지만, 정의된 변수 collection 내에서 행 수를 생성할 때는 맵 컬렉션의 각 Sequence에 대해 인덱스가 지정되지 않은 위치 조회를 수행해야 합니다. Dogs 객체를 빌드하기 위한 각 반복에서 값을 검색하기 위해 해당 지점까지 Sequence를 탐색해야 합니다.

이 예는 약간 과장된 것입니다. 만약 백엔드 개발자가 정말로 최적화에 능통했다면, 아마도 인덱싱된 컬렉션을 사용하고 데이터 객체를 Sequence에서 IndexedSeq로 캐스팅했을 것입니다. 그러면 요청하는 위치로 직접 들어가서 매우 빠른 시간 내에 올바른 값을 반환할 수 있습니다. 이렇게 변경한다 하더라도, 이 구현은 여전히 **잘못된 곳을 보고 있습니다.**

성능이 나쁘다는 것은 이 코드에 대해 운을 뗀 것에 불과합니다. [예제 13-10]의 코드에 또 다른 데이터 유형이 추가되어야 하고, String 데이터와 같은 방식으로 처리되어야 한다면 어떻게 할까요? 첫 번째 클래스의 Either 구문으로 넣어야 할까요? 그리고 다시 Option 유형에 추가해야 할까요? 스파크 Vector 유형이 생성되어야 할 경우, 이 코드는 얼마나 혼란스러워질까요? 코드가 초기에 과도하게 최적화된 방식으로 구축되었기 때문에, 프로젝트 전반에 걸쳐 데이터 과학 팀의 피처 엔지니어링 작업과 통합하기 위해 코드를 크게 수정해야 할 것이고, 유지 관리가 불가능할 정도가 된다면 완전히 처음부터 다시 작성해야 할 것입니다.

다음 예제는 훨씬 더 간단한 접근 방식을 사용해 약간 다르게 구현하는 코드입니다. 이 코드는 런타임을 대폭 줄이는 데 초점을 둡니다.

```scala
object ConfusingButOptimizedDogData extends DogUtility {                    ①
    import spark.implicits._
    private def generateCollections(rows: Int,
                                    seed: Long): ArrayBuffer[Seq[Any]] = {
        var collections = new ArrayBuffer[Seq[Any]]()                       ②
        collections += getDistributedIntData(CoreData.ageSigma,
                                    CoreData.ageMean, rows, seed)           ③
        collections += getDistributedDoubleData(CoreData.weightSigma,
                                    CoreData.weightMean, rows, seed)
        Seq(CoreData.foods, CoreData.dogBreeds, CoreData.goodness, CoreData.hungry)
            .foreach(x => { collections += getDoggoData(x, rows, seed)})    ④
        collections
    }
    fef buildDogDF(rows: Int, seed: Long): DataFrame = {
        val data = generateCollections(rows, seed)                         ⑤
        data.flatMap(_.zipWithIndex)                                       ⑥
            .groupBy(_._2).values.map( x =>                                ⑦
                Dogs(
                    x(0)._1.asInstanceOf[Int],
                    x(1)._1.asInstanceOf[Double],
                    x(2)._1.asInstanceOf[String],
                    x(3)._1.asInstanceOf[String],
                    x(4)._1.asInstanceOf[String],
                    x(5)._1.asInstanceOf[Boolean])).toSeq.toDF()

            .withColumn("hungry", when(col("hungry"),
                "true").otherwise("false"))                                ⑧
            .withColumn("hungry", when(col("breed") === "Husky",
                "true").otherwise(col("hungry")))                          ⑨
            .withColumn("good_boy_or_girl", when(col("breed") === "Husky",
                "yesWhenFoodAvailable").otherwise(
                    col("good_boy_or_girl")))                              ⑩
    }
}
```

1. [예제 13-10]과 동일합니다.

2. 컬렉션 반복에서 한 단계를 제거하기 위해 각각 생성된 시퀀스를 버퍼에 추가합니다.

3. 첫 번째 칼럼에서 무작위로 생성된 정숫값의 **age** 데이터를 버퍼에 추가합니다.

4. 컬렉션의 모든 **String, Boolean** 칼럼의 데이터를 반복해 설정값을 생성기로 하나씩 보내줍니다.

5. 테스트를 위해 **ArrayBuffer**에서 무작위로 추출된 데이터를 받아오는 비공개 메서드를 호출합니다.

6. 컬렉션 각각의 칼럼을 탐색하며 `Dogs_case` 클래스 구조를 직접 생성합니다.

7. 데이터를 튜플로 병합해 칼럼 값과 생성 순서를 포함시킵니다.

8. `Boolean` 칼럼을 `String` 유형으로 변환하고 나중 단계를 위해 저장합니다.

9. 시베리안 허스키는 언제나 배고픕니다.

10. 먹기 위해서라면 시베리안 허스키는 무슨 짓이든 합니다.

리팩터링한 후 코드 성능은 어땠을까요? 이제는 선형적으로 확장됩니다. 5,000행의 데이터는 1초 미만이 걸렸고, 50,000행은 1초, 500만 행은 1분 35초 미만으로 반환되었습니다. 이전에 테스트했던 5,000만 행은 약 15분이 소요됩니다. 이는 이전 구현에서 걸린 174분보다 훨씬 짧은 시간입니다.

이 시나리오는 부하 테스트 데이터 생성기에 초점이 맞춰져 대부분의 데이터 과학 실무자에게 난해할 것입니다. 이제 ML 중심 작업의 다른 측면에 대해 많은 이야기를 할 수 있습니다. ML 파이프라인 중 중요도가 낮은 한 측면의 성능을 최적화하는 데 누군가가 전념한다면, 어떤 일이 벌어질까요? 이 장에서 처음으로 살펴본, 칼럼을 캐스팅하는 작업의 성능에 모든 에너지를 쏟아붓는다면 어떻게 될까요?

[그림 13-10]은 훈련 주기의 일반적인 ML 작업 흐름을 보여줍니다. 범용의 ML 프로젝트에서 수행하는 업무를 살펴보겠습니다. 이 작업을 최적화하려고 시도한다면 어디에 노력을 기울일 건가요? 먼저 문제를 찾아 해결할 곳은 어디인가요?

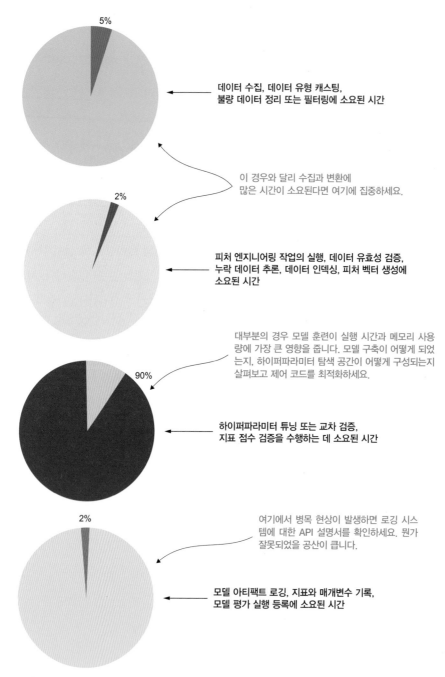

5%

데이터 수집, 데이터 유형 캐스팅,
불량 데이터 정리 또는 필터링에 소요된 시간

이 경우와 달리 수집과 변환에
많은 시간이 소요된다면 여기에 집중하세요.

2%

피처 엔지니어링 작업의 실행, 데이터 유효성 검증,
누락 데이터 추론, 데이터 인덱싱, 피처 벡터 생성에
소요된 시간

대부분의 경우 모델 훈련이 실행 시간과 메모리 사용
량에 가장 큰 영향을 줍니다. 모델 구축이 어떻게 되었
는지, 하이퍼파라미터 탐색 공간이 어떻게 구성되는지
살펴보고 제어 코드를 최적화하세요.

90%

하이퍼파라미터 튜닝 또는 교차 검증,
지표 점수 검증을 수행하는 데 소요된 시간

여기에서 병목 현상이 발생하면 로깅 시스
템에 대한 API 설명서를 확인하세요. 뭔가
잘못되었을 공산이 큽니다.

2%

모델 아티팩트 로깅, 지표와 매개변수 기록,
모델 평가 실행 등록에 소요된 시간

그림 13-10 ML 파이프라인 작업의 소요 시간 비중

ML 프로젝트 코드의 실행 시간은 대부분 데이터 수집 조작(데이터 로드, 데이터 조인, 데이터 집계 계산, 서수 및 범주형 데이터를 숫자로 변환)과 하이퍼파라미터 튜닝에 소진됩니다. 데이터 수집이 프로젝트의 런타임을 절대적으로 지배한다면, 데이터를 더 효율적인 저장소에 저장하도록 플랫폼을 변경하거나 데이터를 더 효과적으로 조작할 방법을 연구해보세요. 사용 중인 플랫폼이 대규모 병렬 수집을 지원할 수 있고 데이터 저장 형식이 델타^{Delta}, 파케이^{Parquet}, 아브로^{Avro} 또는 카프카^{Kafka} 같은 스트리밍 소스처럼 빠른 읽기에 최적화된 경우 도움이 됩니다.

로깅, 모델 등록, 기본적인 데이터 조작 작업에는 매우 적은 시간이 소요됩니다. 따라서 이러한 작업에서 생기는 문제는 사용 중인 모듈의 API 설명서를 참조해 코드 오류를 수정하면 비교적 쉽게 해결할 수 있습니다.

이 같은 점을 종합할 때, 최적화 노력은 주로 시간 제약이 큰 작업 단계의 총 런타임과 CPU 부담 감소에 집중하고, 중요도가 낮은 부분의 복잡하고 영리한 코드 작성에 허비해서는 안 됩니다. 결론적으로 말하면, ML 코드 최적화 프로세스는 다음의 핵심 측면에 초점을 맞춰야 합니다.

- 코드 최적화에 시간을 들이기 전에 전체 코드 기반 기능이 완성될 때까지 기다리세요. 개발 중에 변경되는 횟수와 빈도가 매우 많기 때문에 때마다 새로 최적화한 코드로 재작업하기가 성가실 수 있습니다.
- 코드에서 실행 시간이 가장 오래 걸리는 부분을 파악하세요. 실행 속도가 빠른 부분을 손보기 전에 이 부분의 성능을 향상시킬 현명한 방법을 강구해보세요.
- 같은 일을 반복하지 마세요. 언어 구조(또는 다른 언어의 유사한 기능)가 수행하려는 작업의 속도를 현저하게 높이거나 메모리 부담을 줄인다면 그 언어를 사용하세요. 자신만의 링크드 리스트 추상 클래스를 구현하거나 새로운 딕셔너리 컬렉션을 설계하는 것은 오만함의 극치입니다. 기존의 것을 사용하고 더 가치 있는 문제 해결로 넘어가세요.
- 실행 시간이 형편없다면 알고리듬을 바꿔보세요. 그레이디언트 부스팅 트리가 정말 마음에 든다고 해서 모든 문제에 이상적인 솔루션인 것은 아닙니다. 선형 모델이 런타임을 줄이면서 상대적으로 비슷한 성능을 낼 수도 있습니다. 0.1% 정확도를 얻기 위해 모델 실행 예산을 50배 늘릴 가치가 있을까요?

제가 본 많은 팀의 데이터 과학자는 공통적으로 프로젝트에서 해결하고자 하는 문제보다 ML 작업의 기술 측면을 더 중시합니다. 그들은 대규모 ML 조직에서 발표하는 참신한 연구나 도구, ML 생태계에서 지속적으로 이뤄지는 빠른 발전에 환호합니다. 자신의 접근 방식이 가장 효율적이고 유지 관리하기 쉬운 방식으로 비즈니스에 기여하는지 확인하기보다 플랫폼, 툴킷, 프레임워크, 알고리듬, ML 작업의 기술 측면에 훨씬 더 많은 관심을 둡니다.

13.4 알파 테스트와 오픈 소스 생태계의 위험성

여러분이 데이터 과학 분야에 막 입문했다고 합시다. 실제로 출근 첫 주라고 가정하겠습니다. 사무실에서 주변을 둘러보니, 팀에 있는 데이터 과학자 중 입사한 지 한 달이 넘은 사람이 없습니다. 경험이 풍부한 소프트웨어 엔지니어 팀장은 데이터 과학 팀뿐만 아니라 비즈니스 인텔리전스 팀과 데이터 웨어하우스 그룹을 관리하기에 바쁘고, 데이터 과학 팀에 충원할 후보의 인터뷰까지 맡고 있습니다.

첫 과제로, 손쉬운 모델링 프로젝트가 팀에 할당됩니다. 학교 다닐 때처럼 노트북으로 작업할 수 없다는 말을 들은 관리자는 팀원들에게 모델을 개발할 프레임워크를 선택하라고 지시합니다.

플랫폼과 설루션에 대한 연구와 조사 과정에서, 한 팀원이 블로그에서 회자되고 있는 새로운 프레임워크를 발견합니다. 프레임워크가 미래 지향적이고, 피처가 풍부하며, 사용하기도 쉬워 보입니다. 향후 몇 달 동안 추가로 구축할 계획에 대한 블로그를 보니 믿기지 않을 만큼 강력합니다. 파이썬 API를 인터페이스로 사용하는 C++로 작성된 분산형 대량 병렬 처리(MPP) 시스템에서 CPU 작업뿐만 아니라 GPU 클러스터를 지원하고, 향후 양자 컴퓨팅 인터페이스를 지원할 계획이라는 이야기가 있습니다!

실제로 널리 사용되는 머신러닝 프레임워크의 소스 코드를 읽어보거나, 프레임워크에 기여하거나, 인기 있는 오픈 소스 중 하나의 기능을 래퍼로 만들어본 적이 있다면, 신규 프레임워크를 즉각 도입하는 것이 얼마나 의미 없는 일인지 깨우쳤을 것입니다. 그런 경험이 있는 사람은 [그림 13-11]의 오른쪽 사람들과 생각이 비슷할 수 있습니다.

우리 팀이 [그림 13-11]의 가운데에 속한다고 해보겠습니다. 팀원들은 순진한 나머지 야심 찬 개발자가 만들려고 하는 반쯤 만들어진 프레임워크를 도입했을 때 직면하게 될 위험에는 눈을 감게 됩니다. 우리는 시도해보고, 굳이 실험의 피해자가 되겠다고 자처합니다. 프로젝트의 성공 여부를 걸고 말이죠.

미숙한 신규 프레임워크에서 작업한다면 종국의 결과는 뻔합니다. 완전한 참패죠. 제대로 시작하지도 못한 프로젝트의 실패는 그들이 사용한 API 때문이 아니며, 설루션을 튜닝한 방식 탓도 아닙니다. 진범은 개발자의 오만과 기능을 과대 포장해 도배한 블로그입니다.

과대 포장 선전	순진한 사람들의 반응	경험자들의 반응
블로그 스팸 여러분, GPU보다 더 저렴한 원격 양자 컴퓨터에서 구동되는 새로운 ML프레임워크를 확인하세요.	양자 컴퓨팅이라니 대단한 걸! 정말 빠를 거야. 데모를 돌려보자.	잠깐, 뭐라고 한 거야?
클릭을 유발하는 블로그 스팸 세상에! 새로운 양자 컴퓨팅 프레임워크로 불과 1주만에 37종 암을 치료했어요!	데모를 돌려봤는데 양자 컴퓨팅에 대한 건 아무것도 없던데... 판다스나 넘파이보다 조금 더 파이써닉^{Pythonic}한 것 같아.	말도 안 되는 걸.
에디터 리뷰 중요한 피처가 몇 개 누락되긴 했지만, 새로운 분산 시스템에서 알고리듬 효율성을 위해 기본 데이터 직렬화 형식과 고도로 최적화된 BLAS 연산자를 사용하는 새로운 ML 프레임워크는 몇 가지 가능성을 제시합니다.	우와, 많은 사람이 이 프레임워크 이야기를 하는구나. 다음 프로젝트에서는 이걸 꼭 써야겠어!	BLAS 연산? 그걸 누가 신경 쓰지? 넘파이, 스파크, R 같은 프레임워크에서는 기본적인 선형 대수 표준을 사용하고 있어. 좋은 프레임워크는 아닌 것 같아.
심층 블로그 리뷰 현재 제공되는 피처도 마음에 들지만, 완벽한 설루션이 되려면 백로그 피처가 완전히 개발되어야 할 것 같습니다. 진행 상황을 계속 지켜보겠습니다!	유명한 기술 인플루언서가 좋다고 말했으니, 이걸 사용하기로 정해야겠어!	아직 갈 길이 멀어 보이네. 1.0 버전이 배포되면 철저히 검증해보고 괜찮으면 몇 가지 코드 기반 전환을 고려해봐도 되겠어.
0.1 버전 배포 이후 3개월간 개발자가 겪는 혼란 가장 빠르게 성장하는 오픈 소스 ML 프레임워크 커뮤니티에 기여하고 싶으신가요? 숙련된 C++ 개발자, CUDA 전문가, 프로덕션 ML 설루션 구축 경험이 있는 분을 모집하고 있습니다!	C++은 모르지만 일단 연락해서 제안해보자. 깃허브에서 이슈 티켓을 처리해서 도우면 될 거야!	꿈이 너무 큰 것 같은데. 감당 못할 정도로 일을 벌인 거 아닌가.

그림 13-11 보통 과대 포장은 좋지 않습니다.

새로운 것을 시도해보는 게 잘못은 아닙니다. 저는 새로운 패키지가 발표되면 가치가 있는지 확인하기 위해 자주 사용해봅니다. 오픈 소스 데이터셋에서 테스트를 수행하고, 클래스 경로를 엉성한 종속성으로 오염시키지 않는 격리된 환경에서 실행합니다. 그리고 각 패키지의 사용법을 그대로 따라 실행합니다. 해당 기능을 평가하고, 사용자 정의 구현을 통해 기능을 향상하기가 용이한지 확인하고, 시스템이 다양한 모델링 작업을 어떻게 처리하는지도 살핍니다. 메모리 사용률이 안정적인가? CPU 사용량이 동급의 유명한 시스템과 비슷하거나 더 좋은가? 저는 이런 질문과 기타 여러 가지 질문을 통해 검증을 수행하고, 그 답을 찾습니다.

하지만 프로젝트의 초기 단계에서는 이런 패키지를 사용해볼 시도를 당최 하지 않습니다. 이런 이유 때문이죠.

- API가 많이 변경됩니다. 안정적인 버전인 1.0이 배포되기까지 전체 인터페이스가 전면 리팩터링될 가능성이 높습니다. 그러면 이에 맞춰 코드를 변경해야 합니다.

- 뭔가가 고장 날 것입니다. 많지 않을 수도 있지만, 보통 알파 버전의 배포 단계에는 잠재된 요인이 매우 많습니다. 허술한 코드 위에 여러분의 중요한 코드를 빌드한다면, 프로젝트 내내 불안정한 코드 기반을 다루게 됩니다.

- 프로젝트가 셸프웨어shelfware가 될 수도 있습니다. 프로젝트 기여자가 충분하고 ML 커뮤니티의 상당수가 지지하는 강력한 커뮤니티가 존재하지 않는다면 코드 기반이 사라지거나 버려질 가능성이 높습니다. 프로젝트가 죽은 코드로 실행되길 원치 않을 것입니다.

- 첫 배포 버전부터 기술 부채가 누적됩니다. 에지 케이스가 무시될 테고, 샛길을 이용해 구현될 것이며, 버그가 존재할 것입니다. 패키지의 예제 속 데모는 훌륭하게 작동할 것입니다. 하지만 비즈니스에서 예측 모델링을 위해 구현해야 하는 구체적인 사용자 정의 로직에서는 제대로 작동하지 않을 공산이 큽니다.

- 새로운 것이 무조건 좋은 것은 아닙니다. 프레임워크나 플랫폼처럼 중요한 결정을 내릴 때는 회사나 블로그 글, 마케팅 광고의 과대 포장된 선전을 철저히 무시해야 합니다. 여러 가지를 테스트하고 옵션에 대한 과학적 연구를 수행하세요. 생산성, 유지 보수성, 안정성, 비용 면에서 가장 합리적인 솔루션을 선택하세요. 반짝반짝 빛나는 새 장난감이 이 모든 요건을 충족할 수도 있지만, 제 경험상 그런 사례는 거의 없었습니다. 물론 가끔은 새로운 프로젝트가 바르게 성장하는 경우도 있으니 계속 지켜보세요.

다른 사람의 오만함을 포용하기는 ML 팀에 무척이나 괴로운 일입니다. 코드를 실행할 방법과 위치에 대한 옵션을 적절하게 테스트하고 조사하지 않으면 근본적으로 고장 난 시스템에 속아 넘어갈 위험이 있습니다. 결국 팀에서 새로운 프로젝트 솔루션을 혁신하기보다 조명을 계속 켜두는 데 훨씬 더 많은 시간과 비용을 들이게 될 것입니다. 테스트 단계는 카나리canary가 되어야지, 여러분의 ML 프로젝트가 되어서는 안 됩니다.

13.5 기술 중심 개발 vs. 설루션 중심 개발

초보로 이루어진 데이터 과학 팀에서 잠시 이탈하겠습니다. 이번에는 경험이 많은 머신러닝 엔지니어들로 구성된 팀의 작업을 살펴봅시다. 모든 팀원이 20여 년의 소프트웨어 개발 경력을 지녔다고 가정하겠습니다. 그들은 각각 딥러닝 모델, 그레이디언트 부스팅 트리, 선형 모델, 일변량 예측 등 다양한 형태의 모델을 만드는 일이 지루하고 피곤할 정도로 노련해졌습니다.

그들은 모두 수백 개 예측 모델의 단조로운 작업을 자동화할 무언가를 만들고 싶어 안달이 났습니다. 그들이 진정 갈망하는 것은 도전입니다.

그들은 다음에 진행할 중요한 프로젝트가 주어지자 검증된 접근법인 연관 규칙association-rules 기반 구현을 창의적으로 수행해보기로 결정합니다. 아파치 스파크에서 FP-growth 알고리듬보다 더 효율적인 버전을 작성할 수 있다고 여깁니다. 그래서 FP-tree를 개선하는 수식을 도출해낼 작업에 착수합니다. 컬렉션 항목을 탐색하는 과정에서 트리의 핵심 스캔 과정 중 하나를 줄이는 식으로 FP-tree에서 동적으로 마이닝mining해내는 방법으로 개선하려는 것이죠.

선의로 한 일이지만, 알고리듬을 테스트하고 기준 FP-growth 구현과 거의 동일한 결과를 유지하면서 트리 구축과 스캔에 걸리는 시간을 크게 단축한다는 사실을 입증하기까지, 그들은 꼬박 석 달을 고스란히 알고리듬에 헌납해야 했습니다.

그들은 독자적인 알고리듬을 구현하고 그것을 이용해서 개발하기로 합의한 비즈니스 사례를 해결하는 작업에 돌입합니다.

맥주를 마시며 친구들과 자축하고, 블로그 글과 백서를 작성하며, 콘퍼런스 발표 준비에 박차를 가합니다. 곧 있으면 그들이 얼마나 창의적인지가 백일천하에 드러날 것입니다!

그들은 설루션을 제품에 도입합니다. 모든 것이 원활하게 작동하고, 알고리듬은 매일 실행 시간이 크게 개선되어 비용 절감 효과까지 내고 있습니다. 물론 어디까지나 그들의 생각이지만, 잘 사용되고 있는 프레임워크를 대대적으로 수정하기 전까지는 사실이었습니다. 그런데 신규 버전 런타임에서 트리의 구성 방식에 중대한 변경을 하고, 결과의 생성 방식에 근본적 최적화를 수행했습니다.

팀은 설루션에 사용한 개발자 수준 API의 기본 변경에 맞게 모델을 조정해야 한다는 현실에 낙담합니다. [그림 13-12]는 팀이 처한 현실과 대신 어떻게 했어야 했는지를 한눈에 보여줍니다.

그림에서 보듯, 프로젝트를 실패로 이끈 핵심 동인은 이미 여러 번 검증된 기존 표준을 사용하지 않은 데 있습니다. 그들은 비즈니스 요구 사항을 충족할 솔루션을 만들었을 뿐만 아니라, 완전히 새로운 알고리듬을 구축하고는 프레임워크의 하위 수준 설계 양식에 맞춰 통합했습니다. 결과적으로 구현체를 완벽히 소유하고 지속적으로 그들의 알고리듬이 잘 작동하도록 지원해야 했습니다.

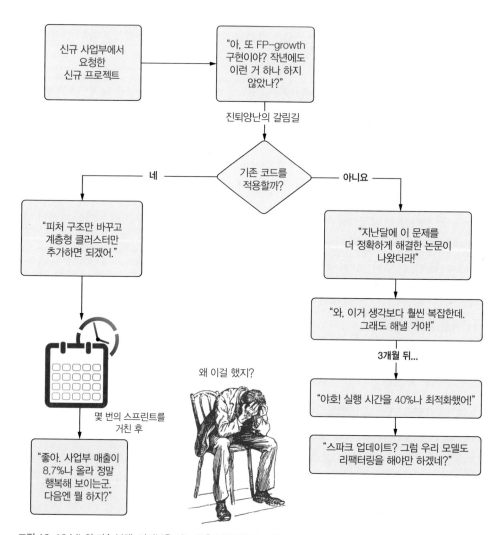

그림 13-12 ML의 기술 부채. 여러분은 어느 쪽을 선택하겠습니까?

그들의 알고리듬은 프레임워크의 내부 구조를 많이 활용해서 개발 속도를 높였습니다. 그래서 이제 팀은 또 다른 난관에 봉착합니다. 프레임워크 신규 버전에서도 작동하도록 알고리듬을 업데이트해야 할까요? 그런다 해도 새로 제공된 FP-growth 알고리듬보다 성능이 더 좋으리라고 확신할 수 있을까요? 아니면 신규 알고리듬을 일찌감치 포기하고 표준 알고리듬으로 작동하도록 비즈니스 설루션을 리팩터링해야 할까요?

이런 질문에 정답은 없습니다. 그들의 맞춤형 프레임워크가 셸프웨어가 되거나 아니면 몇 분기에 걸쳐 업데이트 작업을 해서 신규 버전 프레임워크를 지원해야 합니다.

그들의 시도에서 원칙적으로 문제가 된 것은 그들이 지원할 준비가 되지 않은 채 사용자 정의 구현을 구축했다는 점입니다. 비즈니스 문제를 해결할 설루션이 아니라 이름을 떨칠 설루션을 구축한 것입니다. 그들은 자신의 기술이 주목받고 인정받기를 원했습니다. 팀이 새로운 알고리듬을 구축하고 그들의 전문 분야를 발전시킨 것은 잘못이 아닙니다. 그러나 알고리듬을 구축하려는 동기가 문제 해결의 필요성에서 나와야 한다는 사실을 미처 깨닫지 못했습니다.

팀원들이 설루션 중심의 사고방식으로 문제에 접근했다면 맞춤형 설루션을 만들겠다는 생각은 애초에 하지도 않았을 것입니다. 아마도 인기 있는 오픈 소스 프레임워크의 유지 관리자에게 연락해서 해당 프레임워크의 커뮤니티에서 지원할 수 있는 신규 버전을 만드는 일에 자원했을 것입니다. SLA를 충족하기 위해 런타임을 줄여야 하고 그렇기 때문에 새로운 알고리듬을 구축해야 하는 경우라면 그래도 괜찮습니다. 그런 요구가 있다면 만들어야죠. 다만 해당 비즈니스 사례가 존재하는 한 해당 코드를 유지 관리해야 한다는 점은 꼭 기억하세요.

저는 가뜩이나 스트레스가 많은 직업에 스트레스를 보탤 뿐인 TDD라는 개념에 대한 알레르기 반응이 점점 더 심해지고 있습니다. 특히 거의 동일한 문제의 설루션이 버젓하게 존재하는 경우, 문제를 해결하기가 식상할 수 있지만 더 쉬운 설루션을 추구함으로써 비즈니스를 개선할 수 있습니다. 그렇게 한다면 유지 보수 작업은 줄고 향후 더 흥미로운 문제 해결에 창의적 재능을 발휘할 시간은 늘게 됩니다.

13.6 요약

- 프로젝트의 즉각적인 요구 사항을 벗어나지 않도록 단순한 구현을 추구하는 것만으로도 나중에 기능이 변경되어야 할 때 리팩터링할 범위가 많이 줍니다. 단순할수록 좋습니다.

- 소프트웨어 개발자의 역량 수준이 제각각 다를 수 있습니다. 그렇기 때문에 팀원들이 이해하고 읽기 쉬운 일반적인 디자인 패턴 사용에 초점을 맞추면, 모든 팀원이 코드 기반에 기여하고 유지 관리할 수 있습니다.

- 코드 기반은 문제 해결에 딱 필요한 만큼만 복잡하게 만드는 것이 언제나 정답입니다. 불필요한 기능, 복잡한 인터페이스, 독특한 구현을 ML 코드 기반에 구축하는 것은 단지 여러분이 더 많은 코드를 유지 관리해야 함을 의미할 뿐, 조직에 그 어떤 가치도 부여하지 못합니다.

- 새로운 기술의 기능이나 활용성, 프로젝트 적합성, 그리고 과연 필요한지를 결정하기 위해서는 철저한 조사가 수반되어야 합니다.

- 비즈니스 요구에 의해 프로젝트를 진행할 때는 문제 해결에 필요한 것만 구현하는 데 집중해야 합니다. 프로젝트 범위를 벗어나는 것은 그것이 무엇이든 허영심에서 비롯된 것이어서 솔루션의 유지 관리성을 해칩니다.

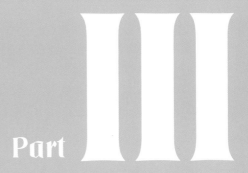

Part **III**

프로덕션 머신러닝
코드 개발

프로젝트가 프로덕션에 배포할 준비가 되면 배포 일정을 잡기 전에 몇 가지 최종 작업을 해야 합니다. 테스트를 통과한 구현 빌드를 실제 배포에 사용할 준비가 완료된 것으로 간주하고 싶겠지만, 온콜 중인 사람들이 몇 시간마다 호출을 받지 않도록 하기 위해서는 고려해야 할 몇 가지 사항이 있습니다.

드리프트 모니터링부터 코드 아키텍처의 원칙(최종 피어 리뷰를 수행하는 데 도움이 됩니다), 예측 품질 보증, 로깅 및 서비스 인프라에 이르기까지 이런 항목들은 자주 간과되곤 합니다. 이러한 사항을 무시하게 되면 적합한 설계와 구현 없이 업무를 수행해온 이들이 이 지점에서 후회하게 됩니다.

3부에서는 더 쉽게 프로덕션에 배포하고, 모델을 설명하고, 재훈련 및 모니터링이 가능하고, 비교적 쉽게 업데이트하는 데 도움이 되는 심화 주제를 살펴봅니다.

Part III

프로덕션 머신러닝
코드 개발

CHAPTER 14

프로덕션 코드 작성

이 장의 내용

- 모델에 사용하기 전에 피처 데이터 검증
- 프로덕션에서 피처 모니터링
- 프로덕션 모델 수명 주기의 전반적인 모니터링
- 최대한 간단한 방식으로 문제를 해결한다는 목표로 프로젝트에 접근
- ML 프로젝트를 위한 표준 코드 아키텍처 정의
- ML에서 컬트 행동 삼가기

2부에서는 ML 소프트웨어 구축을 기술자 중심으로 설명했습니다. 이 장에서는 아키텍트 관점에서 ML 프로젝트 작업을 살펴보겠습니다.

서로 긴밀하게 연결되고 매우 복잡하며 총체적인 관점에서 ML로 문제를 해결할 접근 방식의 이론과 철학에 초점을 둘 것입니다. 제 실패담이거나 직접 지켜본 실사례에 기반한 프로덕션 ML의 사례 연구^{case study}를 살펴보고 자주 언급되지 않는 ML 개발 요소에 대한 통찰을 드리고자 합니다. 이 통찰은 우리가 직업적으로 집중해야 할 부분보다 문제를 해결할 알고리듬 측면에 더 집중할 때, 대개는 고된 과정을 통해 터득한 교훈입니다.

- 데이터: 데이터의 생성 원리와 위치, 기능
- 복잡성: 솔루션과 코드의 복잡성
- 문제: 가능한 한 가장 쉬운 방식으로 해결하는 방법

이전 장에서 논의했듯이 데이터 과학 작업의 목표는 단지 알고리듬을 활용하는 데 있지 않습니다.

점점 더 유행하거나 인기가 많아지는 것처럼 보이는 프레임워크, 툴킷 또는 특정 모델 인프라를 활용하는 것도 아닙니다.

> **NOTE_** 데이터 과학 작업은 오로지 문제를 해결하고, 데이터를 사용하며, 과학적 접근 방식을 적용해 가용한 데이터를 기반으로 최상의 방법으로 문제를 해결하는 데 초점을 둬야 합니다.

이런 초점을 염두에 두고, 실제 프로덕션 개발 측면, 더 구체적으로는 솔루션 구축에 수반되는 파괴적 측면을 살펴보려 합니다. 솔루션이 잘못 구현되어 큰 홍역을 치른 경험이 없는 알고리듬 중심 실무자의 눈에는 명확하게 보이지 않는 독특한 측면이죠. 이 분야에 오래 종사한다면 누구나 어떤 식으로든 이런 교훈을 배우게 될 것입니다. 다른 사람의 실수를 보고 빨리 배울수록, 알고리듬이 유행하기 전부터 이 일에 종사해온 실무자가 겪었을 고통스러운 학습을 되풀이할 확률이 줄죠.

도구와 프레임워크에 대한 언급이 모두 어디로 사라졌나요?

수차례 언급했듯이, ML의 성공 요인은 도구가 아닙니다. 특정 플랫폼도 아닙니다.

프로젝트 성공과 실패를 가르는 것은 영리한 API나 과대 포장된 거창한 프레임워크가 아니고 패키지 솔루션도 아닙니다. 프로젝트를 성공으로 이끄는 네 가지 주요 요소는 데이터 품질, 문제 해결에 사용된 최소한의 복잡성 수준, 솔루션의 모니터링 기능과 수정이 용이한 기능, 무엇보다도 솔루션이 문제를 얼마나 잘 해결하는지입니다. 제 동료의 말을 빌리자면, 그 외 모든 것은 그저 허울에 불과합니다.

이번 장과 다음 장에서는 깨끗한 데이터 유지, 데이터와 모델의 상태 모니터링, 솔루션 개발의 단순성 등 필수 요소에 초점을 둘 것입니다.

프레임워크, 도구, 플랫폼, 기타 삶의 질을 높여주는 유틸리티를 이용하면 분명 ML 솔루션의 제작 프로세스가 한결 편리해지지만 성공이 보장되는 것은 아닙니다. 15, 16장에서 자세히 살펴볼 이들은 필요한 경우 모두 사용할 수 있습니다. 다만 그중 플랫폼은 팀과 회사에 가장 적합한 것으로 선택해야 하기 때문에 열외입니다. 또 이들은 조직이 직면한 여러 가지 특정 문제를 해결하는 데 보탬이 되지만 만능은 아닙니다.

가장 확실한 ML의 성공 원칙은 보편적인 것입니다. 이 원칙을 이해하지 못하면 아무리 멋진 도구도 소용이 없습니다. 최첨단 CI/CD, 피처 스토어, 자동 ML, 피처 생성 팩토리, GPU 가속 딥러닝 또는 기타 ML 분야의 과대 포장된 기술 용어도 마찬가지입니다. 데이터가 엉망이고 코드의 유지 관리가 불가능하며 내부 비즈니스 고객의 솔루션 만족 여부를 확인하지 않는다면, 아무리 멋진 도구를 사용한다 한들 프로젝트에 전혀 도움이 되지 않습니다.

14.1 데이터를 만났나요?

여기서 의미하는 '만남'이란 커피를 리필하러 가는 길에 잠깐 데이터를 건네면서 예의 있게 고개를 끄덕이는 인사가 아닙니다. 무역 박람회 같이 어색한 사회 모임에서 30초가량 자기 소개를 하는 것도 아닙니다. 대신 데이터와 함께 해야 할 회의는 조용하고 분위기 나는 술집에서 위스키 한 병을 놓고 몇 시간째 시간 가는 줄 모르고 나누는 사적인 대화에 가깝습니다. 술잔을 기울이며 통찰한 바를 공유하고 서로의 미묘한 차이를 파고들며 대화의 깊이를 더해가듯, **진정으로 데이터에 대해 알아가는 것이죠.**

> **TIP** 코드를 채 한 줄도 작성하기 전에 확인할 게 있습니다. 실험을 위해서라도 문제의 기본 성격을 가장 간단한 방식(if/else 문)으로 파악하는 데 쓸 데이터가 수중에 있는지 확인하세요. 데이터가 없다면 구할 수 있는지 알아보세요. 확보할 수 없다면 여러분이 해결할 수 있는 다른 문제로 넘어가세요.

문제 해결에 사용할 데이터를 단순히 지나치는 것이 얼마나 위험한지 알려주는 예를 들겠습니다. 콘텐츠 공급 회사에서 일한다고 해봅시다. 회사의 비즈니스 모델 특성상 콘텐츠는 시간이 제한된 페이월paywall[1] 뒤에 인터넷에 게시됩니다. 기사 몇 편을 읽는 동안에는 광고가 표시되지 않고 콘텐츠를 무료로 볼 수 있으며 상호작용이 방해받지 않습니다. 하지만 읽은 기사가 일정 수를 넘어서면 독자에게 구독 등록을 강요하는 불쾌한 광고 팝업과 중단 화면이 연이어 등장합니다.

시스템의 이전 상태는 최종 사용자가 읽은 기사 페이지 수를 계산해 제어하는 기본 휴리스틱

---

1 옮긴이_ 웹사이트, 앱 또는 디지털 콘텐츠에 대한 액세스를 제한하거나 요금을 부과하는 전략입니다. 페이월의 목적은 콘텐츠 제작자가 수익을 창출하고, 사용자가 그들의 콘텐츠를 무단 복제하거나 사용하지 않도록 하는 것입니다.

으로 설정되었습니다. 하지만 플랫폼에서 첫 세션을 진행하는 동안 탐색하는 사람에게 불쾌감을 줄 수 있다는 사실을 알게 된 후, 세션 길이와 각 기사에서 읽은 줄 수를 추정하도록 조정했습니다. 그런데 시간이 지나면서 단순해 보이던 이 규칙이 다루기 힘들고 복잡해졌습니다. 그러자 웹 팀은 구독률을 극대화할 방책으로 중단 유형과 빈도를 사용자 단위로 예측하는 기능을 구축해달라고 데이터 과학 팀에 요청했습니다.

데이터 과학 팀은 몇 달 동안 휴리스틱 접근 방식을 뒷받침하기 위해 구축된 이전 작업을 주로 사용하되, 프런트엔드 팀이 의사 결정 데이터를 생성하는 데 사용해온 데이터 구조와 운영 로직의 미러링된 ETL 프로세스를 데이터 엔지니어링 팀에 만들도록 했습니다. 데이터 레이크에서 가용한 데이터를 가져와 모든 홀드아웃 테스트에서 이례적으로 성능이 우수한 매우 효과적이고 정확한 모델을 구축했습니다.

그런데 이 모델을 프로덕션에 배포하면서 [그림 14-1]과 같은 이슈를 알아차렸습니다. 설루션을 구축한 데이터 과학 팀이 피처에 사용한 데이터 상태를 확인하지 못한 것입니다.

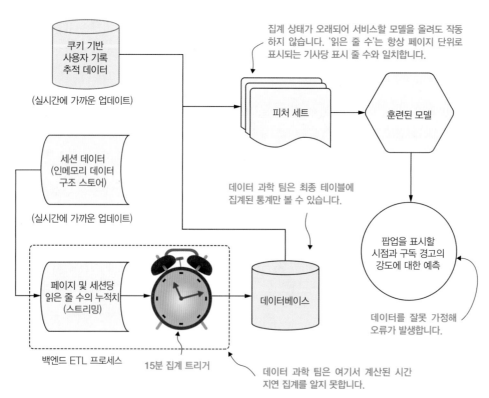

그림 14-1 데이터 SLA를 이해하지 못하면 형편없는 모델을 만들게 됩니다.

모델은 객체 스토리지의 레이크하우스에 있는 데이터로 훈련했습니다. 모델 개발 과정에서 추출한 데이터로 작업할 때 우리가 미처 의식하지 못한 게 있는데, 그건 바로 데이터 추출 메커니즘이었습니다. 우리는 사용하고 있는 피처를 데이터 레이크 내에서 거의 실시간으로 바로 사용할 수 있다고 가정했습니다. 그러나 데이터 엔지니어링 팀은 비용을 절감하고 프로덕션 시스템에 미치는 영향을 최소화하기 위해 15분 간격으로 트리거되는 주기적인 덤프 형태로 레디스에서 ETL을 구현했습니다. 우리는 훈련에 사용한 데이터에서 세션의 소비 데이터를 5초 단위 활동으로 분할해 주요 특징인 롤링 집계 통계rolling aggregation statistics를 쉽게 생성할 수 있음을 확인했습니다. 5초 트리거를 통해 데이터가 지속적으로 적재된다고 가정하는 것은 타당했습니다.

그런데 솔루션이 프로덕션 단계에 들어가자 나타난 문제는 활동에 따라 개인화된 광고가 노출되지 않는 것만이 아니었습니다. 더 큰 문제는 모든 사용자가 첫 기사를 보는 즉시 '모든 광고와 팝업을 표시합니다'라는 문구와 함께 모든 광고와 팝업이 표시된다는 것이었습니다. 관련 피처 데이터가 완전히 부족했기 때문에 모델이 완전히 비효율적이었죠. 하루 종일 웹사이트가 난장판이 되어 프로젝트를 전면 재설계해야 했고, 결국 모델에 쉽게 사용할 수 없는 데이터에 기반한 솔루션 대부분을 폐기했습니다.

이번에는 제가 데이터 과학 프로젝트에 착수할 때 생각하는 세 가지 기본 원칙과 그 원칙이 중요한 이유를 설명하겠습니다. 경험상 세 원칙이 지켜지지 않으면, 프로젝트가 얼마나 훌륭하게 구현되든, 문제 해결에 얼마나 성공적이든, 조직에서 얼마나 많은 사람이 열정적으로 참여하든 관계없이 프로젝트가 프로덕션 단계까지 추진될 가능성은 희박하거나 전혀 없습니다.

14.1.1 데이터가 있는지 확인하기

이 예시는 다소 엉뚱해 보이지만, 이와 비슷한 상황을 수십 번이나 봤습니다. 모델 서빙에 적합한 데이터를 확보하지 못하는 것은 흔한 문제입니다.

수동으로 추출한 데이터셋(일회성 추출)으로 작업하고, 그 데이터로 정말 놀라운 솔루션을 구축한 후, 프로젝트를 프로덕션에 출시할 준비가 되었을 때, 그 일회성 추출을 구축할 프로세스에 데이터 엔지니어링 팀의 수작업이 전적으로 필요하다는 사실을 11시간이 지나서야 깨달은 팀을 본 적이 있습니다. 솔루션을 효과적으로 만드는 데 필요한 데이터가 프로덕션 인프라에 사일로화되어 데이터 과학 팀과 데이터 엔지니어링 팀이 액세스할 수 없었기 때문입니다. 하도 많이 봐서 익숙한 상황을 [그림 14-2]로 나타냈습니다.

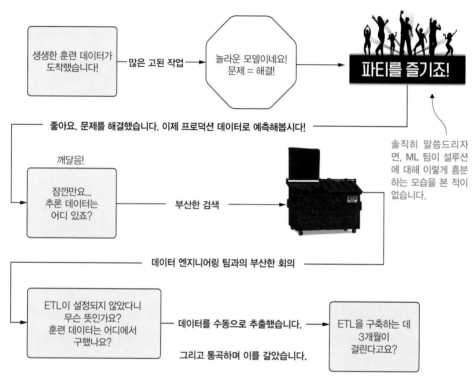

그림 14-2 솔루션을 프로덕션에 배포하기 전에 데이터를 확보하는 것이 가장 좋습니다.

[그림 14-2]에서와 같이 데이터를 예측에 적합한 형태로 제공할 인프라가 없는 경우, 데이터 엔지니어링 팀은 예정된 방식으로 데이터를 구체화하는 데 필요한 ETL을 구축하기 위해 전체 프로젝트를 구축해야 합니다. 데이터 원본의 복잡성에 따라 작업 시간이 더 많이 걸릴 수 있습니다. 여러 프로덕션 관계형 데이터베이스와 인메모리 키-값 저장소에서 가져오는 강화된 프로덕션급의 ETL을 구축하는 작업은 결국 간단히 조정해서 될 일이 아닙니다. 이 같은 지연은 데이터 과학자의 예측 역량과 관계없이 프로젝트 중단으로 이어질 수 있으며, 실제로 그렇게 되기도 합니다.

예측을 온라인으로 수행해야 하는 경우 복잡한 ETL 작업은 더욱 까다로워집니다. 이 시점에서는 ETL 프로세스를 실행하기 위해 노력하는 데이터 엔지니어링 팀만의 문제가 아닙니다. 엔지니어링 조직의 여러 그룹이 데이터를 한곳에 취합해 ML 서비스 시 REST API 요청에 제공할 속성 컬렉션을 생성해야 합니다.

하지만 이 모든 문제를 해결할 수 있습니다. EDA 기간에 데이터 과학 팀은 데이터 생성의 특성을 평가하고 데이터 웨어하우스 팀에 적절한 질문을 던져야 합니다.

- 비용을 줄이기 위해 데이터를 최소한의 테이블로 압축할 수 있나요?
- 문제가 생겨 원본을 수정할 때 팀의 우선순위는 무엇인가요?
- 훈련과 서비스 계층 모두에서 데이터에 액세스할 수 있나요?
- 서비스를 위해 데이터를 쿼리하는 것이 프로젝트 SLA를 충족하나요?

모델링 작업을 시작하기 전에 질문의 답을 알면 프로젝트 작업에 참여할지 여부를 결정할 때 유리합니다. 데이터를 사용할 준비가 되지 않은 경우, 데이터 과학 팀이 최종 데이터셋의 복사본을 수동으로 추출해 모델링하는 동안 데이터 엔지니어링 팀은 우선순위를 정하고 비동기적으로 데이터셋을 구축할 시간을 확보할 수 있습니다.

14.1.2 데이터 출처 확인

데이터 가용성과 관련된 기본 질문은 물론이고 데이터 출처provenance of the data에 대한 매우 중요한 질문도 해야 합니다. 구체적으로 어떤 메커니즘을 통해 데이터가 데이터 웨어하우스나 레이크하우스에 유입되나요? 잠재적으로 프로젝트에 들어갈 데이터의 출처를 알면 데이터가 얼마나 안정적인지, 얼마나 깨끗한지, 모델에 포함시키는 것이 얼마나 위험할지 이해하게 됩니다.

데이터 출처의 중요성을 설명하기 위해 예를 들겠습니다. 특정 지도 학습 문제를 해결하기 위해 데이터를 소싱하는 개별 테이블이 세 개 있다고 가정하겠습니다. 세 테이블은 클라우드 객체 스토리지로 지원되는 데이터 웨어하우스에 있으며, 파케이 포맷입니다. 각 테이블은 그 안에 포함된 데이터의 최종 사용자 관점에서 보면 비슷합니다. 몇몇 데이터는 같은 기본 정보가 중복된 것으로 보이기 때문에 약간 겹치지만 모든 테이블이 외래 키foreign key를 기반으로 조인할 수 있습니다.

[그림 14-3]은 세 테이블의 데이터를 볼 때 표시되는 정보입니다.

그림 14-3 프로젝트에 가용한, 레이크하우스에 있는 세 테이블 데이터

행 수와 필드 이름을 보면 전자 상거래 데이터라는 사실을 명확하게 알 수 있습니다. 테이블 A 는 마스터 회원 테이블, B는 주문 데이터, C는 사이트 트래픽 데이터입니다. 테이블을 채운 데 이터의 출처에 대한 조사가 여기서 그친다면, 이 데이터를 모델링 목적으로 활용할 때 작은 실 수를 범할 수 있습니다.

데이터로 피처 세트를 만들기 전에 수집 메커니즘을 알아야 합니다. 데이터가 적재되는 시기와 각 테이블이 업데이트되는 빈도를 이해하지 못하면, 대치 벡터를 생성하기 위해 수행하는 모든 조인에서 심각한 정확성 문제가 생길 수 있습니다.

데이터셋이 각기 다른 엔지니어링 팀에 의해 생성되고 조율되는 탓도 있지만, 데이터를 생성 하는 시스템의 특성상 최근 데이터에 대한 합의가 이루어질 확률이 매우 낮기 때문이기도 합니 다. 예를 들어 가장 최근의 사이트 활동 데이터에서 후속 구매 이벤트 데이터가 한 시간 이상 지연될 수 있습니다. 이런 ETL 프로세스에서 생성된 피처 데이터의 정확성을 보장하기 위해서 는 반드시 SLA 고려 사항을 이해해야 합니다. [그림 14-4]는 테이블에 데이터를 채울 데이터 엔지니어링 팀에 질문해 얻은 몇몇 데이터를 추가한 테이블의 확장된 뷰입니다.

이제 데이터 엔지니어링 팀에서 새로운 세부 정보를 얻었으니 데이터 원본에 대해 상당히 중요한 결정을 내릴 수 있습니다. 그런 다음 이 정보를 데이터 카탈로그 솔루션에 입력하면 됩니다. 그 결과가 [표 14-1]입니다.

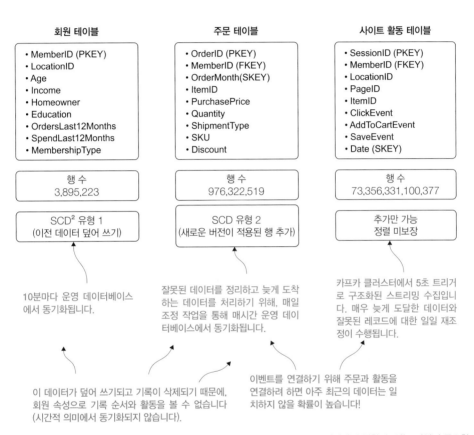

그림 14-4 데이터의 출처, 데이터에 도달하는 방법, 데이터로 수행할 수 있는 작업과 수행할 수 없는 작업의 중요한 세부 정보에 대해 데이터 엔지니어링 팀과 채팅해 얻은 추가 정보

---

2   옮긴이_ slowly changing dimension의 약자로 데이터 웨어하우스에서 데이터의 일관성과 정확성 유지를 위해 과거 데이터를 추적하는 방법론입니다. 타입은 0부터 6까지 있으며, 자세한 내용은 위키백과(https://ko.wikipedia.org/wiki/느린_변경_차원)를 참조하기 바랍니다.

표 14-1 샘플 사용자 추적 데이터에 대한 데이터 카탈로그 항목

테이블명	업데이트 주기	설명/참고 사항
회원 테이블	10분	기존 데이터를 변경 사항으로 덮어 씁니다. 기록 변경 사항은 원시 테이블에만 반영됩니다. 모델링을 위해 상태 변경이 필요한 경우 Members_Historic 테이블을 사용합니다. 프런트엔드 웹 팀이 담당합니다.
주문 테이블	1시간 + 매일 재조정	실시간 주문 및 배송 소스 시스템에서 주문 데이터를 가져옵니다. 최신 상태를 가져오려면 버전 키 값에 윈도우 함수를 사용해 실제 자연 키 항목을 가져와야 합니다. 백엔드 마켓플레이스 엔지니어링 팀이 담당합니다.
사이트 활동 테이블	실시간 + 매일 재조정	데이터 삽입 순서가 정확하다는 보장이 없습니다. 사용자가 모바일 기기를 사용하는 경우 데이터가 몇 시간 늦어질 수 있습니다. 회원이 VPN을 사용하면 잘못된 위치 데이터가 생길 수 있습니다. 중첩된 스키마 요소가 변경됩니다. 데이터 엔지니어링 팀이 담당합니다.

데이터 과학 팀은 피처 스토어에 수집된 메모를 기반으로 데이터의 세세한 부분까지 훨씬 더 잘 파악할 수 있습니다. 원본 데이터 시스템의 특성을 철저히 목록화하면 ML 설루션을 괴롭히는 최악의 이슈, 즉 품질 예측 생성에 사용할 데이터가 충분하지 않은 문제를 방지할 수 있습니다.

프로덕션 개발 단계를 시작할 때 가외 시간을 들여 데이터가 훈련과 추론에 사용되는 원본 시스템에 언제, 어디서, 어떻게 도달하는지 파악하면 많은 문제를 피할 수 있습니다. 특정 유스 케이스(이 예제 시나리오에서는 과거 상호 연관성을 파악하기 위한 회원 속성과 다른 테이블 간의 조인)에 사용할 수 있는 데이터와 사용할 수 없는 데이터를 파악할 수 있습니다. 또한 최종 용도로 정의된 특성을 기반으로 프로젝트의 한계도 파악할 수 있습니다. 이 예에서 SLA가 매우 낮은 유스 케이스에는 활동 데이터를 사용하지 못할 것이 분명합니다. 프로젝트에 현재 ETL 프로세스가 제공하는 것보다 업데이트 주기가 더 짧은 최신 데이터가 필요한 경우, 치명적인 프로덕션 출시 문제를 방지하기 위해 해당 ETL 프로세스를 미리 단축하는 방안을 모색할 수 있습니다.

준비할 시간이 충분하면, 데이터 엔지니어링 팀은 ML 개발 작업과 병행해 필요한 데이터를 필요한 포맷으로 제공함으로써 구현이 프로젝트의 요구 사항을 지원하기에 충분한 최신 데이터를 기반으로 작동하도록 보장할 수 있습니다. 하지만 규정 준수 문제를 고려하기 시작하면 데이터 출처 문제가 대단히 복잡해집니다. 특히 다음은 신중하게 고려할 요소입니다.

- 모델링에 사용하려는 데이터에 유럽 연합의 일반 데이터 보호 규정European Union's General Data Protection Regulation(GDPR), 개인 식별 정보Personally Identifiable Information(PII) 또는 의료 보험 이동 및 책임에 관한 법률Health Insurance Portability and Accountability Act(HIPAA) 같은 규정이 있나요? 그렇다면 해당 요건을 준수해야 합니다.
- 사용 중인 데이터에 가시성에 대한 내부 제약이 있나요?
- 구축 중인 모델을 윤리적으로 훼손할 만한 편향이 데이터에 있나요? 사람에 관한 데이터와 상호작용하는 경우, 대답은 '예'일 확률이 높으므로 수집되는 데이터의 출처를 신중하게 생각해야 합니다.
- 테이블을 공급하는 소스 시스템과 프로세스가 유지 보수를 위해 다운되거나 완전히 실패하는 빈도가 얼마나 되나요? ETL은 일반적으로 안정적인가요?
- 테이블에서 스키마가 얼마나 자주 변경되나요? 데이터 구조의 중첩 요소(주로 웹 기반 데이터셋에 적용됨) 변경 가능 여부를 관리하는 규칙과 프로세스가 있나요?
- 데이터는 자동화된 프로세스(애플리케이션)에서 만드나요, 아니면 사람이 직접 입력해 만드나요?
- 깨끗한 데이터만 테이블에 허용되도록 데이터 유효성 검증 검사가 수행되고 있나요?
- 데이터가 일관성이 있나요? 원본이 내구성이 있나요? 테이블에 데이터를 기록할 때 정확성 이슈가 발생할 여지를 없애기 위해 데이터를 격리하나요?

이 외에도 서로 다른 시스템에서 정보를 가져올 때 데이터 품질과 관련해 확인해야 할 사항이 무수히 많습니다. 데이터를 다룰 때 무엇보다도 명심할 것은 데이터셋을 사용하기 이전에 **아무것도 맹신하지 말고 모든 것을 확인해야 한다**는 것입니다. 훈련에 사용할 데이터의 특성에 따라 유스 케이스에 적합하지 않은 모델을 구축하는 데 시간을 낭비하기 전에 데이터에 대한 질문을 던져 정보를 얻어야 합니다.

출처가 불분명하고 부정확할 수 있는 데이터를 모델에 넣으면 모델은 솔루션에 전혀 사용할 수 없는 쓰레기가 됩니다. 저는 이 교훈을 인정하고 싶지 않을 만큼 많이 깨달았습니다.

14.1.3 공신력 있는 데이터 출처를 찾아 그에 맞추기

저는 아직까지 완벽한 데이터를 보유한 회사에서 일해본 적이 없습니다. 많은 조직이 거의 완벽한 데이터 모델, 매우 강력한 데이터 엔지니어링 파이프라인, 사실상 완벽한 수집 아키텍처를 갖추고 있지만, 데이터 자체의 완벽함이란 달성하기가 거의 불가능에 가까운 목표입니다.

다양한 업체에 HR 서비스를 제공하는 B2B 기업에 다닌다고 해봅시다. 회사의 데이터 엔지니어링 팀은 세계 최고 수준이며, 설립 초기부터 수년에 걸친 비즈니스 변화를 놀랍도록 잘 처리하는 데이터 모델을 사용하고 있습니다. 정보는 유연한 관계형 스타 스키마에 배치되며 데이터 웨어하우스 내에서 분석에 빠르게 액세스할 수 있습니다.

하지만 3년 전, 클라우드 컴퓨팅으로의 전환과 온프레미스 설루션보다 비용이 저렴한 데이터 레이크가 가져온 패러다임의 변화로 상황이 달라지기 시작했습니다. 분석을 위해 신규 데이터 원본 생성이 데이터 엔지니어링 팀을 거쳐야 했던 시대는 끝습니다. 회사의 모든 부서가 데이터를 생성하고, 객체 스토어에 업로드하며, 원본을 테이블로 등록하고, 목적에 맞게 활용할 수 있게 되었습니다. 클라우드 공급업체가 약속한 데이터 액세스의 민주화는 분명 회사의 효율성과 인사이트를 진정 혁신할 것이 분명했습니다!

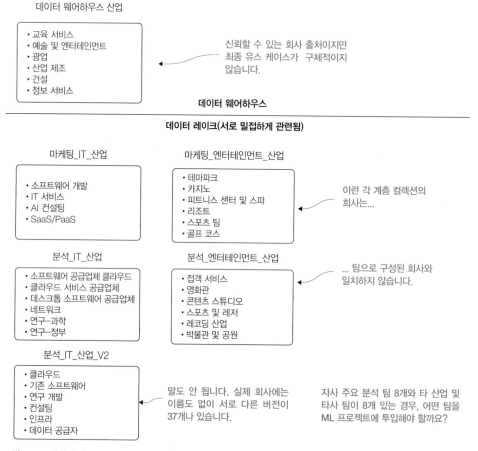

그림 14-5 데이터 레이크에서 셀프 서비스가 활성화된 경우, 신뢰할 수 있는 통합된 원본이 없으면 모든 사람의 업무가 가중될 수 있습니다.

하지만 현실은 그렇게 되지 않았습니다. 호수가 고여 늪이 되자, 비슷해 보이는 데이터 사본이 여러 개 생겨나기 시작했습니다. [그림 14-5]는 데이터 레이크의 분석 계층 내 다양한 위치에서 산업 유형을 단일 계층으로 표현해 보여줍니다.

데이터 레이크에서 제공되는 상품 계층을 사용해 ML 프로젝트를 진행하려는 경우, 어떤 계층을 선택해야 할까요? 중복과 불일치가 매우 많은데, 관련성이 가장 높은 것이 무엇인지 어떻게 알 수 있을까요?

특히 [그림 14-5] 하단에 표시된 것처럼, 한 팀의 여러 버전이 다양한 커밋 기간에 존재한다는 점을 고려해 모든 버전을 테스트할 방법도 없습니다. 어떻게 해야 할까요?

제가 찾은 가장 성공적인 접근 방식은 각 팀의 요구 사항을 충족하는 데이터 원본이 하나인 프로세스에 맞춰 **팀을 조정**하는 것입니다. 그렇다고 해서 어느 회사 팀이 어느 집계 버킷에 투입되어야 한다는 식으로 모든 사람이 일률적으로 정의를 따라야 한다는 뜻은 아닙니다. 오히려 이런 의미입니다.

- 데이터와 상호작용하는 데 필요한 각 팀의 정의 사본을 하나로 유지하는 것입니다. 동일한 데이터의 _V2 또는 _V37 사본이 없어 혼란이 가중됩니다.
- 각 팀에 필요한 데이터와 그 용도에 적합한 SCD 업데이트를 선택하는 것입니다. 과거 참조 데이터가 필요한 팀도 있고, 가장 최근 값만 필요한 팀도 있습니다.
- 표준화하는 것입니다. 오리라면 오리라고 부르세요. 'aquatic_avian_waterfowl_fun_plumage'처럼 특이하고 귀여운 이름으로 부르면 누구에게도 호응을 얻지 못합니다.
- 주기적으로 정리하는 것입니다. 데이터를 사용하지 않는다면 보관하세요. 호수가 맑아야 수영을 즐길 수 있습니다.
- 데이터를 인벤토리화하는 것입니다. 지식 저장소에서 ERD(엔티티-관계 다이어그램entity-relationship diagram)를 사용하거나, 데이터 카탈로그를 구축 또는 구매하거나, 각 테이블의 각 열에 대한 자세한 문서를 유지 관리하세요.

이 일을 하려면 매우 많은 작업을 해야 할 듯 보이지만, 이 모든 일이 현대 비즈니스를 경영하는 토대가 됩니다. 데이터가 명확하면 ML 프로젝트에만 유익한 것이 아니라, 분석 팀과 데이터 과학 팀이 대부분 동일하고 정제된 데이터를 공유하게 됩니다. 그러면 비즈니스 현황과 해당 데이터를 활용할 혁신적인 미래 과제에 대해 논의할 때 모두가 같은 언어로 대화할 수 있습니다.

데이터 품질과 관련해 ML 프로젝트 작업에서 절대 금기해야 할 하나는 데이터를 직접 수정하는 것입니다. 물론 그렇게 하고 싶은 유혹이 있겠지만 말이죠. 단일 진실 공급원^{single source of} truth[3] 개념은 생각보다 훨씬 더 중요합니다.

14.1.4 프로덕션 코드에 데이터 정제 포함하지 않기

예민한 주제입니다. 특히 데이터 엔지니어링 담당자에게는 말이죠.

고객이 현재 카드보다 더 높은 한도를 제공하는 신용카드 서비스에 자동으로 등록해야 하는지 여부를 예측하는 프로젝트를 진행 중이라고 가정하겠습니다. 데이터 웨어하우스에서 가용한 데이터를 탐색하고 프로토타입을 구축할 최소한의 피처(처음에는 간단하게)와 데이터 소싱에 필요한 테이블을 세 개 선정했습니다.

데이터 탐색과 검증을 수행하는 동안 이슈가 생겼습니다. 중복 데이터부터 일관되지 않은 상품 설명, 존재하는 원시 금융 거래 내역 데이터의 스케일링 계수 factor까지, 우리가 스스로 해결 해야 할 일이 많습니다.

이때 ML 플랫폼에서 지원하는 데이터 정제 도구를 활용한다면, 데이터를 수정하기 위해 코드 기반에서 데이터 전처리 작업만 전담하는 전체 모듈이 있을 겁니다. 전처리 단계를 거쳐 데이 터를 실행하고, 피처 엔지니어링을 거쳐 마지막으로 모델 훈련과 검증을 수행하면, 모델 생성 에 매우 효과적인 프로세스를 갖추게 됩니다.

하지만 예측 시점에는 어떻게 될까요? 원본 데이터의 품질이 양호하지 않은 상태에서 이 패러 다임을 고수한다면 선택지는 다음 세 가지입니다.

- 예측 작업에 대한 대치, 중복 제거, 정규식 코드 복제하기(유지 보수성 면에서 좋지 않은 아이디어입니다)
- 훈련과 추론 작업에서 호출할 수 있는 독립적인 유틸리티 전처리 모듈 생성하기(좋은 아이디어이지만 여전 히 이상적이지는 않습니다)
- 정제 로직을 전체 파이프라인 객체로 구축하기(더 좋은 아이디어이지만 불필요하고 비용이 많이 듭니다)

프로젝트를 하루빨리 출시하려고 서두르다가 이런 작업을 까맣게 잊었다고 가정해봅시다. 데 이터 정제 로직이 훈련 코드 기반에 완전히 구축되고 모델이 잘 작동하는 것으로 검증되었으 며, 프로덕션에 배포할 준비도 마쳤습니다.

---

3 옮긴이_ 데이터의 일관성과 정확성을 보장하기 위해 사용되는 개념으로, 원본으로 지정된 단일 소스에서 데이터를 가져오는 것을 의미 합니다.

그런데 프로덕션 데이터 볼륨의 극소수 부분집합에서 테스트하는 동안 모델 성능 모니터링을 통해 여러 고객이 수차례 연락을 받고 있으며 신용 한도가 몇 배 이상 상향되었다는 사실을 알게 되었습니다.

자격이 충분해 보이는 다른 고객도 현재 보유하지 않은 카드와 서비스의 신용 한도 증액을 요청받고 있습니다. 결국 가비지 데이터로만 예측을 훌륭히 수행하는 모델을 구축한 셈이죠. 프로젝트의 현 상황을 [그림 14-6]에 나타냈습니다.

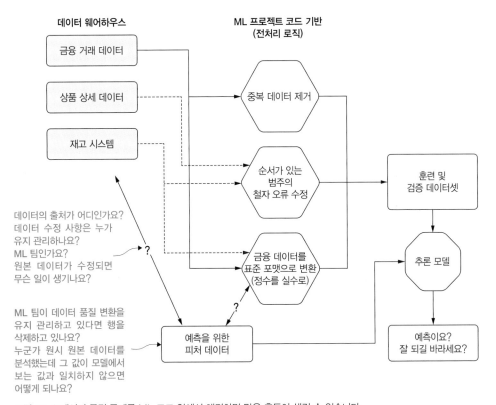

그림 14-6 데이터 품질 문제를 ML 코드 안에서 해결하면 많은 혼돈이 생길 수 있습니다.

[그림 14-6]은 건망증과 혼돈의 극단적인 사례이긴 하지만, ML 팀이 데이터 품질 이슈를 해소하기로 결정했을 때 가능한 설루션의 선택지를 제시합니다. 데이터를 직접 수정하는 방향으로 나아갈 때는 이제 그 책임을 사용자가 져야 하죠. 데이터로 설루션을 구축하는 대신 설루션과 데이터 복구 작업을 맡게 됩니다.

특수한 이 시나리오는 데이터 과학 팀이 데이터 엔지니어링 팀 역할도 겸하는 소규모 스타트업 같은 특정 조직에서는 피할 수 없지만, 데이터 정제 코드가 모델링 설루션에 연결된 상태로 유지되어서는 안 된다는 원칙은 동일하게 적용됩니다. [그림 14-7]은 데이터 품질 이슈를 해소하는 더 좋은 설루션입니다.

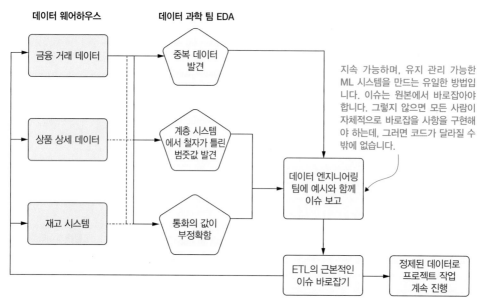

그림 14-7 데이터 품질 문제를 바로잡는 더 좋은 방법: ML 코드에서 데이터 복구 작업하지 않기

장기적으로 데이터 복구 작업을 유지하는 방법 중 더 오래 지속되고 더 많이 선호되는 방법은 원본에서 데이터를 바로잡는 것입니다. 이렇게 하면 몇 가지 문제도 해결됩니다.

- 다른 유스 케이스에 사용 가능하도록 데이터가 정제됩니다.
- 비용이 많이 드는 중복 제거, 이슈 수정, 보간, 복잡한 조인이 모델 훈련과 추론 코드에서 제거됩니다(복잡성 감소).
- 데이터를 훈련과 추론 모두에서 안정적으로 사용할 수 있습니다(훈련과 추론 간에 로직이 일치하지 않을 위험이 없기 때문에).
- 피처 모니터링(드리프트 감지)이 매우 간소화됩니다.
- 분석 및 어트리뷰션 측정이 매우 간소화됩니다.

모델링에 사용할 데이터를 깨끗한 상태로 유지하는 것은 안정적인 프로덕션급 ML 설루션의 초석입니다. ML 패키지에는 데이터 이슈를 수정하는 데 쓸 도구가 많이 있지만, 데이터 정합성을 적용하는 가장 안정적인 방법은 데이터가 저장된 원본에서 하는 것입니다.

14.2 피처 모니터링

프로덕션 ML 배포에서 종종 놓치는 것이 모델에 들어가는 피처를 면밀히 관찰하는 일입니다. 전문 데이터 과학자로서 우리는 피처와 관련된 모든 속성을 분석하는 데 대단히 많은 시간과 노력을 투입합니다. 많은 경우 설루션이 프로덕션 단계로 이관된 후 모니터링하는 것은 모델의 결과물뿐입니다. 이로 인해 성능 저하라는 예상치 못한 상황이 발생하면 무엇이 변경되고 왜 변경되었는지, 문제를 어떻게 바로잡아야 할지 진단해야 하는 입장에 서게 됩니다.

설루션이 있습니다. 부록 A에서 예로 들 반려견 사료 회사에서 일한다고 가정하겠습니다. 생산에 필요한 모델을 출하하고 예측된 사료 수요량에 모니터링을 설정한 후 상품 폐기량이 급격히 줄고 있습니다. 예측 성과를 철저하게 추적하는 자동화된 어트리뷰션 분석 시스템을 구축하자 예상을 뛰어넘는 프로젝트 성능 결과가 나왔습니다.

하지만 몇 주 뒤 예측은 무용지물이 되었습니다. 각 유통 사이트에 주문할 물량을 훨씬 적게 예측했기 때문입니다. 다행히도 주문 요청을 검증하는 담당자가 있어 전부 손실을 보지는 않았습니다. 우리는 며칠 동안 전 상품의 유형마다 주문 예측량이 저점을 향해 곤두박질치는 것을 우려하며 지켜봤습니다.

크게 당황한 우리는 허둥대며 모델을 재훈련했지만, 상품의 사전 수요량에 대한 우리 이해를 바탕으로 예측되는 결과가 무의미해져 예측 시스템 가동을 전면 중단했습니다. 그리고 일주일이 더 지나서야 피처 데이터를 심층 분석해 원인을 찾았습니다. [그림 14-8]은 모델이 예측에 사용한 주요 피처 하나를 보여줍니다.

상단 그래프는 한 지역 물류 센터의 매출을 나타내고, 하단 그래프는 새로 조정된 매출을 나타냅니다. 이 매출은 회사에 '더 정확한' 보고 패러다임을 도입하고자 재무 팀이 데이터 엔지니어링 팀에 요청해 만들게 되었죠. 겹치는 전환 기간에는 두 매출 열이 데이터로 채워졌지만, 전환 기간이 지나자 원본 열은 데이터가 더 이상 채워지지 않았습니다.

모델에 어떤 일이 일어난 걸까요? 매출이 모델에서 결정적으로 중요한 요소인 데다 최근 7일간 데이터에 적용된 기간을 기반으로 대치하는 방법을 사용했기에, 누락된 데이터의 대칫값이 빠르게 0이 되어갔습니다. 모델은 이 피처에 큰 가중치를 부여했는데, 훈련 중에 평가되지 않은 데이터가 유입된 데다 이 값이 너무 낮아서 모든 상품에 대한 수요 예측량이 단기간에 0으로 뚝 떨어졌습니다. 매출 0은 결국 오류이며 파산하지 않은 회사에는 존재하지 않는 데이터입니다.

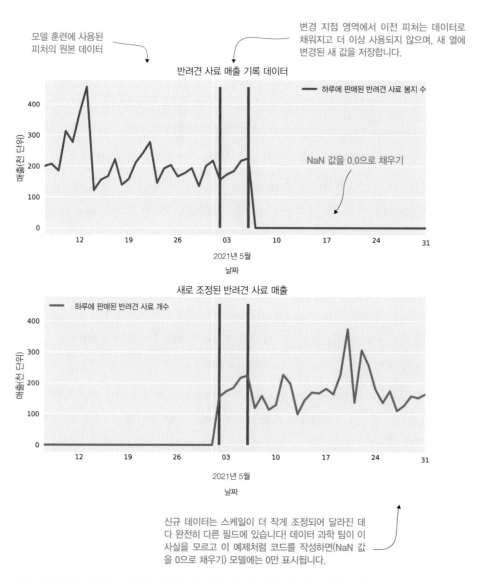

그림 14-8 핵심 피처의 ETL이 변경되면 데이터 과학 팀은 매우 힘든 한 주를 보내게 됩니다.

ML에서 널^{null} 값을 처리하는 방법, 가령 0으로 채우기, 훈련 세트 데이터 값으로 대치하기, 평활화 대치^{smoothing imputation}[4] 등에 대한 논쟁은 제쳐두고, 정말 더 심각한 문제로 불거지기 전에 어떻게 이 이슈를 포착할 수 있었을까요? 변경에 대한 사전 경고가 없었더라도, 피처 값에 알림을 설정했다면 값이 0으로 떨어진 첫날에 피처에 문제가 있음을 알 수 있었을까요?

가장 간단한 설루션은 훈련하는 동안 각 피처의 기본 통계를 수집하는 것입니다. 훈련 세트가 대규모 분산 시스템을 사용한다면 대략적인 통계를 수집해도 됩니다. 통계는 기본 SCD 유형 2 방법론을 사용해 각 훈련 반복에 따라 버전이 지정된 테이블에 저장할 수 있습니다. 즉, 피처 데이터를 담을 새 행을 추가하고 이후 실행할 때마다 버전을 높이는 방법입니다. 그다음 지난 n시간이나 며칠간 예측에 사용된 값을 마지막 훈련을 실행할 때 있었던 피처 값과 비교하는 일일 작업을 예약할 수 있습니다. 이 개념을 [그림 14-8]의 상단 그래프에 적용한 스크립트가 [예제 14-1]입니다.

예제 14-1 간단한 피처 모니터링 스크립트

```
import numpy as np
prior_to_shift = np.append(ORIGINAL_DATA,
                           BOUNDARY_DATA)                                        ①
prior_stats = {}                                                                ②
prior_stats['prior_stddev'] = np.std(prior_to_shift)                            ③
prior_stats['prior_mean'] = np.mean(prior_to_shift)
prior_stats['prior_median'] = np.median(prior_to_shift)
prior_stats['prior_min'] = np.min(prior_to_shift)
prior_stats['prior_max'] = np.max(prior_to_shift)
post_shift = np.append(BOUNDARY_DATA, np.full(ORIGINAL_DATA.size, 0))           ④
post_stats = {}                                                                 ⑤
post_stats['post_stddev'] = np.std(post_shift)
post_stats['post_mean'] = np.mean(post_shift)
post_stats['post_median'] = np.median(post_shift)
post_stats['post_min'] = np.min(post_shift)
post_stats['post_max'] = np.max(post_shift)
bad_things = "Bad things are afoot in our sales data!"
if post_stats['post_mean'] <= prior_stats['prior_min']:
    print(bad_things +
        " Mean is lower than training min!")                                    ⑥
if post_stats['post_mean'] >= prior_stats['prior_max']:
```

---

4 옮긴이_ 결측치가 있는 데이터 포인트에 인접한 이웃 데이터 포인트의 패턴을 파악해 결측치를 채우는 방법입니다. 직관적인 대치 방법이지만, 데이터 분포가 불규칙하거나 패턴이 복잡한 경우에는 적용하기 어려울 수 있습니다.

```
            print(bad_things +
                " Mean is higher than training max!")                           ⑦
        if ~(prior_stats['prior_stddev'] * 0.5
            <= post_stats['post_stddev'] <= 2.
            * prior_stats['prior_stddev']):
                print(bad_things + " stddev is way out of bounds!")             ⑧
>> prior_stats
{'prior_stddev': 70.23796409350146,
 'prior_mean': 209.71999999999994,
 'prior_median': 196.5,
 'prior_min': 121.9,
 'prior_max': 456.2}
>> post_stats
{'post_stddev': 71.95139902894329,
 'post_mean': 31.813333333333333,
 'post_median': 0.0,
 'post_min': 0.0,
 'post_max': 224.9}
>> Bad things are afoot in our sales data! Mean is lower than training min!
```

1. 시나리오에서 조정되기 이전 데이터(매출 데이터의 원본 열)

2. 피처 데이터에서 통곗값을 안전하게 저장하기 위한 간단한 딕셔너리

3. 훈련된 피처 통계(표준 편차, 평균, 중앙값, 최솟값, 최댓값)

4. 훈련 통곗값 비교에 사용된 조정된 이후 데이터

5. 검증 실행별 딕셔너리(각 피처에 대한 통계를 측정하는 헬스 체크 작업 스크립트)

6. 기본 예시는 훈련 중 현재 피처의 평균이 최솟값보다 더 낮은지 확인합니다.

7. 평균이 훈련값의 최댓값보다 더 높은지도 확인합니다.

8. 피처의 분산이 급격하게 변화했는지 여부를 전반적으로 점검합니다.

이 코드는 간단한 피처도 모니터링해야 하는 필요성을 강조하기 위해 의도적으로 단순하게 작성했습니다. 향후 개발하게 될 특정 피처 모니터링 툴킷의 규칙은 유스 케이스의 필요에 맞게 복잡하고 기능이 풍부할 수도 있고, 모델의 어떤 피처이든 기본 통계를 모니터링하기 위해 비교적 단순하며 가벼운 유틸리티 프레임워크로 구축할 수도 있습니다.

실제 시나리오에서는 어느 피처에서든 데이터를 가져올 뿐 아니라 테이블 또는 MLflow 추적 서버처럼 통계치를 저장하는 서비스를 쿼리하게 됩니다. 알림은 단순한 print 문이 아니라 페이저 알림, 이메일이나 이와 유사한 메커니즘을 통해 다소 큰 문제와 장애가 예상됨을

팀에 알리는 경종이 됩니다. 이런 모든 요구 사항을 충족하는 아키텍처는 사용자가 실행 중인 인프라에 따라 매우 구체적이므로 여기서는 print 문과 딕셔너리를 사용해 간결하게 유지하겠습니다.

집필 시점에는 이 문제를 해결하기 위한 오픈 소스 패키지가 만들어지고 있습니다. 어떤 것이 여러분의 언어, 플랫폼, 생태계에 적합한지 알아보기 위해 몇 가지 조사를 수행해보기를 적극 권장합니다. 하지만 단순성을 우선시하고 싶다면 [예제 14-1]의 논리를 기반으로 간단한 유효성 검증 스크립트를 작성해 작업을 완료할 수 있습니다. 단, 한 가지 피해야 할 일은 설루션을 프로덕션에 출시한 후 기능을 완전히 무시하는 것입니다.

엉뚱한 예시처럼 보일 수도 있습니다

여러분이 어떻게 생각할지 상상이 됩니다. "이건 말도 안 돼요. 누가 이런 짓을 하겠어요? 이 예는 캐리커처나 다름없어요!"

글쎄요. 장담하건대, 제 경력에서 이런 사건은 모두 합해 여섯 번이나 일어났습니다. 마지막 사건을 겪고 나서야 비로소 교훈을 얻었죠. 아마도 중대한 비즈니스 핵심 모델이 영향을 받았기 때문일 겁니다.

앞서 설명했듯이 저는 피처 상태를 확인할 때 구현을 화려하게 하지는 않습니다. 때로는 일정 기간 동안 기본 계산을 수행하는 SQL 기반 스크립트를 사용해, 마지막으로 훈련한 시점의 피처 세트와 똑같은 세트의 기본 지표가 있는 저장된 테이블에 조인하는 것으로 만족합니다. 임곗값을 미세 조정하는 데 많은 시간을 할애하지 않고, 통계 프로세스 제어 규칙 등으로 복잡한 로직을 구축하지도 않습니다. 대부분은 앞의 예시에서 말한 것처럼 간단합니다. 데이터의 평균, 분산, 일반 형태는 어떤가? 원본 데이터와 같은 범위 내에 있나? 평균이 이전에 기록된 훈련 시점의 최 댓값보다 더 높은가? 최솟값보다 더 낮은가? 분산이 더 낮아졌는가, 아니면 더 높아졌는가?

이런 폭넓은 점검을 통해 모델 가동을 중단시킬 수도 있는 대규모 피처 변경 사항을 모니터링합니다. 모니터링으로 임박한 실패를 알아보지는 못해도, 더 주도면밀하게 모니터링하는 예측과 어트리뷰션이 무너지기 시작할 때 최소한 어디를 살펴봐야 할지는 알게 됩니다.

모니터링의 최종 목표는 시간을 절약하고 프로덕션에서 실행 중인 모델에 근본적으로 결함이 있을 때 입을 피해를 최소화하는 것입니다. 문제를 더 빨리 진단하고 바로잡아 프로덕션 환경에서 정상 상태로 되돌릴수록 하루, 일 주, 한 달, 길게는 일 년을 더 즐겁게 보낼 수 있습니다.

14.3 모델 수명 주기의 나머지 항목 모니터링

12장에서는 피처의 드리프트 모니터링에 대해 자세히 설명했습니다. 매우 중요하지만 프로덕션 ML 설루션에서는 ML 모니터링을 구성하는 전체 스토리의 한 편에 불과하죠.

프로덕션 환경에서 ML 풋프린트^{footprint} 프로젝트를 많이 하는 회사에서 일한다고 가정해봅시다. 주요 프로젝트가 14개 진행 중이며, 프로젝트마다 비즈니스 전반에 걸친 다양한 유스 케이스를 해결합니다. 데이터 과학자 열 사람과 ML 엔지니어 네 사람으로 이뤄진 팀은 추가 작업 부하를 지원할 인력 보충에 어려움을 겪고 있습니다.

모두가 하루 일과의 많은 시간을 단순히 조명을 켜두는 일, 즉 유지 보수하는 데 보냅니다. 그러다 어떤 날에는 특정 모델에 주의를 기울여야 합니다. 하지만 최종 사용자가 주의를 기울이는 예측 성능 저하나 특정 설루션 상태를 확인하는 데 필요한 일상적인 분석과 유지 관리로 바빠서 다른 프로젝트는 생각할 겨를이 없습니다. 설루션의 유지 관리에 소요한 시간을 분석해 그 결과를 [그림 14-9]에 요약했습니다.

이런 일상은 유감입니다. 모델이 나쁜 것도 아니고 모델을 통합한 설루션이 나쁜 것도 아닙니다. 문제는 모델이 불안정해지고 성능이 저하된다는 것입니다. 자동화된 설루션으로 모델을 적극적으로 모니터링하지 않는다면 결국 문제 해결과 복구 작업을 맡은 팀원은 탈진하고 말 것입니다. 이렇게 되면 신규 프로젝트를 수행할 수 있는 선택지는 더 많은 인력을 고용하거나(장기간에 걸쳐 예산을 확보하기란 쉽지 않습니다!), 다음 사항을 가시적으로 나타내는 것밖에 남지 않게 됩니다.

- 무엇이 변화하고 있는지
- 어떻게 변화하고 있는지
- 피처, 모델 재훈련, 예측에서 드리프트가 발생할 가능성이 있는 항목이 무엇인지

모델 수명 주기의 모든 측면에 대한 가시성을 확보하면 문제 해결에 대한 부담을 크게 줄이며, 동시에 수동 모니터링 작업을 완전히 없앨 수 있습니다.

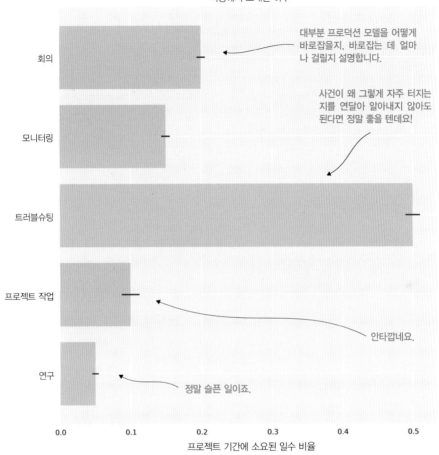

그림 14-9 많은 모델을 배포하지만, 대부분의 시간을 드리프트 발생 원인, 바로잡는 방법과 그 이유를 논의하는 회외와 그 복구 작업에 소비합니다. 이것이 바로 조명을 계속 켜두는 데이터 과학 작업입니다.

[그림 14-9]의 극심한 부담을 줄이기 위해 [그림 14-10]은 모델 수명 주기 중 어떤 형태로든 모니터링해야 하는 부분을 알려줍니다.

이 같은 많은 단계의 관측이 다소 과한 것처럼 보일 수 있습니다. 예를 들어 피처 엔지니어링 데이터를 굳이 모니터링하는 이유가 무엇일까요? 예측만으로도 충분하지 않을까요?

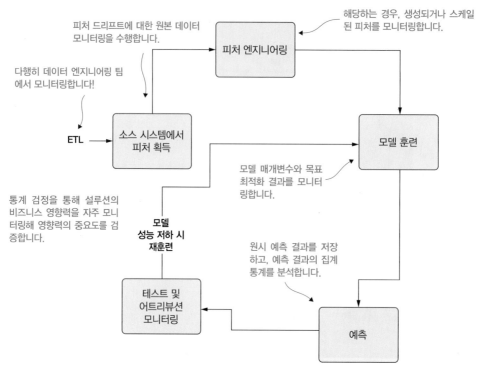

피처 드리프트에 대한 원본 데이터
모니터링을 수행합니다.

해당하는 경우, 생성되거나 스케일
된 피처를 모니터링합니다.

피처 엔지니어링

다행히 데이터 엔지니어링 팀
에서 모니터링합니다!

ETL → 소스 시스템에서
피처 획득

모델 훈련

모델 매개변수와 목표
최적화 결과를 모니터
링합니다.

통계 검정을 통해 설루션의
비즈니스 영향력을 자주 모니
터링해 영향력의 중요도를 검
증합니다.

모델
성능 저하 시
재훈련

원시 예측 결과를 저장
하고, 예측 결과의 집계
통계를 분석합니다.

테스트 및
어트리뷰션
모니터링

예측

ML 수명 주기에서 무엇을 주시해야 할까요? 전부입니다.

그림 14-10 ML 프로젝트에서 모니터링이 필요한 부분

수렁에 빠진 팀이 피처를 모니터링해야 하는 이유와 피처에 가할 수 있는 수정 사항을 살펴봅시다. [그림 14-11]은 동일한 피처 분포를 훈련 중(왼쪽)과 훈련 후 프로덕션 추론 중(오른쪽)으로 비교한 것입니다.

예시의 훈련 시점에서는 모델이 표시된 데이터 범위 내에서 피처를 인식했습니다. 하지만 나중에 프로덕션에서 추론할 때는 피처가 훈련 시점의 데이터 범위를 크게 벗어납니다. 이는 사용된 모델에 따라 다양한 방식으로 나타나며, 한결같이 나쁜 결과를 초래합니다. 다만 해당 피처가 모델에 어느 정도 중요하다는 전제하에 그렇습니다.

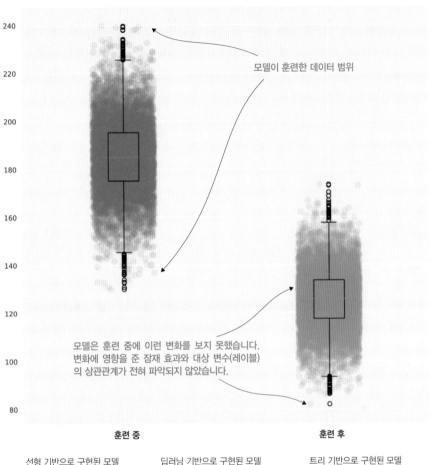

피처 모니터링 부재가 초래하는 위험
훈련 데이터와 추론 데이터 비교

모델이 훈련한 데이터 범위

모델은 훈련 중에 이런 변화를 보지 못했습니다. 변화에 영향을 준 잠재 효과와 대상 변수(레이블)의 상관관계가 전혀 파악되지 않았습니다.

훈련 중

훈련 후

선형 기반으로 구현된 모델
이 피처에 할당된 가중치가 예측에 큰 영향을 미칠 수 있습니다.
선형 모델은 바운드되지 않기 때문에[5] 예측이 매우 부정확할 수 있습니다.

딥러닝 기반으로 구현된 모델
신경망의 계층(단계) 간 상호작용으로 말도 안 되는 예측이 나올 수 있습니다.
모델 응답 결과를 진단하는 데 시간이 오래 걸려 매우 답답할 수 있습니다.

트리 기반으로 구현된 모델
의사 결정 경계는 이 모든 데이터를 이전의 소수 리프로 버킷화합니다.
트리 기반 알고리듬은 바운드 되기에[6] 예측이 예상치 못한 방식으로 왜곡될 수 있습니다.

그림 14-11 다양한 모델 유형에서 중요한 피처 드리프트와 그 영향

---

5   옮긴이_ 훈련 데이터에 대해 완벽하게 모델링한다는 의미입니다. 하지만 피처나 레이블이 이상치(outlier)로 인해 값이 매우 클 경우, 예측 결과가 무한대로 발산할 수 있습니다. 선형 회귀는 데이터가 일정 범위 내에 있다는 가정하에 유용합니다.

6   옮긴이_ 데이터 그 자체가 아닌 데이터의 특성을 일반화된 규칙으로 생성해 모델링을 수행한다는 의미입니다. 훈련 데이터에서는 잘 동작하지만, 모든 데이터에서 완벽하게 예측하지는 못합니다. 앙상블 트리나 그레이디언트 부스팅 트리로 보완합니다.

이런 분포의 변화를 모니터링하지 않고 있다면, 이런 사태를 겪고 있는 팀원들에게는 프로세스가 어떻게 보일까요? 간단하게 설명하기 위해 피처가 30개인 매우 간소화된 구현을 생각해보겠습니다. 예측 결과가 이해하지 못할 정도로 엉뚱한 방향으로 나오기 시작하면, 피처의 현재 상태와 훈련 중의 과거 값 모두에 분석 프로세스를 수행해야 합니다. 많은 쿼리를 실행하고, 훈련 이벤트를 참조하고, 그래프를 그리고, 통계를 계산하고, 시간이 많이 소요되는 근본 원인 분석을 수행해야 합니다.

킴벌리 '스위트 브라운' 윌킨스Kimberly 'Sweet Brown' Wilkins의 불멸의 명언을 빌리자면, '누구도 그럴 시간이 없습니다'. 이런 사후 조사는 시간이 오래 걸립니다. 잡무가 많고 단조로우며 소모적입니다. 14개 프로덕션 프로젝트가 실행 중이고, 14명으로 구성된 팀이 회사의 ML 요구 사항을 지원하며, 진행 중인 프로세스를 전혀 모니터링하지 않는 상황이라면 팀은 부가 가치가 전혀 없는 업무에 시달리게 될 것입니다. 가장 좋은 시나리오라 해도 일주일에 두세 개 분석을 수행할 텐데 분석 하나를 완료하는 데 최소 한 사람이 하루 종일 매달리고, 새 훈련을 시작하고 테스트 결과를 평가하는 데 또 하루가 꼬박 걸릴 것입니다.

그러나 파이프라인의 모든 측면에 모니터링을 설정하면 팀은 무엇이 얼마나 많이 변화하고, 언제 편차가 시작되는지 파악할 수 있습니다. 이를 통해 팀원 전원이 며칠간 쏟아야 할 노력을 아끼고, 모델에 오류가 생긴 이유를 조사하는 단조로운 작업을 자동화해 신규 프로젝트에 전념할 시간을 확보할 수 있습니다.

모니터링 시스템은 단순히 모델에 들어오는 피처를 살펴보는 데 그치지 않고 다음 사항도 살펴봅니다.

- 생성된 피처: 상호작용, 확장, 휴리스틱 기반 데이터 조작
- 모델: 각 훈련 실행을 나타내는 지표
- 예측: pmf 또는 pdf의 시간 경과에 따른 분포, 회귀에 대한 평균과 분산, 혼동 행렬, 분류 지표
- 어트리뷰션: 솔루션의 효과를 측정하는 비즈니스 지표의 안정성
- 성능 고려 사항: 배치의 경우 작업 런타임, 온라인의 경우 응답 SLA
- 시간 경과에 따른 피처 효과: 주기적인 재귀 피처 제거, 불필요한 피처의 후속 골라내기

ML 기반 솔루션의 수명 주기 동안 각 구성 요소를 모니터링하는 데 초점을 두면 고된 업무가 제외되어 팀 규모를 조정할 수 있습니다. 조명을 계속 켜두지 않아도 사람들은 시간이 지나 더 큰 비즈니스 가치를 증명할 혁신적인 신규 솔루션에 초점을 두게 됩니다. 모니터링 상

태 점검에 버금가는 중요한 일은 문제를 해결하면서 솔루션을 최대한 단순하게 유지하는 것입니다.

14.4 최대한 단순하게 유지하기

ML 애플리케이션에서 보게 되는 특별한 우아함이 바로 단순성입니다. 이 분야를 처음 접한 많은 사람은 복잡한 솔루션이 구축하는 재미가 있다고 생각하기 때문에 단순한 솔루션을 비웃지만, 가장 단순한 솔루션이야말로 오래가는 솔루션입니다. 비용, 안정성, 업그레이드 용이성 등의 이유로 단순한 솔루션이 복잡다단한 솔루션보다 실행을 지속하기가 쉽기 때문입니다.

주니어 팀에 새로 들어갔다고 상상해봅시다. 각 팀원은 ML 분야의 최신 기술에 정통하며 최첨단 도구와 기술을 사용해 솔루션을 개발하는 능력이 탁월합니다. 이런 동료들이 문제 해결에 베이지안 접근법, 선형 알고리듬, 휴리스틱 같은 '오래전' 기술을 사용하는 사람을 미래 기술 배우기를 거부하는 러다이트Luddites[7]에 불과하다고 믿는다고 잠시 가정해봅시다.

팀에 가장 먼저 주어진 프로젝트는 운영 팀에서 발주한 것입니다. 리테일 그룹의 수석 부사장(SVP)이 회의 도중 팀에 다가와 운영 팀에서 다루지 못한 솔루션을 요청합니다. SVP는 데이터 과학 팀이 솔루션에 필요한 이미지만 가지고 사진 속 사람이 빨간 셔츠를 입고 있는지 여부를 판별할 수 있는지 알고 싶어 합니다.

데이터 과학 팀은 즉시 최신의 최고 솔루션을 모아놓은 툴박스에서 익숙한 도구를 하나 꺼냅니다. 그다음 전개되는 흐름을 [그림 14-12]에 요약했습니다.

---

7   옮긴이_ 자동화, 신기술을 반대하고 이해하기를 거부하는 사람을 일컫는 용어입니다.

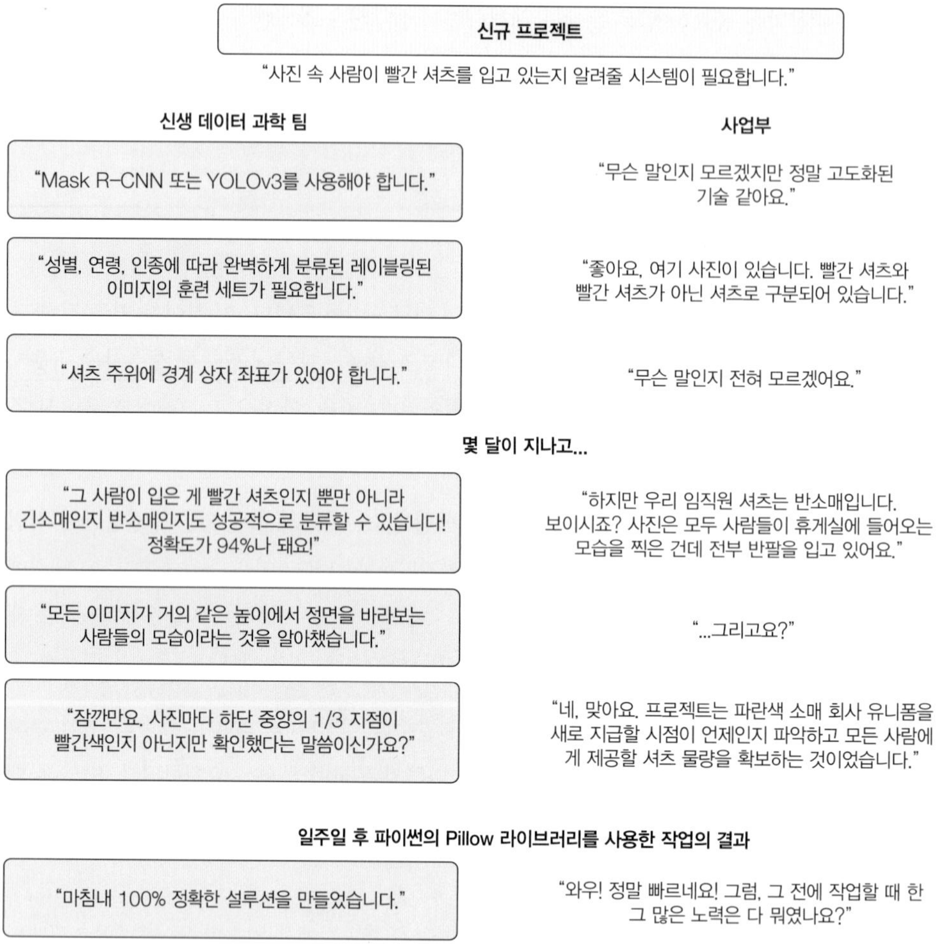

신규 프로젝트

"사진 속 사람이 빨간 셔츠를 입고 있는지 알려줄 시스템이 필요합니다."

신생 데이터 과학 팀

"Mask R-CNN 또는 YOLOv3를 사용해야 합니다."

"성별, 연령, 인종에 따라 완벽하게 분류된 레이블링된 이미지의 훈련 세트가 필요합니다."

"셔츠 주위에 경계 상자 좌표가 있어야 합니다."

사업부

"무슨 말인지 모르겠지만 정말 고도화된 기술 같아요."

"좋아요, 여기 사진이 있습니다. 빨간 셔츠와 빨간 셔츠가 아닌 셔츠로 구분되어 있습니다."

"무슨 말인지 전혀 모르겠어요."

몇 달이 지나고...

"그 사람이 입은 게 빨간 셔츠인지 뿐만 아니라 긴소매인지 반소매인지도 성공적으로 분류할 수 있습니다! 정확도가 94%나 돼요!"

"모든 이미지가 거의 같은 높이에서 정면을 바라보는 사람들의 모습이라는 것을 알아챘습니다."

"잠깐만요. 사진마다 하단 중앙의 1/3 지점이 빨간색인지 아닌지만 확인했다는 말씀이신가요?"

"하지만 우리 임직원 셔츠는 반소매입니다. 보이시죠? 사진은 모두 사람들이 휴게실에 들어오는 모습을 찍은 건데 전부 반팔을 입고 있어요."

"...그리고요?"

"네, 맞아요. 프로젝트는 파란색 소매 회사 유니폼을 새로 지급할 시점이 언제인지 파악하고 모든 사람에게 제공할 셔츠 물량을 확보하는 것이었습니다."

일주일 후 파이썬의 Pillow 라이브러리를 사용한 작업의 결과

"마침내 100% 정확한 설루션을 만들었습니다."

"와우! 정말 빠르네요! 그럼, 그 전에 작업할 때 한 그 많은 노력은 다 뭐였나요?"

그림 14-12 간단한 접근 방식보다 고도화된 접근 방식을 먼저 시도한 경우, 실망스러운 결과

이 시나리오에서 어떤 일이 일어났나요? 팀원들이 간단한 접근 방식을 검증하지 않고 복잡한 접근 방식부터 취한 것이 문제의 불씨가 되었죠. 그들은 설루션이 아닌 기술을 택했고 이에 초점을 뒀습니다. 훨씬 간단한 접근 방식, 즉 각 이미지의 중앙에서 1/3 지점에 있는 픽셀을 견본으로 취해 색조와 채도를 알아낸 후 빨간색인 것과 빨간색이 아닌 것으로 분류하는 방법을 시도하지 않고 고도의 설루션에 초점을 둠으로써 문제를 해결하는 과정에서 수개월의 시간과 막대한 비용을 낭비했습니다.

이 같은 시나리오는 기업, 특히 머신러닝을 처음 도입한 기업에서 매우 자주 보게 됩니다. 인공

지능을 둘러싼 과대광고의 여파로 이런 기업은 비용이 얼마가 되든 인공 지능을 도입하지 않으면 비즈니스가 위태로워진다고 생각해 프로젝트를 시급하게 진행해야 한다는 압박을 받습니다. 예시에 나온 팀은 마침내 가장 쉬운 설루션이 무엇인지 인식하고 최소한의 비용으로 대규모로 실행할 수 있는 설루션을 빠르게 개발했습니다.

단순성을 추구한다는 철학은 ML 개발의 두 축에 존재합니다. 지금 해결하고자 하는 문제를 정의하는 것과 문제를 해결할 복잡한 설루션을 최소한의 자원으로 구축하는 것이죠.

14.4.1 문제 정의의 단순성

앞의 시나리오에서는 사업부와 ML 팀 양 측이 문제를 명확하게 정의했습니다. '빨간 셔츠를 예측해주세요'라는 기본 과제를 이보다 더 단순화할 수는 없죠. 그러나 논의하는 중에 근본적인 문제가 생겼습니다.

문제를 정의할 때 단순성은 내부(사업부) 고객에게 제시할 중요한 두 질문의 속성을 중심으로 추구합니다.

- **설루션이 어떤 기능을 수행하기를 원하세요?**: 이 질문은 예측 유형을 정의합니다.
- **설루션으로 무엇을 하려고 하세요?**: 이 질문은 의사 결정 측면을 정의합니다.

사업부와 초기 단계 회의에서 위의 두 질문 외에 다른 어떤 것도 논의하지 않았다면 프로젝트는 성공할 수 있습니다. 비즈니스 문제의 핵심 요구 사항을 간파하는 것이 다른 어떤 주제를 잘 아는 것보다 프로젝트 성공에 직결되기 때문입니다. 사업부는 신규 브랜드인 파란 셔츠를 제공할지 말지를 판단하기 위해 직원이 기존 브랜드인 빨간 셔츠를 입고 있는지 그 여부를 알고 싶었을 뿐입니다. 빨간 셔츠와 파란 셔츠 문제에 초점을 두면 훨씬 더 간단한 설루션을 얻게 됩니다.

이어지는 논의를 통해 사진의 특성과 그 고유한 동질성에 대한 정보를 파악하게 됩니다. 두 가지 기본 측면을 정의하고 나면 팀은 소수의 접근 방식에 집중해 문제 해결에 필요한 범위와 작업을 간소화할 수 있습니다. 그러나 정의를 생략하고 질문조차 하지 않는 팀은 설루션을 지나치게 광범위하고 창의적으로 탐색해야 하는데, 이는 위험천만한 일입니다.

예를 들어 팀원들은 이미지 분류에 대한 설명을 듣고 곧바로 CNN 구현을 살펴보며 몇 달 동안 매우 복잡한 아키텍처에 몰두했습니다.

이 방식은 결국 문제를 상당히 잘 해결했지만, 엄청난 자원을 낭비했습니다. 한 예로 GPU와 이를 훈련하는 딥러닝 모델은 스마트 토스터 오븐에서 실행할 수 있는 픽셀 색조 및 채도 버킷팅 알고리듬보다 훨씬 더 고가입니다.

특정 프로젝트에 대한 문제 정의를 단순한 용어로 유지하면 설루션을 요청한 사업부와의 초기 논의에 도움이 될 뿐만 아니라, 설루션 구축 시 복잡성을 최소화하는 경로를 마련하게 됩니다.

14.4.2 구현의 단순성

빨간 셔츠 분류 시나리오의 분석을 계속 이어가려면, 팀이 생각해낸 최종 설루션을 간단히 살펴보고 먼저 무엇을 했어야 했는지 확인할 필요가 있습니다.

이 점은 저를 비롯해 데이터 과학 업계에서 수년간 알고 지낸 많은 사람이 여러 차례 되풀이해 배운 뼈아픈 교훈입니다. 멋진 것을 위해 멋진 것을 구축했다가 그 멋진 구현이 결국 유지하기가 얼마나 어려운지 깨닫고 후회하는 경우가 허다하죠. 취약한 코드와 매우 복잡한 프로세스가 만나 고생만 하다가 코드가 완전히 망가졌을 때 디버깅, 수정 또는 리팩터링하는 것은 그야말로 악몽입니다.

장황하게 예를 들어 설명하는 대신, 제가 해결해달라고 요청받은 문제를 어떻게 인식했는지 설명하겠습니다. 당시 제가 했던 사고의 흐름을 [그림 14-13]에 정리했습니다.

이 순서도가 캐리커처라고 할 수는 없습니다. 저는 거의 '항상' 처음에는 기본적인 집계, 산술, 대/소문자를 사용해 문제를 해결하려 노력합니다. 그래도 해결되지 않으면 베이지안 접근법, 선형 모델, 의사 결정 트리 등으로 넘어갑니다. 마지막으로 구현하려고 하는 것은 적대적 네트워크adversarial network인데, 이 네트워크는 훈련하는 데 수백 시간이 걸리고, 문제가 생기면 며칠, 몇 주 동안 모드 붕괴mode collapse[8] 문제를 해결하고 그레이디언트 소실vanishing gradient을 보정하기 위해 와서스테인 손실Wasserstein loss을 조정하는 데 또 시간을 들여야 합니다. 정말 고맙지만 다른 방법을 다 써본 후에 이 방법을 적용하겠습니다.

---

8 옮긴이_ GAN(생성적 적대 신경망) 기반 모델에서 발생하는 주요 문제로, 모델이 생성하는 샘플이 다양하지 않고, 일정한 패턴을 반복하거나 특정한 클래스만을 생성하는 경우를 말합니다.

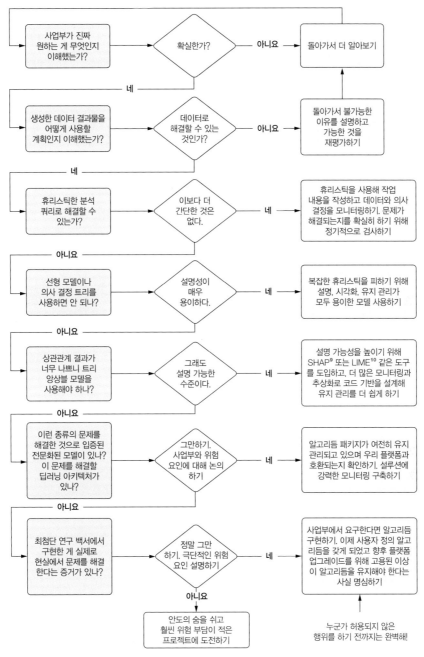

그림 14-13 문제에 대한 ML 접근 방식을 평가할 때 필자의 사고 과정

9   옮긴이_ SHapley Additive exPlanations. https://github.com/slundberg/shap

10   옮긴이_ Local Interpretable Model-agnostic Explanations. https://github.com/marcotcr/lime

[그림 14–13]은 가장 솔직하게 순수한 형태로 제 심중을 보여줍니다. 저는 게으릅니다. 실제로, 정말, 엄청나게 게으릅니다. 맞춤형 라이브러리를 개발하고 싶지 않고 극심하게 복잡한 설루션은 구축하고 싶지 않습니다. 부분적으로는 사실입니다. 설루션을 구축하는 것은 좋아하지만 소유하고 싶지는 않습니다.

저는 그저 코드가 작동하는 방식으로 문제를 해결하고 싶을 뿐입니다. 제 설루션이 실행되고 있다는 사실조차 잊을 정도로 문제를 효과적으로 해결하고 싶습니다. 누군가가 플랫폼 서비스 중단이 발생했다는 사실을 알고 우리 모두가 비즈니스 핵심 요소를 운영하고 있는 설루션을 기억할 때까지 말입니다. 이 같은 게으름을 유지할 유일한 방법은 최대한 가장 간단한 방법으로 무언가를 구축하고, 다른 사람이 문제가 있음을 알아차리기 전에 알려주는 모니터링 기능을 설정하며, 몇 주가 아닌 몇 시간 만에 복구 작업을 끝내는 깔끔한 코드 기반을 갖추는 것뿐입니다.

단순한 디자인을 선택해 얻는 또 다른 이점은 설루션 개발 프로세스, 특히 소프트웨어 엔지니어링 측면의 핵심적인 핸즈온 키보드로 이뤄지는 부분이 훨씬 쉬워진다는 점입니다. 즉, 디자인의 설계, 개발, 협업이 더 수월해집니다. 이 모든 것은 코드 기반을 위한 효과적인 와이어프레임을 구축하는 것에서 시작됩니다.

14.5 프로젝트 와이어프레임 작성

우리 모두는 맨 처음 수행한 프로덕션 ML 프로젝트를 통해 정말 쓰라린 교훈을 얻습니다. 최소한 저와 제가 함께 일한 동료들에게는 보편적인 경험이죠. 이 교훈은 설루션을 개발하는 동안에는 쓴맛에 지나지 않지만, 수개월 동안 설루션을 지원하고 나면 비로소 고통의 결정체로 완성됩니다. 이것이 코드 아키텍처의 교훈이며, 코드 기반을 조금이라도 변경하려면 코드 기반의 상당 부분을 리팩터링하거나 재작성해야 할 정도로 심각한 기술 부채를 만드는 방법입니다.

모놀리식 스크립트[11]가 설루션의 유지 관리와 개선에 부담이 되는 것을 싫어하기 때문에, 이 사실을 깨달은 사람은 일반적으로 코드 개발 과정에서 코드의 주요 함수를 분리해 작업하는

---

11 옮긴이_ 모든 코드가 단일 파일이나 모듈에 구현된 스크립트를 말합니다. 간단한 PoC나 프로토타입에서 간단한 기능을 수행하는 데 적합하지만 코드가 중복되고 확장성이 떨어지기 때문에 프로젝트에서는 모듈화된 코드 구조를 사용하는 것이 좋습니다.

길을 택합니다.

머신러닝을 처음 접하는 실무자로 구성된 팀을 예로 들어 이 과정이 어떻게 진행되는지 살펴보겠습니다. 이 팀은 처음으로 작성한 코드라 난잡하지만 중요한 코드 기반을 몇 달 동안 지원하면서 유지 관리가 수월하지 않게 코드를 작성한 여러 방식을 확인했습니다.

그들은 새로운 피처를 개발해야 하는 여러 스프린트 동안 코드를 떼어놓아 함수를 분리하기로 결정했습니다. 그들이 진행한 프로세스를 [그림 14-14]에 정리했습니다.

이 접근 방식은 가치 있지만 프로젝트를 구축하는 가장 쉬운 방법이 아님을 깨닫기까지 그리 오랜 시간이 걸리지 않았습니다.

ML 코드의 경우, 왜 그럴까요?

- 스크립트, 특히 해커톤의 '일단 작동하게 만들기' 스크립트에는 긴밀한 종속성이 존재합니다.
- 실험적 프로토타입은 데이터 처리가 아닌 알고리듬에 초점을 둡니다. 하지만 최종적으로 개발된 코드 기반은 대부분 데이터 처리 영역에 속합니다.
- 코드는 개발 중에도, 프로덕션 릴리스 후에도 자주 변경됩니다.

개발이 진행됨에 따라 모든 코드를 별도의 모듈로 리팩터링하면 추가 작업이 매우 많아지고 코드가 복잡해져 신규 기능을 구현하기가 어려워진다는 사실을 세 번째 스프린트에서 깨닫습니다. 이런 방식으로 코드 아키텍처에 접근하는 것은 지속 가능하지 않습니다. 코드 관리는 한 사람이 도맡아 해도 벅찬데, 여러 사람이 지속적으로 리팩터링되는 코드 기반에서 작업을 한다면 거의 불가능해집니다.

더 나은 솔루션이 있는데, 바로 프로젝트의 기본 와이어프레임을 설정하는 것입니다. 코드와 관련해서는 본질적으로 느슨하고 변경 가능해서 '템플릿'이라는 용어로 일컫기를 주저하지만 엄밀하게 말하면 템플릿에 해당합니다.

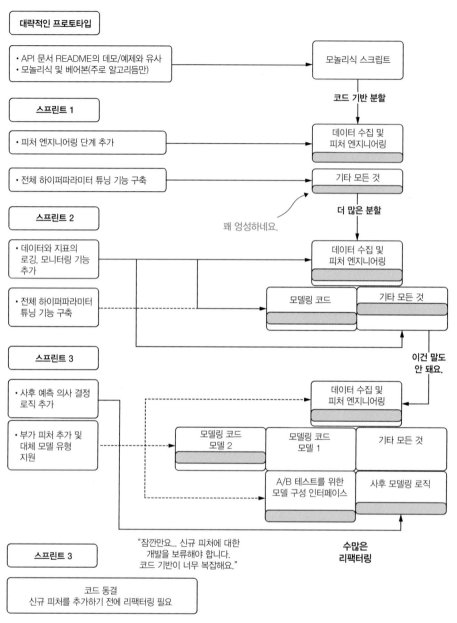

그림 14-14 범용 프로젝트 코드 아키텍처가 없으면 리팩터링을 많이 해야 합니다.

대부분의 ML 프로젝트 아키텍처는 가장 기초적인 수준에서 핵심 기능별로 그룹화할 수 있습니다.

- 데이터 수집

- 데이터 유효성 검증

- 피처 엔지니어링, 피처 증강 및/또는 피처 스토어 상호작용

- 모델 훈련 및 하이퍼파라미터 최적화

- 모델 유효성 검증

- 로깅 및 모니터링

- 모델 등록

- 추론(배치) 또는 서비스(온라인)

- 단위 테스트와 통합 테스트

- 후처리 예측 활용(해당되는 경우 의사 결정 엔진)

모든 프로젝트에 이런 구성 요소가 모두 필요한 것은 아니며, 다른 프로젝트에는 요구 사항이 추가될 수 있습니다. 예를 들어 딥러닝 CNN 구현에는 배치 파일 처리 및 이미지 증강을 위한 데이터 직렬화 레이어가 필요할 수 있고, NLP 프로젝트에는 온톨로지 딕셔너리 업데이트 및 인터페이스를 위한 모듈이 필요할 수 있습니다. 골자는 함수가 **뚜렷하게 분리된 부분들**이 프로젝트의 전체 기능을 구성한다는 것입니다. 모든 기능이 코드에서 책임의 경계가 모호한 모듈에 마구잡이로 섞이거나 최악의 경우 단 하나의 파일에 몰려있으면 코드를 수정하고 유지 관리하는 데 막대한 노력이 필요해집니다.

[그림 14-15]는 실험적 프로토타입, 즉 모델에 회사 데이터를 적용할 수 있는지 여부를 입증하기 위해 해커톤 형태의 신속한 프로토타입을 완성한 직후에 사용할 수 있는 대안 아키텍처입니다. 이 아키텍처의 모듈은 처음부터 많은 것을 포함하지 않지만, 프로젝트 전반에 걸쳐 팀에 필요할 것으로 예상되는 것을 기반으로 플레이스홀더(스텁stub) 역할을 합니다.[12] 신규 모듈이 필요한 경우 해당 모듈을 생성할 수 있습니다. 출시 전 마지막 스프린트 중에 스텁이 채워지지 않으면 모듈을 제거할 수도 있습니다.

이런 일반적인 템플릿 아키텍처는 관심사를 캡슐화합니다. 이는 스프린트 계획에 유용할 뿐만 아니라 스프린트 종료 시 코드 기반에서 병합 충돌을 방지하는 데도 유익합니다. 개발 초기부터 코드를 체계적으로 정리하고 함수를 더 쉽게 검색할 수 있으며 단위 테스트와 문제 해결을 훨씬 더 간단하게 수행하게 됩니다.

....

12 옮긴이_ 플레이스홀더와 스텁은 모두 임시 코드를 뜻하지만, 미세한 차이가 있습니다. 플레이스홀더는 값을 나중에 받기 위해 비워두는 변수로 향후 실제 데이터로 대체되고(예: 텐서플로의 플레이스홀더), 스텁은 인터페이스가 실제 코드와 동일한 더미 코드를 의미합니다.

스텁을 정리하고 추상화를 구축하는 것이 간단한 프로젝트에서도 지나치게 과한 작업처럼 보일 수 있습니다. 하지만 생산직에서 일할 때 수개월간 근본적으로 잘못된 코드 아키텍처를 재작성하고 리팩터링한 작업 외에 아무 일도 하지 않은 제 경험에 비춰볼 때 전혀 그렇지 않다고 확신합니다. 추상화를 축소하고 플레이스홀더 모듈을 제거하는 것은 코드 기반을 순수하고 증류된 무질서에서 논리적 질서로 변환하는 것보다 훨씬 더 쉽습니다.

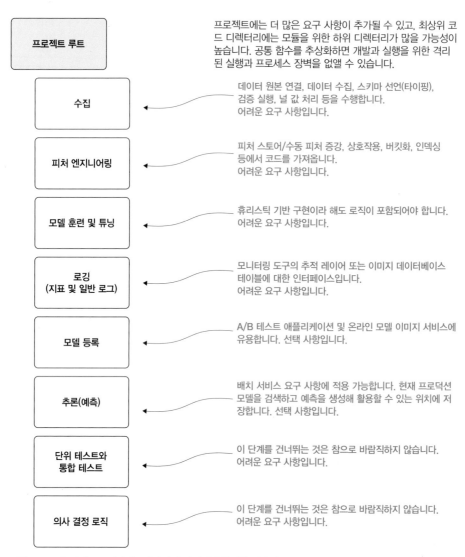

그림 14-15 논리적으로 정리되고 개발과 유지 관리가 용이한 일반적인 ML 프로젝트 코드 와이어프레임

하지 말아야 할 일과 잘못 설계된 ML 코드 아키텍처가 서로 연결돼 엉망이 된 사례는 [그림 14-16]을 참조하세요.

이 예시는 제가 처음 진행한 프로젝트의 하나로 자세한 유스 케이스 내용은 생략하고 제가 얼마나 크게 깨달았는지를 전하고자 제시했습니다. 한마디로 통렬한 교훈이었죠.

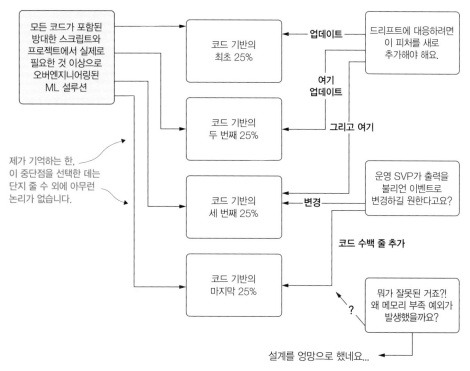

그림 14-16 코드 설계가 무엇인지, 추상화, 캡슐화, 상속이 어떻게 작동하는지 알기 전에 제가 얻은 초기 결과물입니다. 제 전철을 밟지 마세요.

대규모 코드 기반에 대한 논리적 설계가 기의 없다는 것은 초기 개발 단계만이 아니라 그 후속 작업에도 영향을 끼칩니다. 특히 팀 전체가 프로젝트를 진행하면서 코드 병합이 서로의 변경 사항을 덮어 쓰지 않아야 할 때 와이어프레임을 제공하는 주된 이유가 되기도 합니다. 논리적 설계의 부재는 코드 작성이 불가피할 때 더욱 큰 고통을 유발합니다. 설사 변수와 함수에 영리한 네이밍 규칙을 사용한다 해도 방대한 스크립트를 뒤지자면 막대한 시간이 들고 좌절하게 됩니다.

저는 코드를 적절히 설계해 얻는 시간 절약 효과를 결코 과소 평가해서는 안 된다는 것을 배웠습니다. 적절한 프레임워크를 사용하면 다음을 수행할 수 있습니다.

- 디버깅 또는 데모용 모듈을 단계별로 작성합니다.
- 격리된 하위 모듈 단위 테스트와 모듈 수준 단위 테스트를 작성해 대량의 코드가 제대로 작동하는지 확신하게 됩니다.
- 코드 기반을 통해 몇 분, 몇 시간 동안 검색하지 않고 몇 초 만에 코드의 특정 위치로 직접 이동하는 것이 가능합니다.
- 코드 기반에서 공통 함수를 쉽게 추출해 다른 프로젝트에서 재사용할 수 있도록 자체 패키지에 넣습니다.
- 개발 시작 단계부터 추상화와 캡슐화를 장려하기 때문에 ML 코드 기반에서 함수가 중복될 여지를 크게 줄입니다.

노트북에서 전적으로 개발하는 방식을 선호하는 사람도, 특히 소규모 팀에 속하거나 1인 팀인 사람도 이렇게 활동을 분리하면 그렇지 않은 경우보다 프로젝트 코드의 개발과 장기적 관리가 훨씬 더 간편해집니다. 그렇지 않으면 필자가 경력 초창기에 했던 것처럼 실험적인 스크립트에서 계속 무모하게 함수를 추가하다가 코드 관리를 감당할 수 없게 됩니다. 프랑켄슈타인과 같은 괴물을 만들게 되는 거죠.

ML 코드 기반의 빈번한 리팩터링

최근 이런 질문을 하나 받았습니다. "코드 기반이 너무 복잡하거나 지저분해지거나 유지 관리가 불가능해지면 얼마나 리팩터링해야 하나요?" 적절하게 답할 말을 궁리하다가 잠시 멈칫했습니다. 제 내면에서 프레임워크 개발자는 '빨리 그리고 자주 리팩터링하세요!'라고 외치고 싶어 했고, 데이터 과학자는 지난 몇 년 동안 힘겨웠던 코드 리팩터링 작업을 떠올렸기 때문입니다.

결국 프로덕션 ML 코드를 작성해본 경험이 없는 개발자가 으레 내놓았을 대답을 했습니다. "프로젝트를 다시 유지 관리할 수 있게 하려면 자신이 편한 만큼만 하세요." 안타깝게도 좋은 조언은 아니지만 나름 타당한 이유가 있습니다.

함수형 프로그래밍이나 객체 지향 언어 같은 기존 소프트웨어 엔지니어링에서 배포를 앞두고 다급하게 표준을 절충할 때 생기는 기술 부채는 코드를 리팩터링하는 비교적 간단한 방법으로 상환할 수 있습니다. 이미 캡슐화되고 추상화되었기에 리팩터링이 어렵지 않을 공산이 큽니다. 자신의 능력과 기술 수준 범위에서 마음껏 성능을 최적화하세요. 원한다면 모듈별로 처음부터 전체를 다시 작성해도 됩니다.

그러나 ML 코드는 조금 다릅니다. 성능, 알고리즘 복잡성, 데이터 품질, 모니터링, 유효성 검증의 관점에서 코드 작성법에 대한 각 의사 결정은 솔루션의 효율성은 물론이고 전체 코드의 상호 연결성에도 광범한 영향을 미칩니다. 전통적인 소프트웨어 엔지니어링과 달리, '나중에 고치면 되겠지'하는 식의 기술 부채는 이자율이 훨씬 높습니다.

코드를 리팩터링하기가 쉽지 않기 때문입니다. 피처 추가와 제거, 가중치 적용 방식 변경 등은 수정하기 쉽지만, 트리 기반 구현에서 일반화된 선형 모델로 변경하거나 머신 비전 접근 방식에서 CNN으로 변경하거나 ARIMA 기반 구현에서 LSTM으로 갈아타는 등의 작업을 하려면 기본적으로 프로젝트를 전면 재구성해야 합니다.

전체 솔루션의 근본 특성을 변경하는 것은 매우 위험해서, 예를 들면 다른 패키지의 모델 출력에 따라 API 반환이 변경되어 많은 코드를 재작성해야 할 수 있고 프로젝트가 몇 달씩 지연되기도 합니다. 오픈 소스 코드에서 함수를 최종적으로 사용 중단하고 제거하면 코드 기반의 주요 부분을 완전히 다시 구현해야 하며, 실행 엔진을 바꿔야 할 수도 있습니다. 솔루션 자체의 복잡성이 클수록 소프트웨어 개발자가 이와 비슷한 결정을 내릴 때보다 훨씬 더 높은 이자율로 더 많은 ML 기술 부채가 누적됩니다.

이것이 우리가 소프트웨어를 개발할 때 전적으로 민첩하게 대응하지 못하는 주된 이유입니다. 사전 계획을 수립하며 아키텍처 연구를 수행하고 코드 기반에서는 코드의 복잡한 각 부분이 상호작용하는 방식을 알려줄 일종의 템플릿을 작성해야 합니다.

14.6 카고 컬트 ML 행위 피하기

이 책 전체에서 ML이 과대광고되는 경향을 피하는 것에 대해 꽤 많이 언급했습니다. 이 절에서는 과대광고의 가장 해로운 형태인 카고 컬트cargo cult[13] 행위를 집중적으로 다루겠습니다.

비교적 최근에 ML을 도입한 회사에서 일한다고 가정해봅시다. 정교하지는 않으나 입증된 범용의 통계 방법으로 핵심 비즈니스 문제를 몇 가지 해결했습니다. 솔루션이 프로덕션 환경에서

---

13 옮긴이_ 다음 페이지에서 언급하지만, 카고 컬트는 일반적으로 문명의 발전과 교류를 접하지 못한 섬이나 지역에서 외부 문명의 기술이나 생활 방식을 모방하지만 왜 그러한 기술을 사용하는지 이해하지 못하기에 기술이 제대로 작동하지 않는다는 것을 의미합니다. 컴퓨터 과학 분야에서는 문법만 따르고 내부 원리를 이해하지 못한 상태에서 프로그래밍한다는 뜻으로 사용됩니다.

잘 실행되고, 효과적으로 모니터링되며, 철저한 어트리뷰션 결정과 테스트가 수행되어 비즈니스에서 솔루션의 가치를 인식하고 있습니다. 그런데 누군가가 한 기사를 읽습니다.

이 기사는 유명하고 잘나가는 기술 기업의 블로그 게시물로, 이전에는 해결하지 못했던 문제를 어떻게 해결했는지 설명한 것인데, 우리 회사에도 영향을 미칩니다. 이 글의 작성자는 문제를 해결하기 위해 회사에서 개발한 새로운 오픈 소스 솔루션을 언급하고 알고리듬 작동 방식을 자세히 설명하며, 지면의 대부분을 구현의 기술적 측면을 설명하는 데 할애합니다.

훌륭한 글이며, 우수한 기술 지원자를 회사로 유인하기 위한 채용 도구로서 그 목적을 잘 달성하고 있습니다. 하지만 해당 기업이 기사를 쓴 이유는 채용을 위한 것이지, 소규모 회사가 오픈 소스 도구를 도입해 몇 주 만에 문제를 마법처럼 해결하라고 권고하는 것이 아니라는 사실을 우리 회사의 독자들은 인식하지 못합니다.

하지만 문제를 해결하려는 마음이 너무 열렬해서 모든 사람이 새로운 소프트웨어 솔루션을 사용하는 데 동의합니다. 프로젝트 계획을 수립하고, 실험을 하고, API 설명서를 꼼꼼히 읽고 이해하며, 기본 프로토타입을 만듭니다.

프로젝트 초기 단계에서는 일이 착착 진행되는 듯하지만 한 달 정도 지나면 계획에 균열이 생기기 시작합니다. 그리고 팀은 이런 사실을 깨닫습니다.

- 알고리듬이 엄청나게 복잡하고 제대로 튜닝하기가 어렵습니다.
- 알고리듬을 개발한 회사에는 알고리듬을 쉽게 사용할 수 있는 도구가 많을 것입니다.
- 코드에 필요한 데이터 포맷이 데이터 저장 방식과 다릅니다.
- 이 도구를 실행하려면 값비싼 클라우드 인프라가 필요하고 익숙하지 않은 수많은 서비스를 새로 구축해야 합니다.
- 데이터 수집이 충분하지 않아 일부 과적합 문제를 피할 수 없습니다.
- 비용을 포함한 확장성 문제로 훈련 기간이 며칠로 제한돼서 개발 속도가 지연됩니다.

균열이 나타나고 얼마 지나지 않아 팀원들은 훨씬 덜 정교한 접근 방식을 시도하기로 결정합니다. 이들은 도구 개발자가 의도한 정확도에는 미치지 못해도 자신들의 솔루션이 꽤 성공적이라는 것을 알게 됩니다. 또 솔루션이 훨씬 덜 복잡하고, 실행 비용이 훨씬 저렴하며, ML용 플랫폼이 인프라를 이미 지원한다는 이점도 있습니다.

이런 결말은 프로젝트 일정에서 매우 일찍 시작한 경로를 포기할 수 있을 만큼 운이 좋을 때만 가능합니다. 저는 무언가를 작동시키기 위해 몇 달째 고군분투하며 막대한 시간과 비용을 쏟아붓고도 결국 아무 성과를 얻지 못한 팀을 많이 봤기 때문에 이 대안을 보지 못했다면 정말 아쉬 웠을 겁니다.

카고 컬트란?

카고 컬트 행위는 제2차 세계대전 직후 남태평양 섬에서 시작되었습니다. 전쟁 중에 고립된 섬에 머물던 전시 군인들을 통해 이전에는 접해보지 못한 상품과 서비스(의료, 치과 진료, 기술등)를 받은 일부 원주민에게 특이한 경향이 나타났습니다. 군인들이 섬에 다시 오지 않자 일부주민들은 그들을 흉내 내면 언젠가 그들이 돌아오리라는 믿음으로 그들의 행동, 옷차림, 기술 등을 모방하기 시작했습니다. 섬 주민들은 외부인과 그들이 가져온 풍부한 물자, 상품, 기술을 이해할 수 없지만 이롭다고 생각했습니다.

이 용어는 매우 편파적이고 구식이지만, 리처드 파인만Richard Feynman이 실험과 연구, 검증을 하는 과정에서 일부 과학자들이 보여준 부적절한 과학적 엄밀성을 설명할 때 언급한 이래 현대까지 사용되고 있습니다. 카고 컬트 소프트웨어 엔지니어링이라는 용어는 설계 원칙, 레퍼런스에서 통째로 따온 코드 샘플, 성공적인 기업이 유스 케이스에 필요한지 또는 관련성이 있는지 평가하지 않고 표준을 열성적으로 고수하는 현상을 일컬으며, 작가 스티브 매코넬Steve McConnell에의해 대중화되었습니다.

저는 이 용어를 매코넬의 맥락에서 빅테크에서 나온 기술, 알고리듬, 프레임워크, 플랫폼, 혁신적인 발전에 매달리는 경험이 부족한 팀과 주니어 데이터 과학자의 행동에 빗대어 사용합니다. 일반적으로 컬트 ML 행위는 매우 복잡한 문제를 위해 설계된 고도로 복잡한 시스템을 자신의 문제에 적용할 수 있는지 여부를 타진하지도 않고 사용하는 형태로 나타납니다. 이들은 거대 기술 기업 A가 신경망의 가중치를 조정하는 프레임워크를 개발한 것을 보고, 성공하려면 자사도 모든 문제 해결 프로젝트에 이 프레임워크를 사용해야 한다고 가정합니다. 기본 매출 예측을 위한 LSTM이 바로 그 예이죠!

카고 컬트 행위를 하는 팀은 해당 기술을 개발한 진짜 이유(회사의 특정 문제를 해결하기 위해)와 소스 코드를 공유한 이유(최고 인재를 회사로 영입하기 위해)를 깨닫지 못합니다. 모든 사람이 새로운 패러다임을 받아들이고 매우 소소한 일상적인 ML 작업에도 이 기술을 사용할 만큼 공유되지도 않았는데 말이죠.

신기술에 대한 과대광고에 편승해 최신 기술이 모든 문제의 만능 해결사라고 전제하는 것은 생산성, 비용, 시간 면에서 재앙으로 가는 지름길입니다. 이 접근 방식은 경험이 부족한 회사에서 기술을 처음 도입하는 것조차 힘들게 만드는 경우가 많습니다.

게다가 이런 도구를 출시한 회사의 숙련된 데이터 과학자와 ML 엔지니어 몇 사람은 이 도구를 설계된 목적 외에 다른 용도로는 사용하지 않는다고 바로 인정합니다. 적어도 제가 알고 있고 이 주제에 대해 논의한 적이 있는 사람들은 그렇습니다. 모든 사람을 대변할 수는 없겠지만요. 그들은 주로 문제에 대한 가장 간단한 접근 방식에 집중하고 필요할 때만 고급 접근 방식을 취합니다.

카고 컬트 행위에서 제가 여러 번 경험한 사고의 흐름을 [그림 14-17]에 정리했습니다.

거대 기술 기업의 보도 자료 및 문서	의도는 좋지만 어설픈 데이터 과학 팀	스토리의 '행간'
새롭고 멋진 툴킷 0.1 버전이 오픈 소스로 공개되었습니다!	"우와! 대단하네요! 우리도 같은 문제로 고민하고 있었는데!" pip install supercool==0.1.0	ML 엔지니어 10명과 소프트웨어 개발자 20명으로 구성된 숙련된 팀이 개발했습니다.
해결된 문제와 툴킷으로 해결한 방법을 설명하는 블로그 게시물 + 보도 자료		
시작하려면 매우 큰 멀티 GPU 인스턴스 가상 머신을 사용하는 것이 좋습니다.	"좋아요. 우리 클라우드 공급업체에 그런 기능이 있네요. 너무 비싸지 않으면 좋겠습니다!"	이들은 다수의 개발자와 시스템 엔지니어가 관리하는 프라이빗 인프라에서 수만 개의 GPU 인스턴스에 액세스할 수 있습니다.
최상의 결과를 얻으려면 최소 100억 건의 이벤트로 구성된 훈련 세트를 사용하는 것이 좋습니다.	"오, 이런, 우리는 데이터가 그렇게 많지 않아요! 그런 데이터를 확보하려면 30년은 걸릴 거예요." "그래도 괜찮을 거라고 확신합니다."	시스템을 구축한 회사의 약 7일치 데이터에 해당합니다.
매개변수 최적화를 위해 효율적인 병렬 매개변수 탐색용으로 구축한 내부 시스템을 활용합니다.	"그리드 탐색을 사용하면 됩니다. 과거에도 그리드 탐색으로 잘 해결했 잖아요."	시스템은 매우 독점적이며 오픈 소스로 제공되지 않습니다.
모델을 사용해 예측 결과를 생성한 후에는 그 결괏값을 사내 의사 결정 엔진 소프트웨어로 전달합니다.	"잠깐만요. 뭐라고요?"	소프트웨어 또한 독점적이며 절대 공개되지 않습니다.
마지막으로 의사 결정 엔진은 내부 강화 학습 시스템을 통해 거의 실시간으로 행동 변화에 적응하면서 결정을 내립니다.	"오... 안 되죠."	바로 이 부분에서 이 솔루션의 진정한 효용성이 빛을 발합니다. 마지막 단계가 없으면 이 알고리듬은 매우 특정한 시스템 아키텍처에만 유용합니다.

그림 14-17 새로운 패키지의 사용 설명서나 블로그 게시물의 약속을 맹목적으로 신뢰하면 막대한 시간을 낭비하게 됩니다.

이 사례의 팀은 새로운 패키지가 거대 기술 회사의 보도 자료에서 보여준 성공에 못지않은 성공을 가져다줄 것이라고 착각합니다. 팀은 거대 기술 회사의 기적적인 성과를 그 조직에서 나온 모든 성과와 동일시합니다.

대기업이 성공하지 못했다는 말은 아닙니다. 실제로 이들 기업에는 세계에서 가장 혁신적이고 명석한 소프트웨어 엔지니어가 대거 포진해 있습니다. 문제는 그들이 성공으로 이끈 모든 요소를 다른 사람들도 활용할 수 있도록 전적으로 공개하지 않는다는 것입니다. 따라서 동일한 결과를 기대하며 성공 사례를 모방하려는 기업은 거의 매번 실패하고 맙니다. 아래와 같은 중요한 요인 때문입니다.

- 보유한 데이터가 동일하지 않습니다.
- 사내 인프라와 도구가 동일하지 않습니다.
- 복잡한 솔루션을 지원할 유능한 엔지니어가 많지 않습니다.
- 고객, 에코 시스템, 산업이 다르므로 유스 케이스가 완전히 일치할 가능성이 낮습니다.
- 시간과 비용 면에서 예산이 같지 않습니다.
- 매우 진보된 방식으로 문제를 해결하기 위해 몇 달 동안 반복적으로 투자할 수 있는 R&D 예산이 같지 않습니다.

어떤 방식이나 모습, 형태로든 신기술을 이용해서는 안 된다고 말하는 것이 아닙니다. 저는 항상 신기술을 사용하며 대부분은 즐깁니다. 동료들도 저처럼 신기술을 사용해 다방면에서 성공을 거두고 있습니다. 신기술의 위용은 이전에는 해결하지 못한 문제를 해결할 때 드러납니다. 다만 신기술이 모든 문제를 마법처럼 해결해주리라 맹신하고, 혁신적인 거대 기업이 수행하는 ML 방식을 모방하면 자신도 그와 같이 성공하리라고 가정하는 것만은 경계해야 합니다.

ML에서 카고 컬트 행동을 하지 않는 비법을 이 책의 앞부분에서 다룬 기본 단계로 요약할 수 있습니다. [그림 14-18]은 제가 신기술을 평가할 때 매번 효과가 있었던 프로세스를 안내합니다.

저는 ML 분야에서 발표되는 신기술을 평가할 때 꼼꼼히 살펴보려고 노력합니다. 빠른 발전 속도와 끝없이 쏟아져나오는 확성기 같은 과대광고 때문에 신기술 전부를 평가할 시간은 없습니다. 하지만 유망해 보이고, 공신력 있으며 출처의 평판이 좋은 데다 실제로 제가 겪고 있거나 겪었던 문제를 해결해준다고 주장하는 신기술이라면 엄정하게 평가할 후보가 됩니다.

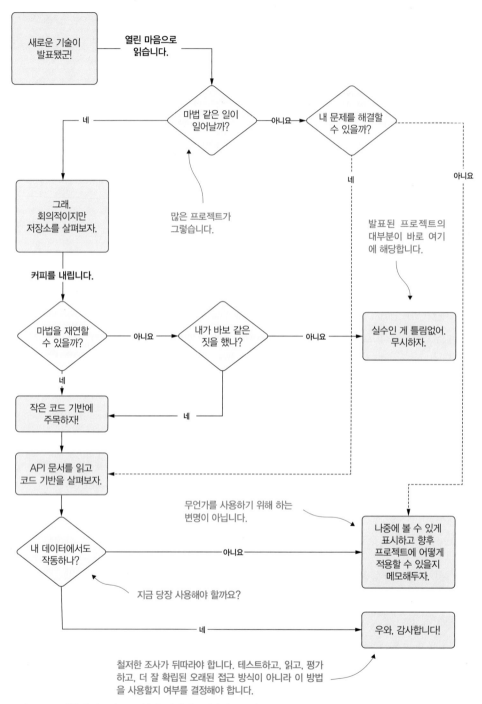

그림 14-18 새롭게 발표된 ML 기술을 평가하는 필자의 프로세스

그런데 프로젝트 대다수, 심지어 성공한 거대 기술 회사에서 추진하는 프로젝트조차도 커뮤니티의 관심을 얻지 못하거나 팀의 역량이나 현재 기술 수준을 능가하는 문제의 해결을 목표로 하기 때문에 많은 시간을 투자할 가치가 없다는 현실이 애석할 따름입니다. 기술은 팀이 필요한 범위 내에서 평가하지 않으면 위험합니다. 기술이 근사하고 흥미롭더라도 그것이 회사에 적합한 기술인 것은 아닙니다. 신기술 사용 시 위험 요소가 많다는 점을 기억하세요.

가장 단순한 접근 방식을 고수한다는 것이 '최신의 기술'을 사용한다는 것을 의미하지는 않습니다. 솔루션을 만들기가 더 쉽고, 유지 관리하기가 더 수월하며 실행하기가 더 용이한 경우에만 최신의 기술을 사용해야 한다는 뜻입니다. 그 외 모든 것은 여러분이나 다른 모든 사람에게 그저 부수적인 것에 불과합니다.

14.7 요약

- 데이터의 출처, 특성, 속성은 모델에 활용하기 전에 철저하게 조사해야 합니다. 프로젝트 초반에 데이터의 유용성을 확인하는 데 약간의 시간을 투자하면 후반에 많은 시간을 들여 조사해야 하는 번거로움을 줄이게 됩니다.

- ML 솔루션에 사용할 데이터는 예측 가능한 방식으로 이상 징후를 처리하면서 완벽하게 모니터링해야 합니다. 훈련과 추론 데이터의 변경에 따른 예기치 않은 동작은 솔루션을 무용지물로 만들기 쉽습니다.

- 피처 데이터 모니터링은 필수지만, 모델 수명 주기에서 주의해야 할 한 부분에 불과합니다. ETL 수집부터 피처 엔지니어링, 모델 훈련, 모델 재훈련, 예측, 어트리뷰션에 이르기까지 각 단계에서는 예상치 못한 동작이 발생할 경우 지표를 수집, 분석, 경고해야 합니다.

- 설계와 구현의 단순성에 초점을 맞춘 ML 프로젝트는 프로덕션에 더 빨리 도달하고, 유지 관리가 더 쉬우며, 비용이 훨씬 적게 들기 때문에 모든 데이터 과학 팀이 회사에 부가 가치를 창출하는 또 다른 문제를 해결하는 데 집중하게 됩니다.

- ML 프로젝트 코드 기반에 표준 아키텍처를 사용하면 개발 과정에서 리팩터링을 최소화하고, 팀원들이 추상화된 로직이 어디에 있는지 쉽게 이해하며, 각 프로젝트에 맞춤형 설계를 사용할 때보다 유지 관리하기가 훨씬 수월해집니다.

- 레퍼토리의 일부로 도입할 신기술이 팀, 프로젝트, 회사에 적용 가능한지 확인하면, ML 프로젝트의 지속 가능성과 안정성을 높이게 됩니다. 평가, 연구, 의구심을 갖는 태도 모두가 이롭습니다.

CHAPTER 15

품질과 인수 테스트

이 장의 내용

• ML에 사용되는 데이터 소스의 일관성 수립

• 폴백fallback 로직으로 예측 실패의 우아한 처리

• ML 예측의 품질 보증quality assurance

• 설명 가능한 설루션 구현

이전 장에서는 ML 프로젝트 작업을 성공으로 이끄는 광범하고 기본적인 기술에 집중했습니다. 이 같은 기반 위에서 프로젝트를 지속적으로 건전하게 수행하려면 모니터링과 검증의 중요 인프라를 구축해야 합니다. 이 장은 이에 필요한 보조 프로세스와 인프라 도구에 초점을 두어 개발 효율을 높이고 프로덕션 배포 후에도 프로젝트 유지 관리를 용이하게 하고자 합니다.

모델의 개발을 완료했다면 프로젝트의 출시 전까지 해야 할 활동은 다음 네 가지입니다.

• 데이터 가용성 및 일관성 검증

• 콜드 스타트(폴백 또는 기본) 로직

• 사용자 인수 테스트(주관적 품질 보증)

• 설루션 해석 가능성(설명 가능한 인공지능)

프로젝트 개발 경로에서 각 활동을 수행할 지점을 알려주기 위해 이 장에서 다루는 모델링 이후 단계의 작업을 [그림 15-1]에 요약했습니다.

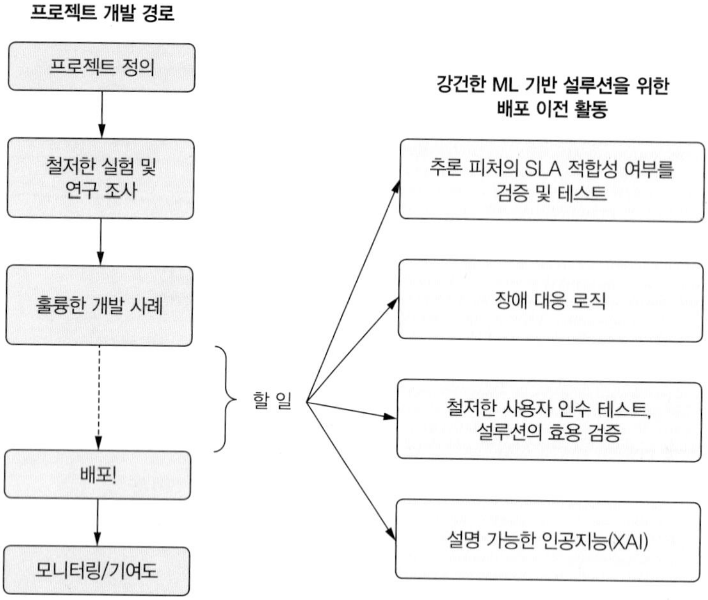

프로젝트 개발 경로

- 프로젝트 정의
- 철저한 실험 및 연구 조사
- 훌륭한 개발 사례
- 배포!
- 모니터링/기여도

강건한 ML 기반 설루션을 위한 배포 이전 활동

할 일
- 추론 피처의 SLA 적합성 여부를 검증 및 테스트
- 장애 대응 로직
- 철저한 사용자 인수 테스트, 설루션의 효용 검증
- 설명 가능한 인공지능(XAI)

그림 15-1 ML 프로젝트의 프로덕션 수준 검증 및 테스트 단계

이 활동들은 제가 접한 많은 프로젝트에서 일반적으로 구현 단계 후에 고려했거나 대응책으로 마련했던 것입니다. 각 구성 요소가 모든 ML 설루션에 적용되는 것은 아니지만, 이 요소들을 평가해보는 것은 대단히 유익합니다.

이 같은 작업이나 구현을 프로덕션 배포 이전에 완료함으로써 사업부 내부 고객에게 혼란과 불만을 일으킬 여지를 차단하게 됩니다. 또 이런 장애물을 제거함으로써 사업부와의 관계를 우호적으로 발전시키고 골머리를 앓을 일도 줄게 됩니다.

15.1 데이터 일관성

데이터는 모델의 프로덕션 안정성을 저해하는 주된 요인이 되기도 합니다. 불완전한 데이터 수집, 프로젝트 개발 후 배포 전의 ETL 변경 또는 엉성한 ETL 구현 탓에 프로젝트의 프로덕션 서비스가 중단될 수 있습니다.

장기적으로 구현 결과의 타당성과 설루션의 안정성을 확보하려면 모델 수명 주기의 제반 단계에서 데이터 일관성을 보장하고 정기적으로 품질을 검증해야 합니다. 그리고 모델링 단계 전반에 걸쳐 일관성을 유지하려면 훈련 및 추론 데이터의 불균형을 제거하고, 피처 스토어를 활용하며, 구체화된 피처 데이터를 공개해 다른 팀과도 공유해야 합니다.

15.1.1 훈련 및 추론 데이터 편향

모델 개발 전반에 걸쳐 일관성을 유지하기 위해 피처를 일괄처리 배치^{batch}로 추출해 설루션을 개발하고 있다고 가정하겠습니다. 우리는 개발 프로세스마다 실제 서비스 시스템의 온라인 데이터 스토어에서 사용할 데이터를 가져올 때 신중을 기했습니다. 하지만 프로젝트가 성공하자 현 상태가 그대로 유지되지는 않았습니다. 사업부에서는 우리가 제공하는 것 이상을 원했습니다.

몇 주간의 작업 끝에, 초기 개발에서 다루지 않았던 데이터셋으로부터 피처를 추가하는 것이 모델의 예측 성능에 큰 영향을 미친다는 사실을 알게 되었습니다. 새 피처를 통합하고 모델을 재훈련한 후 [그림 15-2]와 같은 상황이 되었습니다.

차후 새 모델을 훈련할 때 온라인 피처 시스템에 접근할 수 없다면 훈련 및 추론 시 편향 문제가 생깁니다. 이 문제는 [그림 15-2]처럼 크게 두 가지 형태로 나타납니다.

- 널 값이 들어갑니다.
  - 피처의 평균 또는 중앙값으로 채울 경우 피처 벡터 내 분산과 잠재적 정보가 손실되어 훈련이 진행되면서 모델 성능이 저하될 수 있습니다.
  - 무작윗값으로 채운다면 원래 모델의 성능보다 더 나빠질 것입니다.
- 널 값이 처리되지 않습니다. 사용하는 라이브러리에 따라 예외가 발생하기도 합니다. 이 경우 새 모델의 프로덕션 배포 자체가 실패할 수 있습니다. 예측 결과를 만들어낼 수 없으니 서비스의 질이 크게 떨어집니다.

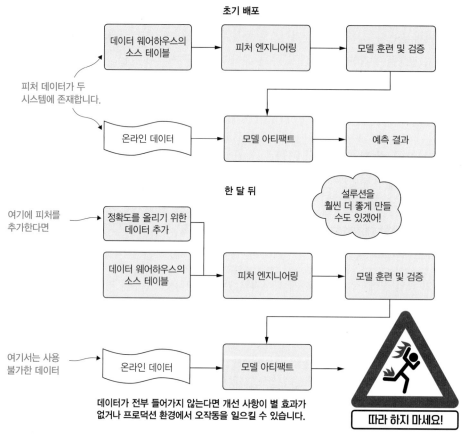

그림 15-2 피처 업데이트로 인한 추론 편향

훈련과 추론 시 데이터의 불일치는 피처 데이터가 존재하느냐 부재하느냐 여부로 생기는 것이 아닙니다. 원본 데이터를 처리하는 로직이 데이터 웨어하우스의 오프라인 데이터와 온라인 시스템 간에 다른 경우에 일어납니다. 이런 상황에서 문제점을 찾아내 진단하고 복구하려면 엄청난 시간과 비용이 들 수 있습니다. 프로덕션에서 운영 중인 ML 프로세스에서는 아키텍처의 유효성을 검증하고 오프라인 및 온라인 훈련 시스템의 일관성을 점검해야 합니다. 점검 작업은 통계 유효성을 수작업으로 검사하거나 아니면 일관성을 보장하는 피처 스토어를 이용해 완전히 자동화하는 방법으로 수행할 수 있습니다.

15.1.2 피처 스토어 소개

프로젝트 개발 관점에서 ML 코드 기반을 작성할 때 시간이 가장 많이 드는 작업은 피처 생성입니다. 데이터 과학자는 데이터의 상관관계를 최적으로 활용하기 위해 모델에서 사용하는 데이터를 조작하는 데 심혈을 기울입니다. 일반적으로 데이터 처리에 대한 연산은 프로젝트의 코드 기반에 담긴 인라인 실행 체인에 포함되어 훈련과 추론 과정에서 모두 실행됩니다.

피처 엔지니어링 코드와 모델 훈련 및 예측 코드가 이처럼 긴밀하게 연결되면 문제 해결 과정이 매우 까다로워질 수 있습니다. 결과적으로 데이터 종속성이 변경될 경우 복잡한 리팩터링을 해야 하거나, 기존 피처를 다른 프로젝트에서 사용할 경우 이전의 수고를 되풀이해야 합니다.

하지만 피처 스토어를 구현하면 이 같은 데이터 일관성 이슈가 대부분 해소됩니다. 피처 계산식을 한 번만 개발하고 단일 소스로 정의해두면, 예약된 작업의 일부로 업데이트하고 조직에서 접근 권한이 있는 누구나 사용할 수 있습니다.

피처 엔지니어링의 목적은 일관성을 유지하는 것만이 아닙니다. 실시간 예측을 위한 온라인 트랜잭션 처리online transaction processing(OLTP) 스토리지 계층에 동기화된 데이터를 제공해 삶의 질을 향상하려는 목적도 있습니다. 즉, 피처 스토어로 프로덕션 ML에 필요한 ETL의 개발, 유지 관리, 동기화에 필요한 엔지니어링 부담을 최소화하는 것입니다. 실시간 예측을 지원하는 피처 스토어의 기본 설계는 다음과 같습니다.

- ACID 호환 스토리지 계층
  - **원자성**atomicity(A) : 읽기, 쓰기, 업데이트 트랜잭션이 성공하면 커밋하고 실패하면 롤백rollback하는 단위 작업으로 처리되어 데이터의 일관성을 보장합니다.
  - **일관성**consistency(C) : 데이터 스토어에 대한 트랜잭션은 데이터를 유효한 상태로 유지해서 시스템에 비정상적 행위, 불법적 행위가 가해져도 데이터의 손상을 방지해야 합니다.
  - **격리**isolation(I) : 트랜잭션은 동시에 실행되며, 작업이 순차적으로 수행된 것처럼 언제나 스토리지 시스템을 유효한 상태로 유지해야 합니다.
  - **내구성**durability(D) : 시스템 상태에 대한 유효한 실행은 하드웨어 시스템 오류가 생기거나 전력 공급이 끊겨도 지속됩니다. 실행은 영구 스토리지 계층에 쓰입니다.
- ACID 스토리지 계층이 있으며 지연 시간이 낮은 동기화된 서빙 계층(일반적으로 휘발성 인메모리 캐시 계층 또는 레디스와 같은 인메모리 데이터베이스 표현)
- 영구 스토리지 계층 및 인메모리 키-값 스토어를 위한 비정규화된 표현에 대한 데이터 모델(관련 피처를 검색하기 위한 기본 키 접근)
- 최종 사용자를 위해 변경이 불가능한 읽기 전용 접근 패턴. 쓰기 권한은 생성된 데이터를 소유한 팀에만 주어집니다.

앞서 언급한 것처럼 피처 스토어의 이점은 일관성 유지만이 아닙니다. [그림 15-3]과 같이 재사용성 또한 피처 스토어의 주요 기능입니다.

알다시피 피처 스토어를 구현하면 여러 가지 이점을 얻습니다. 회사 전체에서 활용 가능한 표준 피처 데이터셋을 확보한다는 것은 비즈니스 인텔리전스 보고서부터 데이터 과학 연구에 이르는 모든 유스 케이스가 출처가 동일한 데이터셋을 기반으로 한다는 것을 의미합니다. 피처 스토어를 사용하면 각 유스 케이스마다 피처를 재설계할 필요가 없기 때문에 혼란을 없애고 효율성을 높이며, 피처 생성에 드는 수고를 한 번으로 끝내게 됩니다.

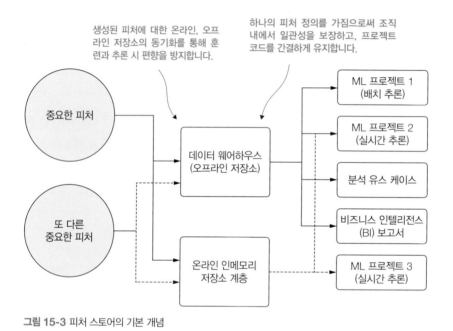

그림 15-3 피처 스토어의 기본 개념

15.1.3 기술보다는 프로세스

피처 스토어 구현의 성공 여부는 이를 구현하는 특정 기술이 아니라 계산되고 표준화된 피처 데이터로 회사가 수행할 수 있는 활동에 좌우됩니다. 수익이라는 지표의 기준을 갱신할 때 회사가 취할 수 있는 이상적인 프로세스를 간략하게 살펴봅시다. 폭넓게 사용되는 매출이란 용어는 기업에서 업무상 용도, 매출 데이터를 사용하는 부서, 적용되는 회계 기준 등에 따라 다양하게 해석됩니다.

예를 들어 마케팅 팀은 광고 캠페인의 성공률을 측정하고자 총수익에 관심을 기울입니다. 데이터 엔지니어링 팀은 사내 여러 부서의 요구 사항을 처리하기 위해 수익을 다양한 변수로 정의합니다. 데이터 과학 팀은 데이터 웨어하우스에서 '판매', '수익', '비용'이라는 단어가 포함된 열을 집계해 피처 데이터를 만들려고 합니다. 비즈니스 인텔리전스(BI) 팀은 더 광범한 분석 사례에 사용하기 위해 정의를 더 섬세하게 다듬습니다.

핵심 비즈니스 지표의 논리적 정의를 변경하는 일은 생각보다 파장이 큽니다. 각 부서에서 개개인이 나름대로 정의를 만들어 사용하고 있다면 더욱 그렇습니다. 각 부서에서 각자 지표에 사용하는 쿼리나 코드 기반, 보고서, 모델 같은 것을 변경된 내용으로 업데이트할 것 같지는 않습니다. 사실 부서마다 주요 지표를 다르게 정의해 사용하는 파편화는 그 자체로도 문제가 됩니다. 게다가 한 그룹 내에서 여러 버전의 정의를 사용한다면 더 큰 문제일 것입니다. 주요 비즈니스 지표에 대한 정의가 표준화되지 않는다면, 사내 부서들은 서로 결과와 산출물을 평가할 때 동일한 용어로 소통할 수 없습니다.

데이터를 저장하는 데 어느 기술을 사용하건 간에 중요한 피처에 대한 변경 관리를 중심으로 프로세스를 구축해두면, 파편화되지 않은 강건한 데이터 마이그레이션이 보장됩니다. 이 프로세스를 [그림 15-4]에 요약했습니다.

[그림 15-4]와 같이 회사 수익 보고에 적용할 새 표준은 임원 회의에서 결정됩니다. 표준이 새롭게 정의되는 시점부터 피처 스토어의 업데이트 프로세스가 시작됩니다. 전사적으로 수익 데이터를 사용하는 부서의 관계자가 참석해 새 표준의 변경 사항을 꼼꼼히 평가합니다. 데이터의 생산자와 소비자는 새 표준이 사내에서 명실공히 적용되도록 수칙을 만들고 이에 동의합니다. 회의가 끝나면 각 부서는 새 지표로 마이그레이션하기 위해 취해야 할 조치를 이해합니다. 즉, 지표를 정의, 구현하며, ETL을 통해 공동의 피처 스토어에 동기화해야 합니다.

변경 시점 프로세스는 데이터에 입각해 의사 결정을 내리는 조직에서 전사적 차원의 일관성을 보장하는 주요한 방법입니다. 이 프로세스를 채택하면 모든 사람이 동일한 '데이터 언어'로 소통하게 됩니다. 분석, 보고, 예측의 정확성을 타진하는 논의에서는 데이터 용어를 동일한 공통의 정의로 표준화할 수 있습니다. 또 데이터에 의존하는 프로덕션 작업과 보고의 안정성을 크게 향상합니다.

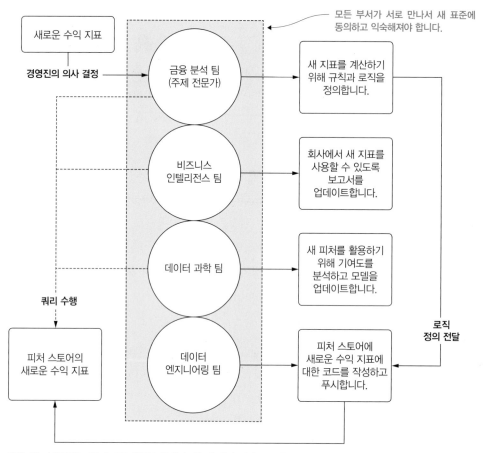

모든 부서가 서로 만나서 새 표준에
동의하고 익숙해져야 합니다.

새로운 수익 지표

경영진의 의사 결정

금융 분석 팀
(주제 전문가)

새 지표를 계산하기
위해 규칙과 로직을
정의합니다.

비즈니스
인텔리전스 팀

회사에서 새 지표를
사용할 수 있도록
보고서를
업데이트합니다.

데이터 과학 팀

새 피처를 활용하기
위해 기여도를
분석하고 모델을
업데이트합니다.

쿼리 수행

피처 스토어의
새로운 수익 지표

데이터
엔지니어링 팀

피처 스토어에
새로운 수익 지표에
대한 코드를 작성하고
푸시합니다.

로직
정의 전달

그림 15-4 중요한 피처 스토어 항목을 업데이트할 때 변경 시점 프로세스 설정하기

15.1.4 데이터 사일로의 위험성

데이터 사일로는 매우 위험합니다. 특정 그룹의 일부만 접근 권한이 있는 폐쇄적이고 비공개된 위치에 데이터를 격리하면 다른 팀의 생산성을 저해하고 조직 전체에 걸쳐 많은 중복 작업을 초래할 수 있습니다. 종종 고립된 상태에서 일하다 보면 회사의 다른 부서에서 통용되는 데이터 정의에서 크게 벗어날 수 있습니다.

만약 ML 팀에서 자체적인 데이터베이스를 사용하거나 클라우드 상의 객체 저장소 버킷을 셀프서비스로 사용할 수 있다면, 정말 멋질 것입니다. 데이터 엔지니어링 팀이나 웨어하우스 팀이 그동안 당연하게 여기며 데이터셋을 불러오는 데 쓰던 시간을 줄일 수 있습니다. 팀원들은 자신의 도메인에서 완전한 마스터가 되어 데이터를 불러오고 소비하고 생성할 수도 있습니다. 이 기술을 명확하고 건전하게 정의된 프로세스로 확실히 관리할 수만 있다면 분명 희소식일 것입니다.

하지만 깨끗하든 지저분하든 내부 전용의 데이터 스토리지는 사일로이며, 콘텐츠가 외부와 격리되어 있습니다. 사일로는 이를 통해 해결하는 것보다 오히려 문제가 더 많을 소지가 다분합니다.

데이터 사일로를 채택하는 것이 얼마나 불리한지 알아보기 위해, 반려견 놀이터 건설 회사의 사례를 가정하겠습니다. 앞서 예시로 든 놀이터 부지 프로젝트는 여러 부지에서 어느 편의 시설이 고객에게 가장 유용한지 결정하기 위해 인과관계를 모델링하는 다소 무모한 프로젝트입니다. 목표는 회사의 투자 비용을 최소화하면서 놀이터의 품질과 가치를 극대화하는 방법을 알아내는 것입니다.

이런 설루션을 구축하기 위해서는 국내에 등록된 놀이터의 데이터를 확보해야 합니다. 또 놀이터이 위치한 지역의 인구 통계 데이터도 필요합니다. 회사의 데이터 레이크에는 이 같은 정보가 담긴 데이터 원본이 없기 때문에 직접 구축해야 합니다. 당연히 이 모든 정보를 자체 환경에 만들어넣는 것이 데이터 엔지니어링 팀이 여유가 생기길 기다리는 것보다 훨씬 더 빠를 것이라 생각했습니다.

몇 달 후, 회사가 특정 지역에서 입찰한 내용에 의문이 일기 시작했습니다. 사업 운영 팀은 편의 시설 중 강아지 발로 작동하는 반려견용 급수대 주문이 왜 그렇게 많은지 궁금했습니다. 분석가들은 데이터 레이크에서 사용 가능한 데이터를 파헤치면서 왜 특정 계약에서 이렇게 고가인 설비를 한결같이 추천했는지 이해할 수 없었습니다.

여러 달에 걸친 분석 끝에 반려견용 급수대를 놀이터 입찰 제안에서 제외하기로 결정했습니다. 아무도 급수대가 왜 있어야 하는지 설명하지 못했고, 제안할 가치도 없다고 판단한 것입니다. 그들은 세차장 방식으로 작동하는 자동 반려견 샤워장, 반려견의 배변을 치우는 로봇 청소부, 공원 전체의 냉각 팬, 자동 공 던지기 장치 등을 공급하는 데 주력했습니다. 필요한 자재 주문을 대량 발주하고, 급수대에 대한 계약은 해지했습니다.

몇 달 후, 경쟁업체가 우리가 제안했던 것과 똑같은 설비를 제안했습니다. 인근 도시와 마을 사람들이 경쟁사의 제안에 표를 던지기 시작했습니다. 그 이유를 물은 영업 팀은 반려견들이 특히 주택 단지와 시내 급수대에서 멀리 떨어진 지역의 반려견용 급수대를 정말 좋아한다는 대답을 듣게 됩니다. 이 상황을 [그림 15-5]에 요약했습니다.

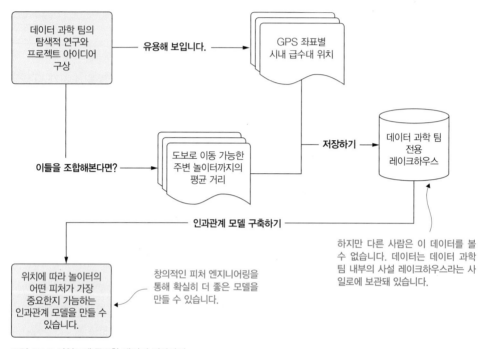

그림 15-5 사일로에 중요한 데이터 저장하기

데이터 과학 팀이 구축한 편의 시설 시뮬레이션 모델에서는 사용된 피처를 볼 수 없기 때문에 사업부가 해당 편의 시설을 제안한 이유를 파악하는 것이 불가능했습니다. 악의를 가지고 데이터를 사일로화한 것은 아니지만 중요한 데이터에 접근할 수 없기 때문에 비즈니스에 큰 문제가 야기됐습니다. 그래서 사일로 대신 가급적이면 피처 스토어를 사용해야 합니다. 데이터 엔지니어링 및 웨어하우스 팀과 긴밀히 협력하며 필요한 모든 사람이 접근해 사용할 수 있어야 합니다.

15.2 콜드 스타트와 대비책

피자 회사의 의뢰를 받고 배달 경로를 최적화하는 ML 설루션을 구축한다고 가정하겠습니다. 얼마 전에 회사는 배달 기사의 배달 경로를 최적화하는 더 저렴하면서 더 빠르고 유연한 설루션을 요청했습니다. 종래 방식은 ArcGIS를 기반으로 최적의 경로를 생성하는 알고리듬이 어느 기사에게 어느 주소를 할당할지 정했습니다. 이 알고리듬은 필요한 기능을 모두 갖추고 성능도 뛰어났지만, 배송 이력 데이터와 시간 특성을 반영해 더 효과적인 경로를 찾아주길 원했습니다. 팀은 지난 3년간의 배달 데이터로 훈련한 LSTM 기반 방식으로 접근해서 배달의 적시성에 기반해 최적의 경로로 보상하는 강화 학습을 통해 적대적 네트워크를 만들었습니다. 이 프로젝트는 과학 프로젝트로 시작했으나 빠르게 발전해 몇몇 지역에서 그 가치를 입증한 바 있습니다. 이전 시스템에서는 무차별적으로 경로를 지정했으나 이제는 배달 순서를 유연하게 선택할 수 있습니다.

사업부는 시범 지역에서 몇 주 동안 경로 지정 데이터를 검토한 후, 시스템을 배달 경로 전체에 적용해도 되겠다고 자신하게 되었습니다. 상황은 꽤 좋아 보였습니다. 예측한 대로 배달되고 운전자가 교통 체증에 갇혀 보내는 시간이 줄었으며, 피자가 이전보다 훨씬 더 신속하고 더 따뜻하게 배달되었습니다.

하지만 불과 일주일이 지나자 불만이 쇄도하기 시작했습니다. 도시 외곽에 사는 고객에게서 피자가 너무 늦게 배달된다는 엄청난 양의 불평이 쏟아져 나왔습니다. 이들의 불만 내용을 살펴본 결과, 이들에게는 피자가 항상 맨 마지막에 배달되었다는 패턴이 드러났습니다. 데이터 과학 팀은 곧 사태를 알아차렸습니다. 훈련 데이터가 대부분 도심에 집중되었기에, 모델은 정차 횟수를 목표로 하차의 횟수와 짧은 정차 간 간격을 최적화했던 것입니다. 이 배달 경로를 외곽에 적용하면, 먼 곳에 있는 고객은 배달 순서가 마지막으로 지정되어 다 식어 버린 피자를 받게 됩니다. 경로 길이나 총 배달 시간을 대체할 시나리오가 없었기 때문에 모델은 총 배달 시간에 관계없이 전체 물량을 배달하는 데 최소한의 시간이 들도록 경로를 최적화했습니다. 이 설루션에는 백업 계획이 없었습니다. 모델 결과에 차가운 피자는 배달하면 안 된다는 규칙을 적용하고, 경로가 이를 위반할 경우 종래의 알고리듬을 사용한다는 식의 대안이 없었습니다.

프로덕션 ML 설루션에서는 **항상 백업 계획을 세우는 것**이 관건입니다. 얼마나 준비를 했는지, 사전에 고려한 내용, 계획 수준과 상관없이 아무리 철저하게 준비하고 장애에 대비한 설루션이라도 문제는 생기기 마련입니다. 배포 방식이 오프라인 아니면 준실시간의 배치 추론이든 실시간 온라인 방식이든, 에지 방식이든 언젠가 모델이 오작동할 여지는 항상 존재합니다.

설루션 모델이 오작동할 수 있는 조건, 모델의 종류에 따라 발생할 수 있는 문제 예시를 [표 15-1]에 정리했습니다.

표 15-1 모델이 오작동하는 조건

조건	재미난 사례	심각한 비즈니스 문제
회귀 모델의 예측값이 표현 가능한 범주를 벗어날 때	고객의 구매액을 –500만원으로 예측함	원자로의 제어봉을 최대 높이로 설정함
분류기가 하나의 결괏값만을 예측할 때	고양이 사진도 강아지라고 분류함	자율 주행차가 고속도로에서 정지 신호를 검출함
SLA 기준을 충족시키지 못할 때	웹 페이지 일부가 나타나지 않음	고객 계정이 잠김
챗봇의 콘텐츠 필터가 없을 때	노래 가사를 반복함	고객을 모욕함
장애 감지 시스템이 고장 났을 때	모니터링 화면이 광고 화면으로 바뀜	동해안의 발전소 전원을 꺼버림

이 예시는 다소 우스꽝스럽지만 대부분 실화를 바탕으로 합니다. 우리가 주목할 점은 각 예에 공통되는 문제인데, 대체 계획이 단 하나도 없다는 것입니다. 예측 결과가 의도한 대로 작동하지 않을 경우, 모델이 시스템의 단일 장애점single point of failure이 되어 나쁜 일이 생길 수 있습니다. 일부러 모호하게 표현했지만, 요지는 모델 기반 설루션에 백업이 준비되지 않을 경우 일종의 장애 모드가 발생할 수 있다는 것입니다.

반면 **콜드 스타트**는 같은 장애이지만 형태가 독특합니다. 콜드 스타트 이슈가 발생하는 모델은 일반적인 대체 시스템이 처리해야 하는 장애 시나리오가 아니라, 어느 정도 과거 데이터가 있어야 의도한 대로 추론하는 모델입니다. 신규 사용자를 위한 추천 시스템부터 신규 시장의 가격 최적화 알고리즘에 이르기까지, 아직 존재하지 않는 데이터를 기반으로 예측을 수행하는 모델 설루션은 특정 유형의 대체 시스템을 갖춰야 합니다.

15.2.1 선행 연구에 의존하기

[표 15-1]의 예시 중 어느 것을 사용하든 대체 계획 수립의 제1원칙을 설명할 수 있습니다. 하지만 제 개인 경험에서 나온 실사례를 사용하겠습니다.

제조 레시피를 다루는 프로젝트에 합류한 적이 있습니다. 레시피의 목표는 굉장한 고가의 장비 위에 원료가 떨어지는 동안 회전 속도를 설정하는 것이었습니다. 제품에 떨어지는 원료의 점도가 온도와 습도에 따라 달라지기 때문에 이 장비의 속도를 온종일 주기적으로 조정해야 했습니다. 제 임무는 이 장비를 최적으로 작동시키는 것이었습니다. 기계에는 스테이션 수십 개가 딸려 있고 여러 종류의 화학 물질이 있었습니다.

반복 작업을 힘들어하는 성향 탓에, 저는 이 기계의 회전 속도를 자동화하면 한 시간마다 제어 스테이션 옆에 서서 조정할 필요가 없을 것이고, 자동화할 방법도 있을 거라고 생각했습니다. 똑똑하다고 자부하며 센서 몇 개를 마이크로컨트롤러에 연결하고, 컨트롤러에 입력되도록 프로그램 가능한 로직 컨트롤러를 프로그래밍하고, 실내 온도와 습도에 따라 속도를 조정하는 간단한 프로그램을 작성해 시스템을 가동했습니다.

몇 시간 동안은 모든 것이 순조로웠습니다. 마이크로컨트롤러에 간단한 회귀 공식을 프로그래밍하고, 수식을 확인하고, 고장 난 장비에서 테스트까지 해봤습니다. 모든 것이 꽤 견고해 보였습니다.

하지만 새벽 3시부터 무선 호출기가 울리기 시작했습니다. 20분 뒤 공장에 도착해보니 회전 시스템이 모두 과속해 가동이 중단된 상태였습니다. 멈춰 있는 회전 장비 위로 액체 투입기에서는 계속 원료가 떨어지고 있었습니다. 쌀쌀한 바람에 뒤통수를 얻어맞고 열려 있는 문 틈으로 차가운 밤 공기가 들어오는 모습을 보면서 실수를 깨달았습니다.

저는 대비책이 없었습니다. 주변 온도를 고려한 회귀선은 테스트되지 않은 데이터 범위에서 보정을 시도했고, 일반적으로 약 2,800RPM으로 회전하는 기계에 15,000RPM으로 회전하도록 지시했습니다.

그 후 3박 4일 내내 기계 안팎을 닦아내야 했습니다. 작업을 마쳤을 때 수석 엔지니어가 저를 옆으로 불러내더니 고리 세 개가 달린 커다란 바인더를 건네주며 앞으로는 장난치기 전에 꼭 읽어보라고 말했습니다. 책에는 기계가 사용하는 각 화학 물질을 재료과학적으로 분석한 내용이 가득했습니다. 책을 봤다면 사용했을 법한 정확한 점도 그래프도 있었습니다. 증착을 위해 최대로 낼 수 있는 회전 속도에 대한 정보도 보였습니다.

제 실패에 앞서 누군가가 많은 연구를 했던 것입니다. 그 누군가는 구동 모터뿐만 아니라 재료의 안전한 임계점과 안전하지 않은 임계점도 알아냈습니다. 그날 배운 중요한 교훈을 [그림 15-6]에 정리했습니다.

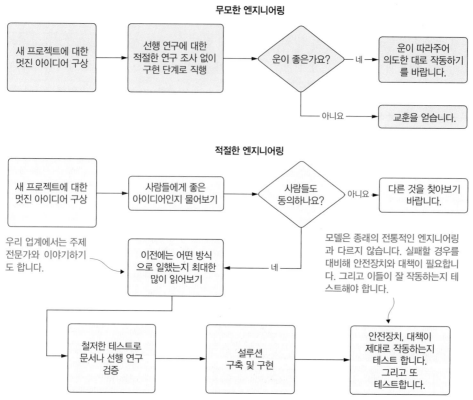

그림 15-6 엔지니어링 작업 중에 안전장치safeguard와 대책이 중요한 이유

당시 저는 그림의 상단에 있었지만, 그 사건을 겪은 후 동료 엔지니어들의 도움으로 하단으로 내려가는 법을 빠르게 배웠습니다. 무엇이 잘못될 수 있는지, 문제가 발생했을 때 안전장치와 대비책을 겸비하는 것이 얼마나 중요한지 숙고하는 것입니다.

ML 설루션을 구축할 때 데이터 과학자 다수는 자신이 해결하려는 문제는 선행 연구가 없을 것이라고 생각합니다. 물론 예외도 있지만, 제가 작업한 설루션 대부분은 프로젝트를 통해 당면한 문제를 자동화하고자 한 사람들이 저보다 앞서 존재했습니다.

그들은 작업을 수행하는 방법, 관행, 표준을 정하고 여러분보다 훨씬 더 앞서 데이터를 이해했습니다. 그들은 제 상사가 화를 내며 건넨 바인더의 살아 있는 버전이었습니다. 그들은 구동 모터의 임계점이나 재료의 점도를 이용해 작업을 하려 할 때 어떤 일이 벌어질지 알고 있었던 것입니다.

선행 연구 그 자체인 개인이나 코드는 대체 시스템을 구축할 때 고려할 조건이 무엇인지 이미 알고 있습니다. 모델의 예측값이 크게 벗어난 경우 기본값을 무엇으로 해야 하는지 압니다. 회귀 모델의 허용 범위가 얼마인지, 강아지와 고양이의 비율 같은 내용도 이미 파악했습니다. 이들은 강건한 설루션을 만드는 데 지혜를 불어넣는 현자입니다. 그들에게 문제를 어떻게 해결했는지, 가장 재미있었던 에피소드가 무엇인지 묻고 유익한 조언을 따르세요. 같은 실수를 반복하지 않게 될 겁니다.

15.2.2 콜드 스타트 문제

특정 유형의 ML 프로젝트에서는 모델의 예측이 빈번하게 빗나갈뿐더러 이런 실패를 예측하는 것도 가능합니다. 데이터의 과거 컨텍스트가 있어야 제대로 작동하는 설루션의 경우, 과거 데이터가 없으면 모델이 예측을 수행하지 못합니다. **콜드 스타트 문제**로 알려진 이 문제는 시간이 연관된 데이터를 다루는 프로젝트에서 설루션 설계 및 아키텍처의 중요한 측면입니다.

예를 들어 반려견 미용 사업을 운영한다고 하겠습니다. 이동식 목욕 스테이션이 북미 교외 지역을 순방하며 각 가정의 반려견에게 다양한 서비스를 제공합니다. 서비스 선택과 예약은 앱 인터페이스를 통해 처리됩니다. 방문 예약을 할 때 고객은 수백 가지 옵션 중 선택하고 늦어도 방문 하루 전까지는 앱을 통해 선결제를 해야 합니다.

고객 만족도를 높이고 수익을 늘리기 위해 앱에 서비스 추천 기능을 도입했습니다. 추천 모델은 고객의 방문 기록을 기반으로 관련된 상품을 찾아내고, 반려견이 좋아할 만한 추가 서비스를 보여줍니다. 하지만 연관성이 있는 추천 목록을 만들려면 반려견의 과거 서비스 이력이 있어야 합니다. 즉, 모델에서 참고할 과거 기록이 없다면 추천 목록을 만드는 데 활용할 데이터가 없는 셈입니다.

그럼에도 최종 사용자에게 무언가를 제공하려면 콜드 스타트 설루션이 필요합니다. 이 사례에서 손쉽게 구현하자면, 전 지역에서 주문량이 가장 많은 서비스를 추천하는 것입니다. 데이터가 없어서 연관성이 있는 추천 목록을 생성할 수 없다면, 그 대신 단순 인기도에 기반해 서비스 목록을 추천하는 방법도 있습니다. 이 경우 앱에서 추천 목록 영역이 비어 있지 않고 최소한 무언가로 채워지기 때문에 사용자 경험이 나쁘지도 않습니다.

글로벌 인기 순위를 세분화된 콜드 스타트 세트로 미리 생성해두는 식으로 업그레이드할 수도 있습니다. 지역별로 그룹화된 집계를 사용해 개인화와 비슷한 장애 복구용 서비스 인기도를 기반으로 추천하는 간단한 대안도 있습니다. 최종 사용자의 데이터를 추가 사용할 수 있는 경우, 더 정교하게 그룹을 지정하고, 사용자 기반 전체에서 집계된 데이터 포인트를 참조해 그룹화 조건을 설정함으로써 더욱 섬세하고 세분화된 추천 목록을 제공할 수도 있습니다. 콜드 스타트 아키텍처는 [그림 15-7]과 같습니다.

주제 전문가의 지식을 활용해 휴리스틱 기반 설루션을 구축하는 것은 콜드 스타트 문제를 해결하는 매우 확실한 방법입니다. 최소 세 번의 주문 이력이 없는 사용자에게는 모델의 추천 목록을 보여주지 않고 간단한 비즈니스 규칙을 적용한 추천 목록을 보여줍니다. 이런 콜드 스타트 설루션은 다음과 같은 형태로 구현할 수 있습니다.

- 지난 한 달간 고객의 거주 지역에서 가장 인기 있는 품목
- 전 지역에서 오늘 가장 인기 있는 품목
- 주제 전문가가 엄선한 품목 컬렉션
- 재고가 많은 품목

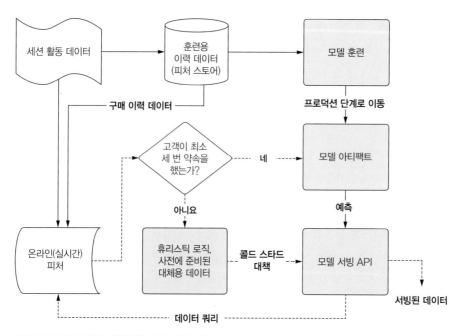

그림 15-7 콜드 스타트 설루션의 논리 다이어그램

어느 접근 방식을 사용하든 무언가를 마련한다는 것이 중요합니다. 또 다른 대안은 아무런 결과도 내보내지 않는 것입니다. 그러나 이 대안은 API에서 생성되는 데이터에 의존해 화면을 콘텐츠로 채우는 고객 대면 애플리케이션에는 적절하지 않습니다. 다행히도 콜드 스타트 대체 설루션은 장애 대체 설루션으로도 사용할 수 있다는 장점이 있습니다. 의사 결정 로직을 약간만 수정해서 모델 예측 결과의 정확성을 확인할 수 있도록 하면, 문제가 있는 추천 목록 대신 콜드 스타트 설루션을 제공할 수 있습니다.

콜드 스타트 기본값 대신 복잡한 맞춤형 로직을 구현하고 싶을 수도 있습니다. 하지만 지금은 복잡성을 피해야 합니다. 콜드 스타트 설루션의 목표는 매우 빠르고(낮은 SLA), 기능의 제어 및 유지 관리가 간단하며, 추천 모델이 오작동하고 있다는 사실을 최종 사용자가 눈치채지 못할 정도로 연관성이 높게 구축하는 것입니다.

콜드 스타트 설루션이 추천 시스템에만 적용되는 것은 아닙니다. 모델에 추론을 수행할 때마다, 특히 SLA 응답 조건이 부여된 상황에서는 추론을 수행할 때마다 적어도 어느 정도 연관성이 있는 결과를 생성해야 합니다. 데이터 과학 팀이 아니라 사업부와 주제 전문가가 정의하는 연관성 말입니다.

만약 결괏값을 만들어내지 못한다면, 특히 실시간 유스 케이스의 경우 해당 데이터를 사용하는 많은 시스템이 중단될 위기에 처합니다. 연관성을 잃지 않는 장애 방지 대책을 준비하지 않는다면 이들 시스템에서 예외를 발생시키거나, 과도하게 재시도하거나, 백엔드나 프런트엔드 개발자가 설정한 기본값에 의존하게 될 겁니다. 이는 엔지니어링 팀이나 최종 사용자 모두가 원치 않는 상황입니다.

15.3 실사용자 vs. 내부 사용자 테스트

데이터 확보부터 추론까지 엔드 투 엔드 기능이 제대로 작동함을 확인하고 나면 프로젝트를 프로덕션에 배포하고 싶어지는 것이 당연합니다. 많은 수고 끝에 작업을 끝내고, 지표에 기반한 정량적인 품질 검사까지 마친 후에는 설루션을 세상에 공개할 만하다고 생각할 수 있습니다. 설루션을 출시할 마지막 스프린트를 하루빨리 배포하고 싶은 마음을 진정시키기는 매우 어렵지만 반드시 해야 할 중요한 일입니다.

1부에서 말했듯이, 데이터 과학 팀의 내부 평가만을 거쳐 프로젝트를 출시하는 것이 좋지 않은 이유는 이렇습니다.

- 데이터 과학 팀원은 편향적입니다. 그들에게는 모델이 자식이나 다름없기에 모든 것이 긍정적으로 보일 수밖에 없습니다.
- 정량적 지표가 항상 정성적 특징을 보장하는 것은 아닙니다.
- 아직 수집되지 않은 데이터가 품질에 결정적 영향을 미칠 수 있습니다.

이런 이유는 상관관계가 곧 인과관계를 의미하지는 않는다는 개념과 작업자의 편향에서 비롯됩니다. 모델의 검증 결과와 정량적 지표가 놀라울 정도로 우수할 수 있지만, 피처 벡터 내의 인과 요인을 모두 포착해내는 프로젝트는 극히 드뭅니다.

철저한 테스트 또는 QA 프로세스를 통해 솔루션에 대한 정성적 평가를 수행할 수 있습니다. 이를 수행하는 방법은 여러 가지입니다.

음악 스트리밍 서비스 업체에서 일한다고 해봅시다. 음악을 듣고 있는 사람들의 재생 목록에 연관성이 높은 곡을 추천해 고객 참여도를 높이려고 합니다.

다른 사용자가 선택한 노래와 유사한 노래를 찾는 협업 필터링 방식을 사용하는 대신, 사람의 귀가 노래를 해석하는 방식으로 유사한 노래를 찾고자 합니다. 오디오 파일을 푸리에 변환Fourier transform해 주파수 분포를 얻은 다음, 이 분포를 멜 스케일mel scale로 다시 변환합니다. 이렇게 만들어진 멜 스펙트로그램mel spectrogram은 사람의 귀가 소리를 인식하는 방식에 가장 근접한 방식으로 소리를 포착하는 음성 신호의 로그 파워 스펙트럼이 선형 코사인으로 변환된 결과를 그래프로 표현한 것으로, 데이터 변환을 통해 각 곡의 특성을 시각적으로 나타냅니다. 그런 다음 오프라인 데이터로 조정된 3분할 샴Siamese 네트워크를 이용해 '선택한 노래'와 이를 제외한 노래의 유사성을 계산합니다. 이 시스템을 통해 노래별로 추가 태그된 피처로 증강해 피처 벡터를 생성하고 이 벡터는 각 노래에 이르는 유클리드 거리와 코사인 거리를 계산합니다. '선택한 노래' 간 관계는 이를 제외한 노래와 가장 유사한 노래 1,000곡을 추적하는 NoSQL 데이터베이스의 서빙 계층에 저장합니다.

[그림 15-8]은 네트워크에 무엇이 입력되는지 보여줍니다. 즉, 각 노래에 대한 멜 스펙트로그램 이미지입니다. 거리 지표에는 데이터 과학 팀이 최종 출력 목록을 조율할 때 사용하는 내부 조절 기능이 있습니다. 이 기능은 테스트 초기에 한 장르 내에서 비슷한 음악을 시대별로 필터링해 세분화하고 싶다는 주제 전문가들의 제안으로 도입되었습니다.

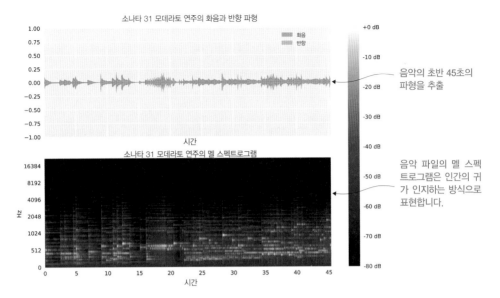

음악의 초반 45초의
파형을 추출

음악 파일의 멜 스펙
트로그램은 인간의 귀
가 인지하는 방식으로
표현합니다.

샴 네트워크는 멜 스펙트로그램을 각 CNN 계층으로 보내고, 각 음악 파일로 훈련해 피처 벡터를 생성합니다.
이 벡터로 거리를 측정한 후 훈련 단계에서 가중치를 업데이트합니다.
훈련이 완료되면 인코더는 새로운 음악에 활용할 수 있는 특별한 벡터를 생성합니다.

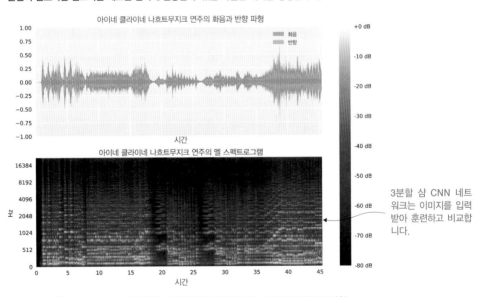

3분할 샴 CNN 네트
워크는 이미지를 입력
받아 훈련하고 비교합
니다.

그림 15-8 샴 CNN 네트워크를 사용하기 위해 음악 파일을 멜 스펙트로그램으로 변환

이제 멜 스펙트로그램과 CNN 네트워크가 인코딩된 피처에서 생성하는 정보의 종류를 알았으므로, 이 서비스를 테스트하는 방법으로 넘어가겠습니다. 테스트 개요는 [그림 15-9]와 같습니다.

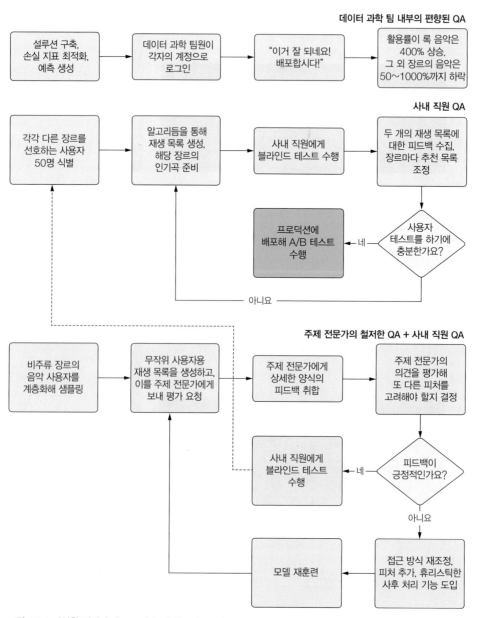

그림 15-9 다양한 정성적 테스트 전략. 맨 윗줄의 전략은 매우 나쁜 예입니다.

서비스 정성적 평가에 앞서 해야 할 QA 작업의 세 가지 방식을 [그림 15-9]에 비교했습니다. 세 방식, 즉 편향된 테스트, 사내 직원을 활용한 검증, 철저한 주제 전문가 검토를 이어지는 세 개의 절에서 각각 다루고, 총체적인 주제 전문가의 평가 접근 방식이 다른 방식과 차별화되는 이점을 이야기하겠습니다.

결국 ML 프로젝트에서 QA의 궁극적 목적은 솔루션 개발자의 지극히 근시안적인 관점에 의존하지 않고 실제 데이터에 대한 예측을 평가하는 것입니다. 그리고 이를 달성하기 위해서는 설루션 유용성의 정성적 평가에서 가능한 한 편향을 제거해야 합니다.

15.3.1 편향된 테스트

내부 테스트는 다른 방법들보다 확실히 더 쉽습니다. 그리고 덜 고통스럽습니다. 프로젝트의 결과를 검증할 때 일반적으로 취하는 방식이며 보통 다음의 프로세스를 거칩니다.

- 새로운 데이터에 대한 예측 생성
- 새로운 예측 결과에 대한 분포나 통계치 분석
- 예측 결과에서 무작위로 샘플을 추출해 정성적 평가 수행
- 직접 만든 샘플 데이터 또는 테스터 본인 계정으로 모델 테스트

이 중 앞의 두 항목은 모델 자체의 유효성 검증에 적합합니다. 둘은 편향이 없는 작업이며 반드시 수행해야 합니다. 반면에 뒤의 두 항목은 위험합니다. 특히 마지막 항목이 더 위험할 수 있습니다.

음악 재생 목록을 생성하는 시스템에서 데이터 과학 팀원들이 모두 클래식 음악 팬이라고 가정합시다. 이들은 정성적 검증을 통해 자신들이 가장 잘 알고 있는 음악 분야인 클래식 음악으로 생성된 재생 목록의 상대적 품질을 확인했습니다. 검증을 수행하기 위해 좋아하는 곡의 재생 이력을 만들고, 구현을 조정해 결과를 미세 조정하고, 검증 프로세스를 반복했습니다.

설루션이 분위기나 음색이 비슷한 음악을 찾아내는 데 신기할 정도로 섬세하게 잘 작동한다는 사실에 만족한 이들은 동료에게 의견을 물었습니다. 데이터 과학 팀의 벤과 줄리, 데이터 웨어하우스 엔지니어인 코너의 응답은 [그림 15-10]을 참조하세요.

결국 음악 장르에 대한 데이터 과학 팀의 선호도와 지식이라는 편향에 기반해 설루션이 최적화됩니다. 클래식 음악 팬의 안목 있는 취향에는 안성맞춤이지만, 코너처럼 현대 얼터너티브

록을 좋아하는 사람에게는 형편없는 설루션입니다. 코너의 피드백은 설루션 품질을 조정하기 위해 데이터 과학 팀 내부에서 진행한 피드백과는 극적으로 달랐을 것입니다. 벤과 줄리는 구현을 수정하기 위해 코너의 얼터너티브 록 음악 취향을 정교화할 피처를 추가하는 등 많은 부분을 조정해야 할 것입니다. 하지만 그 외 수백 가지 장르의 음악은 어떨까요?

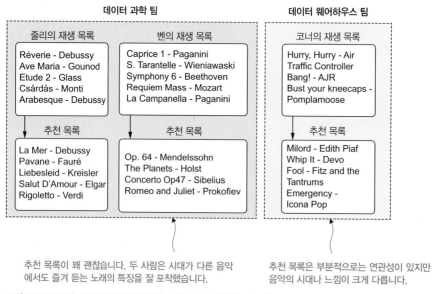

그림 15-10 모델 효과에 대한 정성적 평가에 나타난 편향된 피드백

음악 취향은 천차만별이고 특이할 수도 있어 다루기가 어려운 예입니다. 하지만 팀 내부의 편향이라는 문제는 ML 프로젝트에 존재하기 마련입니다. 데이터 과학 팀은 데이터를 제한된 시야에서 볼 수밖에 없습니다. 데이터의 복잡한 잠재적 관계와 각 관계가 비즈니스와 어떻게 연관되는지를 꿰뚫어보는 깊은 이해는 데이터 과학 팀에 기대하기가 어렵습니다. 그러므로 프로젝트가 해결하고자 하는 유스 케이스에 대해 잘 알고 있는 사람을 QA 프로세스에 참여시키는 것이 관건입니다.

15.3.2 사내 직원을 활용한 검증

벤과 줄리가 시도한 접근 방식보다 훨씬 더 효과적인 방식은 회사 직원들을 대상으로 설문 조사를 하는 것이었습니다. 팀 내부에서는 평가를 할 때 장르에 대한 선호도가 제한되어 정성적 측정이 어려웠습니다. 대안으로 사내 직원들에게 도움을 청할 수 있습니다. 새로 도입한 재생 목록 추천 기능이 그들의 계정과 사용 패턴에 미치는 영향에 관심이 있는지 물어볼 수도 있습니다. 이 방식을 우리 사례에 적용하는 과정을 [그림 15-11]에 정리했습니다.

사내 직원을 활용한 검증^{dogfooding}은 자체적으로 제품의 결과물을 사용해본다는 면에서 의미 있습니다. dogfooding이라는 말은 개발 중인 기능을 사내 모든 직원이 사용해보면서 고장 난 부분을 찾아내고 피드백을 받아 더 나은 제품을 만들어가는 공동의 노력을 이릅니다. 이 모든 작업이 전사적 차원에서 많은 직원들의 경험과 지식을 바탕으로 다양한 관점에서 이루어집니다.

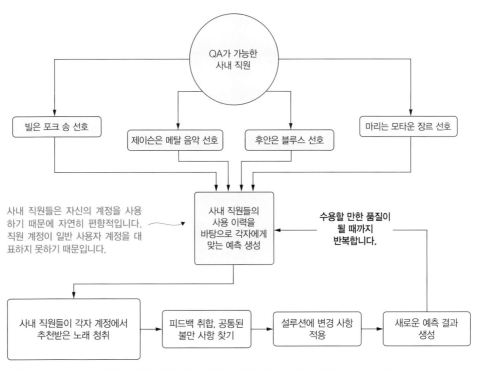

그림 15-11 자원 봉사 형태로 사내 직원이 사용자 입장에서 주관적 피드백을 제공하는 dogfooding

[그림 15-11]에서 보듯이 여전히 편향이 잔재합니다. 회사 제품을 사용하는 내부 사용자가 일반 사용자가 아닐 공산이 크기 때문입니다. 직무상 제품의 기능을 검증할 때만 계정을 사용하거나, 데모용으로 사용하거나, 단지 직원 혜택이 좋기 때문에 더 많이 사용할 수도 있습니다.

직원들의 피드백에는 거짓 정보로 의심되는 내용도 있지만, 편향의 또 다른 형태가 나타납니다. 사람은 자신이 좋아하는 것을 좋아한다는 것입니다. 또 사람은 자신이 좋아하지 않는 것은 좋아하지 않습니다. 사람의 이런 특성 탓에 음악 선호도처럼 감정이 개입된 주관적 반응은 심각한 편향으로 기울 수밖에 없습니다. 모델의 예측이 그들이 다니는 회사의 제품과 그들의 재생 기록을 바탕으로 한다는 사실을 알기 때문에, 오히려 만족스럽지 않은 부분은 일반 사용자보다 더 비판적으로 평가할 수 있습니다. 이는 데이터 과학 팀에 작용하는 부모 입장의 편향과는 극명히 대조됩니다.

사내 직원을 활용한 검증은 데이터 과학 팀 내부의 품질 평가보다는 확실히 더 바람직하지만, 앞서 언급한 편향이 존재하므로 여전히 이상적이지 않습니다.

15.3.3 주제 전문가 평가

사내에서 자력으로 수행할 수 있는 가장 철저한 QA 테스트에서는 사업부의 주제 전문가를 활용합니다. 이런 이유로 주제 전문가의 프로젝트 참여는 매우 긴요합니다. 그들은 사내에서 프로젝트 주제에 대해 가장 깊은 지식과 오랜 경험이 있는 사람이 누구인지 알뿐더러 그들의 참여를 이끌어내 여러분을 지원하게 할 수 있습니다.

주제 전문가 평가에서는 각 음악 장르의 전문가에게 생성된 재생 목록의 품질을 편향 없이 평가해줄 것을 요청하고 그들의 의견을 받아 QA 사전 준비를 할 수 있습니다. 전문가를 지정하면 전문가 직접 추천한 곡만이 아니라 무작위로 추출한 사용자들이 추천한 곡도 제공할 수 있습니다. 전문가는 각 장르에 해박한 지식을 바탕으로 사용자들의 추천 목록을 평가해서 재생 목록이 분위기나 음색 면에서 적당한지 판단할 수 있습니다. 이 과정을 [그림 15-12]에 정리했습니다.

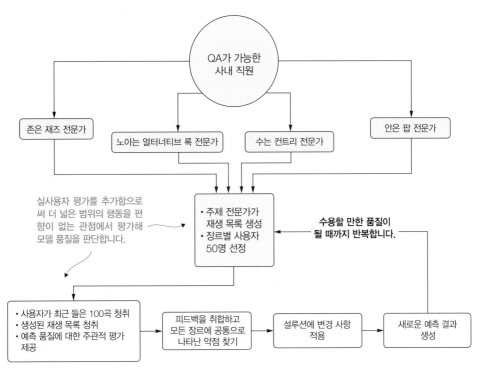

```
                    QA가 가능한
                     사내 직원


   존은 재즈 전문가      노아는 얼터너티브 록 전문가   수는 컨트리 전문가      안은 팝 전문가


                                        • 주제 전문가가        수용할 만한 품질이
  실사용자 평가를 추가함으로                     재생 목록 생성         될 때까지 반복합니다.
  써 더 넓은 범위의 행동을 편                     • 장르별 사용자
  향이 없는 관점에서 평가해                        50명 선정
  모델 품질을 판단합니다.


  • 사용자가 최근 들은 100곡 청취   피드백을 취합하고    설루션에 변경 사항    새로운 예측 결과
  • 생성된 재생 목록 청취        모든 장르에 공통으로    적용            생성
  • 예측 품질에 대한 주관적 평가     나타난 약점 찾기
   제공
```

그림 15-12 편향이 없는 주제 전문가 평가

훨씬 더 철저한 평가를 거쳐 얻은 피드백은 그 어떤 방법론보다 훨씬 더 유용합니다. 편향을 최소화하는 동시에 주제 전문가의 심층 지식을 여러 차례 설루션의 변경 사항에 통합할 수 있습니다.

이 시나리오는 음악 추천을 목적으로 하지만, 그 방법론은 거의 모든 ML 프로젝트에 적용할 수 있습니다. 어떤 프로젝트에 참여하든, 당면한 문제를 어떤 식으로든 해결하기 위해 씨름한 누군가가 있었음을 명심해야 합니다. 그들은 데이터 과학 팀의 그 누구보다도 문제의 면면을 속속들이 알며 훨씬 더 깊이 이해할 것입니다. 그들의 지식과 지혜를 활용해 최고의 해결책을 만들어보기 바랍니다.

15.4 모델의 해석 가능성

산불을 관리하기 위해 설계된 문제가 있다고 가정합시다. 우리가 일하는 조직은 산불이 통제 불능 상태로 확산될 위험을 줄이기 위해 대규모 국립공원 시스템에 등록된 지점에 장비와 인력, 서비스를 배치합니다. 우리는 물류 효율성을 극대화하기 위해 그리드 좌표로 화재 발생 위험을 식별하는 솔루션을 구축했습니다. 몇 년 동안 축적된 데이터, 각 지점의 센서 데이터, 각 그리드 지점의 화재 발생 이력을 사용했습니다.

모델을 구축하고 물류 팀에 예측 결과를 알려주었을 때 의문이 제기되었습니다. 물류 팀원들은 그들이 경험해 알고 있는, 화재가 빈번한 시기와 특정 예측 결과가 일치하지 않자 이 예측 결과로 재난을 대비하는 것에 의구심을 갖게 되었습니다.

그리고 솔루션에 우려를 표하기 시작했고 질문을 퍼부었습니다. 그들은 뭔가 기이한 일이 일어나고 있다고 확신했으며, 한 달 동안 화재가 일어난 적이 없는 그리드 좌표 지점에 서비스와 직원을 배치하라고 지시한 이유가 무엇인지 알고 싶어 했습니다.

이 상황을 어떻게 해결할 수 있을까요? 어떻게 하면 모델에 활용한 피처 벡터를 시뮬레이션하고, 모델이 그렇게 예측한 이유를 알려줄 수 있을까요? 조금 더 구체적으로 말하면, 최소한의 노력으로 모델에 **설명 가능한 인공지능**explainable AI (XAI)을 구현하려면 어떻게 해야 할까요?

프로젝트를 계획할 때, 특히 비즈니스에 중요한 유스 케이스를 계획할 때 흔히 간과하는 측면이 바로 모델의 설명 가능성입니다. 일부 업계와 기업은 법적 요구 사항이나 기업 정책으로 인해 예외를 둘 수 있겠지만, 제가 참여했던 대부분의 프로젝트 사례에서 해석 가능성은 빠짐없이 거론되는 주제였습니다.

대부분의 팀이 XAI 기능을 프로젝트에 적용하기를 주저하는 이유를 잘 알고 있습니다. 데이터 과학 팀은 EDA, 모델 튜닝, QA 검증을 진행하면서 모델의 작동 방식을 훤히 이해하게 되어 또 다른 절차로 XAI를 구현하는 것이 작업을 되풀이할 뿐이라고 여길 수 있습니다.

모델이 예측한 결과를 두고 어떻게, 왜 그렇게 예측했는지를 설명해야 할 때쯤이면, 이미 촌각을 다투는 패닉 상황에 놓여 있을 것입니다. 하지만 간단한 오픈 소스 패키지를 통해 XAI 프로세스를 구현한다면 솔루션의 기능을 설명하기 위해 겪을 대혼란을 면하게 됩니다.

15.4.1 샤플리 알아보기

파이썬으로 구현된 XAI 중 가장 널리 알려지고 철저하게 입증된 것은 스콧 런드버그^{Scott} ^{Lundberg}가 작성하고 유지 관리하는 SHAP 패키지입니다. 이 구현은 런드버그와 이수인의 2017년 NeurIPS 논문 「A Unified Approach to Interpreting Model Prediction」에 자세히 설명되었습니다.

이 알고리듬의 핵심은 게임 이론입니다. 훈련 데이터셋에 들어가는 피처를 생각해봅시다. 각 피처가 모델 예측 결과에 어떤 영향을 미칠까요? 단체 종목의 스포츠 선수에 빗대어 모델이 경기이고 훈련에 사용되는 피처가 선수라고 할 때, 한 선수가 다른 선수로 교체되면 경기가 어떻게 될까요? 한 선수의 영향력이 경기 판도를 어떻게 바꾸는지가 SHAP이 답하고자 한 기본 질문입니다.

기초 개념

SHAP의 원리는 훈련 데이터셋에서 피처의 기여도를 추정하는 것입니다. 논문에 따르면, 정확한 샤플리 값^{Shapley value}을 계산하기 위해서는 데이터셋에 있는 각 행의 순열을 모두 평가한 후 원본 행의 피처를 포함하거나 제외해 다양한 피처 그룹을 조합해야 합니다.

가령 세 가지 피처 a, b, c의 원본 피처는 i로 표시하고 대체 피처를 j로 표시하겠습니다. 이 경우 피처 b를 평가하려면 다음 조합을 테스트해야 합니다.

$$(a_i, b_i, c_i), (a_i, b_j, c_i), (a_i, b_j, c_j), (a_j, b_i, c_j), (a_j, b_j, c_i)$$

이 같은 피처 조합을 모델에 넣어 예측 결과를 얻습니다. 그 예측 결과를 원본 행의 예측 결과와 비교하고 그 차잇값의 절댓값을 구합니다. 이 프로세스를 각각의 피처에 수행한 후, 각 피처의 결괏값 차이를 그룹화하고 여기에 가중 평균을 적용하면 각 피처의 기여도 점수가 산출됩니다.

이 설루션은 확장성이 떨어지는 것이 당연합니다. 피처의 개수와 훈련 데이터셋의 행 수가 증가하면서 감당할 수 없을 만큼 계산이 복잡해지기 때문입니다. 다행히도 확장성이 훨씬 뛰어난 샤플리 값 근사치 추정이라는 설루션이 있습니다.

샤플리 값 근사치 추정

피처 세트가 대규모라면 피처 효과를 확인하는 방식을 약간 달리해야 합니다. 파이썬 패키지 SHAP은 근사치를 구현해 원본 논문의 무작위 대입 방식에 의존하지 않고도 모든 행과 피처에서 합리적인 값을 얻습니다. 이 접근 방식의 프로세스를 [그림 15-13]에 정리했습니다.

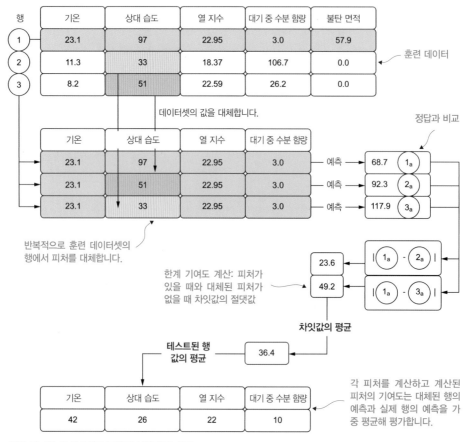

그림 15-13 SHAP에서 구현된 샤플리 값 추정

모든 조합을 탐색하는 접근 방식과의 가장 큰 차이는 테스트를 일부 조합에만 수행한다는 점과 조합을 구성하는 방법입니다. 초기 설계와 달리, 기준이 되는 예측 결과를 생성하는 데 단일 행의 피처 벡터를 사용하지 않습니다. 그 대신 데이터 행에서 무작위로 샘플을 추출하고, 테스트 중인 피처가 해당 피처에 대해 선택된 부분집합의 다른 값으로 바뀝니다. 그다음 새롭게 합성된 벡터가 모델에 전달되어 예측 결과를 생성합니다. 각각의 합성 예측값의 차이에서 절댓값을 계산한 다음 평균을 구해 조합에 대한 참조 벡터의 피처 기여도값을 산출합니다. 이 값을 평균 내는 데 적용된 가중치는 개별 합성 벡터에서 '대체된' 피처의 수에 따라 달라집니다. 피처가 더 많이 대체된 행에는 변이가 적은 행에 비해 더 높은 가중치가 부여됩니다.

[그림 15-13]의 마지막 단계가 피처별 기여도 평가입니다. 피처별 기여도 평가는 각 행의 피처 기여도에 가중치를 부여하고 결괏값을 전체 데이터셋에 대한 기여도 백분율로 확장해 수행합니다. 파이썬 SHAP 패키지를 사용하면 계산된 행별 기여도 추정치와 전체 데이터셋의 집계치를 모두 사용할 수 있습니다. 또 단일 행의 예측을 설명할 뿐만 아니라 훈련된 모델에 미치는 피처의 영향 전체를 한눈에 볼 수 있습니다.

이 값으로 무엇을 할 수 있나요?

그렇다 해도 단순히 샤플리 값을 계산하는 것만으로는 데이터 과학 팀에 큰 도움이 되지 않습니다. 이 패키지를 기반으로 한 XAI 솔루션의 효용 가치는 어떤 질문에 답할 수 있는지로 판가름납니다. 샤플리 값을 계산한 후에 답할 수 있는 질문은 이와 같습니다.

- 모델이 왜 이런 이상한 결과를 예측했나요?(단일 이벤트 설명)
- 추가 피처가 성능에 영향을 줄까요?(피처 엔지니어링 검증)
- 피처 값의 범위가 모델 예측에 어떤 영향을 미치나요?(일반적인 피처 설명)

SHAP 패키지는 솔루션 개발과 유지 보수를 지원할 뿐만 아니라 사업 부원과 주제 전문가에게 데이터에 기반해 설명할 근거 자료를 제공합니다. 데이터 과학 팀이 일반적으로 사용하는 상관관계 분석, 의존도 그래프, 분산 분석 등의 기법에서 벗어나 솔루션 기능 자체로 논의를 전환하면, 생산적인 논의를 하게 됩니다. 이 패키지와 접근 방식 덕분에 ML 팀은 난해한 기법과 도구를 설명해야 하는 부담 없이 데이터 측면에서 솔루션의 기능에 대한 논의에만 집중할 수 있습니다.

15.4.2 SHAP 사용하기

이 기법을 산불 예측 문제에 어떻게 적용하는지 설명하기 위해 모델 구축을 이미 완료했다고 가정하겠습니다.

모델이 이미 구성되었으므로, SHAP 패키지를 활용해 훈련 데이터셋에서 피처의 효과를 확인하겠습니다. 그리고 모델이 특정 방식으로 작동하는 이유를 물은 사업부의 질문에 답하겠습니다. 다음 예제는 이 내용을 설명해줄 그래프를 만들 때 활용할 클래스를 보여줍니다. import 구문과 나머지 코드는 깃허브 저장소를 참조하세요.

예제 15-1 SHAP 인터페이스

```
class ImageHandling:                                                    ①
    def __init__(self, fig, name):
        self.fig = fig
        self.name = name
    def _resize_plot(self):
        self.fig = plt.gcf()                                            ②
        self.fig.set_size_inches(12, 12)
    def save_base(self):
        self.fig.savefig(f"{self.name}.png",
                        format='png', bbox_inches='tight')
        self.fig.savefig(f"{self.name}.svg",
                        format='svg', bbox_inches='tight')
    def save_plt(self):
        self._resize_plot()
        self.save_base()
    def save_js(self):
        shap.save_html(self.name, self.fig)                             ③
        return self.fig
class ShapConstructor:                                                  ④
    def __init__(self, base_values, data, values, feature_names, shape):
        self.base_values = base_values
        self.data = data
        self.values = values
        self.feature_names = feature_names
        self.shape = shape
class ShapObject:
    def __init__(self, model, data):
        self.model = model
        self.data = data
```

```python
        self.exp = self.generate_explainer(self.model, self.data)
        shap.initjs()
    @classmethod
    def generate_explainer(self, model, data):                          ⑤
        Explain = namedtuple('Explain', 'shap_values explainer max_row')
        explainer = shap.Explainer(model)
        explainer.expected_value = explainer.expected_value[0]
        shap_values = explainer(data)
        max_row = len(shap_values.values)
        return Explain(shap_values, explainer, max_row)
    def build(self, row=0):
        return ShapConstructor(
            base_values = self.exp.shap_values[0][0].base_values,
            values = self.exp.shap_values[row].values,
            feature_names = self.data.columns,
            data = self.exp.shap_values[0].data,
            shape = self.exp.shap_values[0].shape)
    def validate_row(self, row):
        assert (row < self.exp.max_row,
            f"The row value: {row} is invalid. "
            f"Data has only {self.exp.max_row} rows.")
    def plot_waterfall(self, row=0):                                    ⑥
        plt.clf()
        self.validate_row(row)
        fig = shap.waterfall_plot(self.build(row), show=False, max_display=15)
        ImageHandling(fig, f"summary_{row}").save_plt()
        return fig
    def plot_summary(self):                                             ⑦
        fig = shap.plots.beeswarm(self.exp.shap_values,show=False, max_display=15)
        ImageHandling(fig, "summary").save_plt()
    def plot_force_by_row(self, row=0):                                 ⑧
        plt.clf()
        self.validate_row(row)
        fig = shap.force_plot(self.exp.explainer.expected_value,
            self.exp.shap_values.values[row,:], self.data.iloc[row,:],
            show=False, matplotlib=True
        )
        ImageHandling(fig, f"force_plot_{row}").save_base()
    def plot_full_force(self):                                          ⑨
        fig = shap.plots.force(self.exp.explainer.expected_value,
            self.exp.shap_values.values, show=False
        )
        final_fig = ImageHandling(fig, "full_force_plot.htm").save_js()
        return final_fig
```

```
    def plot_shap_importances(self):                                        ⑩
        fig = shap.plots.bar(self.exp.shap_values, show=False, max_display=15)
        ImageHandling(fig, "shap_importances").save_plt()
    def plot_scatter(self, feature):                                        ⑪
        fig = shap.plots.scatter(self.exp.shap_values[:, feature],
        color=self.exp.shap_values, show=False)
        ImageHandling(fig, f"scatter_{feature}").save_plt()
```

1. 그래프 크기를 조정하고 여러 형태로 저장하기를 처리하는 **ImageHandling** 클래스입니다.

2. 크기를 조정해야 하는 그래프를 참조로 받습니다.

3. 자바 스크립트로 그래프를 생성할 것이니 HTML로 저장합니다.

4. 모든 그래프의 요구 사항을 처리할 수 있도록 **shap Explainer**의 필수 속성값을 통합합니다.

5. 클래스를 인스턴스화할 때 호출되는 메서드입니다. 입력받은 모델과 데이터를 기반으로 모델의 기능을 평가하기 위해 샤플리 값을 생성합니다.

6. 단일 행의 폭포수 그래프를 생성해 각 피처가 결괏값에 미치는 영향을 설명합니다(성분 분석).

7. 전체 데이터셋에 대해 각 피처의 전체 SHAP 요약을 생성합니다.

8. 단일 행의 영향도 그래프를 생성해 각 피처가 결괏값에 미치는 누적 영향을 나타냅니다.

9. 모든 데이터셋에 대해 결합된 영향도 그래프를 생성해 단일 화면을 시각화합니다.

10. 디버깅 그래프를 통해 각 피처의 추정 SHAP 중요도를 생성합니다.

11. 단일 피처와 샤플리 값의 산점도를 생성합니다. 피처 벡터의 나머지 부분과 비교해 상관도가 가장 높은 부분을 색깔로 표시합니다.

이제 우리는 이 예제에서 정의한 클래스를 사용해서 모델이 왜 특정값을 예측했는지에 대한 사업부의 질문에 답할 수 있습니다. 상관관계의 효과를 제시함으로써, 최선을 다해 설명하지만 궁극적으로 추측일 뿐인 기존의 한계를 극복할 수 있습니다. 프로젝트 초기에 EDA를 통해 확인했던 결과를 여기서 다시 설명하느라 시간을 허비하는 대신, 실질적인 질문에 답하는 데 집중하겠습니다.

또 개발 과정에서 이런 게임 이론에 기반한 접근 방식을 사용해 어떤 피처를 개선하고 제거할 수 있는지 파악할 수 있습니다. 이 알고리즘을 통해 얻는 정보는 모델의 전체 수명 주기 동안 활용 가치가 매우 높습니다.

[예제 15-1]을 실행했을 때 어떤 결과가 나오는지 살펴보기 전에 경영진의 관심사가 무엇인지 검토하겠습니다. 경영진은 모델의 예측이 논리적인지 확인하기 위해 다음을 알고 싶어 합니다.

- 어떤 상황에 처했을 때 패닉에 빠지는가?
- 강우량이 산불 위험에 영향을 미치는 것으로 보이지 않는 이유가 무엇인가?

이 두 질문에 답하기 위해 SHAP 패키지에서 생성할 수 있는 두 가지 그래프를 살펴보겠습니다. 그래프를 들여다보면 문제가 있는 예측이 어디에서 기원했는지 알게 됩니다.

SHAP 요약 그래프

강우량에 대한 질문에 답하고, 어떤 피처가 예측 결과에 가장 큰 영향을 미치는지 파악하기 위해 요약 그래프를 사용하겠습니다. 이 목적에 가장 적당한 포괄적이고 실용적인 방법이기 때문입니다. 전체 훈련 데이터의 모든 행을 통합하기 때문에, 알고리듬을 수행할 때 대체 전략을 활용해서 각 피처의 영향을 행별로 추정합니다. 훈련 데이터셋 전체를 보면 피처에 미치는 영향의 크기를 전반적으로 알 수 있습니다. 요약 그래프는 [그림 15-14]를 참조하세요.

그래프를 준비하면 많은 것을 사업부와 논의할 수 있습니다. 그래프를 보면 강우량이 예측 결과에 영향을 주지 않는 이유와 특정 피처가 랜덤 포레스트 모델에서 고려되지 않았다는 사실을 알 수 있습니다. 뿐만 아니라 모델에서 데이터의 다른 측면이 어떻게 해석되는지도 살펴볼 수 있습니다.

> **NOTE_** 사업부에 SHAP이 무엇인지 명확하게 설명하세요. 우리의 현실과는 무관합니다. 단지 우리 모델이 피처 벡터의 변화를 어떻게 해석하는지를 알려줄 뿐입니다. SHAP은 모델의 척도이지 여러분이 모델로 구현하려는 것 자체가 아닙니다.

요약 그래프에 근거해 우리는 모델이 특정 방식으로 작동하는 이유, 주제 전문가가 파악한 약점 중에서 무엇을 개선할 수 있는지 등에 대해 논의할 수 있습니다. 사업부와 모두가 이해할 수 있는 말로 모델에 대해 대화할 수 있습니다. 이 도구를 처음 접할 때 혼란스럽더라도, 그래프에 표시된 값은 모델이 피처를 이해하는 방식을 나타내는 추정치에 불과함을 잘 알아듣게 전달해야 합니다.

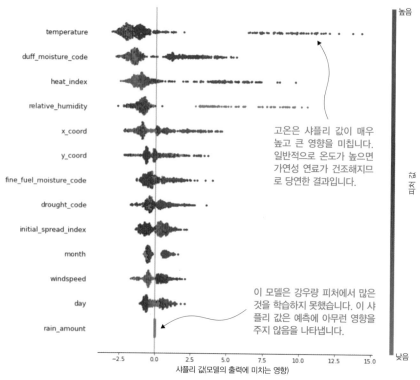

고온은 샤플리 값이 매우 높고 큰 영향을 미칩니다. 일반적으로 온도가 높으면 가연성 연료가 건조해지므로 당연한 결과입니다.

이 모델은 강우량 피처에서 많은 것을 학습하지 못했습니다. 이 샤플리 값은 예측에 아무런 영향을 주지 않음을 나타냅니다.

그림 15-14 SHAP 요약 그래프에 나타난 각 피처의 대체 효과와 예측값의 차이

분명히 말하지만, 도구가 생성할 수 있는 시각화된 모습을 보여주기 전에 이런 값이 정확히 무엇을 의미하는지부터 설명해야 합니다. 우리는 세상을 설명하는 것이 아닙니다. 실제로 수집한 데이터를 기반으로 상관관계 효과를 해석하는 모델의 제한된 이해를 설명하는 것입니다. 그 이상도 이하도 아닙니다.

강우량 문제에 대해서는 사업부와 논의를 끝냈으므로 다음 질문의 답으로 넘어가겠습니다.

폭포수 그래프

경영진이 언제 패닉에 빠지냐고 물었을 때 정작 그들의 관심사는 '모델이 비상 사태를 예측하는 때가 언제인가'하는 것이었습니다. 그들은 현장 실무자들에게 나쁜 일이 일어날 수 있음을 경고하려면 어떤 속성 피처를 주시해야 하는지 알고 싶어 했습니다.

이는 제 커리어에서 여러 번 목도한 훌륭한 ML 활용 사례입니다. 사업부가 불신의 협곡을 넘

어 예측 결과에 의존하는 영역으로 일단 들어가면, 필연적으로 재앙을 최소화하거나 이로운 결과를 극대화하기 위해 문제의 어떤 측면을 모니터링하고 제어할지 이해하려고 노력하게 됩니다.

이 같은 노력의 하나로 이전 데이터를 살펴보고 역사상 최악의 시나리오를 선택해 예측 결과에 대한 각 피처의 기여도를 그려볼 수 있습니다. 이 데이터셋에서 유사 이래 가장 심각했던 화재를 기여도 분석한 결과가 [그림 15-15]입니다.

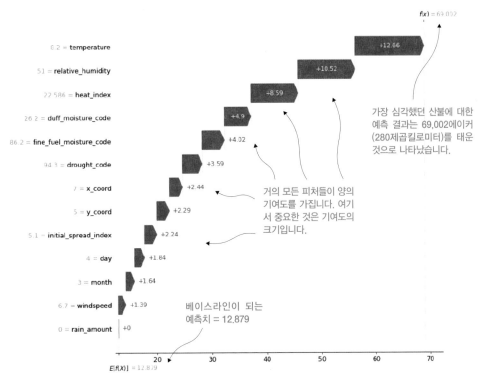

그림 15-15 역사상 가장 심각했던 산불의 폭포수 그래프. 각 피처의 한계 기여도는 화재 위험도와 상관관계를 나타냅니다.

이 그래프는 단일 데이터 포인트에 불과하지만, 대상에 대한 상위 n개의 과거 데이터 행을 분석하면 더 완전한 그림을 얻게 됩니다. 다음 예제는 SHAP에서 제공하는 인터페이스를 사용해 이런 데이터를 얼마나 간단하게 생성할 수 있는지 보여줍니다.

```
shap_obj = ShapObject(final_rf_model.model, final_rf_model.X)                    ①
interesting_rows = fire_data.nlargest(5, 'area').reset_index()['index'].values    ②
waterfalls = [shap_obj.plot_waterfall(x) for x in interesting_rows]              ③
```

1. 훈련된 모델과 훈련 데이터셋을 SHAP 패키지 핸들러로 전달해 샤플리 값을 생성합니다.

2. 훈련 데이터에서 가장 심각했던 5대 산불의 행 번호를 추출합니다.

3. 가장 심각했던 5대 산불의 폭포수 그래프를 각각 생성합니다.

이 같은 중대 사건을 그래프로 만들어 각 피처의 기여도를 파악한 덕에, 이제 분석가와 현장 관찰자에게 설명할 행동 패턴을 알아낼 수 있습니다. 사람들은 이런 지식을 활용해 모델의 예측 결과가 나오기도 전에 미리 준비하고 선제적 조치를 취할 수 있습니다.

팀이 모델의 데이터 추론을 기반으로 일련의 작업을 수행하도록 교육할 수 있다는 점이 SHAP의 강점입니다. 또 이 도구를 사용하지 않았다면 활용하기가 어려웠을 방식으로 모델을 활용할 수 있습니다. 결과적으로 모델을 통해 업계나 사회 및 자연계 전반에 걸쳐 두루두루 이득을 얻게 됩니다. 이는 예측 자체로 얻는 이득보다 훨씬 더 유익합니다.

설명 가능한 인공지능(XAI)

지도 학습이나 비지도 학습 모델이 입력 피처를 기반으로 어떻게 결론에 도달하는지 설명함으로써 더 포괄적인 솔루션을 만들 수 있었습니다. 하지만 그보다 더 중요한 것은 XAI를 통해 사업부의 신뢰를 얻었다는 점입니다. 이로써 데이터 과학자의 막중한 임무 하나가 해결된 셈입니다.

사업부에 설명하고 권한을 부여하는 데이터의 위력에 대한 신뢰와 본질적인 믿음을 구축함으로써 조직은 객관적이고 데이터에 기반한 의사 결정 프로세스를 더 완벽하게 구현하게 됩니다. 입증 가능한 논리로 비즈니스를 개선한다면 효율과 수익, 일반 직원들의 복지까지도 향상합니다. 이것이야말로 사업부의 참여를 이끌어내 알고리듬을 이해하도록 해야 하는 이유입니다.

이 패키지의 더 많은 그래프와 기능 대부분은 이 책의 깃허브 노트북에 자세히 설명되었습니다. 읽어보고 프로젝트에 적용할 방안을 고려해보기 바랍니다.

15.5 요약

- 규칙 기반의 유효성 검증을 피처 스토어를 통해 수행한다면 피처와 데이터의 일관성을 유지할 수 있습니다. 신뢰할 수 있는 단일 소스가 있으면 결과 해석의 혼란을 줄일 뿐만 아니라 모델로 전달되는 데이터의 품질 관리 검사를 강화할 수 있습니다.

- 데이터가 부족하거나 추론용 데이터가 잘못되어 예측 결과를 받지 못한다면, 최종 사용자에게 오류가 발생하거나 서비스가 중단될 수도 있습니다. 예측을 수행하지 못했을 때를 위해 대비책을 마련해둔다면 이런 사태를 방지할 수 있습니다.

- 예측 품질에 대한 지표를 활용하는 것만으로는 설루션의 효율성을 판단하기에 충분하지 않습니다. 예측 결과를 주제 전문가, 테스트 사용자, 다양한 팀의 직원들이 함께 검증한다면 어떤 ML 설루션에서든 주관적 품질 측정치를 얻을 수 있습니다.

- SHAP과 같은 기술을 활용하면 모델이 특정 예측 결과를 내놓은 이유와 특정 피처가 모델의 예측 결과에 미치는 영향을 간단하게 설명할 수 있습니다. 이런 도구는 특히 주기적인 재훈련을 진행할 때 설루션의 프로덕션 상태를 유지하는 데 매우 중요합니다.

CHAPTER 16

프로덕션 인프라

이 장의 내용

- 모델 레지스트리를 사용한 수동 재훈련 구현

- 모델 훈련과 추론을 위한 피처 스토어 활용

- ML 설루션에 적합한 서비스 아키텍처 선택

복잡한 문제를 해결하기 위해 실제 유스 케이스에서 ML을 활용하기란 만만치 않습니다. 또 종종 지저분하고 미진하며 품질 문제가 만연한 회사 데이터를 가져와 적절한 알고리듬을 선택하고, 파이프라인을 조정하며, 모델이나 모델 앙상블의 예측 결과가 비즈니스가 만족할 만한 수준으로 문제를 해결하는지 검증하는 일은 너무나 많은 기술을 요하기 때문에 대단한 도전이 됩니다. 하지만 ML 기반 프로젝트의 복잡성은 적절한 성능의 모델을 구축하는 것으로 끝나지 않습니다. 아키텍처 고려 사항과 구현 세부 사항이 제대로 수립되지 않으면, 프로젝트에 상당한 어려움이 가중됩니다. 날마다 더 쉬운 배포 전략이나 요구 사항을 충족하는 마법 같은 자동화된 설루션을 제공하는 새로운 오픈 소스 기술 스택이 쏟아져나옵니다. 도구와 플랫폼이 이처럼 끊임없이 쏟아져나오다 보니 특정 프로젝트의 요구 사항을 충족하기 위해 어디서부터 시작해야 할지 결정하기가 쉽지 않습니다.

출시된 설루션을 언뜻 보면 모든 것에 단일 패러다임을 고수하는 것이 가장 논리적인 계획인 것처럼 보일 수 있습니다. 가령 모든 모델을 REST API 서비스로 배포하는 것처럼요. ML 프로젝트를 공통 아키텍처와 구현으로 정렬하면 확실히 릴리스 배포가 간소화됩니다. 그렇지만 이는 사실과 거리가 멀 수 있습니다. 알고리듬을 선택할 때와 마찬가지로, 프로덕션 인프라에도

'모든 것에 맞는 규격^{one size fits all}[1]'은 없습니다.

이 장의 목표는 모델 예측 아키텍처에 적용 가능한 공통의 일반 주제와 설루션을 소개하는 것입니다. 프로덕션 ML 서비스의 복잡성과 세세한 부분을 드러내지 않는 기본 도구를 다룬 후, 프로젝트의 다양한 요구 사항을 충족하기에 적합한 일반 아키텍처를 살펴보겠습니다.

모든 서빙 아키텍처의 목표는 최소한의 기능, 가장 복잡하지 않고 가장 저렴한 설루션을 구축하면서도 모델 결과물의 활용에 필요한 요구 사항을 충족하는 것입니다. 프로덕션 작업의 주요 목표는 일관성과 서빙의 효율성(SLA 및 예측 볼륨 고려 사항)이므로, ML 프로젝트의 최종 단계 작업을 최대한 수월하게 진행하려면 몇 가지 핵심 개념과 방법론을 알아야 합니다.

16.1 아티팩트 관리

15장에서 소개한 산림청의 화재 위험 부서에서 여전히 일하고 있다고 가정합시다. 공원 내의 고위험 지역에 인력과 장비를 효과적으로 배치하고자 노력한 결과, 놀랍도록 효율적인 설루션에 도달했습니다. 피처가 고정되어 시간이 지나도 안정적입니다. 또한 예측 성능을 평가한 결과, 모델의 진정한 가치를 확인할 수 있었습니다.

피처를 우수한 수준으로 끌어올리는 과정에서 [그림 16-1]과 같이 개선 주기를 반복했습니다.

---

1   옮긴이_ 단일 설루션으로 모든 문제를 해결할 수 없다는 의미로 종종 사용되는 관용적 표현입니다.

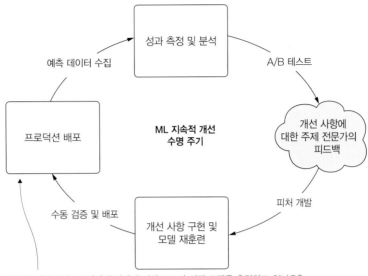

첫 번째 주기에서는 쉽습니다. 37번째 주기에서 어떤 코드가 어떤 모델을 훈련하고 있나요?
그 코드가 현재 프로덕션 환경에서 실행되고 있나요?

그림 16-1 프로덕션 안정 상태에 이르기까지 배포된 모델의 개선 사항

주기에서 알 수 있듯이, 그동안 반복적으로 신규 버전의 모델을 배포하고, 베이스라인 배포를 테스트하고, 피드백을 수집하고, 예측 결과를 개선하기 위해 노력했습니다. 그러나 어느 시점에 도달하면 모델 유지 모드로 전환하게 될 것입니다.

우리는 모델의 기능을 개선하기 위해 최선의 노력을 다했지만, 프로젝트에 신규 데이터 요소를 계속 추가하는 데 따른 투자 수익률$^{return on investment}$(ROI)이 그만한 가치가 없다는 사실을 알게 되었습니다. 이제 시간이 지나 들어오는 신규 데이터를 기반으로 모델을 수동으로 재훈련하는 단계에 이르렀습니다.

안정화 단계에 들어섰을 때 데이터 과학 팀의 팀원이 오후 내내 수동으로 모델을 재훈련하고, 애드혹$^{ad\ hoc}$ 분석을 통해 훈련 결과를 현재 프로덕션에 배포된 모델과 비교해 모델의 업데이트 여부를 결정해야 하는 상황은 마주하고 싶지 않습니다.

누구도 수동으로 모델을 훈련하지 않습니다

데이터 과학자로 일한 제 경력에 비춰볼 때, 첫 6년은 문제를 해결하기 위해 수동 재훈련passive retraining을 하지 않았습니다. 별 필요가 없어서도, 도구가 부족해서도 아니었고, 순전히 무지했기 때문입니다. 드리프트가 얼마나 큰 문제인지 전혀 몰랐습니다. 소홀히 한 탓에 솔루션이 무용지물이 되어버리는 일을 여러 차례 겪은 뒤에야 그 사실을 뼈저리게 깨달았죠. 또 어트리뷰션 계산의 중요성을 이해하거나 인식하지도 못했습니다.

수년 동안 솔루션 실패를 되풀이하면서, 제가 자초한 부적절한 설계를 해결할 방법을 연구하는 중에 다른 사람들이 사용한 기법을 알게 되었습니다. 그때부터 반복되는 성가신 작업을 자동화하는 개념을 받아들여 비로소 데이터 과학 업무를 시작하게 되었습니다. 애드혹 드리프트 추적을 통해 프로젝트 상태를 모니터링하는 수동 작업을 자동화함으로써 저를 괴롭히던 두 가지 주요 문제를 해결했습니다.

첫째, 시간을 확보했습니다. 예측 결과와 피처 안정성에 대한 애드혹 분석을 수행하려면 많은 시간이 소요되는 데다 엄청나게 지루하죠.

둘째, 문제는 정확도였습니다. 모델 성능을 수동으로 평가하는 것은 반복적이고 오류 발생 가능성이 높습니다. 수동 분석을 하다가 세부 사항을 놓치면 현재 배포된 모델 버전보다 더 나쁜 모델 버전을 배포하게 되어 약간의 성능 저하보다 훨씬 더 심각한 문제가 되죠.

이런 일을 통해 저는 재훈련 자동화에 대한 교훈을 얻었습니다. 훨씬 더 복잡한 능동 재훈련 시스템보다 수동 재훈련 시스템을 선택하는 편이 대개는 더 좋습니다. 늘 그렇듯이, 이 역시 실패를 통해 배웠습니다. 여러분은 저와 같은 운명을 피해 가길 바랍니다.

수동 재훈련 시스템을 사용하면 측정, 판단, 재훈련한 새 모델로 교체할지 여부에 대한 결정을 자동화할 수 있습니다. [그림 16-2]는 이런 예약된 재훈련 이벤트의 개념을 보여줍니다.

예약된 재훈련 자동화 시스템에서는 프로덕션에서 무엇이 실행되고 있는지 파악하는 것이 가장 중요합니다. 예를 들어 신규 버전이 릴리스된 후 프로덕션 환경에서 문제가 발견되면 어떻게 될까요? 재훈련 이벤트에 막대한 영향을 미친 개념 드리프트에서 복구하려면 어떻게 해야 할까요? 모델을 다시 구축하지 않고 이전 버전으로 롤백하려면 어떻게 해야 할까요? 이런 우려는 모델 레지스트리를 사용해 완화할 수 있습니다.

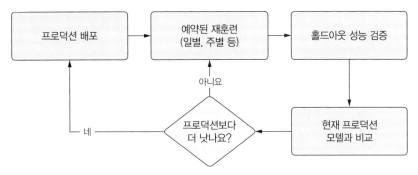

재훈련 주기 자동화로 일정 시간이 경과하면 많은 버전의 모델이 배포됩니다.

그림 16-2 수동 재훈련 시스템의 논리 다이어그램

16.1.1 MLflow의 모델 레지스트리

모델에 대한 예정된 업데이트가 자율적으로 이루어지는 현 상황에서는 프로덕션 배포 상태를 파악하는 것이 중요합니다. 현재 상태를 알아야만 하고 과거의 수동 재훈련 시스템 성능에 의문이 생길 경우 모델 이력 출처를 조사할 수단이 필요하기 때문이죠. [그림 16-3]에 과거 이력 이슈를 파악하기 위해 출처 추적에 모델 레지스트리를 사용할 경우와 그렇지 않을 경우를 비교했습니다.

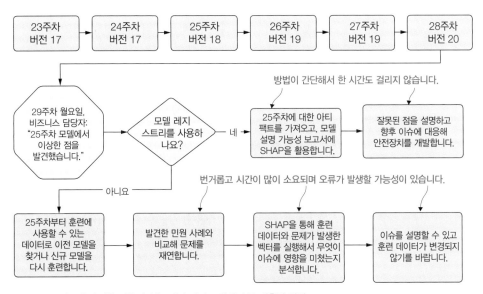

그림 16-3 나중에 발견한, 이슈가 있는 과거 버전 모델의 수동 재훈련 일정

보다시피 과거 이력의 실행을 재연하는 과정은 위험 요소가 많으며, 과거 예측에서 발견한 이슈를 재연하지 못할 확률이 높습니다. 프로덕션에 사용된 아티팩트를 기록할 레지스트리가 없기 때문에 모델의 원래 조건을 다시 생성하려면 수작업을 해야 합니다. 대부분의 회사에서는 모델 훈련에 사용한 기본 데이터에 변동이 생겨 상태를 재연하는 것이 불가능하므로 이 작업이 매우 까다로울 수 있습니다. 설사 불가능하지는 않더라도 말이죠.

따라서 [그림 16-3]에서 보듯이 모델 레지스트리 서비스를 활용하는 것이 바람직합니다. 예를 들어 MLflow는 API 내에서 모델 레지스트리 함수를 제공함으로써 각 재훈련 실행의 세부 정보를 추적 서버에 기록합니다. 이후 예약된 재훈련 작업이 홀드아웃 데이터에서 더 나은 성능을 보이는 경우 프로덕션 프로모션을 처리하고, 향후 참조할 수 있도록 이전 모델을 보관하게 해줍니다. 만약 이 프레임워크를 사용했다면, 한때 프로덕션 환경에서 실행되었던 모델의 상황을 테스트하는 프로세스가 레지스트리 항목에서 아티팩트를 불러와 노트북 환경에 로드하고, SHAP 같은 도구를 사용해 설명 가능한 상관관계 보고서를 생성하는 것만큼이나 간단했을 것입니다.

레지스트리가 정말 그렇게 중요할까요?

간단히 답하자면 '상황에 따라' 다릅니다.

저는 처음으로 구축한 실제적이고 중대한 대규모 ML 프로젝트를 등골이 오싹할 정도로 생생하게 기억합니다. 이 설루션이 제가 만든 최초의 프로덕션 릴리스는 아니지만, 설루션에 본격적으로 관심을 기울인 것은 처음이었죠. 설루션은 비즈니스의 핵심 사업을 운영하는 데 결정적으로 중요했기 때문에 많은 사람이 면밀히 검토했습니다. 저도 당연히 그랬죠.

제가 배포한 시스템은 수동 재훈련 시스템으로, 전날의 튜닝 실행에서 가장 좋았던 하이퍼파라미터를 저장하고 이 값을 기준으로 자동화된 튜닝을 시작하는 것이었습니다. 가용한 모든 신규 피처 훈련 데이터에 최적화한 후 성능이 가장 좋은 모델을 선택하고, 신규 데이터에 대한 예측을 실행한 다음, 예측을 통해 서빙 테이블을 덮어 씌웠습니다.

그런데 프로젝트가 실행되고 3개월이 지나서야 특정 고객에 대해 모델이 예상치 못한 방식으로 예측한 이유에 대해 처음으로 심각한 의문을 갖게 되었습니다. 왜 그런 일이 일어났는지 끝내 알아내지 못한 사업부 팀장은 제게 조사해줄 것을 요청했습니다.

하지만 모델에 대한 기록이 전무한 데다 심지어 어디에도 저장되어 있지 않았죠. 또 시간이 지나 피처가 업데이트되면서 훈련 데이터가 지속적으로 변경되고 있다는 사실을 알았기 때문에 모델의 과거 성능을 설명하는 것이 전적으로 불가능했습니다.

그러나 사업부는 이 답변에 만족하지 않았습니다. 비록 모델이 중단되지 않았더라도(어쩌면 중단됐어야 했지만), 설루션이 사용되던 때를 지나 몇 달이 흐른 후에도 설루션이 그렇게 작동한 이유를 설명하려는 분명한 목적하에 모델을 저장하고 카탈로그를 만드는 것이 중요하다는 점을 깨닫게 되었습니다.

16.1.2 모델 레지스트리와의 인터페이스

이 코드가 MLflow의 모델 레지스트리 서비스와의 통합을 어떻게 지원하는지 알아보기 위해 수동 재훈련 함수를 포함하도록 유스 케이스를 조정하겠습니다. 먼저 현재 프로덕션 모델의 성능을 예정된 재훈련의 결과와 비교해 확인하는 판정 시스템을 만들어야 합니다. 이런 비교 결과를 기반으로, 레지스트리 서비스와 인터페이스해서 현재 프로덕션 모델을 최신 모델로 교체하거나(더 나은 모델일 경우), 아니면 신규 모델이 테스트한 것과 동일한 홀드아웃 데이터의 성능에 따라 현재 프로덕션 모델을 그대로 유지합니다.

시간이 지나도 모델 상태의 출처를 유지하는 자동화된 수동 재훈련을 지원하도록 MLflow 모델 레지스트리와 인터페이스하는 방법을 살펴보겠습니다. [예제 16-1]은 예약된 각 재훈련 이벤트의 과거 이력 상태 테이블을 갖기 위해 구축해야 하는 작업의 첫 부분입니다.

NOTE_ 모든 **import** 문과 코드 스니펫과 통합된 예제 전체를 보려면 이 책의 깃허브 저장소(https://github.com/BenWilson2/ML-Engineering)를 참조하기 바랍니다.

예제 16-1 레지스트리 상태 행 생성 및 로깅

```
@dataclass
class Registry:                                                    ①
    model_name: str
    production_version: int
```

```
        updated: bool
        training_time: str

class RegistryStructure:                                                    ②
    def init (self, data):
        self.data = data
    def generate_row(self):
        spark_df = spark.createDataFrame(pd.DataFrame( [vars(self.data)]))   ③
        return (spark_df.withColumn("training_time",
                                F.to_timestamp(F.col("training_time")))
                .withColumn("production_version",
                        F.col("production_version").cast("long")))

class RegistryLogging:
    def init (self, database, table, delta_location, model_name,
                production_version, updated):
        self.database = database
        self.table = table
        self.delta_location = delta_location
        self.entry_data = Registry(model_name,
                                production_version,
                                updated,
                                self._get_time())                           ④
    @classmethod
    def _get_time(self):
        return datetime.today().strftime('%Y-%m-%d %H:%M:%S')
    def _check_exists(self):                                                ⑤
        return spark._jsparkSession.catalog().tableExists(
            .database, self.table)
    def write_entry(self):                                                  ⑥
        log_row = RegistryStructure(self.entry_data).generate_row()
        log_row.write.format("delta").mode("append").save(self.delta_location)
        if not self._check_exists():
            spark.sql(f"""CREATE TABLE IF NOT EXISTS
                    {self.database}.{self.table} USING DELTA LOCATION
                    '{self.delta_location}';""")
```

1. 로깅할 데이터를 감싸는 데이터 클래스입니다.

2. 등록 데이터를 스파크 데이터프레임으로 변환해 출처를 위해 델타 테이블에 행을 기록하는 클래스입니다.

3. 축약된 방식으로 데이터 클래스의 멤버에 액세스해서 판다스 데이터프레임으로 캐스팅한 다음 스파크 데이터프레임으로 캐스팅합니다(암묵적 유형의 추론 활용).

4. 클래스 초기화 시 스파크 데이터프레임 행을 빌드합니다.

5. 델타 테이블이 아직 생성되지 않았는지 확인하는 메서드입니다.

6. append 모드에서 로그 데이터를 델타에 기록하고, 아직 존재하지 않는 경우 하이브 메타스토어에 테이블 참조를 생성합니다.

이 코드는 모델 훈련 이력의 출처를 입증할 기반을 마련하는 데 유용합니다. 일정에 따라 재훈련을 자동화하려는 경우에는 중앙 집중식 공간에서 변경 이력을 참조하는 추적 테이블을 보유하는 편이 훨씬 편리합니다. 이 모델의 여러 빌드와 등록된 다른 프로젝트가 있는 경우, 간단한 쿼리 작성 외에 다른 작업을 수행할 필요 없이 프로덕션 수동 재훈련 상태에 대한 단일 스냅샷 뷰를 확보하게 됩니다.

[예제 16-2]는 해당 테이블에 대한 쿼리가 어떤 모습인지 보여줍니다. 이와 같이 여러 모델이 트랜잭션 이력 테이블에 기록된 경우, df.filter(F.col("model_ name" == "<project title>")을 추가하면 단일 모델의 이력 로그에 빠르게 액세스할 수 있습니다.

예제 16-2 레지스트리 상태 테이블 쿼리

```
from pyspark.sql import functions as F
REGISTRY_TABLE = "mleng_demo.registry_status"
display(spark.table(REGISTRY_TABLE).orderBy(F.col("training_time")))        ①
```

1. 앞서 행 입력 단계에서 테이블을 등록했으므로 <데이터베이스>.<테이블명> 참조로 직접 테이블을 참조할 수 있습니다. 그런 다음 커밋을 시간순으로 정렬할 수 있습니다.

코드를 실행하면 [그림 16-4]의 결과가 표시됩니다. MLflow 내의 모델 레지스트리는 로그 외에 GUI도 제공합니다. [그림 16-5]는 [예제 16-2]의 레지스트리 테이블과 일치하는 GUI의 화면 캡처 결과입니다.

이제 이력 추적 함수를 설정했으므로 수동 재훈련을 지원하는 MLflow의 레지스트리 서버에 인터페이스를 작성할 수 있습니다. [예제 16-3]은 추적 서버의 항목을 활용할 구현, 현재 프로덕션 메타데이터를 쿼리할 레지스트리 서비스, 재훈련한 모델이 더 나은 성능을 보일 경우 현재 프로덕션 모델을 대체할 자동 상태 전환을 보여줍니다.

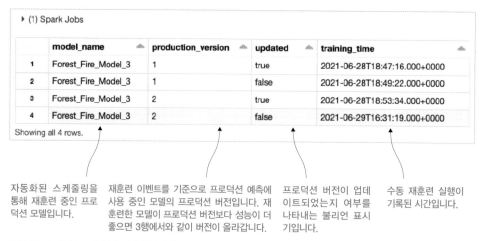

▶ (1) Spark Jobs

	model_name	production_version	updated	training_time
1	Forest_Fire_Model_3	1	true	2021-06-28T18:47:16.000+0000
2	Forest_Fire_Model_3	1	false	2021-06-28T18:49:22.000+0000
3	Forest_Fire_Model_3	2	true	2021-06-28T18:53:34.000+0000
4	Forest_Fire_Model_3	2	false	2021-06-29T16:31:19.000+0000

Showing all 4 rows.

자동화된 스케줄링을 통해 재훈련 중인 프로덕션 모델입니다.

재훈련 이벤트를 기준으로 프로덕션 예측에 사용 중인 모델의 프로덕션 버전입니다. 재훈련한 모델이 프로덕션 버전보다 성능이 더 좋으면 3행에서와 같이 버전이 올라갑니다.

프로덕션 버전이 업데이트되었는지 여부를 나타내는 불리언 표시기입니다.

수동 재훈련 실행이 기록된 시간입니다.

그림 16-4 레지스트리 상태 트랜잭션 테이블 쿼리

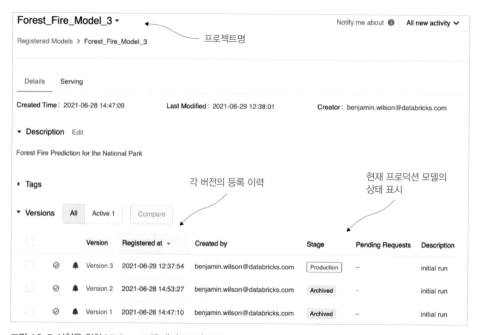

Forest_Fire_Model_3 ▾   프로젝트명   Notify me about ⓘ All new activity ▾

Registered Models > Forest_Fire_Model_3

Details   Serving

Created Time : 2021-06-28 14:47:09   Last Modified : 2021-06-29 12:38:01   Creator : benjamin.wilson@databricks.com

▾ Description   Edit

Forest Fire Prediction for the National Park

▶ Tags   각 버전의 등록 이력   현재 프로덕션 모델의 상태 표시

▾ Versions [All] [Active 1] [Compare]

			Version	Registered at ▾	Created by	Stage	Pending Requests	Description
☐	⊘	🔔	Version 3	2021-06-29 12:37:54	benjamin.wilson@databricks.com	Production	–	initial run
☐	⊘	🔔	Version 2	2021-06-28 14:53:27	benjamin.wilson@databricks.com	Archived	–	initial run
☐	⊘	🔔	Version 1	2021-06-28 14:47:10	benjamin.wilson@databricks.com	Archived	–	initial run

그림 16-5 실험을 위한 MLflow 모델 레지스트리 GUI

```
class ModelRegistration:
    def __init__(
        self, experiment_name, experiment_title, model_name, metric, direction
    ):
        self.experiment_name = experiment_name
        self.experiment_title = experiment_title
        self.model_name = model_name
        self.metric = metric
        self.direction = direction
        self.client = MlflowClient()
        self.experiment_id = mlflow.get_experiment_by_name(
            experiment_name
        ).experiment_id

    def _get_best_run_info(self, key):                                    ①
        run_data = mlflow.search_runs(
            self.experiment_id, order_by=[f"metrics.{self.metric} {self.direction}"]
        )
        return run_data.head(1)[key].values[0]

    def _get_registered_status(self):                                    ②
        return self.client.get_registered_model(name=self.experiment_title)

    def _get_current_prod(self):
        return [
            x.run_id
            for x in self._get_registered_status().latest_versions
            if x.current_stage == "Production"
        ][0]

    def _get_prod_version(self):
        return int(
            [
                x.version
                for x in self._get_registered_status().latest_versions
                if x.current_stage == "Production"
            ][0]
        )

    def _get_metric(self, run_id):
        return mlflow.get_run(run_id).data.metrics.get(self.metric)
```

```python
    def _find_best(self):                                                    ③
        try:
            current_prod_id = self._get_current_prod()
            prod_metric = self._get_metric(current_prod_id)
        except mlflow.exceptions.RestException:
            current_prod_id = -1
            prod_metric = 1e7

        best_id = self._get_best_run_info("run_id")
        best_metric = self._get_metric(best_id)

        if self.direction == "ASC":
            if prod_metric < best_metric:
                return current_prod_id
            else:
                return best_id
        else:
            if prod_metric > best_metric:
                return current_prod_id
            else:
                return best_id

    def register_best(self, registration_message, logging_location, log_db, log_
                      table):                                                 ④
        best_id = self._find_best()
        try:
            current_prod = self._get_current_prod()
            current_prod_version = self._get_prod_version()
        except mlflow.exceptions.RestException:
            current_prod = -1
            current_prod_version = -1
        updated = current_prod != best_id

        if updated:
            register_new = mlflow.register_model(
                self._generate_artifact_path(best_id), self.experiment_title
            )
            self.client.update_registered_model(
                name=register_new.name,
                description="Forest Fire Prediction for the National Park",
            )
            self.client.update_model_version(
                name=register_new.name,
                version=register_new.version,
```

```
            description=registration_message,
        )
        self.client.transition_model_version_stage(
            name=register_new.name, version=register_new.version,
                                            stage="Production"
        )
        if current_prod_version > 0:
            self.client.transition_model_version_stage(
                name=register_new.name,
                version=current_prod_version,
                stage="Archived",
            )
        RegistryLogging(
            log_db,
            log_table,
            logging_location,
            self.experiment_title,
            int(register_new.version),
            updated,
        ).write_entry()
        return "upgraded prod"
    else:
        RegistryLogging(
            log_db,
            log_table,
            logging_location,
            self.experiment_title,
            int(current_prod_version),
            updated,
        ).write_entry()
        return "no change"

def get_model_as_udf(self):                                          ⑤
    prod_id = self._get_current_prod()
    artifact_uri = self._generate_artifact_path(prod_id)
    return mlflow.pyfunc.spark_udf(spark, model_uri=artifact_uri)
```

1. 프로덕션 배포 기록에 대한 모든 이전 실행 데이터를 추출하고 검증 데이터와 비교해 가장 성능이 좋은 실행 ID를 반환합니다.

2. 현재 레지스트리에 '프로덕션 배포됨production deployed'으로 등록된 모델에 대한 쿼리를 수행합니다.

3. 현재 예약된 수동 재훈련 실행이 홀드아웃 데이터에 대해 프로덕션보다 더 나은 성능을 보이는지 확인하는 방법입니다. 가장 잘 기록된 실행의 run_id를 반환합니다.

4. MLflow 모델 레지스트리 API를 사용해 신규 모델이 더 우수한 경우 등록하고, 현재 프로덕션 모델이 대체되는 경우 프로덕션 모델의 등록을 취소합니다.

5. 파이썬 UDF를 사용해 스파크 데이터프레임에서 배치 추론을 위한 현재 프로덕션 모델을 가져옵니다.

위 코드는 모델 구현의 수동 재훈련을 통합, 관리하게 해줍니다(전체 코드는 깃허브 저장소를 참조하기 바랍니다). MLflow 모델 레지스트리 API를 활용하면 모델 아티팩트에 단 한 줄의 코드로 액세스해 프로덕션에서 예약된 예측의 요구 사항을 충족할 수 있습니다.

이렇게 하면 예측 배치 예약 작업이 크게 간소화되고 이 절에서 논의하는 탐색 요구 사항도 충족하게 됩니다. 이처럼 쉽게 모델을 검색할 수 있게 되면 해당 모델에서 피처 데이터를 수동으로 테스트하고, SHAP 같은 도구를 사용해 시뮬레이션을 실행하며, 잠재적으로 실패할 가능성이 있는 상태를 재연하느라 고생할 필요 없이 비즈니스 질문에 신속하게 답할 수 있습니다.

모델 아티팩트를 추적하기 위해 모델 레지스트리를 사용하는 것과 같은 맥락에서 모델 훈련과 모델을 사용한 예측에 사용된 피처도 효율성을 위해 카탈로그화할 수 있습니다. 이 개념을 피처 스토어를 통해 실현합니다.

수동 재훈련도 좋지만 능동 재훈련은 어떨까요?

수동 재훈련과 능동 재훈련의 주요 차이점은 재훈련을 시작하는 메커니즘에 있습니다.

CRON에 의해 예약된 수동 재훈련은 드리프트에 대응하기 위해 신규 훈련 데이터를 통합해 개선된 모델 적합도를 찾으려는 '최선의 희망' 전략입니다. 반면에 능동 재훈련은 예측과 피처 상태를 모니터링해 재훈련을 트리거할 합당한 시점을 알고리듬 방식으로 결정합니다.

능동 시스템은 예측 불가능한 성능 저하에 대응하도록 설계되었기 때문에 드리프트가 예측 불가한 속도로 발생하는 경우, 가령 모델이 몇 주 동안 좋은 성능을 보이다가 며칠 만에 성능이 떨어져 재훈련했는데 며칠만 좋은 성능을 보여서 다시 재훈련이 필요한 경우에 유용합니다. 재훈련 이벤트를 트리거하는 이런 반응형 피드백 루프를 만들려면 예측 품질을 모니터링해야 합니다. 그리고 재훈련 신호를 생성하는 시스템을 구축해야 합니다. 이 시스템은 예측을 수집하고, 경우에 따라 몇 초, 몇 주 후에 도착하는 그라운드 트루스ground truth 결과의 매우 가변적인 특성을 병합하고, 장기간에 걸쳐 집계된 결과 상태에 대해 통계적으로 유의미한 임곗값을 효과적으로 설정합니다.

이런 시스템은 ML로 해결하려는 문제의 성격에 따라 크게 달라지므로 설계와 구현 방법이 매우 다양해서 일반적인 예제 아키텍처조차도 여기서 설명하기에 부적절합니다.

예를 들어 특정 위치에서 다음 시간의 날씨를 예측하는 모델의 성공 여부를 판단하고자 하는 경우, 1시간 이내에 피드백을 받을 수 있습니다. 그러면 1시간 후의 실제 날씨와 예측 결과를 병합해 실제 모델의 정확도를, 지난 48시간 동안의 정확도를 윈도우 형식으로 집계한 값으로 제공하는 시스템을 구축할 수 있습니다. 집계된 일기 예보 성공률이 정의된 임곗값인 70% 아래로 떨어지면 자동으로 모델 재훈련을 시작합니다. 이렇게 새로 훈련한 모델은 표준 신규 홀드아웃 검증 데이터셋을 통해 두 모델을 모두 검증해 현재 프로덕션 모델과 비교합니다. 그런 다음 신규 모델은 블루/그린 배포 전략을 통해 즉시 배포하거나, 현재 프로덕션 모델에 비해 상대적인 성능 향상을 기반으로 트래픽을 라우팅하는 멀티 암드 밴딧multi-armed bandit[2] 알고리듬을 통해 트래픽을 동적으로 할당해 점진적으로 배포합니다. 능동 재훈련은 단적으로 말해 복잡합니다. 따라서 능동 재훈련은 단순히 중요해 보인다는 이유만으로 도입하지 말고 수동 재훈련만으로 더 이상 효과가 없음을 확인한 후에 검토하는 것이 좋습니다. 재훈련을 자율적으로 처리하려면 관리해야 할 가동 부분, 서비스, 인프라가 훨씬 더 많기 때문입니다. 능동 재훈련을 사용할 때 청구되는 클라우드 서비스 요금에도 이런 복잡성이 증가한다는 점이 반영됩니다. 즉, 지불할 비용이 많아집니다.

16.2 피처 스토어

이전 장에서 피처 스토어 사용법을 간략하게 살펴봤습니다. 일관성, 재사용성, 테스트 가능성 등 피처 스토어를 구현해야 하는 당위성과 이점을 이해하는 것도 중요하지만, 이론을 논하는 것보다 비교적 초기 단계에 있는 기술의 응용 사례를 보는 것이 더 적절합니다. 여기에서는 ML과 심층 분석을 모두 활용해 조직 전체에 일관성을 적용할 때 피처 스토어를 활용해야 할 중요성에 대해 제가 겪은 시나리오를 살펴보겠습니다.

여러 데이터 과학 팀이 있는 회사에서 일한다고 가정하겠습니다. 엔지니어링 그룹 내에서 메인 데이터 과학 팀은 전사적인 주도권에 초점을 둡니다. 이 팀은 주로 사내의 모든 그룹에서 사용

---

2 옮긴이_ A/B 테스트는 무상태(stateless) 모델로 트래픽을 각 모델에 무작위로 라우팅하고 테스트 기간이 끝난 시점에서 어느 모델이 더 우수한지 판단합니다. 멀티 암드 밴딧은 상태 유지(stateful) 모델로 피드백 루프를 통해 각 모델의 보상(reward)을 반영해 더 우수한 모델에 대한 트래픽 라우팅 비율을 증가시킵니다. 멀티 암드 밴딧에 대한 이론적인 내용은 리처드 서튼 교수의 저서 『단단한 강화 학습』(제이펍, 2020) 2장을 참조하기 바랍니다.

하는 중요한 서비스와 고객 대면 서비스를 다루는 대규모 프로젝트를 진행합니다. 각 부서에는 각 부서장에게 채용되어 보고하는 IC^{independent contributor}[3] 데이터 과학자가 있습니다. 협업이 이루어지는 동안 핵심 데이터 과학 팀에서 사용하는 주요 데이터셋은 IC 데이터 과학자에게 공유되지 않습니다.

새해가 시작되면 부서장은 대학 프로그램에서 곧바로 신입 데이터 과학자(이하 DS)를 채용합니다. 선의와 추진력, 열정을 갖춘 신입 DS는 부서장의 목표를 따르기 위해 업무를 주도적으로 시작했습니다. 그런데 신입 DS가 회사 고객의 특성을 분석하는 과정에서 고객이 콜센터에 불만을 제기할 만한 프로덕션 테이블을 발견하게 됩니다. 호기심이 생긴 신입 DS는 부서의 데이터 웨어하우스에 있는 데이터와 비교해 예측 결과를 분석하기 시작합니다.

어떤 피처 데이터도 예측과 일치하지 않자 신입 DS는 불만 예측 솔루션을 개선하기 위해 새로운 모델 프로토타입 작업에 착수합니다. 몇 주가 지난 후 DS가 부서장에게 결과를 발표합니다. 부서장으로부터 이 프로젝트를 진행하라는 지시를 받은 DS는 분석 부서 워크스페이스에서 프로젝트를 구축하기 시작합니다. 몇 달 후, DS는 회사 전체 회의에서 발견한 결과를 발표합니다.

당황한 핵심 데이터 과학 팀은 이 프로젝트를 진행하는 이유와 구현에 대한 자세한 내용을 묻습니다. 한 시간도 채 되지 않아 핵심 데이터 과학 팀은 신입 DS의 솔루션이 왜 그렇게 잘 작동했는지 설명할 수 있었습니다. [그림 16-6]은 핵심 데이터 과학 팀의 설명 과정을 보여줍니다. 사용자에게 수집한 데이터를 광범위하게 분석하거나 신규 모델을 구축하는 데 필요한 데이터가 핵심 데이터 과학 팀의 엔지니어링 팀을 둘러싸고 있는 사일로에 의해 차단되어 있었습니다.

---

3 옮긴이_ 조직에서 개별적인 책임과 독립성을 가지며, 자신의 전문 분야에서 성과를 창출하는 팀원을 의미합니다. 많은 테크 기업은 임직원이 IC 트랙과 매니저 트랙으로 각 트랙에서 전문성을 계속 쌓을 수 있게 독려합니다.

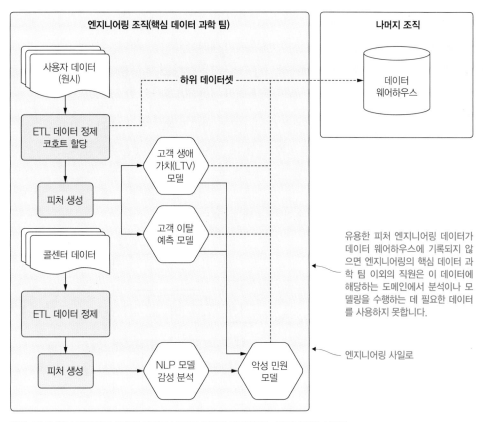

그림 16-6 원시 데이터와 산출된 피처를 나머지 조직에서 격리하는 엔지니어링 사일로

데이터 웨어하우스에 있던 훈련용 데이터는 핵심 데이터 과학 팀의 프로덕션 솔루션에서 공급되고 있었습니다. 핵심 모델을 훈련하는 데 사용되는 각 원본 피처는 엔지니어링 및 프로덕션 프로세스 외에서는 누구도 액세스할 수 없었습니다.

이 시나리오는 극단적이긴 하지만 실화입니다. 핵심 팀은 생성된 피처 데이터에 대한 액세스 가능한 소스를 제공해 다른 팀이 고도로 선별된 데이터 포인트를 추가 프로젝트에 활용할 수 있도록 액세스를 개방함으로써 이런 상황을 방지할 수 있었을 것입니다. 또 적절한 레이블과 문서로 데이터를 등록했다면 서툰 신입 DS의 수고를 크게 줄일 수 있었을 것입니다.

16.2.1 피처 스토어 용도

시나리오에서 데이터 사일로 이슈를 해결하는 것이 피처 스토어를 사용할 수밖에 없는 가장 뚜렷한 이유입니다. 전사적으로 분산된 데이터 과학 기능을 다룰 때 표준화와 접근성의 이점은 중복 작업, 모순된 분석, 설루션의 신뢰성을 둘러싼 전반적인 혼란의 감소로 드러납니다.

그러나 피처 스토어를 보유하면 조직은 데이터 품질 관리 외에도 훨씬 더 많은 작업을 수행할 수 있습니다. 이런 이점을 설명하기 위해 [그림 16-7]은 피처 스토어 유무에 따른 모델 구축과 서비스를 위한 상위 수준 코드 아키텍처를 보여줍니다.

피처 증강/엔지니어링을 위한 기존 ML 프로세스

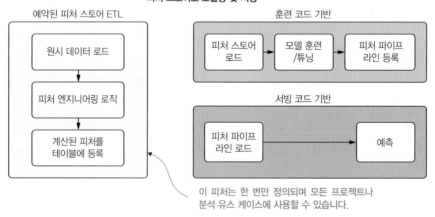

피처 스토어로 모델링 및 서빙

그림 16-7 ML 개발 시 피처 스토어를 사용할 때와 사용하지 않을 때 비교

[그림 16-7]의 상단은 프로젝트 ML 개발의 과거 실상을 보여줍니다. 긴밀하게 결합된 피처 엔지니어링 코드가 모델 튜닝 및 훈련 코드에 인라인으로 개발되어 원시 데이터로 훈련할 때보다 더 효과적인 모델을 생성합니다. 이 아키텍처는 좋은 모델을 생성하는 개발 관점에서는 의미 있지만, [그림 16-7]의 우측 상단에서 보는 바와 같이 예측 코드 기반을 개발할 때 문제가 됩니다.

원시 데이터에 수행되는 모든 작업을 이제 서빙 코드로 포팅해야 하므로 모델 벡터에서 오류와 불일치가 발생할 수 있습니다. 그러나 이 접근 방식의 대안을 사용하면 데이터 불일치 가능성을 제거하는 데 유용합니다.

- 파이프라인을 사용합니다(대부분의 주요 ML 프레임워크에 파이프라인이 제공됩니다).
- 피처 엔지니어링 코드를 훈련과 서비스 모두에서 호출 가능한 패키지로 추상화합니다.
- 기존 ETL을 작성해 피처를 생성하고 저장합니다.

하지만 이런 접근 방식에는 나름의 단점도 있습니다. 파이프라인은 훌륭하며 적극적으로 사용해야 하지만, 유용한 피처 엔지니어링 로직이 특정 모델의 구현과 얽혀 다른 곳에서 활용될 수 없도록 격리됩니다. 또한 타 프로젝트에 피처를 재사용할 손쉬운 방법도 없습니다. 분석가가 도움 없이 ML 파이프라인에서 피처 엔지니어링 단계를 분리하는 것이 거의 불가능하다는 것은 말할 것도 없죠.

물론 피처 엔지니어링 코드를 추상화하면 코드 재사용성에 유익하고 해당 피처를 사용해야 하는 프로젝트의 일관성 문제도 해결할 수 있습니다. 하지만 데이터 과학 팀 외부에서 이런 피처에 액세스하는 것이 여전히 차단되어 있습니다. 또 다른 단점은 유지 관리, 테스트, 자주 업데이트해야 하는 또 다른 코드 기반이라는 점입니다.

데이터브릭스Databricks 구현을 사용해 피처 스토어와 상호작용하는 예시를 통해 실제로 어떤 이점이 있는지 살펴봅시다.

> NOTE_ 회사에서 구축한 이런 성격의 피처 구현은 언제든 변경될 수 있습니다. API, 피처 세부 사항과 관련 피처가 시간이 지나면서 때로는 상당히 많이 변경되기 때문입니다. 아래 피처 스토어 구현 예는 단지 데모용으로 제시한 것입니다.

16.2.2 피처 스토어 활용

피처 스토어를 활용하는 첫 단계는 모델링과 분석에 사용할 피처를 생성하는 프로세스에서 데이터프레임 표현을 정의하는 것입니다. [예제 16-4]는 새로운 피처를 생성하기 위해 원시 데이터셋에서 실행되는 함수 목록을 보여줍니다.

예제 16-4 피처 엔지니어링 로직

```python
from dataclasses import dataclass
from typing import List
from pyspark.sql.types import *
from pyspark.sql import functions as F
from pyspark.sql.functions import when
@dataclass
class SchemaTypes:
    string_cols: List[str]
    non_string_cols: List[str]

def get_col_types(df):
    schema = df.schema
    strings = [x.name for x in schema if x.dataType == StringType()]
    non_strings = [x for x in schema.names if x not in strings]
    return SchemaTypes(strings, non_strings)

def clean_messy_strings(df):                                          ①
    cols = get_col_types(df)
    return df.select(*cols.non_string_cols, *[F.regexp_replace(F.col(x), " ", "").
                    alias(x)
                    for x in cols.string_cols])

def fill_missing(df):                                                 ②
    cols = get_col_types(df)
    return df.select(*cols.non_string_cols, *[when(F.col(x) == "?",
                "Unknown").otherwise(F.col(x)).alias(x) for x in cols.string_
                cols])

def convert_label(df, label, true_condition_string):                 ③
    return df.withColumn(label, when(F.col(label) == true_condition_string,
    1).otherwise(0))

def generate_features(df, id_augment):                               ④
    overtime = df.withColumn("overtime", when(F.col("hours_worked_per_week") >
```

```
                          40, 1).otherwise(0))
        net_pos = overtime.withColumn("gains", when(F.col("capital_gain") >
                                  F.col("capital_loss"), 1).otherwise(0))

        high_edu = net_pos.withColumn("highly_educated", when(F.col("education_years")
                                  >= 16, 2).when(F.col("education_years")
                                  > 12, 1).otherwise(0))
        gender = high_edu.withColumn("gender_key", when(F.col("gender") ==
                                  "Female", 1).otherwise(0))
        keys = gender.withColumn("id", F.monotonically_increasing_id() + F.lit(id_
                                  augment))
        return keys

    def data_augmentation(df, label, label_true_condition, id_augment=0):          ⑤
        clean_strings = clean_messy_strings(df)
        missing_filled = fill_missing(clean_strings)
        corrected_label = convert_label(missing_filled, label, label_true_condition)
        additional_features = generate_features(corrected_label, id_augment)
        return additional_features
```

1. 데이터셋의 문자열에서 선행 공백을 제거하는 기본 정제 작업을 수행합니다.

2. 미지의 플레이스홀더[4] 값을 보다 유용한 문자열로 변환합니다.

3. 대상을 문자열에서 불리언 이진값으로 변환합니다.

4. 모델에 사용할 신규 인코딩된 피처를 생성합니다.

5. 모든 피처 엔지니어링 단계를 실행해 스파크 데이터프레임을 반환합니다.

코드를 실행하면 데이터프레임과 추가 열을 생성하는 데 필요한 임베딩 로직이 남습니다. 이를 통해 [예제 16-5]처럼 피처 스토어 클라이언트를 초기화하고 테이블을 등록할 수 있습니다.

예제 16-5 피처 엔지니어링 결과를 피처 스토어에 등록

```
from databricks import feature_store                              ①
fs = feature_store.FeatureStoreClient()                           ②
FEATURE_TABLE = "ds_database.salary_features"                     ③
FEATURE_KEYS = ["id"]                                             ④
FEATURE_PARTITION = "gender"                                      ⑤
fs.create_feature_table(
    name=FEATURE_TABLE,
```

....

4 옮긴이_ 일시적으로 비어 있는 공간이나 위치를 뜻하며, 프로그래밍에서는 값을 나중에 받기 위해 비워두는 변수를 의미합니다.

```
            keys=["id"],
            features_df=data_augmentation(raw_data, "income", ">50K"),        ⑥
            partition_columns=FEATURE_PARTITION,
            description="Adult Salary Data. Raw Features."                      ⑦
)
```

1. 피처 스토어와 인터페이스할 API가 포함된 라이브러리입니다.

2. 피처 스토어 API와 상호작용하기 위해 피처 스토어 클라이언트를 초기화합니다.

3. 이 피처 테이블이 등록될 데이터베이스 및 테이블 이름입니다.

4. 조인에 영향을 주는 기본 키입니다.

5. 작업에서 해당 키를 사용하는 경우 쿼리 성능이 향상되도록 파티션 키를 설정합니다.

6. [예제 16-4]에서 피처 스토어 테이블을 정의하는 데 사용될 데이터프레임의 프로세싱 이력을 지정합니다.

7. 이 테이블의 내용을 다른 사람에게 알리기 위한 설명을 추가합니다.

피처 테이블의 등록을 실행한 후에는 경량의 예약된 ETL을 통해 유입되는 신규 데이터로 테이블이 채워지게 할 수 있습니다. [예제 16-6]은 이 작업이 얼마나 간단한지 보여줍니다.

예제 16-6 피처 스토어 ETL 업데이트

```
new_data = spark.table("prod_db.salary_raw")                                  ①
processed_new_data = data_augmentation(new_data, "income", ">50K", table_counts)  ②
fs = feature_store.FeatureStoreClient()
fs.write_table(                                                               ③
            name=FEATURE_TABLE,
            df=processed_new_data,
            mode='merge'
)
```

1. 피처 생성 로직을 통해 프로세싱이 필요한 신규 원시 데이터를 읽습니다.

2. 피처 로직을 통해 데이터를 처리합니다.

3. 병합 모드에서 이전에 등록된 피처 테이블을 통해 신규 피처 데이터를 작성해 새 행을 추가합니다.

테이블을 등록했으니 이제 이 테이블을 입력값으로 사용해 모델을 등록하는 것이 진정한 활용의 핵심입니다. 피처 테이블 내에서 정의된 피처에 액세스하려면 각 필드에 대한 룩업 접근자lookup accessor를 정의해야 합니다. [예제 16-7]은 소득 예측 모델에 활용하고자 하는 필드에서 데이터를 수집하는 방법을 알려줍니다.

예제 16-7 모델링을 위한 피처 획득

```
from databricks.feature_store import FeatureLookup                    ①
def generate_lookup(table, feature, key):
    return FeatureLookup(
                        table_name=table,
                        feature_name=feature,
                        lookup_key=key
    )
features = ["overtime", "gains", "highly_educated", "age",
            "education_years", "hours_worked_per_week", "gender_key"]    ②
lookups = [generate_lookup(FEATURE_TABLE, x, "id") for x in features]   ③
```

1. 모델링 목적의 참조를 얻기 위해 피처 스토어와 인터페이스하는 API

2. 모델에서 사용할 필드 이름 목록

3. 각 피처에 대한 룩업 객체

이제 룩업 참조를 정의했으므로 [예제 16-8]에서 보는 것처럼 간단한 모델 훈련에 사용할 수 있습니다.

NOTE_ 이는 전체 코드의 축약된 스니펫일 뿐입니다. 전체 예제는 깃허브 저장소(https://github.com/BenWilson2/ML-Engineering) 코드를 참조하세요.

예제 16-8 피처 스토어와 통합된 모델 등록

```
import mlflow
from catboost import CatBoostClassifier, metrics as cb_metrics
from sklearn.model_selection import train_test_split
EXPERIMENT_TITLE = "Adult_Catboost"
MODEL_TYPE = "adult_catboost_classifier"
EXPERIMENT_NAME = f"/Users/me/Book/{EXPERIMENT_TITLE}" mlflow.set_
experiment(EXPERIMENT_NAME)

with mlflow.start_run():
    TEST_SIZE = 0.15
    training_df = spark.table(FEATURE_TABLE).select("id", "income")
```

```
training_data = fs.create_training_set(
    df=training_df,
    feature_lookups=lookups,
    label="income",
    exclude_columns=['id', 'final_weight', 'capital_gain', 'capital_loss'])   ①
train_df = training_data.load_df().toPandas()                                  ②
X = train_df.drop(['income'], axis=1)
y = train_df.income
X_train, X_test, y_train, y_test = train_test_split(X, y, test_size=TEST_SIZE,
    random_state=42, stratify=y)
model = CatBoostClassifier(iterations=10000, learning_rate=0.00001,
    custom_loss=[cb_metrics.AUC()]).fit(X_train, y_train,
        eval_set=(X_test, y_test), logging_level="Verbose")
fs.log_model(model, MODEL_TYPE, flavor=mlflow.catboost,
    training_set=training_data, registered_model_name=MODEL_TYPE)             ③
```

1. 이전 목록에서 정의한 룩업을 사용해 모델 훈련에 사용할 필드를 지정합니다.

2. CatBoost[5]를 활용하기 위해 스파크 데이터프레임을 판다스 데이터프레임으로 변환합니다.

3. 피처 엔지니어링 작업이 모델 아티팩트에 병합될 수 있도록 피처 스토어 API에 모델을 등록합니다.

위 코드를 사용하면, 피처 스토어 테이블에 대한 링크로 정의된 데이터 소스, 해당 피처를 훈련에 활용하는 모델, 피처 스토어와 MLflow의 통합에 대한 아티팩트 종속성 체인의 등록이 완료됩니다.

일관성과 유용성 관점에서 피처 스토어의 마지막 매력적인 측면은 모델 서빙입니다. 이 모델로 일별 배치 예측을 수행한다고 가정하겠습니다. 만약 피처 스토어 접근 방식이 아닌 다른 방식을 사용하려면 피처 생성 로직을 재연하거나, 외부 패키지를 호출한 후 원시 데이터에서 처리해 피처를 가져와야 합니다. 하지만 피처 스토어 접근 방식을 사용하면 몇 줄의 코드만으로 배치 예측의 출력 결과를 얻게 됩니다.

예제 16-9 피처 스토어에 등록된 모델로 배치 예측 실행

```
from mlflow.tracking.client import MlflowClient
client = MlflowClient()
experiment_id = mlflow.get_experiment_by_name(EXPERIMENT_NAME).experiment_id   ①
```

---

5 옮긴이_ 그레이디언트 부스팅 트리 알고리듬을 기반으로 하는 머신러닝 라이브러리로 XGBoost, LightGBM과 함께 널리 사용됩니다. 범주형 피처를 자동으로 인코딩하고 범주형 피처의 순열(permutation) 중요도 같은 다양한 피처 중요도 측정 방법을 지원합니다. 자세한 내용은 https://catboost.ai를 참조하기 바랍니다.

```
run_id = mlflow.search_runs(experiment_id, order_by=["start_time DESC"]
                           ).head(1)["run_id"].values[0]                    ②
feature_store_predictions = fs.score_batch(f"runs:/{run_id}/{MODEL_TYPE}",
                                          spark.table(FEATURE_TABLE))        ③
```

1. 피처 스토어 API를 통해 MLflow에 등록된 실험을 검색합니다.

2. 실험에서 찾고자 하는 개별 실행 ID를 가져옵니다(여기서는 최신 실행).

3. 수집 로직을 작성하고 배치 예측을 수행할 필요 없이 미리 정의한 피처 테이블에 모델을 적용합니다.

이와 같은 배치 예측은 기존 유스 케이스 대부분을 차지하지만, 피처 스토어 API는 외부 OLTP 데이터베이스 또는 인메모리 데이터베이스를 싱크로 등록하는 것을 지원합니다. 짧은 레이턴시와 탄력적인 서비스 요구 사항을 지원하는 서비스에 피처 스토어의 게시 사본을 추가하면 모든 서버 측$^{server-side}$(에지에 배포되지 않은) 모델링 요구 사항을 쉽게 충족할 수 있습니다.

16.2.3 피처 스토어 평가

피처 스토어를 선택할 때 또는 직접 구축할 때 고려해야 할 요건은 데이터 스토리지 패러다임에 대한 회사별 요구 사항만큼이나 다양합니다. 따라서 이런 중요한 요건을 염두에 두면서 해당 서비스의 현재 및 향후 잠재적 확장 요건을 모두 고려해 해당 피처 스토어의 기능을 신중하게 평가해야 합니다.

- 실시간 서빙을 지원하기 위해 외부 데이터 서빙 플랫폼(OLTP 또는 인메모리 데이터베이스)에 대한 피처 스토어의 동기화
- 분석, 모델링, BI 유스 케이스에 대한 다른 팀의 접근성
- 배치 및 스트리밍 소스를 통한 피처 스토어로의 수집 용이성
- 데이터와 관련된 법적 제한을 준수하기 위한 보안 고려 사항(액세스 제어)
- 예측을 위해 JIT 데이터를 피처 스토어 데이터(사용자가 생성한 데이터)에 병합하는 기능
- 데이터 계보^{lineage} 및 종속성 추적을 통해 어떤 프로젝트가 피처 스토어에 저장된 데이터를 생성하고 사용하는지 확인 가능

피처 스토어 솔루션은 효과적으로 연구하고 평가하면 프로덕션 서비스 아키텍처를 크게 간소화하고, 훈련과 서빙 간의 일관성 버그를 제거하며, 전사적으로 다른 사람이 중복해서 작업할

공산이 줄어듭니다. 피처 스토어는 매우 유용한 프레임워크이며, 향후 업계에서 머신러닝에 대한 전반적인 접근 방식이 될 것으로 확신합니다.

피처 스토어가 좋기는 한데, 꼭 필요한가요?

"우리는 몇 년 동안 피처 스토어 없이도 잘 지내왔어요."

필자는 새로운 기술에 대한 과대광고에 약간 반대하는 편입니다. 매우 회의적인 시각을 가졌기 때문에 새로운 기술이 등장할 때, 특히 어려운 문제를 해결해준다고 주장하거나 지나치게 그럴 듯하게 들리는 경우에는 다소 비관적으로 바라보는 경향이 있습니다. 솔직히 ML 분야의 발표는 대부분 해결하고자 하는 문제가 왜 과거에 사람들이 해결하기 어려웠는지를 설명하는 세부적인 내용을 간과합니다. '새롭고 핫한 기술'을 로드 테스트하기 시작할 무렵에야 비로소 문제점이 드러나기 시작합니다.

하지만 피처 스토어에서는 이런 경험을 해본 적이 없습니다. 오히려 그 반대였죠. 저도 처음에는 피처 스토어를 회의적으로 바라봤습니다. 하지만 피처를 중앙 집중식으로 추적하고, 복잡한 피처 엔지니어링 로직의 결과를 재사용하고, 외부 예약 작업에서 피처를 분리하고 모니터링하는 기능 등의 이점을 직접 테스트해보고 나선 믿음이 생겼죠. 피처의 상태를 모니터링하고, 추가 프로젝트를 위해 계산된 피처의 로직을 별도로 유지할 필요가 없고, BI 유스 케이스에 활용할 수 있는 피처를 생성한다는 것은 매우 유용했습니다.

피처 스토어는 프로젝트 개발 중에도 요긴합니다. 피처 스토어를 사용하면 ETL을 통해 생성된 프로덕션 테이블을 수정하지 않아도 되죠. 피처 엔지니어링 작업의 속도와 동적 특성 덕분에 데이터 레이크 또는 데이터 웨어하우스에서 프로덕션 데이터가 변경돼도 대규모 변경 관리가 필요하지 않은 가벼운 ETL을 피처 테이블에서 수행할 수 있습니다. 데이터가 전적으로 데이터 과학 팀의 권한하에 있으므로(물론 여전히 프로덕션 코드 품질 표준을 준수해야 합니다!), 데이터 엔지니어링 작업의 변경에 비해 나머지 조직에서 수행해야 했던 대규모 변경 작업이 줍니다.

피처 스토어가 꼭 필요할까요? 아닙니다. 하지만 피처 스토어를 개발, 프로덕션 배포, 데이터 재사용에 활용함으로써 얻는 이점이 매우 크기에 사용하지 않을 이유가 없습니다.

16.3 예측 서빙 아키텍처

우리 회사가 첫 번째 모델을 상용화하기 위해 노력하고 있다고 가정해봅시다. 지난 넉 달 동안 데이터 과학 팀은 호텔 객실의 요금 최적화 기능을 세밀하게 조정하기 위해 열심히 노력했습니다. 프로젝트의 최종 목표는 현재 시행 중인 일반 상품 컬렉션보다 개별 사용자와 더 관련성이 높은 개인 맞춤형 특가 목록을 생성하는 것입니다.

각 사용자에 대해 방문 가능성이 높은 위치(또는 과거에 방문한 적이 있는 위치)를 매일 예측해서 지역 검색 시 표시할 특가 상품 목록을 생성하는 것이 팀의 계획입니다. 팀은 예측 결과를 사용자의 현재 세션 탐색 활동에 맞게 맞춤화해야 할 필요성을 일찍이 깨달았습니다.

이런 동적 요구를 해결하기 위해 팀은 사용자가 과거에 여행했던 지역과 유사한 지역에서 가능한 특가 상품을 기반으로 각 사용자에 대한 대규모의 사전 계산된 추천 목록을 생성합니다. 이 프로젝트의 폴백 및 콜드 스타트 로직은 프로젝트 이전에 사용하던 기존의 글로벌 휴리스틱을 그대로 사용합니다. [그림 16-8]은 예측 결과를 제공하기 위해 팀이 계획하고 있는 일반 아키텍처를 보여줍니다.

초기에는 인프라 구축 후의 QA 테스트가 견고해 보입니다. NoSQL 지원 REST API의 응답 SLA가 잘 수행되고, 모델 결괏값의 배치 예측 및 휴리스틱 로직이 비용에 최적화되었으며, 폴백 로직 페일오버failover[6]가 완벽히 작동하고 있습니다. 팀은 A/B 테스트를 통해 솔루션 테스트를 시작할 준비가 되었습니다.

하지만 안타깝게도 실험군의 예약률은 대조군의 예약률과 별 차이가 없었습니다. 결과를 분석한 결과, 데이터 과학 팀은 예측을 활용한 세션이 5% 미만이어서 나머지 95%의 페이지 디스플레이에 폴백 로직(대조군에 표시되는 데이터와 동일한 데이터)이 강제로 적용된다는 사실을 발견했습니다. 팀은 성능 저하를 해결하기 위해 다음 두 가지에 집중하기로 결정했습니다.

- 지역별 사용자당 예측 횟수 늘리기
- 사용자별로 포함할 예측 지역 수 늘리기

---

6 옮긴이_ 시스템 또는 네트워크 장애로 서버가 다운된 경우 다른 서버로 자동으로 트래픽을 이관하는 프로세스를 의미하며, 이를 통해 시스템의 고가용성과 안정성을 유지합니다.

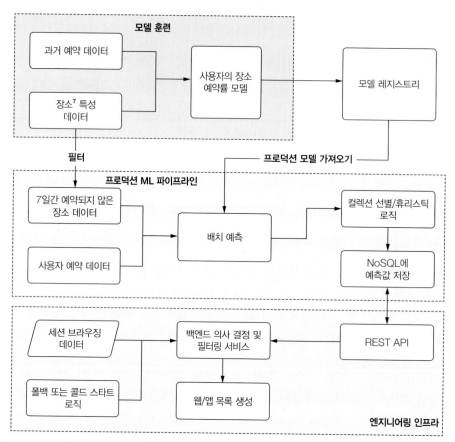

그림 16-8 초기 서빙 아키텍처 설계

이 솔루션은 스토리지 비용에 큰 영향을 미칩니다. 무엇을 다르게 할 수 있었을까요? [그림 16-9]는 프로세싱 및 스토리지에 막대한 비용을 들이지 않고도 이 문제를 해결하는 확연하게 다른 아키텍처를 보여줍니다.

이런 변화는 데이터 과학 팀이나 현장 엔지니어링 팀 모두에게 사소하거나 환영할 만한 변화는 아니지만 서비스 예측을 프로젝트의 뒷전으로 미뤄서는 안 되는 이유를 명확하게 알려줍니다. 아키텍처를 효율화하려면, 프로젝트 초기에 서비스 아키텍처 개발을 위한 몇 가지 사항을 평가해야 합니다. 다음 하위 절에서 이런 고려 사항과 시나리오를 충족하는 데 필요한 아키텍처의 종류를 다룹니다.

---

7   옮긴이_ 세미나, 회의, 연회, 결혼식 등 특정 행사나 모임을 위해 사용하는 공간을 의미합니다.

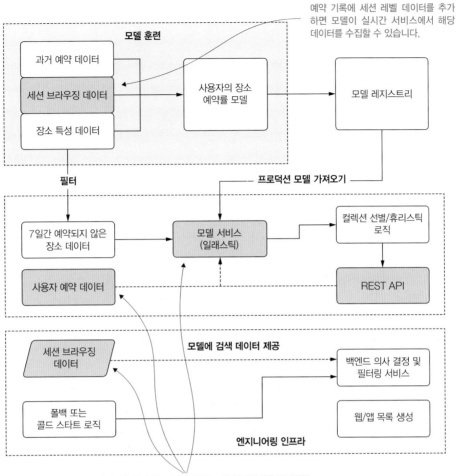

예약 기록에 세션 레벨 데이터를 추가
하면 모델이 실시간 서비스에서 해당
데이터를 수집할 수 있습니다.

세션 데이터를 온라인 모델로 전달하도록 아키텍처를 변경하면
사전 계산된 배치 예측 스토리지가 필요하지 않습니다.

그림 16-9 해당 유스 케이스에 좀 더 비용 효율적인 아키텍처

16.3.1 서빙 요구 사항 결정

이 성능 시나리오에서 팀은 처음에 프로젝트의 요구 사항을 완벽하게 지원하는 서비스 아키텍
처를 설계하는 데 실패했습니다. 적절한 선택을 하는 것은 결코 쉬운 일이 아닙니다. 그러나 프
로젝트의 몇 가지 중요한 특성을 철저히 평가하면 적절한 서비스 패러다임을 사용해 예측을 위
한 이상적인 배포 방법을 사용할 수 있습니다.

프로젝트의 요구 사항을 평가할 때는 해결해야 할 문제의 특성을 다음과 같이 고려해 서빙 설계가 오버엔지니어링되거나 언더엔지니어링되지 않게 하는 것이 중요합니다.

개발자 일이지 '내 일'이 아닌 것처럼 느껴집니다

소프트웨어 엔지니어링 그룹에서 모델 아티팩트를 활용할 방법을 고민하는 것이 더 바람직해 보일 수 있습니다. 대부분의 경우 소프트웨어 엔지니어링 그룹은 데이터 과학 그룹보다 소프트웨어 개발에 더 능숙하며, ML 영역에 적합한 인프라 도구와 구현 기법을 더 많이 접하기 때문입니다.

필자의 경험상 '모델을 벽에 대고 던지기punting a model over the wall'[8]로 큰 성공을 거둔 적은 없습니다. 유스 케이스에 따라, 가령 특정 패키지나 데이터 과학 영역에 매우 난해한 알고리듬이 필요로 하는 데이터 조작 요구 사항이나 예측 후 휴리스틱 요구 사항, 아티팩트 업데이트 속도를 개발자가 통합하는 것은 어렵습니다. 프로덕션 인프라 개발 팀과의 긴밀한 협업 없이는 기존 시스템과 통합된 서비스를 배포하는 데 어려움을 겪을 수 있으며 막대한 기술 부채가 발생할 수 있습니다.

보통 개발 팀과 프로젝트의 통합 요구 사항을 논의한 후 예측을 저장하고, 대규모 데이터 조작을 수행하고, 최대한 낮은 비용으로 프로젝트의 SLA 요구 사항을 충족하는 설계를 위해 협업하는 현명한 방법론을 찾게 됩니다. 모델이 수행하는 작업에 대한 데이터 과학 팀의 식견이 없으면 개발 팀은 최적화된 아키텍처 결정을 내릴 준비가 되지 않습니다. 마찬가지로 개발 팀의 조언과 협업이 없으면 데이터 과학 팀은 SLA 요구 사항을 충족하지 못하거나 비용 부담이 너무 커서 장기간 운영하기 어려운 솔루션을 개발할 공산이 큽니다.

협업은 서비스 아키텍처를 평가할 때 매우 중요하며, 많은 경우 ML 솔루션의 구조와 설계를 결정할 때도 유익합니다. 특히 프로젝트 설계 단계 초기에 모델 솔루션의 '엔지니어링 소비자'를 참여시키는 것이 가장 좋습니다. 배치 대량 예측 솔루션의 경우 데이터 엔지니어가, 실시간 서빙 솔루션의 경우 소프트웨어 엔지니어가 프로젝트에 일찍 참여할수록 솔루션 구축 방향 결정에 더 많은 긍정적 영향을 미칩니다.

---

8 옮긴이_ 모델을 전달받는 측에서 추가 작업을 해야 한다는 비유적 표현입니다.

SLA

시나리오 초기에 팀의 원래 의도는 예측이 최종 사용자의 앱 경험을 저해하지 않게 하는 것이었습니다. 팀의 설계에는 레이턴시가 매우 짧은 스토리지 시스템에 저장된 사전 계산된 추천 목록이 포함되었으며, 이를 통해 VM 기반 모델 서비스 실행에 소요될 것으로 예상되는 시간 부담을 없앴습니다.

SLA 고려 사항은 서비스를 위한 ML 아키텍처 설계에서 가장 중요한 측면의 하나입니다. 기본적으로 설루션 구축 시 서비스 지연에 대한 예산을 고려해야 하며, 대부분의 경우 이 예산이 초과되거나 위반되지 않도록 보장해야 합니다. 예측 정확도나 효율성 측면에서 모델이 아무리 뛰어난 성능을 발휘해도 할당된 시간 내에 사용하거나 소비할 수 없다면 쓸모가 없기 때문입니다.

SLA 요구 사항과 균형을 맞춰야 하는 또 다른 고려 사항은 실질적인 금전적 예산입니다. 인프라 복잡성의 함수로 구체화된 일반 규칙은 대규모 요청에 대해 예측을 더 빨리 제공할수록 설루션의 호스팅 및 개발 비용이 더 많이 든다는 것입니다.

비용

예측 최신성, 즉 예측이 이루어진 후 활용하거나 조처하는 데 걸리는 시간과, 비용 및 복잡성 요인으로서 수행해야 하는 예측 볼륨 간의 관계를 [그림 16-10]에 정리했습니다.

[그림 16-10]의 상단은 배치 서빙에 대한 전통적인 패러다임을 보여줍니다. 프로덕션 추론 볼륨이 매우 큰 경우, 트리거 1회 작업에서 스파크 구조적 스트리밍Spark Structured Streaming[9]을 사용하는 배치 예측 작업이 가장 저렴한 옵션일 것입니다.

---

9 옮긴이_ 실시간으로 데이터를 처리하면서 스트리밍 데이터 소스에서 읽어온 데이터를 데이터프레임이나 데이터셋으로 처리하기 때문에, SQL 쿼리나 DataFrame/Dataset API로 분석할 수 있습니다. 자세한 내용은 스파크 가이드(`https://spark.apache.org/docs/latest/structured-streaming-programming-guide.html`)를 참조하기 바랍니다.

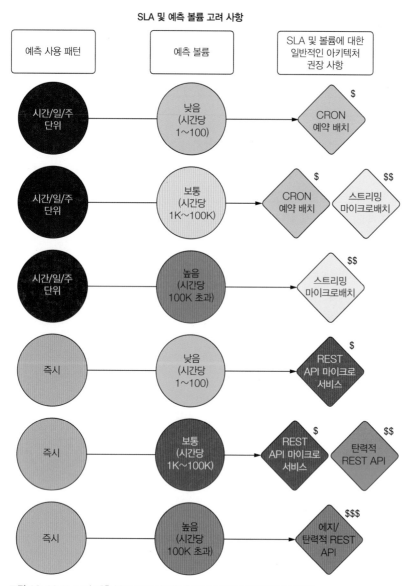

그림 16-10 SLA 및 예측 볼륨 요구 사항을 충족하기 위한 아키텍처적 시사점

[그림 16-10]의 하단은 즉시 사용 가능한 ML 설루션을 보여줍니다. 예측을 실시간 인터페이스에서 사용하려는 경우, 아키텍처는 배치에서 영감을 받은 유스 케이스에서 크게 변화하기 시작합니다. 예측 볼륨이 증가함에 따라 REST API 인터페이스, 서빙 컨테이너의 탄력적인 확장성, 해당 서비스에 대한 트래픽 분배가 필요해집니다.

최신성

최신성recency은 피처 데이터가 생성되는 시점과 예측에 따라 조치를 취하는 시점 사이의 지연으로, 프로젝트 모델에 대한 서빙 패러다임을 설계할 때 가장 중요한 요소의 하나입니다. SLA 고려 사항은 대체로 ML 프로젝트를 위한 특정 서빙 레이어 아키텍처를 선택하는 데 있어 핵심적인 특성입니다. 그러나 예측에 사용할 수 있는 데이터의 최신성과 관련된 중요한 사례는 프로젝트에 채택된 확장 가능하고 비용 효율적인 최종 설계를 수정할 수 있습니다.

특정 상황에서는 데이터의 최신성과 프로젝트의 최종 유스 케이스가 보편적인 SLA 기반 서비스 설계 기준보다 우선할 수 있습니다. [그림 16-11]은 데이터 최신성과 소비 계층 패턴의 예시로, 아키텍처가 [그림 16-10]의 순수한 SLA 중심 설계에서 어떻게 변경될 수 있는지 알려줍니다.

물론 이 예시가 모든 것을 보여주는 것은 아닙니다. ML로 문제를 해결하는 다양한 접근 방식만큼이나 모델 예측을 제공할 때 고려해야 할 사례도 많습니다. 유입되는 데이터의 특성을 평가하고, 프로젝트의 요구 사항을 파악하고, 프로젝트의 제약 조건을 해결하는 가능한 한 가장 덜 복잡한 설루션을 모색함으로써 어떤 서빙 설루션이 적합한지에 대한 논의를 시작하려는 의도입니다. 데이터 최신성, SLA 요구 사항, 예측 볼륨, 예측 소비 패러다임 등 프로젝트 서빙 요구 사항의 모든 측면을 고려함으로써, 필요한 만큼만 복잡하고 비용이 드는 설계를 고수하면서 사용 패턴 요구 사항을 충족하는 적절한 아키텍처를 활용할 수 있습니다.

ML 프로젝트의 결과물이 회사 내부에서 소비되는 경우 일반적으로 아키텍처 부담이 다른 시나리오보다 훨씬 더 적습니다. 하지만 그렇다고 해서 지름길을 택할 수 있다는 의미는 아닙니다. ML옵스 도구를 활용하고, 강력한 데이터 관리 프로세스를 따르고, 유지 관리 가능한 코드를 작성하는 것은 다른 서비스 패러다임에서와 마찬가지로 매우 중요하기 때문입니다. 내부 유스 케이스 모델링 노력은 대량 사전 계산bulk precomputation과 경량 애드혹 마이크로서비스lightweight ad hoc microservice라는 두 가지 일반적인 그룹으로 분류합니다.

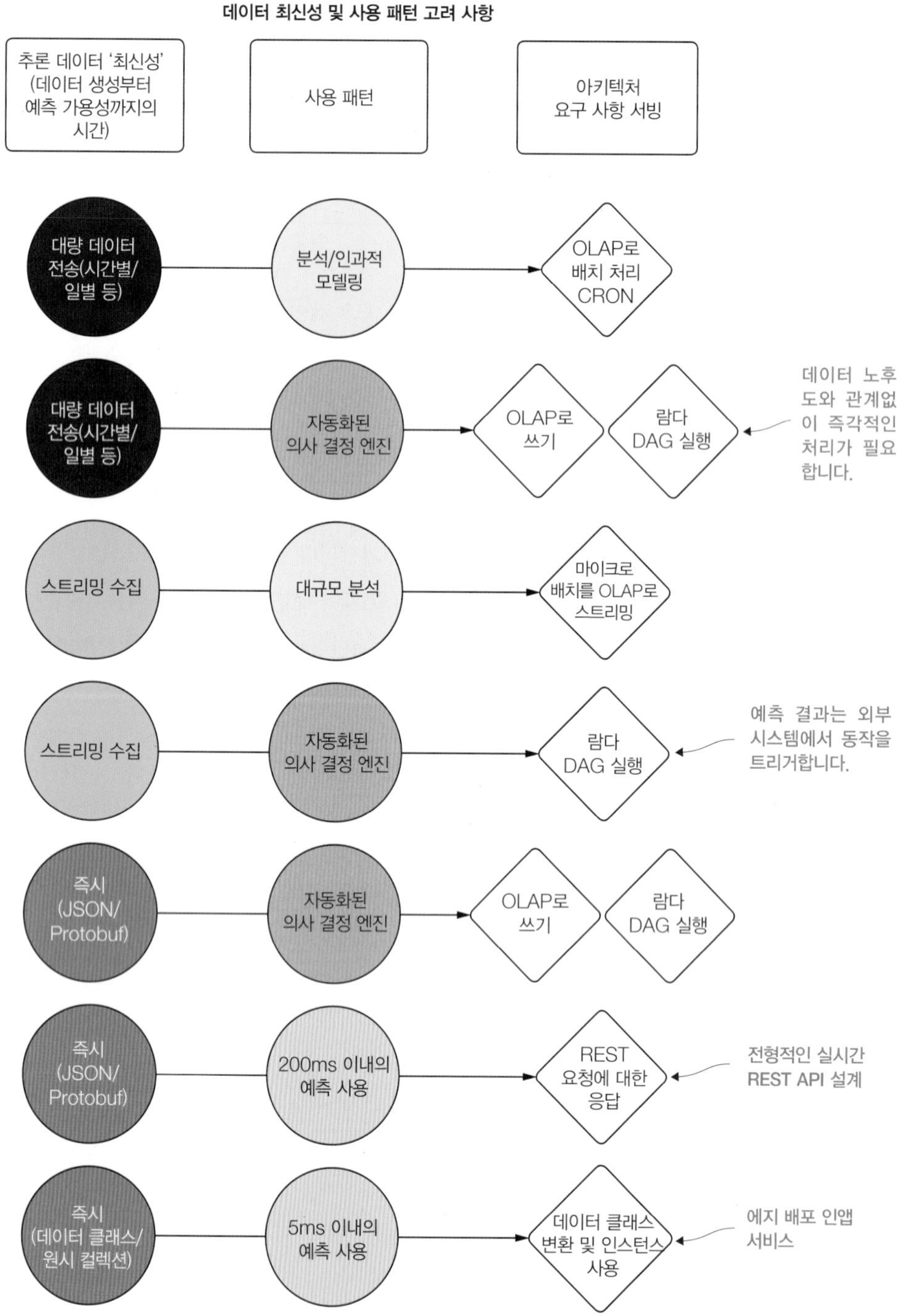

데이터 최신성 및 사용 패턴 고려 사항

추론 데이터 '최신성' (데이터 생성부터 예측 가용성까지의 시간)	사용 패턴	아키텍처 요구 사항 서빙	
대량 데이터 전송(시간별/일별 등)	분석/인과적 모델링	OLAP로 배치 처리 CRON	
대량 데이터 전송(시간별/일별 등)	자동화된 의사 결정 엔진	OLAP로 쓰기 / 람다 DAG 실행	데이터 노후도와 관계없이 즉각적인 처리가 필요합니다.
스트리밍 수집	대규모 분석	마이크로 배치를 OLAP로 스트리밍	
스트리밍 수집	자동화된 의사 결정 엔진	람다 DAG 실행	예측 결과는 외부 시스템에서 동작을 트리거합니다.
즉시 (JSON/Protobuf)	자동화된 의사 결정 엔진	OLAP로 쓰기 / 람다 DAG 실행	
즉시 (JSON/Protobuf)	200ms 이내의 예측 사용	REST 요청에 대한 응답	전형적인 실시간 REST API 설계
즉시 (데이터 클래스/원시 컬렉션)	5ms 이내의 예측 사용	데이터 클래스 변환 및 인스턴스 사용	에지 배포 인앱 서비스

그림 16-11 데이터 최신성 및 보편적인 사용 패턴이 서비스 아키텍처에 미치는 영향

그렇다면 왜 전체 서비스에 실시간 서빙을 구축하지 않을까요?

일률적인 패턴을 중심으로 ML 배포를 간소화하는 것이 매력적으로 느껴지기도 합니다. 일부 조직에서는 이런 방식으로 ML 엔지니어링 복잡성을 낮추는 것이 합리적입니다. 예를 들면 쿠버네티스에서 모든 것을 서비스하는 것이죠. 모든 프로젝트가 단일 배포 전략을 지원하는 어떤 형태의 프레임워크를 사용하기만 하면 더 편리할 것 같기도 합니다.

하지만 이는 회사에 ML 유스 케이스가 하나뿐인 경우에 의미가 있습니다. 소규모 기업을 대신해 사기 예측을 수행하는 것이 전부인 회사라면, 모든 모델에 REST API 엔드포인트를 제공하기 위해 셀던과 쿠버네티스를 사용하는 것이 합리적일 수 있습니다. 비동기식이지만 트래픽이 적은 모델을 기반으로 마켓플레이스 가격 최적화를 수행하는 데 집중하는 경우, 내부에서 간단한 플라스크 서버가 실행되는 도커 컨테이너가 적합할 것입니다.

하지만 대부분의 기업은 단일 ML 유스 케이스에 근시안적으로 집중하지 않습니다. 많은 회사에서 내부 유스 케이스는 데이터베이스의 테이블에 기록되는 간단한 배치 예측으로도 충분합니다. 대부분의 그룹은 초당 수십만 건의 요청을 지원할 수 있는 VM 클러스터를 가동하지 않고도 훨씬 간단하고 더 저렴한 인프라로 몇몇 유스 케이스의 요구 사항을 너끈히 해결합니다. 기껏해야 하루에 수십 번만 쿼리되는 유스 케이스에 고급 인프라를 사용하는 것은 개발 시간, 유지 관리, 비용 면에서 낭비이며 부주의한 처사입니다.

ML 솔루션의 장기적인 성공을 위해서는 소비 패턴, 데이터 볼륨 크기, 납기일 보장 등의 요구 사항에 맞는 아키텍처를 선택하는 것이 매우 중요합니다. 이는 만일을 대비해 모든 것을 과도하게 설계하라는 뜻이 아니라 프로젝트의 요구 사항을 충족하는 적절한 솔루션을 선택하라는 의미입니다. 그 이상도 이하도 아닙니다.

데이터베이스 또는 데이터 웨어하우스에서 서빙

영업일 내 사용을 목적으로 하는 예측은 일반적으로 배치 예측 패러다임을 활용합니다. 업무 개시 전까지 도착한 신규 데이터에 모델이 적용되고, 예측 결과가 대개 덮어 쓰기 모드로 테이블에 기록되며, 사내 최종 사용자가 필요에 따라 예측을 활용합니다.

인터페이스 방법(BI 도구, SQL, 내부 GUI 등)에 관계없이 예측은 정해진 시간(시간별, 일별, 주별 등)에 수행되도록 예약되며, 데이터 과학 팀의 유일한 인프라 부담은 예측이 수행되어 테이블로 전달되도록 만드는 것뿐입니다. [그림 16-12]는 이런 구현을 지원하는 아키텍처의 예시입니다.

이 아키텍처는 ML이 제공하는 최대한의 베어본 설루션입니다. 훈련된 모델을 레지스트리에서 검색하고, 데이터 소스 시스템(가급적 피처 스토어 테이블)에서 데이터를 쿼리하고, 예측을 수행하며, 드리프트 모니터링 검증을 수행한 다음, 마지막으로 예측 데이터를 액세스 가능한 위치에 기록합니다. 대량 예측 데이터에 대한 내부 유스 케이스의 경우 인프라 관점에서 그 이상은 필요하지 않습니다.

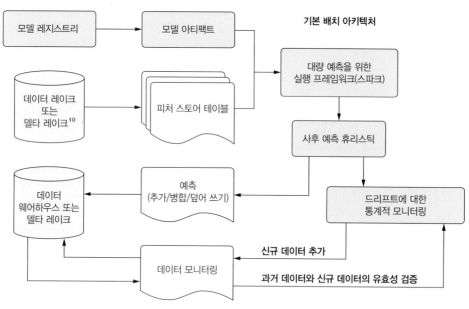

그림 16-12 배치 서빙 일반 아키텍처

마이크로서비스 프레임워크에서 서빙

애드혹 방식으로 최신 예측에 의존하는 내부 유스 케이스나 사용자가 피처 벡터의 일부분을 지정해 최적화 시뮬레이션 같은 온디맨드 예측을 받는 내부 유스 케이스의 경우에는 사전 계산이 적합하지 않습니다. 대신 이 패러다임은 모델을 호스팅하는 경량 서빙 레이어를 갖추고, 데

---

10 옮긴이_ 데이터 레이크의 확장 기능을 제공하는 오픈 소스 데이터 엔진입니다. 자세한 내용은 https://delta.io를 참조하기 바랍니다.

이터를 수집하고, 예측 결과를 생성하고, 최종 사용자에게 예측을 반환하는 간단한 REST API 인터페이스를 제공하는 데 초점을 둡니다.

이런 요건은 대부분 BI 도구와 내부 GUI를 통해 구현됩니다. [그림 16-13]은 애드혹 예측을 지원하는 아키텍처 설정의 예시입니다.

이런 간단한 배포 방식은 내부 유스 케이스 애플리케이션을 위한 모델 서빙의 많은 유스 케이스에 적합합니다. 초당 최대 수십 개 요청을 지원하는 가벼운 플라스크 모델 배포는 잠재적 예측의 가능한 최종 사용 순열에 대한 무차별 대량 컴퓨팅을 대신할 매력적인 대안입니다. 다만 기술적으로는 실시간 서비스 구현이지만, 지연 시간이 짧고 대량의 예측이 필요한 경우나 대고객 서비스에는 매우 부적절하다는 점을 인식해야 합니다.

괜찮아요, 그 팀을 잘 알거든요

회사 내부용 프로젝트라면 비용을 절감하고 싶은 유혹에 빠질 수 있습니다. 수동 재훈련 이력을 기록하는 것은 내부 프로젝트에 있어 과한 일처럼 느껴지기도 합니다. 대고객 모델에 적용했을 법한 적절한 리팩터링을 거치지 않은 부실한 설계의 코드 기반을 예정된 작업에 배포하고 싶은 유혹이 있을 수 있습니다. 최종 사용자의 쿼리 성능을 보장하도록 데이터 스토리지 설계를 최적화하는 데 추가 시간을 소비하는 것이 시간 낭비처럼 느껴지기도 합니다.

결국, 고객은 회사의 동료 직원입니다. 완벽하게 작동하지 않더라도 이해해주겠죠?

아니요. 전혀 그렇지 않습니다. 제 경험에 따르면 데이터 과학 팀에 대한 회사의 총체적인 인식은 내부 유스 케이스 프로젝트에 기반합니다. 데이터 과학 팀의 능력과 역량에 대한 인식은 내부 도구가 회사 내, 부서 내 사용자에게 얼마나 잘 활용되는지에 따라 좌우됩니다. 따라서 고객이 사용하는 설루션과 동일한 수준의 엔지니어링 엄격성과 규율로 내부 설루션을 구축하는 것이 매우 중요합니다. 여러분이 미처 깨닫지 못한 부분에 여러분의 평판이 걸려있습니다.

내부 프로젝트에서 역량에 대한 인지도가 중요한 이유는 내부 그룹이 향후 프로젝트에 데이터 과학 팀을 참여시킬 것이기 때문입니다. 내부 그룹이 데이터 과학 팀에서 불안정하고 버그가 많은 설루션을 만든다고 인식한다면, 이들이 고객 대면 프로젝트에 데이터 과학 팀을 참여시킬 가능성은 거의 0에 가까워집니다.

결국 첫 고객은 회사 내부 팀입니다. 데이터 과학 팀이 안정적이고 유용한 설루션을 제공할 수 있다는 확신을 주요 고객인 사업부에 줘야 합니다.

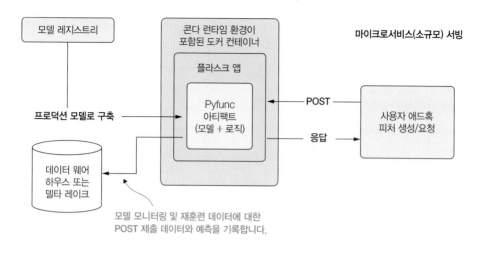

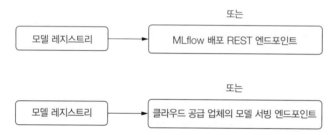

그림 16-13 경량의 소규모 REST 마이크로서비스 아키텍처

16.3.2 대량 외부 배포

대량 외부 배포를 할 때 고려해야 할 사항은 데이터베이스 또는 데이터 웨어하우스에서 내부 서빙할 때의 고려 사항과 크게 다르지 않습니다. 두 서빙 사례 간의 주된 차이점은 배포 시간과 예측 모니터링 영역뿐입니다.

배포 일관성

외부 당사자에게 결과를 대량으로 제공할 때는 다른 ML 설루션과 동일한 관련성 요구 사항이 적용됩니다. 내부 팀을 위해 무언가를 구축하든, 최종 사용자 고객을 대상으로 예측 결과를 생성하든, 유용한 예측 결과를 생성한다는 목표 자체는 변하지 않습니다.

다른 서비스 패러다임과 비교할 때 외부 조직(일반적으로 B2B 기업)에 대량 예측을 제공할 때 달라지는 한 가지는 배포하는 시점의 적시성입니다. 대량 예측 결과를 완전히 배포하지 못하는 것은 분명 심각한 문제이지만, 일관성 없는 배포도 그에 못지않게 치명적일 수 있습니다. 그러나 [그림 16-14]의 하단에 설명된 것처럼 간단한 솔루션이 있습니다.

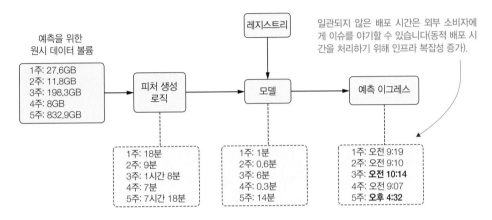

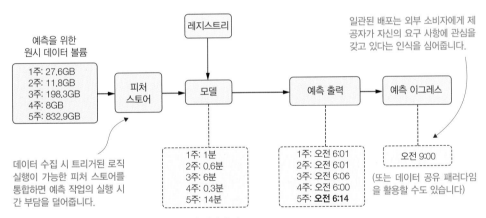

그림 16-14 비게이트 배치 서빙과 게이트 배치 서빙의 비교

[그림 16-14]는 외부 사용자 그룹에 대한 비게이트 서빙ungated serving과 게이트 서빙gated serving을 비교한 것입니다.[11] 예약된 배치 예측 작업에서 저장된 예측의 최종 단계 이그레스egress[12]를 제어하고, 피처 생성 로직을 피처 스토어가 관리하는 ETL 프로세스에 연결하면, 시간순 관점에서 전송 일관성을 보장합니다. 예측을 생성하는 팀의 데이터 과학 관점에서는 이것이 중요한 고려 사항이 아닌 것처럼 보이겠지만, 예측 가능한 데이터 가용성 일정이 있다면 서비스 제공 회사의 전문성을 비약적으로 높일 수 있습니다.

품질 보증

대량 예측을 외부(회사의 데이터 과학 및 분석 그룹)에 서빙할 때 간혹 간과되는 측면이 예측 결과를 가지고 철저한 품질 검사를 수행하는 것입니다.

내부 프로젝트에서는 명백한 예측 오류에 대한 간단한 점검에 의존할 수 있습니다. 가령 조용한 오류silent failure를 무시해 널 값이 생기거나 선형 모델이 무한대를 예측하는 등의 오류입니다. 하지만 데이터 결과물을 외부로 전송할 때는 예측의 최종 사용자가 오류를 발견할 가능성을 최소화하기 위해 추가 단계를 수행해야 합니다. 인간은 패턴에서 이상 징후를 찾는 데 매우 능숙하기 때문에, 일괄적으로 제공되는 예측 데이터셋에 아무리 작은 문제라도 있다면 데이터 소비자의 시선을 끌기 마련입니다. 이는 결국 솔루션의 효용성에 대한 믿음을 떨어뜨리고 소비자가 사용하지 않을 정도까지 악화될 수 있습니다.

제 경험에 비춰볼 때, 데이터 전문가 팀 외부에 대량 예측을 배포할 때는 데이터를 공개하기 전에 아래와 같은 점검을 수행하는 것이 좋습니다.

- 훈련 데이터에 대한 예측 결과를 검증합니다.
  - 분류 문제: 집계된 클래스 수 비교
  - 회귀 문제: 예측 분포 비교
  - 비지도 문제: 그룹 멤버십 수 평가
- 예측 이상값을 확인합니다(회귀 문제에 적용 가능합니다).
- 해당되는 경우, 주제 전문가의 지식을 기반으로 휴리스틱 규칙을 구축해, 예측 결과가 해당 주제에 대한 확률 영역을 벗어나지 않게 합니다.

---

11 옮긴이_ 게이트 서빙은 입력 데이터 크기가 일정 크기에 도달할 때까지 데이터를 모았다가 한 번에 서빙하는 방식이고 비게이트 서빙은 데이터가 수집될 때마다 서빙하는 방식입니다. 게이트 서빙은 서버 측 동적 배칭(server-side dynamic batching)과 다른 개념으로, 서버 측 동적 배칭은 여러 클라이언트의 요청을 받아 서버에서 일정 크기의 배치로 묶어 서빙하는 방식입니다.

12 옮긴이_ 데이터가 한 시스템에서 다른 시스템으로 전송된다는 의미이며, 클라우드 컴퓨팅에서는 데이터가 클라우드 서비스의 외부로 전송되는 것을 뜻합니다.

- 유입된 피처, 특히 인코딩 키가 기존에 없었던 경우 범용 캐치올 인코딩을 사용하도록 인코딩된 피처를 유효성 검증해 데이터가 훈련된 모델과 완전히 호환되는지 확인합니다.

배치 예측의 출력에 대해 몇 가지 추가 검증 단계를 수행함으로써 최종 사용자의 입장에서 최종 결과에 대한 혼선과 잠재적 신뢰도 저하를 방지하게 됩니다.

16.3.3 마이크로배치 스트리밍

스트리밍 예측 패러다임의 적용 분야는 다소 한정됩니다. REST API 서비스를 사용해야 하는 엄격한 SLA 요구 사항을 충족할 수 없을뿐더러 소규모 배치 예측 요구 사항에는 과도하기 때문에, 스트리밍 예측은 ML 서비스 인프라에서 고유의 영역을 차지하고 있습니다. 이 틈새 시장은 상대적으로 높은 SLA(몇 초 내지 몇 주 단위로 측정)와 추론 데이터셋이 대규모인 프로젝트의 요구 사항에 확고하게 집중되어 있습니다.

높은 SLA 요구 사항을 처리하는 스트리밍의 매력은 비용과 복잡성 감소에 있습니다. REST API 서비스(또는 대규모 데이터의 페이지 단위 대량 예측을 수행하는 유사한 마이크로서비스)로 전송되는 대량 예측을 지원하기 위해 확장 가능한 인프라를 구축하는 대신, 스트리밍 소스(가령 카프카 또는 클라우드 객체 스토리지 큐 인덱스)에서 행 기반 데이터를 추출하고 직렬화된 모델 아티팩트로 스트림에서 기본적으로 예측을 실행할 수 있도록 간단한 아파치 스파크 구조적 스트리밍 작업을 구성할 수 있습니다. 이렇게 하면 복잡성이 크게 줄고, 배치 스트리밍 상태 저장 연산이 지원되며, 예측에 필요하지 않을 때 고비용의 인프라를 가동하지 않아도 됩니다.

대규모 데이터의 관점에서는 스트리밍을 사용하면 기존의 배치 예측 패러다임에서 대규모 데이터셋 예측에 필요한 인프라 규모가 줄니다. 전체 데이터셋을 메모리에 저장하는 데 필요한 것보다 비교적 작은 규모의 머신 클러스터를 통해 데이터를 스트리밍하면 인프라 부담이 훨씬 경감됩니다.

이는 상대적으로 높은 SLA를 갖춘 ML 설루션의 총 소유 비용[13] 절감으로 직결됩니다. [그림 16-15]는 기존의 배치 또는 REST API 설루션보다 더 낮은 복잡성과 비용으로 예측을 서빙하는 간단한 구조화된 스트리밍 접근 방식을 보여줍니다.

---

13 옮긴이_ 인프라의 초기 구축 비용만이 아니라 유지 보수, 업그레이드, 운영 비용 등이 모두 포함된 총비용을 의미합니다.

이 아키텍처는 대부분의 ML 서비스 요구 사항을 충족하지는 못하지만, 초고용량 데이터셋에 대한 배치 예측과 SLA가 특별히 엄격하지 않은 경우 REST API의 매력적인 대안입니다. 이 서빙 방법론이 이런 틈새 시장에 적합하다면 그 자체만으로도 비용 절감을 위해 구현할 가치가 있습니다.

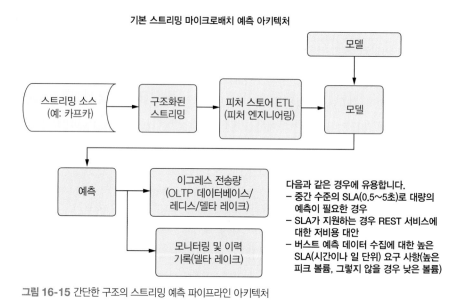

그림 16-15 간단한 구조의 스트리밍 예측 파이프라인 아키텍처

16.3.4 실시간 서버 측 서빙

실시간 서빙의 가장 큰 특징은 낮은 SLA입니다. 이는 서비스 예측의 기본 아키텍처 설계에 직접적인 영향을 미칩니다. 이 패러다임을 지원하는 모든 시스템에는 서비스로 호스팅할 모델 아티팩트가 필요하며, 모델 아티팩트로 전달된 데이터를 받아들이는 인터페이스, 예측을 수행하는 계산 엔진, 원래 요청자에게 예측 결괏값을 리턴하는 메서드가 결합되어야 합니다.

실시간 서비스 아키텍처 구현의 세부 사항은 트래픽 수준을 분류해 정의할 수 있으며, 트래픽 수준을 낮은 볼륨low volume,[14] 버스트 용량이 있는 낮은 볼륨low volume with burst capacity,[15] 높은

----

14 옮긴이_ 보통 초당 수백 건 이하의 요청이 들어오는 경우를 의미합니다.
15 옮긴이_ 평소에는 볼륨이 낮지만 특정 이벤트 발생으로 시스템에 갑작스럽게 많은 요청이 들어올 때를 의미합니다.

볼륨high volume[16]의 세 가지 주요 그룹으로 구분합니다. 각 그룹은 고가용성과 최소 비용으로 솔루션을 구현하기 위해 서로 다른 인프라 설계와 도구 구현이 필요합니다.

낮은 볼륨

낮은 볼륨(저속 요청)을 위한 일반 아키텍처는 REST 마이크로서비스 컨테이너 아키텍처와 다르지 않습니다. 어떤 REST 서버를 사용하든, 애플리케이션을 실행하는 데 어떤 컨테이너 서비스를 사용하든, 어떤 VM 관리 제품군을 사용하든 관계없이 외부 엔드포인트에 유일하게 추가되는 기본 사항은 관리되는 하드웨어에서 REST 서비스가 실행되도록 하는 것입니다. 그렇다고 해서 반드시 완전 관리형 클라우드 서비스를 사용해야 하는 것은 아니지만, 소량의 프로덕션 서비스라도 시스템이 계속 가동되어야 한다는 요구 사항이 있습니다.

구축 중인 컨테이너를 실행하는 인프라는 ML 관점뿐만 아니라 성능 고려 사항에서도 모니터링해야 합니다. 호스팅 VM에서 컨테이너의 메모리 사용률, CPU 사용률, 네트워크 레이턴시, 요청 실패 및 재시도 등을 모두 실시간으로 모니터링하고, 서비스 요청을 처리하는 데 문제가 발생할 경우 페일오버할 수 있는 이중화 백업을 준비해야 합니다.

트래픽 라우팅의 확장성과 복잡성은 프로젝트에 대한 SLA 요구 사항이 충족된다면 분당 수십에서 수천 건의 요청이 들어오는 낮은 볼륨 솔루션에서는 문제가 되지 않기 때문에 낮은 볼륨 유스 케이스에서는 더 간단한 배포 및 모니터링 아키텍처가 요구됩니다.

버스트 볼륨 및 높은 볼륨

버스트 트래픽을 지원하는 규모로 이동하는 경우, 탄력성을 서빙 레이어에 통합하는 것은 아키텍처에 추가해야 할 중요 사항입니다. 개별 VM에는 예측을 처리할 수 있는 스레드 수가 제한되기 때문에 예측을 위해 들어오는 요청이 폭주해 단일 VM의 실행 용량을 초과하면 해당 VM이 과부하될 수 있습니다. 무응답, REST 시간 초과, VM 불안정성(잠재적 충돌)으로 인해 단일 VM 모델 배포를 사용할 수 없습니다. 버스트 볼륨과 높은 볼륨 서비스를 처리하기 위한 솔루션은 탄력적 로드 밸런싱load balancing의 형태로 프로세스 격리 및 라우팅을 통합하는 것입니다.

----

16 옮긴이_ 시스템이 처리할 수 있는 양을 초과하는 매우 많은 양의 요청이 들어온 상황을 의미합니다.

로드 밸런싱은 이름에서 알 수 있듯이 샤드된 VM(애플리케이션을 제공하는 모델의 복제된 컨테이너)에서 요청을 라우팅하는 수단입니다. 많은 컨테이너를 병렬로 실행하면 요청 부하를 수평적으로 확장해 엄청나게 많은 양의 요청을 처리할 수 있습니다. 이런 서비스(각 클라우드에는 기본적으로 동일한 작업을 수행하는 고유한 서비스가 있음)는 컨테이너를 배포하는 ML 팀과 최종 사용자 모두에게 투명합니다. 요청이 들어오는 단일 엔드포인트와 빌드 및 배포할 단일 컨테이너 이미지를 통해 로드 밸런싱 시스템은 부하 부담이 자율적으로 분산되도록 해서 서비스 중단과 불안정성을 방지합니다.

클라우드에 종속되지 않는 서비스를 활용하는 일반적인 설계 패턴은 [그림 16-16]과 같습니다. 컨테이너 내에서 모델 아티팩트와 인터페이스하는 간단한 파이썬 REST 프레임워크(플라스크)를 활용하면 높은 볼륨 및 버스트 트래픽 요구 사항을 지원하는 확장 가능한 예측을 수행할 수 있습니다.

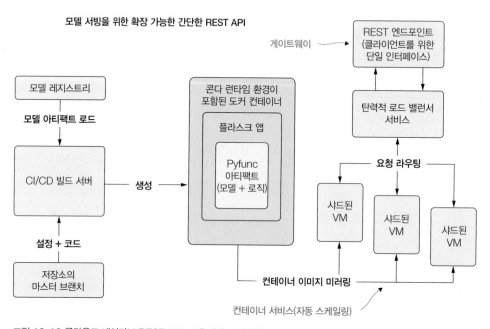

그림 16-16 클라우드 네이티브 REST API 모델 서비스 아키텍처

이 베어본 아키텍처는 예측을 제공하기 위해 탄력적으로 확장하는 실시간 REST 기반 서비스를 위한 기본 템플릿입니다. 이 다이어그램에는 이전 장에서 설명한 중요한 구성 요소, 즉 피처

모니터링, 재훈련 트리거, A/B 테스트, 모델 버전 관리가 빠졌지만, 소규모 실시간 시스템과 대규모 트래픽을 처리하는 서비스를 구분하는 핵심 구성 요소가 포함되었습니다.

[그림 16-16]에 나타난 로드 밸런서의 핵심은 시스템이 단일 VM의 사용 가능한 최대 코어 수(플라스크 앞에 구니콘gunicorn[17]을 배치하면 VM의 모든 코어가 동시에 요청을 처리할 수 있음)에서 수백 개 이상의 동시 예측을 처리할 수 있도록 수평적 확장을 가능하게 하는 것입니다. 하지만 이런 확장성에는 주의가 필요합니다. 이 기능을 추가하면 서빙 솔루션의 복잡성과 비용이 증가하기 때문입니다.

[그림 16-17]은 대규모 REST API 솔루션에 대한 보다 면밀한 설계를 보여줍니다. 이 아키텍처는 매우 높은 예측 트래픽 속도와 프로덕션 배포를 위해 볼륨, SLA, 분석 유스 케이스를 충족하도록 오케스트레이션해야 하는 모든 서비스를 지원합니다.

이런 시스템은 구성 요소가 많습니다. 프로젝트 유스 케이스의 요구 사항을 충족하기 위해 서로 다른 수십 개 시스템이 애플리케이션 스택에 결합될 정도로 복잡성이 커지기 쉽습니다. 따라서 이런 아키텍처가 필요한 솔루션 구축에 관심이 있는 사업부에게 시스템 지원과 관련된 복잡성뿐만 아니라 비용에 대해서도 설명하는 것이 가장 중요합니다.

통상 이런 복잡성으로 인해 데이터 과학 팀이 자체적으로 유지 관리할 수 있는 환경이 되지는 못합니다. 이 같은 서비스의 설계, 배포, 유지 관리에는 데브옵스, 핵심 엔지니어링, 백엔드 개발자, 소프트웨어 아키텍트가 관여합니다. 클라우드 서비스 요금은 총 소유 비용에서 고려할 사항이지만, 이 같은 서비스를 지속적으로 운영하는 데 필요한 인적 자본 투자도 빼놓을 수 없는 요소입니다.

SLA 요구 사항과 규모가 이 정도로 복잡다단하다면 프로젝트 초기에 이런 요구 사항을 파악하고, 투자에 대해 솔직하게 이야기하며, 사업부가 사업 규모를 이해하도록 하는 것이 현명합니다. 사업부가 투자할 만한 가치가 있다고 동의한다면 계속해서 프로젝트를 진행하세요. 그러나 사업부 팀장이 이런 거대한 시스템을 설계하고 구축한다는 것에 부담을 느낀다면, 프로젝트에 많은 시간과 노력이 투입된 개발 막바지에 이런 시스템을 무리하게 구축하도록 강요하지 않는 것이 가장 좋습니다.

---

17 옮긴이_ WSGI(Web Server Gateway Inferface) HTTP 서버로 플라스크와 같은 웹 애플리케이션을 실행하고 HTTP 요청을 처리하는 서버 역할을 합니다. 자체 로드 밸런싱 기능을 제공하고 다중 프로세스 방식으로 동작하기에 트래픽 부하가 클 경우에도 안정적으로 작동합니다. 플라스크만으로도 웹 서버를 구축할 수 있지만, 플라스크는 단일 프로세스에서 여러 요청을 처리하므로 트래픽 부하가 클 때 병목이 발생하게 됩니다.

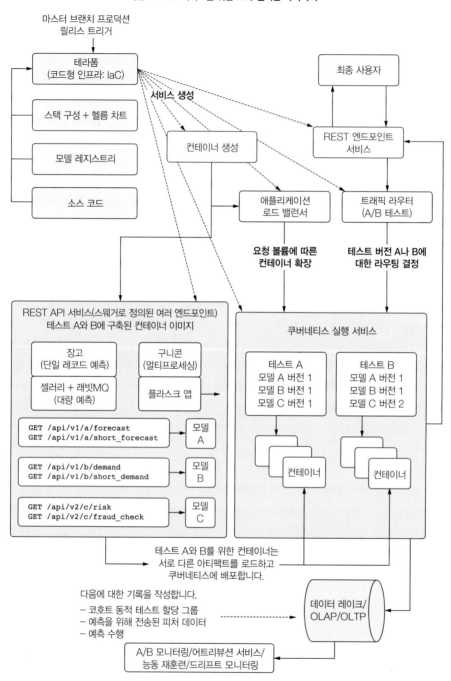

그림 16-17 대규모 REST API 모델 서비스를 위한 자동화된 인프라 및 서비스

16.3.5 통합된 모델(에지 배포)

에지 배포는 특정 유스 케이스를 위한 짧은 레이턴시 서빙의 궁극적인 단계입니다. 모델 아티팩트와 모든 종속 라이브러리를 컨테이너 이미지의 일부로 배포하기 때문에 다른 어떤 접근 방식보다 확장성이 뛰어납니다. 그러나 이 배포 패러다임은 앱 개발자에게 상당한 부담을 안겨줍니다.

- 신규 모델이나 재훈련한 모델의 배포는 앱 배포 및 업그레이드와 함께 예정되어야 합니다.
- 예측 및 생성된 피처의 모니터링은 인터넷 연결 상태에 따라 달라집니다.
- 예측 결과에 대한 휴리스틱 또는 최종 단계 수정은 서버 측에서 수행할 수 없습니다.
- 서빙 컨테이너 내의 모델과 인프라는 적절한 기능을 보장하기 위해 더 심층적이고 복잡한 통합 테스트가 필요합니다.
- 디바이스 사양에 따라 모델의 복잡성이 제한되어 더 간단하고 가벼운 모델링 설루션이 필요할 수 있습니다.

이런 이유로 에지 배포는 많은 유스 케이스에서 그다지 매력적인 방법이 아닙니다. 모델 변경 속도가 매우 느리고, 모델에 드리프트 영향이 발생하면 신규 빌드를 푸시하는 시간보다도 훨씬 더 빨리 에지 배포 모델이 무의미해질 수 있으며, 일부 최종 사용자가 활용할 모니터링 기능이 부족합니다. 따라서 에지 배포 패러다임은 대부분의 프로젝트에 적용할 수 없을 정도로 큰 단점을 안고 있습니다. 이런 에지 배포의 단점이 문제가 되지 않는 사람들을 위해 이 서빙 스타일의 일반 아키텍처를 [그림 16-18]에 정리했습니다.

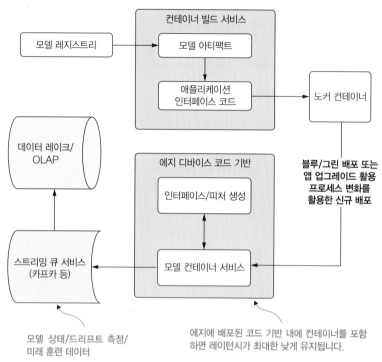

간단한 에지 배포 아키텍처

컨테이너 빌드 서비스

모델 레지스트리 → 모델 아티팩트

애플리케이션 인터페이스 코드 → 도커 컨테이너

데이터 레이크/ OLAP

에지 디바이스 코드 기반

인터페이스/피처 생성

모델 컨테이너 서비스

스트리밍 큐 서비스 (카프카 등)

블루/그린 배포 또는 앱 업그레이드 활용 프로세스 변화를 활용한 신규 배포

모델 상태/드리프트 측정/ 미래 훈련 데이터

에지에 배포된 코드 기반 내에 컨테이너를 포함 하면 레이턴시가 최대한 낮게 유지됩니다.

그림 16-18 에지 배포 모델 아티팩트 컨테이너의 간소화된 아키텍처

앞에서 살펴봤듯이, 에지 배포는 애플리케이션 코드 기반과 긴밀하게 결합되어 있습니다. 모델에서 수행할 예측 작업을 지원하는 런타임에 필수 패키징된 라이브러리가 많기 때문에, 아티팩트를 컨테이너화하면 앱 개발 팀이 데이터 과학 팀과 동일한 환경을 유지 관리할 수 없습니다. 이렇게 하면 컨테이너 기반이 아닌 모델 에지 배포에서 발생할 수 있는 많은 문제, 예를 들면 환경 종속성 관리, 언어 선택 표준화, 공유 코드 기반의 기능에 대한 라이브러리 동기화 등을 완화할 수 있습니다.

에지 배포를 활용할 수 있는 프로젝트, 특히 이미지 분류 같은 작업에 중점을 둔 프로젝트에 활용하면 인프라 비용이 크게 절감됩니다. 에지 배포에 적합한 조건은 모델에서 활용되는 피처의 고정성stationarity 상태입니다. 이미징 유스 케이스와 같이 모델 입력 데이터의 기능적 특성이 특별히 자주 변경되지 않는 경우, 에지 배포를 활용하면 인프라를 크게 간소화하고 ML 설루션의

총 소유 비용을 매우 낮게 유지하게 됩니다.[18]

16.4 요약

- 모델 레지스트리 서비스는 배포 및 아카이브된 모델의 효과적인 상태 관리를 보장해 수동 개입 없이도 효과적인 수동 및 능동 재훈련 설루션을 구현할 수 있도록 지원합니다.

- 피처 스토어는 피처 생성 로직을 모델링 코드에서 분리해 재훈련 프로세스를 가속화하고, 프로젝트 전반에서 피처를 재사용하며, 피처 드리프트에 대한 훨씬 간단한 모니터링 방법을 제공합니다.

- 서비스를 제공하기에 적합한 아키텍처를 선택하려면 프로젝트의 여러 특성을 고려해야 합니다. 예측 서비스가 비용 효율적이고 안정적인지 확인하기 위해 필요한 SLA, 예측 볼륨, 데이터의 최신성을 지원하는 적절한 수준의 서비스와 인프라를 사용하는 것 등입니다.

---

18 옮긴이_ 컴퓨터 비전 분야의 모델, 특히 CNN 기반 모델은 데이터 분포 변화에 상대적으로 강건하지만 실제 배포 환경에서 도메인 갭(domain gap) 문제가 얼마나 발생하는지를 면밀히 검토해야 합니다. 데이터를 수집하는 장치(예: 카메라)의 특성, 다른 환경에서 수집된 데이터에 따라 강건성이 떨어질 수 있기 때문입니다. 이런 경우 도메인 적응, 증분 학습, 데이터 증강, 전이 학습 등의 기법도 같이 검토하는 것이 좋습니다.

부록

Part VI

부록

빅오 및 런타임 성능 고려 방법

ML 유스 케이스의 런타임 복잡도는 여느 소프트웨어와 다르지 않습니다. 비효율적이고 제대로 최적화되지 않은 코드는 다른 엔지니어링 프로젝트와 마찬가지로 ML 잡[job]의 프로세싱 태스크[task]에도 영향을 미칩니다.[1] ML 작업이 기존 소프트웨어와 차별화되는 유일한 점은 문제 해결에 사용되는 알고리듬입니다. 알고리듬 계산 및 공간 복잡도가 보통 재귀 반복을 캡슐화하는 상위 수준 API에 의해 가려져 런타임이 크게 증가합니다.

부록 A에서는 제어 코드(모델 훈련에 관여하지 않는 프로젝트 코드)의 런타임 특성과 훈련 중인 ML 알고리듬 자체를 이해하는 데 초점을 두겠습니다.

A.1 빅오란 무엇인가요?

곧 프로덕션에 출시될 예정인 프로젝트를 진행하고 있다고 가정하겠습니다. 프로젝트 결과가 매우 훌륭해서 프로젝트를 구축한 사업부도 성과에 만족합니다. 하지만 모두가 만족한 것은 아닙니다. 솔루션을 실행하는 데 드는 비용이 막대하기 때문입니다.

---

1 옮긴이_ 잡과 태스크를 직역하면 모두 작업이지만, 의미가 다릅니다. 잡은 큰 작업 단위이고 태스크는 작은 작업 단위로 잡 내에서 실행되는 업무를 가리킵니다. 부록 A에서는 한 문장에서 잡과 태스크를 모두 병용하는 경우가 있으므로 외래어를 그대로 표기합니다.

코드를 살펴보고 실행 시간의 대부분이 피처 엔지니어링 전처리 단계에서 소모된다는 사실을 알게 됩니다. 코드의 특정 부분에서 당초 예상보다 훨씬 더 오랜 시간이 걸리고 있습니다. [예제 A-1]의 초기 테스트 결과를 보고 함수에 별문제가 없으리라 생각했는데 말이죠.

예제 A-1 중첩된 루프 이름 조정 예제[2]

```
import nltk
import pandas as pd
import numpy as np
client_names = ['Rover', 'ArtooDogTwo', 'Willy', 'Hodor',
                'MrWiggleBottoms', 'SallyMcBarksALot', 'HungryGames',
                'MegaBite', 'HamletAndCheese', 'HoundJamesHound',
                'Treatzilla', 'SlipperAssassin', 'Chewbarka',
                'SirShedsALot', 'Spot', 'BillyGoat', 'Thunder',
                'Doggo', 'TreatHunter']                              ①
extracted_names = ['Slipr Assassin', 'Are two dog two',
                   'willy', 'willie', 'hodr', 'hodor', 'treat zilla',
                   'roover', 'megbyte', 'sport', 'spotty', 'billygaot',
                   'billy goat', 'thunder', 'thunda', 'sirshedlot',
                   'chew bark', 'hungry games', 'ham and cheese',
                   'mr wiggle bottom', 'sally barks a lot']          ②

def lower_strip(string): return string.lower().replace(" ", "")

def get_closest_match(registered_names, extracted_names):
    scores = {}
    for i in registered_names:                                        ③
        for j in extracted_names:                                     ④
            scores['{}_{}'.format(i, j)] = nltk.edit_distance(lower_strip(i),
                                                      lower_strip(j))  ⑤
    parsed = {}

    for k, v in scores.items():                                       ⑥
        k1, k2 = k.split('_')
        low_value = parsed.get(k2)
        if low_value is not None and (v < low_value[1]):
            parsed[k2] = (k1, v)
        elif low_value is None:
```

----

2 옮긴이_ 이 코드 스니펫에 대해 첨언하자면, client_names는 DB에 등록된 실제 반려견 이름이고 extracted_names는 고객이 휴대폰 등의 수단으로 자유롭게 작성한 리뷰에서 추출한 반려견 이름입니다. 반려견의 애칭을 부를 때도 있고 철자가 틀릴 때도 있기에 이를 전처리 단계에서 조정하는 코드의 예시입니다.

```
            parsed[k2] = (k1, v)
    return parsed

get_closest_match(client_names, extracted_names)                              ⑦
>> {'Slipr Assassin': ('SlipperAssassin', 2),
    'Are two dog two': ('ArtooDogTwo', 2),
    'willy': ('Willy', 0),
    'willie': ('Willy', 2),
    'hodr': ('Hodor', 1),
    'hodor': ('Hodor', 0),
    'treat zilla': ('Treatzilla', 0), 'roover': ('Rover', 1),
    'megbyte': ('MegaBite', 2),
    'sport': ('Spot', 1),
    'spotty': ('Spot', 2),
    'billygaot': ('BillyGoat', 2),
    'billy goat': ('BillyGoat', 0),
    'thunder': ('Thunder', 0),
    'thunda': ('Thunder', 2),
    'sirshedlot': ('SirShedsALot', 2),
    'chew bark': ('Chewbarka', 1),
    'hungry games': ('HungryGames', 0),
    'ham and cheese': ('HamletAndCheese', 3),
    'mr wiggle bottom': ('MrWiggleBottoms', 1),
    'sally barks a lot': ('SallyMcBarksALot', 2)}                              ⑧
```

1. 당사 데이터베이스에 등록된 반려견의 이름 리스트(샘플 일부)

2. 고객의 사용자에게서 수집한 자유 형식의 텍스트 필드 평점free-text field rating에서 파싱된 이름

3. 등록된 모든 이름을 반복합니다.

4. 이름 각각을 통과하는 $O(n^2)$ 중첩 루프

5. 공백을 제거하고 두 문자열을 모두 소문자로 강제 변환한 후 이름 사이의 레벤슈타인 거리Levenshtein distance를 계산합니다.

6. 쌍별 거리 측정값을 반복해 파싱된 각 이름에서 일치 가능성이 가장 높은 결과를 반환합니다. 계산 비용은 $O(n)$입니다.

7. 등록된 이름과 파싱된 이름의 두 리스트에 알고리듬을 실행합니다.

8. 레벤슈타인 거리를 기준으로 가장 근접한 일치 결과입니다.

유효성 검증과 개발에 사용된 소규모 데이터셋에서는 실행 시간을 밀리초 단위로 측정했습니다. 그러나 등록된 반려견 500만 마리와 100억 개의 이름 참조 추출로 구성된 전체 데이터셋에서는 반려견이 매우 많아 알고리듬을 실행할 수 없습니다.

알고리듬의 계산 복잡도가 $O(n^2)$이기 때문입니다. 다음 페이지의 [그림 A-1]에 표시된 것처럼 등록된 반려견 이름마다 각각의 이름 추출물까지의 거리를 테스트하고 있습니다.

다음 예제는 루프 검색을 단축하는 접근 방식을 보여줍니다.

예제 A-2 약간 더 나은 접근 방식(하지만 여전히 완벽하지는 않음)

```
JOIN_KEY = 'joinkey'
CLIENT_NM = 'client_names'
EXTRACT_NM = 'extracted_names'
DISTANCE_NM = 'levenshtein'

def dataframe_reconciliation(registered_names, extracted_names, threshold=10):
    C_NAME_RAW = CLIENT_NM + '_raw'
    E_NAME_RAW = EXTRACT_NM + '_raw'
    registered_df = pd.DataFrame(registered_names, columns=[CLIENT_NM])      ①
    registered_df[JOIN_KEY] = 0                                              ②
    registered_df[C_NAME_RAW] = registered_df[CLIENT_NM].map(lambda x:
        lower_strip(x))                                                     ③
    extracted_df = pd.DataFrame(extracted_names, columns=[EXTRACT_NM])
    extracted_df[JOIN_KEY] = 0                                              ④
    extracted_df[E_NAME_RAW] = extracted_df[EXTRACT_NM].map(lambda x:
        lower_strip(x))
    joined_df = registered_df.merge(extracted_df, on=JOIN_KEY, how='outer')  ⑤
    joined_df[DISTANCE_NM] = joined_df.loc[:, [C_NAME_RAW, E_NAME_RAW]]
                             .apply(lambda x: nltk.edit_distance(*x), axis=1)  ⑥
    joined_df = joined_df.drop(JOIN_KEY, axis=1)
    filtered = joined_df[joined_df[DISTANCE_NM] < threshold]                 ⑦
    filtered = filtered.sort_values(DISTANCE_NM).groupby(EXTRACT_NM,
                                    as_index=False).first()                  ⑧
    return filtered.drop([C_NAME_RAW, E_NAME_RAW], axis=1)
```

1. client_names 리스트에서 판다스 데이터프레임을 생성합니다.

2. 앞으로 수행할 카테시안 조인[3]을 처리하기 위해 정적 조인static join 키를 생성합니다.

3. 레벤슈타인 계산 정확도를 최대한 높이기 위해 이름을 정리합니다([예제 A-1]에 정의된 함수).

4. 우측 테이블에 동일한 정적 조인 키를 생성해 카테시안 조인을 적용합니다.

5. 카테시안 조인을 수행합니다. 공간 복잡도가 $O(n^2)$입니다.

6. NLTK 패키지를 사용해 레벤슈타인 거리를 계산합니다.

---

3   옮긴이_ 두 개의 테이블 간에 어떠한 조건도 없이 가능한 모든 행의 조합을 반환하는 조인 기법입니다.

7. 데이터프레임에서 잠재적으로 일치하지 않는 항목을 모두 제거합니다.

8. 레벤슈타인 거리 점수가 가장 낮은 각 잠재적 일치 키에 대한 행을 반환합니다.

반려견 전문 식품 주식회사
반려견을 위한 장인의 음식 제공
"어떤 반려견도 우주견 사료를 먹고 살면 안 됩니다."
– 강아지

정말 착한 친구™

평점 피드백

Extracted Name	Rating
Willie	10
Champy	7
Buster	4
Rovre	2
ChewieBarka	8
CountBark	9

등록된 사용자 데이터

Client Name	Human	Age	Favorite Food
Willy	Julie	9	yes
CountBarkula	James	3	chicken
Champ	Maria	6	tacos
Buster	Saul	2	mom's spaghetti
Rover	John	8	ice cream
Chewbarka	Susan	4	carrots

리뷰를 스마트폰 사용자 댓글에서 가져왔기 때문에 이름을 추출해야 하는데, 개중에는 철자가 틀린 이름도 있습니다.

철자 오류를 바로잡고 평점 데이터를 올바른 반려견으로 조정하기 위해...

고객 이름(반려견)이 포함된 마스터 사용자 데이터셋은 참조 문제를 해결할 그라운드 트루스 소스입니다.

Extracted Name	Rating
Willie	10
Champy	7
Buster	4
Rovre	2
ChewieBarka	8
CountBark	9

1
2
3
4
5
6

Client Name	Human	Age	Favorite Food
Willy	Julie	9	yes
CountBarkula	James	3	chicken
Champ	Maria	6	tacos
Buster	Saul	2	mom's spaghetti
Rover	John	8	ice cream
Chewbarka	Susan	4	carrots

등록된 모든 이름에서 각 이름을 순차적으로 확인합니다.

그다음 이 과정을 각 반려견에게 반복합니다.

이름 리스트가 늘어날수록 런타임이 급격히 증가합니다.

그림 A-1 피처 엔지니어링의 계산 복잡도

> **NOTE_** 이 예제에서 사용한 NLTK 패키지와 파이썬에서 자연어 처리에 활용하는 환상적인 기능을 자세히 알고 싶다면, NLTK 오픈 소스 프로젝트의 원저자인 스티븐 버드Steven Bird, 이완 클라인Ewan Klein, 에드워드 로퍼Edward Loper가 공동 집필한 『Natural Language Processing with Python(파이썬을 이용한 자연어 처리)』(오라일리, 2009)를 꼭 읽어보세요.

데이터프레임 접근 방식을 활용하면 런타임 속도가 현저히 빨라집니다. 공간 복잡도가 증가하기 때문에, [예제 A-2]가 완벽한 설루션이 아니어도 이런 방식으로 리팩터링하면 프로젝트 런타임이 획기적으로 단축되고 비용도 절감됩니다. [그림 A-2]는 [예제 A-2]에서 정의한 함수를 호출한 결과입니다.

반려견 이름 판별 알고리듬의 데이터프레임 표현

	extracted_names	client_names	levenshtein
0	Are two dog two	ArtooDogTwo	2
1	Slipr Assassin	SlipperAssassin	2
2	billy goat	BillyGoat	0
3	billygaot	BillyGoat	2
4	chew bark	Chewbarka	1
5	ham and cheese	HamletAndCheese	3
6	hodor	Hodor	0
7	hodr	Hodor	1
8	hungry games	HungryGames	0
9	megbyte	MegaBite	2
10	mr wiggle bottom	MrWiggleBottoms	1
11	roover	Rover	1
12	sally barks a lot	SallyMcBarksALot	2
13	sirshedlot	SirShedsALot	2
14	sport	Spot	1
15	spotty	Spot	2
16	thunda	Thunder	2
17	thunder	Thunder	0
18	treat zilla	Treatzilla	0
19	willie	Willy	2
20	willy	Willy	0

반려견이 장인의 음식을 얼마나 좋아했는지 이야기한 자유 형식 텍스트 댓글에서 파싱된 반려견 이름

데이터베이스에 등록된 반려견 이름

데이터프레임을 필터링해 반환된 가장 낮은 점수(가장 일치하는 점수)를 찾았습니다.

그림 A-2 공간 복잡도를 희생해 계산 복잡도 줄이기

이 예제에서는 확장성이 **상대적**이라는 점을 유념해야 합니다. 여기서는 계산 복잡도와 공간 복잡도를 맞바꾸고 있습니다. 우리는 원래 두 개의 배열을 순차적으로 반복 처리했는데, 이 방법은 시간이 오래 걸리지만 메모리 사용량이 매우 적습니다. 판다스의 행렬 구조를 사용하면 작업 속도가 훨씬 빠르지만 메모리가 많이 필요합니다. 실제로 이와 관련된 데이터 볼륨을 고려할 때 가장 좋은 솔루션은 이 문제를 (가급적이면 스파크 데이터프레임에서) 반복 처리하면서 카테시안 조인을 청크 단위로 활용해 계산 복잡도와 공간 복잡도의 적절한 균형점을 찾는 것입니다.

성능과 비용을 위한 리팩터링

코드 기반의 리팩터링은 주로 테스트 가능성과 확장성을 개선하기 위해 수행합니다. 하지만 ML 코드 기반에서 개선을 이끄는 대표 주자는 런타임 효율성입니다. 이는 일반적으로 ML의 예측 측면보다 모델의 훈련과 재훈련에 더 중점을 두며, 이 작업과 관련해 대단히 복잡한 피처 엔지니어링이 수반됩니다. ML 프로젝트에서 코드 성능이 좋지 않은 근본 원인은 모델 훈련보다 피처 처리와 제어 로직에 있는 경우가 많습니다. 단, 전체 런타임의 대부분을 차지하는 대규모 하이퍼파라미터 튜닝의 경우는 제외합니다.

주로 이런 작업의 장기 실행 특성으로 런타임 성능을 파악하고 최적화하면 ML 솔루션의 총 소유 비용 감소에 큰 영향을 미칩니다. 그러나 효과적으로 최적화하려면, 총 런타임에 영향을 미치는 계산 복잡도와 코드 실행에 필요한 머신의 규모나 개수에 영향을 미치는 공간 복잡도를 분석해야 합니다.

런타임 이슈 분석은 실용적이고 이론적인 관점에서 계산 복잡도와 공간 복잡도를 평가해 처리하는데, 이를 줄여 **빅오**[Big O]라고 합니다.

A.1.1 복잡도 기초 개념

계산 복잡도란 컴퓨터가 알고리듬을 처리하는 데 걸리는 시간을 최악의 경우로 가정해 산정한 수치입니다. 반면에 **공간 복잡도**란 알고리듬이 시스템에 영향을 미칠 수 있는 최악의 메모리 사용량입니다. 계산 복잡도는 대개 CPU에 영향을 미치지만, 공간 복잡도는 디스크 유출[disk spill][4] (하드 드라이브 또는 SSD로의 페이지 매김[pagination])을 일으키지 않고 알고리듬을 처리하

---

4 옮긴이_ RAM 부족으로 일부 데이터를 하드디스크와 SSD 같은 스토리지에 가상 메모리로 저장하는 것을 의미합니다.

기 위해 시스템에 갖춰야 하는 메모리(RAM)와 관련됩니다. [그림 A-3]은 사용 중인 알고리듬에 따라 데이터 포인트 컬렉션에서 작업할 때 공간 계산도와 계산 복잡도가 어떻게 달라지는지를 나타냅니다.

데이터 컬렉션에서 수행되는 다양한 작업은 관련된 시간 및 공간 복잡도에 영향을 미칩니다. [그림 A-3]의 위에서 아래 방향으로 갈수록 다양한 작업의 공간 및 계산 복잡도가 둘 다 증가합니다.

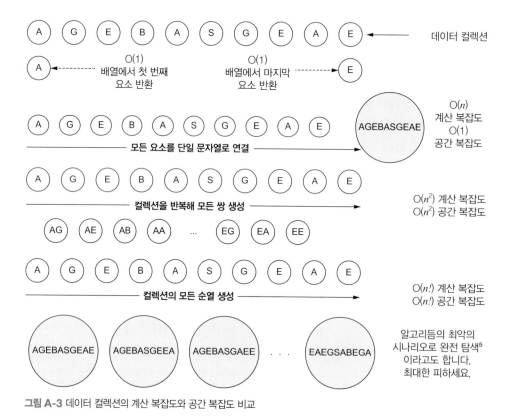

그림 A-3 데이터 컬렉션의 계산 복잡도와 공간 복잡도 비교

알고리듬의 복잡도를 평가할 때 여러 가지 복잡도를 표준으로 간주합니다. [그림 A-4]는 선형 스케일에서의 표준 복잡도 평가를 보여주고, [그림 A-5]는 로그 Y 스케일에서의 표준 복잡도 평가를 보여줌으로써 일부 복잡도를 얼마나 피해야 하는지 알려줍니다.

---

5 옮긴이_ 완전 탐색(brute-force search)은 가능한 모든 경우를 대입해보는 방식의 검색을 의미하며, 무차별 대입법(exhaustive search)이라고도 합니다.

두 그림에서 보듯이 컬렉션 크기와 알고리듬 유형의 관계는 코드의 런타임에 큰 영향을 미칠 수 있습니다. 모델 훈련과 추론을 제외한 코드의 ML 외적 측면에서 공간 및 계산 복잡도 간의 이런 관계를 이해하는 것은 매우 중요합니다.

프로젝트 오케스트레이션 코드에서 컬렉션 순회처럼 간단한 작업을 구현하는 데 얼마의 비용이 소요될지 상상해봅시다. 두 숫자 배열의 관계를 완전 탐색 방식, 즉 중첩된 방식으로 각각을 반복해 평가하려 한다면, 복잡도는 $O(n^2)$이 됩니다. 하지만 최적화된 조인을 통해 리스트를 병합한다면 복잡도가 크게 감소합니다. 대규모 컬렉션을 처리할 때 두 그림에서 보듯이, $O(n^2)$ 복잡도에서 $O(n)$에 가까운 복잡도로 이동하면 비용과 시간을 대폭 절약할 수 있습니다.

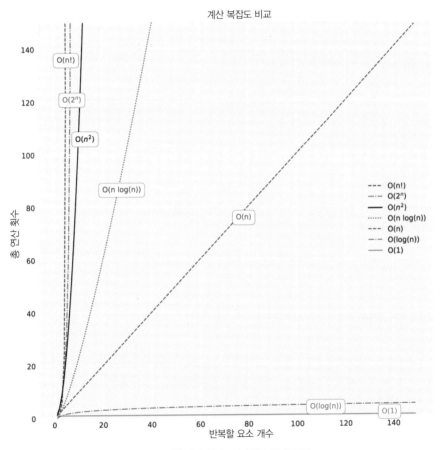

그림 A-4 150회 반복으로 필터링된 다양한 계산 복잡도의 선형 Y축 스케일

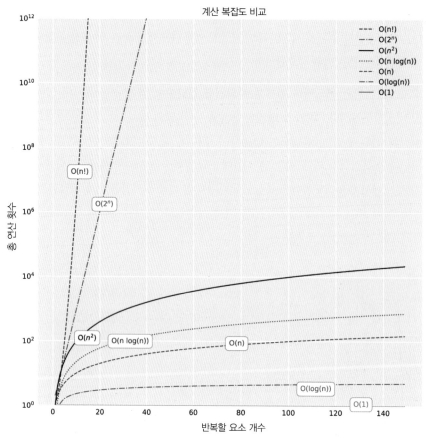

그림 A-5 계산 복잡도의 로그 Y축 스케일. 그래프 상단에 있는 Y축의 크기를 주의 깊게 살펴보세요. 지수 및 팩토리얼 복잡도는 매우 고역일 수 있습니다.

A.2 예시별 복잡도

코드 분석에서 성능 문제를 찾아내기란 쉽지 않습니다. 많은 경우 피처 엔지니어링, 모델 튜닝, 지표 평가, 통계 평가와 관련된 세부 사항을 빠짐없이 파악하는 데 골몰하느라 컬렉션의 반복 방식을 평가한다는 개념 자체를 떠올리지 못하기 때문입니다.

프로젝트에서 이런 요소의 실행을 지시하는 제어 코드를 살펴보고 실행을 복잡도 요소로 생각한다면, 앞으로 발생할 런타임 효과를 상대적으로 추정할 수 있습니다. 이렇게 파악한 정보를 바탕으로 비효율적인 연산(예: 과도하게 중첩된 반복문을 단일 인덱스 탐색으로 축소)을 분리해서 코드를 실행하는 시스템의 CPU와 메모리 부담을 줄일 수 있습니다.

빅오의 이론을 공부했으니 이 알고리듬을 사용한 예제를 살펴보겠습니다. 개념을 완벽하게 이해하려면 컬렉션의 요소 개수 차이가 연산 시점에 어떤 영향을 미치는지 확인해야 합니다.

저는 반려견을 예로 들어 다소 통상적이지 않은 방식으로 주제를 설명한 후에 관계에 대한 예제를 보이고자 합니다. 왜 반려견을 예로 들었을까요? 재미있기 때문이죠!

A.2.1 O(1): '데이터 크기는 중요하지 않음' 알고리듬

거대한 방 안에 있다고 상상해봅시다. 한가운데에 반려견을 위한 음식 그릇이 있습니다. 우리는 이 그릇에 볼로녜세 파스타를 담았습니다. 반려견들이 먹지도 못하는 음식 냄새에 몹시 괴로워했지만, 우리는 음식을 그릇 다섯 개에 국자로 퍼 담고 이벤트 데이터를 기록할 메모장을 준비했습니다. 이벤트가 끝나고 나니 그릇이 파스타를 담기 전보다도 훨씬 깨끗해졌네요. 그리고 반려견 체험단의 다양한 행동을 나타내는 주문 목록이 취합됐습니다.

우리는 관찰한 사실에 대한 질문에 답하고자 할 때, 이 목록에서 이벤트가 발생한 순서와 관련된 단일 인덱싱된 값을 검색하는 작업을 수행합니다. 목록의 크기에 관계없이 O(1)형 질문은 단순히 위치 참조를 기반으로 데이터를 가져오므로 작업에 걸린 시간이 모두 같습니다. [그림 A-6]에서 이 시나리오를 살펴보겠습니다.

그림에서 보듯이 O(1)은 데이터 크기에 상관하지 않습니다. 이런 알고리듬은 단순히 컬렉션을 순회하지 않고 컬렉션 내 데이터의 위치에 액세스하는 방식으로 작동합니다.

이 관계의 계산을 보여주기 위해, [예제 A-3]은 런타임 성능이 비슷하나 크기가 다른 두 데이터 컬렉션에서 수행한 O(1) 작업을 비교합니다.

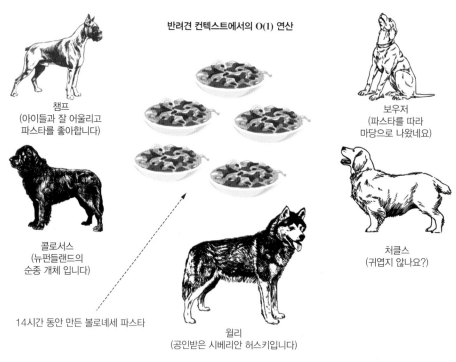

그림 A-6 배고픈 반려견을 통한 O(1) 검색

예제 A-3 O(1)의 복잡도 데모

```
import numpy as np
sequential_array = np.arange(-100, 100, 1)                              ①
%timeit -n 1000 -r 100 sequential_array[-1]                            ②
```

```
>> 269 ns ± 52.1 ns per loop (mean ± std. dev. of
100 runs, 10000 loops each)                                                ③
massive_array = np.arange(-1e7, 1e7, 1)                                    ④
%timeit -n 10000 -r 100 massive_array[-1]
>> 261 ns ± 49.7 ns per loop (mean ± std. dev. of
100 runs, 10000 loops each)                                                ⑤
def quadratic(x):                                                          ⑥
    return (0.00733 * math.pow(x, 3) -0.001166 * math.pow(x, 2) + 0.32 * x 1.7334)

%timeit -n 10000 -r 100 quadratic(sequential_array[-1])                    ⑦
>> 5.31 µs ± 259 ns per loop (mean ± std. dev. of 100 runs, 10000 loops each)
%timeit -n 10000 -r 100 quadratic(massive_array[-1])                       ⑧
>> 1.55 µs ± 63.3 ns per loop (mean ± std. dev. of 100 runs, 10000 loops each)
```

---

1. −100에서 100 사이의 정수 배열을 생성합니다.

2. 액세스 속도를 확인하기 위해서 연산을 10만 회 반복 실행해 실행당 편차를 최소화합니다.

3. 반복당 평균 속도의 절댓값은 코드가 실행되는 하드웨어에 따라 크게 달라집니다. 하지만 8코어 노트북 CPU에서 단일 코어를 사용하는 경우, 269나노초는 꽤 빠른 속도입니다.

4. 첫 번째 배열보다 약간 더 큰 배열을 생성합니다.

5. 261나노초. 10만 배 더 많은 데이터가 있어도 실행 시간은 동일합니다.

6. 단일값에 대한 수학 연산을 설명하는 2차 방정식

7. 배열의 단일값을 5.31마이크로초 만에 실행합니다.

8. 배열의 단일값을 1.55마이크로초 만에 실행합니다(더 큰 배열에 액세스하는 넘파이의 인덱싱 작업으로 이전보다 시간이 단축됨).

첫 번째 배열(sequential_array)은 길이가 200개에 불과하며 인덱싱된 C 언어 기반 구조체 유형에서 요소를 검색하는 데 걸리는 액세스 시간이 매우 빠릅니다. 배열의 크기를 늘려도(2백만 개의 요소를 포함하는 massive_array) 위치 검색에 대한 런타임은 변하지 않습니다. 배열의 최적화된 저장 패러다임으로 인해 인덱스 레지스트리를 통해 요소의 메모리 주소 위치를 상수 $O(1)$ 시간 내에 직접 조회할 수 있기 때문입니다.

ML 프로젝트의 제어 코드에는 복잡도가 $O(1)$인 예시가 많습니다.

• 정렬되고 순위가 지정된 집계 데이터 요소 컬렉션의 마지막 항목 가져오기: 가령 이벤트가 발생 시간별로 정렬된 윈도우 함수입니다. 그러나 윈도우 집계는 정렬을 요하기 때문에 보통 $O(n \log n)$의 시간이 소요됩니다.

- **나머지**modulo **함수**: 한 수를 다른 수로 나눈 나머지를 나타내며, 컬렉션 순회에서 패턴 생성에 유용합니다 (단, 순회는 $O(n)$이 됩니다).
- **동등성 검정**equivalency test[6]: 같음, 더 큼, 더 작음/보다 큼, 보다 작음 등입니다

A.2.2 $O(n)$: 선형 관계 알고리듬

특정 시점에 실험 대상인 반려견의 상태를 알고 싶다면 어떻게 해야 할까요? 반려견이 음식을 먹는 속도를 알아보고 싶다고 합시다. 만찬이 시작되고 30초가 지난 시점에 데이터를 수집해서 각 반려견의 음식 그릇 상태를 확인하기로 했습니다.

각 반려견에 대해 수집한 데이터에는 키-값 쌍이 포함됩니다. 파이썬에서는 반려견의 이름과 그릇에 남은 음식의 양이 포함된 딕셔너리를 수집합니다.

```
thirty_second_check = {'champ': 0.35, 'colossus': 0.65, 'willy': 0.0,
                       'bowser': 0.75, 'chuckles': 0.9}
```

이 연산으로 그릇에 남은 음식량을 추정해 (키, 값) 쌍에 기록하는 작업은 [그림 A-7]에 표시된 것처럼 $O(n)$이 됩니다.

---

6   옮긴이_ 두 실험군 차이가 통계적으로 유의하지 않을 때 실험군이 동등하다는 것을 증명하기 위해 사용하는 통계적 가설 검정 방법입니다.

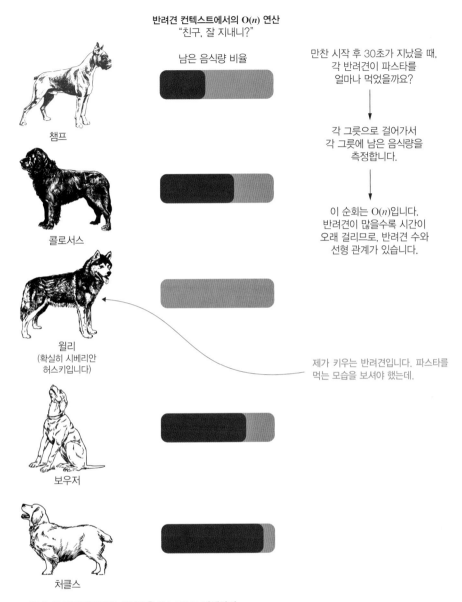

반려견 컨텍스트에서의 O(n) 연산
"친구, 잘 지내니?"

남은 음식량 비율

만찬 시작 후 30초가 지났을 때,
각 반려견이 파스타를
얼마나 먹었을까요?

각 그릇으로 걸어가서
각 그릇에 남은 음식량을
측정합니다.

이 순회는 O(n)입니다.
반려견이 많을수록 시간이
오래 걸리므로, 반려견 수와
선형 관계가 있습니다.

챔프

콜로서스

윌리
(확실히 시베리안
허스키입니다)

제가 키우는 반려견입니다. 파스타를
먹는 모습을 보셔야 했는데.

보우저

처클스

그림 A-7 모든 반려견의 취식률을 O(n)으로 검색하기

보다시피 남은 양을 측정하려면 반려견을 돌아다니며 그릇을 들여다봐야 합니다. 예시처럼 반려견이 다섯 마리이면 몇 초면 됩니다. 하지만 500마리라면 어떨까요? 측정하는 데 몇 분은 족히 걸리겠죠. O(n)은 계산 복잡도를 반영하는 알고리듬(먹은 음식량 확인)과 데이터 크기(반

려견 수) 사이의 선형 관계를 나타냅니다.

소프트웨어 관점에서도 이와 동일한 관계가 적용됩니다. [예제 A-4]는 [예제 A-3]에 정의된 quadratic() 메서드의 반복적인 사용법을 보여주는데, 이는 해당 목록에 정의된 두 개의 넘파이 배열에 있는 각 요소에 작동합니다. 배열의 크기가 증가함에 따라 런타임은 선형적인 방식으로 증가합니다.

예제 A-4 O(n)의 복잡도 데모

```
%timeit -n 10 -r 10 [quadratic(x) for x in sequential_array]
>> 1.37 ms ± 508 µs per loop (mean ± std. dev. of 10 runs, 10 loops each)      ①
%timeit -n 10 -r 10 [quadratic(x) for x in np.arange(-1000, 1000, 1)]
>> 10.3 ms ± 426 µs per loop (mean ± std. dev. of 10 runs, 10 loops each)      ②
%timeit -n 10 -r 10 [quadratic(x) for x in np.arange(-10000, 10000, 1)]
>> 104 ms ± 1.87 ms per loop (mean ± std. dev. of 10 runs, 10 loops each)      ③
%timeit -n 10 -r 10 [quadratic(x) for x in np.arange(-100000, 100000, 1)]
>> 1.04 s ± 3.77 ms per loop (mean ± std. dev. of 10 runs, 10 loops each)
%timeit -n 2 -r 3 [quadratic(x) for x in massive_array]
>> 30 s ± 168 ms per loop (mean ± std. dev. of 3 runs, 2 loops each)           ④
```

1. 작은(-100, 100) 배열을 매핑하고 각 값에 함수를 적용하는 것은 단일값을 검색하는 것보다 시간이 약간 더 걸립니다.

2. 배열의 크기가 10배 증가하고 런타임도 10배 증가합니다.

3. 다시 10배 증가하면 런타임도 그에 따라 증가합니다. 따라서 O(n)입니다.

4. 10배 증가하면 런타임이 30배 증가한다고요? 이는 계산되는 값의 크기와 Cython(최적화된 계산이 사용하는 기본 컴파일된 C* 코드)에서 다른 형태의 곱셈으로 전환했기 때문입니다.

결과에서 볼 수 있듯이 컬렉션 크기와 계산 복잡도의 관계는 **대체로 균일**합니다. 완벽하게 균일하지 않은 이유는 다음 글 상자를 참조하세요.

계산 복잡도로 인해 대규모로 패턴이 무너지는 경우

[예제 A-4]에서 마지막 컬렉션은 이전 컬렉션의 패턴을 그대로 따르지 않습니다. 이와 같은 동작, 즉 대용량 데이터를 처리할 때 예상되는 성능 저하 현상은 모든 시스템, 특히 분산 시스템에서 발생합니다.

일부 알고리듬이 충분한 크기의 데이터를 처리하기 시작하면 메모리 재할당이 해당 알고리듬의 성능을 제한하는 요인이 될 수 있습니다. 마찬가지로, ML 중심 언어(파이썬 또는 JVM에서 실행되는 모든 언어)의 가비지 컬렉션 작업은 시스템에 지시하는 작업을 계속 수행하기 위해 메모리 공간을 확보해야 하므로 런타임 성능에 상당한 장애를 초래합니다.

$O(n)$은 데이터 과학 분야에서 기정 사실입니다. 하지만 이 목록의 다음 관계를 사용하는 소프트웨어를 구축한다면 복잡도가 $O(n^2)$이기에 잠시 멈추고 구현을 재고해야 합니다. 이제부터 상황이 조금 복잡해집니다.

A.2.3 $O(n^2)$: 컬렉션 크기에 대한 다항식 관계

반려견이 음식을 먹고 포만감을 느끼며 식사를 완전히 마쳤으니 이제 가벼운 운동을 해야겠죠. 반려견을 모두 반려견 놀이터에 데리고 가서 동시에 들여보냅니다. 그러면 반려견을 동반한 사교 모임처럼, 첫인사로 다른 반려견을 바짝 따라가며 그 냄새를 맡는 식으로 공식적인 자기 소개를 합니다. [그림 A-8]은 다섯 마리 반려견이 서로 인사하는 조합을 나타냅니다.

반려견 컨텍스트에서의 $O(n^2)$ 연산

"네 냄새를 맡으니 반갑다. 기분이 좋네."

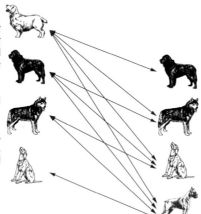

반려견 놀이터에서 인사하기

반려견은 반려견 놀이터에 있는 반려견 모두에게 인사해야 합니다. 반려견이 다섯 마리이면, 이 결과의 조합은 각 반려견의 엉덩이 냄새를 10번 맡는 것입니다.

조합의 예는 다음과 같이 표현됩니다. $_nC_r = n! / r! \times (n - r)!$

진짜 n^2 문제라면 반려견이 스스로 인사해야 합니다(우스꽝스럽지만, 비현실적이죠). 우리는 쌍으로 된 조합을 확인하므로 $r = 2$입니다.

반려견이 500마리이면 냄새를 124,750번 맡아야 합니다. 각 경우에 약 5초마다 동시성이 발생한다고 가정하면, 모든 반려견이 각자의 방식으로 "안녕, 멍멍아"라고 인사합니다.

그림 A-8 반려견 놀이터의 만남과 인사. 정확히 $O(n^2)$은 아니지만 비슷한 관계입니다.

NOTE_ 조합 계산은 엄밀한 의미에서 복잡도가 $O(n \text{ choose } k)$입니다. 간단히 설명하기 위해 가능한 모든 순열을 상호작용한 다음 필터링해 설루션을 무차별 대입한다고 가정하면 복잡도는 $O(n^2)$이 됩니다.

이 조합 기반 쌍 관계 탐색은 엄밀히 말하면 $O(n^2)$이 아니라 실제로는 $O(n \text{ choose } k)$입니다. 하지만 이 개념을 적용해 연산 수를 조합 연산으로 표시할 수 있습니다. 마찬가지로 순열 연산

을 통해 런타임 기간과 컬렉션 크기의 관계를 보여줄 수 있습니다.

[표 A-1]은 출입문을 통해 들어오는 반려견의 개체 수(조합)와 잠재적인 인사에 따라 반려견 놀이터에서 발생할 엉덩이 냄새 상호작용 총횟수를 알려줍니다. 반려견은 공식적인 소개가 필요하다고 느끼는데, 이때 각 반려견이 시작자initiator 역할을 한다고 가정합니다. 이 행동은 제 반려견과 함께할 때 여러 차례 목격했습니다.

표 A-1 반려견 수에 따른 반려견 인사

참석한 반려견 개체 수	인사 수(조합)	잠재적 인사(순열)
2	1	2
5	10	20
10	90	45
100	4,950	9,900
500	124,750	249,500
1,000	499,500	999,000
2,000	1,999,000	3,998,000

친근한 반려견 인사 관계가 조합과 순열 모두에서 어떻게 나타나는지 설명하기 위해, [그림 A-9]는 반려견 개체 수가 증가함에 따라 복잡도가 급격히 증가하는 모습을 보여줍니다.

대부분의 ML 알고리듬(훈련 과정을 통해 구축된 모델)의 경우, 이런 수준의 계산 복잡도는 시작에 불과합니다. 대부분은 $O(n^2)$보다 훨씬 더 복잡합니다.

[예제 A-5]는 n^2 복잡도의 구현을 보여줍니다. 소스 배열의 각 요소에 대해 반복 인덱스 값만큼 요소를 회전시키는 오프셋 커브를 생성하겠습니다. 각 섹션의 시각화를 통해 코드가 수행하는 작업을 더 명확하게 알게 될 것입니다.

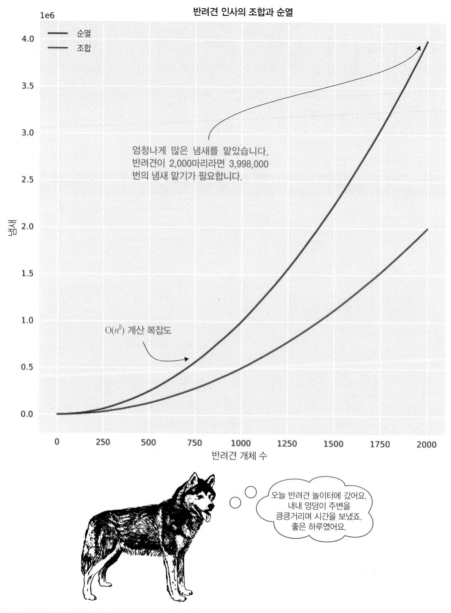

그림 A-9 반려견 놀이터에서 반려견이 많아지자 냄새를 맡는 횟수가 크게 늘었습니다. 복잡도의 기하급수적 관계는 효율성 측면에서 반려견과 마찬가지로 코드에서도 좋지 않습니다.

```
import seaborn as sns
def quadratic_div(x, y):                                                        ①
    return quadratic(x) / y


def n_squared_sim(size):                                                        ②
    max_value = np.ceil(size / 2)
    min_value = max_value * -1
    x_values = np.arange(min_value, max_value + 1, 1)                           ③
    with warnings.catch_warnings():
        warnings.simplefilter("ignore")                                         ④
        curve_matrix = [[quadratic_div(x, y) for x in x_values] for y in x_values]   ⑤
    curve_df = pd.DataFrame(curve_matrix).T
    curve_df.insert(loc=0, column='X', value=x_values)
    curve_melt = curve_df.melt('X', var_name='iteration', value_name='Y')       ⑥
    fig = plt.figure(figsize=(10,10))
    ax = fig.add_subplot(111)
    sns.lineplot(x='X', y='Y', hue='iteration', data=curve_melt, ax=ax)         ⑦
    plt.ylim(-100,100)
    for i in [ax.title, ax.xaxis.label, ax.yaxis.label] +
        ax.get_xticklabels() + ax.get_yticklabels():
        i.set_fontsize(14)
    plt.tight_layout
    plt.savefig('n_squared_{}.svg'.format(size), format='svg')
    plt.close()
    return curve_melt
```

1. 배열의 값으로 배열의 2차 해를 수정하는 함수입니다.

2. 2차 평가 급숫값의 컬렉션을 생성하는 함수입니다.

3. 배열 생성을 위해 0 주변 범위를 획득합니다(대칭의 경우 크기+1).

4. 0으로 나누기와 관련된 경고를 포착합니다(배열에서 정수의 경계를 넘기 때문입니다).

5. 컬렉션을 두 번 매핑해 배열의 배열을 생성하는 n^2 순회입니다.

6. 결과 데이터 행렬을 플로팅하기 위해 정규화된 형태로 바꾸고 통합합니다.

7. 알고리듬의 복잡도 차이를 설명하기 위해 각 곡선을 다른 색상으로 플로팅합니다.

[예제 A-5]에 정의된 알고리듬의 경우, 유효 컬렉션 크기에 대해 다른 값으로 호출하면 [예제 A-6]에 표시된 시간제한 결과를 얻습니다.

```
%timeit -n 2 -r 2 ten_iterations = n_squared_sim(10)
>> 433 ms ± 50.5 ms per loop (mean ± std. dev. of 2 runs, 2 loops each)      ①
%timeit -n 2 -r 2 one_hundred_iterations = n_squared_sim(100)
>> 3.08 s ± 114 ms per loop (mean ± std. dev. of 2 runs, 2 loops each)        ②
%timeit -n 2 -r 2 one_thousand_iterations = n_squared_sim(1000)
>> 3min 56s ± 3.11 s per loop (mean ± std. dev. of 2 runs, 2 loops each)      ③
```

1. 연산이 121개뿐이므로 매우 빠르게 실행됩니다.

2. 배열 크기가 10배인 경우 10,201개를 연산하는 데 훨씬 더 오래 걸립니다.

3. 1,002,001개 연산에서 기하급수적 관계가 명확해집니다.

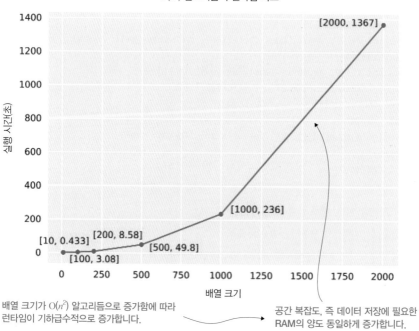

배열 크기가 O(n^2) 알고리듬으로 증가함에 따라 런타임이 기하급수적으로 증가합니다.

공간 복잡도, 즉 데이터 저장에 필요한 RAM의 양도 동일하게 증가합니다.

그림 A-10 [예제 A-5]의 알고리듬에 대한 다양한 컬렉션 크기의 계산

[예제 A-5]의 입력 배열 크기와 [예제 A-6]에 표시된 결과의 관계는 [그림 A-10]에서 좀 더 명확하게 볼 수 있습니다. 배열 생성 매개변숫값의 크기를 100,000으로 계속 늘린다면 10,000,200,001회의 연산이 발생합니다(크기 10의 첫 번째 반복에서는 121회 연산이 발생

합니다). 하지만 더 주목할 점은 이처럼 많은 데이터 배열을 생성하는 데 따른 메모리 사용량입니다. 크기 복잡도가 빠르게 한계 요소가 되어, 긴 계산 시간에 짜증이 나기도 전에 메모리 부족out-of-memory(OOM) 예외가 발생하게 됩니다.

이 코드가 어떤 작업을 수행하는지 설명하기 위해, 함수 인수로 10을 사용한 첫 번째 반복의 결과를 [그림 A-11]에서 확인해보겠습니다.

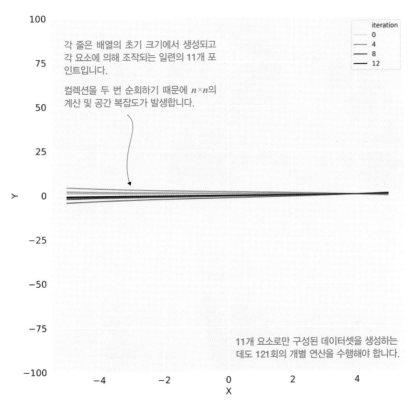

그림 A-11 크기 11의 배열에서 작동하는 $O(n^2)$ 알고리듬에서 생성된 데이터(실행 시간: 433ms, ~26KB 공간 필요)

다음 페이지의 [그림 A-12]는 이 알고리듬을 실행했을 때 배열 크기 201(위)에서 훨씬 더 극단적인 크기(아래 2,001)까지의 복잡도 진행 과정을 안내합니다.

그림을 보면 플롯이 입력 배열의 각 인덱스 위치에서 연쇄적으로 발생했습니다. 별문제가 없어 보이는 컬렉션 크기가 이런 알고리듬을 통해 실행될 경우 매우 빠르게 커질 수 있음을 알 수 있습니다. 이 정도의 복잡도로 코드가 작성된 경우 프로젝트의 런타임 성능에 얼마나 큰 영향을 미칠지 상상하기란 그리 어렵지 않습니다.

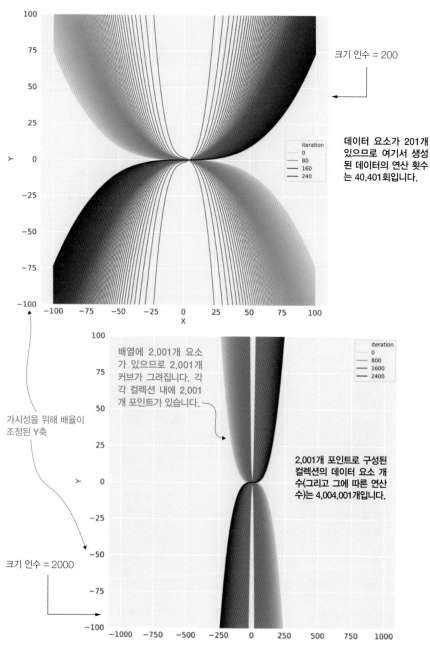

크기 인수 = 200

데이터 요소가 201개 있으므로 여기서 생성된 데이터의 연산 횟수는 40,401회입니다.

가시성을 위해 배율이 조정된 Y축

배열에 2,001개 요소가 있으므로 2,001개 커브가 그려집니다. 각각 컬렉션 내에 2,001개 포인트가 있습니다.

2,001개 포인트로 구성된 컬렉션의 데이터 요소 개수(그리고 그에 따른 연산 수)는 4,004,001개입니다.

크기 인수 = 2000

그림 A-12 배열 크기 201(시간: 8.58초, 공간: ~5.82MB)과 2,001(시간: 1,367초, 공간: ~576.57MB)의 비교

코드 스멜의 큰 틀에서 계산 복잡도는 일반적으로 가장 쉽게 발견할 수 있습니다. 이 복잡도는 보통 중첩 루프에서 나타납니다. 선언적 유형의 **for** 루프 안에 추가 **for** 루프가 있는 경우, 반복 또는 매핑이 중첩된 **while** 루프, 중첩된 리스트 컴프리헨션 등 코드의 이 같은 구조는 잠재적으로 위험합니다.

중첩 루프와 복잡한 **while** 문 내의 로직이 $O(n^2)$, $O(2^n)$ 또는 $O(n!)$의 최악의 시나리오는 아니지만, 코드를 평가할 때 더 많은 시간을 할애해야 하는 부분입니다. 이를테면 코드를 실행할 때 화재가 일어나지 않도록 조사해야 하는 연기와 같은 부분입니다.

코드 기반에서 이런 사항을 확인한다는 것은 간단히 말해 로직을 살펴보고 시나리오를 실행하는 데 더 많은 시간을 할애한다는 의미입니다. 가장 좋은 방법은 반복되는 컬렉션의 크기가 두 배로 커지면 어떻게 될지 상상해보는 것입니다. 컬렉션이 몇 배로 증가하면 어떻게 될까요?

코드가 확장될까요? 실행하는 데 시간이 너무 오래 걸려 SLA를 놓치게 되나요? 실행 중인 시스템이 OOM에 걸리나요? 코드의 로직을 식별하고, 리팩터링하고, 변경하는 방법을 생각하면 나중에 안정성 문제와 비용 문제를 방지하는 데 유용합니다.

A.3 의사 결정 트리 복잡도 분석

어떤 문제에 대한 설루션을 구축하는 과정에 있는데, 핵심 요구 사항이 고도로 해석 가능한 모델 구조를 산출물로 활용하는 것이라고 가정해봅시다. 이 요구 사항을 충족하기 위해 의사 결정 트리 회귀를 사용해 예측 설루션을 구축하기로 결정했습니다.

우리 회사는 고객(반려견)과 반려인(사람)에게 헌신하는 기업이기 때문에 모델 결과를 빠르게 이해하고 적용할 수 있는, 직접적이고 실행 가능한 결과로 변환할 방법이 필요합니다. 블랙박스 예측이 아니라 데이터 상관관계의 본질을 이해하고 예측이 복잡한 기능 시스템의 영향을 어떻게 받는지 확인하고자 합니다.

피처 엔지니어링이 완료되고 프로토타입이 구축된 후, MVP를 위한 자동화된 튜닝 공간을 더욱 다듬기 위해 하이퍼파라미터 공간을 탐색하는 과정에 있습니다. 수만 번의 튜닝 실험으로 실행을 시작한 후, 다양한 하이퍼파라미터를 훈련할 때마다 각 작업의 완료 시간이 다르다는 것을 발견했습니다. 실제로 테스트한 하이퍼파라미터에 따라 각 테스트의 런타임이 다른 테스트와 몇 배 이상 차이가 나기도 합니다. 왜 그럴까요?

이 개념을 알아보기 위해 의사 결정 트리 회귀 분석이 어떻게 작동하는지 복잡도 측면에서 단계별로 살펴보고 몇 가지 하이퍼파라미터 설정을 변경하는 것이 런타임에 어떤 영향을 미치는지 평가하겠습니다. [그림 A-13]은 알고리듬이 훈련 데이터로 훈련할 때 어떤 일이 일어나는지를 개략적으로 설명합니다.

이 다이어그램을 많이 보았을 겁니다. 알고리듬의 기본 구조, 기능, 동작은 블로그 게시물이나 기타 책에서 자세히 다루며, ML의 기초 학습에서도 기본으로 설명하는 내용입니다. 여기서 논의하고자 하는 것은 모델을 훈련하는 동안 계산 및 공간 복잡도에 영향을 미치는 요소입니다.

> NOTE_ [그림 A-13]은 예시일 뿐입니다. 이 모델은 과적합되고 검증 분할에 대해 매우 저조한 성능을 보일 공산이 큽니다. 보다 현실적으로 데이터를 분할하고 깊이를 제한하면, 예측 결과는 분할 지점 멤버십의 평균이 될 것입니다.

트리의 루트에서 초기 분할을 수행하려면 먼저 어떤 피처를 분할할지 결정해야 한다는 것을 알 수 있습니다. 이 알고리듬에는 처음부터 확장성 요소가 존재합니다. 분할할 위치를 결정하려면, 각 피처를 측정하고 라이브러리 구현이 선택한 기준에 따라 분할한 다음 분할 간의 정보 이득을 계산해야 합니다.

계산 복잡도를 위해 피처의 수를 k라고 하겠습니다. 정보 이득 계산의 또 다른 구성 요소는 훈련 중인 데이터셋의 크기를 기반으로 엔트로피를 추정하는 것입니다. 이 엔트로피는 기존의 비 ML 복잡도에서 n입니다. 이 복잡도를 더하려면 트리의 각 레벨을 통과해야 합니다. 분할이 최적의 경로로 실현되면, 리프(예측) 노드를 채울 최소 요소 개수에 해당하는 하이퍼파라미터에 설정된 기준에 도달할 때까지 데이터의 부분집합에 존재하는 피처에 대해 지속적으로 반복해야 합니다.

이런 노드를 반복하면 리프 노드에 가까워질수록 분할의 크기가 제한되기 때문에 계산 복잡도는 $O(n \times \log n)$이 됩니다. 그러나 각 판정 노드에서 모든 피처를 반복해야 하므로 최종 계산 복잡도는 $O(k \times n \times \log(n))$에 더 가까워집니다.

Age	Breed	Weight	Miles walked	Toy count	Treats per day	Hunger factor
3	1	24	0.365	3	0	0.3
5	1	36	3.23	7	3	0.17
2	3	27	0.1	2	1	0.65
3	7	67	12.8	19	17	1.0
4	4	102	1.9	1	4	0.97

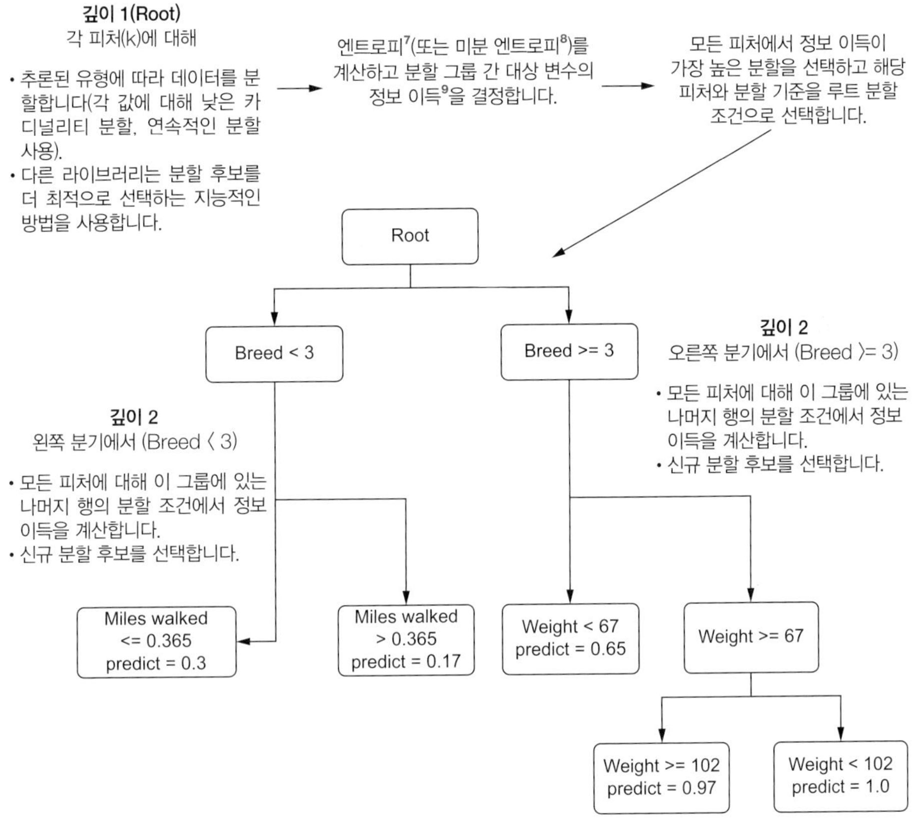

피처 벡터 / **타깃**

깊이 1(Root)
각 피처(k)에 대해

- 추론된 유형에 따라 데이터를 분할합니다(각 값에 대해 낮은 카디널리티 분할, 연속적인 분할 사용).
- 다른 라이브러리는 분할 후보를 더 최적으로 선택하는 지능적인 방법을 사용합니다.

엔트로피[7](또는 미분 엔트로피[8])를 계산하고 분할 그룹 간 대상 변수의 정보 이득[9]을 결정합니다.

모든 피처에서 정보 이득이 가장 높은 분할을 선택하고 해당 피처와 분할 기준을 루트 분할 조건으로 선택합니다.

Root

Breed < 3 / Breed >= 3

깊이 2
오른쪽 분기에서 (Breed >= 3)

- 모든 피처에 대해 이 그룹에 있는 나머지 행의 분할 조건에서 정보 이득을 계산합니다.
- 신규 분할 후보를 선택합니다.

깊이 2
왼쪽 분기에서 (Breed < 3)

- 모든 피처에 대해 이 그룹에 있는 나머지 행의 분할 조건에서 정보 이득을 계산합니다.
- 신규 분할 후보를 선택합니다.

Miles walked <= 0.365 predict = 0.3

Miles walked > 0.365 predict = 0.17

Weight < 67 predict = 0.65

Weight >= 67

Weight >= 102 predict = 0.97

Weight < 102 predict = 1.0

그림 A-13 의사 결정 트리 알고리듬에 대한 개략적인 설명

---

7 옮긴이_ 엔트로피는 확률 분포에서 불확실성 정도를 측정하기 위해 사용하는 대표적인 지표입니다. 데이터 분포가 불확실한 경우에는 엔트로피 값이 높고, 그 반대의 경우 엔트로피 값이 낮습니다. 예를 들어 동전 던지기와 같은 이항 분포에서, 확률이 0.5인 불확실한 상황에서의 엔트로피는 최대가 됩니다($H(X) = -\sum p(x)\log p(x)$, X는 이산 확률 변수로 $X \in x_1, x_2, \ldots, x_n$).

8 옮긴이_ 미분 엔트로피(differential entropy)는 연속 확률 변수에서의 엔트로피를 측정함으로써 연속적인 값을 가지는 데이터에서의 엔트로피를 측정합니다($H(X) = -\int p(x)\log p(x)\, dx$, X는 연속 확률 변수).

9 옮긴이_ 정보 이득(information gain)은 트리 분할 전후의 엔트로피(혹은 지니 계수(Gini index))를 비교해 분할의 유용성을 측정하는 지표입니다. 분할 전후의 데이터 분포에서 엔트로피 차이가 클수록 정보 이득이 높습니다.

하이퍼파라미터를 조정해 이 최악의 런타임 성능의 실제 동작에 직접적인 영향을 줄 수 있습니다(O() 표기법은 최악의 경우라는 점을 유념하세요). 특히 주목할 점은 일부 하이퍼파라미터는 계산 복잡도와 모델 효율성(리프 생성을 위한 최소 개수, 트리의 최대 깊이)에 도움이 되는 반면, 일부 하이퍼파라미터는 음의 상관관계(예를 들어 확률적 경사 하강을 활용하는 알고리듬의 학습률)를 보인다는 점입니다.

하이퍼파라미터와 모델의 런타임 성능 간의 관계를 설명하기 위해 [예제 A-7]에서 트리의 최대 깊이 수정을 살펴보겠습니다. 이 예제에서는 무료로 제공되는 오픈 소스 데이터셋을 사용해 모델의 계산 및 공간 복잡도에 직접 영향을 미치는 하이퍼파라미터 값의 효과를 설명하겠습니다(반려견의 특성과 배고픈 정도에 관한 데이터셋을 수집하지 못해 죄송합니다. 해당 데이터셋을 만들어 일반에 공개하고 싶은 분은 알려주시기 바랍니다).

> **NOTE_** [예제 A-7]에서는 과도한 깊이를 보여주기 위해 범주형 값을 원-핫 인코딩해 트리 기반 모델의 규칙을 위반했습니다. 이런 방식으로 범주형 값을 인코딩하면 불리언 필드에서만 우선적으로 분할될 확률이 매우 높아 다른 필드를 활용하기에, 깊이가 충분하지 않은 경우 모델이 크게 부적합해질 위험이 있습니다. 값을 인코딩할 때는 항상 피처 세트의 검증을 철저히 수행해 잘못된 모델 또는 설명하기 어려운 모델을 생성하지 않는지 확인해야 합니다. 버킷화, k-레벨링, 이진 인코딩 또는 강제 순서 인덱싱^{enforced-order indexing}을 사용해 순서형이나 명목 범주형 문제를 해결하세요.

예제 A-7 트리 깊이가 런타임 성능에 미치는 영향 시연

```
from sklearn.model_selection import train_test_split
from sklearn.tree import DecisionTreeRegressor
from sklearn.metrics import mean_squared_error
import requests

URL = 'https://raw.githubusercontent.com/databrickslabs/automl-toolkit/master/src/
test/resources/fire_data.csv'
file_reader = pd.read_csv(URL)                                              ①
encoded = pd.get_dummies(file_reader, columns=['month', 'day'])            ②
target_encoded = encoded['burnArea']
features_encoded = encoded.drop('burnArea', axis=1)
x_encoded, X_encoded, y_encoded, Y_encoded = train_test_split(features_encoded,
    target_encoded, test_size=0.25)
                                                                            ③
shallow_encoded = DecisionTreeRegressor(max_depth=3,
                                        min_samples_leaf=3,
```

```
                                                  max_features='auto',
                                                  random_state=42)
    %timeit -n 500 -r 5 shallow_encoded.fit(x_encoded, y_encoded)
    >> 3.22 ms ± 73.7 µs per loop (mean ± std. dev. of 5 runs, 500 loops each)          ④
    mid_encoded = DecisionTreeRegressor(max_depth=5,
                                        min_samples_leaf=3, max_features='auto',
                                        random_state=42)
    %timeit -n 500 -r 5 mid_encoded.fit(x_encoded, y_encoded)
    >> 3.79 ms ± 72.8 µs per loop (mean ± std. dev. of 5 runs, 500 loops each)          ⑤
    deep_encoded = DecisionTreeRegressor(max_depth=30,
                                         min_samples_leaf=1,
                                         max_features='auto',
                                         random_state=42)
    %timeit -n 500 -r 5 deep_encoded.fit(x_encoded, y_encoded)
    >> 5.42 ms ± 143 µs per loop (mean ± std. dev. of 5 runs, 500 loops each)           ⑥
```

1. 테스트할 오픈 소스 데이터셋을 가져옵니다.
2. 월 열과 일 열을 원-핫 인코딩해 실습에 필요한 깊이를 확보할 만큼 피처를 충분히 갖췄는지 확인합니다 (이 목록 이전의 참고 사항 참조).
3. 훈련 및 테스트 분할 데이터를 가져옵니다.
4. 깊이가 3(잠재적으로 부적합)으로 얕으면 런타임이 최소 베이스라인으로 줄어듭니다.
5. 깊이가 3에서 5로 이동하면 런타임이 17% 증가합니다(일부 분기가 종료되어 추가 시간이 줄어듭니다).
6. 깊이를 30(이 데이터셋 기준으로 실제 적용된 깊이는 21)으로 이동하고 최소 리프 크기를 1로 줄이면 런타임 복잡도가 최악으로 나타납니다.

하이퍼파라미터를 조작한 후 실행 시간을 측정한 결과에서 볼 수 있듯이, 트리 깊이와 런타임의 관계는 겉보기에는 중요하지 않습니다. 하지만 이를 백분율 변화로 생각하면 왜 문제가 되는지 이해하게 됩니다.

트리 기반 접근 방식의 복잡도를 설명하기 위해 [그림 A-14]는 트리가 생성될 때 각 후보 분할에서 수행되는 단계를 안내합니다.

분할할 위치와 분할 대상을 결정하기 위해 여러 작업뿐만 아니라, 그림 오른쪽에 표시된 전체 작업 블록을 수행해야 합니다. [그림 A-14]의 경우 각 후보 노드에서 이전 분할 조건을 충족하는 데이터 부분집합의 각 피처에 대해 수행해야 합니다. 트리 깊이가 30, 40, 50인 경우, 트리가 상당히 빠르게 커진다는 것을 상상할 수 있습니다. 런타임도 상대적으로 증가하죠.

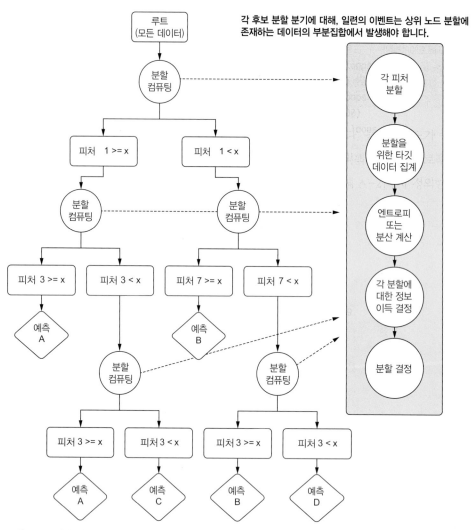

그림 A-14 의사 결정 트리의 계산 복잡도

간단한 이 예제처럼 데이터셋의 행이 517개가 아니라면 어떻게 될까요? 5억 개 행의 데이터로 훈련하면 어떻게 될까요? 너무 깊은 트리로 실행할 때의 모델 성능 영향(일반화 기능)을 제쳐두고, 단일 하이퍼파라미터로 인해 런타임이 68% 증가한다고 생각할 때 모델의 하이퍼파라미터를 제어하는 방법에 주의하지 않으면 훈련 시간 격차가 매우 커지며 비용도 많이 들게 됩니다.

하이퍼파라미터 튜닝에 얼마나 많은 계산 비용이 드는지 살펴봤으니 다음 절에서는 다양한 모델군의 계산 및 공간 복잡도에 대해 살펴보겠습니다.

A.4 일반적인 ML 알고리듬 복잡도

앞서 언급했듯이 이 주제를 다룬 전문 서적이 있기에 여기서 다른 ML 알고리듬의 구체적인 구현을 다루지 않지만, 예를 하나 더 살펴보겠습니다. 대용량 데이터셋을 처리한다고 가정합시다. 1,000만 행의 훈련 데이터, 100만 행의 테스트 데이터, 15개의 요소로 구성된 피처 세트가 있습니다.

이렇게 큰 데이터셋에서는 당연히 스파크 ML 패키지와 함께 분산 ML을 사용해야 합니다. 벡터 내의 15개 피처에 대해 몇 가지 초기 테스트를 수행한 후, 더 나은 오류 지표 성능을 얻기 위해 성능 개선 작업을 시작하기로 결정했습니다. 프로젝트에는 일반화된 선형 모델을 사용하므로 모든 피처에 대해 상관성 검사를 처리하고 피처를 알맞게 확장하고 있습니다.

이 작업을 위해 팀을 둘로 나눴습니다. 그룹 1은 한 번에 하나의 검증된 피처를 추가하고 반복 작업마다 테스트 세트에 대한 예측 성능의 개선이나 저하를 확인하는 작업을 합니다. 이 작업은 더디지만, 그룹 1은 한 번에 하나씩 잠재적 후보를 추려내거나 추가할 수 있으며 실행할 때마다 비교적 예측 가능한 런타임 성능을 보장합니다.

반면에 그룹 2의 팀원은 모델을 개선할 수 있을 것으로 생각되는 100개 후보 피처를 추가합니다. 이들은 훈련 작업을 실행하고 기다립니다. 점심을 먹고 즐거운 대화를 나눈 후 사무실로 돌아옵니다. 6시간이 지난 후에도 스파크 클러스터에서 모든 실행기executor가 90% 이상의 CPU 사용률로 계속 실행 중입니다. 밤새도록 계속 실행됩니다.

이때 가장 큰 문제는 **계산 복잡도가 증가한다**는 것입니다. 모델의 n은 전혀 변하지 않았지만, 즉 훈련 데이터 크기가 여전히 똑같지만 런타임이 길어진 이유는 단순히 피처 크기가 증가했기 때문입니다. 대규모 데이터셋의 경우 옵티마이저의 작동 방식으로 인해 약간의 문제가 발생합니다.

기존의 선형 솔버solver(가령 OLSordinary least squares)는 역행렬matrix inversion을 포함하는 닫힌 해closed-form solution를 통해 최적의 설루션을 구할 수 있지만,[10] 분산이 필요한 대규모 데이터셋에서는 이 방법을 사용할 수 없습니다. 분산 시스템에서 최적화하려면 다른 솔버를 사용해야 합니다. 분산 시스템을 사용하고 있기 때문에 확률적 경사 하강법(SGD)을 고려합니다. 반복

---

10 옮긴이_ OLS의 닫힌 형식의 해는 $\beta = (X^T X)^{-1} X^T y$로 β는 회귀 계수 벡터, X는 독립 변수의 디자인 행렬(design matrix), y는 종속 변수입니다. X가 정방 행렬(square matrix)이 아니기에 $\beta = X^{-1} y$로 단순하게 역행렬를 구할 수 없는데 RMSE를 β에 대해 미분하면 $(X^T X)^{-1} X^T$가 도출됩니다. 이를 의사 역행렬(pseudo inverse)이라고 하며, 파이썬의 넘파이 라이브러리에서 pinv 함수로 제공합니다.

프로세스인 SGD는 튜닝 기록의 국부적인 기울기를 따라 단계를 수행해 최적화합니다.

SGD의 작동 방식을 간단히 이해하려면 [그림 A-15]를 참조하세요. 이 3D 플롯은 생성 중인 선형 방정식의 특정 계수 집합에 대한 전역 최소 오차를 찾기 위해 일련의 기울기를 따라 솔버가 걸어가는 과정을 나타냅니다.

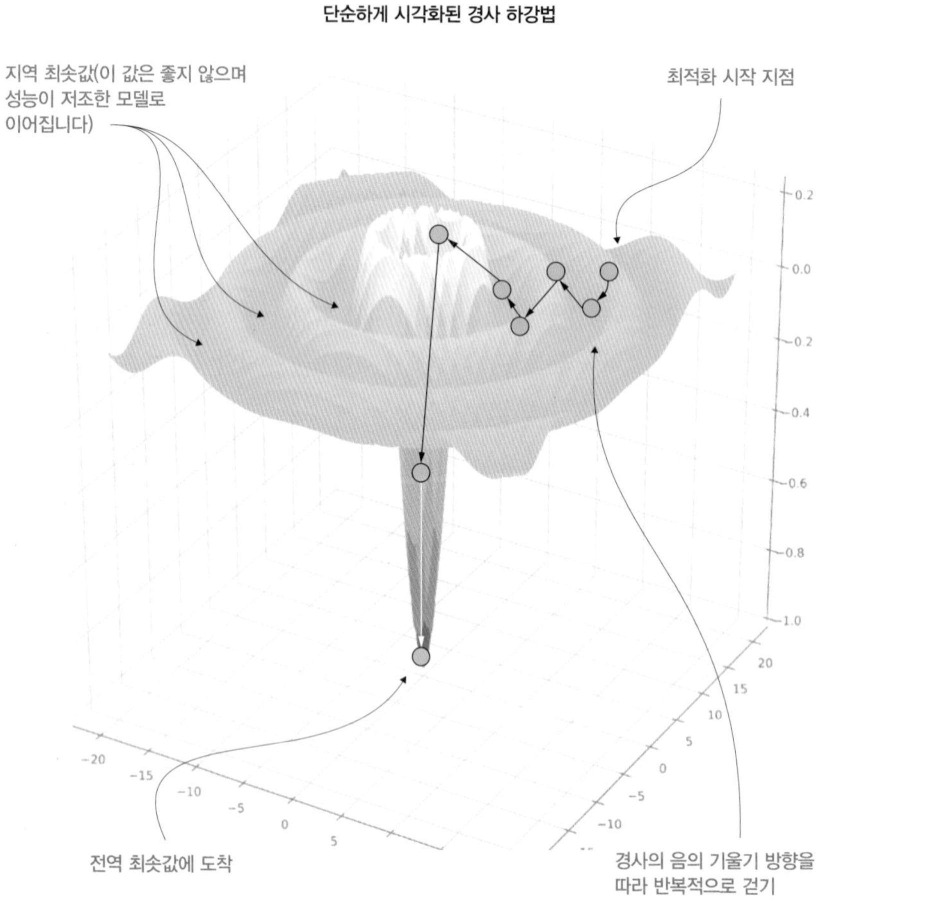

단순하게 시각화된 경사 하강법

그림 **A-15** 최적화 중 최솟값을 찾는 SGD 프로세스의 시각화

NOTE_ 확률적 경사 하강법은 테스트 데이터에 가장 잘 맞는 값에 도달하기 위해 고정 거리 조정을 따라 진행됩니다(오류 최소화). 하강이 0의 기울기로 평평해지거나 임곗값 내의 후속 반복에서 개선이 없거나 최대 반복에 도달하면 중지합니다.

반복 검색이 발생한 것에 주목하세요. 목표 변수에 가장 잘 맞는 방정식을 얻기 위한 이런 일련의 시도에는 피처 벡터의 각 요소 계수를 조정하는 작업이 포함됩니다. 당연히 벡터의 크기가 커지면 계수 평가 횟수도 증가합니다. 이 프로세스는 반복 작업이 진행될 때마다 수행해야 합니다.

그러나 이 상황에는 작은 문제가 있습니다. SGD와 이와 유사한 반복적 방법론, 가령 유전genetic 알고리듬에는 계산 복잡도를 결정하는 간단한 설루션이 없습니다.

지역적 및 전역적 의미에서 최적화된 최솟값의 특성이 피처 데이터의 구성(분포 및 추론된 구조 유형), 타깃의 특성, 피처 공간의 복잡도(피처 개수)에 따라 크게 달라지기 때문입니다. L-BFGS[11] 같은 다른 유사한 반복 솔버의 경우에도 마찬가지입니다.

이런 알고리듬에는 모두 전역 최소 상태에 대한 최적화를 달성하기 위한 최대 반복 횟수 설정이 있지만, 이터레이터 최대 횟수에 도달하기 전에 최적화가 이루어진다는 보장이 없습니다. 반대로 훈련에 소요되는 시간을 결정할 때 발생하는 문제는 최적화의 복잡도와 관련이 있습니다. SGD나 다른 반복 최적화 기법이 비교적 짧은 반복 횟수로 (전역) 최솟값에 도달할 수 있다면, 최대 반복 횟수에 도달하기 훨씬 전에 훈련이 종료될 것입니다.

이런 고려 사항을 반영해 [표 A-2]는 통상적인 기존 ML 알고리듬의 계산 복잡도를 이론적으로 최악의 상황에서 추정한 결과를 알려줍니다.

표 A-2 다양한 모델군에서 계산 복잡도 추정

모델군	훈련 복잡도	추론 복잡도
의사 결정 트리	$O(kn\log(n))$	$O(k)$
랜덤 포레스트	$O(kn\log(n)m)$	$O(km)$
그레이디언트 부스팅 트리	$O(knm)$	$O(km)$
선형 모델(OLS)	$O(k^2 n)$	$O(k)$
선형 모델(비OLS)	$O(k^2 n + k^3)$	$O(k)$
서포트 벡터 머신	$O(kn^2 + n^3)$	$O(km)$

---

11 옮긴이_ BFGS는 목적 함수의 헤시안 행렬(Hessian matrix)을 근사하는 준-뉴턴(quasi-Newton) 방식의 최적화 알고리듬으로 2차 도함수를 이용해 함수의 극소점을 찾습니다. BFGS는 안정적인 수렴성과 높은 계산 효율성을 제공하지만 많은 메모리를 요하기 때문에 대규모 데이터셋에 적용하기 어려운데, 이 점을 해결하기 위해 L-BFGS 같은 변형 알고리듬이 개발되었습니다. L-BFGS는 제한된 메모리를 사용해 메모리 사용량을 줄이면서도 BFGS보다 더 빠르고 더 정확합니다.

k-최근접 이웃	$O(kmn)$ *	$O(kn)$
k-평균	$O(mni)$ **	$O(m)$
교대 최소 제곱	$O(mni)$ **	$O(ni)$

n = 훈련 집합의 행 개수 k = 벡터의 피처 개수 m = 앙상블 멤버 개수 i = 수렴할 반복 횟수

* 이 경우 m은 경계를 정의할 때 고려할 이웃의 개수를 제한하는 값입니다.

** 여기서 m은 고려 중인 k-센트로이드k-centroid의 개수를 나타냅니다.

이런 복잡도의 공통 측면은 훈련에 사용되는 벡터 개수(데이터프레임의 행 수)와 벡터의 피처 개수라는 두 가지 요소와 관련됩니다. 두 요소의 개수가 증가하면 런타임 성능에 직접적인 영향을 미칩니다. 많은 ML 알고리듬은 계산 시간과 입력 피처 벡터의 크기 사이에 기하급수적인 관계가 있습니다. 다양한 최적화 방법론의 복잡성을 제외하더라도, 특정 알고리듬의 솔버는 피처 세트 크기가 커질수록 성능에 악영향을 미칩니다. 각 알고리듬 제품군마다 피처 크기와 훈련 샘플 크기 모두에 나름의 미묘한 관계가 있지만, 일반적으로 피처 개수가 미치는 영향은 프로젝트 개발 초기 단계에서 기억해야 할 중요한 개념입니다.

이전 절에서 살펴본 것처럼 의사 결정 트리의 깊이는 더 많은 분할을 검색해 런타임 시간에 영향을 미치므로 검색하는 데 더 많은 시간이 걸립니다. 거의 모든 모델에는 애플리케이션 실무자에게 유연성을 제공하는 매개변수가 있는데 이는 모델의 예측 성능에 직접적인 영향을 미칩니다. 일반적으로 런타임 및 메모리 부담을 감수해야 합니다.

따라서 전반적으로 ML 모델의 계산 및 공간 복잡도에 익숙해지는 것이 좋습니다. 비슷한 방식으로 문제 해결이 가능한 경우, 특정 모델의 선택이 비즈니스에 미치는 영향을 알면 모델이 프로덕션에 배포된 후 비용이 크게 달라집니다. 저는 개인적으로 예측 기능이 약간 떨어지는 모델을 사용하기로 결정한 경우가 여러 번 있는데, 그 이유는 실행 비용이 몇 배나 더 많이 드는 모델보다 훨씬 더 짧은 시간 내에 실행할 수 있었기 때문입니다.

결국, 우리는 비즈니스 문제를 해결하기 위해 모였다는 사실을 기억하세요. 50배 비용을 들여 1% 예측 정확도를 높이면 당면한 문제를 해결하는 동시에 비즈니스에 새로운 유형의 문제를 야기합니다.

개발 환경 설정

새 프로젝트는 새로운 마음으로 시작해야 합니다. 특히 ML 프로젝트를 진행할 때는 다음의 이유 때문에 더욱 그렇습니다.

- 새로운 환경에서 의존성 관리가 수월합니다.
- 임시 파일이나 로그, 아티팩트를 격리하는 일이 단순해집니다.
- 스크립트를 통해 환경설정을 한다면 프로덕션 환경으로 이관이 용이합니다.
- 라이브러리 설치 시 종속성 충돌이 감소합니다.

프로젝트 개발을 위해 환경을 분리하는 방법에는 여러 가지 선택지가 있지만, 여기에서는 이 책의 깃허브 저장소에서 사용한 방식인 콘다^{Conda}의 패키지 관리 도구와 도커를 함께 사용하는 방법을 안내합니다.

B.1 깔끔한 실험 환경의 예

데이터 과학자가 오랜 시간을 들여 로컬 컴퓨터에서 프로토타입을 구축했는데 업데이트된 환경에서 프로젝트가 실행되지 않으면 큰 난관에 부딪힙니다. 데이터 과학자는 라이브러리의 발전을 따라 버전을 업그레이드하고 다른 패키지에 대한 종속성이 업데이트된 새 패키지를 추가합니다. 그런데 패키지를 업데이트한다는 것은 거미줄처럼 촘촘하게 연결되어 있는 거대한 API 생태계 내 종속성을 변경한다는 것과 다름없습니다.

라이브러리 간의 호환성을 유지하기 위해 감수해야 하는 대단히 복잡하고 답답한 이 과정은 **의존성 지옥**이라는 별칭으로 잘 알려져 있습니다. 이 같은 종속성 문제가 있는 일반 시나리오는 [그림 B-1]과 같습니다.

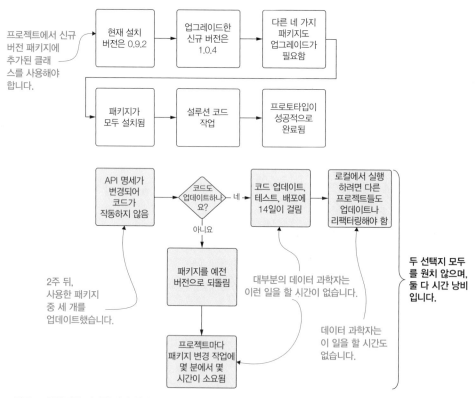

그림 B-1 일반적인 파이썬 개발 환경의 의존성 지옥. 패키지 관리에는 막대한 시간이 낭비됩니다.

그림에서 보듯이 단일 로컬 환경에서 라이브러리 충돌을 해결하기 위한 선택지가 매우 끔찍합니다. 동시에 코드 기반을 리팩터링하고 런타임 환경을 맞추는 작업을 해야 하는데, 회사에서 진행하는 프로젝트가 많을수록 이 두 가지 작업을 병행하기는 불가능에 가깝습니다. 그렇지 않고 데이터 과학 팀원들이 새 프로젝트를 진행할 때마다 설치된 패키지를 수정하는 데 수많은 시간을 낭비하는 방법도 있습니다. 이들은 결코 확장 가능한 솔루션이 아닐 겁니다.

개발 환경에서 사용하는 운영체제가 무엇이든 파이썬이 이미 설치되었다면 설치된 패키지 간 의존성이 긴밀할 것입니다. 일부 실험 및 테스트 단계에 필요한 라이브러리를 설치할 경우, 이전에 개발한 프로젝트나 터미널에서 사용해온 유틸리티 애플리케이션이 작동하지 않을 수 있습니다. 각 팀원의 컴퓨터에 설치된 패키지 버전이 조금씩 다를 테니 팀원이 서로의 코드를 실행할 경우 재연성 문제가 생길 수도 있습니다.

B.2 컨테이너를 활용한 의존성 지옥 대응

다행히도 많은 시간과 노력을 요하는 의존성 지옥을 해결할 방법이 있습니다. 가장 인기 있는 방법 하나는 아나콘다라는 회사에서 ML 커뮤니티에 오픈 소스 배포판(New BSD 라이선스)으로 제공하고 있는 사전에 패키징된 빌드를 사용하는 것입니다. 테스트와 검증을 거친 패키지 모음을 사용하면 직접 작동을 확인해야 하는 수고를 면하게 됩니다. 파이썬의 아나콘다 빌드로 새롭고 깨끗한 환경을 생성하는 주요한 방법은 다음 세 가지입니다.

- 콘다 환경 관리자: 명령줄 인터페이스(CLI)를 통해 독립된 파이썬 환경을 로컬 머신에 생성합니다. 이렇게 생성된 환경은 시스템에서 사용 중인 파이썬 환경에 영향을 주지 않습니다.
- 아나콘다 내비게이터Navigator: 그래픽 유저 인터페이스를 통해 유명한 개발 도구들의 독립된 콘다 환경을 원클릭으로 설정합니다.
- 콘다 환경을 가상 머신에서 사용하기 위해 배포된 도커 컨테이너: 콘다 패키지 빌드와 함께 독립된 파이썬 환경을 생성하는 도커 컨테이너. 로컬 VM 또는 클라우드 기반 VM에서 사용할 수 있습니다.

그중 [그림 B-2]가 보여주는 두 접근 방식으로 ML 실험을 수행할 파이썬 환경을 생성하고 오픈 소스 솔루션을 사용해 실행 환경을 분리할 수 있습니다. 이는 CLI 또는 아나콘다 내비게이터 GUI를 통해 수행합니다.

프로젝트 요구 사항이 서로 달라서 생기는 버전 충돌 문제를 해결하면, ML 패키지 관리 시간과 수고가 크게 절감됩니다.

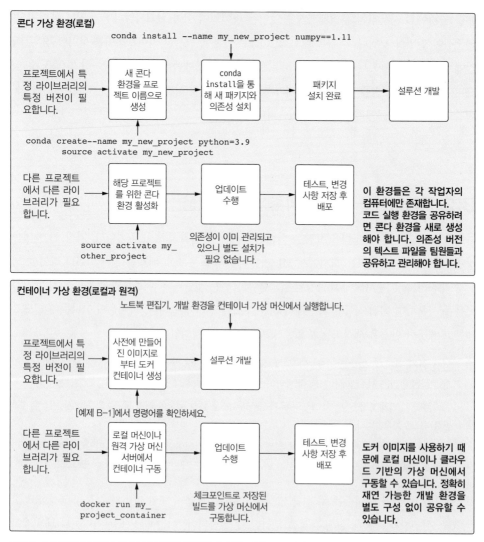

도커는 컨테이너 서비스입니다. 실행 중인 머신의 리소스로 구성할 수 있고 호스트 머신의 다른 애플리케이션 및 운영체제 엔티티와 프로세스 수준에서 완전히 격리할 수 있는 운영체제 수준의 가상화가 가능한 플랫폼입니다.

이를 통해 소프트웨어, 소프트웨어 실행에 필요한 라이브러리, 구성 파일을 패키지화해 다양한 환경에서 실행할 수 있습니다. 심지어 포트를 열어 컨테이너가 마치 별개의 컴퓨터인 것처럼 통신할 수도 있습니다.

머신러닝을 위한 컨테이너화를 사용하면, 각 프로젝트에 반복 가능하고 일관된 방식으로 코드와의 작동이 보장되는 자체 라이브러리 세트를 보유할 수 있으므로 의존성 지옥 문제를 처리할 수 있습니다. 또 온프레미스 서버, 클라우드 기반 서버 또는 가상 머신 환경 등 컨테이너를 실행할 수 있는 어떤 환경에서든 컨테이너를 실행할 수 있습니다. 컨테이너화는 실험 단계를 벗어나 점점 더 보편화되고 있으며 프로덕션 규모의 ML 프로젝트 작업에 절대적으로 중요한 이식성을 도입합니다.

B.3 컨테이너 기반의 깨끗한 실험 환경 만들기

도커를 사용해 기본적인 격리된 런타임 환경부터 정의하겠습니다. 저는 유료 서비스가 필요 없는 실험에서는 아나콘다를 선호하기 때문에 파이썬 3용 부트스트랩 환경과 대부분의 핵심 ML 라이브러리가 이미 설치되어 사전 구성된 도커 컨테이너 하나를 사용하겠습니다. 이 환경에는 책의 예제를 실행하는 데 필요한 라이브러리가 전부 설치되어 있을 겁니다.

시스템에 이미지가 있는지 확인하기 위해 명령줄에서 `docker pull continuumio/anaconda3`을 실행하겠습니다. 이 명령을 사용하면 도커 허브$^{Docker\ Hub}$에서 미리 빌드된 도커 컨테이너를 가져옵니다. 도커 허브는 무료 이미지와 비공개 이미지가 모두 담긴 도커 이미지 저장소입니다. 이 컨테이너에는 리눅스 운영체제, 최신 버전의 아나콘다 파이썬 스택, 그리고 사용자가 추가 작업을 거의 하지 않고도 대부분의 데이터 과학 작업에서 완벽하게 작동하는 개발 환경을 갖출 수 있도록 모든 구성이 들어 있습니다.

도커를 설치했다면, 다음 예제를 실행해 프로젝트의 첫 번째 테스트 및 연구 단계를 수행하기 위한 기본적인 ML 환경을 VM 이미지로 구축합니다.

예제 B-1 기본적인 ML 환경을 생성하는 도커 실행 명령어

```
docker run -i --name=airlineForecastExperiments       ①
-v Users/benwilson/Book/notebooks:/opt/notebooks      ②
-t -p 8888:8888                                        ③
continuumio/anaconda3                                  ④
/bin/bash  -c "/opt/conda/bin/conda install jupyter
-y --quiet && mkdir -p  /opt/notebooks &&
/opt/conda/bin/jupyter notebook --notebook-dir=/opt/notebooks
--ip='*' --port=8888 --no-browser --allow-root"
```

1. 컨테이너 이름은 원하는 대로 지정하세요. 이름을 넣지 않으면 결코 기억해내지 못할 재미난 이름을 도커가 지어줄 것입니다.

2. 로컬 파일 시스템의 절대 경로입니다(루트 사용자 경로는 넣지 마세요).

3. 도커 허브에서 가져올 이미지의 이름입니다.

4. bash 명령어를 사용해 주피터를 사용하고 포트 포워딩 기능을 설정합니다. 이를 통해 로컬 브라우저에서 컨테이너 환경으로 인터페이스를 구축합니다.

INDEX

INDEX

INDEX

INDEX

INDEX